德国债法分论

【当代德国法学名著】

当代德国法学名著
Repräsentative Deutsche Rechtsliteratur der Gegenwart

德国债法分论

Schuldrecht II
Besonderer Teil

[德] 迪特尔·梅迪库斯/著
Dieter Medicus

杜景林 卢谌/译

法律出版社

本书翻译得到德意志学术交流中心
和德国科学基金协会的支持

**Die Übersetzung erfolgte mit
Unterstützung des DAAD und des
Stifterverbandes für die Deutschen Wissenschaft**

当代德国法学名著总序

当代德国法学名著译事之缘起,在乎“取法人际,天道归一”之理念。

天地渺渺,众生芸芸;然天地何以长存不灭,众生何以繁衍不息?此中必有亘古于今之一般法则。天地者,自然之谓;众生者,乃自然所赋生灵之长,人也。而人所以居万物之首而为生灵之长,概因其不仅是生于自然,而且还能领悟于自然,进而以理性和智慧的劳动创造受益于自然。由此而论,天地间至真至善至美,莫过于人与自然之和谐融合。正如庄子所说:“知天之所为,知人之所为者,至也。”而中国哲人所言“天人合一”,实际表明着人类的最高智慧和境界。但是,最高的智慧未必是功利的智慧,最高的境界往往不是现实的境界,此乃人类虽为万物灵长,但又归于万物的本性使然。尽管不无缺憾,但却理所当然。纵观古往今来,可知人类始终是在理想与现实、理性与物性的矛盾状态中存在发展。不过,人出于其自然本性但又以其理性确认的社会秩序,又使之在这种永远不会解消的矛盾状态中生存发展成为可能。

自古以来,食色之性、交往之需、名利之求、功德之义,无论国人洋人、权贵庶民,众生莫不有之;惟每人认取之价值,或此或彼因人因地因时而异。但基于人之本性所产生的社会,无论东方西方,必然有其共性。于是有老子的古训:"人法地,地法天,天法道,道法自然。"而希腊的斯多噶哲人也说:"按照自然而生活。"由此可知,同属自然之人类,本有其共同的理念与法则。以法律而言,中国、西方法律虽文化传统各异,然毕竟都是人类社会的法律,必然有其共同的人性内涵。所以,考察法律,应着眼超越地域、国度和民族,甚至超越时空的人际层面,努力发现本来属于整个人类的理念和规范,并在此基础上寻求并促进人与人、民族与民族、国家与国家之间越来越普遍深入的交往。吾人之规可为他人所取,他人之法可为吾人所用,概其皆出乎人之本性。所以"取法人际,天道归一",当为人类社会法律进步之最高思想境界。以迄今历史度之,人类生存发展的必然趋势是越来越普遍深入地相互结合和依赖,经济的全球化和文化的世界化正在相辅相成地迅速演进。在人类发展进程中,产生于人类本性的共性愈多愈充分地为人所认识,则人与人之间、国家与国家之间的交往就愈可能有效和平地进行。作为人类社会的行为规范,任何国家的法律都是人与人之间实现交往、确定关系及秩序的最重要途径。就此而论,可断言未来人类的发展与和平,很大程度上将取决于全人类在法律法则上的沟通与趋同。

本着取法人际或取法自然的理念,当代德国法学名著译事拟系统全面地翻译当代德国法学具有代表性的学术成果。因为德国法不仅为可取之一方法律,而且还与当代中国法制有着特殊的关联。事实上,当代中国内地与台湾地区的法制是基于清末民初之际的法律改制发展而来。当时采纳了欧洲大陆法系法制模式,而其中又以汲取德国法律,特别是民法、刑法居多。不仅如此,20世纪以来中国法制和法学的发展还颇受德国法制和法学的影响,现今中国法制和法学的不少思路实际都与后者有关联。因而,中国法制建设和法学进步自然更容易从德国法制与法学中获得启发。此外，由于近代德国历史法学派和学说汇纂学派对罗马法和罗马普通法的系统研究与整理，近现代德国法学形成并获得了其本身独有的特色，其丰富成熟的法律理论与教条，恰恰是目前乃至21世纪我国法学与法制建设所迫切需要的。

当代德国法学名著的选题范围包括法哲学和法的基本理论、国家法、法律史、民法和商法、经济法、刑法、国际私法等内容。选题标准是：德国乃至欧洲法律界已经普遍公认为经典的名著，或在德国普遍使用的有代表性的教科书。与此同时，亦根据我国的实际需要翻译介绍一些有关法律文化背景方面的工具书和著名法学家的传记。初步选题首先由德国学者提出，然后由编委会综合各方面意见，最后根据我国实际需要确定翻译选题。为保证翻译质量，翻译工作严格采取译、校和三审程序。每部译著由一责任编委审阅或校对。译稿一审通过后，编委会和编辑部就一审提出的问题召开由德国教授和有关译者参加的翻译工作会议；在此基础上，译者还专程前往德国与作者或有关学者探讨翻译的疑难和细节问题。在此方面，德意志学术交流中心（DAAD）提供了有力的支持。在赴德改稿基础上提出的第二稿通过二审后，由译者进一步修改、润色定稿，复经审阅后交付出版社。

系统翻译德国法学名著的想法由来已久，但正式酝酿于1997年秋，经过近一年的准备筹划，于1998年秋开始实施，拟于2005年完成全部选定书目的翻译。应该说，德意志学术交流中心的霍恩贝格尔先生（U. Hornberger）和法律出版社社长贾京平先生对促成此项翻译计划起了重要作用，黄闽总编亦助之鼎力。而此项翻译计划能够顺利实施，亦诚有赖编委会和编辑部各位同仁的共同志趣和辛勤工作。六位德国著名学者：考夫曼（A. Kaufmann）、克茨（H. Kötz）、克努特尔（R. Knütel）、何意志（R. Heuser）、孟文理

(U. Manthe)和胜雅律(H. von Senger)教授在计划拟定、选题推荐和具体翻译工作中均给了我们以宝贵帮助。德国大使馆柯灵博士(T. Klinner)、李雅思先生(M. Licharz)和毕满天先生(M. Biermann)以多种方式推动此项翻译计划。德意志学术交流中心驻京办事处主任史翰功(H. Schmidt)博士、施密特—多尔(T. Schmidt-Dörr)博士和该中心波恩总部的比尔克(Klaus Birk)博士亦对此计划给予了热情和有力的支持。德国跨国基金会(Inter Nationes)对部分书目的出版提供了支持。特别要提及的是,江平、谢怀¿G、潘汉典等法学界前辈对于此项工作始终给予着关注和支持,中国政法大学有关部门亦对我们的工作提供了帮助。法律出版社张波、卞学琪先生对出版工作兢兢业业、认真负责;朱宁女士和她的同事也一丝不苟、精益求精。在此,谨对上述所有法律界同仁和有关机构表示由衷的谢意。我之所愿,所有参与此项计划和给予该计划关注和支持的人,都能从此处呈献的工作成果中得到虽非物质的,但却真实诚恳并有长久价值的酬劳。因为,倘若这些成果能够在21世纪和中华崛起之际被赋予些微历史和现实意义的话,那么它将胜于所有致谢和嘉言。

米　健

2005年秋于京城蓟门

德文第十一版序

新版《德国债法分论》反映了当前发生的深刻法律变动,这主要是2001年8月1日的使用租赁法改革、2002年1月1日的债法改革以及2002年8月1日颁行的《关于修订损害法规定的第二次法律》。因此,本书显著的部分都必须要完全重新撰写,并且几乎在各处都可以觉察到法律规定称谓的改变。在论述过程中,针对重要的问题,我也指出了从旧法走向新法的路径,并且部分地附加引用了旧的规定(使用租赁法除外,那里或许仅会引起混乱)。尽管如此,我还是尽可能地努力做到简洁并清楚地论述,这当然是以略去某些细节和可能的争议问题为代价的。本书反映了截止到2002年8月初的情况。

关于本书的使用,请允许我再次重复一句以前讲过的话:大学生不应当全部阅读这里注明的许许多多的裁判,也不应当全部阅读这里所注明的专业文献;否则的话,大学的学习就没有尽头了。除极少数例外情况,所注明的文献仅服务于两个目的:如果我在裁判中已经对案情作出了说明,那么这是要以此达到了解抽象法律规定的实际适用范围的目的;如果没有对案情作出说明,那么无论是所给出的裁判,还是所给出的文献,是要为那些对具体问题感兴趣的读者指出一个深化问题的途径。这在具体的场合都有反映。但因为我不知道兴趣(包括通过家庭作业)会被导向何处,故此列出的文献必须具有广泛性。始终应当予以阅读的仅是法律条文。

迪特尔·梅迪库斯

2002年8月于图青

德文第一版序(1983年)

现在得以(很遗憾比预想的晚了一些)呈现给读者的《德国债法分论》,我尝试着以与《德国债法总论》同一的方式撰写:我作出努力去突出现行规则的理由和目的,以及突出其体系联系。我在这里也没有借鉴采用莫里托(Molitor)债法教科书的风格。

我在撰写期间,越来越清楚地感受到债法分则中的一个特殊问题,这就是材料异乎寻常的丰富。这是因为这里不仅涉及(在债法总则中也能够观察到的)判例法对成文法的叠置问题,而且在债法分则中,还存在来自合同实践的影响。合同实践常常将法定的合同类型相互结合到一起,或者寻求着通过改变而使法定的合同类型能够运用于特殊的需要。这在本书中,至少是在一些位置,必须得予以指明。

再者,相较于其他的法律领域而言,债法分则——或许是出于刚刚谈到的材料丰富的原因——在讲座中惯常会得到超出"范式"的处理:特别是在典型合同中,在买卖之外,常常仅讲授少数的其他类型合同。按照我的观点,一本教科书应当尝试着去补偿这一做法,特别是许多其他的类型合同非常之不类似于买卖。因此,我也对这些作出了论述。而特别是在三人关系得利法的情形,我是持保留态度的:在这一领域有时所付出的巨大理论努力,与所研究的问题类型的实际意义相比较,或许已经不再能够形成一个合适的比例。

迪特尔·梅迪库斯

翻译凡例

《当代德国法学名著》丛书的翻译工作依下述规范进行：

一、结构

以原著标题编码为基础，采取国内学术著作与译著通常采用的标题编码顺序，如：编、章、节、一、（一）、1、（1）、a、（a）。

二、译名

1. 人名

外国人人名以音译为原则，依次参照商务印书馆的《德语姓名译名手册》、大百科全书出版社的《简明大不列颠百科全书》中文版、上海译文出版社的《德汉词典》所附的人名译名表和《外国人名词典》确定；上述工具书中没有的，参照商务印书馆的《德语姓名译名手册》所附的人名音译表确定译名。但上述工具书所确定的人名译名与学界通行的译法不一致时，以后者为准，如：T. Mommsen——蒙森；Kierkegaarde——克尔凯戈尔；Schopenhauer——叔本华；Justinianus——优士丁尼……按照上述方法仍然难以确定的译名，由“当代德国法学名著”编译委员会和编辑部讨论确定。

2. 地名

外国地名以音译为原则：一律根据中国地名委员会编、商务印书馆出版的《联邦德国地名译名手册》和中国大百科全书出版社出版的《世界地名录》确定译名。

3. 其他译名

书名、学派名、机构和团体名称一律以意译为原则，并且参照《简明大不列颠百科全书》中文版和有关工具书确定译名。依照工具书未能确定者，依照通行译名确定。如：Digesten——学说汇纂、usus modernus pandectarum——学说汇纂现代实用、Historische Rechtsschule——历史法学派、Pandenktenwissenschaft——学说汇纂法学……

所有人名、地名、书名、专用术语及机构名称第一次出现时，均在圆括号内注明原文，重复出现时不再标明原文；人名重复出现时，仅取其姓氏中译或附加其名字中译的首字，如：迪·克斯勒（Dirk Käsler）。

三、相关规范

1. 重要概念或原文提示词句

原文正文中采用斜体或其他特殊字体的重要概念或提示文字，译文一律使用楷体，并用圆括号注明原文。原文中说明性文字或阐释性文字一律用小一号宋体排出。

2. 注释

（1）原文注释一律采用脚注，按原著注释顺序编码。一般采用连续编码或以章为单位连续编码的方法。

（2）译者注亦采用脚注，以“*”号标出，如：*、**、……凡译者注均列于原文脚注之后。

3. 补充性或说明性文字

原文中使用不同字体，具有注释、补充或说明性的字句或段落依据原文体例，或采用楷体，或提行采用小一号宋体，以示区别。

4. 争议名词和箴言或谚语

(1)有争议的名词在译文后用圆括号注明原文；

(2)箴言或谚语亦在译文后用圆括号注明原文；

(3)对争议名词、箴言和谚语附加必要的译者注并注明依据或来源。

5. 原文有边码者，译文按照原著标明边码。

四、标点符号

1. 书名号

著作、论文和期刊的名称均冠以书名号。

法律、法规名称使用全称的，使用书名号；使用简称的，不加书名号。

2. 引号

引号(包括单引号和双引号)的使用与原著一致。

3. 方括号

标明作者国籍，一般采用该国译名的第一个汉字，加方括号。

有必要重复使用括号时，方括号内使用圆括号。

4. 星号

仅在译者说明文字场合使用。

五、缩略语表

原著缩略语表均依原著体例译出以双语列于篇首。

六、索引和附录

1. 原著索引以双语形式保留，先外文后中文，并采用原著使用的顺序；索引文字所在页码以原著为线索，原则上按译文页码注明。

2. 原著的附录一般均作相应的译文附录。

七、本书规范

为方便读者查阅，本书将原著的页码作为边码标出。

缩略语表

a. A.	anderer Ansicht	其他见解,其他观点
aaO.	am angegebenen Ort	同前引,同前注
Abs.	Absatz	(法律条文的)款
AbzG.	Gesetz betreffend die Abzahlungsgeschaefte (Abzahlungsgesetz) v. 16. 5. 1894	1894 年 5 月 16 日的《关于分期付款买卖的法律》; 引述简作《分期付款法》
AcP	Archiv fuer die civilistische Praxis	《民法实务档案》
a. F.	alte Fassung	旧文本,旧版
AFG	Arbeitsförderungsgesetz v. 25. 6. 1969 (jetzt im SGB III)	1969 年 6 月 25 日的《劳动促进法》(现规定在《社会法典》第 3 编);引述简作《劳动促进法》
AfP	Archiv für Presserecht	《新闻法档案》
AGB	Allgemeine Geschaeftsbedingungen	一般交易条件,一般交易条款
AGBG	Gesetz zur Regelung des Rechts der Allgemeinen Geschaeftsbedingungen (AGB-Gesetz) v. 9. 12. 1976	1976 年 12 月 9 日的《一般交易条件法规制法》; 引述简作《一般交易条件法》
AktG	Aktiengesetz v. 6.9.1965	1965 年 9 月 6 日的《股份法》;引述简作《股份法》
Alt.	Alternative	(法律条文的)选择可能性

AnfG	Gesetz ueber die Anfechtung von Rechtshandlungen eines Schuldners ausserhalb des Insolvenzverfahrens v. 5. 10. 1994	1994年10月5日的《关于撤销支付不能程序之外债务人法律行为的法律》；引述简作《撤销法》
AP	Arbeitsrechtliche Praxis, Nachschlagewerk des Bundesarbeitsgerichts	《劳动法实务》,联邦劳动法院参考文献;引述简作《劳动法实务》
ArchBuergR	Archiv fuer Buergerliches Recht	《民法档案》
AT	Allgemeiner Teil (wenn ohne Zusatz, dann der erste Teil dieses Werkes: Medicus, Schuldrecht I, Allgemeiner Teil, 13. Aufl. 2002)	总论(如无附加说明,则指本书第一部分:即梅迪库斯,《总论》,2002年第13版)
AtomG	Gesetz über die friedliche Verwendung der Kernenergie... (Atomgesetz) i. d. F. v. 15. 7. 1985	1985年7月15日的《关于和平利用核能的法律》(《原子能法》);引述简作《原子能法》
Aufl.	Auflage	版次
BAG	Bundesarbeitsgericht	联邦劳动法院
BauGB	Baugesetzbuch i. d. F. v. 27. 8. 1997	1997年8月27日的《建筑法典》;引述简作《建筑法典》
BauR	Baurecht (Zeitschrift)	《建筑法》(杂志)
Baur-Stuerner SaR	Fritz Bauer (fortgefuehrt von J. F. Baur und Rolf Stuerner), Lehrbuch des Sachenrechts, 17. Aufl. 1999	弗里茨·鲍尔(由J. F. 鲍尔和罗尔夫·施蒂纳续编),《物权法教科书》,1999年第17版；引述简作鲍尔—施蒂纳,《物权法》
BB	Der Betriebs-Berater	《企业顾问》

Bd.	Band	卷,册,集
Betr.	Der Betrieb (Zeitschrift)	《企业》(杂志)
BFG(E)	Bundesfinanzhof (Sammlung seiner Entscheidungen)	联邦财税法院(其裁判集);引述简作联邦财税法院;《联邦财税法院裁判集》
BGB	Buergerliches Gesetzbuch	《民法典》
BGB-RGRK (Bearbeiter)	Das BGB mit besonderer Berücksichtigung der Rechtsprechung des RG und des BGH, Kommentar, herausgegeben von Mitgliedern des BGH, 12. Aufl. 1974ff.	《帝国法院及联邦最高法院民法典注释》,联邦最高法院成员主编,1974 年以下第 12 版;引述简作《帝国法院及联邦最高法院民法典注释》
BGBl.	Bundesgesetzblatt	《联邦法律公报》
BGH	Bundesgerichtshof	联邦最高法院
BGHZ	Entscheidungen des Bundesgerichtshofs in Zivilsachen, herausgegeben von den Mitgliedern des BGH und der Bundesanwaltschaft	《联邦最高法院民事裁判集》,联邦最高法院及联邦检察院成员编辑出版;引述简作《联邦最高法院民事裁判集》
BImSchG	Bundes-Immissionsschutzgesetz i. d. F. v. 14. 5. 1990	1990 年 5 月 14 日的《联邦公害防治法》;引述简作《联邦公害防治法》
BJagdG	Bundesjagdgesetz i. d. F. v. 29. 9. 1976	1976 年 9 月 29 日文本的《联邦狩猎法》;引述简作《联邦狩猎法》
BKR	Zeitschrift für Bank-und Kapitalmarktrecht	《银行及资本市场法杂志》
BMJ	Bundesminister der Justiz	联邦司法部部长
BNotO	Bundesnotarordnung v. 24. 2. 1961	1961 年 2 月 24 日的《联邦公证人法》;引述简作《联邦公证人法》

BörsenG	Börsengesetz i. d. F. v. 11. 7. 1989	1989年7月11日的《交易所法》;引述简作《交易所法》
BR-(oder BT) Drucks.	Bundesrats-(Bundestags) Drucksache	联邦参议院(联邦众议院)出版物
Brox-Walker SBT	Hans Brox-Wolf Dietrich Walker, Besonderes Schuldrecht, 27. Aufl. 2002	汉斯・布劳克斯—沃尔夫・迪特里西・瓦尔克,《债法分则》,2002年第27版;引述简作布劳克斯—瓦尔克,《债法分则》
BuergR	Buergerliches Recht (vgl. Medicus, BR)	《民法》(参见《民法》)
BVerfG	Bundesverfassungsgericht	联邦宪法法院
Canaris HaR	Claus-Wilhelm Canaris, Handelsrecht (23. Aufl. 2000)	克劳斯—威廉・卡纳里斯,《商法》(2000年第23版);引述简作卡纳里斯,《商法》
DAR	Deutsches Autoorecht	《汽车法》
ders., dies.	Derselbe, dieselbe(n)	同一作者
Diss.	Dissertation	博士论文
DJT	Deutscher Juristentag	德国法学家大会
DNotZ	Deutscher Notar-Zeitschrift	《公证人杂志》
DStR	Deutsches Steuerrecht	《税法》
E	Entwurf (zum BGB)	(《民法典》)草案
EAG	Einheitliches Gesetz über den Abschluß von Kaufverträgen über bewegliche Sachen	《关于订立货物买卖合同的统一法》

EFZG	Gesetz ueber die Zahlung des Arbeitsentgelts an Feiertagen und im Krankheitsfall (EntgeltfortzahlungsG = Art. 53 des Gzur sozialen Absicherung des Risikos der Pflegebeduerftigkeit v. 26. 5. 1994, BGBl. I 1014, 1065ff.)	《关于支付节假日及疾病情形劳动报酬的法律》(《报酬续付法》即1994年5月26日的《关于为需受保佐情形提供社会保障的法律》第53条,参见《联邦法律公报》第I卷,第1014页、第1065页以下);引述简作《报酬续付法》
EGBGB	Einführungsgesetz zum BGB	《民法典施行法》
ErbbauVO	Verordnung ueber das Erbbaurecht v. 15. 1. 1919	1919年1月15日的《地上权规程》;引述简作《地上权规程》
EKG	Einheitliches Gesetz über den internationalen Kauf beweglicher Sachen	《关于国际货物买卖的统一法》
Erman-(Bearbeiter)	Erman, Handkommentar zum BGB, 10. Aufl. 2000	埃尔曼,《民法典简明注释》,2000年第10版;引述简作埃尔曼,《民法典注释》
ErbStG	Erbschaft-und Schenkungsteuergesetz i. d. F. v. 27. 2. 1997	1997年2月27日的《遗产及赠与税法》;引述简作《遗产税法》
Esser-Eike Schmidt	Josef Esser-Eike Schmidt, Schuldrecht Ⅰ, Allgemeiner Teil, 8. Aufl. 1995/2000	约瑟夫·埃塞—艾克·施密德,《债法》,第1卷——《总论》,1995/2000年第8版;引述简作埃塞—艾克·施密德,《总论》

Esser-Weyers	Josef Esser-Hans-Leo Weyers, Schuldrecht Ⅱ, Allgemeiner Teil, 8. Aufl. 1998/2000	约瑟夫·埃塞尔—汉斯—雷欧·魏尔斯,《债法》第2卷——《分论》,1998/2000年第8版;引述简作埃塞尔—魏尔斯,《债法分论》
EuGH	Europäischer Gerichtshof	欧洲法院
EVO	Eisenbahn-Verkehrsordnung v. 8. 8. 1938	1938年8月8日的《铁路交通法》;引述简作《铁路交通法》
EWiR	Entscheidungen zum Wirtschaftsrecht	《经济法裁判集》
EWS	Europäisches Wirtschafts-und Steuerrecht	欧洲经济法及税法
EZB	Europäische Zentralbank	欧洲中央银行
f. (ff.)	folgende (mehrere folgende) Paragraphen oder Seiten	以下1个或数个条款/以下1页或数页
FamRZ	Ehe und Familie im privaten und öffentlichen Recht. Zeitschrift für das gesamte Familienrecht	《私法和公法中的婚姻与家庭》,亲属法综合杂志
Fikentscher	Wolfgang Fikentscher, Das Schuldrecht, 9. Aufl. 1997	沃尔夫冈·菲肯切尔,《债法》,1997年第9版;引述简作菲肯切尔,《债法》
Fn.	Fussnote	脚注
FS	Festschrift	纪念文集
GBO	Grundbuchordnung i. d. F. v. 26. 5. 1994	1994年5月26日的《土地登记法》;引述简作《土地登记法》

Gernhuber/Coester - Waltjen FamR	Joachim Gernhuber/Dagmar Coester - Waltjen, Lehrbuch des Familienrechts, 4. Aufl. 1994	约阿西姆·格恩胡贝尔/达格玛·克斯特—瓦尔特延,《亲属法教科书》,1994 年第 4 版;引述简作格恩胡贝尔/克斯特—瓦尔特延,《亲属法教科书》
Ges. Schriften	Gesammelte Schriften	文集
GewO	Gewerbeordnung i. d. F. v. 22. 2. 1999	1999 年 2 月 22 日的《营利事业法》;引述简作《营利事业法》
GG	Grundgesetz fuer die Bundesrepublik Deutschland v. 23. 5. 1949	1949 年 5 月 23 日的《德意志联邦共和国基本法》;引述简作《基本法》
GoA	Geschäftsführung ohne Auftrag	无因管理
GrdstVG	Gesetz über Maßnahmen zur Verbesserung der Agrarstruktur und zur Sicherung land- und forstwirtschaftlicher Betriebe (Grundstückverkehrsgesetz) i. d. F. v. 28. 7. 1961	1961 年 7 月 28 日的《关于采取改善农业结构和保障农林业企业的措施的法律》(《土地交易法》);引述简作《土地交易法》
GWB	Gesetz gegen Wettbewerbsbeschränkungen i. d. F. v. 26. 8. 1998	1998 年 8 月 26 日的《反对限制竞争法》;引述简作《反对限制竞争法》
HGB	Handelsgesetzbuch v. 10. 5. 1897	1897 年 5 月 10 日的《商法典》;引述简作《商法典》
HPflG	Haftpflichtgesetz v. 4. 1. 1978	1978 年 1 月 4 日的《责任法》;引述简作《责任法》

HWiG	G über den Widerruf von Haustuergeschäften und ähnlichen Geschaeften v. 16. 1. 1986	1986 年 1 月 16 日的《关于撤回上门交易及类似交易的法律》; 引述简作《上门交易撤回法》
Heck SchuldR	Philipp Heck, Grundriss des Schuldrechts, 1929 mit Nachdrucken	菲利普 · 黑克,《债法概要》,1929 年重印; 引述简作黑克,《债法》
h. M.	herrschende Meinung	通说
Hueck-Canaris	Alfred Hueck-Claus-Wilhelm Canaris, Recht der Wertpapiere, 12. Aufl. 1986	阿尔弗雷德 · 胡埃克—克劳斯—威廉 · 卡纳里斯,《有价证券法》,1986 年第 12 版;引述简作胡埃克—卡纳里斯,《有价证券法》
i. d. F. v.	in der Fassung vom	……的文本
IherJb.	Iherings Jahrbuecher der Dogmatik des buergerlichen Rechts	《耶林民法学理论年刊》
InsO	Insolvenzordnung v. 5. 10. 1994	1994 年 10 月 5 日的《支付不能法》; 引述简作《支付不能法》
JA	Juristische Arbeitsblätter	《法律工作报》
JR	Juristische Rundschau	《法学评论》
Jura	Juristische Ausbildung	《法律学习》
JurA	Juristische Analysen	《法学分析》
JuS	Juristische Schulung	《法学教育》
JW	Juristische Wochenschrift	《法学周刊》
JZ	Juristenzeitung	《法学家报》
KG	Kommanditgesellschaft	两合公司
Kittner	Michael Kittner, Gesamtsystem Schuldrecht, 1998	米夏埃尔 · 基特纳,《债法的整体体系》,1998 年版; 引述简作基特纳,《债法》

KO	Konkursordnung v. 10. 2. 1877 idF v. 20. 5. 1898	1877年2月10日的《破产法》,1898年5月20日文本;引述简作《破产法》
Köhler	Helmut Köhler, BGB Allgemeiner Teil, 24. Aufl. 1998	赫尔穆特·克勒,《民法总论》,1998年第24版;引述简作克勒,《民法总论》
KSchG	Kündigungsschutzgesetz v. 25. 8. 1969	1969年8月25日的《雇员解雇保障法》;引述简作《雇员解雇保障法》
KTS	Zeitschrift für Konkurs-, Treuhand-und Schiedsgerichtswesen	《破产、信托及仲裁制度杂志》
KVO	Kraftverkehrsordnung für den Güterfernverkehr mit Kraftfahrzeugen i. d. F. v. 23. 12. 1958	1958年12月23日的《关于用汽车进行长途货物运输的汽车运输法》;引述简作《汽车运输法》
Larenz SBT Ⅱ 1	Karl Larenz, Lehrbuch des Schuldrechts Ⅱ 1: Besonderer Teil, 1. Halbband, 13. Aufl. 1986	卡尔·拉伦茨,《债法教科书》,第2卷第1分卷,1986年第13版;引述简作拉伦茨,《债法分论》
LarenzßCanaris SBT Ⅱ 2	Karl Larenz-Claus Wilhelm Canaris, Lehrbuch des Schuldrechts: Besonderer Teil, 2. Halbband, 13. Aufl. 1994	卡尔·拉伦茨—克劳斯·威廉·卡纳里斯,《债法教科书》:第2卷第2分卷,1994年第13版;引述简作拉伦茨—卡纳里斯,《债法分论》
Lit.	Literatur	文献
Lit. -Verz.	Literaturverzeichnis	文献目录
LM	Lindenmaier-Moehring, Nachschlagewerk des Bundesgerichtshofs in Zivilsachen	林登迈尔—莫林,《联邦最高法院民事参考文献》;引述简作林登迈尔—莫林

LPartG	Lebenspartnerschaftsgesetz (G über gleichgeschlechtliche Lebenspartnerschaften v. 16.2.2001)	《生活伙伴关系法》(2001年2月16日的《关于同性生活伙伴关系的法律》);引述简作《生活伙伴关系法》
LuftVG	Luftverkehrsgesetz i. d. F. v. 14. 1. 1981	1981年1月14日文本的《航空运输法》;引述简作《航空运输法》
MDR	Monatsschrift fuer Deutsches Recht	《德国法月刊》
MedR	Medizinrecht	《药物法》
Medicus BGB AT	Dieter Medicus, Allgemeiner Teil des BGB, 7. Aufl. 1997	迪特尔·梅迪库斯,《民法总论》,1997年第7版;引述简作梅迪库斯,《民法总论》
Medicus BürgR	Dieter Medicus, Bürgerliches Recht, 19. Aufl. 2002	迪特尔·梅迪库斯,《民法》,2002年第19版;引述简作梅迪库斯,《民法》
Mot.	Motive zum BGB	《民法典立法理由书》
MuenchKomm (-Bearbeiter)	Kurt Rehmann-Franz Juergen Saecker, Muenchener Kommentar zum BGB, 3. Aufl. 1992ff., Bd. 1, 2 und 7, 4. Aufl. 2000ff.	库尔特·雷曼—弗朗茨·于尔根·赛克尔,《慕尼黑民法典注释》,1992年以下第3版;第1卷、第2卷和第7卷,2000年以下第4版;引述简作《慕尼黑民法典注释》
Mugdan	Mugdan, Die gesammten Materialien zum Buergerlichen Gesetzbuch, 1899/1900	穆格丹,《民法典立法资料汇编》,1899/1900;引述简作穆格丹,《民法典立法资料汇编》

NJW	Neue Juristische Wochenschrift	《新法学周刊》
NJW-RR	NJW-Rechtsprechungsreport Zivilrecht	《新法学周刊——民法司法报告》
Nr.	Nummer	(法律条文的)项
NZG	Neue Zeitschrift für Gesellschaftsrecht	《新公司法杂志》
NZM	Neue Zeitschrift für Mietrecht	《新租赁法杂志》
NZV	Neue Zeitschrift fuer Verkehrsrecht	《新交通法杂志》
NZVwR	Neue Zeitschrift für Verwaltungsrecht	《新行政法杂志》
o.	oben	上文
OHG	Offene Handelsgesellschaft	无限公司
OLG	Oberlandesgericht	州高等法院
Palandt-(Bearbeiter)	Otto Palandt, Buergerliches Gesetzbuch, 61. Aufl. 2002 mit Ergänzungaband zum SMG	奥托·帕兰特,《民法典注释》,2002年第61版,附有《债法现代化法》补充卷;引述简作帕兰特,《民法典注释》
PartGG	Partnerschaftsgesellschaftsrecht v. 25. 7. 1994	1994年7月25日的《自由职业者合伙法》;引述简作《自由职业者合伙法》
PatG	Patentgesetz i. d. F. v. 16. 12. 1980	1980年12月16日的《专利法》;引述简作《专利法》
PflVersG	Gesetz ueber die Pflichtversicherung fuer Kraftfahrzeughalter (Pflichtversicherungsgesetz) v. 5. 4. 1965	1965年4月5日的《关于汽车持有人义务保险的法律》(《义务保险法》);引述简作《义务保险法》
ProdHaftG	Produkthaftungsgesetz v. 15. 12. 1989	1989年12月15日的《产品责任法》;引述简作《产品责任法》

Prot.	Protokoll zum BGB	《民法典议事录》
RabelsZ	Zeitschrift fuer auslaendisches und internationales Privatrecht, begruendet von Ernst Rabel	《拉贝尔外国私法与国际私法杂志》
RdA	Recht der Arbeit	《劳动法》
RG	Reichsgericht	帝国法院
RGZ	Entscheidungen des Reichsgerichts in Zivilsachen, herausgegeben von den Mitgliedern des Gerichtshofs und der Reichsanwaltschaft	《帝国法院民事裁判集》,帝国最高法院及帝国检察院成 员编辑出版;引述简作《帝国法院民事裁判集》
RiLi	Richtlinie	(欧盟)指令
RIW	Recht der internationalen Wirtschaft	国际经济法
Rn.	Randnummer	边码
RVO	Reichsversicherungsordnung v. 19. 7. 1911	1911 年 7 月 19 日的《帝国社会保险法》;引述简作《帝国社会保险法》
Rz.	Randzahl	边码
S.	Seite; bei Gesetzestitaten Satz	页;(法律条文的)句
SchG	Scheckgesetz v. 14. 8. 1933	1933 年 8 月 14 日的《支票法》;引述简作《支票法》
Schlechtriem SBT	Peter Schlechtriem, Schuldrecht Besonderer Teil, 5. Aufl. 1998	彼得·施莱希特里姆,《债法分论》,1998 年第 5 版;引述简作施莱希特里姆,《债法分论》
Schönfelder	Deutsche Gesetze, Sammlung des Zivil-, Straf-und Verfahrensrechts, begruendet von Heinrich Schönfelder	《舍恩菲尔德德国民法、刑法及诉讼法汇编》;引述简作舍恩菲尔德

Schwab-Pruetting	Karl Heinz Schwab-Hanns Pruetting, Sachenrecht, 28. Aufl. 1999	卡尔·海因茨·施瓦布—汉斯·普律廷,《物权法》,1999年第28版;引述简作施瓦布—普律廷,《物权法》
SGB	Sozialgesetzbuch	《社会法典》
SMG	Gesetz zur Modernisierung des Schuldrechts (SchuldrechtsmodernisierungsG) v. 26.11.2001	2001年11月26日的《关于使债法现代化的法律》(《债法现代化法》);引述简作《债法现代化法》
Staudinger-(Bearbeiter)	J. von Staudingers Kommentar zum BGB 13. Aufl. 1992ff.	《施陶丁格民法典注释》,第13版,1993年以下;引述简作《施陶丁格民法典注释》
StGB	Strafgesetzbuch v. 15. 5. 1871 idF v. 13. 11. 1998	1871年5月15日的《刑法典》,1998年11月13日文本;引述简作《刑法典》
str.	Streitig	存有争执
StVG	Strassenverkehrsgesetz v. 19. 12. 1952	1952年12月19日的《道路交通法》;引述简作《道路交通法》
StVZO	Strassenverkehrs-Zulassungs-Ordnung idF v. 16. 11. 1970	1970年11月16日文本的《道路交通管制规则》;引述简作《道路交通管制规则》
u.	unten	下文
Überarbeitung	Gutachten und Vorschläge zur Überarbeitung des Schuldrechts, herausgegeben vom Bundesminister der Justiz, Band Ⅰ und Ⅱ (1981), Band Ⅲ (1983)	《关于债法修订的鉴定与建议》,联邦司法部长主编,第1卷和第2卷为1981年版,第3卷为1983年版;引述简作《关于债法修订的鉴定与建议》

UmweltHG	Gesetz ueber die Umwelthaftung v. 10. 12. 1990	1990年12月10日的《环境责任法》；引述简作《环境责任法》
UWG	Gesetz gegen den unlauteren Wettbewerb v. 7. 6. 1909	1909年6月7日的《反不正当竞争法》；引述简作《反不正当竞争法》
v.	von (vom)	……的
VerbrKrG	Verbraucherkreditgesetz v. 17. 12. 1990	1990年12月17日的《消费者信贷法》；引述简作《消费者信贷法》
VersR	Versicherungsrecht	《保险法》(杂志)
VO	Verordnung	(国内法)条例；(欧盟法)规则
VOB	Verdingungsordnung für Bauleistungen	建筑工程发包规则
VVG	Gesetz ueber den Versicherungsvertrag (Versicherungsvertragsgesetz) v. 30. 5. 1908	1908年5月30日的《关于保险合同的法律》(《保险合同法》)；引述简作《保险合同法》
WG	Wechselgesetz v. 21. 6. 1933	1933年6月21日的《票据法》；引述简作《票据法》
WHG	Wasserhaushaltsgesetz idF v. 23. 9. 1986	1986年9月23日的《水管理法》；引述简作《水管理法》
WiB	Wirtschaftliche Beratung	经济咨询
WiStG	Gesetz zur weiteren Vereinfachung des Wirtschaftsstrafrechts (Wirtschaftsstrafgesetz) i. d. F. v. 3. 6. 1975	1975年6月3日的《关于进一步简化经济刑法的法律》；引述简作《经济刑法》
WM	Wertpapiermitteilung, Zeitschrift für Wirtschafts-und Bankrecht	《有价证券资讯》，经济法及银行法杂志

WoBindB	Gesetz zur Sicherung der Zweckbestimmung von Sozialwohnungen (Wohnungsbindungsgesetz) i. d. F. v. 19. 8. 1994	1994年8月19日的《关于保障社会住房的目的规定的法律》(《住房约束法》);引述简作《住房约束法》
WRV	Weimarer Reichsverfassung	《魏玛帝国宪法》
ZAkDR	Zeitschrift der Akademie für Deutsches Recht	《德国法学会杂志》
ZBB	Zeitschrift fuer Bankrecht und Bankwirtschaft	《银行法及银行经济杂志》
ZEuP	Zeitschrift fuer Europaeisches Privatrecht	《欧洲私法杂志》
ZfA	Zeitschrift für Arbeitsrecht	《劳动法杂志》
ZfBR	Zeitschrift für deutsches und internationales Baurecht	《德国及国际建筑法杂志》
ZfS	Zeitschrift für Schadensrecht	《损害法杂志》
ZGB	Zivilgesetzbuch	《民法典》
ZGR	Zeitschrift für Unternehmens- und Gesellschaftsrecht	《企业法与公司法杂志》
ZGS	Zeitschrift für das gesamte Schuldrecht	《债法综合杂志》
ZHR	Zeitschrift fuer das gesamte Handelsrecht und Wirtschaftsrecht	《商法与经济法综合杂志》
ZIP	Zeitschrift für Wirtschaftsrecht (früher: Zeitschrift für die gesamte Insolvenzpraxis, daher die Abkürzung)	《经济法杂志》(旧称《支付不能综合实践杂志》)
ZMR	Zeitschrift für Miet-und Raumrecht	《租赁与空间法杂志》

Zöllner-Loritz, ArbR	Wolfgang Zöllner-Karl Georg Loritz, Arbeitsrecht, 5. Aufl. 1998	沃尔夫冈·佐尔纳—卡尔·格奥尔格·洛里茨,《劳动法》,1998年第5版;引述简作佐尔纳—洛里茨,《劳动法》
ZPO	Zivilprozessordnung v. 30. 1. 1877 idF v. 12. 9. 1950	1877年1月30日的《民事诉讼法》,1950年9月12日文本;引述简作《民事诉讼法》
ZRP	Zeitschrift für Rechtspolitik	《法律政策杂志》
ZVG	Gesetz ueber die Zwangsversteigerung und die Zwangsverwaltung v. 24. 3. 1897 i. d. F. v. 20. 5. 1898	1897年3月24日的《关于强制拍卖和强制管理的法律》,1898年5月20日文本;引述简作《强制拍卖和强制管理法》

注:本书引用的法律条文未经特别说明者,均指《民法典》中的条文。

目　录

当代德国法学名著总序……………………………… 1
德文第十一版序……………………………… 1
德文第一版序(1983年) ……………………………… 1
翻译凡例……………………………… 1
缩略语表……………………………… 1

导　论

第七十一章　债法分则……………………………… 3

第一编　永久让与的合同

第七十二章　概论 ……………………………… 11
第一部分　物的买卖 ……………………………… 15
第七十三章　出卖人和买受人的义务 ……………………………… 19
第七十四章　出卖人的瑕疵责任 ……………………………… 30
第七十五章　消费品买卖 ……………………………… 58
第七十六章　特论:汽车买卖……………………………… 61
第七十七章　附论:买受人与生产者的关系……………………………… 69
第七十八章　特论:土地买卖……………………………… 92
第七十九章　特论:保留所有权的买卖……………………………… 98
第八十章　特论:分期付款买卖 ……………………………… 103

第八十一章　过境买卖合同……………………………… 112
第二部分　特殊买卖合同……………………………… 117
第八十二章　物之外的其他买卖标的物………………… 119
第八十三章　先买与买回………………………………… 127
第八十四章　买卖中的试验与货样……………………… 134
第三部分　其他的永久让与合同……………………… 137
第八十五章　互易………………………………………… 139
第八十六章　赠与………………………………………… 141

第二编　定期限交付的合同

第八十七章　概论………………………………………… 155

第一部分　使用租赁…………………………………… 159
第八十八章　使用租赁法改革…………………………… 164
第八十八章之一　使用租赁总论………………………… 166
第八十九章　土地的使用租赁…………………………… 185
第九十章　住房使用租赁………………………………… 195
第二部分　其他定期限交付的合同…………………… 213
第九十一章　用益租赁…………………………………… 215
第九十二章　借用………………………………………… 222
第九十三章　借贷………………………………………… 227
第九十四章　特定目的的借贷:消费者信贷 …………… 234

第三编　劳务或者工作给付合同

第九十五章　概论………………………………………… 243
第一部分　雇用合同…………………………………… 245

第九十六章 雇用合同与劳动法 …… 247
第九十七章 《民法典》中的雇用合同 …… 251
第九十八章 医疗合同的特殊之处 …… 264
第二部分 承揽合同 …… 277
第九十九章 承揽合同总论 …… 279
第一百章 与买卖的界定 …… 298
第一百零一章 旅游合同 …… 301
第一百零二章 建筑工程合同 …… 316
第一百零三章 运送合同 …… 327
第三部分 其他合同 …… 333
第一百零四章 委托合同 …… 335
第一百零五章 有偿处理事务 …… 347
第一百零六章 居间合同 …… 352
第一百零七章 保管合同 …… 362
第一百零八章 附章:旅店主处物的携入 …… 368
第一百零九章 附章:悬赏广告 …… 372

第四编 协力债务关系

第一百一十章 合伙 …… 380
第一百一十一章 按份共有 …… 397

第五编 风险合同

第一百一十二章 赌博、打赌与差额交易 …… 406
第一百一十三章 保证 …… 411
第一百一十四章 终身定期金 …… 431
第一百一十五章 保险合同 …… 434

第六编　债权确认或流通合同

第一百一十六章　和解、债务约定和债务承认 …………… 444
第一百一十七章　无记名债券……………………………… 451
第一百一十八章　《民法典》中的其他债权证券和凭证 …… 457
第一百一十九章　指示证券………………………………… 460

第七编　混合合同和非典型合同

第一百二十章　概论………………………………………… 467
第一百二十一章　混合合同………………………………… 470
第一百二十二章　新型动产租赁、保理、特许经营……… 477

第八编　无因管理

第一百二十三章　典型特征及其界定……………………… 499
第一百二十四章　无因管理的具体问题…………………… 503

第九编　不当得利

第一百二十五章　不当得利的类型………………………… 520
第一部分　给付不当得利请求权……………………… 525
第一百二十六章　两人关系中的给付不当得利请求权……… 527
第一百二十七章　给付不当得利请求权的排除…………… 536
第一百二十八章　给付不当得利返还请求权的内容……… 546
第一百二十九章　差额说及其修正………………………… 560
第二部分　非给付不当得利请求权…………………… 565

第一百三十章　《民法典》第 816 条规定的特别权益侵害不当得利 …………………………… 569
第一百三十一章　一般权益侵害不当得利请求权………………… 576
第一百三十二章　其他非给付不当得利请求权…………………… 581
第三部分………………………………………………………………… 587
第一百三十三章　多人关系中的不当得利返还请求权……… 589

第十编　以损害赔偿给付为内容的债务关系

第一百三十四章　概论………………………………………………… 607
第一部分　狭义上的不许行为………………………………………… 611
第一百三十五章　一般条款抑或限定性构成……………………… 613
第一百三十六章　过错责任的一般要件、衡平责任 ……………… 618
第一百三十七章　生命、身体、健康和自由的侵害……………… 635
第一百三十八章　所有权侵害………………………………………… 639
第一百三十九章　人身和商业名誉的侵害………………………… 648
第一百四十章　其他权利的侵害……………………………………… 657
第一百四十一章　特论："框架权"的侵害 ………………………… 664
第一百四十二章　保护性法规的违反……………………………… 673
第一百四十三章　故意背俗的侵害………………………………… 681
第一百四十四章　基于推定过错的责任…………………………… 689
第二部分　危险责任…………………………………………………… 703
第一百四十五章　动物占有人责任………………………………… 707
第一百四十六章　汽车持有人的责任……………………………… 713
第一百四十七章　对其他技术风险的责任………………………… 722
第一百四十八章　其他的责任情形………………………………… 728
第三部分　国家责任…………………………………………………… 737
第一百四十九章　制度发生史………………………………………… 743

第一百五十章　职务义务侵害责任…… 747
第四部分　边缘问题…… 757
第一百五十一章　多数致害人…… 759
第一百五十二章　消灭时效…… 766
第一百五十三章　不作为及除去请求权…… 769

附录…… 775
法律条文对照表…… 775
术语索引…… 801

导论

第七十一章　债法分则

第一节　债法总则和债法分则

1 正如在《德国债法总论》(以下简称《总论》)边码36中已经论述的那样,人们将《民法典》中的债法分成总则和分则两个部分。其中,第二编第一章至第七章(即第241条至第432条)构成总则;而分则则由篇幅明显大得多的第八章(即第433条至第853条)组成。总则中包含的规定适用于一切类型的债务关系或者至少数个类型的债务关系,例如,一切种类的债权都可以因清偿或者替代清偿而归于消灭(第362条以下);一切种类的合同都可以以自始不能的给付为标的(第311a条,以前为第306条以下);在一切双务合同中都可能会出现给付与对待给付之间的结合关系问题(第320条以下)。相对而言,分则中包含的则是关于各种具体债务关系的规定。对于这些具体的债务关系,人们可以按不同的方法进行划分。

第二节　债务关系发生的原因

2 债务关系既可以因法律行为而产生,也可以因法律而产生(参见《总论》边码 55 以下)。分则包含的主要是那些依法律行为(差不多总是合同)设定的债务关系,但除此之外也包含有法定的债务关系,这特别是指缔约过失(第 311 条第 2 款和第 3 款)、无因管理(第 677 条以下)、不当得利(第 812 条以下)和侵权行为(第 823 条以下)。介于二者之间的是因向旅店携入物品而产生的债务关系(第 701 条以下)和因共同享有权利而产生的债务关系(第 741 条以下):这种债务关系虽然系依法产生,但常常亦与合同相关联。然而因物的提示而产生的债务关系(同样系法定的债务关系)(第 809 条至第 811 条),则不具有什么实质性的意义,故在本书中不予讨论。

第三节　依法律行为产生的债务关系的内容

3 债务关系中为数最多者是依法律行为设定的债务关系。至于说是否应当按照债务关系系基于单方法律行为抑或基于双方法律行为(即合同)来对债务关系进行分类,实际意义并不是很大。这是因为差不多所有的债务关系都是以合同为基础的,第 311 条第 1 款(以前为第 305 条)也是将这作为一般情形来规定的(参见《总论》边码 58 以下)。比较具有实际意义的是另外两种分类方法。

一、有偿合同和无偿合同

4 绝大多数的债务合同都是有偿的双务合同,即一方当事人的给付义务(常常以金钱为内容,但并不以此为必要)与另外一方当事人同样也负有的给付义务相对,例如,买卖、使用租赁、雇用合同和承揽合同就是这样。而其他的债务合同则是无偿的,例如赠与约定、借用和委任。另外还有一些类型的合同则既可以是有偿的,也可以是无偿的,例如借贷、保管和保证。最后要指出的是,如果给付与对待给付之间非为双务关系,而是双务关系之外的其他种类的关系,那么这也是可能的;这种情况例如见于居间合同(参见第652条连同边码436)。可见,并不是一切有偿的合同同时也都是双务的合同。

在此,这些无偿的合同具有一个共性,那就是第320条以下关于双务合同的规定对于它们是不适用的。除此之外,绝大多数的债务合同还具有一些其他的特征(参见格伦德曼(Grundmann)文,载《民法实务档案》第198卷,1988年,第475页)。例如,一个无偿行为的行为人的责任常常是被减轻的,而且其负担的义务往往也比较容易得到解脱。这里适用的是所谓利益主义原则(Utilitaetsprinzip):即只有因合同而获得利益的人始应当负完全的责任。而在依无偿合同对第三人实施处分行为的情形,取得行为在有些方面也是不持久的:这是因为一个对于自己的所得没有作出任何牺牲的人,有时必须要将这种所得移转给权利丧失者(参见《民法典》第816条第1款第2句、第822条、第988条)。

二、约定的给付的种类

最为重大的,并且在类型化方面为《民法典》所主要采纳的标准是所约定的给付的种类。在无偿合同中,这是指所约定的或者所给予的唯一的给付;在有偿合同中,这是指并非在于金钱的给付(通常表现为金钱的对待给付本身不具有任何色彩,其只是用于界定无偿的法律行为)。据此,《民法典》对下述类型的合同作出了规定,并且下文所要论述的也是这些合同: 5

1. 在第一个类型的合同中,合同上的典型给付是将物、权利或者其他财产权益永久性地移转给合同的相对人。此种行为通常可以快速地清算了结;如果执行过程不受妨碍,那么不会产生返还移转的义务。买卖、互易和赠与即属于此一范畴(参见下文边码14至182)。

2. 第二种类的行为不以永久性的移转为内容,而只是以一时 6

的让与(voruebergehende Ueberlassung)为内容。此种合同的清算了结一般需要很长的时间跨度;由于以让与为内容的给付至少需要持续一定的时期,故这涉及继续性的债务关系(参见《总论》边码10以下)。又由于让与仅应为一时性的,因此受领人负有返还的义务。使用租赁、用益租赁、借用以及有一定差别的借贷,即属于此一范畴(参见下文边码183至309)。

7 3. 第三类型的合同不涉及物、权利或者类似权益的移转,而是应当给付劳务或者促成一定的结果,例如,负担的给付为给予治疗、利用出租车搭载乘客或者建造房屋。这些给付有时可以迅速完结,但在其他的情形也可能会需要很长的时间。因此,在这一种类的合同中,也存在继续性的债务关系(尤见于雇用合同)。然而从合同债权受订约人人身拘束的角度看,则存在着不同:例如,在雇用合同(第613条)中存在专属性的问题,但其在承揽合同中却是不存在的。在这一类别的合同中(委任、居间合同和保管也属于这一范畴),我们看到各种合同之间存在着很大的不同。有关这方面问题,参见下文边码310至470。

8 4. 第四种类的合同只包括两种债务关系,这就是合伙和共有(参见下文边码471至505)。这种债务关系的宗旨是调整数个人共同参与一项法律关系的问题。由于这数个人具有共同的利益,因此并不能够没有任何问题地适用关于双务合同的规则;再者说,共有关系至少在大多数情况下都是以合同之外的方式成立的。

9 5. 第五种类的合同是关于承担风险的合同。承担这样的风险可能意味着是一种赌博,因此,这种合同仅具有减轻的法律效力(赌博、打赌、差额交易)。但另外,这一范畴也包括十分严肃、具有完全效力的行为,例如保证和约定终身定期金。最后要指出的是,在《民法典》之外调整的保险合同,也属于这一范畴(参见下文边码506至549)。

6. 第六种类的债务关系是确认债权或者使债权流动化的合同。和解、债务约定和债务承认具有确认债务的效力;而以使债权受证券拘束(证券化)为内容的合同则用于使证券流动化。这是因为这种证券可以方便持有人主张债权,方法是其能够向债务人证明持有人的身份和资格;其亦可以有助于债务人,方法是债务人可以通过向持有人给付而得到免责,因此无需再行审查持有人的债权人身份;最后,其亦可以使证券化债权的受让人得益,条件是受让人对因持有证券而被证明身份的出让人的权利具有善意,并且这种善意是受保护的(参见下文边码 551 至 584)。 10

第四节　旧有的合同类型和新的合同类型

1. 在上文所述的合同类型中,绝大多数是很古老的,至少可以追溯到罗马法。这是因为它们满足的都是一些根本的需要,例如,买卖、互易、使用租赁和雇用合同等就是这样。虽然说从一些方面来看,人们对应当如何解决某些具体问题的见解随着时间的推移已经发生了变化(如下文边码 21 以下关于买卖合同权利瑕疵担保责任的论述),但从总体上看,关于这些"古老"合同的法律规定表现出来的是高度、公正地解决这些问题的经验及其意旨。出于这一原因,这里常常也会见到在第 307 条第 2 款第 1 项(以前为《一般交易条款规制法》第 9 条第 2 款第 1 项)中被称为"法律规定的基本思想",并且在某种程度上不得以一般交易条款予以变更的内容。 11

2. 但在这些古老的合同类型之外,为满足新的需要也出现了一些新的类型的合同。其中的一个类型即旅游合同,在 1979 年被立法者添加到了《民法典》之内(第 651a 条以下)。而其他类型的合同,例如融资租赁和保理,迄今为止尚未在法律上得到调整。然而这些合同以及其他的一些合同有时是与传统的那些合同类型 12

(特别是买卖和使用租赁)联系在一起的。出于这一原因,人们有时可能也会产生这样的疑问:即是否应当把一种旧的制度重新装扮一下,并且也给它赋予一个摩登的新名字。所以,于此方面在法律上重新作出调整几乎还是不可能的,这个问题也没有那么迫切(参见下文边码 585 至 609)。

13 3. 然而一个企业主(第 14 条)与一个消费者(第 13 条)之间订立的合同,即所谓的消费者合同(Verbrauchervertraege),不构成《民法典》分类意义上的统一的合同类型。其可能仅属于唯一的一种合同类型(如第 474 条以下的消费品买卖、第 491 条以下的消费者借贷)。但我们也可以这样来表述:即其适合于数个合同类型(如第 312 条的上门交易、第 312b 条的远程销售合同)。因此,这方面的规定有些见于债法总则,有些则见于债法分则。

第一编

永久让与的合同

第一册

第七十二章 概　　论

第一节　根据对待给付进行区分

在永久让与的合同中(参见上文边码 5),首先可以根据让与是有偿还是无偿来进行分类:在有偿的情形,如果约定金钱为对待给付,则为买卖(第 433 条);在其他种类对待给付的情形,这可能涉及的是互易(第 515 条)。而在约定为无偿的情形,为赠与(第 516 条)。如果约定了对待给付,但就应让与的标的物而论,该对待给付依当事人的意思不应当构成实足价值的等价物(如将一个物以“半赠与”的方式给予对方),则为混合赠与。这就引发了下述问题:即在多大程度上适用买卖抑或赠与的规则(参见下文边码 593)。 14

第二节　根据应让与的标的物进行区分

1. 上文刚刚按照对待给付的不同进行了区分,而从给付的角度来看,重要的是所约定的给付的种类:可以是一个物(动产或者不动 15

产)、一项权利(如一项债权)、一个其他具有财产价值的客体(如一个客户群体或者一种秘密方法)抑或是一个集合体。最为重要的通常由物、权利和纯粹的营业机会组成的这种集合体为企业。

下文以买卖这种实践中最为重要的营业行为来进行此种分类:在边码 19 至 147 中,首先论述的是物的买卖(Sachkauf);在此,对于那些特别重要的物之类别,即对于汽车(参见下文边码 81 以下)和土地(参见下文边码 113 以下),适用其自己的条款;最后论述权利和企业的买卖(Kauf von Rechten und Unternehmen)(参见下文边码 148 以下)。

16 2. 但根据行为客体的不同也可以按照其他的方式进行区分:即给付标的物在合同之中已经得到具体化,致使成立特定之债(Stueckschuld)。在土地或者旧车等情形,通常就是这样。如果出卖人仅提供特定的一件产品,或者买受人为自己挑选出了这样的一件产品,那么也是这种情况。但在合同中也可以首先仅对所负担的标的物作出一般性的描述:在此种情形,成立种类之债(Gattungsschuld)。在现代的大批量生产活动中,这种约定主要见于新出厂的产品。由于这种产品都是同一种类的,故债权人通常并不对特定的一件产品具有利益;债务人常常也必须得首先购置为履行合同所必要的商品,单是出于这种考虑,债务人就不愿意在合同中规定特定的产品(参见《总论》边码 175、178 以下)。

《民法典》以特定买卖为调整模式:第 433 条称“该”(买受)物即为如此(参见《总论》边码 119)。据此,本书在下文(参见边码 19 至 76)也是首先论述特定买卖,尔后(参见下文边码 77 以下)再论述种类买卖。

第三节　买卖的特别建构

1. 与规定给付标的物的方式无关，当事人还可以以其他的方式对买卖进行特别的建构。一个物的出卖人可以为自己保留所有权，即为如此（参见下文边码 120 以下）。常常也会遇到下述情况：即全部或者部分延期清偿价金和以分期付款的方式支付价金（分期付款买卖；参见下文边码 124 以下）。消费者买卖则适用特别规定（第 474 条以下；参见下文边码 80 以下）。先买和买回为以后始应订立的买卖合同的前期阶段（第 463 条以下，第 456 条以下；参见下文边码 156 以下）。最后，买卖也可以与试用相结合：即在买卖最终成立之前，买受人可以首先试用买卖物（试验买卖，第 454 条以下；参见下文边码 166 以下）。 17

2. 最后要指明的是，某些过境买卖合同（grenzueberschreitende Kaufvertraege）在法律上得到了特别的调整，这主要是指那些进出口交易行为。在这里，确定这种合同所应适用的内国法律制度可能会造成显著的困难。例如，如果将意大利的汽车卖到法国，而买卖价款应当支付到瑞士一家银行的账户上，那么这一销售合同是受瑞士、意大利抑或是法国法律的拘束？对于这一问题，《民法典施行法》第 27 条以下规定中的国际私法提供了一个解决办法，但是很难操作。故此，关于应当适用的法律的问题，最好是通过一个国际上统一的买卖法来解决。然而在这一方面，迄今为止只是存在有限的解决方案（参见下文边码 146 以下）。 18

第一部分

物的买卖

参考文献：关于新近的大规模著述，参见G.瓦尔特（G. Walter）：《买卖法》，1987年；亦请参见U.胡贝尔（U. Huber）在《泽格尔（Soergel）注释》中所做的注释，第12版，1991年；另外请见贝希曼（Bechman）：《普通法上的买卖》，3卷本，1876—1908；贝格福特—蒙纳德（Bergerfurth－Menard）：《买卖法》，第2版，1978年；勃兰特（Brandt）：《所有权取得及交换行为》，1940年；W.恩斯特（W. Ernst）：《权利瑕疵责任》，1994年；同一作者：《商品的拒绝接受》，载《新法学周刊》，1997年，第896页以下；吉森（Giesen）：《债法分则中解决冲突的原则：第一部分——买卖合同法》，载《法律学习》，1993年，第169页以下；续篇：载《法律学习》，1993年，第354页以下；《法律学习》，1994年，第194页以下；格鲁内瓦德（Grunewald）：《买卖中权利瑕疵与物的瑕疵之间的界分》，1980年；克内普夫勒（Knoepfle）：《如果出卖人没有使买受人取得所有权，那么这是权利瑕疵吗?》，载《新法学周刊》，1991年，第889页以下；洛宾格（Lobinger）：《民法典第281条的代偿请求权——联邦最高法院民事裁判第114卷第34

页》,载《法学教育》,1993 年,第 453 页以下;梅迪库斯(Medicus):《买卖合同和承揽合同》,载《法学教育》,1992 年,第 273 页以下;鲍路施(Paulusch):《联邦最高法院关于买卖法的判例》,载《有价证券资讯》,1986 年,特刊第 10 期;续篇:载《有价证券资讯》,1991 年,副刊第 9 期;《有价证券资讯》,1995 年,副刊第 1 期;拉贝尔(Rabel):《货物买卖法》,第 1 卷,1936 年;第 2 卷,1958 年(是内容广泛的比较法上的论述);同一作者:《出卖人的权利瑕疵责任》(法律史著述),1902 年;D. 赖尼克—蒂特克(D. Reinicke – Tiedtke):《买卖法》,第 6 版,1998 年;蒂特克(Tiedtke):《论联邦最高法院自 1987 年 1 月 1 日以来在买卖法方面的判例》,载《法学家报》,1990 年,第 75 页以下、第 124 页以下;1997 年,第 869 页以下、第 931 页以下;格拉夫·封·魏斯特法伦(Graf von Westphalen):《欧共体成员国买卖法手册》,1992 年;维恩特毕西勒(Windbichler):《新的销售方式及其对买卖法的影响》,载《民法实务档案》,第 198 卷,1998 年,第 261 页以下;M. 沃尔夫(M. Wolf):《联邦最高法院当前的司法:买卖合同(及其他合同)》,载《新法学周刊》,1994 年,第 298 页以下。

关于新法,可以参见:魏斯纳(Weisner):《欧共体买卖担保责任指令》,载《法学教育》,2001 年,第 759 页以下;H. 洪恩塞尔(H. Honsell):《欧盟消费品买卖指令及其向民法典的转化》,载《法学家报》,2001 年,第 278 页以下;哈斯(Haas):《债法现代化法草案:买卖和承揽合同法》,载《企业顾问》,2001 年,第 1313 页以下;H. P. 韦斯特曼(H. P. Westermann):《新买卖法》,载《新法学周刊》,2002 年,第 241 页以下;舒贝尔(Schubel):《新买卖法》,载《法学教育》,2002 年,第 313 页以下。

第七十三章　出卖人和买受人的义务

第一节　出卖人的义务

一个经具体指定的物的出卖人,有义务向买受人交付该物,并使买受人取得该物的所有权,见第433条第1款第1句。 19

一、交付

1. 交付通常意味着转移直接占有(Uebertragung des unmittelbaren Besitzes)(第854条)。如果出卖人使一个第三占有人向买受人交付,那么这也可以达到同样的目的:问题的关键只是在于,买受人因出卖人的促动行为而获得占有。当事人也可以约定:代之以向买受人交付,也可以向一个第三人交付,如交付于买受人向之转卖标的物的人,这就是所谓的延伸行为(Streckengeschaeft),参见帕德克(Padeck)文,载《法律学习》,1987年,第454页。

如果出卖人自己继续保持直接占有人的地位,那么在这种情况下提供单纯的间接占有(第868条)通常尚不能够履行交付义务:设如出卖人甲拟将陈列在自己橱窗之内的一只花瓶出卖给买受人乙,同时约定该花瓶在改变橱窗设计之后始应当交付。在此种情形，买受人乙可以立即成为间接占有人；如果应当依第930条向其移转所有权，那么这甚至是必要的。但在这样一种情况下，花瓶的交付义务在嗣后交付时才能够得到履行（这一点因第446条而至关重要；参见下文边码34）。而在一个第三人为直接占有人的情况下，取得间接占有就可能已经足够了。如此，如果出卖人以用益租赁的方式出租一块土地，那么在买受人承担用益租赁合同的情况下，出卖人通过让与对方为第三人的承租人享有的请求权（第870条）就可以履行自己的交付义务了。

20 2. 若干重大的法律后果系以交付为连结根据：在动产的情形，交付通常表明取得所有权（第929条）。但与之无关的是，依第446条第1句，价金危险（Preisgefahr）随交付移转于买受人（参见下文边码34）。自交付时起，收益（如用益租赁的租金）也归买受人享有，其亦承担物的负担（如土地税），见第446条第2句。最后，交付对于物的瑕疵担保责任也具有意义（参见第434条第1款第1句“在危险移转时”，并请参见第446条第1句）。

二、使买受人取得所有权

21 1. 直接占有是对物的事实上的支配，是可见的。因此，其移转也是可见的。而所有权则是不可见的。虽然我们可以看到，出卖人是否实施了为转让所有权所必要的行为（在土地的情形，见《民法典》第873条、第925条和第925a条以及《土地登记法》第19条和第20条；在动产的情形，见第929条以下），但这些行为是否具有一定的结果，则首先或多或少是不确定的。故此，仍然存在着下述危险：即嗣后又有第三人对该物主张自己的权利，并在援用此项权利的情况下向买受人请求返还该物。

依照罗马法，出卖人通常不负有使买受人取得所有权的义务（这首先也是无法检验的），而只是负有移转不受妨害的占有的义务。如果有第三人请求此项占有（特别是在其声称自己为所有权人的情形)，那么出卖人必须帮助买受人对该第三人进行防御。只有在出卖人不实施此种行为，或者实施此种行为未果时，出卖人始负责任。这相当于追夺主义原则(Eviktionsprinzip)，其将买受人丧失占有作为出卖人责任的连结根据。而《民法典》原则上采取的则是取得主义原则(Verschaffungsprinzip)：即在出卖人没有使买受人取得所有权的情形，出卖人即当负责任。然而即使是在现在，买受人仍然可以通过主张第三人已经成功地对占有提出异议来证明自己的权利有瑕疵。

2. 使买受人取得所有权，必须保证不附有第三人的权利(frei 22
von Rechten Dritter)，见第 435 条。因此，如果在所有权上设定有第三人的质权，那么这种所有权转让是不够的。然而，如果买受人在订约时知悉权利瑕疵，那么出卖人不因此种权利瑕疵而负责任，见第 442 条第 1 款。只是就一切在土地登记簿上登记的权利而论，即使买受人知情，出卖人仍然必须除去这些权利，见第 442 条第 2 款：在这里，根据买受人虽然知情而订约这一点内容，还不能够推出其放弃的意思，这是因为特别是由出卖价金来偿付土地质权的做法并不罕见。然而所有这些规定都是任意性的。特别是在土地买卖中，当事人常常约定以折抵价金为条件来让买受人承担负担(参见下文边码 115)。

对于土地出卖(Grundstuecksverkauf)，在第 435 条第 2 句和第 436 条中设有补充规定。根据第 435 条第 2 句，对于土地登记簿上关于负担的不正确的登记(也就是纯粹的“登记簿上的权利”)，土地的出卖人也必须请求予以注销。这是因为此种登记会对买受人造成不利，理由是根据第 891 条第 1 款和第 1138 条，推定这些登记为正确。另外，根据第 892 条和第 1138 条，一项在开始被不正确登记的权利，可以因第三人的正当取得而真正产生。而第 436 条第 2 款则将不适合于登入土地登记簿的那些税捐和其他公用负担排除于出卖人的责任之外：即买受人必须要考虑到此种负担。土地税等即属于此一范畴。然而第436条并不适用于拖欠的款项;这也就是说,如果拖欠的款项应当由买受人来负担,那么这必须要经过特约。公法上为修建道路而让与部分土地的义务,也可能会构成权利瑕疵(参见联邦最高法院裁判,载《新法学周刊》,1983年,第275页;科勒(Koller)文,载《法学教育》,1984年,第106页)。如果柴油燃料中含有采暖用油,并因此而可能被海关没收,那么这甚至也可能意味着是权利瑕疵(参见联邦最高法院裁判,载《新法学周刊》,1991年,第915页)。然而联邦最高法院的裁判也有将欠缺建筑许可认定为物的瑕疵(参见《联邦最高法院民事裁判集》,第114卷,第260页;物的瑕疵与权利瑕疵的界定存有疑问的情况并不少见,但自《债法现代化法》颁行以来,这一点已经不重要)。

23 根据新法第436条第1款,对于在订约日之前"在建筑技术上开始"的措施,土地的出卖人应当支付全部的开发费用(Erschliessungsbeitraege)。这是很过分的,应当予以排除适用。这是因为"措施"(如修建道路或者开挖运河)可以在很远的距离上开始,故此对于出卖人和买受人来说可能是看不见的,在很远的地方建造一个净化工厂即为一例。

24 3. 根据上文的阐述,出卖人有责任使买受人取得不附有任何负担的所有权,这首先意味着:买受人得以请求履行,即移转所有权或者除去构成妨碍的第三人的权利。但这对于出卖人来讲也许是不可能的。在此种情形,适用下列规则:

25 根据《债法现代化法》,在权利瑕疵的情形,买受人享有与在物的瑕疵情形之下同样的权利,即解除或者减价;在出卖人具有过错的情形,也可以请求损害赔偿(参见下文边码54以下)。即使是在权利瑕疵的情形,在行使解除、减价以及请求替代给付的损害赔偿的权利之前,买受人通常必须首先请求后续履行(参见下文边码54以下)。而根据旧法,如果出卖人不履行自己的权利取得义务,那么出卖人将以旧法第 440 条和第 325 条规定的复杂方式负无过错责任(参见本书上一版,边码 24 以下)。

三、出卖人的其他义务

作为出卖人的其他义务,旧法第 444 条列举了下列义务:即告 26
知买卖标的物法律情况的义务和交付证据文书的义务。虽然在法律上并没有特别的提及,但现在也还是这样。在此之外,出卖人还可能承担其他的义务:如包装买卖物的义务(参见齐默尔(Zimmer)文,载《企业顾问》,1988 年,第 2192 页)、发送买卖物的义务、运输买卖物的义务或者装配买卖物的义务。承担此种义务也可以因交易习惯而产生(第 157 条、第 242 条),如在通常实行运输的情形即为如此(新出厂的钢琴或者采暖用油)。

主要是根据诚实和信用(同样是基于第 157 条、第 242 条),在例外的情形,出卖人也可能承担下述义务:即为买受人提供咨询以及向买受人阐明买卖标的物的使用方法和危险的义务。这特别适用于下述情形:即出卖人通过自己的广告(如作为"厨房参谋")使买受人信赖自己在这方面很在行。但建立这种义务需要具有特别的理由:《民法典》通常并不将出卖人理解为与买卖标的物具有密切关系的人。然而无论如何,对于自己制作的,并且早就已经交付给买受人的物品,如果出卖人变更了物品的性能,则存在指明义务(参见《联邦最高法院民事裁判集》,第 132 卷,第 175 页)。

出卖人通常也不负有检查买卖标的物适合性的义务(通常的判例即为如此;如参见联邦最高法院裁判,载《新法学周刊》,1981 年,第 1269 页、第 1270 页)。保护买受人免遭买卖标的物危险的措施更多地是由制作者负担(参见下文边码 102 以下)。

同样,只有在特殊的情况下,出卖人才承担保有备件的义务(Ersatzteilhaltung)。这一方面要考虑到后继购买的可能性(如瓷制餐具),但另外一方面也要考虑到不昂贵的技术耐用品不会因磨损件没有备件而失去价值(如一定型号的吸尘器因没有集尘袋或者集尘装置而失去价值)。这些问题迄今为止只是得到了很少的讨论(参见屈纳(Kuehne):《后契约上的备件交付》,载《企业顾问》,1986年,第1527页;乌尔普利希—乌尔普利希(Ulbrich - Ulbrich):《备件储备》,载《企业顾问》,1995年,第371页)。

第二节 买受人的义务

27 根据第433条第2款,买受人有义务向出卖人支付约定的价款,并受取标的物。

一、支付价款

1. 买受人支付价款的义务构成金钱之债(Geldschuld)。因此,这里适用《总论》边码156以下关于履行此种义务的论述。自《债法现代化法》生效之后,对于买受人而言,不再存在特别的付息义务(Verzinsungspflicht)(旧法第452条非为如此);就是说,这种义务通常自债务人迟延时起才开始(见第286条、第288条)。

28 2. 关于所负担的价金的数额,《民法典》没有作出规定:价金(同买卖标的物一样)应当由合同当事人自己来约定。当然,这常常并不意味着“完全是谈出来的”。对于自己的产品,出卖人往往具有固定的价格,其并不愿意偏离这一价格;出卖人的代理人(如商场的销售人员)没有变更价格的代理权。在这样的情况下,价金约定就成了买受人表示愿意接受出卖人所要求的价格。只要这一价格还没有为买受人所知,通常尚不能够将买卖视作已经成立。据此,如果一个具有买受戒指意向的人作出“我要这个”的意思表示,那么在表意人获知价格之前,这个表示通常是没有约束力的(确切地说,这只是一个要约邀请)。

29 3. 在名牌商品的情形,以前通常实行所谓的二手价格约束(Preisbindung der zweiten Hand):即生产者确定商品的最终销售价格,并且有义务让商人对购买者遵守这种价格。以此种方式确定的商品价格常常被生产者印制在商品包装和广告上。然而由此形成了下述见解:即此种价格约束限制了竞争,并且引起了过高的价格。因此,通过修订《反对限制竞争法》第 16 条(现为第 15 条),在 1973 年禁止对名牌商品实行价格约束;只有对出版产品(书籍、报刊和杂志)才能够实行价格约束。但现在这在欧盟的范围之内是有争议的。

当然,《反对限制竞争法》第 15 条的效用本身也不是完全没有疑义的。虽然因价格约束而引起过高价格的情况并不罕见,但在另外一个方面,由于价格约束能够使消费者方便价格比较,故其也能够促进生产者之间的竞争。现在在《反对限制竞争法》第 23 条的范围内,只是还准许生产者作出无约束力的价格建议(unverbindliche Preisempfehlungen)。根据《反对限制竞争法》第 23 条第 3 款,卡特尔机关可以宣布过高的价格建议为不法,理由是通过以低于此一价格的价格出售,商人将会引起销售特别优惠商品的表象,这即是所谓的月亮价格(Mondpreise)。

4. 有一些特别规定主要是为价格的清楚性服务的(但也为其 30
他的、从经济政策角度看比较有疑问的目的服务;参见基特纳,边码 639)。1933 年 11 月 25 日颁布的《折扣法》规定,在同消费者进行的日用商品及服务的往来中,通常禁止给予 3% 以上的折扣。根据 1932 年 3 月 9 日颁布的《禁止附赠法》,对于并不单纯是低价值的广告品或者小商品,通常不准许预告附加赠送或者进行附加赠送。但这些规定现在已经被废止;现在的限制基本上都出自《反不正当竞争法》(参见迪特默(Dittmer)文,载《企业顾问》,2001 年,第 1961 页;H. 克勒(H. Koehler)文,载《企业顾问》,2001 年,第 265 页、第 1589 页;诺德曼(Nordemann)文,载《新法学周刊》,2001 年,第 2505 页;施泰因贝克(Steinbeck)文,载《经济法杂志》,2001 年,第 1741 页)。另外,《标价法》和 2000 年 7 月 28 日颁布的《标价条例》(参见《法律公报》,第一部分,第 1244 页;并参见弗尔克(Voelker)文,载《新法学周刊》,2000 年,第 2787 页以下)要求,对于橱窗和广告等中的指向消费者的产品,必须要清楚地进行标价并注明增值税。

5. 如果买卖标的物的交付时间很长(如有些型式的汽车有时即为如此),那么由于可以预见到的币值降低,出卖人不会愿意将价格固定在一定的价金之上。在这种情况下,过去的通常做法是约定以交付日适用的价目表价格(Listenpreis)为价金。但根据《一般交易条款规制法》第 11 条第 1 项(现为《民法典》第 309 条第 1 项)的规定,如果此种约款见于对非企业主适用的一般交易条款之中,那么这种约款的准许性是受到限制的:如果买卖标的物应当在订约后 4 个月之内交付,那么原本约定的价格不得提高。这甚至适用于增值税增加的情形(参见《联邦最高法院民事裁判集》,第 77 卷,第 79 页)。《一般交易条款规制法》第 11 条第 1 项在过去最为重要的适用情形,是下文边码 84 中论述的适用于汽车买卖的所谓“日价约款”。关于商人之间适用的价格调整条款,参见沃尔夫(Wolf)文,载《经济法杂志》,1987 年,第 341 页。

二、买卖标的物的受取

31 第 433 条第 2 款中列举的买受人的第二项义务指向标的物的受取。此举应当使出卖人免除直接占有买卖物的这一负担。这就是说,买受人不单纯是有权(参见上文边码 19),而且也有义务承担占有。在不受取标的物的情形,除构成债权人迟延之外,也可能会构成债务人迟延(并且负担损害赔偿义务)(第 286 条)。

三、买受人的其他义务

32 买受人只有在特殊的情况下才负有其他的义务。根据《商法典》第 379 条,在双方商行为的情形(《商法典》第 344 条以下),买受人有义务暂时保管质量受责难的物品。但根据第 242 条,对于非商人,也应当认为存在着类似的义务。如果外包装的所有权没有被移转给买受人(如押金瓶或者集装箱),那么买受人应当予以保管并返还。对于自己将转卖标的物的这一意图,买受人无需释明;参见《联邦最高法院民事裁判集》,第117卷,第280页(宝马汽车案)。

第三节　出卖人义务与买受人义务之间的结合关系

一、《民法典》第320条以下

33 买卖合同总是双务合同(参见《总论》边码472以下)。因此,对于一切的给付义务,通常应当适用第320条以下的规定。这一方面涉及出卖人使买受人取得占有和所有权的义务,另外一个方面涉及买受人支付价金和受取标的物的义务。

二、价金危险的移转

34 1. 根据第320条、第323条、第326条第1款和第5款,出卖人必须要履行自己负担的一切给付,目的是使自己能够在没有抗辩权的情况下请求价金。如果标的物后来灭失,并因此而不再能够向买受人转移所有权的话,那么单纯交付标的物将是不够的。这样,出卖人也必须要承担那些源自买受人范围的危险。

这种不公平的后果因第446条第1句而被消除:即"意外灭失及意外减损的危险"应当随买卖标的物的交付(Uebergabe der Kaufsache)而移转于买受人。这里的"危险"系指对待给付(价金)危险(参见《总论》边码147、490;许弗(Hueffer)文,载《法学教育》,1988年,第123页)。这也就是说,第446条第1句建立了一个第326条的例外:即如果所有权转让不能是在交付之后才发生的、并且其既不能够归责于出卖人也不能够归责于买受人,那么这种不能不再妨碍出卖人享有的支付全部价金的请求权。这主要是在保留所有权的买卖中具有意义:在这里,在交付与通过支付最后一期价金始能够完成的所有权移转之间常常需要经过若干年的时间。

35 2. 在土地的情形,根据第 873 条、第 925 条,所有权的移转与交付无关。因此这里可能会出现下述情况:即所有权在交付之前即已经移转给了买受人。按照旧法第 446 条第 2 款,在此种情形,买受人应当承担价金危险。这也就是说,对于所有权已经转让给自己,但还没有交付的房屋土地,设如房屋在交付之前因意外事件而遭焚毁,那么买受人仍然必须支付全部的价款。《债法现代化法》没有接受这一规定;故此,现在在土地的情形,危险移转只是由交付与否决定。

36 3. 关于价金危险向买受人的移转,第 447 条第 1 款也作出了规定,这是对所谓送交买卖(Versendungskauf)的规定(参见福斯特(Faust)文,载《企业》,1991 年,第 1556 页;恩斯特(Ernst)文,载《经济法杂志》,1993 年,第 481 页;赖因哈特(Reinhardt)文,载《法学评论》,1998 年,第 446 页):即出卖人根据买受人的要求而将标的物送交到履行地之外的另外一个地点。在此种情形,一旦出卖人将标的物交付于运输人(如交寄于邮局),买受人即应当承担价金危险。关于第 447 条,应当注意下述几点的内容:

(1)如果出卖人负担的债务为赴偿债务(参见《总论》边码 142),则这不是送交买卖。这是因为第 447 条中的“履行地”系指给付地,并且对于赴偿债务而言,其是在债权人那里(即在买受人那里)。因此,标的物没有被送交至“履行地之外的另外一个地点”。这也就是说,在这里,只有在标的物真的到达买受人那里时,买受人才必须支付价金。然而根据第 269 条第 1 款,在发生疑义时,可能恰恰不构成赴偿债务;就算出卖人承担了送交费用,可能也不构成赴偿债务(第 269 条第 3 款)。依据正确的见解,邮购买卖(Versandhandel)不受第 447 条约束(参见约斯特—费策尔—默恩(Jost - Fitzer - Mohn)文,载《企业顾问》,1997 年,第 1165 页):这里的送交不是“根据买受人的要求”进行的,而是由出卖人作出的(但许多学者持其他见解;参见厄特克(Oetker)文,载《法学教育》,2001 年,第 833 页)。但在消费品买卖(Verbrauchsgueterkauf)的情形(参见下文边码 80 以下),不适用第 447 条的规定(见第 474 条第 2 款)。

(2)根据妥适的通说见解,对于在同一地点之内的送交,即对于所谓的同地买卖(Platzgeschaeft),准用第 447 条:这也就是说,在这里,价金危险也是随交付即已经移转于运输人。 37

(3)存有疑义的是下述法律情况:即出卖人没有使用第三人进行运输,而是自行(即用自己的人)进行运输。通说虽然认为出卖人自己承担运输的情形显系赴偿债务(如参见拉伦茨,《债法分论》,第 2 卷,第一部分,第 42 章,第 2 节,三,第 103 页),但在单纯存在赴偿债务的情况下,第 447 条第 1 款相应也是适合的;然而出卖人应当根据第 278 条对自己人员的过错负责任。在我看来,这是矛盾的:如果出卖人不负担运输,那么第 278 条也不合适。但根据我的见解(参见《民法》边码 275),在由出卖人进行运送的情形,根本不应当适用第 447 条第 1 款。这是因为,这一规定只是要使出卖人免除源出陌生运输人范围的、不能够为自己所控制的危险。这也就是说,如果标的物还处在出卖人的范围之内(即在出卖人的人员那里),那么这一思想并不合适。 38

(4)在遗产买卖(Erbschaftskauf)和土地的强制拍卖买卖(Kauf in der Zwangsversteigerung)中,价金危险甚至自买卖合同订立之时起即已经移转于买受人,见《民法典》第 2380 条和《强制拍卖法》第 56 条第 1 句。 39

第七十四章　出卖人的瑕疵责任

参考文献：关于法制史方面的著述，参见H. 洪泽尔（H. Honsell）：《从古罗马的法律救济到现代的物之瑕疵法》，载《孔克尔（Kunkel）纪念文集》，1985 年，第 54 页以下；梅迪库斯：《物的瑕疵责任史》，载《法制史与私法学说》，1999 年，第 307 页以下；关于比较法方面的著述，参见施瓦策（Schwartze）：《欧洲货物买卖中的物的瑕疵担保责任》，2000 年。另外请参见H. 鲍曼（H. Baomann）：《买卖中物的瑕疵责任"可动体系"的基本思路》，载《民法实务档案》，第 187 卷，1987 年，第 511 页以下；A. 布洛迈尔（A. Blomeyer）：《解除或者减价的"请求权"》，载《民法实务档案》，第 151 卷，1950/1951 年，第 97 页以下；伯克勒（Boeckler）：《帝国法院和联邦最高法院判例中保证责任的发展》，1987 年（参见肯德根（Koendgen）文，载《民法实务档案》，第 189 卷，第 277 页）；伯蒂歇尔（Boettich-er）：《将瑕疵解除作为形成权》，1938 年；布鲁克斯（Brox）：《买卖中契约不履行的抗辩》，1948 年；布吕格曼（Brueggemann）：《民法和商法上担保请求权的体系》，载《法学工作报》，1977 年，第 49 页以下；封·克默雷尔（von Caemmerer):《错误交付》,载《马丁·沃尔夫(Martin Wolff)纪念文集》,1952年,第3页以下=《纪念文集》,第1卷,第187页以下;志明(Chih - ming):《买卖中的品质保证》,1989年;克斯特尔—瓦尔特延(Coester - Waltjen):《买卖合同法上的物的瑕疵担保责任》,载《法律学习》,1997年,第197页以下;德勒(Deller):《"合同上"预定的效用》,2000年;迪德里希森(Diederichsen):《"不履行的损害赔偿"与瑕疵结果损害的赔偿》,载《民法实务档案》,第165卷,1965年,第105页以下;德尔纳(Doerner):《软件瑕疵的担保责任》,载《法律学习》,1993年,第578页以下;法布里立斯(Fabricius):《买卖中的不良交付和错误交付》,载《法学教育》,1964年,第1页以下、第46页以下;同一作者:《动产买卖中的瑕疵交付》,载《法学家报》,1967年,第464页以下;福莱施(Flesch):《买卖中的瑕疵责任和性质错误》,1994年;弗卢梅(Flume):《性质错误与买卖》,1948年;同一作者:《特定买卖中的性质错误和物的瑕疵责任》,载《企业》,1979年,第1637页以下;同一作者:《艺术品的买卖和艺术品的著作权资格》,载《法学家报》,1991年,第633页以下;同一作者:《买卖中物的瑕疵责任的法律改革》,载《民法实务档案》,第193卷,1993年,第89页以下;弗尔斯特(Foerste):《买卖法上的瑕疵概念》,载《法学教育》,1994年,第202页以下;吉利希(Gillig):《不履行与物的瑕疵担保责任》,1984年(参见F.彼特斯(F. Peters)文,载《民法实务档案》,第186卷,第308页以下);格茨(Goetz):《买卖中的物的瑕疵责任》,1960年;格劳尔(Graue):《动产买卖中的瑕疵交付》,1964年;格鲁斯—魏特曼(Gross - Wittman):《将技术可靠性作为买卖法规定的对象》,载

《企业顾问》,1988 年,第 1226 页以下;哈滕毫尔(Hattenhauer):《默示品质保证与瑕疵损害》,载《法学教育》,1998 年,第 684 页以下;海曼(Haymann):《买卖中的撤销物的瑕疵担保和合同履行》,1913 年;同一作者:《买卖中的瑕疵和保证》,载《帝国法院纪念文集》,1929 年,第 3 卷,第 317 页以下;赫尔伯格(Herberger):《物之瑕疵担保责任的法律性质、任务和作用》,1974 年;H. 洪恩塞尔(H. Honsell):《缔约过失、积极侵害契约和民法典第 463 条》,载《法学评论》,1976 年,第 361 页以下;同一作者:《买卖、使用租赁和承揽合同中积极侵害契约及其与物的瑕疵责任的关系》,载《法律学习》,1979 年,第 184 页以下;霍恩(Hoenn):《特定买卖中的物的瑕疵责任与因意思瑕疵而撤销之间竞合的基本情形》,载《法学教育》,1989 年,第 293 页以下;S. 霍费尔(S. Hofer):《物的瑕疵情形买受人的损害赔偿请求权》,载《民法实务档案》,第 201 卷,2001 年,第 275 页以下;U. 胡贝尔(H. Huber):《论出卖人积极侵害契约的责任》,载《民法实务档案》,第 177 卷,1977 年,第 281 页以下;伊门伽(Immenga):《瑕疵抑或保证品质?》,载《民法实务档案》,第 171 卷,1971 年,第 1 页以下;H. H. 雅可布斯(H. H. Jakobs):《给付障碍法的立法》,1985 年(参见梅迪库斯文,载《民法实务档案》,第 186 卷,第 268 页以下);基尔歇(Kircher):《货物买卖中物的瑕疵责任的要件》,1998 年;科勒(Koller):《环境缺陷与保证的物之品质》,载《新法学周刊》,1981 年,第 1768 页以下;科林滕堡(Korintenberg):《将特定物的性能作为法律行为的要素》,1948 年;R. 克劳泽(R. Krause):《分期交付合同中的瑕疵责任》,载《法律学习》,1996 年,第 510 页以下;克莱福斯(Kreifels):《质量保证协议》,载《经济法杂志》,1990年,第489页以下;库皮施(Kupisch):《民法典瑕疵解除的建构问题》,载《民法实务档案》,第170卷,1970年,第479页以下;雷嫩(Leenen):《民法典第477条:消灭时效抑或风险转移?》;S.洛伦茨(S. Lorenz):《"基于减价"的请求权的法律基础》,载《法学教育》,1994年,第727页以下;同一作者:《买卖法上的"大"损害赔偿和所失去的利益》,载《法学家报》,1998年,第943页以下;马鲁池克(Marutschke):《买卖中物的瑕疵担保责任与缔约过失的竞合问题》,载《法学教育》,1999年,第729页以下;梅迪库斯:《对于物之瑕疵损害的契约及侵权赔偿请求权》,载《凯恩(Kern)纪念文集》,1968年,第313页以下;同一作者:《给付瑕疵与损害赔偿》,载《法学教育》,1998年,第289页以下;米施克(Mischke):《买卖法上的担保》,载《企业顾问》,1995年,第1093页以下;同一作者:《德国法、欧洲法和国际法上出卖人对物的瑕疵的责任》,载《企业顾问》,1997年,第1494页以下;G.米勒(G. Mueller):《买卖法上的担保合同》:载《经济法杂志》,1981年,第707页以下;同一作者:《论特定买卖中单方性质错误的显著性》,载《法学家报》,1988年,第381页以下;同一作者:《买卖法上的物的瑕疵责任抑或缔约过失?》,载《经济法杂志》,1993年,第1045页以下;穆舍勒(Muscheler):《调换权的排除与物的瑕疵担保责任》,载《企业顾问》,1986年,第2279页以下;同一作者:《瑕疵解除、法定解除与消极利益》,载《民法实务档案》,第187卷,1987年,第343页以下;拉佩(Raape):《买卖中的物的瑕疵责任与错误》,载《民法实务档案》,第150卷,1949年,第481页以下;莱恩贝格—基佩尔斯(Reinberg - Kippels):《故意责任与组织过错》,载《经济法杂志》,1988年,第892页以下;赖尼克—蒂特克(Reinicke - Tiedtke):《买卖法上排除担保责任的效力》,载《经济法杂志》,1997年,第1093页以下;鲁斯特(Rust):《买卖法上的担保权》,1997年;同一作者:《担保责任中的给付及保护义务》,载《德国法月刊》,1998年,第947页以下;森格尔(Saenger):《论买卖法担保请求权消灭时效期间的开始》,载《新法学周刊》,1997年,第1945页以下;沙克(Schack):《买卖中的保证》,载《民法实务档案》,第185卷,1985年,第333页以下;J. 施密德(J. Schmidt):《特定买卖及"异类物"》,载《法学家报》,1989年,第973页以下;W. 许内曼(W. Schuenemann):《商品的典型品质》,载《企业顾问》,1997年,第2061页以下;G. 舒尔策(G. Schulze):《自助买卖的法律问题》,载《民法实务档案》,第201卷,2001年,第232页以下;施瓦克(Schwark):《买卖合同上的瑕疵责任与侵权法上的请求权》,载《民法实务档案》,第179卷,1979年,第57页以下;施文格尔(Schwenger):《构成妨碍的合同中瑕疵损害和瑕疵结果损害的赔偿》,1977年;聚斯(Suess):《物之瑕疵情形担保责任的本质和法律原因》,1931年;泰希曼(Teichmann):《给付障碍与物的瑕疵担保责任》,法学教程系列,第3版,1988年;蒂特克(Tiedtke):《给付障碍与担保责任》,载《新法学周刊》,1995年,第3081页以下;同一作者:《担保请求权消灭时效的开始》,载《法学家报》,1996年,第549页以下;托德(Todt):《买受人、使用租赁的承租人和承揽人因物的瑕疵而享有的损害赔偿请求权》,1970年;魏维克—施文克(Viehweg - Schwenk):《将产品召回作为预防性的消费者保护工具》,载《法律学习》,1997 年,第 561 页以下;威廉(Wilhelm):《法律品质错误与买卖——魏尔纳·弗卢梅(Werner Flume)"论性质错误与买卖"50 周年》,载《弗卢梅纪念文集》,1999 年,第 301 页以下;沃特曼—施密可夫斯基(Wortmann - Schimikowski):《计划的产品磨损与民法》,载《经济法杂志》,1985 年,第 978 页以下。

关于新法,参见格塞尔(Gesell):《欧盟买卖法指令与债法现代化》,载《法学家报》,2001 年,第 65 页以下;P. 胡贝尔(P. Huber):《新买卖法上的后续履行请求权》,载《新法学周刊》,2002 年,第 1004 页以下;雷曼(Lehmann):《新债法中的广告性陈述的责任》,载《企业》,2002 年,第 1090 页以下;彼特森(Petersen):《后续履行》,载《法律学习》,2002 年,第 275 页以下;G. 瓦格纳(G. Wagner):《新债法上的瑕疵损害和瑕疵结果损害》,载《法学家报》,2002 年,第 461 页以下。

第一节　物之瑕疵责任的特殊性

1. 在买卖合同中,常常明确保证买卖标的物具有一定的品 40
质,如保证一块土地具有一定的面积,保证一块土地可以营造,或者保证一辆旧车没有发生过事故并具有一定的行驶功率。但即使没有此种保证,从合同中常常也可以得出,买卖标的物应当具有一定的品质,例如,一台吸尘器应当能够除去尘埃,一只灭火器应当适合于灭火。

在没有自己的法律规定可资适用时,人们很可能会认为,出卖人应当以符合合同规定性能的方式负担标的物。如果不存在这样的性能,出卖人应当负有履行的义务,也就是应当有义务通过修复来回复欠缺的品质。如若出卖人没有能力修复,则会产生第 311a

条第 2 款的损害赔偿义务。

41 2. 但旧法第 459 条以下对物的瑕疵责任作出了完全两样的规定:以修复为内容的履行请求权(Erfuellungsanspruch)通常是被排除的;取而代之的是独特的、与过错无关的、使买卖溯及既往地归于消灭的请求权(用《民法典》的话来讲,就是瑕疵解除)或者是减少价金的请求权(减价)。这一规定有其历史原因:其归因于古罗马最高官员(在罗马拥有一定的市场警察)发布的敕令。由于当时的奴隶贩子和牲畜贩子常常坑蒙拐骗,因此,这些最高级别的官员开始建立维护市场秩序的警察力量。奴隶和牲畜贩子有义务自行申报出卖物的瑕疵。这主要是指疾病,在奴隶的情形,也包括品格缺陷;也就是说,所涉及的都是一些通常无法消除的瑕疵。单从这些来看,履行的请求权或者不履行的损害赔偿请求权就已经离我们很远了。故此,这些高官必须得发展其他的法律后果:这就是现在的瑕疵解除和减价。

42 3. 自从 2002 年 1 月 1 日以来,《债法现代化法》作出了新的规定,其使买卖法纵使是在物的瑕疵情形也在很大程度上接近一般给付障碍法中的规定:瑕疵解除成为第 323 条以下和第 346 条以下的一般解除;减价(第 441 条)现在也是形成权;买受人的损害赔偿请求权依第 280 条以下确定。主要的一点内容是,出卖人现在依第 433 条第 1 款第 2 句负有无瑕疵交付的义务。因此,在有瑕疵的情形,买受人首先可以,而且是必须请求修复(第 439 条)。

第二节 瑕 疵

一、概论

43 没有什么东西能够好到不可能再好的地步。这也就是说,如果我们以最好的东西为衡量标准,那么差不多任何东西都是有瑕疵的。故此,我们需要有另外一个现实的标准。这一标准至少应当主要出自买卖合同:在这里,当事人例如必须规定,出卖的土地应当有多大,并且其是否可以营造以及可以怎样营造,或者其是否已经营造完毕以及是怎样营造完毕的;或者应当规定,所出卖的汽车应当具有何种功率、燃料消耗如何以及颜色如何。在合同中也得规定买卖价金,以此作为具有约定性能的标的物的对价。

符合合同规定的标的物的性能被称作标的物的应有性能(Sollbeschaffenheit)。这一性能应当同标的物实际上具有的性能即实际性能(Istbeschaffenheit)相比较:如果实际性能以买受人的不利益偏离了应有性能,则为物的瑕疵(Sachmangel)。

在这里,我们不应当将“应有性能”理解为出卖人负有促成此种性能的义务:旧法通过第 459 条以下所要排除的正是这一点,这同给付不能的后果是一样的(参见上文边码 41)。“应有”在这里只是意味着,出卖人“因偏离而负责任”或者“应当对此负责任”(旧法第 462 条即为如此;但这种“应当归责”在过去不涉及第 276 条第 1 款第 1 句)。

二、应有性能的确定

关于应有性能的确定,第 434 条列举了三项准则。与《民法典》中不同,现在是特别的准则位于一般的准则之前。这符合通常的审查顺序,理由是在任意法中,特别的规定将较为一般的规定排除于适用之外。由此得出: 44

1. 买卖标的物必须具有约定的性能(vereinbarte Beschaffenheit)(见第 434 条第 1 款第 1 句)。这也就是说,出卖的发动机必须能够完成约定的功率输出,买受的土地必须具有约定的可营造性。至于说这一性能是否为完成预定的或者通常的标的物的效用所必要,并不重要。这与旧法第 463 条第 1 句的保证品质相类似。

当然根据新法(旧法也是这样),有时有必要进行解释。例如,如果一辆汽车系经过"工场检验"而被出卖,那么这就意味着该辆汽车及其全部零部件在检验中都被置于一种完全安全并且能够正常工作的状态之中了吗?对此,联邦最高法院的裁判只是作出了有限制的肯定(参见《联邦最高法院民事裁判集》,第 87 卷,第 302 页、第 306 页以下)。如果一个商人拥有自己的工场,并以"经德国技术监督协会检验"的字样出卖一辆旧车,那么根据联邦最高法院的裁判,这意味着是一种保证:即该辆车在交付时具有为德国技术监督协会检验所必要的状态(参见《联邦最高法院民事裁判集》,第 103 卷,第 275 页;U. 胡贝尔(U. Huber)文,载《法学家报》,1988 年,第 923 页;爱格特(Eggert)文,载《新法学周刊》,1990 年,第 550 页)。根据联邦最高法院的裁判,如果出卖人保证车辆已经处于"准备行驶的状态",那么情况与之相类似(参见《联邦最高法院民事裁判集》,第 122 卷,第 256 页)。根据联邦最高法院的裁判,一台机器"大修"(Generalueberholung)所表示的要远远超出单纯的能够正常工作(参见《联邦最高法院民事裁判集》,第 128 卷,第 305 页)。然而又根据联邦最高法院判例,如果将出卖的旧车标志为"宝马 520",那么这并不意味着作出下述保证:即该车配备有与这一型号相同的发动机(参见《联邦最高法院裁判》,载《新法学周刊》,1985 年,第 967 页)(我对此持有疑义)。

45 2. 要看买卖标的物是否适合于合同预定的效用(vertraglich vorausgesetzte Verwendung)(见第 434 条第 1 款第 2 句第 1 项)。这与旧法第 459 条第 1 款第 1 句第 2 项选择相类似。这里的"预定"一语在法律上并不常用,因此这一概念属于语焉不详的范畴。或许"效用"在这里听上去同法律行为基础学说的建立者温德沙伊德(Windscheid)所感觉的是一样的(参见前引德勒书)。无论如何,单方的——即使是表示出来的——买受人的意图是不够的;这里需要成立一个——哪怕是可以推定出来的——合意。其与品质保证的不同或许主要在于,“预定的使用”是综合计算的:即哪些具体的品质对于适合于使用是必要的,合同自身可以不作出规定。

有关这方面的示例有:如果“一块土地连同其上的住房”一起出卖,那么该住房必须要适合于居住。为此,给排水管路必须能够正常工作,而且建筑物的设置必须是具有建筑许可的,以保证该建筑物不会在不久之后又被要求拆除(参见《联邦最高法院民事裁判集》,第 114 卷,第 260 页),等等。然而,如果一个房屋系“为拆除”而被出卖,那么所有这些品质都不需要存在,理由是在此种情形,欠缺这些品质不会妨碍对拆除的适合性。但是,如果房屋的拆除因加建的侧房而变得十分的困难,或者因保护纪念物而不被准许的话,那么这就可能意味着是一种瑕疵了。

3. 买卖标的物必须“适合于通常效用(gewoehnliche Verwend- 46
ung),并且具有在同一种类的物中所惯常的、依物的性质能够为买受人所期待的性能”(见第 434 条第 1 款第 2 句第 2 项)。这基本上相当于旧法第 459 条第 1 款第 1 句第 1 项选择。同合同上预定的效用相比(参见上文边码 45),这里没有清楚的界定,而只是存在不清晰的过渡。如果合同中没有包含特别的效用,或者没有预定特别的效用,则以通常的效用为准。如此,一辆出卖的汽车通常应当是可以行驶的——即在技术上是正常的,并且是为国家机关准许上路的。这也就是说,正常行驶上的瑕疵至少引起不适合于通常使用这样的结果,即使正常行驶这样的效用还没有特别地在合同上被预定下来,亦为如此。这里可以援用通常的效用使买受人免去了证明合同预定效用的这一负担。只有在该辆汽车“为拆出有用零件”而被出卖,或者以类似的目的协议而被出卖时,通常的效用才是不重要的:在此种情形,优先适用特别的约定。

4. 根据新法,甚至买受人依广告(Werbung)而可以期待的品 47
质也属于第 434 条第 1 款第 2 句第 2 项(见第 434 条第 1 款第 3

句)。例如,在涉及关于所出卖的汽车具有一定燃料消耗的广告性陈述中,即为如此。这种广告不需要出自出卖人自己。对于第三人的陈述,即对于生产者(见《产品质量法》第4条第1款和第2款)或者其辅助人的陈述(如广告代理),出卖人也负责任。只有在出卖人既不明知亦不应知这种陈述时,或者在这种陈述已经于订约时以同等方式被撤回时,或者在这种陈述没有能够影响买受人的买受决定时,始适用例外(应当由出卖人证明)。广告性陈述虽然依旧法也不是没有意义的,但其意义通过《债法现代化法》得到了显著的增加。特别是,如果一个人并非常业性地或者职业性地行为(如其转卖自己的旧车),那么其也可以作为出卖人出现。这样的出卖人与生产者的广告不具有任何的关系。尽管如此,人们也可能会责备这个人:即其应当能够知悉生产者的广告。如果这个人要肯定地不负责任,则其必须清楚地同生产者的这种广告保持距离。

48 5. 特别是根据第434条第2款第1句,如果出卖人对买卖标的物实施不专业的安装(unsachgemaesse Montage),那么这也应当意味着是物的瑕疵(并不单纯是安装给付的瑕疵)。例如,倾斜装置厨房壁柜的情形,即为如此。

49 6. 根据第434条第2款第2句,在应当由买受人进行安装的情形,法律对瑕疵安装说明书(fehlerhafte Montageanleitung)作出了特别的规定,这就是所谓的宜家家居条款(IKEA - Klausel)。例如,安装说明书不适合于所交付的零部件,或者说明书无法理解。当然,如果标的物得到了无瑕疵的安装,那么就不应当构成物的瑕疵。但这种认定无瑕疵的方法或许走得太远了。这是因为,买受人或许只有在支出费用的情况下(如通过请手工业者)才可能完成无瑕疵的安装。对于如此产生的费用,并不应当总是以不存在瑕疵为由而被排除在偿还之外。

50 7. 使用说明书(Gebrauchsanweisung)的瑕疵问题在法典中没

有得到明确的规定(参见克雷伯(Krebber)文,载《民法实务档案》,第201卷,2001年,第333页)。然而不存在疑义的是,如果使用说明书有瑕疵,那么这也是物的瑕疵,理由是标的物不能够依约得到使用。特别是用外文书写的使用说明书,也属于这一范畴(人们通常甚至不需要认识英文!)。

8. 根据第434条第3款,“如果出卖人交付其他的物,或者交付的数量过少”,那么这应当等同于物的瑕疵。这就是早就已经为我们所知的异类物(aliud)和不足交付(minus)的情形。这些情形虽然被规定在《商法典》第378条(现已被废止)的商事买卖之中,但至今为止却未在《民法典》中得到规定。第434条第3款表明,买受人不是简单地保有自己原来的履行请求权,并须依不当得利法返还异类物。与之相反,买受人只是被引导至第437条中的物的瑕疵救济,这主要是对于消灭时效具有意义(第438条替代第195条和第199条)。 51

然而有疑问的是,将异类物等同于物之瑕疵的做法是否总是合适。一个怪诞的示例为:代之以出卖的红葡萄酒而交付一匹马。在交付物严重偏离订购物,致使出卖人认为不能够得到买受人承认时,旧文本《商法典》第378条也没有作出同等化的处理。据此,在出现明显偏离的情形,人们应当考虑不适用瑕疵法,而是适用不履行法。

9. 关于物的瑕疵,旧法上还有两个特殊的问题具有意义:第一,是商品检验的评价(Bewertung in Warentests):如果商品在这样的一次检验中被评价为不良(即“有瑕疵”),那么这就构成物的瑕疵了吗?在此种情形,在设定瑕疵请求权方面,买受人通常面临巨大的困难。特别是,如果没有出现下述情况:即交付给买受人的商品具有可以证明的瑕疵,那么对商品作出的不良评价在大多数情况下对于买受人来说都是无济于事的。当然,如果出卖的葡萄酒因被怀疑有危害健康的乙二醇添加剂而多年不能够被饮用,那 52

么这应当能够被认定为系此种瑕疵(但联邦最高法院持另外的见解;参见联邦最高法院裁判,载《新法学周刊》,1989年,第218页;旺恩克(Wank)文,载《法学教育》,1990年,第95页)。在为转卖而买卖(Kauf zum Weiterverkauf)的情形,可能会出现类似的情况:在这里,商品的"不良声誉"就可能意味着是瑕疵。另外,技术性规范(主要是德国工业标准)最是能够为买受人提供帮助:这些规范通常能够提供为满足通常效用所必要的最低限度的适合性要求。

第二,是在食品的情形涉及最低保质期(Mindesthaltbarkeitsdatum):在此种情形,保质期届满即意味着是物的瑕疵,抑或这要由商品是否真的变质来决定?正确的做法或许只是应当视所注明的日期来判定,理由是人们不能够苛求买受人去品尝也许已经发生变质的食品(参见H.克勒(H. Koehler)文,载《企业》,1985年,第215页;T.J.迈尔(T. J. Meyer)文,载《企业顾问》,1987年,第287页;林达赫尔(Lindacher)文,载《新法学周刊》,1985年,第2933页;米歇尔斯基—里门施奈德(Michalski - Riemenschneider),载《企业顾问》,1993年,第2097页;《法律学习》,1995年,第90页)。

三、权利瑕疵

53 权利瑕疵被定义在第435条:即一个第三人可以对买受人主张权利,而买受人在买卖合同中并没有承担这些权利(见第435条第1句)。这主要见于返还请求权(Vindikation),理由是一个第三人为所有权人或者为质权人(见第985条、第1227条)。在土地的情形,如果在土地登记簿上登记有一项权利,而此项权利并不真正地存在,则情况亦为如此(见第435条第2句)。这是因为,由于第892条而存在下述危险:即此项权利通过正当取得而产生,并且可以对买受人发生效力。

第三节　后续履行

一、旧法与新法

根据旧法,在特定买卖的情形,如果存在瑕疵,那么买受人可以立即请求解除或者减价。根据法律的规定,买受人不享有修复的请求权。但在种类买卖的情形,依据旧法第 480 条第 1 款,总是存在无瑕疵替代性交付的请求权。对于出卖人而言,这可能是不利的,理由主要是在技术设备的情形,瑕疵常常是很容易消除的。例如,如果一台洗碗机有缺陷,那么通过单纯调换瑕疵件可能就可以解决问题了。而瑕疵解除则将会引起拆卸、往回运输,并最后使出卖人得到的是一台已经被用过的机器。就是对于买受人而言,修理可能也比安装一台新机器要适宜一些。因此,在旧法的框架下,出卖人在一般交易条款中往往规定自己具有修复的权利和义务(参见旧法第 476a 条和本书上一版边码 74)。新法根据《欧共体消费品买卖指令》而将这纳入到了一般买卖法:第 437 条第 1 项连同第 439 条规定,出卖人有后续履行的权利和义务。从出卖人的角度看,这是一种二次提供权(Recht zur zweiten Andienung)。 54

二、后续履行的两种方式

第 439 条第 1 款区分了两种不同的后续履行方式:即除去瑕疵和给付无瑕疵之物。于此产生的费用应当由出卖人承担(见第 439 条第 2 款)。 55

1. 除去瑕疵(Beseitigung des Mangels)意味着对买卖标的物进行修理(见上文洗衣机的例子):买卖标的物被置于一种无瑕疵的、符合买卖合同要求的状态之下。在此,买受人通常必须接受二次修理尝试(见第 440 条第 2 句)。此种后续履行方式主要见于不代替物,特别是见于没有特殊情况而不能调换瑕疵标的物的情形(如在洗衣机的情形)。

56 2. 交付无瑕疵之物(Lieferung einer mangelfreien Sache)(要求返还瑕疵物;见第 439 条第 4 款)主要见于代替物的买卖。例如,由一项批量生产的产品中交付一件有瑕疵的产品。但在此之外,也存在有同一种类的无瑕疵产品。然而在要么没有无瑕疵的产品,要么没有同一种类的产品时,此一种类的后续履行不在考虑之内。

57 3. 如上文所述,根据第 439 条第 1 款,两种后续履行方式的选择权(Wahlrecht)由买受人享有。由于出卖人有负担后续履行费用的义务,故这种做法不甚合理。然而买受人也不是像初视之下那样自由。这是因为正如上文所述,许多买卖物从一开始起就只有唯一的一种后续履行方式可供选择。除此之外,第 439 条第 2 款对买受人进行了附加的限制:即如果买受人选择的那种后续履行方式只有在支出过巨大费用的情况下始为可能时,那么出卖人对此应当能够予以拒绝。这种不成比例规则的适用应当不妨碍第 275 条第 2 款和第 3 款的规定,这也就是说,这里不需要满足对给付不能提出的严格要求。如此,如果一台洗衣机在支出较低费用的情况下就可以得到修理,那么其出卖人通常应当可以拒绝交付另外一台洗衣机。

另外,第 439 条第 3 款第 3 句表明,这两种后续履行的方式可能都是极其昂贵的:在此种情形,出卖人完全可以拒绝修复。再者,也存在两种后续履行方式均为不能的情形。例如,将所谓的希特勒日记出卖给“明星”周刊,即为如此:这是因为伪造的东西无法被修复,而真品并不存在。

第四节 解除和减价

一、解除或者减价的途径

58 1. 如果后续履行依上文边码 54 以下获得成功,那么买受人单因瑕疵（不考虑出卖人的过错问题）而不具有进一步的权利。只是对于买受人因首先交付的物的瑕疵而遭受损害的情形（如买受人不得不将衣物交给洗衣店，或者从洗衣机里流出来的热水使家具受到损坏），仍然存在损害赔偿的请求权：这样的请求权必须要依据第 280 条第 1 款，即其以出卖人具有归责事由为要件（参见下文边码 69 以下）。

2. 但后续履行也可能没有取得成功，如买受的洗衣机在修理之后仍然不能长时期正常工作。为此，第 440 条第 2 句规定，修复通常在第二次尝试没有获得成功之后被视为失败。于此种情形，买受人可以转而解除或者减价。至于说买受人代之以这两种救济手段是否也可以首先请求另外一种后续履行方式（即交付无瑕疵的机器），这在法律中没有明确地被言及；但这一点应当是可以肯定的。 59

3. 出卖人也可能会拒绝任何方式的后续履行，原因是其否认交付的标的物具有瑕疵（如“在天然林木的情形，您必须要考虑到这种色彩偏差”。）在此种情形，第 440 条第 1 句为买受人开辟了解除的可能性（也就是开辟了减价的可能性；依第 441 条第 1 款第 1 句，减价是替代解除而被规定的）。根据第 440 条第 1 句，第 281 条第 2 款和第 323 条第 2 款的情形，特别是不能苛求买受人等待的情形，亦应当如此。 60

二、在后续履行失败之后，或者在后续履行为不能、为不可苛求或者被拒绝的情形，买受人可以解除买卖（在以前为瑕疵解除，参见旧法第 462 条） 61

1. 对于此种解除权，在买卖法上没有单独的基础。这里必须适用第 323 条和第 326 条的一般规则。根据第 323 条第 5 款第 2 句，在违反义务为不显著的情形，即在不显著瑕疵（unerhebliche Maengel）的情形，排除解除权（第 441 条第 1 款第 2 句的减价非为如此）。

62 2. 法律后果由第346条以下得出：由买卖产生的、尚未履行的义务消灭；已经得到履行的给付应当原物返还，或者应当按价额偿还（第346条第2款）。应当予以特别注意的是第346条第3款第1句第3项：由于涉及的是法定解除，故在瑕疵买卖标的物方面，享有解除权的买受人只需尽自己通常之注意（eigenuebliche Sorgfalt）（以第277条为界限）。如果买受人做到了这一点，那么对于发生在自己那里的标的物的减损，买受人不负责任。

63 3. 同通常的解除一样，新法因瑕疵而进行的解除也是基于形成权。至此，以前关于瑕疵解除"法律性质"的争议得到了解决（参见本书上一版，边码56以下：回复原状说或者形成说）。当然，现在第438条第1款解除权的消灭时效只能通过第218条间接地来设定（参见边码731）：即随着后续履行请求权时效消灭，解除不生效力。依第218条第1款第2句，即使后续履行请求权依第275条和第439条第3款不存在，情况也应当是这样；在此种情形，应当适用下述准据：即拟制的后续履行请求权发生拟制的时效消灭。

三、减价

64 1. 代之以解除买卖合同，买受人也可以选择减价：即买受人保留有瑕疵的买卖标的物，同时只是负担减少的价金（herabgesetzter Kaufpreis）（见第441条第1款）。如果买受人支付的数额过多，则其可以请求返还（见第441条第4款）。对于减少的金额，第441条第3款规定了下述的计算公式：即减少的价金 = 瑕疵物的价值 × 约定的价金 ÷ 瑕疵物的价值。

假设一个物在没有瑕疵的情况下价值为100，现以80被出卖，并且该物的价值因存在瑕疵而仅为70，则其价金 = （70 × 80）/ 100 = 56。至此，买受人按比例（4/5）保有自己因优惠买受而具有的利益。然而在不利买受的情形，买受人通常会利用瑕疵而走向解除之路，目的是使自己从不利益的行为中解脱出来。

但上文所述公式只有在下述情形才具有意义：即约定的价金偏离了买卖标的物在无瑕疵状态下所具有的价值。然而在不能够认定存在此种偏差的情形（通常情况即为如此），减价的金额就简单地等于由瑕疵决定的减值。但这种减值常常并不能够得到直接的确定，理由是对于瑕疵物并不存在市场价格。实务系按为消除瑕疵所必要的金额来确定减值。

2. 减价也是基于形成权（第 441 条第 1 款使用的是“向出卖人表示”这样的表述）。同在解除的情形一样（参见上文边码 63），关于“法律性质”的争执现在同样也已经过时。同样，消灭时效也是通过第 218 条才能够得出（参见下文边码 73i）。 65

3. 尽管存在第 441 条第 3 款的计算公式，减价金额仍然可能是有疑义的，这是因为对于瑕疵物的“实际价值”，人们可能是有争执的（这方面通常没有市场价格）。这样一来，如果买受人表示以一个过高的金额减价，那么就会产生困难。例如，买受人请求返还一半的价金，而买受人仅有权请求 1/4 的价金。在此种情形，人们就会问，应当将考虑问题的重点放置到买受人意思表示的哪一个部分之上？如果买受人表示，只有在自己仅需要支付一半价金的情况下才愿意减价，那么买受人的意思表示不生效力。但是，如果买受人无论如何都愿意减价，并且买受人只是对一部分金额估计不正确，那么其以 1/4 价金为内容的意思表示为有效。 66

四、改变选择权

解除与减价之间的选择权由买受人享有。但有疑义的是，一个曾表示出来的选择是否可以变更以及在多长的时间之内可以变更，即所谓的改变选择权（ius variandi）。根据旧法，这一问题的答案由第 465 条得出：即买受人仅因与出卖人成立合意而受拘束。依据新法，这种合意肯定也有约束力。但根据将解除和减价理解为形成权的这种见解，显而易见，应当认为解除或者减价的意思表示自身即已经具有拘束力。然而不是很清楚的是，在出卖人对买 67

受人的权利发生争执,因此也就还没有在信赖投资的意义上对买受人的选择作出准备的情况下,上述意思表示是否能够拘束买受人。所以,就这一段时间而论,还是应当将选择的权利交给买受人。

第五节　损害赔偿请求权

一、问题

68 解除或者减价自身并不需要总是能够补偿买受人因瑕疵而发生的不利益。如此,买受人可能会发生损害,理由是标的物在修复之前还不能够使用(如买受的房屋在瑕疵消除之前还不能够居住或者只能够有限制地居住)。瑕疵也可能会引起买受人其他财产上的损害(如在罗马人的示例中,买受的患病母牛感染了买受人的健康母牛,买受的瑕疵房梁使建造的房屋倒塌)。这就出现了下述问题,即买受人是否可以要求赔偿此种损害。针对出卖人作出错误保证或者故意诈欺的情形,旧法在第463条规定了损害赔偿请求权。至于说在单纯过失的情形,在多大的程度上存在请求权以及请求权适用何种消灭时效,则存在争议(参见本书上一版,边码68以下)。解决这一问题是《债法现代化法》最为重大的成果之一。

二、新法

69 1. 新法中没有与旧法第463条相应的规定。此类情形应当适用给付障碍法中的一般性损害赔偿规范:即交付瑕疵物意味着出卖人违反第433条第1款第2句的义务。故此,如果出卖人不能够证明自己不应当对违反义务负责任,则其依第280条第1款负责任。

70 2. 为此,必须区分两种类型的出卖人(zwei Typen von Verkaeufern)。

(1) 第一种类型的出卖人只是商品从生产者流向消费者这一过程意义上的商人。在下述情况中,常常就可以看到这一点:即商品在不打开生产者包装的情况下被传递到买受人那里。在此种情形,出卖人通常不应当对商品上存在的瑕疵负责任。但是,如果出卖人通过其他客户提出索赔或者通过生产者提出警告而知悉商品可能存在瑕疵,那么情况就不是这样了:于此种情形,出卖人必须向买受人释明有关情况(参见第442条);如果出卖人没有这样做,则其负担过失责任。如果瑕疵在出卖人那里也会因买卖标的物仓储不当等原因而产生,那么对于此种瑕疵,出卖人也要负责任。然而在其他情形,只有在出卖人因承担担保而应依第276条第1款第1句负无过错责任时,出卖人始负责任。从实质上看,这是旧法第463条第1句的保证责任。

同在旧法第463条第1句的情形一样,对于第276条第1款 71
第1句,也需要将担保与较少具有拘束力的意思表示界定开来。这一方面只是涉及不具有拘束力的广告性陈述(unverbindliche Werbeaussagen)。在此种情形,通过明显夸张的措辞(如利用一台灶具可以"不费力地做饭"),常常就可以认定不存在负担义务的意思。在其他的情形,通过缺乏清楚的表述就可以断定当事人不希望意思表示具有约束力(如一种洗衣粉是至今为止"最好的"洗衣粉,或者其能够"更好地"洗衣服)。至于说此种广告是否为《反不正当竞争法》所容许,这对第276条第1款第1句并不重要。

比较困难的是将保证与单纯的品质说明(性能数据)界定开来。后者虽然常常都很具体,但其仅应当反映出卖人的所知,因此不应当能够设定责任。对于拍卖行拍卖目录中的说明,以及对于艺术品买卖中的真实性说明,联邦最高法院通常即持此种态度(关于前者,参见联邦最高法院裁判,载《新法学周刊》,1980年,第1619页;关于后者,参见联邦最高法院裁判,载《新法学周刊》,1995年,第1673页)。同样,对于源出生产者,而只是由出卖人继续传递的性能说明，或者对于注明符合德国工业标准的性能说明，也是这样（关于前者，参见联邦最高法院裁判，载《新法学周刊》，1981 年，第 1269 页、第 1270 页；关于后者，参见联邦最高法院裁判，载《新法学周刊》，1981 年，第 1501 页；1996 年，第 836 页）。如果买受人在作出自己的买受决定时系以在自己看来是不言而喻的品质为依据的（如认为一台电子数据处理设备具有最新的技术水准），那么对于认定保证而言，这应当也是不够的。然而与之不同的是，判例有时也令人诧异地以极为大度的态度认定存在“默示”保证（较好的表达应为以可推断方式给予的保证）（参见《联邦最高法院民事裁判集》，第 59 卷，第 158 页：一种漆对于木窗的适合性）。而关于一定居住面积的说明，则构成边缘情形（参见联邦最高法院裁判，载《新法学周刊》，1991 年，第 912 页）。关于存在使用租赁关系的说明，亦为如此（参见联邦最高法院裁判，载《新法学周刊——判例报告》，1990 年，第 970 页）。

72 （2）然而第二类型的出卖人与买卖标的物具有较为密切的关系：即出卖人应当首先需要制作或者安装这些买卖标的物，或者在为买受人提供咨询时，出卖人是作为专业商店（Fachgeschaeft）出现的。在此种情形，由于出卖人真正拥有或者对外显示出商品知识，所以人们更加愿意认定出卖人具有过错，或认定出卖人作出了具有约束力的担保。特别是，人们能够苛求出卖人对买卖标的物进行检查。

73 对于损害赔偿的计算，判例（参见《联邦最高法院民事裁判集》，第 29 卷，第 148 页；第 96 卷，第 283 页、第 287 页；第 108 卷，第 156 页、第 159 页以下）和文献常常也准许采取两种不同的赔偿计算方法（参见《慕尼黑民法典注释—H. P. 韦斯特曼（H. P. Westermann）》，第 463 条，边码 19 以下；F. 彼特斯（F. Peters）文，载《法学家报》，1986 年，第 669 页以下；克莱恩—布伦克斯（Klein – Blenkers）文，载《民法实务档案》，第 194 卷，1994 年，第 352 页）：

买受人或者可以保留有瑕疵的标的物并且作为小损害赔偿（kleiner Schadensersatz）而单纯请求赔偿同约定状态的差额，或者作为大损害赔偿（grosser Schadensersatz）而请求以金钱赔偿全部的履行利益（参见《联邦最高法院民事裁判集》，第128卷，第111页）。这两种途径相当于旧法第325条的差额说和交换说。

第六节　消灭时效

一、旧法与新法

1. 关于买受人因物的瑕疵而享有的请求权的消灭时效，旧法 73a
第477条规定了六个月（动产）和一年（土地）的期间。这些期间应当自买卖标的物交付时起算。故此，在瑕疵暴露出来之前，短期消灭时效期间已经届满的情况并不罕见。警报设备不能够正常工作，或者被旧有负担污染的土地，都是这方面的例子。

至少是为了避免最为严重的不利，有时也有一些颇为奇特的 73b
设计架构。例如，认定在买卖之外独立存在关于为买受人提供咨询的合同；在此种情形，因违背此种合同而享有的请求权应当在经过30年之后始罹于时效（参见《联邦最高法院民事裁判集》，第148卷，第194页）。从整体上看，许多学者都认为这是《民法典》最令人恼火的地方之一。

2. 对于债法现代化而言，显而易见，在出现物的瑕疵的情形， 73c
应当适用第195条、第199条为违反义务规定的普通期间。由此可以得出，这一期间通常应当介于3年和10年之间（见第195条、第199条第1款和第4款）。但这种构想遇到了来自经济界的巨大阻力。最后得到实现的只是远比旧法第477条为长的期间，但这还显著低于第195条、第199条规定的期间。

二、新的期间

73d 关于新的期间的细节问题，由第 438 条第 1 款至第 3 款得出。据此，应当区分三种不同的期间：

1. 在权利瑕疵的情形，适用最长的期间，即适用 30 年的期间（见第 438 条第 1 款第 1 项）。这与第 197 条第 1 款第 1 项是联系在一起的：特别是，第三所有人的返还请求权经 30 年始归于消灭。这也就是说，买受人在如此长的时间内必须考虑到自己可能还得返还买卖标的物，理由是自己（如因第 935 条第 1 款）还没有取得标的物的所有权。在此种情形，买受人对其出卖人的追索权不应当因消灭时效而被切断。

73e 2. 第 438 条第 1 款第 2 项为两种情形规定了 5 年的消灭时效期间：一是为建筑工程，二是为因装入建筑工程而引起建筑工程出现瑕疵的建筑材料。其中，第一种情形也包括买受已经营造的土地，但不包括买受尚未营造的土地。第二种情形具有下述背景：根据旧法（见第 477 条），买卖装入建筑工程的动产的担保期间仅为 6 个月。然而对于依据承揽合同进行的这种装入，通常适用 5 年的期间（见旧法第 638 条第 1 款）。如此，一个建筑手工业者就可能会陷入一个消灭时效陷阱（Verjaehrungsfalle）：即其自己负 5 年的责任，但对自己的出卖人却只能够追索 6 个月（而且这一期间还要早一些开始）。新法第 438 条第 1 款第 2b 项应当能够彻底地防止这一点。

73f 3. 根据第 438 条第 1 款第 3 项，“在此之外”，适用 2 年的消灭时效期间。这特别是包括动产买卖，只有装入建筑工程的动产为例外。此项 2 年的期间将《欧共体消费品买卖指令》规定的最低期间普遍化了（参见下文边码 80）。

三、期间的开始

73g 第 438 条第 2 款规定，在土地的情形，期间自将土地交付于买受人时开始，在其他情形，自将买卖标的物实际交付于买受人时开始(与土地交付略有不同)。至于说买受人系何时发现瑕疵的或者应当能够于何时发现瑕疵,在所不问(这与第199条第1款第2项不同)。因此,就算是按照新法的规定,如果瑕疵在以后才被认识到,那么消灭时效期间也可能已经届满完成。只不过因新法期间较长这些情形变得较为罕见而已。

四、特殊性

除此之外,还应当提及两个特殊的问题。 73h

1. 根据第438条第3款第1句,对于故意隐瞒瑕疵的出卖人,应当适用“通常的”消灭时效期间。这是指第195条、第199条的期间(年底起算,计为3年);另外,根据第199条第1款第2项,只有在诈欺被发现之后或者在如无重大过失应当能够被发现之后,这一期间始开始进行:即出卖人不应当因自己具有娴熟的诈欺技巧而从中受益。第438条第3款第2句又规定,对于诈欺人,适用较长的期间(这是不言而喻的)。

2. 第438条第4款第2句是另外一个特殊之处。为了能够 73i
理解这一规定,我们必须要知道下述内容:即第438条第1款和第3款中规定的消灭时效涉及的是请求权。但解除和减价(与旧法中不同)为形成权,故其必须通过第218条第1款才能得到类似于消灭时效的时间限制。据此,如果买受人援用消灭时效,那么买受人的解除不发生效力(减价亦为如此,见第438条第4款)。因此,即使是在期间届满之后,买受人将仍然必须因瑕疵而完全支付尚未支付的价金。第438条第4款第2句正是要阻止这一点(类似于旧法第478条)。然而在此种情形,根据第438条第4款第3句,出卖人应当能够解除合同(并请求返还买卖标的物):如果买受人不需要支付价金,则其亦不应当能够保有买卖标的物。

第七节　瑕疵权的排除

一、买受人知情

74 对于买受人在订约时知情的瑕疵，出卖人无需承担担保责任（见第 442 条第 1 款第 1 句）。只是对于土地登记簿上登记的权利，尽管买受人知情，如果买受人没有承受这些权利，那么出卖人仍然应当予以除去（见第 442 条第 2 款）（如存在土地债务，其数额被折抵为土地价金）。在买受人有重大过失的情形，出卖人只有在故意不告知瑕疵或者在承担担保时，始负责任（见第 442 条第 1 款第 2 句）。这也可以是保质期担保（Haltbarkeitsgarantie）（见第 443 条）。

二、规定的可变更性

75 关于合同上对瑕疵责任的限制，应当视所涉及的是个人性合同还是一般交易条款来进行不同的区分。

1. 对于个人性合同（Individualvertraege），限制性的规定仅见于第 444 条（消费品买卖除外，参见下文边码 80 以下）：即在出卖人恶意不告知瑕疵或者已经承担性能担保的情形，出卖人不得援用对自己责任的约定排除或者约定限制。在这里，恶意（Arglist）的情形是不成问题的：其在旧法第 476 条中即已经存在。然而对于承担担保（Garantieuebernahme），则是有争执的（参见道纳 = 利普—蒂森（Dauner = Lieb—Thiessen）文，载《经济法杂志》，2002 年，第 108 页）：如果出卖人例如使用“担保”这样的词语，那么这就已经意味着这种担保不能够受到限制了吗（如限于一定的金额或者限于一定的期间）？这一问题主要对企业买卖具有意义，正确地讲，这一问题必须受到否定：即如果担保很清楚只有在加以限制的情况下才能够给予，那么这不构成无条件的责任承诺（因此而为“担保”）。

2. 关于一般交易条款(allgemeine Geschaeftsbedingungen),责任限制的界限主要见于第309条第8b项第aa目至第ff目。据此,对于新制作的物,出卖人的责任仅容许被限制在狭窄的范围之内;特别是不准许将消灭时效期间缩短至1年以下。但从这些规定中同时也可以得出:出卖人的无瑕疵交付义务不能够被视作是第307条第2款第2项的基本义务;否则的话,第309条第8b项基本上就成了多余的了。只有在涉及因侵害生命、身体和健康而产生的请求权时,第309条第7a项的消灭时效才不能够被缩短。 76

第八节　种类买卖

一、在民法上

在旧的《民法典》中,种类买卖通过第480条得到了特别的规定(参见本书上一版边码77之前的文献):代之以解除和减价,买受人可以请求交付无瑕疵的物品。在现在从第433条第1款第2句和第439条,可以一般性地得出这一点。因此,新债法可以放弃关于种类买卖的特别规定,尽管新债法同旧法一样系以特定买卖为出发点的(参见第433条第1款中的"该物"之用语)。 77

二、在商法上

参考文献:埃梅里希文,载《法学教育》,1997年,第98页;U.胡贝尔文,载《商法杂志》,第161卷,1997年,第160页;拉米西(Lammich):《商法上的物之瑕疵责任和瑕疵通知义务》,2000年。

商事买卖——即至少对于一方当事人来说是商行为的买卖(见《商法典》第343条以下)——在《商法典》第373条以下是作为种类买卖规定的。这是因为,法典在第373条第1款中没有称 78

“买受物”,而是称“商品”。根据《商法典》第381条第1款,有价证券视同为商品;并且对于商人关于不代替物的承揽供给合同(参见下文边码388),应当适用《商法典》第373条以下(参见《商法典》第381条第2款)。这些规定与《民法典》中的买卖法有所不同,但后者也是商事买卖的基础。

在这些背离《民法典》买卖法的规定中,应当简要地提及一下其中最为重要的规定:即根据《德国商法典》第377条,在双方商事买卖的情形,即在出卖人和买受人都是商人的情形,买受人必须要在交付之后不迟延地(unverzueglich)检查商品。如果在检查的过程中发现瑕疵,那么买受人应当不迟延地向出卖人进行通知。如果买受人不进行通知,那么商品——出卖人故意不告知的情况除外(见《商法典》第377条第5款)——视作被承认(见《商法典》第377条第2款):在此种情形,一切物的瑕疵救济均归于消灭;但根据联邦最高法院的裁判(参见《联邦最高法院民事裁判集》,第101卷,第337页、第341页;H. 罗特(H. Roth)文,载《法学教育》,1988年,第938页),侵权的请求权不在此限(该判例的案情为:瓶装葡萄酒因软木塞瑕疵而变质)。根据《商法典》第377条第3款,如果嗣后出现瑕疵,那么情况亦为如此。作为买受人的商人向另外一个商人所要求的,要多于一个非商人所要求的,或者多于向该非商人所要求的。

这也就是说,从结果上看,买受人通常在第438条的消灭时效期间届满之前就必须依《商法典》第377条采取行动了。但这一期间仍然附加适用。

现在存在下述情况:即在一些生产者及其配件供应者之间订立所谓的质量保证协议(Qualitaetssicherungsvereinbarungen)(参见米格(Migge)文,载《保险法》,1992年,第965页;恩斯特哈勒(Ernsthaler)文,载《新法学周刊》,1994年,第817页)。在这种协议中,配件供应者为自己的产品无瑕疵承担特别的担保;这样可以免去生产者的进厂检查，从而可以立即进行进一步的加工。与之相关联的争执是，《商法典》第377条是否可以通过一般交易条款而被排除于适用之外（参见施泰因曼（Steinmann）文，载《企业顾问》，1993年，第873页）。在我看来，这是应当予以肯定的。

第九节　牲畜买卖

在旧法第481条至第492条中，牲畜买卖（马、驴、驴骡、马 79
骡、牛、羊和猪）得到了详尽的规定。作为补充适用的规定，还有1899年3月27日颁布的《关于牲畜买卖主瑕疵和担保期间的敕令》。但这些规定已经过时，故此被《债法现代化法》无替代地删除了。在上文列举的牲畜疾病中，有一部分已经不再存在。取而代之的是，其他的一些瑕疵和缺陷现在具有了意义，这也是因为许多牲畜买卖的目的已经发生了改变（如在马的情形：骑乘运动已经取代了犁地）。那些短暂的担保期间也不再能够适合已经发生改变的疾病潜伏期。因此，尽管存在第90a条的规定，旧法第481条中所列举的动物现在仍然像其他的物（动产）一样出卖。当然，有些是不合适的（如一匹骑乘用马何时为第474条第2款意义上的旧货）。

第七十五章　消费品买卖

80 根据1999年5月25日颁行的《欧共体关于消费品买卖的某些方面和消费品担保的指令》(1999/44/EG),德国有义务在2002年1月1日之前按照指令的要求调整自己买卖法的一些内容。这是通过《债法现代化法》及时地完成的。然而以此种方式产生的消费品买卖法(第474条以下)同一般的买卖法原则上(但请参见第475条)并没有什么实质性的不同。这是因为,这种一般性的买卖法自身已经按照指令的要求进行了调整。这样就避免了有两种很不相同的买卖法并存。

第一节　适用范围

80a 根据第474条第1款,如果一个消费者(定义见第13条)从一个企业主(定义见第14条)那里买受动产(bewegliche Sache),则适用特别规定。与指令不同的是,德国法放弃了对消费品进行狭窄的定义。从实质上讲,这只是将土地、权利和其他标的物排除出去了(参见第453条第1款)。但人身上的要件(persoenliche Voraussetzung)仍然为:一个企业主向一个消费者进行出卖。这也就是说，对于两个企业主之间的买卖，或者对于两个消费者之间的买卖，不适用第474条以下的规定。如果是一个消费者向一个企业主进行出卖（如一个私人将继承的一幅画出卖给一个艺术品商人），那么也不适用这些规定。

第二节　瑕疵责任

1. 消费品买卖最为重要的一个特殊之处见于第475条第1 80b
款：为消费者的利益，关于瑕疵责任的规定都是单方强行法（einseitig zwingendes Recht）；企业主"不得援用"为损害消费者的利益而作出的变更性协议。如同在第444条中一样，这一表述也意味着：在发生疑义时，整个合同不像依第134条和第139条那样为无效。正确的结果应当是：合同应当为有效，只是没有了使消费者遭受不利益的协议而已。至于说这种协议系通过个人性的合同达成的，还是通过一般交易条款达成的，并不重要。被排除于消费者保护范围之外的只是关于损害赔偿请求权的规定：对此，指令没有作出任何规定，理由是人们在这一方面没有能够取得一致。

2. 关于消灭时效的特别规定，见于第475条第2款：对于第 80c
437条中所列举的请求权，消灭时效不应当被缩短至2年以下；在旧物的情形，不应当被缩短至1年以下。这也就是说，在旧物的情形（同以前一样），完全排除瑕疵责任是不可能的。特别是，旧车不再能够"没有担保责任地像所展示的和试车那样"被出卖（参见下文边码89）。

3. 瑕疵责任还通过第476条得到了严格化。这一规范是同 80d
第434条第1款第1句、第446条第1款第1句联系在一起的：价金危险应当随交付而移转于买受人，并且以此一时点为瑕疵的准据时点。这也就是说，因瑕疵而欲行使权利的买受人，必须要证明该瑕疵于交付时即已经存在。与之不同的是，为身为买受人的消费者的利益,第 476 条推定:如果瑕疵是在交付之后的 6 个月之内暴露的,那么推定其于交付时即已经存在。这样,瑕疵责任就与买卖标的物的保质期责任相接近了。

第 474 条第 2 款为买受人提供了另外一项救济:即在消费品买卖的情形,不应当适用对出卖人有利的第 445 条和第 447 条。

80e 4. 然而第 477 条意义就不是很大了:这里为出卖人或者第三人(如生产者)的担保规定了附加的要求。但依第 477 条第 3 款,不满足这些要求并不妨碍担保的效力;通常也不存在私法上的制裁。因此,这一规范更多地属于《反不正当竞争法》的范畴。

80f 5. 剩下的是第 478 条和第 479 条。这些规定处理的是被消费者请求给付的企业主对自己的前手(如批发商或者生产者)进行求偿(Rueckgriff)的问题。对于这种求偿,第 478 条第 2 款规定了独立的请求权。但这种求偿常常因消灭时效而告失败。故此,第 479 条第 2 款规定,求偿的消灭时效期间至早于求偿的债权人在履行消费者针对自己的请求权之后的 2 个月结束,至迟于供货人将标的物交付给求偿的债权人之后的 5 年结束。根据第 479 条第 3 款,这一规定也应当适用于交付链的其他环节。当然,这始终必须具备下述要件:即瑕疵系出现在求偿的债务人那里,而且求偿的债权人没有违背自己的瑕疵告知义务(见《商法典》第 377 条),第 478 条第 4 款就是这样规定的。

在这一复杂的规定之后,是单纯的正义理由:即归根结底,应当将消费者保护的费用转嫁到发生瑕疵的人那里。根据第 479 条第 2 款第 2 句,这种正义在 5 年之后结束。

第七十六章　特论：汽车买卖

参考文献：有关这方面内容广泛的著述，参见赖因金—埃格特（Reinking – Eggert）：《汽车买卖》，第 7 版，1999 年，共 816 页；巴库（Bachu）：《因特网汽车买卖的法律问题》，载《德国汽车法》，2001 年，第 106 页以下。另外请参见赖因金（Reinking）：《德国债法现代化法对新旧车买卖的影响》，载《德国汽车法》，2001 年，第 8 页以下。关于具体问题，见下文文献。

购置新出厂的汽车可能是与不同的约定 81
联系在一起的，其可能为：

1. 买受新车（参见下文边码 82 以下）；

2. 买受人以一辆旧车“付款”（参见下文边码 86 以下）；

3. 也出卖旧车（参见下文边码 90 以下）。

第一节　新车买卖

一、出卖人

买卖新出厂的汽车通常受到品牌的拘束， 82
即受一定生产者的拘束（这使欧共体很恼火）：即商人只能够出卖该种品牌的汽车，通常也要负责售后服务（即负责检验和修理）。商人通常以自己的名义订立这种售后服务合同。然而对于出卖自身，则通常有两种途径：一是商人单纯作为代理人为生产者从事活动，在此种情形，成立的是与生产者的买卖合同；二是商人面对顾客系以自己的名义出现（这种情况比较常见），也就是自己成为合同的当事人。

在第二种情形，商人与生产者之间不总是存在简单的买卖合同。相反，商人与生产者通常是通过所谓的专营商合同（Vertragshaendlervertrag）联系在一起的。这种合同为继续性债务关系。根据此种合同，商人不仅有义务收取某一最低数量的汽车并支付价款（然后商人必须要将这些车辆转卖掉），而且还要在一个比较广泛的范围内维护生产者的利益。例如，其必须通过广告促进生产者的销售；其必须在仓库中保有备件、提供售后服务以及为生产者观察市场（参见 P. 乌尔姆（P. Ulmer）：《专营商》，1969 年，特别是见第 36 页以下、第 107 页以下；亦请参见施顿普夫—亚莱茨克 - J. - M. 舒尔策（Stumpf - Jaletztke - J. - M. Schultze）：《专营商合同》，第 3 版，1997 年；根措（Genzow）：《专营商合同》，1996 年；哈伯萨克—乌尔姆（Habersack - Ulmer）：《专营商销售汽车的法律问题》，1998 年；瓦施库恩（Wauschkuhn）：《专营商合同》，1998 年）。关于专营商合同的案例（欧佩尔汽车案），参见《联邦最高法院民事裁判集》，第 93 卷，第 29 页（参见本特（Bunter）文，载《新法学周刊》，1985 年，第 600 页）。

二、买卖合同

83 1. 应当在出卖人和买受人之间订立的买卖合同通常是通过内容广泛的一般交易条款来调整的。这里大多都约定了出卖人享有修复权，这是很恰当的；现在这项权利由第 439 条即可以得出（参见上文边码 74）。

84/85 2. 在价金方面，如果汽车不能够立即交付，那么在通常情况下，首先无限制地采用所谓的日价条款（Tagespreisklausel）：即买卖按交付之日适用的价目表价格计算。现在根据第 309 条第 1 项,这已经不再可行。据此,如果汽车应当在订约之后的 4 个月之内交付,那么价格必须是确定的。出卖人采用变动条款文本的做法是要考虑下述情况:如果在订约与约定的交付期日之间长于 4 个月以上,那么应当以交付日适用的价目表价格为约定价格。

但联邦最高法院的判例也宣布此种条款为无效(参见《联邦最高法院民事裁判集》,第 82 卷,第 21 页;勒沃(Loewe)文,载《企业顾问》,1982 年,第 155 页;P. 乌尔姆(P. Ulmer)文,载《企业顾问》,1982 年,第 1125 页)。尽管这一条款考虑到了《一般交易条款规制法》第 11 条第 1 项(现为第 309 条第 1 项),然而其违背了《一般交易条款规制法》第 9 条(现为第 307 条)禁止不适当损害利益的原则。这是因为,其能够使出卖人在转嫁此间增加的费用之外,可以单方面不受任何限制地抬高约定的价格(参见《联邦最高法院民事裁判集》,第 82 卷,第 25 页)。价格的抬高也几乎不可能以可以控制的方式被限定在增加费用之上。因此,在价格抬高超出一定数额的同时,买受人至少必须能够获得解除权。当然,德国最高法院后来基本上又撤回了这一裁判(参见《联邦最高法院民事裁判集》,第 90 卷,第 69 页),其做法是通过补充性的合同解释对合同内容进行补充,以此方法使条款发生效力(参见 P. 施洛瑟(P. Schlosser)文,载《法律学习》,1984 年,第 637 页以下(梅赛德斯没有挣到的 8 个亿)。根据联邦最高法院的裁判,至少也应当准许将价格调整条款订入到专营商合同之中(参见《联邦最高法院民事裁判集》,第 93 卷,第 252 页、第 257 页)。

第二节　用旧车支付

参考文献:贝尔(Behr):《用旧车支付——典型交易合同中发生自己权利的范例》,载《民法实务档案》,第

185卷,1985年,第401页以下;杜比沙(Dubischar):《不持久的“镀银”旧车》,载《法学教育》,1985年,第15页以下;埃格特(Eggert):《汽车代理交易20年——应急措施回顾》,载《新交通法杂志》,1989年,第456页以下;迈尔—马利(Mayer-Maly):《联邦最高法院民事裁判集第46卷第338页所载裁判的产生史》,载《拉伦茨第一次纪念文集》,1973年,第673页以下;G. 米勒(G. Mueller):《论汽车商在以前以所有人的名义出卖瑕疵汽车时的责任》,载《企业顾问》,1990年,第2136页以下;鲁普—弗莱施曼(Rupp-Fleischmann):《用旧汽车支付时的问题》,载《新法学周刊》,1984年,第2802页以下;舒林(Schulin):《在买卖新车时用旧车支付》,载《法学工作报》,1983年,第161页以下;瓦尔茨—魏恩施特罗(Walz-Wienstroh):《民法和税法上方式与内容之间的关系》,载《企业顾问》,1984年,第1693页以下。

86 在买受新车时,买受人常常用自己的旧车来付款。这一范例一方面表明将具体的约定归列到法定的类型体系之中是困难的,另一方面表明税法对私法上的具体形成方式具有影响。

一、民法方面

首先不考虑税法上的因素,而只是考虑民法方面。

1. 买受人为新车给付一部分约定的总价金和旧车。初视之下,这像是由买卖(用钱买受新车)和互易(用旧车支付新车价款)构成的行为(参见下文边码588)。但这并非真实的利益状况。这是因为,汽车商通常并不是真的对旧车感兴趣,其只是用旧车来付款,为的是使自己能够出卖新车。相较于旧车而言,汽车商更加愿意取得全部的价款。

87 2. 因此,联邦最高法院准许进行下述解释(参见《联邦最高法院民事裁判集》,第 46 卷,第 338 页):即买受人以双方为旧车约定的结算价格取得代替权(Ersetzungsbefugnis)(参见《总论》边码 188);代之以这一金额履行,其可以以旧车履行。据此,如果旧车(无论出于何种原因)发生灭失,那么买受人必须要支付全部的价款。但在下述情形,这可能会是不适当的:即买受人不具有这一高额价款,因此只有通过对自己的旧车给予优惠的结算价格才能够获得利益。

3. 故此,拉伦茨又建议了第三种架构(参见《债法分论》,第 11 版,第 63 章,第 2 节):如同边码 86 所述,无论如何,在旧车具有显著价值的情形,所涉及的是由买卖和互易构成的一种组合,然而增加了买受人的权限,即买受人可以通过支付结算价款来替代给付旧车。在此种情形,旧车的灭失引起新车买卖履行的一部不能。这也就是说,如果买受人不应当对这种灭失负责任,则其被免责;依第 326 条第 1 款第 1 句,其当然也不能够获得新车。如若旧车具有瑕疵(但因磨损而产生的瑕疵通常是不够的,参见《联邦最高法院民事裁判集》,第 83 卷,第 334 页;关于批评性见解,参见沙克(Schack)文,载《新法学周刊》,1983 年,第 2806 页),那么商人解除合同的行为也将会指向新车出卖。由于商人大多想要获得这一出卖,故其仅具有减价的可能性:即结算价格因旧车减值而按比例减少(第 441 条第 3 款)。但是,如果商人尽管如此还是选择了合同解除,则其仅需要向买受人返还旧车,而无需支付在接受该车付款时该车所相当的金额(参见《联邦最高法院民事裁判集》,第 89 卷,第 126 页;舒林(Schulin)文,载《法学家报》,1984 年,第 379 页;施瓦克(Schwark)文,载《法学评论》,1984 年,第 239 页)。 88

二、税法方面

通常情况下,在旧车能否得到利用方面,出卖新车的商人应当承担风险。最为简单可行的办法是,商人从新车的买受人那里得到旧车,然后转卖(参见下文边码 90 以下)。然而根据《流转税 89

法》第 1 条和第 2 条，企业（即独立从事营利事业活动或者职业活动者）的交付行为应当缴纳流转税（Umsatzsteuer）（现为 16%）（参见克莱格利希（Klaeglich）文，载《企业》，1986 年，第 2204 页）。为了避免这一纳税义务，必须要将商人置于这一行为之外。因此，通常的做法是，商人只是作为前手占有人的代理人（即受客户委托）而转卖旧车。

关于这一点，人们作出了如下的具体设计（参见联邦最高法院裁判，载《新法学周刊》，1978 年，第 1482 页）：在一个代理合同（Agenturvertrag）中，商人对新车的买受人负有下述义务：即以新车买受人的名义并以新车买受人的计算出卖旧车。商人同时也承担下述风险：即在这一过程中取得一定的最低价金，即在所约定的新车的总价金中扣除的旧车的金额。就此点而论，这一价金得到了延期清偿。这种延期清偿虽然在商人解除代理合同时归于消灭，但只有在存在重大事由时商人才可以这样做，这是因为买受人意欲使旧车脱手。此种重大事由在联邦最高法院的裁判中得到了肯定，理由是买受人故意不向商人告知旧车曾经发生过的事故损害（亦请参见联邦最高法院裁判，载《新法学周刊》，1982 年，第 1699 页）。

现在通过修正法律已经使商人的流转税纳税义务得到了实质性的减轻（《流转税法》第 25a 条规定：应纳税所得额仅为购入价和出售价之间的差额）。这样一来，非常规的代理合同就成为不必要的了；商人可以自己购买旧车，尔后再以自己的名义转卖。然而由于新的第 475 条规定，对于旧车不得排除担保责任（参见上文边码 80b 和 80c），因此这又使代理合同得以复苏。如果出卖人不是从事营利事业活动的商人（企业主），而是不从事营利事业活动的前所有权人（消费者），那么也许可以避免第 475 条。

第三节　旧车的最终出卖

根据上文边码 89 所述,以前旧车通常由商人以前占有人的名义,即以新车买受人的名义出卖。这种旧车买卖行为——同旧汽车交易一样——取代了马匹交易而成为无数争执的源泉。这里所涉及的主要是物的瑕疵(参见霍尔(Hoerl)、梅恩勒(Mehnle)和里克塞克(Rixecker)文,载《德国汽车法》,1986 年,第 92 页、第 102 页、第 106 页;赖因金(Reinking)文,载《德国汽车法》,1988 年,第 337 页)。这些问题与人们是否继续使用代理合同基本上没有什么关系(参见上文边码 89)。 90

一、以格式化条款免除责任

最为重要的问题是,是否可以通过商人的一般交易条件来排除责任。惯常使用的条款为"旧车,以观验为准,并且排除一切担保责任"。这只有在出卖行为不受第 474 条以下规定约束时才可能是被容许的。在此种情形,排除担保责任虽然不违背第 309 条第 8b 项,理由是这一规定只是适用于"新制作物",但排除担保责任能够与第 307 条禁止不适当损害利益的要求相一致吗? 91

联邦最高法院在一项原则性裁判中对此作出了肯定(参见《联邦最高法院民事裁判集》,第 74 卷,第 383 页),这或许是正确的:即商人一般不负有检查的义务,从交易安全上看也是这样。关于汽车此前的情况以及保存状态,商人几乎不能够从汽车的前占有人那里获知可靠的咨询。对于这一点,有意购买者应当是知道的。另外,如果商人系"以经工场检验的方式"或者系"以承担担保的方式"出卖旧车(这种情况下车价当然会要高一些),那么通过向该商人买受,买受人可以在瑕疵方面获得保护。

在出卖人非为第一占有人的情形,联邦最高法院将同一理由应用到了非以经营营利事业方式出卖旧车的行为之中(参见联邦最高法院裁判,载《新法学周刊》,1984 年,第 1452 页)。在这里,以格式条款免除担保责任甚至应当适用于(非为故意不告知的)极为严重的瑕疵,这种瑕疵已经妨碍了交通安全,因此车辆不应当被准许上路。

二、恶意

92 据此,如果旧车买受人享有的、不由过错决定的物的瑕疵救济手段可以被排除,那么是否存在恶意的问题就更加重要了:对于这一点,根据第 441 条,不得以个人性协议排除责任,并且根据第 438 条第 3 款第 1 句,也不适用短期消灭时效。所以,关于旧车买卖中的恶意问题,以前就有广泛的、现今仍然可以利用的判例(参见《慕尼黑民法典注释—H. P. 韦斯特曼(H. P. Westermann)》,第 463 条,边码 11)。这里仅指明下述两点内容:

第一,根据判例(如参见联邦最高法院裁判,载《新法学周刊》,1982 年,第 1386 页),如果汽车遭受过事故,而事故并非为完全地不显著,那么即使未经询问,也应当予以说明。这是与商业减值联系在一起的:由于发生了这样的意外,人们担心汽车可能存在未被认识到的损害。故此,应当对这一事故负责任的致害人也必须要赔偿这种商业减值(参见《总论》边码 627)。

第二,在"胡说八道"的情况下,也可能存在着恶意。特别是,如果一个商人出卖自己并不了解的客户车辆,那么情况尤为如此。在此种情形,如果该商人未经进一步调查即保证车辆"无事故",那么商人在以他人名义行为时甚至就存在着恶意,后果是自己负责任(参见《总论》边码 110 以下)。关于详细内容,参见联邦最高法院裁判,载《新法学周刊》,1981 年,第 1441 页;1982 年,第 435 页。关于商人因自力承诺而依第 179 条自己负责任的问题,参见《联邦最高法院民事裁判集》,第 103 卷,第 275 页、第 278 页以下(参见 U. 胡贝尔(U. Huber)文,载《法学家报》,1988 年,第 923 页;蒂特克(Tiedtke)文,载《法学教育》,1988 年,第 848 页;H. H. 雅可布斯(H. H. Jakobs)文,载《新法学周刊》,1989 年,第 696 页)。

第七十七章　附论：买受人与生产者的关系

参考文献：有关基础性著述，参见库尔曼—菲斯特(Kullmann - Pfister)：《生产者责任》(始自1980年，活页)；罗兰德(Rolland)：《产品责任法》，1990年；格拉夫·冯·威斯特法伦(Graf von Westphalen)(主编)：《产品责任手册》，第1卷，第2版，1997年；第2卷，1991年；阿伦斯(Arens)：《论当代德国产品责任诉讼中的举证责任问题》，载《民事诉讼杂志》，第104期，1991年，第123页以下；拜尔茨(Baelz)：《论民法责任体系的结构变迁》，1991年；鲍姆格特尔(Baumgaertel)：《生产者责任中的举证责任分配》，载《法学工作报》，1984年，第660页以下；比克曼(Birkmann)：《汽车中的产品跟踪义务》，载《德国汽车法》，2000年，第435页以下；博德维希(Bodewig)：《瑕疵产品的召回》，1999年；布雷默坎普—布滕(Bremer kamp - Buyten)：《配件供应者应当对产品损害负侵权的责任吗？》，载《保险法》，1998年，第1064页以下；布林克曼(Brinkmann)：《论所谓的延伸瑕疵问题》，1993年；布吕格迈尔(Brueggemeier)：《民法典第823条第1款的生产者责任》，载《有价证券资讯》，1982年，第1294页以下;同一作者:《合同法上的瑕疵产品责任与民法典第823条第1款》,载《保险法》,1983年,第501页以下;同一作者:《联邦最高法院与财产功能障碍的问题》,载《保险法》,1984年,第902页以下;同一作者:《产品责任与产品安全》,载《商法杂志》,第152期,1988年,第511页以下;布赫纳(Buchner):《烟草工业的产品责任》,载《保险法》,2000年,第28页以下;B.布赫纳—维贝尔(B. Buchner-Wiebel):《论烟草产品的瑕疵问题》,载《保险法》,2001年,第29页以下;卡纳里斯(Canaris):《学理及法律政策上的生产者责任》,载《法学家报》,1968年,第494页以下;戴克特(Deckert):《生产者对瑕疵产品的责任》,载《法学教育》,1995年,第89页以下;多伊奇(Deutsch):《生产者责任的归责事由》,载《保险法》,1988年,第1197页以下;同一作者:《民法典和德国产品责任法生产者责任的保护范围》,载《法学家报》,1989年,第465页以下;同一作者:《产品责任的案件类型:已经解决和没有解决的问题》,载《保险法》,1992年,第521页以下;迪德里希森(Diederichsen):《商品生产者的责任》,1967年(参见魏特瑙尔(Weitnauer)文,载《民法实务档案》,第168卷,第207页以下);同一作者:《生产者责任往何处去?》,载《新法学周刊》,1978年,第1281页以下;同一作者:《生产者责任的发展》,载《保险法》,1984年,第797页以下;迪特里希(Dietrich):《生产者的产品观察义务和损害防范义务》,1994年;杜恩茨—克劳斯(Dunz-Kraus):《对有害商品的责任》,1969年;菲克尔(Ficker):《生产者责任是危险责任吗?》,载《克默雷尔(Caemmerer)纪念文集》,1978年,第343页以下;弗尔斯特(Foerste):《印刷品的产品责任》,载《新法学周刊》,

1991年,第1433页以下;同一作者:《产品责任新论——消极的观察义务与等价性利益》,载《新法学周刊》,1994年,第907页以下;弗兰岑(Franzen):《产品损害的侵权责任》,载《法学家报》,1999年,第702页以下;福雷泽—冯·魏尔德—克林肯贝格(Frese - von Werder - Klinkenberg):《德国旧法和新法上大型企业的产品责任管理》,载《企业》,1988年,第2369页以下;富克斯(Fuchs):《劳动分工与责任》,载《法学家报》,1994年,第533页以下;冈特(Ganter):《侵权法在买卖法担保请求权之外的适用》,载《法学教育》,1984年,第592页以下;格罗特(Grote):《产品召回时的生产者求偿》,载《保险法》,1994年,第1269页以下;哈格(Hager):《论生产者责任的保护范围》,载《民法实务档案》,第184卷,1984年,第413页以下;同一作者:《瑕疵产品召回时的费用负担》,载《保险法》,1984年,第799页以下;同一作者:《生产者对产品购买者等价性利益和使用利益的责任义务》,载《企业顾问》,1987年,第1748页以下;J.哈格尔(J. Hager):《瑕疵产品召回时的费用偿还问题》,载《保险法》,1984年,第799页以下;赫曼(Herrmann):《买卖法上商人广告的界限》,载《民法实务档案》,第183卷,1983年,第248页以下;同一作者:《联邦最高法院1989至1990年关于产品责任法的判例》,载《新法学周刊》,1991年,第675页以下;豪默霍夫(Hommelhoff):《康采恩中的产品责任》,载《经济法杂志》,1990年,第761页以下;约翰森—拉德马赫(Johannsen - Rademacher):《商业上的产品责任风险及其解决办法》,载《企业顾问》,1996年,第2636页以下;卡岑迈尔(Katzenmeier):《瑕疵产品生产者的产品责任和担保责任》,载《新法学周刊》,1997年,第

486 页以下;考夫曼(Kaufmann):《产品的召回》,载《保险法》,1999 年,第 551 页以下;克纳普(Knapp):《德国汽车工业实践中的美国产品责任》,1997 年;D. 科赫(D. Koch):《产品责任:论买卖法与侵权法的竞合》,1995 年(参见本格特(Bungert)文,载《保险法》,1996 年,第 1082 页以下);J. 科赫(J. Koch):《产品后发损害中的责任问题》,1987 年;科斯曼(Kossmann):《产品责任体系中的交易问题》,载《新法学周刊》,1984 年,第 1664 页以下;库尔曼(Kullmann):《产品责任法》,第 2 版,1997 年;同一作者:《联邦最高法院关于生产者对在自己生产的产品上发生的损害的侵权责任的判例》,载《企业顾问》,1985 年,第 409 页以下;同一作者:《产品责任的现时法律问题》,1988 年;同一作者:《生产者责任中的风险问题》,载《保险法》,1988 年,第 655 页以下;同一作者:《联邦最高法院 1989 至 1990 年关于产品责任法的判例》,载《新法学周刊》,1991 年,第 675 页以下;同一作者:《联邦最高法院 1991 至 1992 年关于产品责任法的判例》,载《新法学周刊》,1992 年,第 2669 页以下;同一作者:《联邦最高法院 1992 至 1994 年关于产品责任法的判例》,载《新法学周刊》,1994 年,第 1698 页以下;同一作者:《联邦最高法院 1994 至 1995 年关于产品责任法的判例》,载《新法学周刊》,1996 年,第 18 页以下;同一作者:《联邦最高法院 1995 至 1997 年关于产品责任法的判例》,载《新法学周刊》,1997 年,第 1746 页以下;同一作者:《联邦最高法院 1997 至 1998 年关于产品责任法的判例》,载《新法学周刊》,1999 年,第 96 页以下;同一作者:《联邦最高法院 1998 至 2000 年关于产品责任法的判例》,载《新法学周刊》,2000 年,第 1912 页以下;同一作者:《联邦最高法院2000年和2001年关于产品责任法的判例》,载《新法学周刊》,2002年,第30页以下;同一作者:《建筑材料产品责任中的法律问题》,载《建筑法》,1993年,第153页以下;拉道誉(Ladeur):《民法产品责任与行政安全控制之间发展风险的法律控制》,载《企业顾问》,1993年,第1303页以下;朗沙伊德(Langscheid):《新产品责任法》,第2版,1992年;雷曼(Lehmann):《软件的产品责任和生产者责任》,载《新法学周刊》,1992年,第1721页以下;里特巴斯基(Littbarski):《国际产品责任现状》,载《法学教育》,1996年,第231页以下;W.洛伦茨(W. Lorenz):《商品生产者责任的比较法研究》,载《诺塔普(Nottarp)纪念文集》,1961年,第59页以下;同一作者:《商品生产者责任》,1966年;同一作者:《生产者责任中的证明问题》,载《民法实务档案》,第170卷,1970年,第367页以下;马戈施(Magotsch):《美国产品责任的无节制发展》,载《国际经济法》,1986年,第413页以下;库特·迈尔(Kurt Mayer):《产品责任与担保责任》,载《企业顾问》,1984年,第568页以下;梅迪库斯:《一般产品责任法中的消费者》,载《罗兰德(Rolland)纪念文集》,1999年,第251页以下;迈尔(Meyer):《出版产品的产品责任》,载《经济法杂志》,1991年,第1393页以下;米歇尔斯基(Michalski):《生产者的产品观察及召回义务》,载《企业顾问》,1998年,第961页以下;默勒斯(Moellers):《本国的生产者责任与欧洲的产品责任》,载《保险法》,2000年,第1177页以下;G.米勒(G. Mueller):《买卖法上的担保合同》,载《经济法杂志》,1981年,第707页以下;K.米勒(K. Mueller):《论商品生产者对最终消费者的责任》,载《民法实务档案》,第165卷,

1965年，第295页以下；同一作者：《以最终购买者为买受人的品质标志在责任法上的意义》，载《企业》，1987年，第1521页以下；纳格尔（Nagel）：《生产者和配件供应者关系上的产品责任和环境责任》，载《企业》，1993年，第2469页以下；同一作者：《大西洋彼岸法律冲突中的国际产品责任法》，载《企业》，2001年，第1075页以下；尼克尔（Nickel）：《瑕疵产品生产者的侵权责任和买卖法上的担保责任》，载《保险法》，1984年，第318页以下；同一作者：《生产者责任与商法》，载《保险法》，1985年，第310页以下；克维纳特（Quittnat）：《质量保证协议与产品责任》，载《企业顾问》，1989年，第571页以下；赖尼克—蒂特克（Reinicke－Tiedtke）：《生产者责任范围内瑕疵无价值与损害之间素材的同一性》，载《新法学周刊》，1986年，第10页以下（参见梅可勒（Merkle）文，载《新法学周刊》，1987年，第358页以下）；劳舍尔（Rauscher）：《生产者对买卖物毁损的侵权责任：联邦最高法院裁判》，（载《新法学周刊》，1985年，第2420页），载《法学教育》，1987年，第14页以下；雷滕贝克（Rettenbeck）：《产品责任中的召回义务》，1993年；罗尔芬—蒂勒（Rohlfing－Thiele）：《烟草制品生产者的责任》，载《保险法》，2000年，第289页以下；萨克（Sack）：《利用竞争法预防性地实现生产者的警告及召回义务》，载《德国汽车法》，1983年，第1页以下；舍勒—布特—赖默茨霍夫（Scherer－Butt－Reimertshofer）：《德国企业主视角中的国际产品责任风险》，载《企业》，1999年，第469页以下；施密德—扎尔策（Schmidt－Salzer）：《产品责任》，5卷本，第2版，1985年以下；同一作者：《产品责任裁判集》，第1卷，1976年；第2卷，1979年；第3卷，1982年；第4卷（刑法、裁判及总目录），1982 年；同一作者：《产品风险的新角度》，载《企业顾问》，1980 年，第 1 页以下；1983 年，第 1251 页以下；同一作者：《侵权法过错责任危险范围举证责任倒置的人的适用范围》，载《新法学周刊》，1992 年，第 2871 页以下；同一作者：《消费者保护产品责任环境责任及企业责任》，载《新法学周刊》，1994 年，第 1305 页以下；施文策（Schwenzer）：《商品生产者的召回及警告义务》，载《法学家报》，1989 年，第 1095 页以下；Sp. 西密提斯（Sp. Simitis）：《生产者责任的基本问题》，1965 年（参见魏特瑙尔（Weitnauer）文，载《民法实务档案》，第 167 卷，第 286 页以下）；同一作者：《第 47 届德国法学家大会文鉴》，1968 年；同一作者：《生产者责任》，载《杜登（Duden）纪念文集》，1977 年，第 605 页以下；施特克勒（Steckler）：《及时交付关系范围内的产品责任风险》，载《企业顾问》，1993 年，第 1225 页以下；施泰因迈尔（Steinmeyer）：《附保护第三人作用的合同与生产者责任》，载《企业》，1988 年，第 1049 页以下；泰格尔（Taeger）：《瑕疵计算机程序的契约外责任》，1995 年；蒂特克（Tiedtke）：《论交付的标的物发生损害时瑕疵产品生产者的责任》，载《经济法杂志》，1992 年，第 1446 页以下；P. 乌尔默（P. Ulmer）：《商品生产者对外购产品的观察检验及警告义务》，载《商法杂志》，第 152 卷，1988 年，第 564 页以下；魏特瑙尔（Weitnauer）：《生产者责任中的证明问题》，载《拉伦茨第一次纪念文集》，1973 年，第 905 页以下；万特（Wandt）：《数人时的产品责任及求偿》，载《企业顾问》，1994 年，第 1436 页以下；同一作者：《国际产品责任》，1995 年；同一作者：《德国的药物责任与欧共体的产品责任》，载《保险法》，1998 年，第 1059 页以下；

格拉夫·冯·威斯特法伦(Graf von Westphalen):《侵权法生产者责任的基本类型》,载《法律学习》,1983年,第57页以下;同一作者:《侵权法生产者责任范围内的主观归责问题》,载《法律学习》,1983年,第133页以下;同一作者:《侵权法的生产者责任与举证责任》,载《法律学习》,1983年,第281页以下;同一作者:《合同法上的生产者责任》,载《法律学习》,1983年,第348页以下;同一作者:《不可靠产品中的警告或者召回行动》,载《企业》,1999年,第1369页以下;措勒(Zoller):《进口商的产品责任》,1992年。亦请参见下文边码105以下关于产品观察及召回义务的论述以及下文边码109之前关于协调欧共体内部生产者责任的论述。

第一节 问 题

93 买卖标的物的瑕疵——即消极地变更合同上的应有性能——常常不只是限定标的物的可用性,而且也常常会引起标的物的危险性:即这种标的物能够造成损害。这种标的物大多是在使用者那里,也就是在“消费者”那里才会造成损害(如买受的轮胎在第一次高速行驶时发生爆裂)。这个意义上的“消费者”不需要是常常被作为消费者保护雕塑展示的那个“小人儿”(现请参见第13条)。相反,在侵权的产品责任的情形,作为消费者的也可以是其他的生产者即企业主,例如他们为自己的生产活动买受了一台机器,尔后因这台机器具有危险性而遭受了损害(著名的悬浮开关案件即为如此;参见《联邦最高法院民事裁判集》,第67卷,第359页;参见下文边码103)。

这样的消费者常常不是直接从危险物的生产者那里进行买受,而是从商人那里买受,而商人自己又是从生产者那里买受的

(这里甚至可能还会存在批发商或者类似者)。这也就是说,这里是一个至少包括两个买卖合同的合同链:即生产者向商人进行的出卖和商人向消费者进行的出卖。

通常情况下,消费者只是对自己的出卖人(即商人)享有合同上的损害赔偿请求权。但在欠缺保证的情形,这种请求权以商人应当对瑕疵负责任为要件(见第280条第1款第2句)。但在通常情况下并不具备这个条件。许多瑕疵都是在标的物的使用过程中才暴露出来的,而商人常常是不能够使用标的物的,理由是客户都希望得到没有使用过的(即新出厂的)标的物。在此种情形下,只有在通过第278条将生产者的过错作为自己的过错而归责于商人时,才会构成商人的过错。但通说恰恰拒绝了这一点,理由是商人并不负担生产制作,因此也就没有为此目的而成为生产者(参见《联邦最高法院民事裁判集》,第48卷,第118页、第120页;《总论》,边码327)。

据此,剩下的只是消费者对商人享有的、不由过错决定的合同上的赔偿请求权。此种请求权虽然可以因不正确的保证而产生(见第276条第1款第1句),但特别是因为通说对保证作出的是狭窄的解释(参见上文边码72),故在大多数情况下,都不具备这个条件。通常情况下,人们也不能够认为,商人系将生产者广告中的陈述作为了自己的陈述(参见联邦最高法院裁判,载《新法学周刊》,1981年,第1269页、第1270页;也有与之不同的裁判,但这不具有普遍化能力:参见《联邦最高法院民事裁判集》,第48卷,第118页;泰希曼(Teichmann)文,载《法学教育》,1968年,第315页)。情况正相反,在由生产者广告得出产地陈述的情形,显而易见,商人只是要将这些陈述传递下去,但并不承担损害法上的责任。 94

在商人没有过错的情形,消费者对商人享有的侵权的损害赔偿请求权亦会告以失败。因此,消费者通常依靠的是对生产者享 95

有的赔偿请求权。在联邦最高法院拒绝作出其他的理由说明尝试(如类推适用第122条)之后(参见《联邦最高法院民事裁判集》,第51卷,第91页、第98页以下),这种请求权只能够出自合同或者侵权行为。

第二节　对生产者的合同请求权

96 如果消费者没有直接从生产者那里进行买受,那么只有在存在特别的附加事由的情形,才会存在合同上的请求权。

一、生产者担保

生产者可以与消费者建立直接的法律行为接触。这样,消费者在与商人订立的买卖合同之外,还与生产者订立了另外一个合同。根据通说(如参见联邦最高法院裁判,载《保险法》,1984年,第1151页),此种接触并非因广告即已经产生。出自生产者的使用说明(Gebrauchsanweisung)通常也不能够在生产者与最终购买者之间设定告知合同(参见联邦最高法院裁判,载《新法学周刊》,1989年,第1029页)。但就买卖标的物附具的担保卡或者冠以类似名称的文书而论,则可能会成立合同:其可以包含有要约,通过对要约的承诺,买受人能够与生产者订立合同。这当然不是买卖(出卖人只是商人,仅其具有价金请求权),而是(非典型的)独立担保合同(selbstaendiger Garantievertrag)(见第443条、第477条)。这种合同的内容必须由担保卡来决定。但在通常情况下,生产者通过担保卡只是要承担后续交付无瑕疵商品的义务,或者承担修复的义务,而不是要承担对因自己产品所发生的结果损害的损害赔偿责任。就是根据第307条以下的规定,这也应当是无可厚非的(假定所使用的表述并没有使买受人发生混乱;参见《联邦最高法院民事裁判集》,第104卷,第82页):由于生产者对消费者本身根本不具有合同义务,故其也可以任意性地承担限制性的义务。旧法第477条规定的短期消灭时效（参见上文边码73），自买受人知悉瑕疵时起，始应当适用于由生产者担保产生的请求权（参见联邦最高法院裁判，载《新法学周刊》，1981年，第2248页）；这在现在是有疑问的。

二、由生产者与商人订立的合同产生的请求权

关于消费者因生产者与商人之间订立的合同而产生的请求权，可以有两种不同的思考方法。 97

第一，从这一合同中可以产生对消费者的保护作用（Schutzwirkung fuer den Verbraucher）。但合同上的这种对第三人的保护作用通常要求在合同债权人与第三人之间存在人身权法关系（personenrechtliche Beziehung），以便使债权人能够对第三人的"幸福与痛苦"共同负责任（参见《总论》边码775）。但在商人（合同债权人）与消费者（第三人）之间的关系上几乎不存在这样的情况。因此，如果认为消费者处在商人与生产者之间订立的买卖合同的保护范围之内，那么这受到广泛的拒绝是有道理的（参见《联邦最高法院民事裁判集》，第51卷，第91页、第95页以下）。

第二，人们也可能会认为，商人可以根据自己与生产者订立的买卖合同而向生产者请求赔偿消费者的损害（第三人损害清算（Drittschadensliquidation）；参见《总论》边码609以下）。这虽然首先并不能够产生消费者自己的请求权，而只是产生商人的请求权，这种请求权虽然可以通过让与（如果类推适用第285条，那么可以肯定商人负有让与的义务）而移转于消费者，但从损害赔偿法上看，第三人损害清算是"赔偿的债权人仅得请求赔偿自己的损害"这一原则的一个例外，而对于这一例外，应当进行狭窄的限定。这一例外没有被扩及传统上承认的那些案件类型之外，这是正确的。转卖不属于传统上的这些类型。故此，第三人损害清算也不能够为消费者提供救济（参见《联邦最高法院民事裁判集》，第51卷，第91页、第93页以下）。 98

第三节　对生产者的侵权请求权

一、侵权的构成要件

99 生产者以故意并且背俗的方式给自己产品的消费者造成损害的情形，几乎是不存在的，另外也是很难证明的。关于产品生产和试验的规定，也就是消费者保护法规之类的规定，以前基本上不存在（见第823条第2款）。在过去的很长时间之内（亦请参见下文边码109以下），仅在药物方面存在法定的特别危险责任（Gefaehrdungshaftung）（参见下文边码895）。这样，一直到1990年1月1日之前，作为受害的消费者对生产者的赔偿请求权的基础的，通常只是第823条第1款。

由此首先得出一项重要的限定：即因产品瑕疵而造成的单纯财产侵害是不够的（参见下文边码744）。例如，如果买受的汽车不正常工作，并因此而失去成交或者不得不租用替补车辆，那么消费者还不能够因此而具有损害赔偿请求权。这里要求具备下述条件：即消费者在自己受第823条第1款保护的法益或者权利上受到侵害。这主要是指生命、身体、健康和所有权。如此，在买受的轮胎出现爆裂的情形，消费者的汽车可能会偏离车道，从而造成人身及财产损害，这符合第823条第1款的客观构成要件。

但另一方面，第823条第1款也包括自身非为危险物买受人的第三人的侵害，如同行的买受人的家属或者朋友，也可以是在倾覆过程中受到毁损的另外一辆汽车的所有人。可见，利用第823条第1款可以完全摆脱合同限制及合同保护范围的限制。

二、受害人面临的证据困难

100 通常，请求权人（即诉讼中的原告）必须证明具备支持自己请求权的法律规范的构成要件的一切特征。但在所述的这类情形中，首先只能够确定，原告因被告的产品而在受第823条第1款保护的法益或者权利上受到了侵害。但第 823 条第 1 款还要求具备违法性和过错这两个要件。

1. 正如在侵权法上还要论述的那样（参见下文边码 749），在这里所谓的间接侵害（mittelbare Verletzungen）的情形，“被告是原告受侵害的一个原因”还不足以表明行为违法。例如，在轮胎的例子中，这是非常清楚的：如果没有生产活动，那么就不会有轮胎爆裂，因而也就不会给原告造成侵害。但对于这种爆裂，除生产缺陷之外，也还可能存在其他的事由，如商人进行了错误的存储，驾驶员加的负荷过重或者在车道上存在着障碍。但即使这些事由可以被排除，从轮胎爆裂这一情况中，还是不能够直接推出轮胎生产为不法。产品具有一定的危险性，这一点一般是要接受的。如此，特别是在使用汽车时，是存在着危险的。作为汽车给人们带来的利益的代价，人们应当接受这种危险。

另外，这一理由不能够使下述悲观的结论正当化：即生命因任何新产品的到来而变得更加危险了。情况恰恰相反：新的产品通常替代了较旧的产品，而这些较旧的产品往往更加具有危险性。如此，一辆被理性使用的汽车给人们带来的危险比之具有同样功率的马匹所带来的危险要小得多。或者电使蜡烛和油灯成为不必要的东西了，而后者一再地引发大火。

故此，只有在生产活动不能在经济上合理的范围之内使产品的危险性保持很小时，特别是不能符合公认的技术规则时，才可以肯定生产活动具有不法性。易言之，违法性需要因违背交易安全义务（Verkehrssicherungspflicht）而产生的特殊理由（参见下文边码 751 以下）。背离技术水准可能在产品设计时即已经发生，以致所生产的一切产品都是有瑕疵的（如规定使用不具有耐久性的粘结材料）。但在无瑕疵设计的情形，所生产的一些产品也可能是有瑕疵的(此即所谓的次品或者称星期一产品,如一件产品上涂抹的粘结剂过少)。除此之外,还可能存在说明书错误:即产品本身虽然没有问题,但其使用说明书不够充分(如没有指明粘合之处将会因受汽油影响而开脱,或者对于爆炸危险没有进行充分的说明)(参见联邦最高法院裁判,载《企业》,1987 年,第 286 页)。最后还要想到,在产品观察上可能存在着不足:即生产者将会(因索赔等)注意到,开始系合法或没有过错而生产出来的产品,在后来被证明是有危险性的(参见下文边码 103 以下)。

101 2. 对于过错,第 831 条第 1 款第 2 句规定了举证责任倒置,但以加害行为是由事务辅助人造成的为限:在这里,被起诉的企业主必须证明自己对辅助人已经进行了认真的挑选,并且以有必要为限,对辅助人进行了指导和监督(参见下文边码 857 以下)。但只有在致害行为完全归结于事务辅助人时,才适用这种推定。然而在生产者的机关失灵的场合,即在第 31 条的适用范围之内(参见《总论》边码 323),《民法典》中不包含有相应的过错推定。这也就是说,为了能够充分地利用第 831 条的举证责任倒置,原告首先必须要排除机关过错的可能性。但对于一个不了解生产者内部组织机构的局外人而言,这几乎是不可能的。如果对于单纯辅助人的侵权行为所负担的责任严于对于机关的侵权行为,那么这将也是不妥当的。

三、判例救济

102 1. 由于存在这样的证明困难,所以在 1968 年 11 月 26 日的著名鸡瘟裁判(Huehnerpestentscheidung)中,联邦最高法院首次对最终购买者给予了谅解(参见《联邦最高法院民事裁判集》,第 51 卷,第 91 页)。在这一案例中,原告经营一家养鸡场,其用被告生产的鸡瘟疫苗给自己的鸡种痘。但由于这种疫苗中含有没有被杀死的鸡瘟病毒,因此使种痘的鸡发病并死亡。至于疫苗瑕疵是怎样产生的,则无从查明。

在这一案件中,联邦最高法院只是要求受害的消费者证明,产品瑕疵是“在生产者的组织范围之内,而且是因客观的瑕疵或者是因违背交易的状况”而发生的(同前引,第 105 页)。而在存在此种瑕疵的情形,生产者应当“尚未因其指明产品缺陷即使没有自己在组织范围之内的过错同样也可能发生”而被视作免责。在这里,联邦最高法院依据的是与第 836 条至第 838 条存在的法律类似性(参见下文边码 864 以下)。

据此,从结果上看,在存在产品瑕疵时,推定生产者具有因果性的客观违反义务行为并具有过错。生产者只有通过下述证明才能够反驳这一推定:即在自己这里,生产和控制都是符合技术水准的,并且自己在生产中所使用的人员都是经过认真挑选、指导和监督的;或者,生产者必须能够证明,推定在自己这里发生的违反义务行为并没有因果性地引起产品瑕疵。

建立在推定的基础之上的这种生产者责任虽然从称谓上看还是过错责任,但从实质上看,通过严格的注意要求和证明风险的转移,其已更加接近危险责任(参见《总论》边码 341 和拉伦茨《债法分论》第 2 卷第 1 编第 41 章第 1 节第 87 页以下)。

2. 另外,联邦最高法院于此间又在若干方面对这种严格责任 103
进行了扩展:

根据联邦最高法院的裁判(参见《新法学周刊》,1975 年,第 1827 页),举证责任倒置不应当只是针对生产者自己适用,也应当针对具有突出责任地位的生产领导者而适用(在该案例中,系指生产者两合公司中作为业务执行人的有限责任股东)。但这是应当予以拒绝的:一个担任领导工作的工作人员并不能够顺理成章地参与利益分配,其通常也不能够单独地组织生产,其也不需要拥有生产者自身所具有的一切证据手段(参见梅迪库斯《民法》边码 650a)。

再者,在受害的消费者直接向生产者进行买受的情形,联邦最高法院也有判例适用的是关于侵权的生产者责任的特殊规则(参见《联邦最高法院民事裁判集》,第67卷,第359页)。这里根本不再与开始适用的举证责任的重新分配具有关系(根据合同法,生产者—出卖人必须得到免责)。这里系将旧法第852条侵权的消灭时效用于排除不受欢迎的旧法第477条。这是消灭时效法上的一个比较大的不和谐之处(参见梅迪库斯《民法总论》边码105);就是在现在,第438条第1款的消灭时效还是短于第195条、第199条的消灭时效(参见上文边码73c以下)。

根据若干裁判,即使因单个零件的瑕疵而使自身无瑕疵的产品其余部分发生毁损,仍然应当适用严格化的生产者责任,此即所谓的延伸损害(参见《联邦最高法院民事裁判集》第67卷第359页的悬浮开关案,或者参见联邦最高法院裁判,载《新法学周刊》,1978年,第2241页:因轮胎爆裂而使装备该轮胎的赛车发生毁损)。在这里,在通常属于合同责任的范围之内,最后适用的是侵权责任,这在文献中引发了激烈的讨论。联邦最高法院有两项裁判尝试着进行界定(具体参见《联邦最高法院民事裁判集》,第86卷,第256页(烟道案);联邦最高法院裁判,载《新法学周刊》,1983年,第812页(升降舞台案);参见施密德—扎尔策(Schmidt－Salzer)文,载《企业顾问》,1983年,第534页)。还有其他一些裁判进行了此种尝试(参见慕尼黑州高等法院裁判,载《新法学周刊》,1988年,第3271页;施蒂芬(Steffen)文,载《保险法》,1988年,第977页。但也有持批评意见者,参见弗尔斯特(Foerste)文,载《保险法》,1989年,第455页;施泰因迈尔(Steinmeyer)文,载《企业》,1989年,第2157页;欣施(Hinsch)文,载《保险法》,1992年,第1053页;格拉夫·冯·威斯特法伦文,载《法律学习》,1992年,第511页;蒂特克文,载《经济法杂志》,1992年,第1446页。关于保险法方面的内容,参见尼克尔—托夫勒(Nickel－Teufl)文,载《保险法》,1991年,第1228页;绍布(Schaub)文,载《保险法》,

2001 年,第 940 页)。类似的情况,参见《联邦最高法院民事裁判集》,第 117 卷,第 183 页:瑕疵电容器的必要拆除使余下的设备发生毁损;这一损害应当得到赔偿。关于相反的裁判,参见《联邦最高法院民事裁判集》,第 146 卷,第 144 页(参见 S. 洛伦茨(S. Lorenz)文,载《法学家报》,2001 年,第 878 页):一块土地上松散地填充有炉渣,其出卖人对于买受人在该土地上设置的房屋上发生的损害不负责任。

另外,联邦最高法院原则上在产品单纯的附带责任之外,也 104
将生产者责任扩及因产品不发生效果所招致的损害(参见《联邦最高法院民事裁判集》,第 80 卷,第 186 页、第 199 页):一种治疗苹果疮痂病的喷射药剂因生成一种新的具有抵抗能力的菌类而无效果。因丧失收成而受到损害的水果种植者请求损害赔偿,理由是生产者没有及时地向其发出警告转而使用其他的产品。在这里,联邦最高法院原则上肯定生产者具有下述义务:即警告消费者无过错投入流通的制剂可能会失去效力。然而联邦最高法院也认为,在此种情形,受害人首先必须主张并且证明存在生产者应当予以警告的事由(如因产品存在瑕疵而发生索赔等)(参见《联邦最高法院民事裁判集》,第 80 卷,第 186 页、第 191 页以下)。

从上文所述可以得出,生产者负有不间断地进行产品观察 105
(Produktbeobachtung)的义务(参见上文边码 100 末尾)。联邦最高法院有时对这一义务掌握得特别严格。如此,第六民事审判庭不仅认为宏达摩托车在德国的销售公司负有自行观察摩托车的义务,而且这一义务也应当扩及于下述危险:即因客户安装另一生产者提供的把手外壳罩层而对于摩托车稳定性产生的危险(参见《联邦最高法院民事裁判集》,第 99 卷,第 167 页;施密德—扎尔策(Schmidt – Salzer)文,载《企业顾问》,1987 年,第 721 页;库尔曼(Kullmann)文,载《企业顾问》,1987 年,第 1957 页;比克曼(Birkmann)文,载《德国汽车法》,1990 年,第 124 页;维格纳(We-

gener)文,同前引,第130页;亦请参见联邦最高法院裁判,载《新法学周刊》,1990年,第906页)。另外,在米鲁帕案件中,联邦最高法院还要求作出清楚的警告(参见《联邦最高法院民事裁判集》,第116卷,第60页;达姆(Damm)文,载《法学家报》,1992年,第637页;格拉夫·冯·威斯特法伦文,载《经济法杂志》,1992年,第18页;伐伦霍斯特(Fahrenhorst)文,载《法学教育》,1994年,第288页):在这一案例中,涉及的是因长时间吮吸加糖的儿童奶茶而有生长龋齿的危险。也有与之相类似的裁判(参见联邦最高法院裁判,载《新法学周刊》,1994年,第932页(阿类特案;参见里特巴斯基(Littbarski)文,载《新法学周刊》,1995年,第217页);德国联邦宪法法院裁判,载《新法学周刊》,1997年,第249页;联邦最高法院裁判,载《新法学周刊》,1999年,第2815页):碎纸机伤害手指(参见里特巴斯基文,载《新法学周刊》,2000年,第1161页)。

106 3. 这种观察义务有时甚至被扩展成了下述意义上的危险除去义务(Gefahrenbeseitigungspflicht):即生产者至少应当在事后将标的物置于一种无瑕疵的状态之下。汽车生产者为消除危险性的瑕疵而进行的召回等行动,就是建立在这个基础之上的(参见格罗特(Grote)文,载《保险法》,1997年,第1066页)。然而颇有问题的是,这种修复义务是否真的可以从侵权法中导出:修复不仅保护完整利益,而且除此之外也(甚至是主要)保护仅为合同所涉及的给付利益。当然,如果生产者同时作为出卖人而承担了自己的修复义务,或者依第267条愿意为出卖人履行这一义务,那么情况就是另外一个样子了(这见于汽车生产者的情形)。有关这方面的内容,参见赫曼(Herrmann)文,载《企业顾问》,1985年,第1801页;赫曼—芬格胡特(Herrmann - Fingerhut)文,载《企业顾问》,1990年,第725页;克鲁泰因(Krutein)文,载《德国汽车法》,1985年,第33页;洛维(Loewe)文,载《德国汽车法》,1978年,第288

页；迈尔（Mayer）文，载《企业》，1985 年，第 319 页；皮珀（Pieper）文，载《企业顾问》，1991 年，第 985 页；撒克（Sack）文，载《企业顾问》，1985 年，第 813 页。有关判例，参见卡尔斯鲁厄州高等法院/联邦最高法院裁判，载《保险法》，1986 年，第 1125 页。亦请参见博德维希、考夫曼和格拉夫・冯・威斯特法伦文，见边码 93 前的文献。关于最终生产者对瑕疵零件供应者的求偿问题，见米勒—德勒（Mueller－Doerre）文，载《保险法》，1999 年，第 1133 页。

4. 联邦最高法院在一个判例中（参见《联邦最高法院民事裁判集》，第 104 卷，第 323 页）对产品责任作出了进一步的、在后果上非常难以估量的严格化（参见莱纳特（Reinelt）文，载《新法学周刊》，1988 年，第 261 页；弗尔斯特（Foerste）文，载《保险法》，1988 年，第 958 页；吉森（Giesen）文，载《法学家报》，1988 年，第 969 页；魏恩克曼（Winkelmann）文，载《德国汽车法》，1989 年，第 16 页）：一个小孩因一只可以多次使用的汽水瓶爆裂而受到伤害。不能够认定的是，瓶子的瑕疵是在被起诉的汽水（而不是瓶子）生产者的领域之内产生的。故此，法兰克福州高等法院在裁判中（参见《保险法》，1987 年，第 469 页）认为，该起诉是没有理由的。然而联邦最高法院则认为，被告具有交易安全义务：即被告应当对产品的无瑕疵性能进行检验并保证检验的结果。在违背这一义务时，适用举证责任倒置。这种提出并保证检验结果的义务（Befunderhebungs－und sicherungspflicht）在联邦最高法院的裁判中得到了确认（参见《新法学周刊》，1993 年，第528 页；《联邦最高法院民事裁判集》，第 129 卷，第 353 页）。这里最后也应当克服对因果关系存在的疑问。然而在瑕疵虽经认真检查仍然不能够被发现的情形，否定存在责任（参见哈姆州高等法院裁判，载《保险法》，1995 年，第 103 页）。 107

5. 联邦最高法院关于生产者责任的绝大多数裁判涉及的都是比较复杂的生产过程。因此，首先没有得到解决的是，举证责任 108

倒置是否也应当适用于简单的手工业生产过程。这个问题在联邦最高法院的裁判中得到了肯定的回答(参见《联邦最高法院民事裁判集》,第 116 卷,第 104 页):在一个小餐馆,沙门氏菌进入到了一次婚宴的饭后甜点之中;之后有许多客人生病,从而使喜庆的气息消失得一干二净。联邦最高法院认为,除返还为婚宴所支付的报酬之外(这是作为减价,当时适用第 651 条第 1 款第 2 句、第 634 条),也应当进行损害赔偿:即使是在简单的生产程序之中,消费者也无法了解真实情况,故此这里也具备举证责任倒置的理由。

四、《德国产品质量法》规定的产品责任

参考文献:罗兰德(Rolland):《德国产品责任法注释》,1990 年;库尔曼(Kullmann):《德国产品责任法注释》,第 2 版,1997 年;库尔曼—普菲斯特(Kullmann - Pfister):《产品责任》(活页);施密德—扎尔策(Schmidt - Salzer):《欧共体产品责任》,第 1 卷,第 3 版,1995 年;第 2 卷,1993 年(参见布赫纳(Buchner):《产品责任法的重新定位》,载《企业》,1988 年,第 32 页以下);卡恩(Cahn):《新的产品责任法带来的是一种进步吗?》,载《经济法杂志》,1990 年,第 482 页以下;多伊奇(Deutsch):《生产者责任的归责事由》,载《保险法》,1988 年,第 1197 页以下;弗里奇(Fritsch):《产品责任法》,载《企业》,1990 年,第 29 页以下;吉森(Giesen):《巨变中的产品责任》,载《法学家报》,1989 年,第 517 页以下;H. 洪恩塞尔(H. Honsell):《产品责任法与一般侵权责任》,载《法学教育》,1995 年,第 211 页以下;克莱因(Klein):《产品责任法上供给企业的责任》,载《企业顾问》,1991 年,第 917 页以下;克林米勒(Klingmueller):《产品责任的范围有多大?》,载《保险法》,1989 年,第

1226 页以下；W. 洛伦茨（W. Lorenz）：《欧洲生产者责任方面的法律协调》，载《商法杂志》，第 151 卷，1987 年，第 1 页以下；K. 迈尔（K. Mayer）：《新产品责任法》，载《保险法》，1990 年，第 691 页以下；米歇尔斯基（Michalski）：《产品责任法》，载《法律学习》，1995 年，第 505 页以下；普法伊费尔（Pfeifer）：《是产品瑕疵还是生产者的错误行为?》，1987 年；施密德—扎尔策：《欧共体产品责任指令》，载《企业顾问》，1986 年，第 1103 页以下；同一作者：《欧共体产品责任指令中的瑕疵概念》，载《企业顾问》，1988 年，第 349 页以下；塔施纳（Taschner）：《产品责任》，1986 年；同一作者：《德国将来的生产者责任》，载《新法学周刊》，1986 年，第 611 页以下；蒂特克（Tiedtke）：《1990 年 1 月 1 日之后生产者和配件供应者对最终产品损害的产品责任》，载《新法学周刊》，1990 年，第 2961 页以下；格拉夫·冯·威斯特法伦：《新产品责任法》，载《新法学周刊》，1990 年，第 83 页以下；维克霍斯特（Wieckhorst）：《至今为止的生产者责任、欧共体的产品责任指令以及新的产品责任法》，载《法学教育》，1990 年，第 86 页以下；同一作者：《从生产者瑕疵到产品责任法第 3 条的产品瑕疵》，载《保险法》，1995 年，第 1005 页以下。

1. 对于承担责任的企业主而言，生产者责任是一个并非不显著的成本因素。因此，不同国家在这方面存在的差异可能会使竞争发生扭曲。为此，欧洲共同体理事会于 1985 年 7 月 25 日发布了一个关于统一各个成员国产品责任规定的指令（条文见《企业顾问》，1985 年，第 1883 页；《保险法》，1985 年，第 922 页）。根据这一指令，欧共体成员国有义务在 3 年的时间之内创设相应的国 109

内法。

110 2. 为执行这一义务，在1990年1月1日（有迟延），《关于瑕疵产品责任的法律》（即《产品责任法》）生效。其内容因欧共体指令的存在而基本上是固定的。该法的实质性细节内容如下：

（1）对于因产品瑕疵而给生命、身体、健康或者所有权造成的侵害，生产者和进口商应当承担无过错的责任（见《产品责任法》第1条）。然而如果瑕疵依生产者将产品投入流通之时的科学技术发展水平还不能够被认识到，那么应当适用例外规定（见《产品责任法》第1条第2款第5项）。同样，也不能够因后来有改进的产品投入流通而认定产品有瑕疵（见《产品责任法》第3条第2款）。这样，与判例由推定过错发展起来的侵权责任的差别就不是很大了。

111 （2）就是责任范围在很多点上也应当是符合《民法典》的规定的。然而在这方面，存在一些重大例外；就此而论，将来仍然要继续适用《民法典》中的竞合性规定：

①对于物的损害，只有在损害超过500欧元时（见《产品责任法》第11条），其才可以得到赔偿。

②相反，对于由同一产品瑕疵造成的身体损害（其可以影响到很多人），适用的最高责任金额为8500万欧元（见《产品责任法》第10条）。

③如果发生的是物的损害，那么只有当损害不涉及瑕疵产品本身，并且物系用于私人使用或者消费时，其才可以得到赔偿（见《产品责任法》第1条第1款第2句）。这也就是说，《产品责任法》既不涵盖鸡瘟案件，也不涵盖悬浮开关案件（参见《联邦最高法院民事裁判集》，第51卷，第91页；第67卷，第359页）。

④没有经过加工的农业、渔业和狩猎产品，应当在承担责任的范围之外（见《产品责任法》第2条第2句）（对这一规定的争执使《产品责任法》的生效滞后了很长一段时间）。

3. 总的来看,《产品责任法》只是使借助于第 823 条第 1 款就可以实现的生产者责任得到了轻微的严格化。至少是出于责任限制方面的原因,《民法典》中规定的、现在继续适用的责任(见《产品责任法》第 15 条第 2 款)将具有主要的意义:联邦最高法院作出的鸡瘟案裁判(参见上文边码 102)在很多方面都比《产品责任法》的生效要重要得多。因此,在欧洲联盟的框架范围之内,也根本谈不上产品责任的真正统一:德国法上的责任比之其他许多国家的责任要严格得多。 112

另外,自 1997 年 8 月 1 日起,在《产品责任法》之外,还适用《产品安全保障法》(Produktsicherungsgesetz)(参见尼克尔—考夫曼(Nickel - Kaufmann)文,载《保险法》,1998 年,第 948 页)。这部法律也是建立在欧洲联盟指令的基础之上的。然而其中的规定主要为公法上的规定:即政府机关应当阻止不安全的产品进入流通或者滞留在流通领域之内。至于说违背这种义务能够在多大程度上设定受害的消费者对生产者和商人的请求权(第 823 条第 2 款),或者设定(监督机关迟误的)职务责任,尚几乎无法预见。有关这方面内容,参见特类默—诺尔特(Tremml - Nolte)文,载《新法学周刊》,1997 年,第 2265 页。 112a

第七十八章　特论:土地买卖

参考文献:巴尔泽—吕布里克—默泽(Balser - Rueblicke - Moser):《土地交易手册》,第3版,1989年;杜比沙(Dubischar):《没有成功的土地买卖》,载《法学教育》,2002年,第131页以下、第231页以下;冯·霍夫曼(von Hoffmann):《土地买卖法》,1982年(比较法律研究)。关于较新的判例,参见哈根(Hagen)文,载《有价证券资讯》,1986年,特刊,第6集;《有价证券资讯》,1989年,副刊,第7集;哈根—布拉姆布林(Hagen - Brambring):《最高法院裁判中的土地买卖和类似合同》,第7版,2000年;克伦普(Klumpp):《可以用一般交易条款排除旧有住宅的担保责任吗?》,载《新法学周刊》,1993年,第372页以下;利岑布格尔(Litzenburger):《营造不动产的买卖合同中完全排除担保责任的结束》,载《新法学周刊》,2002年,第1244页以下;莱特曼(Reithmann):《用以取得不动产的新合同类型》,载《新法学周刊》,1992年,第649页以下;罗尔曼(Rollmann):《不动产买卖》,1996年;魏里希(Weirich):《土地法》,第2版,1996年;同一作者:《土地法上的合同设计》,第2版,1992年。有关专门问题,参见德雷德(Derleder):《社会福利住房出卖中的方式要求、权利瑕疵担保责任以及给付障碍》,载《法学家报》,1984年,第447页以下;罗伊特(Reuter):《旧有负担与土地买卖》,载《企业顾问》,1988年,第497页以下。

第一节 各个特别规定

1. 关于土地买卖,第433条以下中仅包含有少量的规定:根 113
据第435条第2句,土地的出卖人必须要请求涂销那些并不存在,但已经被登记的负担。根据第436条,其不对不存在的公共负担负责任。根据第442条第2款,即使买受人知悉土地质权,出卖人仍然必须除去土地质权(有关这些内容,参见上文边码74)。根据第448条第2款,合意和登记的费用由买受人负担。

2. 在买卖法的范围之外,主要是第311b条第1款(以前为第313条)具有意义:由于土地的出卖人负有移转土地所有权的义务,买受人负有取得土地所有权的义务,所以需要将整个合同作成公证书(参见《总论》边码95以下)。最后,在土地交易中,第198条将消灭时效的期间延长至10年。

第二节 私法上的问题

由于"土地"这一买卖客体具有法律和经济上的特殊性,所以 114
在这方面出现了一些典型的私法问题。为克服这些问题,主要是依第311b条第1款而介入的公证人扩展了《民法典》中所包含的那些解决途径。

一、给付和对待给付的交换

根据第320条和第322条,在双务合同中,给付的交换通常是同时进行的。这样,任何一方当事人都免去了通过先为给付而向另外一方当事人供给信用(参见《总论》边码 476 以下)。然而在土地买卖中,这种交换是无法进行的:出卖人的实质性给付,即使买受人取得所有权,也需要登入土地簿册(第 873 条)。而这种登记并不是由出卖人自己完成的,而是由土地登记局完成的,并且是在一个对各方当事人都不确定的时点完成的。因此,或者是买受人必须先行给付,即一旦出卖人实施其给付行为(亦即表示合意和准许买受人登记;见《民法典》第 925 条以及《土地登记法》第 19 条和第 20 条),买受人即必须支付;或者,出卖人必须先行给付,即只有在通知登记完毕之后,始应当支付价金。

为避免这种尴尬,人们设计了下述出路:出卖人在买卖合同中已经准许买受人进行合意预告登记(Auflassungsvormerkung)(确切地讲,应当为所有权移转预告登记;参见魏里希(Weirich)文,载《新法学周刊》,1989 年,第 1979 页),这种登记通常在几日或者无论如何在几周之内完成。在完成这种登记之后,买受人就可以无忧无虑地付款了。这是因为根据第 883 条第 2 款、第 888 条,如果出卖人事后还在土地上设定负担,或者将土地让与第三人,那么预告登记将为其提供保护。在对出卖人开始支付不能程序时,买受人依《支付不能法》第 106 条受到保护:即预告登记的请求权不受支付不能程序的影响。反过来讲,出卖人准许预告登记也不会承担什么风险。这是因为,如果买受人不付款,那么出卖人可以制止合意,或者(如果这种合意在买卖合同中已经表示了出来)至少可以阻止登记准许书抵达土地登记局。再者,出卖人可以依第 323 条解除买卖合同;此项解除使买受人预告登记的合意请求权归于消灭,因而也就使预告登记自身归于消灭。

二、土地质权的承担

115 虽然说,即使买受人在订立买卖合同时知悉土地上存在的土地质权,出卖人依第 442 条第 2 款仍然必须除去这些土地质权,但买受人往往是愿意承担这样的负担的，特别是在买受人为低利率的建筑储蓄借贷提供担保时，情况更是如此：这种承担可以减少应当以现金支付的那部分价金。例如，如果总的价金为300,000欧元，那么在承担150,000欧元负担的情况下，只需要筹措150,000欧元的现金。

对于为出卖人债务提供的、仅产生土地责任的物上担保(dingliche Sicherungen)而言，这种承担是不成问题的：这些担保(即抵押权和土地债务)反正不因所有权变更而受妨碍。但除此之外，通常也存在出卖人的人身债务(大多因借贷而产生)，对于这种债务，出卖人系以其全部财产负责任的。对于此种债务，买受人不能简单地通过与出卖人订立协议来承担(参见《总论》边码706)。根据第415条的规定，这种协议需要得到债权人(如建筑储蓄银行)的承认。但在承担抵押的情形(在担保土地债务的情形情况与之类似)，第416条为作出这种承认创造了方便条件，理由是对于在物上有土地作为担保的债权人而言，债务人的人身并没有那么重要(参见《总论》边码744)。

三、土地买卖与建筑合同

土地买卖常常受到建筑合同的拘束：即出卖人应当在买卖的 116
土地上为买受人营造房屋。这可以采取两种不同的设计结构：或者是首先营造房屋，然后再移转所有权；或者是移转所有权先于建造。在第一种情形，人们可能要对建筑物适用买卖法；而在第二种情形，适合适用承揽合同法。如果所有权移转是在建筑施工期间的某一时间完成的，那么这种界定方法就显得十分的混淆不清了。

但由于买卖法与承揽合同法之间存在着一些调整上的不同(这些不同自《债法现代化法》生效以来已经变小)，所以就需要一种界定方法来进行界定。例如，第311b条第1款(以前为第313条)的方式规定只是适用于买卖。判例解决了这一难题，方法是不考虑所有权移转的具体时间而将承揽合同法适用于建筑给付；

对此,下文边码 409 还要论述。

第三节　公法上的问题

117 由于土地具有特殊的意义,因此在土地买卖中常常也牵涉到公法。下面至少对这方面最为重要的问题进行阐述。

一、核准义务

根据《关于改善农业结构和保障农林业企业的措施的法律》(即《土地交易法》,参见舍恩菲尔德(Schoenfelder)第 40 集),农林业土地和可以耕种的沼泽及荒地的买卖通常需要得到核准。具体的核准机关依农业法来决定(见《土地交易法》第 3 条)。决定核准与否的准则主要为"土地的健康分配"(见《土地交易法》第 9 条第 1 款第 1 项和第 2 款)。当然,人们可以对这里所谓的"健康"为何物提出质疑;有时采取的标准为"农民土地在农民手中"。

二、先买权

118 根据《建筑法典》第 24 条以下,乡镇在很大程度上具有法定的先买权(参见下文边码 158);或者说,乡镇可以通过自治规章来规定先买权。这样,对于那些用来出卖的土地,乡镇就可以"为社会公共利益"而购买了。这种先买权的效力在法律上得到了特殊的规定,这是因为根据《建筑法典》第 28 条第 3 款,在特定的情形,代之以出卖人与私人买受人之间约定的价格,乡镇负担的是征用补偿情形的价格。

对于私人土地买卖而言,这种先买权意味着:在实施买卖之前,首先必须查明乡镇已经决定不行使自己的权利。

三、契税

119 非因继承而发生的土地所有权取得通常需要缴纳特殊的税,即契税。在 1982 年底之前,这种税为土地(包括其上建筑物)价金的 7%。但这方面的免除事由在不断增加,以至于这种税收仅存在于全部取得事件中的15%至20%。由此并由在一定程度上并不透明的免除事由的界定，人们对整个规定的合宪性提出了质疑。在此种情形，自1983年1月1日之后，在差不多取消了所有的免除事由的情况下，土地买卖契税被统一地确定为2%（自1997年1月1日起为3.5%）。

缴纳税款虽然不是买卖合同发生效力的前提条件，但土地登记机关应当要求，买受人登记必须要出具财税机关的无疑虑证明，以证明自己已经缴纳税款或者证明不存在纳税义务。

第七十九章 特论：保留所有权的买卖

参考文献：A. 布劳迈尔（A. Blomeyer）：《保留所有权买卖中买受人的法律地位》，载《民法实务档案》，第162卷，1963年，第193页以下；布罗克斯（Brox）：《保留所有权买卖中买受人的期待权》，载《法学教育》，1984年，第657页以下；比洛（Buelow）：《保留所有权的买卖》，载《法律学习》，1986年，第169页以下、第234页以下；德内克（Deneke）：《突袭性的所有权保留条款》，载《法学教育》，1988年，第965页以下；弗卢梅（Flume）：《保留所有权的买卖中买受人的法律地位》，载《民法实务档案》，第161卷，1962年，第385页以下；U. 胡贝尔（U. Huber）：《牵连关系上的所有权保留》，载《经济法杂志》，1987年，第750页以下；P. 施洛塞尔（P. Schlosser）：《所有权保留》，载《法律学习》，1986年，第85页以下；泽里克（Serick）：《所有权保留与所有权担保转让：简单的所有权保留》，第1卷，1963年；《所有权保留及所有权担保转让的延长和扩大方式》，第4卷，1976年。

第一节　债法与物权法之间的所有权保留

对于被容许延期清偿价金或者部分价金债权的买受人而言，为债权提供担保的最为普遍的方法是所有权保留。对此，《民法典》仅在第449条（以前为第455条），即在买卖法中进行了提及。然而这方面的主要问题出现在物权法上（参见施瓦布—普律廷，同前引，第33章；鲍尔—施蒂纳（Baur - Stuerner）：《物权法》，第59章；两者均载有丰富的文献）。 120

一、物权法上的因素

动产所有权转让可以受制于一定的条件（对于土地，适用第925条第2款）。这在《民法典》中是不需要特别说明的。从下述内容即可以得出：为转让所有权而为必要的物上合意是一项法律行为，对于该项法律行为，应当适用第158条以下关于条件的规定。然而第449条第1款中仅包含有一项解释规则：即在保留所有权的情形，在发生疑义时，应当是指完全支付价金的停止条件。

以买受人支付迟延为解除条件，这同样也是可能的，但不常见（在此种情形下，对于已经享有权利的买受人的中间处分（见第161条第2款），出卖人将会受到保护）。

适用上远比第449条第1款广泛的是特殊形态的所有权保留。在交互计算保留（Kontokorrentvorbehalt）的情形，只有在买受人的账户在出卖人那里得到结算时，即买受人在出卖人那里也已经清偿了自己所有其他的债务时，所有权始应当发生移转。在康采恩保留（Konzernvorbehalt）的情形，所有权移转甚至由下述情况来决定：即买受人在属于出卖人康采恩的其他企业那里也已经清偿了自己的债务。但对于这些种类的条件，特别是对于康采恩保留,理所当然是曾经存在疑义的:在这里,对于贷款担保手段为典型的、存在于担保物与应被担保的债权之间的结合关系被解消掉了;条件成就,因此也就是所有权移转的认定变得异常的困难。自从1999年1月1日以来,康采恩保留依旧法第455条第2款为无效;现在见于第449条第2款。

二、债法上的因素

121 旧法第455条第1款的第一部分内容是物权法上的,这是因为其涉及的是物上合意,而第二部分则为债法规则:如果买受人迟延支付价金,那么在发生疑义时,出卖人应当有权解除买卖合同。据此,这里不需要具备旧法第326条的其他要件,即指定延展期间和拒绝给付警告(但也有持不同见解者,参见P.比德林斯基(P. Bydlinski)文,载《法学家报》,1986年,第1028页)。关于这方面内容,参见《总论》边码536。

这与保留所有权的目的是联系在一起的:在保留所有权的出卖中,出卖人系向买受人提供信贷,理由与第320条不同,物的占有不是在支付价款的情况下才同时给付的。此项信贷应当以下述为担保:即至少买卖标的物的所有权还没有移转于买受人。因此,买受人还不能作为权利人转卖标的物(但亦请参见下文边码123)。同样,买受人的债权人还不容许对标的物进行强制执行(确切地讲,出卖人可以通过《民事诉讼法典》第771条来避免此种强制执行)。最后,在对买受人开始的支付不能程序中,以买受人的支付不能,管理人不依《支付不能法》第103条和第107条第2款决定清偿(并因而支付尚未支付的剩余价款)为限,出卖人可以依《支付不能法》第47条取回标的物。

这种保护因旧法第455条第1款而得到了加强,理由是根据这一规定,出卖人在没有延展期间和没有拒绝给付警告的情况下能够解除合同。但相对于旧法第326条而言,新法第323条使合同解除得到了一般性的简化:即既不需要构成债务人迟延,也不需要进行拒绝给付的警告。因此,可以放弃与旧法第455条的债法内容相应的那部分规定。至于出卖人在解除之后才可以请求交付买卖标的物(第449条第2款),则同以前的判例是一致的。

第二节　所有权保留的特殊形式

一、交易阶段的问题

如果不加以任何变化,那么上文所述的保留所有权的基本形式仅适用于最低层次商业阶段上的出卖行为,即向应当保有买卖物的最终消费者进行的出卖行为。然而对于较高商业层次上的出卖,即向商人和继续加工者进行的出卖,这种基本形态造成了困难:这是因为转卖或者继续加工将妨碍所保留的所有权,而这对于未经变化的所有权保留而言是被禁止的。由于在通常情况下,支付价款所需要的资金在营业经营中才会产生,而上述的禁止行为使买受人的这种营业经营活动受到了阻碍。故此,有必要作出附加性的约定。在加工条款(Verarbeitungsklauseln)的情形,这一问题完全表现在物权法上(参见施瓦布—普律廷,同前引,第33章,第3节,四;梅迪库斯,《民法》边码515以下);这不是这里所要论述的内容。但有时也存在债法上的要素。 122

二、延长的所有权保留

较高商业阶段上最为重要的约定被称作延长的所有权保留。其宗旨是使在保留所有权情况下购买的标的物的转卖成为可能。在典型情况下,其由下述四部分内容组成: 123

1. 初始情况为通常的所有权保留(gewoehnlicher Eigentumsvorbehalt)。

2. 其效力因处分授权而在物权法上受到了削弱:即出卖人仍然为所有权人,其同意买受人在通常的营业经营中对商品继续进行处分(尤其是在支付适当报酬的情况下)(第185条第1款)。

在这种情况下,出卖人当然也就丧失了自己所保留的所有权。

3. 为进行补偿,买受人将因转卖而取得的补偿的债权让与出卖人(参见《总论》边码 713)。但这种预先让与(Vorausabtretung)首先是"秘密的",即是在不对所让与债权的债务人进行通知的情况下进行的(参见《总论》边码 740)。因此,该债务人依第 407 条第 1 款还可以以发生免责效力的方式向自己的出卖人(即附所有权保留的买受人)进行支付。

4. 最后,受领给付的这种法律上的权利尚因授权收取债权(Einziehungsermaechtigung)而得到了加强。在这里,《总论》边码 725 中阐述的对授权收取债权的一般性疑虑是不存在的。这是因为从理论上讲,对于最终的买受人而言,这里可能会有二人作为债权人而存在:这就是第一出卖人(这是因为向其让与了价金债权)和第一买受人(由于授权收取债权之故)。但债权人地位的这种双重化并没有使最终买受人(即债务人)的负担加重。这是因为,其首先并不知道让与,因此只知第一买受人为自己的债权人。通常情况下,债务因向该债权人清偿而消灭(第 407 条第 1 款)。只有当第一出卖人担心自己的价金债权时,这种让与才会被公开。但于此种情形,第一出卖人同时将撤回收取债权的授权,理由是其现在要对最终买受人收取让与自己的债权。这样,债权人地位的双重化在实际能够发生效力之时告以终结。

第八十章　特论：分期付款买卖

参考文献：法制史上的著述参见博诺尔(Benoehr)：《80年前的消费者保护》，载《商法杂志》，第138卷，1974年，第492页以下。以《一般交易条款规制法》继续适用为限，请注意下列注释：奥贝勒(Aubele)，第2版，1951年；克里索力(Crisolli)，第4版，1931年；克劳斯—欧泽(Klauss - Ose)，1979年；莱希纳(Lechner)，1932年；奥斯特勒—魏特纳(Ostler - Weidner)，第6版，1971年；舒特(Schutte)，1948年；泰纳特(Theinert)，1931年。亦请参见下述内容广泛的注释：凯斯勒(Kessler)，见于《帝国最高法院民法典注释》，第455条之后的附录；魏特瑙尔—克林斯波恩(Weitnauer - Klingsporn)，见于《埃曼(Erman)注释》，第853条之后；霍恩(Hoenn)，见于《赛格尔(Soergel)注释》，第515条之后。另请参见卡纳里斯(Canaris)，见于《银行合同法》，第2版，1981年，第709页以下。亦请参见下文第94章第3节关于消费者信贷法方面的参考文献。

第一节　生活中的事实情况

一、向买受人提供信贷

124 1. 买受人常常在支付价款之前就已经获得买卖标的物了，尽管这通常只是在保留所有权的情况下发生的(参见上文边码 120 以下)。对于买卖价款，首先只是给付一部分，剩余的部分分期支付，这可能会跨越若干年。

这种分期付款买卖(不附所有权保留，见第 925 条第 2 款)也见于土地，例如，作为对待给付，买受人向出卖人支付一项终身定期金。并且在动产的情形，分期付款买卖并不只是见于同最终消费者的交易之中：商人也可能从自己的供货人那里获得支付一部分款项的待遇；或者，整个工业设备的价款分期清偿。当然，在设备和其他耐用经济物品的情形，越来越多选择的是融资租赁这种法律形式(参见下文边码 598 以下)。

125 2. 在完全支付价款之前交付买卖标的物，意味着向买受人提供信贷。但只有自己具有资金的人才能向他人提供信贷，而出卖人欠缺这种流动性的情况并不罕见。在此种情形，必须要由具有流动性的第三人即银行(专门的分期付款银行)或者储蓄银行介入进来，即其以向出卖人支付价款的方式来向买受人提供借贷。在此种情形，买受人不再向出卖人负担价款。从这些人之间的相互关系上看，这是现金买卖。这里只是以分期偿还的方式向银行负担借贷。问题主要是，面对银行的偿还请求权，买受人可以在多大程度上主张买卖障碍(如不交付买卖标的物或者标的物有瑕疵)。这一问题属于借贷的范畴，故在下文边码 307 以下进行讨论；下面的论述限于出卖人与买受人之间的法律情况。

二、分期付款买卖的问题

126 分期付款买卖具有下述危险：即买受人高估自己将来的给付能力，因而负担自己以后并不能遵守的分期付款义务。例如，商人意欲通过转卖商品筹措分期付款的资金，而现今商品转卖不出去；或者，最终消费者罹患疾病或者丧失工作能力，因而所得的收入比自己预计的为少。在此种情形，与是否具有过错无关，买受人作为金钱之债的债务人而陷于债务人迟延（参见《总论》边码 352 以下）。因此，出卖人可以依第 323 条解除合同（参见上文边码 121），并请求支付合同利息。然而出卖人的利益通常不在于进行此种解除：其大多对于自己所成立的任何合同都是高兴的。再者说，其只能作为用过的物品而重新获得买卖标的物；对于旧物的转卖，其大多是不抱什么希望的。

常常在累积有数期款项没有得到支付时，才可以预见到买受人不再能够尽自己的支付义务。在此种情形，出卖人还能够解除合同。这也就是说，出卖人在合同条款中应当未雨绸缪，以保障自己不会因解除合同而遭受损害或尽可能地从交易中得到所希望的利益。如果——情况大多如此——买卖标的物因使用而发生了显著的贬值，那么对于买受人而言，这可能会引起极为苛刻的条件：其可能会丧失买卖标的物和已经给付的款项，甚至还要支付剩余的款项。遭受此种危险的主要是那些收入微薄者和无经验者：这些人倾向于实施分期付款买卖，理由是其不能支付现金，并且其不能正确估量支付迟延的后果。

第二节　法律调整

127 早在《民法典》颁布之前，人们就已经认为有必要对上述问题作出法律上的调整了。1894 年 5 月 16 日的《分期付款买卖法》就是为这一宗旨服务的。其原本主要是就下述情形为买受人提供保护:即出卖人因不支付分期款项而解除合同或者取回买卖标的物。但在 1969 年和 1974 年,这一规定因两部增修法而得到了补充:即主要是出卖人应当向买受人广泛地阐明分期付款信贷产生的负担,并且买受人应当享有撤回权。

以此种方式得到补充的《分期付款买卖法》继续适用于 1991 年 1 月 1 日之前订立的法律行为。然而在此之后成立的法律行为则受根据欧盟指令颁布的 1990 年 12 月 17 日《消费者信贷法》的拘束,其将《分期付款买卖法》排除于适用之外。在这里,《消费者信贷法》的适用范围远远超出了分期付款买卖之外:其除信贷媒介合同之外,也还包括所有其他的有偿信贷合同(见《消费者信贷法》第 1 条)。但尽管如此,分期付款买卖仍然是一种重要并常见的买卖行为。故此,其在这里应当得到特别的论述。在此一方面,现今适用第 501 条以下,其当然在很大程度上引用了其他的规定。故此,这方面的规定很少具有概览性。

第三节　分期付款买卖的具体内容

一、适用范围

128 第 501 条以下并不涵盖一切的分期付款买卖行为。对于当事人和行为的内容,适用一定的前提条件。

1. 出卖人必须是一个企业主(第 14 条)(见第 501 条)。因此,如果一辆旧车在没有商人介入的情况下由原来的非以营利事业方式或者职业性方式行为的占有人以分期付款为条件而出卖,那么第 501 条以下是不适用的。

129 2. 买受人可以是一切不以营业经营方式或者职业性方式从事活动的自然人(也就是消费者,见第 13 条)。这也就是说,对于法人的买卖行为,完全不应当适用第 501 条以下(虽然诸如社团等也完全可能是需要受到保护的)。另外,这里不以商人资格或者(像在《分期付款买卖法》中一样)以商事登记为准据。第 501 条以下不适用于所有的营利事业经营者(也包括小手工业者)和独立的职业活动者(如医师和律师),但以信贷与这些人的职业相关联为限。然而非独立的职业活动者(雇员和公务员)以及那些着手开始从事职业或者营利事业的人(如以分期付款方式买受设置店铺所需要的设施,但仅以 50,000 欧元的金额为限;见第 507 条),则是受到保护的。关于这种以生存设立为目的的借贷,参见 F. J. 肖尔茨(F. J. Scholz)文,载《企业》,1993 年,第 261 页;福特曼(Vortmann)文,载《经济法杂志》,1992 年,第 229 页。

3. 分期付款买卖必须以有偿提供信贷为内容(见第 499 条第 130
1 款)。故此,如果首先约定了付现价款,而后经买受人请求在不加付费用的情况下得以延期清偿价款,那么第 501 条以下是不适用的。另外,第 499 条第 3 款、第 491 条第 2 款和第 3 款规定了一些其他的例外。重要的主要是第 491 条第 2 款第 1 项(200 欧元以下的现金支付价款;《分期付款买卖法》中没有规定相应的例外)。另一方面,第 505 条也包括一部给付和定期给付的合同(同以前《分期付款买卖法》第 1c 条):这是因为与分期付款买卖一样,这种行为(如订阅杂志或者书会成员资格)也设定定期性的义务,而其后果则可能会为无经验者错误估量。

4. 同以前《分期付款买卖法》第 6 条一样,现在第 506 条第 2 131
句也有禁止避法(Umgehungsverbot)的规定。但这并不具有独立的意义(参见梅迪库斯,《民法总论》,边码 660 以下):从根本上讲,这只是立法者因担心在格式合同实践中出现没有预见到的发明而设计的一个"恐惧条款"。

二、分期付款买卖的成立

1. 对于分期付款买卖,第 502 条规定了一种特殊的方式。其 132
清楚地表明,通过采取分期付款买卖的方式替代首先必须节约而后才能以现金付款的方式使买受人发生了哪些附加的费用(同在

香烟的情况相类似,这可以说是一种反广告:“德国联邦议院称,分期付款买卖损害了买受人的钱包”)。这一方面的规定如下:

(1) 书面方式,见第501条连同第492条第1款第1句;

(2) 注明特定的一些事项,特别是付现价格和一部付款价格以及(由差值产生的)实际年息,见第502条第1款。

由于个人性合同的存在,这些方式要求几乎不可能得到履行。这也就是说,出卖人实际上肯定要使用一般交易条款;因此,对于分期付款买卖,差不多也总是应当适用第305条以下。

133 2. 如果在总体上没有履行这些方式要求,或者只是欠缺个别的事项,那么合同首先为无效(见第502条第3款第1句;相对于《民法典》第125条第1句而言,这是特别规定)。然而根据第502条第3款第2句以下,合同因将买卖标的物交付于买受人而发生效力。但在欠缺出卖人规定事项的情形,相对于约定而言,合同内容发生变动:主要是至多可以请求法定利率(第246条)。这也就是说,买受人以比自己所认为的价格为低的价格获得标的物。

134 3. 总的来看,这一规定类似于旧法《分期付款买卖法》第1a条:其宗旨是通过阐明有关事项来防止操之过急。在有违背的情形,出卖人通常获得对自己较为不利的合同内容。

三、买受人的撤回

135 1. 即使分期付款买卖依第502条第1款在方式上为有效,买受人仍然可以依第501条、第495条第1款和第355条在两周的时间内以书面方式撤回分期付款买卖行为。此项期间只有在出卖人已经以特殊方式向买受人告知撤回权时才开始进行(见第355条第2款;参见克努特尔(Knuetel)文,载《民法实务档案》,第185卷,1985年,第308页;《经济法杂志》,1987年,第273页)。只有在出卖人——像在邮购买卖中那样——已经赋予买受人以不受限制的退货权时,才不存在撤回权(见第503条第1款和第356条)。

撤回的法律后果在第357条第1款第1句中是通过引用解除

权法来规制的。据此,对于已经交换的给付,应当予以返还;在必要时,应当偿还价额。然而未受告知的买受人的责任限于故意和重大过失(见第346条第3款第3项)。

2. 至于从法律政策上看这种撤回权表现出了多么大的智慧, 136
人们可能具有疑义:分期付款买卖的危险(信贷行为都是如此)在于长时期负债和可能存在的数宗买卖行为分期付款义务的聚集。但这种后果仅在两周的时间内几乎不可能为债务人明确清楚地知悉。然而这种撤回权怎么说也比没有好。

四、出卖人的解除

1. 在买受人不付款的情况下,出卖人依第323条第1款即享 137
有合同解除权。但此项权利受到第501条、第503条第2款第1句和第498条的限制,特别是欠付的款项必须要达到一定的数额。

2. 对于法律后果,适用第346条以下。然而买受人也还应当 138
额外向出卖人偿还合同费用(见第503条第2款第2句)。另外,对于通常由买受人负担的使用报酬,应当在考虑此间已经发生的减值的情况下来确定(见第503条第2款第3句)。双方的返还义务应当同时履行,这是由第348条得出的。

3. 解除使出卖人丧失了从买卖中希望得到的利益。这就解 139
释了出卖人为什么会尝试向买受人施加压力而不解除合同。为此,出卖人可能会动用自己保留的所有权:即其依第985条请求交还标的物而不解除合同。

但这种可能性现在已经因第449条第2款而被排除。第503条第2款第4句使这(同《分期付款买卖法》第5条类似)成为强行法:这也就是说,如果买受人将买卖标的物又重新丧失给了出卖人,则其应当不继续负担支付价金的义务。根据对《分期付款买卖法》第5条的通说见解(参见《联邦最高法院民事裁判集》,第55卷,第59页),对于出卖人的这种"取回行为"而言,如果出卖人执行买卖标的物,那么就应当以之为已足,纵使买卖标的物为第三人拍卖取得,也不例外。也就是说,执行行为通过第 503 条第 2 款第 4 句的解除拟制(Ruecktrittsfiktion)而使应予执行的价金债权归于消灭;在此种情形,买受人可以根据《民事诉讼法》第 767 条对这种执行采取行动。故此,一个受到告知的出卖人将会指示法院执达员不对买卖标的物进行执行,或者至少在取回标的物之前不继续执行。

五、关于分期付款买卖的其他规定

140 1. 第 358 条和第 359 条处理的是下述最为重要的情况:即买卖与买受人同一个第三人(大多为银行或者储蓄银行)订立的信贷合同相结合的情况。在此种情形,源出买卖的法律救济也应当能够用来对抗第三贷与人。关于这种所谓延伸抗辩的内容,见下文边码 307 以下。

141 2. 如果出卖人将自己的价金债权让与一个第三人,那么对于这个新的债权人,买受人也保有自己的抗辩权以及可能存在的抵销可能性(见第 404 条、第 406 条;参见《总论》边码 729 以下、738 以下)。依第 501 条和第 496 条第 1 款,买受人不能够放弃自己的这种权利;这也就是说,在消费者信贷的情形,第 404 条和第 406 条成为(单方的)强行法。

142 3. 买受人的义务不得通过票据或者支票来担保(见第 501 条和第 496 条第 2 款)。这是因为在证书诉讼中,对于因此种证券发生的诉讼,根据《民事诉讼法》第 598 条,买受人仅能够在极为罕见的情况下通过抗辩进行防御;这里应当阻止由此而使买受人进入后续程序。

143 4. 在迟延支付价金时,买受人向出卖人负担超出基础利率 2.5% 的利息(见第 247 条),这见于第 501 条和第 497 条第 1 款第 2 句。然而在具体情形,买受人可以证明实际损害为较低,但出卖人也可以证明实际损害为较高(见第 501 条和第 497 条第 1 款第 3 句)。

5. 其他的规定旨在阻止因利息和复利而使买受人的债务增加。根据第 501 条和第 497 条第 2 款,构成迟延后发生的利息必须记载在一个特别的账户之上;这也就是说,根据第 289 条第 1 句,在这种利息上不发生其他的利息。另外,在此方面,只能在 4% 的限度内(见第 246 条)请求赔偿延迟损害(见第 289 条第 2 句),显见数额极少。 144

第 501 条和第 497 条第 3 款第 1 句的规定不同于第 367 条:买受人的一部付款只有在最后才被容许折抵为(无息的)拖欠利息,然而应当优先折抵为买受人不适宜的那部分义务。并且根据第 497 条第 3 款第 2 句,出卖人——与第 266 条不同——也不得拒绝这种一部付款。最后,根据第 497 条第 3 款第 3 句,对于这种利息债务的消灭时效,不应当适用缩短的期间:即不应当使出卖人单为这一目的而提起诉讼,以求中断消灭时效。

6. 根据第 504 条,在提前支付时,应当为买受人贷记中间利息(Zwischenzinsen)。 145

第八十一章 过境买卖合同

参考文献：冯·克默雷尔（von Caemmerer）:《海牙国际买卖法统一会议》，载《拉贝尔外国私法与国际私法杂志》，第29卷，1965年，第101页以下；同一作者：《海牙统一买卖法的问题》，载《民法实务档案》，第178卷，1978年，第121页以下；同一作者：《国际统一买卖法中的合同义务和合同效力》，载《贝茨克（Beitzke）纪念文集》，1979年，第35页以下；冯·克默雷尔—施莱希特里姆（von Caemmerer - Schlechtriem）:《联合国统一买卖法》，注释，第2版，1996年；道恩（Daun）:《联合国买卖法概要》，载《法学教育》，1997年，第811页以下、第998页以下；德勒（Doelle）（主编）:《统一买卖法》，注释，1976年；海尔曼（Heilmann）:《联合国买卖法上的瑕疵担保责任》，1994年；赫尔贝尔—切尔文卡（Herber - Czerwenka）:《国际买卖法注释》，1991年；U. 胡贝尔：《论联合国买卖法和德国债法的违约法理》，载《冯·克默雷尔（von Caemmerer）纪念文集》，1978年，第837页以下；同一作者：《出卖人的责任》，1990年；亚格特—德里西维勒（Jagert - Derichsweiler）:《国际统一买卖法》，载《法学教育》，1989年，第971

页以下;卡罗路斯(Karollus):《联合国买卖法》,1991年;同一作者:《联合国买卖法适用范围概述》,载《法学教育》,1993年,第378页以下;同一作者:《联合国买卖法交付瑕疵商品时的合同废止及后续履行权》,载《经济法杂志》,1993年,第490页以下;同一作者:《联合国买卖法的现实问题》,载《欧洲私法杂志》,1993年,第79页以下;R.科赫(R. Koch):《不赞成以格式合同排除联合国买卖法》,载《新法学周刊》,2000年,第910页以下;马格努斯(Magnus):《联合国买卖法的现状及发展》,载《欧洲私法杂志》,1995年,第202页以下;同一作者:《联合国买卖法上的合同解除问题》,载《法学教育》,1995年,第870页以下;同一作者:《联合国买卖法的实质性问题》,载《欧洲私法杂志》,1999年,第642页以下;诺伊迈尔(Neumayer):《论海牙统一买卖法的修正》,载《冯·克默雷尔(von Caemmerer)纪念文集》,1978年,第955页以下;皮尔茨(Piltz):《国际买卖法》,1993年;同一作者:《联合国买卖法的新发展》,载《新法学周刊》,1994年,第1101页以下;1996年,第2768页以下;《新法学周刊》,2000年,第223页以下;莱因哈特(Reinhart):《联合国买卖法注释》,1991年;施莱希特里姆(Schlechtriem):《统一买卖法与本国债法》,1987年;同一作者:《统一买卖法》,载《法学家报》,1988年,第1037页以下;同一作者(主编):《联合国统一买卖法注释》,第3版,2000年;许茨(Schuetz):《联合国买卖法与缔约过失》,1996年;陶皮茨(Taupitz):《欧共体私法统一:是物权法的统一抑或冲突法的统一?》,载《法学家报》,1993年,第533页以下;蒂茨(Tietz):《国际买卖法》,载《新法学周刊》,1989年,第615页以下;魏茨(Witz)、萨格尔(Sager)和M.洛伦茨(M. Lorenz):《国际统一买卖法》,2000 年。

第一节 问 题

146 受国际劳动分工的促动,订立交易并涉及若干国家法律制度的情况越来越常见,如缔约各方分别处在不同的国家,或者应当在跨越国境的情况下给付(参见上文边码 18)。在这里,到底应当适用哪一个国家的法律制度通常必须根据作为冲突法的国际私法(internationales Privatrecht)来判断。然而从我们国家的情况看,尽管在 1986 年进行了重新的调整,但国际私法并没有被确定为是针对债务合同的。根据《民法典施行法》第 27 条,当事人首先应当选择作为准据法的法律制度(当然存在重大例外,主要是在"消费者合同"方面;见《民法典施行法》第 29 条)。在没有作出此种法律选择的情况下,应当适用合同与之"具有最密切联系"的国家的法律(见《民法典施行法》第 28 条第 1 款第 1 句)。尽管应当在适用《民法典施行法》第 28 条的情况下进行推定,但这个问题还是可能引起疑义。

另外,不同国家的国际私法并不完全一致。就是法院管辖(gerichtliche Zustaendigkeit)在国际间也没有一致到对于一个法律争议总是只有一个国家的法院具有管辖权的地步。这两个因素的共同作用引起了下述情况:即对于同一个法律争议,视原告所在国家的不同,可能会适用不同国家的法律。

通过国际私法和国际法院管辖制度的统一是可以消除这种情况的。但对于这种统一,我们还有遥远的距离。因此,对于特别重要的买卖法而言,人们首先是走了另外一条道路:即人们尝试着对于过境买卖适用统一的实体法。这种努力的最初结果表现为《关于订立国际货物买卖合同的统一法》和《关于国际货物买卖的统一法》。这两部法律均基于 1964 年的海牙公约。其在我们这里于

1973 年 7 月 17 日作为本国法发布,并于 1974 年 4 月 16 日生效。

但《关于订立国际货物买卖合同的统一法》和《关于国际货物买卖的统一法》在此间已经被于 1980 年 4 月 11 日在维也纳签订的《联合国国际货物销售合同公约》或者称《维也纳联合国买卖法》所取代。该公约中包含一些关于国际货物买卖合同订立的规则(第 14 条至第 24 条)以及无数关于国际货物买卖合同执行的规则(第 25 条至第 88 条)。从规定的细节上看,这一公约在有些方面要优于《关于订立国际货物买卖合同的统一法》和《关于国际货物买卖的统一法》。该项公约已经因有十个签署国交存批准书而发生效力,并且于 1988 年 10 月 1 日生效。其在德意志联邦共和国自 1991 年 1 月 1 日起适用;有关公约实质性内容的富有启发性的著述,参见施莱希特里姆(Schlechtriem)文,载《法学家报》,1988 年,第 1037 页;《联合国国际买卖法》,1996 年。

第二节　关于联合国买卖法的内容

1.《联合国国际货物销售合同公约》基本上适用于位于不同缔约国的当事人之间的货物买卖(第 1 条),同样适用于某些承揽供给合同(第 3 条)。但当事人可以通过约定而排除联合国买卖法的适用(第 6 条);在此种情形,作为准据法的内国法应当根据国际私法的冲突规则来确定。 147

2. 从内容上看,关于合同订立(Vertragsabschluss)的规定基本上限于要约和承诺的机制(第 14 条至第 24 条)。然而特别是关于无效原因的规定,则继续由内国法决定。

3. 关于合同履行(Vertragserfuellung)的规定主要涉及的是给付障碍。这里的核心概念似为实质性违约(wesentliche Vertragsverletzung)(第 25 条);其使另外一方当事人有权废止合同(第 49 条、第 64 条)。在物的瑕疵的情形,买受人负有检查和瑕疵通知义务(第38条、第39条第1款)。各项瑕疵权利至迟于交付之后2年消灭(第39条第2款)。这也就是说,此项期间明显长于旧法第477条的消灭时效期间。在责任的设定方面,不(像依第276条一样)适用过错主义原则。相反,债务人只有通过下述证明始容许得到免责:即"不履行系基于其影响范围之外的一种障碍原因;并且在理性的情况下不能够期待其于订约时考虑该障碍原因,或者避免或克服该障碍原因或其后果"(见《联合国国际货物销售合同公约》第79条第1款;并请参见《联邦最高法院民事裁判集》,第141卷,第129页、第132页以下)。可能负担的损害赔偿以可以预见的金额为限(第74条)。

第二部分

特殊买卖合同

第八十二章　物之外的其他买卖标的物

参考文献：拜泽尔—克伦普（Beisel - Klumpp）：《企业买卖》，第3版，1996年；卡纳里斯：《企业买卖中的给付障碍》，载《公司法杂志》，1982年，第395页以下；埃登米勒（Eidenmueller）：《权利买卖和企业买卖》，载《公司法杂志》，2002年，第290页以下；同一作者：《企业买卖中的消灭时效》，载《新法学周刊》，2002年，第1625页以下；格鲁内瓦尔德（Grunewald）：《买卖中权利瑕疵责任与物的瑕疵责任的界限》，1980年；同一作者：《企业买卖中没有预料到的债务》，载《商法杂志》，1981年，第622页以下；哈通（Hartung）：《企业买卖中的知情归责》，载《新公司法杂志》，1999年，第524页以下；赫尔齐希（Herzig）：《以税收为准据的企业买卖基本模式》，载《企业》，1990年，第133页以下；黑德曼（Hiddemann）：《企业买卖中的给付障碍》，载《商法杂志》，1982年，第435页以下；霍尔特斯（Hoelters）（主编）：《企业及股份买卖手册》，第4版，1995年；霍茨阿普伏尔—颇拉特（Holzapfel - Poellath）：《企业买卖的法律与实践》，第8版，1996年；霍默豪夫（Hommelhoff）：《企业买卖中的物的瑕疵责任》，1975年；同一作者：《企业买卖与股份取得的界定》,载《商法杂志》,1982 年,第 366 页以下;同一作者:《企业买卖之作为权利形成的客体》,载《商法杂志》,第 150 卷,1986 年,第 254 页以下;U. 胡贝尔:《买卖法体系中的企业买卖实践》,载《民法实务档案》,第 202 卷,2002 年,第 179 页以下;容(Jung):《企业买卖实践》,第 2 版,1993 年;基特(Kiethe):《企业买卖中发生的损害》,载《德国税收评论》,1995 年,第 1756 页以下;克莱恩—布莱恩克斯(Klein – Blenkers):《判例概论:企业买卖》,载《经济法咨询》,1997 年,第 16 页以下;同一作者:《企业买卖的重点及现实民法问题》,载《德国税收评论》,1998 年,第 978 页以下;同一作者:《判例概论:企业买卖(税收)》,载《新公司法杂志》,2000 年,第 1 页以下;克诺尔特—密克—魏德里希(Knolt – Mielke – Weidlich):《企业买卖》,2001 年;科勒(Koller):《合同出卖中的责任》,载《法学评论》,1982 年,第 353 页以下;R. 利布斯(R. Liebs):《企业买卖》,1995 年;罗格斯(Loges):《适当努力对企业买受人法律地位的影响》,载《企业》,1997 年,第 965 页以下;路特(Lutter):《参股买卖中受让人的适当努力》,载《经济法杂志》,1997 年,第 613 页以下;梅尔克特(Merkt):《企业买卖中的适当努力与担保责任》,载《企业顾问》,1995 年,第 1041 页以下;穆斯勒(Moessle):《企业买卖中给付障碍的新趋势》,载《企业》,1983 年,第 2146 页以下;米勒(Mueller):《营业额和收益是买卖标的物的品质吗?》,载《商法杂志》,第 147 卷,1983 年,第 501 页以下;同一作者:《论有限责任公司出资额出卖人的责任》,载《经济法杂志》,2000 年,第 817 页以下;尼维阿拉(Niewiara):《企业买卖》,2001 年;诺尔(Noll):《企业买卖中因错误陈述营业额而发生的担保权利》,载《有价证券资讯》,1985 年,第 341 页以下;皮克特(Picot)(编):《企业买卖与重组》,第 2 版,1998 年;皮克特—兰德(Picot - Land):《国际间企业买卖》,载《企业》,1998 年,第 1601 页以下;普律尔斯(Proelss):《公司股份的出卖人对公司瑕疵的责任》,载《经济法杂志》,1981 年,第 337 页以下;夸克(Quack):《企业买卖及其问题》,载《公司法杂志》,1982 年,第 350 页以下;施律特(Schluetter):《企业买卖中的税收问题》,载《新法学周刊》,1993 年,第 2023 页以下;施维特菲格—克罗伊策(Schwerdtfeger - Kreuzer):《企业买卖与"适当努力"》,载《企业顾问》,1998 年,第 1801 页以下;西格勒—毛雷尔(Sigle - Maurer):《企业买卖中方式强制的范围》,载《新法学周刊》,1984 年,第 2657 页以下;施泰因格—朔德雷尔(Stengel - Scholderer):《股份及企业买卖中的阐明义务》,载《新法学周刊》,1994 年,第 158 页以下;弗尔克(Voelker):《企业买卖中的智力成果所有权》,载《企业顾问》,第 199 卷,1999 年,第 2413 页以下;魏格尔(Weigl):《从税收角度看企业买卖的基础》,载《企业顾问》,2001 年,第 2178 页以下;R. 魏尔纳(R. Werner):《取得企业时的责任风险》,载《经济法杂志》,2000 年,第 989 页以下;韦辛(Wessing):《企业买卖中的合同条款》,载《公司法杂志》,1982 年,第 455 页以下;H. P. 韦斯特曼(H. P. Westermann):《企业股份买卖中出卖人责任的新发展》,载《公司法杂志》,1982 年,第 45 页以下;魏勒姆森(Willemsen):《论企业买卖中的物之瑕疵责任和缔约过失责任》,载《民法实务档案》,第 182 卷,1982 年,第 515 页以下;沃尔尼—沃尔尼(Wolny - Wolny):《企业及事务所移转》,第 3 版,1994 年;齐默尔(Zimmer):《企业买卖中物之瑕疵担保权法的适用范围》,载《新法学周刊》,1997年,第2345页以下。

148 截止现在(上文自边码19开始),我们讨论的只是物的买卖。但被出卖的也可以是无体之物(权利),甚至还可以是连权利都不是的东西(如与客户的关系或者关于一种秘密方法的知识)。这里仅对权利和企业这二种重要的秘密客体进行简要的论述。

第一节 权利买卖

权利买卖最常见的形式是(有担保或者无担保的)债权的买卖(关于保理,参见下文边码604以下)。但买卖的标的物也可以是其他的可以转让的权利,如公司股份或者专利等。单纯的所有权(包括共同所有权)不在考虑范围之内:由于所有权仅存在于物之上,故其买卖为物的买卖。

一、权利买卖总论

149 1. 在旧的《民法典》中,权利买卖主要见于第433条第1款第2句、第435条和第437条至第439条。然而在新法中,其仅见于第453条,并且具有下述的基本内容:即对于权利买卖,应当准用关于出卖物的规定(见第453条第1款)。这是非常微不足道的。

从这一规定中可以得出,出卖人应当依第433条第1款第1句将所出卖的权利移转于买受人。这具体包括什么由所出卖的权利的性质来决定:债权应当依第398条以下转让,土地债务应当依第1192条第1款、第1154条(书面土地债务)或者第873条(登记土地债务)转让。另外,第435条规定,在所出卖的权利上不得有第三人的权利存在;否则的话,即为第434条以下意义上的瑕疵。

150 2. 但除此之外,人们就无计可施了。例如,对于所出卖的金钱债权而论,除必须存在之外,其还必须具有哪些品质?其可以附有抗辩权吗？债务人的给付能力重要吗？对此，应当以哪一时点为准据：是以买卖合同的订立时点为准据，是以让与的时点为准据，或者是以（买受人主要感兴趣的）届清偿期的时点为准据？对于所有这些问题，第434条都没有给出清楚的回答，甚至连准用的手段都没有规定。旧法第437条和第438条至少说明了下述的内容：即出卖人（仅）对债权在法律上的存在（真实性）负责任；如果其对债务人的支付能力（信誉）承担了责任，那么在发生疑义时，这是指让与时的支付能力。这些规则是理性的，因此应当继续以之作为根据（参见帕兰特—普措（Palandt - Putzo），《民法典》，补充卷，第453条，边码21以下）。

据此，如果债权有瑕疵，则适用第439条以下的法律救济。消灭时效根据第438条第1款第3项来认定。在不存在或者不得转让的情形，可以适用第275条和第280条以下的规定。

二、物在权利买卖中的意义

在权利买卖的情形，物可以在如下两个方面具有意义： 151

1. 如果所出卖的权利有权使买受人占有一个物（如地上权可以使买受人占有土地），那么出卖人依第453条第3款也有义务交付该物，而且不能有权利瑕疵和物的瑕疵。这也就是说，如果该物有瑕疵，那么可以（直接）适用第437条以下的物之瑕疵责任。

2. 所买受的权利也可能会因权利表现为证书而与一个物相 152
结合。在此种情形，证书（如股票或者剧票）可以使持有人主张权利（参见下文边码562以下）。在此种情形，虽然说证券作为物被一同买受，但只有在证券不能完成其权利证明作用时（例如因证书已经无法阅读，或者剧票已经被撕坏），证券才可能是有瑕疵的。在这种情况下，根据正确的见解，适用关于权利瑕疵（Rechtsmaengel）的规定：这是因为在此种情形起决定性作用的是，买受人因证券瑕疵而不能够行使自己的权利。

第二节　企业买卖

153 取得企业可以有两种途径：可以取得企业的各项财产，也可以取得该企业所属的公司的股份。在这一点上，新债法对企业买卖的意义具有极大的争执；例如参见高尔（Gaul）文，载《商法杂志》，第166卷，2002年，第35页；格罗恩施泰特—约根斯（Gronstedt－Joergens）文，载《经济法杂志》，2002年，第52页；赫尔施特拉森—莱因哈特（Heerstrassen－Reinhardt）文，载《企业顾问》，2002年，第1429页；亚克求斯（Jacques）文，载《企业顾问》，2002年，第411页；K. J. 米勒（K. J. Mueller）文，载《新法学周刊》，2002年，第1026页；莱纳（Renner）文，载《企业》，2002年，第1143页；特里伯斯（Triebes）文，载《企业顾问》，2002年，第521页；M. 沃尔夫—凯撒（M. Wolf－Kaiser）文，载《企业》，2002年，第411页。

一、各项财产的买卖

1. 一个企业不是一个统一的权利客体。其通常是由大量的物、权利和其他法益组成的：由土地、机器、装备、债权、专利和商标组成，由商号组成，由关于生产方法的专业知识组成以及由与客户的关系组成。出卖人必须将所有这一切移转给买受人。这应当如何完成，由财产的性质决定：在土地的情形，需要取得合意和进行登记；债权则必须要让与；专业知识应当通过告知来转让；客户关系则应当通过推荐信和不进行竞争来移转。虽然出卖人可以通过订立一个买卖合同来负担所有这些移转义务，但这些移转本身却不能够通过一个共同的行为来完成。

154 2. 对于瑕疵责任，似应适用第453条第1款（其他标的物），其引用的是物之买卖法。然而这里必须要进行区分：如果买受人只是主张为企业所有的一个物的瑕疵，但这种瑕疵并不妨碍企业整体（如行政车辆上的制动器出现瑕疵），那么直接可以适用这种物之瑕疵法。在此种情形,对于该物,直接适用第 437 条以下的规定。然而如果企业的其他部分具有瑕疵(如有外部欠款即债权),或者一个标的物上的瑕疵妨碍到了企业整体(如簿记不正规以致财政局找麻烦,或者一项为生产所必要的专利归于消灭,或者所陈述的营业额不正确),那么这将会困难得多。这里往往不适用第 437 条以下。在此种情形,出卖人因过失而作出的不正确陈述可能会引起缔约过失(见第 311 条第 2 款)的损害赔偿责任(参见联邦最高法院裁判,载《新法学周刊》,1990 年,第 1658 页;亦请参见联邦最高法院裁判,载《新法学周刊》,2002 年,第 1042 页)(这是关于出卖人公开义务的裁判)。至于消灭时效,则应当依第 195 条和第 199 条确定。

然而这些问题或许没有它们所表现的那么重要。这是因为较大规模的企业买卖常常是通过订立详尽的个人性合同来调整的:在这种合同中,当事人对应有性能和背离的后果作出了详细的规定。买受人有时也被赋予独立的检查权,即所谓的适当努力(due diligence)。故此,法律在这里以第 453 条只是创设了一个非常不确定的框架的这一情况,或许并没有那么糟糕。

二、参股的买卖

一个企业的承担者常常不是自然人,而是一个法人(主要是 155
股份有限公司或者有限责任公司)。如果该企业属于一个人合公司的共同财产,即属于一个合伙、无限公司或者两合公司(参见下文边码 481),那么情况与之类似。在此种情形,不需要移转企业的各项财产,而是可以通过在公司参股来取得在企业的股份。公司股份的买卖是——至少从主要表现上看是这样——权利买卖(Rechtskauf)。因此,出卖人依第 453 条第 1 款对股份的存在负责任,但不对企业的信誉负责任。只有在买受人取得了全部的股份,或者所取得的股份足以使其他的股份并不能妨碍取得人对企业的处分权时,股份买卖始被处理为企业买卖(从而直接适用第 437

条以下)(参见《联邦最高法院民事裁判集》,第 65 卷,第 246 页、第 251 页)。在股份有限公司的情形,如果连限制性的少数(25%)都不在他人之手,那么无论如何都是这样。然而股份买卖与企业买卖之间的界定是有争议的(参见 H. P. 韦斯特曼(H. P. Westermann)文,载《公司法杂志》,1982 年,第 45 页、第 52 页以下)。

比较新的裁判也对股份买受人给予了谅解:即出卖人不仅应当基于担保就不正确的保证向买受人负责任,而且也应当基于缔约过失对因过失引起的错误陈述负责任(参见联邦最高法院裁判,载《新法学周刊》,1980 年,第 2408 页;H. P. 韦斯特曼文,同前引,特别是第 57 页以下)。这样,人们就可以得到一个弹性的、基本上满足需要的、另外不受第 438 条短期消灭时效拘束的责任。

第八十三章　先买与买回

参考文献：布克特(Burkert)：《民法典第506条的作用范围》，载《新法学周刊》，1987年，第3157页以下；迈尔—玛力(Mayer－Maly)：《关于买回的观察与思考》，载《维亚克尔(Wieacker)纪念文集》，1978年，第424页以下；皮卡特(Pikart)：《联邦最高法院关于先买权的新判例》，载《有价证券资讯》，1971年，第490页以下；舍迈尔(Schermaier)：《用准买卖合同规避先买权》，载《民法实务档案》，第196卷，1996年，第256页以下；K. 施赖伯(K. Schreiber)：《先买权》，载《法律学习》，2001年，第196页以下；舒里希(Schurig)：《私法上的先买权》，1975年；施托克(Stock)：《建筑法典上的法定先买权》，载《建筑法杂志》，1987年，第10页以下；施特贝尔(Stoeber)：《强制拍卖中的先买权》，载《新法学周刊》，1988年，第3121页以下。

旧的《民法典》在第497条至第503条规定了买回，在第504条至第514条规定了先买。二者的详尽程度大体相同。但从实际上看，先买的意义要重大得多。因此，这里首先论述先买制度。这些规范现在原封不动地被规定在第 456 条以下和第 463 条以下。

第一节 先 买

156 在先买的情形,买卖合同因行使先买权而成立。这也就是说,在论述先买自身及其后果之前,首先应当论述先买权。

一、先买权

根据现今文献中的通行见解(如见拉伦茨《债法分论》,第 2 编,第一部分,第 44 章,第 3 节,第 151 页),先买权是一种形成权(参见《总论》边码 62):权利人可以通过单方意思表示而在自己与形成权的相对人(《民法典》将这称作义务人)之间成立买卖合同。此项权利以义务人向一个第三人出卖为前提条件;在此种情形,从结果上看,权利人通常排挤了该第三买受人(关于这方面的详细情况,参见下文边码 162)。

以前采用的是另外一种现今仍在判例中通行的见解:即给予先买权意味着订立附双重条件的买卖合同(doppelt bedingter Kaufvertrag)。在这里,第一个条件为义务人向一个第三人出卖;第二个条件(作为意定条件)是权利人行使先买权。然而在重大的法定先买权的情形,这一观念并不能起作用(参见下文边码 158)。另外令人感到诧异的是,据称附双重条件的出卖首先尚不具有特定的内容,这是因为只有通过以后在义务人与一个第三人之间订约,这种出卖才能获得特定的内容。此种争执无论如何都不具有表示价值。

二、先买权的设定

157 1. 先买权可以通过合同来设定。根据通常的判例(参见《帝国法院民事裁判集》,第 72 卷,第 385 页,以及此后的裁判),这种合同需要采取与先买权所涉及的客体的买卖合同同一的方式。据此,特别是在土地的情形,适用第 311b 条第 1 款的方式。从规范的目的来看,这当然是有疑问的。这是因为给予先买权自身尚不使义务人负担义务;(与在预约的情形不同)其在自己出卖土地的意思上仍然是自由的。只有在向第三人出卖时,这一意思始受拘束;并且对于这一合同,存在第 311b 条第 1 款的保护。因此,肯定方式要件的见解其实只是从先买权的条件架构中产生的一个(不适当的)变体,然而亦请参见下文边码 160。

从典型的情况看,在合同上设定先买权的理由如下:即权利人意欲取得一个标的物,而义务人尚不欲交出该标的物。例如,使用租赁的承租人想要取得租赁的土地,而承租人则至少想要暂时保有该土地。在此种情形,先买权意味着一种妥协:即承租人总是可以在出租人出卖之后取得土地。对于先买权的给予,大多约定有报酬。

2. 法律也可以给予先买权。对于一个共同继承人向一个第 158
三人出卖自己应继份的情形,《民法典》在第 2034 条作出了规定:即在此种情况下,其他的共同继承人应当能够通过自己的先买权来阻止该第三人进入(常常只是由家庭成员组成的)共同继承关系。其他重大的法定先买权见于《帝国建筑法典》第 24 条以下(关于这方面内容,参见上文边码 118)以及见于第 579a 条。后面提到的先买权归住房转变为产权房的承租人享有:即承租人应当能够以此种方式保有自己的住房(参见德勒德(Derleder)文,载《新法学周刊》,1996 年,第 2817 页)。

三、先买权的内容

具体地讲,先买权应当存在于何种条件之下,这在合同上的先 159
买权中通常是可以自由约定的。但第 471 条强制性地规定了一个界限:即在强制执行中进行出卖的情形,或者在由支付不能财团进行出卖的情形,不适用先买权,这是因为为各债权人的利益着想,此种出卖不应当受到妨碍。然而第 470 条则是任意性的:即在发生疑义时,先买权不扩及于向法定继承人进行的出卖,这样规定是基于这些人与出卖人之间存在人身上的关系;此种出卖已经可以包含先取性的遗产分配。向特定的其他人进行的出卖也可以通过约定而被排除。最后,也可以就先买权的可移转性和可继承性作出约定(见第 473 条)。

四、先买权的行使

160 1. 先买权通过权利人向义务人作出单方需受领的意思表示来行使(见第 464 条第 1 款第 1 句)。作为形成权的行使,这种意思表示不得附带条件(参见《总论》边码 62):即义务人应当确实知道自己处在何种境况之下。第 472 条规定的是数个权利人行使权利的情况。

根据第 464 条第 1 款第 2 句,行使的意思表示不需要履行为买卖等规定的方式。在第 311b 条第 1 款也列举了取得义务之后(参见《总论》边码 96),与这一规范的方式目的是不一致的,这是因为行使的意思表示使权利人负有支付价金的义务,而这一价金有可能会耗费权利人的全部储蓄,并因而使其常年负担债务。当然,(由通说不正确推导出来的)设定先买权需要履行一定的方式要件(参见上文边码 157)是对行使的意思表示无需履行方式要件这一错误做法的某种补偿。但从法律政策上看,比较好的做法应当是反其道而行之:即设定无需方式,而行使则需要方式(在行使时应当由先买权人支付价金才能够确定)。但在通说的意义上,请见联邦最高法院裁判,载《企业》,1997 年,第 421 页;《联邦最高法院民事裁判集》,第 144 卷,第 357 页;法兰克福州高等法院裁判,载《新法学周刊》,1999 年,第 16 页;萨尼希豪森(Sarnighausen)文,载《新法学周刊》,1998 年,第 37 页。

161 2. 为了使权利人能够对自己权利的行使作出决定,其首先必须知道在义务人和第三人之间存在买卖合同。因此,第 469 条第 1 款规定了通知义务。第 469 条第 2 款规定,行使的期间自收到这一通知时开始，但对于这一期间，可以作出不同于法定期间的约定。

但期间开始的前提条件是完整并且正确的通知。这也就是说，如果义务人陈述的价金过高，目的是阻止权利人先买，那么期间尚不开始进行。在此种情形，如果权利人表示不欲行使自己的权利，那么这一表示是没有任何效力的（特别是即使不进行第123条的撤销，亦为如此）。此项表示不涉及实际上订立的合同，这是能够为受领人认识到的。

五、行使的后果

1. 通过行使，在权利人与义务人之间成立一个买卖合同，其 162
内容和义务人与第三人约定的完全相同（见第464条第2款）。然而有两个例外：

第一，根据第465条，义务人与第三人订立的约定对于权利人不发生效力，买卖仅应当在不行使先买权时适用，或者应当可以在行使先买权时解除。此种约定不需要以破坏先买权为目的。相反，任何一个谨慎的先买权义务人都将会约定此种条款，否则的话，其在行使先买权时负有双重义务：即对于第三人和先买权人负有义务；但由于其只能向一个债权人履行，故其必须得向另外一个人给付不履行的损害赔偿。这样一来，从结果上看，与权利人的买卖排挤了与第三人的买卖。

第二，第466条至第468条规制了一些其他的合同条款，这些条款可以毫无问题地移转到先买权人：第466条涉及的是权利人无能力履行的从属给付；第467条规定的是受先买权拘束的标的物与其他物的一同出卖；最后，第468条处理的是（由买受人信誉决定的）买卖价金的延期清偿问题。这些规定在这里无需特别论述。

2. 行使先买权仅使权利人取得移转受先买权拘束的标的物 163
的债权。在此种情形，义务人只能通过将标的物让与第三买受人或者让与一个第四人来破坏履行。在这种情况下,权利人通常被限定在指向义务人的替代给付的损害赔偿请求权上。但在土地的情形,第 1094 条以下准许将先买权物权化(Verdinglichung des Vorkaufsrechts):同预告登记一样,该先买权对第三取得人发生效力(见第 1098 条第 2 款、第 883 条第 2 款和第 888 条):这也就是说,先买权也可以对第三人实现。

六、应当将先买权同一些类似的形式界定开来

164 在预约的情形,不存在形成权,而是存在订立主合同的请求权(参见《总论》边码 75)。在选择权的情形,权利人虽然可以单方使合同归于成立(参见《总论》边码 76),然而此项权利与向第三人出卖无关;合同内容在选择中即已经得到了规定。法定的适用情形为买回(参见下文边码 165)。最后,预先购买权仅意味着在打算出卖的情形首先将有关标的物提供给预购权的权利人这样一种义务(见拉伦茨《债法分论》,第 2 编,第 1 部分,第 44 章,第 4 节,二)。在此种情形,可以归责的违反义务行为产生损害赔偿的请求权。

第二节　买　　回

165 买回权旨在使出卖标的物的人能够重新买回标的物(如在买回人获得资金之后)。在此种情形,根据第 456 条第 2 款,在发生疑义时,对于两个买卖合同,适用同一价款。这一规定当然不适用于货币不断贬值的时期;因此,较为妥当的方法是约定按估定价值进行买回(见第 460 条)。由于买回权人的相对人必须要考虑到权利的行使,故其应当认真地对待买卖标的物;在有过错的情形,其对损害赔偿负责任(见第 457 条第 2 款第 1 句)。然而无过错的减损并不能使权利人有权减少买回价金(见第 457 条第 2 款第 2 句)。

同先买权的情形一样(参见上文边码 156),关于买回权的架构存在着同样的争执。在这里,对买回权条件说架构的疑虑并不是很严重,理由是在此种情形,买回合同的内容是立即得到确定的。但尽管如此,我还是认为应当优先考虑将其认定为形成权(拉伦茨持同样见解,详见拉伦茨《债法分论》,第 2 编,第 1 部分,第 44 章,第 2 节,第 147 页以下):在此种情形,买回是选择权的一种适用情形(参见上文边码 164)。

给予买回权需要履行例如为买卖所规定的方式(参见联邦最高法院裁判,载《新法学周刊》,1973 年,第 37 页)。与在先买权的情形不同(参见上文边码 157),这在这里具有良好的意义:权利的行使在没有原买受人协助的情况下使原买受人负有义务,致使其不再受后来实行的方式强制的保护。在买回的情形,对于行使权利的意思表示自身,第 456 条第 1 款第 2 句也规定了方式自由。

第八十四章　买卖中的试验与货样

166 第 454 条和第 455 条处理的是试验买卖。除此之外还有货样买卖。尽管称谓相似,但它们是极不相同的买卖行为,这就像上述两个名称中试验和货样极不相同一样。依货样进行买卖(旧法第 494 条)现在不再单独调整。因此,据以将货样品质视为保证品质的旧有规定就不能被简单地纳入到新法之中。对于此种情形,应当通过解释来自由地确定,出卖人是否真的要保障所交付的商品与货样一致(第 276 条第 1 款第 1 句)。

第一节　试验买卖

167 在试验买卖中,不涉及应当在以后交付的商品的样品的问题。在试验买卖中,买受人或者立即获得买卖标的物,或者其至少可以检查买卖标的物(第 454 条第 2 款):其首先应当试用标的物,而后再决定是否买受。第 454 条第 1 款第 1 句将这种决定权交由买受人任意行使;这也就是说,其无需对此陈述理由,并且就算自己认为买卖客体完全合适,仍然还可以拒绝买受。决定的期间依第 455 条确定。

根据第454条第1款第2句，在发生疑义时，试验买卖应当因买受人的承认而附停止条件。但对于这一观念存在着异议，理由是承认系由买受人任意决定的，故其首先是不受拘束的。所以，承认的意思表示不是单纯引起条件成就的通知，而是意思表示（参见拉伦茨《债法分论》，第2编，第1部分，第44章，第144页；弗卢梅：《总论》，第2编，第38章，第2节，四）。故此，对于承认，人们可能得要求意定的生效要件。在这里，尽管标的物在承认之前即已经交付，但价金危险（参见上文边码34以下）还没有在买受人那里，这是因为如果买卖客体遭遇了什么不利，那么买受人将会拒绝自己的承认：在此一情形，其无需再行支付价金。

应当将试验买卖与保留调换权的买卖（Kauf mit Umtauschvorbehalt）区分开来：在后一情形，买受人不再能够免除自己的责任，特别是不能请求返还所支付的价款。在此种情形，买受人只能请求将首先买受的标的物调换成另外一个标的物。

第二节　货样买卖

在货样买卖的情形，进行的是不附条件的买卖；试用买卖客 168
体以决定下一步是否买受在一开始通常只是买受人的一个不重要的动机。当然，在嗣后进行买受时，买受人可以参考先前所获得的商品。在出卖人同意的情形，这一商品的性能就决定了尚待交付的商品的应有性能（参见上文边码166）。

第三部分

其他的永久让与合同

第八十五章　互　　易

第一节　定义及界定

互易在《民法典》中没有被定义，而是在第 480 条以之作为前提条件：其为双务合同，系以物、权利或者类似的财产去换取其他的物、权利或者财产为内容（参见上文边码 15）。只是一项给付既不得表现为金钱（否则为买卖），也不得表现为能够成为买卖标的物的给付（如劳务给付；否则为混合合同；参见下文边码 594 以下）。互易和买卖也可以相互混合，应当以金钱补偿两种给付之间价值差额的情形即为如此。例如，一对上了年纪的夫妻因子女已经迁出而将自己变大了的行列式住房调换成为一套产权房，并因此而获得定期金以进行价值补偿。 169

但如果在买卖新车时以一辆旧车付款，那么这不能简单地构成混合有买卖的互易。在这里，接受旧车作为支付手段的商人对这种支付手段通常并不具有兴趣；如果用金钱来支付，那么这对商人而言至少是同样的好（参见上文边码 86）。

第二节　法律规定

170 人们可以将互易设想成两个双务合同：其中的一个人相对于另外一个人而言同时既为买受人又是出卖人，并且价金支付义务相互取消。与此相应，第480条对互易的调整是通过引用买卖法来实现的。据此，任何一方当事人均依第433条第1款负担由自己约定的给付。同在买卖中一样，在出现给付障碍时，适用关于瑕疵责任的规定（第434条以下）。另外，任何一方当事人均应当受取另外一方的给付（第433条第2款）。在互易的情形，对于替代给付的损害赔偿（第280条和第281条），通说认为，障碍给付的债权人可以在交换说与差额说之间作出选择（参见上文边码73）。这也就是说，该债权人或者还可以履行由自己负担的给付，并请求障碍给付的全部价值；或者其可以保有自己的给付，而单纯就差额请求赔偿。

在减价的情形，可能会出现下述问题：即在互易中，获得瑕疵给付的那一方当事人的对待给付可能并不能像一项金钱给付那样简单地按比例（第441条第3款）减少。因此，必须要准用旧法第473条第2句第2项选择中的法律思想：即自己给付有瑕疵的那一方当事人应当以金钱补偿按比例计算的减值。

第八十六章 赠　　与

参考文献:G. 博默尔(G. Boehmer):《死因赠与生前赠与》,载《德国法研究院杂志》,1939 年,第 610 页以下;博尔(Boehr):《赠与中的举证责任问题》,载《新法学周刊》,2001 年,第 2059 页以下;布洛克斯(Brox):《无偿地将子女接纳到家族人合公司》,载《博施(Bosch)纪念文集》,1976 年,第 75 页以下;克雷采留斯(Crezelius):《民法视角下的遗产税和赠与税》,1979 年;埃尔曼(Erman):《论赠与》,载《民法实务档案》,第 137 卷,1933 年,第 335 页以下;格伦德曼(Grundmann):《论无偿法律行为的学理》,载《民法实务档案》,第 198 卷,1998 年,第 457 页以下;海格勒(Haegele):《法律及税收上的赠与》,1954 年;海曼(Haymann):《附负担的赠与》,1905 年;同一作者:《论赠与与有偿法律行为之间的界限》,载《耶林民法学理论年刊》,第 56 卷,1910 年,第 86 页以下;赫曼(Hermann):《依民法典第 518 条第 2 款执行赠与》,载《德国法月刊》,1980 年,第 883 页以下;A. 胡埃克(A. Hueck):《商事公司股份的赠与以及因重大背恩而撤回》,载《企业》,1966 年,第 1043 页以下;屈纳(Kuehne):《夫妻间的赠与(特别是离婚后的清算了解)》,载《亲属法杂志》,1969年,第371页以下;W. 洛伦茨(W. Lorenz):《有偿及无偿法律行为》,载《莱因施泰因(Rheinstein)纪念文集》,1969年,第547页以下;冯·吕托夫(von Luetow):《父母保留物上权利而对自己未成年子女的赠与》,1939年;D. 迈尔(D. Mayer):《股份情形赠与的撤回》,载《公司法杂志》,1995年,第93页以下;米西施(Migsch):《所谓的义务赠与》,载《民法实务档案》,第173卷,1973年,第46页以下;D. 赖尼克(D. Reinicke):《以赠与方式约定的给付的履行》,载《新法学周刊》,1970年,第1447页以下;K. 施密德(K. Schmidt):《人合公司股份的赠与》,载《企业》,1990年,第1992页以下;同一作者:《隐名出资和再出资的非要式赠与》,载《企业》,2002年,第829页以下;施拉姆(Schramm):《现物赠与的法律性质》,载《德国法月刊》,1962年,第961页以下;聚斯(Suess):《论赠与的概念》,载《德国法研究院杂志》,1942年,第72页以下;蒂特克(Tiedtke):《子女作为隐名合伙人以无偿方式出资》,载《企业》,1977年,第1064页以下;维德曼—海涅曼(Wiedemann - Heinemann):《公司股份赠与的撤回》,载《企业》,1990年,第1649页以下;策朗斯基(Zeranski):《赠与人贫困后的返还请求权》,1998年。

第一节 赠与与赠与约定

171 赠与法的起始规范(即第516条)明显不同于其他绝大多数债务合同的起始规范。这是因为第516条并没有讲明赠与人负有何种义务(如在第433条第1款,法律为出卖人明确地讲明了这一点)。第516条只是说明财产给予在何种要件下为赠与(参见下文边码 172 以下)。这样,这一规定涉及的仅是所执行的赠与(现物赠与或者现金赠与)。然而使赠与人负担义务的赠与约定(Schenkungsversprechen),则在第 518 条至第 520 条才出现。

《民法典》将赠与主要规定为法律原因,这是有其历史原因的。然而这在今天仍然符合统计事实:这是因为绝大多数的赠与都是在没有事前作出赠与约定的情况下执行的(哪怕是方式无效的赠与约定也没有)。差不多所有的即兴赠与物(Gelegenheitsgeschenke)(如圣诞节期间的即兴赠与物)都是这样。然而经济上重要的赠与常常都作成公证书,而后才予以执行。这类赠与涉及的是财产移转,并且大多为父母向子女或者孙子女进行的财产移转,其应当属于先取继承的性质(参见科尔豪泽(Kollhosser)文,载《民法实务档案》,第 194 卷,1994 年,第 231 页)。在此种移转中,当事人往往约定限制(如保留居住权或者管理权)或者负担(如在移转庭院的情形约定向受赠人的兄弟姐妹进行支付;参见第 330 条连同《总论》边码 766)。单纯为了记载这种修正,通常就已经有必要作成公证书了。再者,所涉及的往往都是土地,这依《民法典》第 311b 条和第 925a 条以及《土地登记法》第 20 条应当采取公证的方式。

人们经常将赠与用于先取继承,这也有税法上的考虑:即继承法上的取得和赠与取得系以同等的方式课税。因此,从原则上讲,遗产税并不能因被继承人于自己生存之时将一部分遗产赠与他人而被免除掉。但是,如果在赠与与继承开始之间已经经过了 10 年以上的时间,那么税收免征额往往是可以得到充分利用的。然而这是凭运气的事情。故此,常常并不会因为遗产税而向直系卑亲属进行赠与,而是因为所得税而向直系卑亲属进行赠与,这是因为通过将父母的一部分财产转移给一个直系卑亲属,由父母财产产生的所得就被分割成为两个部分。这就减少了所得税的累进税率,这是因为,相较于在父母那里对实足的 300,000 欧元所得进行课税的话,那么在父母那里对 200,000 欧元的所得进行课税和在无财产子女那里对 100,000 欧元的所得进行课税要便宜得多。

第二节　内容及界定

一、特别规定

172 赠与虽然必须是无偿的,但反而言之,任何无偿的行为未必都是赠与。一些重大的无偿行为系受其他规范的拘束。例如,无偿将物交付使用为借用(第 598 条),而且依联邦最高法院裁判(参见《联邦最高法院民事裁判集》,第 82 卷,第 354 页),即使交付行为具有高的价值,情况也是如此(参见下文边码 280)。如果无偿转让所有权,同时要求负担返还转让同种类物的所有权的义务,那么这意味着是无息借贷(第 488 条第 1 款)。无偿的事务处理为委任(第 662 条)。就是保管也可以是无偿的(第 688 条和第 690 条),保证(第 765 条)同样不要求对价。对于所有这些行为,赠与法都是不适用的。

二、赠与法适用上的其他限制

173 但即使是在排除上文所述行为之后所剩余的行为之中,也并不是任何无偿的给予行为都是赠与。第 516 条第 1 款要求,赠与必须是对赠与人的财产进行给予。第 517 条对此进行了说明:即单纯放弃财产取得(如放弃订立有利的合同)尚不意味着系向因此而受利益的人进行赠与。纵使是放弃已经发生归属,但尚未最终取得的权利,特别是抛弃继承或者遗赠,不构成赠与。这里否定成立赠与,主要是要排除第 528 条以下的请求返还权。第 1624 条将父母向自己子女给予婚嫁立业资金的一些行为排除于赠与法之外,也是要达到这一目的。

三、关于无偿的合意

174 第 516 条第 1 款要求,当事人双方必须要对给予财产的无偿性成立合意。如果受领人主张给予财产的请求权,那么纵使该项请求权在法律上是不能够实现的,也以不存在合意论。清偿赌债的人(第 762 条),不是在进行赠与。

但即使在这种不完全债务之外,也并不是总需要存在双方的无偿意思。特别是在自愿作出无偿行为的情形,是不存在这一意思的:这种无偿行为旨在对所给付的劳务给予附加的补偿,或者旨在激励给付者作出进一步的给付。小费亦为如此。然而同礼仪赠与(如奖励拯救生命者)的界定则是不能完全肯定的(第 534 条)。

第三节　赠与的成立

赠与总是——无论现金赠与还是赠与约定——要求实现合同上的合意,其不仅要求对无偿性实现合意,而且要求对成立实现合意。这是因为任何人都不应当在没有自己意思的情况下获得利益(第 311 条第 1 款)。然而第 516 条第 2 款考虑到了下述经验法则,即赠与通常是受欢迎的:赠与人可以为受赠人指定一个拒绝的期间;如若该期间届满,则视为受领。然而这一规定并没有排除(事实上常见得多的)以可推断行为作出的受领表示(如通过使用受赠物而作出的受领的意思表示)。赠与人通常不会放弃该意思表示的到达(第 151 条)。 175

在赠与约定中,根据第 518 条第 1 款,赠与人的意思表示需要作成公证书。这样规定的目的是防止立约人仓促地实施行为。但在立约人履行的情形,根据法律上的价值判断,这一保护将成为不必要的了,理由是在此种情形,立约人能够看到自己所丧失的利益。故此,根据第 518 条第 2 款,履行所约定的给付可以补正方式瑕疵。此种履行清楚地表现为转让约定物的所有权(参见瓦克(Wacke)文,载《民法实务档案》,第 201 卷,2001 年,第 256 页;该文以充分的理由附加要求实施交付行为),或者表现为支付约定的金额。然而在让与和免除的情形,情况则没有这么清楚,理由是没有明确的牺牲者。但对于第518条第2款而言,此二者应当已经足够了(参见斯图加特州高等法院裁判,载《新法学周刊》,1987年,第782页)。然而根据立法者的见解,抽象的债务约定或者债务承认是不够的(第780条和第781条;参见下文边码552以下):在此两种情形,首先尚须履行原本的给付。因此,第518条第1款第2句在这里跳过了抽象性的后果,其使约定或者承认同样地受到作成公证书这一要件的约束。这准用于以赠与方式发行的票据或者支票(参见联邦最高法院裁判,载《新法学周刊》,1975年,第1881页;《慕尼黑民法典注释——科尔霍泽(Kollhosser)》,第518条,边码10)。

第四节　赠与人责任的减轻

176 赠与单方面地服务于受赠人。故此,根据所谓的利益主义原则(参见上文边码4),赠与人的责任在若干方面得到了减轻。

1. 对于权利瑕疵,赠与人仅负责赔偿消极利益,并且在此之外,通常只在恶意不告知的情形负责任(第523条第1款)。只有在赠与人应当首先取得约定标的物的情形,第523条第2款的责任才会严格一些(该规定仅论及标的物,尚不够准确)。关于这方面内容,参见《联邦最高法院民事裁判集》,第144卷,第118页;U. 胡贝尔文,载《经济法杂志》,2000年,第1372页。

2. 对于物的瑕疵,也存在着类似的区分,其见于第524条:在此,通常仅在恶意时负责任。但约定购置依种类指定的物的人,负较为严格的责任。

3. 根据第522条,以金钱为内容的赠与约定的债务人不需要负担迟延利息。然而不排除依第280条和第286条请求赔偿延迟损害的权利。

4. 除这些专门的减轻责任规定之外，在第 521 条还有一个一般性的责任减轻规定：即赠与人仅应当对故意和重大过失负责任。这无争议地适用于原本的履行利益，即适用于给付不能或者延迟给付的情形。然而有学者认为，在典型的因其他的违反义务行为而发生的附带损害的情形，不应当适用责任减轻的规定（如见拉伦茨《债法分论》，第 2 编，第 1 部分，第 47 章，第 2 节，一；《慕尼黑民法典注释——科尔霍泽（Kollhosser）》，第 521 条，边码 5 以下；格伦德曼（Grundmann）文，载《民法实务档案》，第 198 卷，1998 年，第 457 页、第 465 页以下）。我认为，第 521 条的这种限制不具有信服力（参见梅迪库斯文，载《奥德斯基（Odersky）纪念文集》，1996 年，第 589 页）。这是因为，正是在这种无法预见范围内发生的附带损害的情形（如因所赠与的旧电熨斗具有瑕疵而引发火灾损害的情形），赠与人特别迫切地需要责任减轻的规定。相较于信赖所买受的标的物不具有危险性而言，可以要求受赠人信赖受赠的标的物具有较少的无危险性。同借用的情形类似（参见下文边码 283），我仅想对不与赠与物相关联的损害肯定不被减轻的责任（如有待赠与的物在赠与人的住房里掉在有破损的地毯上）。对于作为牲畜饲料而被赠与的土豆废料（即所谓的“土豆残渣”）的危险，联邦最高法院作出了类似的裁判（参见《联邦最高法院民事裁判集》，第 93 卷，第 23 页、第 27 页以下；但亦请参见施托尔（Stoll）文，载《法学家报》，1984 年，第 384 页；施莱希特里姆（Schlechtriem）文，载《企业顾问》，1985 年，第 1356 页）。

第五节　赠与的便利解除

相较于订立有偿合同的情形而言，赠与合同的无偿性使赠与人可以方便地摆脱自己所受到的拘束。 177

1. 对于由赠与约定产生的请求权，赠与人依第 519 条享有生计困难的抗辩(Einrede des Notbedarfs):即以自己适当的(并非单纯为维持生计所必需的)扶养以及履行自己的法定扶养义务将会受到妨碍为限,赠与人不需要履行。另外,应当考虑到立约人的其他义务:由有偿行为产生的义务优先于赠与约定,并且在有数个赠与约定的情形,前面的具有优先权。在第 519 条中,起作用的是下述古老的规则:即未摆脱债务者不得慷慨,也就是说,一个人只有在已经清偿了自己的债务之后,才能慷慨地行为。

另外,根据第 520 条,在发生疑义时,定期金约定随赠与人的死亡而归于消灭,也就是说,这种约定不使继承人负有继续支付的义务。

178 2. 第 519 条涉及的是尚未得到履行的赠与约定,而第 528 条则是对已经被执行的赠与作出的类似的规定:这种赠与应当能够在具备不当得利法规定的要件的情况下得到返还。这意味着是对第 818 条以下的法律效果引用(参见下文边码 671 以下),并且也应当是对第 822 条的第三人责任的法律效果引用(参见联邦最高法院裁判,载《新法学周刊》,1989 年,第 1478 页)。

然而相较于第 519 条的给付拒绝权的要件而言,第 528 条的返还请求权的要件要严格一些:即赠与人的急迫境况不是即将到来,而是已经存在。赠与人在自己法定扶养义务之外的其他义务不在考虑范围之内。然而为债权人的利益,对于债务负担过重者的已执行赠与,有时可以在 4 年之内依照其他的规定使之归于消灭(如见《支付不能法》第 134 条第 1 款和《撤销法》第 4 条第 1 款)。

另外,请求返还尚因若干原因而被排除:即依第 529 条第 1 款,在赠与人因重大过失而具有需要的情形(这也就是说,“避世者”不能靠重新索回自己以前作出的赠与来过生活),或者在执行赠与之后至少已经经过 10 年时间的情形;或者依第 529 条第 2 款,在受赠人将会因返还而自身具有需要的情形;或者依第 534

条,在赠与系为履行道德上的义务或者系出于礼仪上的考虑的情形。最后,根据第 528 条第 1 款第 2 句,受赠人可以通过支付为扶养所必要的金额而避免返还赠与物。

3. 同上文提到的第 519 条和第 528 条的权利不同,第 530 条 179
以下表明的是也适用于夫妻间赠与的撤回权(参见联邦最高法院裁判,载《新法学周刊》,1983 年,第 1611 页)。这是因为,这种权利并非基于赠与人的窘迫情况,而是基于受赠人的行为:即受赠人因对赠与人或者赠与人的近亲属有重大背恩这种严重违反义务的行为而使自己具有过错(如见《联邦最高法院民事裁判集》,第 112 卷,第 40 页;亦请参见《联邦最高法院民事裁判集》,第 135 卷,第 55 页)。在这里,撤回权既涉及尚未执行的赠与,也涉及已经执行的赠与。

撤回权是一种原则上为专属性的形成权(第 530 条第 2 款为例外),其不得预先被抛弃(第 533 条)。其以向受赠人作出意思表示的方式来行使(第 531 条第 1 款),并且应当在知悉具备撤回权要件之后的 1 年之内行使(第 532 条第 1 句)。除因该项期间届满而被排除的情形之外,撤回权亦因受赠人的死亡(第 532 条第 2 句)以及因宥恕(第 532 条第 1 句)而被排除。在义务赠与和礼仪赠与的情形,不存在撤回权。

有效的撤回将使赠与约定不再作为已执行赠与的请求权原因或者作为已执行赠与的法律原因。因此,对于赠与物的给付,可以依第 812 条第 1 款第 2 句第 1 项选择而请求返还;关于这一点,第 531 条第 2 款又另外进行了阐明。在此,根据判例(参见《联邦最高法院民事裁判集》,第 140 卷,第 275 页、第 281 页),受赠人依第 819 条第 1 款和第 818 条第 4 款承担的严格责任仅自撤回时开始,而不是自背恩时即已经开始(有争议)。

第六节 附负担的赠与

180 1. 财产的给予人通过期待受领人作出一定给付的办法亦追求自己利益的情况并不罕见(如给予一块土地以期待养老)。此种给付可以成为受领人真正对待给付义务的内容:此种情形非构成赠与,而是构成第 320 条以下的双务合同。较为弱化的结合形式为所附的负担:即赠与人只有在自己给付完毕之后,才可以请求执行负担(第 525 条第 1 款)。如果对执行存在公共利益,那么在赠与人死亡之后,政府机关亦具有请求权(第 525 条第 2 款)(如负担为所赠与的停车用地系用于公共目的)。

当然单单上文的这一标准还不能够清楚地将附负担的赠与同双务合同界定开来。在后者情形,一方当事人也可能会负有先为给付的义务。故此,还要根据当事人的价值观念(Wertvorstellungen der Parteien)来判断:在附负担赠与的情形,在典型的情况下,存在下述意图:即受领人履行给付的费用应当由所赠与的标的物来负担。第 526 条也是以这为出发点的,其调整的是财产给予与执行负担之间价值关系上发生错误的某些情形。这是法律行为基础学说的一种法定特殊情形。

181 2. 如果受赠人不执行负担,那么赠与人(或者政府机关)首先具有履行的请求权。除此之外,第 527 条还为赠与人开辟了这样一种可能性(其条款化程度相当高):即在必须要将赠与物用于执行负担(此项负担也不得能够为他人请求,见第 527 条第 2 款)的限度内,可以请求返还赠与物,这是因为第 527 条第 1 款引用的是“双务合同中的解除权”(尽管附负担赠与并非为此种合同)。这指的是第 323 条以下:即受赠人尽管指定了期间但仍未执行负担,其以对于赠与人而言为不可以苛求的方式违背了保护义务,或者说这是第 326 条第 5 款的一种情形。对此,不再需要对受赠人的应当归责(旧法非为如此,参见本书上一版内容)。然而根据第527条第1款,受赠人只依不当得利法负责任;这意味着是对第818条以下的法律效果准用(参见下文边码671以下)。

第七节 夫妻之间以及非婚姻共同生活关系中的给予

182 对于夫妻之间的无偿给予,适用基本上由亲属法决定的特殊规定。这种给予被判例称为与婚姻相关连的独特种类行为(ehebezogene Geschaefte eigener Art)(如参见《联邦最高法院民事裁判集》,第84卷,第361页),或者被称为无名给予(unbenannte Zuwendungen)(如参见《联邦最高法院民事裁判集》,第116卷,第167页、第170页)。联邦最高法院的判例认为(参见《联邦最高法院民事裁判集》,第129卷,第259页、第263页),这种给予的特殊性表现在欠缺对无偿性的合意。这种给予应当被处理成独特种类的行为,其不能简单地受赠与法的约束。成问题的特别是离婚时的结算问题,其主要表现为:这种结算在多大程度上被夫妻财产法,特别是被净益结算排除。再者,同夫妻内部关系合伙的界定也可能是有问题的(如参见《联邦最高法院民事裁判集》,第142卷,第137页)。在非婚姻共同生活关系中,同样也出现类似的由分离决定的问题。有关这方面情况,可以参见下文边码648;拙著《民法》,边码690a以下;海因勒(Heinle)文,载《亲属法杂志》,1992年,第56页;耶格尔(Jaeger)文,载《德国公证人杂志》,1991年,第431页;利普(Lipp)文,载《法学教育》,1993年,第89页;迈因克(Meincke)文,载《新法学周刊》,1995年,第2769页;科赫(Koch)文,载《亲属法杂志》,1995年,第321页;朗根菲尔德(Langenfeld)文,载《亲属法杂志》,1997年,第6页;布拉姆布林(Brambring)文,同前引,第7页;康拉特(Conradt):《"无名"给予》,1998

年;瓦斯(Waas)文,载《亲属法杂志》,2000 年,第 453 页;赛夫(Seif)文,载《亲属法杂志》,2000 年,第 1193 页;梅瑟勒(Messerle)文,载《法学教育》,2001 年,第 28 页。关于这方面,还有很多问题没有得到解决,但这些问题已经超出债法的范畴,并延伸到继承法和税法。有关这方面的问题,参见德国联邦财税法院裁判,载《法学家报》,1995 年,第 52 页,附具迈因克(Meincke)所加的注解。但在与第三人的关系上,或许在很大程度上能够将财产给予处理成为赠与(如在第 2325 条的情形,或者在第 822 条的情形;参见联邦最高法院裁判,载《新法学周刊》,2000 年,第 134 页)。

第二编

定期限交付的合同

第八十七章　概　　论

参考文献：有关基础性著述，现请参见吉特(Gitter)：《交付使用的合同》，1988年。

第一节　继续性债务关系

183 在上文边码14之后至现在所处理的合同中，一个物或者一项权利被移转给了另外一个人，并保留在该人那里。这也就是说，只有在发生障碍的情形(特别是在解除的情形，参见上文边码61以下)，这里才会出现返还的问题。因此，这种合同作为营业行为通过给付和对待给付的交换可以在短时间之内得到清算了结。

然而在下文将要处理的合同中，一个物或者一个标的物被交付给了另外一个人，目的是让该人在限定的时间之内占有该物(在使用租赁、用益租赁和借用的情形)或者成为该物的所有人(在借贷的情形)。在这里，交付人的给付同交付自身持续的时间一样长；这也就是说，给付并非穷尽于一次简单的交于对方。如果约定了对待给付(即在使用租赁、用益租赁和付息借贷的情形)，那么对待给付依交付使用的时间长短来决定。这通常表现为对待给付虽然不是继续性的,但却是定期地履行:即使用租赁或者用益租赁的租金常常按月支付,借贷的利息往往按季度支付。这样的债务关系被称作继续性债务关系(参见《总论》边码11)。这种债务关系的特点将在下文边码212以下以使用租赁为例加以论述。

第二节　依对待给付进行区分

184 在定期限交付的合同中,可以根据有偿性进行下述区分:即使用租赁(第535条第2句)和用益租赁(第581条第1款第2句)必须是有偿的,其同时为双务合同(参见《总论》边码473)。然而借用(第598条)作为使用租赁的相对观念必须是无偿的。最后,在借贷中(第488条、第607条),有偿性不属于定义要件,因此,既有无偿的借贷,也有有偿的借贷(即付息借贷;参见第488条第2款、第608条)。

同在永久让与的合同中一样,在所有这些情形之中,都可能会存在介于有偿与无偿之间的混合形式(Mischformen),如将一间住房"以友谊价"交付给一个熟人在一定的期限内使用。关于这种混合类型的问题,参见下文边码591以下。

第三节　在交付方面存在的不同

185 在以交付为内容的给付方面,还存在着其他的不同。

1. 在所交付的东西方面,一方面区分有使用租赁、借用和借贷,另一方面区分有用益租赁。这是因为,在第535条、第598条和第607条中,所称的仅为"物";在第488条第1款中,为金钱;而在第581条第1款第1句中,则为"标的物"。这也就是说,除了物之外,也可以以用益租赁的方式出租权利(第90条)。此种权利的用益租赁主要见于许可合同(Lizenzvertrag)(以使用专利权、其他著作权或者商标为内容;参见吉特(Gitter):《交付使用的合同》,第12章),或者见于出版合同(Verlagsvertrag)(主要以使用著作权为内容;参见德尔普(Delp):《出版合同》,第6版,1994年)。这方面的术语并不是统一而又有保障的;参见巴迫特—毛恩茨—施里克尔(Bappert - Maunz - Schricker):《出版法》,第2版,1984年,第28章,边码22以下。在这些合同中,也包含有超出专利权的要素;特别是其在实行上具有物权效力。出版合同在《出版法》中得到了详尽的规定。

2. 在交付的种类方面,还应当进行区分:由于交付使用的标 186
的物最终又重新回归于交付人,故在使用租赁、用益租赁和借用中,标的物并没有完全地移转给合同相对人。相反,物的使用租赁的出租人、用益租赁的出租人和借用的出借人保有所有权(以其享有所有权为限):其仅是移转直接占有(自己则成为间接占有人;参见第868条)。这样,特别是针对交付行为的受领人的债权人的行动而言,这些人受到了保护:其可以防止《民事诉讼法》第771条的这些执行措施。

与之不同的是借贷:其标的物依第488条以下为金钱或者代替物。在这里,由于标的物具有可代替性,故对于交付人而言,应当返还给付的物品的个体性如何并不重要。正相反,如果受领人必须返还交付于自己的那些物品的话,那么对于受领人来说,交付行为几乎没有任何的价值:这是因为在这种情况下,借贷的借用人将不能够返还自己所受领的钞票,理由是其无法保证为清偿的目的再及时地重新取得这些钞票。因此,在借贷中,应予交付的物品不只是单纯地被交付给了相对人,而是也发生了所有权的转移:借贷的贷与人丧失了与所交付的物所具有的一切物权法上的关系(所有权、占有)。因此,这些个物处于借用人的其他债权人的干预之下,并由此产生清偿担保的问题(用信贷担保手段;参见《总论》边码811以下)。

187 3. 还可以根据赋予受领人的权限的范围进行区分:在使用租赁和借用中,这只是标的物的使用,如在房子中居住或者乘坐汽车(第535条第1句、第598条)。然而对于用益租赁,第581条第1款第1句另外还提及了享受依通常经济规则可以视作收益的孳息(第99条)。与之相适应,用益租赁主要见于农业土地:在这里,用益租赁的承租人特别是也享有收获的权利。在交付营利事业企业的情形,使用租赁与用益租赁之间的界定是成问题的;参见联邦最高法院裁判,载《企业》,1991年,第1718页。

第四节　称谓问题

188 上文边码184和185以下所述的差别在一般性的语言使用中基本上并没有得到遵守。特别是,尽管应当履行对待给付,可是并不罕见地仍然将这称作"借用"(如"出借汽车"或者"出借滑雪用具")。在此种情形,所选择的表达对于法律上的处理并不具有意义:起作用的只是,合同受何种定义性规范的约束(参见《总论》边码122)。例如,如果是以使用租赁的方式出租一个单家庭住房连同一个水果园,那么就果园而论,涉及的可能是用益租赁,关键是要看交付人要保留水果的收获(成立使用租赁),还是不要保留水果的收获(成立用益租赁)。纵使是一个家庭妇女向自己的一个女邻居借用3个鸡蛋,这在法律上也不是借用,而是借贷:返还同一鸡蛋的义务显然不符合当事人的意思。最后,在"出借汽车"或者"出借滑雪用具"的情形,如果应当约定或者应当履行对待给付,那么成立的是使用租赁。另外,这种对待给付也可以蕴涵于另外的一项报酬之中。例如,如果一个宾馆向自己的客人"出借"躺椅,那么即使宾馆并没有就躺椅请求特别的报酬,这仍然成立使用租赁:这是因为交付躺椅的报酬已经被包括在宾馆价格之内了。

第一部分

使用租赁

参考文献：这里列明的是一般性的著述；关于比较专门的著述，参见边码219和235之前的文献。巴尔特斯（Bartels）：《使用租赁中数个承租人情形的订约建议》，载《新法学周刊》，1992年，第2006页以下；布兰克—博斯廷豪斯（Blank - Boerstinghaus）：《使用租赁注释》，2000年；布拉克斯迈尔（Braxmeier）：《联邦最高法院关于使用租赁法和用益租赁法的判例》，载《有价证券资讯》，1980年，第150页；1984年，第185页以下；1986年，第19期，特刊第3期；1988年，特刊第3期；1990年，第573页以下；布普（Bub）：《当前关于使用租赁法的裁判》，载《新使用租赁法杂志》，1998年，第692页以下；埃梅里希—松嫩沙因（Emmerich - Sonnenschein）：《使用租赁法》，第2版，1981年＝《施陶丁格》，第535条以下；同一作者：《使用租赁袖珍注释》，第7版，1998年；吉森：《使用租赁关系法》，载《法律学习》，1997年，第530页以下；哈索尔德（Hassold）：《使用租赁法上的瑕疵责任》，载《法学教育》，1975年，第550页以下；同一作者：《使用租赁法上的担保规则与一般给付不能法之间的竞合》，载《新法学周刊》,1975 年,第 1863 页以下;海因茨曼(Heintzmann):《营利事业转租》,载《新法学周刊》,1994 年,第 1177 页以下;约阿希姆(Joachim):《营利事业使用租赁及用益租赁法中的风险归责》,载《企业顾问》,1988 年,第 779 页以下;同一作者:《营利事业交付使用收益方面的现实问题》,载《经济法杂志》,1991 年,第 966 页以下;克诺赫(Knoche):《环境负担与使用租赁法》,载《新法学周刊》,1997 年,第 2080 页以下;科勒(Koller):《使用租赁客体的环境瑕疵》,载《新法学周刊》,1982 年,第 201 页以下;克兰佩(Krampe):《使用租赁中出租人对物的瑕疵的担保责任》,1980 年;米歇尔斯基(Michalski):《使用出租法与用益出租法》,载《使用租赁法及空间法杂志》,1999 年,第 1 页以下;厄勒(Oehler):《使用租赁中出租人对租赁物不可消除瑕疵的责任》,载《法学家报》,1980 年,第 794 页以下;奥特(Otte):《普鲁士普通邦法和民法典中承租人的物上法律地位》,载《维亚克尔(Wieacker)纪念文集》,1978 年,第 463 页以下;罗德(Rohde):《使用租赁中出租人的担保责任及其与给付不能法的关系》,1992 年;罗凯特(Roquette):《民法典中的使用租赁法》,1966 年;施密德—富特勒—布兰克(Schmidt - Futterer - Blank):《使用租赁法》,第 7 版,1999 年;西格曼(Siegmann):《使用租赁法短期消灭时效的隐患——联邦最高法院裁判》(载《新法学周刊》,1995 年,第 252 页;《法学教育》,1996 年,第 292 页以下);施特纳尔(Sternel):《使用租赁法》,第 3 版,1988 年;蒂默(Timme):《论使用租赁法上债法总则与债法分则的界定》,载《新法学周刊》,2000 年,第 930 页以下;特赖尔(Treier):《联邦最高法院关于使用租赁、用益租赁和融资租赁的裁判》,载《有价证券资讯》,1992 年,副刊第 4 期;特莱恩克—亨特贝格(Trenk - Hinterberger):《使用租赁中出租人的担保责任》,载《法学教育》,1975 年,第 501 页;温特里德(Unterriede):《交付物毁损情形赔偿请求权的消灭时效》,载《经济法杂志》,1996 年,第 858 页以下;魏玛(Weimar):《使用租赁法上物的瑕疵责任》,1957 年;E. 沃尔夫—埃克特(E. Wolf - Eckert):《营利事业使用租赁、用益租赁及融资租赁手册》,第 7 版,1995 年。

关于新法,参见埃梅里希:《2000 年使用租赁法改革》,载《法学教育》,2000 年,第 1051 页以下;《新使用租赁法杂志》,2001 年,第 774 页以下;格伦德曼:《使用租赁法改革》,载《新法学周刊》,2001 年,第 2497 页以下;扬森(Jansen):《使用租赁法改革的过渡法律》,载《新法学周刊》,2001 年,第 3151 页以下;施尔特—K. 默勒(Schildt - K. Moeller):《新使用租赁法概论》,载《法律学习》,2001 年,第 721 页以下。

第八十八章 使用租赁法改革

188a 自从2001年9月1日以来，与债法现代化法的进程无关，开始适用新的使用租赁法；有关这方面的情况，参见博斯廷豪斯（Boertinghaus）文，载《新法学周刊》增刊，2001年，第25期。

1. 新的使用租赁法使用了一个新的术语：即出租人与承租人之间的法律关系现在不再称“使用租赁”，而是称“使用租赁关系”（与劳动法上称“劳动关系”的情况相类似）。然而承租人所负担的给付不再称“Mietzins”而是称“Miete”。* 但这并没有得到严格的执行。例如，第566条的官方标题为“买卖不破Miete”，尽管这肯定指的是所谓的使用租赁关系。我在下文仍然使用以前的术语：即继续称“出租人”和“承租人”而不言及任何的“关系”，同样继续称租赁而不称设定租赁关系。

188b 2. 除此之外，体系也发生了变动：在旧文本的《民法典》中，第535条至第580条没有下

---

* 在德文中，Mietzins为使用租赁租金之意，上下文清楚明确时，通常简作租金。而Miete则为使用租赁之意，上下文清楚明确时，通常简作租赁。Miete也可以用来指使用租赁租金，但此种用法不典型。然而德国的新使用租赁法采取的恰恰是这种不典型之意。

分结构。特别是,极为重要的住房使用租赁法是散见于许许多多的单项规定之中的。在这些规定中,也常常言及"土地",并且同房屋使用租赁的关系是通过第580条才建立起来的。然而在新法中,住房使用租赁占据着支配性的地位;其(于第535条至第548条的一般规定之后)涵盖第549条至第577条。只有在第578条至第580a条,才是关于其他物"使用租赁关系"的规定。但在这里所见到的往往是更多的引用性规定。

涉及住房使用租赁的那一目规定又得到了进一步的细分:其先后调整了一般规定、租金、出租人质权、合同当事人的变更、使用租赁的终止以及住房所有权的形成。

我在下文将仍然维持以前的内容结构:即首先是一般规定(下文第八十八章之一),其次是土地使用租赁(下文第八十九章),再次为住房使用租赁(第九十章),即同《民法典》的通常风格一样,是从一般走向特殊。但即使采取此种结构,重点仍然是放在住房使用租赁上。

3. 使用租赁法的改革也带来了无数的内容上的变动:这主要 188c
表现在为住房使用租赁的承租人及其家属提供进一步的优惠条件。这就产生了下文边码237以下论述的问题。但从整体上看,由于存在着很多的引用性规定,同时也由于必须根据民法总则和债法总则进行必要的补充,故使用租赁法的内容仍然是很困难的。期待着住房使用租赁法也能够为外行人所理解的这一愿望,看来并没有能够得到实现(如第549条、第556条以下和第558条)。

第八十八章之一　使用租赁总论

第一节　使用租赁的表现形式

使用租赁有多种不同的表现形态。

189 1. 这是因为在使用租赁中,单是出租的物就是很不相同的。如在土地的情形,可以出租整个土地连同其上的建筑物,也可以单纯是一个住房、一个房间或者一块面积(如用于摆摊或者是用于张贴广告的墙面)。就是在动产的情形,也可以见到极不相同的租赁客体,如完整的工业设备(这大多采取融资租赁的方式;参见下文边码 598 以下)、计算机、电话设施、机动车辆、电视机、影片、录像带、书籍和杂志直至游泳帽("出借费"在法律上为使用租赁的租金)。

190 2. 在使用租赁持续的期间上也表现出有重大的差别:交付使用可以是很短的期间,如在游泳帽的情形,或者在仅为一夜的时间而承租旅馆房间的情形。但这也可以是为很长时间订立的合同,或者是为一个人的终生而订立的合同(第 544 条)。在合同对于一方当事人具有重大意义的场合,即在住房使用租赁的场合,法律甚至规定附加的期间为无效,并且限制提出终止的可能性,以此来保障合同的存续(参见下文边码 242 以下)。使用租赁至少对于一方当事人具有十分特殊的意义,特别是使住房使用租赁方面的许多特别规定成为必要。

第二节　使用租赁合同的订立

1. 在使用租赁合同的订立方面,几乎不适用什么特别的规定:在第 550 条和第 578 条中,只是在涉及特定的土地使用租赁时,方式才被规定为完全发生效力的必要条件。然而在通常的情形,以口头订立足矣。当事人必须就使用租赁的客体和租金取得合意;对于所有其他的问题,在制定法上都已经作出了考虑。在这里,法律虽然只是想到了以个别指定的物为内容,并引起出租人特定之债的使用租赁合同(在使用租赁的情形,不存在与旧法第 480 条相应的规定);但毫无疑问,使用租赁的租赁物也可以依种类来指定,如以 200 欧元的价格向一家宾馆预订一个带有淋浴设备的双人房间(假定该宾馆并非仅拥有一间这样的房间;参见《总论》边码 178)。在此种情形,只能是准用关于特定使用租赁的法律规则。例如,对于基于第 536c 条第 1 款的损害赔偿请求权(参见下文边码 197),不能够以瑕疵是否于订约之时即已经存在为判据(在这一时刻,承租人获得哪一个具体的物尚没有确定)。这里的准据时点必须是出租人将标的物特定化的时点(第 243 条)。 191

2. 在住房使用租赁的情形,为保障出租人将来的请求权,承租人常常被要求支付一笔押金。对此,第 551 条包含有强行性的限制性规定。 191a

第三节　出租人的义务

一、租赁物的交付

192 使用租赁的出租人必须将标的物交付给承租人(第535条第1款第2句);也就是说,使用租赁的出租人通常必须使承租人取得直接占有。在这里,标的物必须处在一种"适合于依约使用的状态"。依据第537条,这意味着:租赁物必须具有保证的品质,并且没有重大的瑕疵。这一表述类似于第434条第1款第1句和第2句关于买卖的表述(参见上文边码44以下)。在此方面,对于使用租赁的出租人而言,不存在与债法总则不相一致的特别规定(第536c条第1款第1项选择中的责任严格化规定除外;参见下文边码197)。因此,使用租赁的承租人首先享有履行请求权(Erfuellungsanspruch):即在使用租赁中,如果租赁物偏离了合同规定的状态,那么出租人必须将租赁物置于合同规定的状态之下。如果这种回复是不可能的,那么承租人依第280条(以前为第325条)享有损害赔偿的请求权(参见《联邦最高法院民事裁判集》,第136卷,第102页;联邦最高法院裁判,载《新法学周刊》,1999年,第635页)。

第536a条处理的是使用租赁的承租人知悉瑕疵的情形,该条规定没有提及这种履行请求权。因此,对于自己知悉或者因重大过失而不知悉的瑕疵,使用租赁的承租人通常也能够请求除去。然而应当注意的是,从为使用租赁的承租人所知悉的瑕疵中并不罕见地会出现下述情况,即仅应当以受限制的使用作为所负担的给付:如果一个人以使用租赁的方式承租一处房屋,而该人可以见到或者可以听到该房屋系处在一个飞行通道之中,那么在没有特别约定的情况下,该人不能够请求出租人采取措施(如安装隔音窗户)来防止飞行噪声。

二、租赁物的维护

根据第 535 条第 1 款第 2 句,使用租赁的出租人并非仅须以合同规定的状态交付租赁物。在使用租赁中,也不存在与第 446 条第 1 句相应的、将租赁物交付之后的危险分配给承租人的规定。使用租赁的出租人必须在整个租赁期间之内将租赁物保持在一个能够使其适合于依约使用的状态。这也就是说,使用租赁的承租人可以请求除去以后出现的瑕疵,而这与出租人是否对这些瑕疵具有过错无关。只有在瑕疵是由承租人以使自己负担损害赔偿的方式所引起的情形(参见下文边码 206),才不能够由此得出对出租人的请求权。通常也不能够要求恢复已经完全毁损灭失的租赁物,如要求重建已经烧毁的房屋,在此种情形,通常构成第 275 条第 2 款的给付不能。 193

但与第 535 条第 1 款第 2 句不同的是,住房使用租赁的出租人的维护义务常常受到限制,手段是将所谓的美观修缮(Schoenheitsreparaturen)交给承租人来做(参见邦加茨(Bongartz):《美观修缮——使用租赁承租人的义务》,1991 年;格拉泽(Glazer):《美观修缮法》,第 3 版,1982 年;同一作者文,载《使用租赁法及空间法杂志》,1989 年,第 1 页;沃尔夫(Wolf)文,载《有价证券资讯》,1990 年,第 1769 页)。这样的转嫁极为常见,而且在某些方面也符合目的要求,以致通过出租人的一般交易条件(如印就的使用租赁格式合同)来完成这种转嫁也是准许的;第 307 条不构成妨碍(参见《联邦最高法院民事裁判集》,第 105 卷,第 71 页)。在这一方面,人们至多可能会对下述情形产生疑问:即承租人自己没有按新价值或者按修缮价值来承担住房(参见《联邦最高法院民事裁判集》,第 101 卷,第 253 页;亨森(Hensen)文,载《新法学周刊》,1986 年,第 2115 页;尼布林(Niebling)文,载《企业顾问》,1987 年,第 916 页;同一作者文,载《新法学周刊》,1987 年,第 2564 页;松嫩沙因(Sonnenschein)文,载《法学家报》,1988 年,第

100 页)。在这里,美观修缮包括粉刷墙壁或者贴墙纸以及铺地板等,但这些都以住房的内部空间为限。

如果使用租赁的承租人迁出,但并没有执行自己负担的修缮工作,那么承租人首先继续负担履行。如果履行因下一个承租人已于此间进行修缮而已经成为不能,那么出租人通常可以请求损害赔偿。然而有争执的是:如果下一个承租人已经负担了维护费用,并且也没有出现租金损失,那么是否还存在请求权?有关这方面情况,请参见《联邦最高法院民事裁判集》,第 49 卷,第 56 页;第 77 卷,第 301 页;第 92 卷,第 363 页(关于此项裁判,参见埃梅里希(Emmerich)文,载《法学教育》,1986 年,第 16 页);第 96 卷,第 141 页;梅迪库斯:《民法》,边码 858;有关详尽论述,参见吕克特(Rueckert)文,载《民法实务档案》,第 184 卷,1984 年,第 105 页。另外,如果承租人在使用租赁存续的情况下不执行美观修缮工作,那么将发生何种法律后果?这也是有争议的;参见恩德莱因(Enderlein)文,载《民法实务档案》,第 192 卷,1992 年,第 288 页。

三、权利瑕疵责任

194 由于使用租赁的出租人仅有义务使承租人取得占有,而没有义务使其取得所有权,故使用租赁中的权利瑕疵责任问题有别于买卖(参见上文边码 23 以下)。这是因为,第 536 条第 3 款至第 536c 条系以承租人完全或者部分被剥夺租赁物的依约使用为准据。例如因一个第三人以所有权人的身份请求返还标的物(第 985 条),或者依役权(第 1018 条以下)禁止承租人在作为租赁客体的土地上实施一定的行为。在此种情形,应当准用关于物之瑕疵责任的规定。如果该第三人的权利是在使用租赁合同订立之后和在将租赁物交付于承租人之后才产生的,那么情况也是如此;于此情形,对于由第 536a 条产生的损害赔偿请求权,由出租人具有归责事由来决定(参见《联邦最高法院民事裁判集》,第 63 卷,第 132 页;这是关于旧法第 538 条的裁判)。另外,如果承租人对租赁物的使用没有得到保证或者又被剥夺，那么根据第543条第2款第1句第1项，承租人可以立即终止使用租赁关系。但在进行这种终止之前，承租人通常必须以指定期间的方式请求给予救济（第543条第3款第1句）。如果承租人应当对所出现的瑕疵负责任，那么其不得提出终止；参见联邦最高法院裁判，载《新法学周刊》，1998年，第594页（存有疑问）。

四、物的瑕疵责任

以可以消除为限，使用租赁的出租人必须要消除租赁物的瑕疵（参见上文边码193）。在瑕疵除去之前，承租人不具有完全的依约使用。为给予补偿，在仅向将来发生效力的、以除去瑕疵为内容的履行请求权之外，承租人尚享有一些其他的权利。 195

1. 根据第536条第1款，使用租赁的承租人不需要支付全部的租金。如果承租人是住房使用租赁中的承租人，那么不得以个人性的协议来剥夺此项权利（第536条第4款）。

在这种减价与买卖法上的减价（参见上文边码64以下）之间，存在着显著的差别：使用租赁法上的减价不是通过行使形成权才能够得到执行。故其亦不受消灭时效的拘束。第536条系自行减少租金，以致承租人只是负担较低的金额（或者在租赁物完全不能够使用的情形，什么都不负担）。如果承租人尽管如此仍然支付了全部的金额，那么承租人通常至少可以依第812条第1款第1项请求返还过多支付的金额（参见洛伦茨（Lorenz）文，载《法学教育》，1993年，第729页）；而且这种返还请求可以罹于时效。这样，第536条就是同样自行消除对待给付义务的第326条第1款的一种特殊情形了（在一部不能的情形尤为如此）。

2. 代之以买卖中的解除（参见上文边码54），在使用租赁中，在请求给予救济未果之后，适用第543条第3款的立即终止权（这也就是说，这一规定同等地适用于物之瑕疵与权利瑕疵的情形）。 196

3. 此外，使用租赁的承租人依第536a条也可以请求损害赔 197

偿。这一规定将瑕疵区分为下述两种:一为在订约之时即已经存在的瑕疵,一为嗣后始出现的瑕疵。对于因自始瑕疵而发生的损害,无论出租人是否具有过错,出租人都应当负责任(也可以通过一般交易条件将这排除于适用之外;参见联邦最高法院裁判,载《新法学周刊——民法司法报告》,1991 年,第 74 页)。这相当于被《德国债法现代化法》废除的、债务人在自始主观不能情形的担保责任(然而旧法第 538 条第 1 款第 1 项选择也被扩张及于自始客观不能;参见联邦最高法院裁判,载《新法学周刊》,1985 年,第 1025 页;奥托(Otto)文,载《法学教育》,1985 年,第 848 页)。然而对于因嗣后瑕疵而发生的损害,只有在出租人应当对之负责任,或者在除去瑕疵方面陷于债务人迟延时(根据第 280 条第 1 款第 2 句,这同样以应当归责为要件),出租人始承担责任。根据裁判(参见《联邦最高法院民事裁判集》,第 136 卷,第 102 页),如果出租人关于租赁物的性能作出了不正确的陈述,那么只有在出租人为恶意(故意)时,这种不正确的陈述才应当会引起缔约过失的请求权。

关于应予赔偿的损害的范围,人们在这里没有区分瑕疵损害与瑕疵结果损害(这与旧法第 463 条和第 635 条的情形是不同的)。在新法中,根据第 536a 条,一切可以归结于瑕疵的损害都应当能够得到赔偿。如承租人(或者处于合同保护范围之内的承租人的家属;参见《总论》边码 774 以下)所发生的身体及财产损害,或者在合同终止之后成为必要的搬迁费用,或者以其他方式安置承租人的费用直至消除瑕疵为止。这种广泛的赔偿范围恰恰是在出租人对自始瑕疵负担保责任的情形被看作是特别严苛的(关于在债法改革中没有被采纳的减轻责任的建议,见参考文献中克兰佩(Krampe)的著述)。另外,承租人可以在减价和终止之外请求损害赔偿。

198 4. 根据判例(如参见《联邦最高法院民事裁判集》,第 84 卷,第42页、第44页以下;附具大量的说明),使用租赁的承租人甚至还享有另外一项法律救济:即在瑕疵的情形,承租人依第320条也应当能够保有那部分不是通过第536条的减价就已经归于消灭的租金(这具有下述结果:即在此限度内,承租人只能够被判处在除去瑕疵的情况下同时支付;见第322条)。有关这方面情况,参见约阿希姆(Joachim)文,载《企业》,1986年,第2649页。

5. 第536b条对使用租赁中物之瑕疵责任的排除作出了规 199
定,其与买卖(第442条)相类似。然而在使用租赁中,存在着下述两个方面的不同:第一,根据第569条第1款第1句,即根据所谓的"臭虫条款"(Wanzenparagraph),在住房和土地使用租赁的情形,如果使用所承租的住房显著地危害人的健康,那么即使在知悉瑕疵的情形,或者在放弃自己瑕疵权利的情形,仍然还可以立即终止合同。这是因为无论如何都应当保证达到一定的卫生和安全水准。第二,反过来讲,如果使用租赁的承租人违反义务(参见下文边码210)没有向出租人通知瑕疵,并因此而妨碍了救济,那么排除第536c条第2款的瑕疵权利。

五、出租人的其他义务

在特殊的情况下,使用租赁的出租人还可能会负有其他的义 200
务:根据第535条第1款第3句,出租人应当承担租赁物的负担(如土地税和道路受益费用);但也可以通过约定而将这种费用转嫁给承租人。根据第536a条第2款和第539条,出租人必须向承租人偿还其为租赁物支出的一定费用(适用第548条规定的极短消灭时效)。当然,第539条的费用偿还只能够依第683条和第684条进行,即必须顾及出租人的意思。根据第539条第2款,在具备一定要件的情况下,对于承租人在租赁物上设置的设备,出租人必须容忍其取回。应当依第258条行使的承租人取回权,即与此相当。如果承租人所添加的设备(特别是尽管第95条第2款)已经成为租赁物的重要成分,那么取回权也包括对又分离的(首先总还是属于租赁物所有人的)成分进行先占的权利。但对于在经济上往往具有意义的、通过给予适当的补偿来避免行使取回权的这一做法,第552条规定了方便的条件。

第四节 承租人的义务

一、支付租金

201 1. 根据第535条第2款,使用租赁的承租人应当支付约定的租金。对于住房的使用租赁,第536b条第1款现在规定可以预付(根据第579条,对于其他的租赁物,不适用此种规定)。根据第536b条第2款,住房使用租赁的承租人可以因第536a条或者第539条的债权以及因过多支付的租金而享有抵销权或者留置权,纵使合同上有其他的规定,情况亦为如此。

根据第537条第1款(参见莱德勒(Raedler)文,载《新法学周刊》,1993年,第689页),如果承租人因自己人身上的事由(如生病)而不能够使用租赁物,那么承租人并不被免除支付租金的义务。出租人只需要使承租人取得使用标的物的可能性即可;至于利用与否,这是承租人的事情,其风险由承租人负担。只有在出租人因不使用而节省了费用,或者以其他方式取得了利益时,出租人才必须要将所节省的费用或者所取得的利益折抵为自己的租金请求权。如果出租人将租赁物交给了另外一个人使用,那么即使该另外之人支付的租金较少,出租人也不得请求支付租金(第537条第2款)。但裁判对旧法第552条第3句的适用进行了限制(参见《联邦最高法院民事裁判集》,第122卷,第163页),这是有道理的。设如承租人最终迁出,并且拒绝支付租金,那么在出租人于此之后又以市场价格另行出租的情形,根据第242条,不适用旧法第552条第3句:承租人必须要支付自己所约定的租金与出租人所取得的租金之间的差额。这是因为,旨在减少损害的(因而在类推适用第 254 条的情况下可能是适当的）重新出租，并不会给出租人造成损害。

如果使用租赁的出租人自行利用租赁物，那么准用租金义务消灭的规定。关于恶意不取得的利益的折抵（如依第 326 条第 2 款第 2 句），在第 537 条第 1 款第 2 句中没有得到规定。但尽管如此，拒绝取得此种利益（如拒绝接受承租人提出的无可指责的后备承租人人选）在具体的情况之下可能会违背诚实信用。

2. 如果使用租赁的承租人不支付租金，那么承租人首先陷于债务人迟延，其后果为第 280 条、第 286 条和第 288 条。除此之外，对于使用租赁的出租人而言，如果支付迟延已经达到了一定的程度，那么产生立即终止的权利（第 543 条第 2 款第 1 句第 3 项）。对于住房的使用租赁，第 569 条第 3 款强行性地对终止权规定了进一步的限制。特别是根据第 2 项，如果出租人得到清偿，或者一个公共机构（如社会救济机关）负有支付的义务，那么已经发生效力的终止在嗣后又重新可以成为无效。但在住房使用租赁中，如果不具备第 543 条的立即终止要件，那么还可以考虑依第 573 条第 2 款进行附期限的终止（参见下文边码 251）。在此之外，不适用第 323 条关于解除的规定。 202

二、遵守依约使用的界限

1. 使用租赁的承租人通常仅享有依约使用的权利，但并不负有此种义务。只有在不使用将会给租赁物造成损害的情形，才会例外地存在使用义务（如在使用租赁骑乘用的马匹的情形）。但在承租人进行依约使用的情形，承租人必须要遵守依约使用的界限。 203

特别是在住房使用租赁的情形，这种界限的确定会造成很大困难：使用租赁的承租人可以一时或者长久地接纳他人居住吗（有裁判对此持十分大度的见解，参见哈姆州高等法院裁判，载《新法学周刊》，1982 年，第 2876 页；亦请参见《联邦最高法院民事裁判集》,第 84 卷,第 36 页;联邦最高法院裁判,载《新法学周刊》,1985 年,第 130 页)?承租人在住房中可以作为“白天保姆”照看他人的孩子吗(参见汉堡州法院裁判,载《新法学周刊》,1982 年,第 2387 页)?承租人可以饲养小动物吗?承租人晚上可以演奏多长时间的音乐?一方面,首先,主要视所达成的协议来决定;其次,必须权衡出租人和承租人双方的利益;最后,在发生疑义时,对出租人不构成实质性妨碍的承租人的活动是容许的。在这里,因其他承租人提出的合理抗告或者要求而产生的间接妨碍,也是具有意义的。另一方面,如果明确约定了一项限制,而该项限制以不可以苛求的方式妨碍了承租人的生活,那么这样的限制可以是无效的。这里特别是应当注意《基本法》第 6 条第 1 句的价值判断;至于将租赁物交付于第三人,则应当注意第 553 条。

204 2. 如果使用租赁的承租人逾越了依约使用的界限,那么出租人可能会作出下述三种不同的反应:

(1)根据第 541 条,如果出租人已经对承租人进行警告并且未果,那么出租人可以提起不作为之诉。至于承租人是否对违反义务具有过错,在这里并不重要。

205 (2)根据第 543 条第 2 款第 1 句第 2 项,如果警告未果,并且违约使用显著地侵害了出租人的权利,那么出租人可以立即终止。另外,在住房的情形,可以依第 573 条第 2 款第 1 项进行附期限终止,并且是以方便了的条件进行终止(参见下文边码 251)。

206 (3)如果承租人应当对违约使用负责任,并且这种违约使用已经给出租人造成了损害,那么出租人可以基于违反义务(第 280 条)而请求损害赔偿。根据第 538 条,对于因依约使用所引起的租赁物的变更或者减损,即特别是对于通常的耗损,承租人是不应当负责任的。但我们不能够采取反推的方法由此得出下述结论:即对于一切因客观上的违约使用所引起的减损,都应当是负责任的。这里的损害赔偿义务以过错(第 276 条、第 278 条)为必要条件。在这里,如果有人因承租人的行为而获得了干涉出租人法益的可能性,那么承租人依第278条也对这种人的行为负责任(参见《总论》边码326)。但根据判例,如果损害已经为承租人一起支付的火灾保险所涵盖,那么承租人对于轻微过失不应当负责任(参见《联邦最高法院民事裁判集》,第131卷,第288页;阿姆布律斯特(Armbruester)文,载《新法学周刊》,1997年,第177页)。

根据第548条,出租人的赔偿请求权自重新获得标的物之后经6个月的极短期间罹于时效。判例甚至还在下述四个方向上对这一期间的适用范围进行了扩展:第一,扩展到了竞合的侵权行为请求权,特别是扩展到了因侵害所有权而基于第823条第1款产生的侵权请求权(如参见《联邦最高法院民事裁判集》,第104卷,第6页、第17页);第二,扩展到了并不涉及所租赁的那一部分土地,而是涉及其他部分土地的损害(如参见《联邦最高法院民事裁判集》,第61卷,第227页:出租的是房屋之前的一块面积,用以出卖食物和饮料;但在气体发生爆炸时,房屋自身受到毁损);第三,扩展到了针对承租人辅助人的侵权请求权(如参见《联邦最高法院民事裁判集》,第61卷,第227页:这是针对受雇的承租人的出卖人的侵权请求权,其未将丙烷气瓶的阀门完全关闭);第四,扩展到了下述情况:即在使用租赁关系继续存在的情况下,将部分毁损的租赁客体短时交由出租人进行修理(参见《联邦最高法院民事裁判集》,第98卷,第59页)。另外,应当考虑到第203条:即在出租人与承租人就损害赔偿请求权进行磋商谈判期间,消灭时效停止进行。根据判例,如果承租人造成的妨碍已经使租赁物发生灭失(因而也就无从返还),那么不应当适用第558条(现在为第548条)(参见联邦最高法院裁判,载《企业》,1988年,第2452页)。又根据判例,如果损害欠缺与租赁客体的充分关联(如在租赁的土地上有油流出,致使远处第三人池塘里的鱼死亡),那么不适用第558条(现在为第548条)。

三、租赁物的返还

207 1. 根据第546条第1款，在使用租赁关系结束之后，承租人应当返还租赁物。根据判例，返还通常也包括搬出房屋和取回承租人依合同应当予以除去的设备（参见《联邦最高法院民事裁判集》，第104卷，第285页）。在有数个承租人的情形，自己已经搬出的承租人仍然负有返还的义务（参见《联邦最高法院民事裁判集》，第131卷，第176页）。根据第570条，土地的承租人不因可能存在的对待请求权而享有留置权（如依据第539条；《民法典》认为这种请求权通常是比较轻微的）。根据第546条第2款，返还请求权也指向承租人向其让渡物之使用的第三人：这是针对第三人的合同请求权的例外情形之一。

208 2. 不及时履行返还义务将会使承租人置于债务人迟延的法律后果之下（第280条、第286条、第287条）。然而第546a条以双重方式对这种后果进行了修正：第一，根据第546a条第1款，作为最低限度的损害赔偿，出租人可以请求继续支付约定的租金；至于说出租人是否真的丧失了这一金额（第252条），并不重要。第二，住房使用租赁的承租人也受到保护：根据第571条第3款，在出租人终止之后，承租人的赔偿义务不得严格到“应当归责”的范围之外；损害赔偿义务也受到衡平原则的制约。又根据第571条第2款，如果依《民事诉讼法》第721条和第794a条为承租人规定了一个搬出期间，那么承租人不需要赔偿其他的损害。

四、承租人的其他义务

209 在特殊的情况之下，特别是根据诚实信用原则，除至现在为止提到的义务之外，使用租赁的承租人也可能还会负有其他的义务。例如，承租人必须容忍出租人以适当的时间间隔来察看租赁物，以便能够确信租赁物处于正常的状态之中。另外，如果使用租赁关系结束在即，那么出租人也可以向有意进行后继承租的人展示租赁物。法律对承租人的下述两项义务专门作出了规定：

1. 根据第536c条第1款，对于租赁物在租赁期间表现出来的瑕疵或者危险，承租人必须向出租人进行通知。在（应当补充为：过失）不作为的情形，承租人负担损害赔偿，并丧失自己的瑕疵权利（第536c条第2款；参见上文边码199）。然而第536c条的出发点是，出租人是被排除在租赁物之外的（故其依靠承租人进行通知）。因此，对于其他的情况（如在有人照看的楼梯间发生的损害），这一规定并不合适。 210

2. 根据第554条，房屋的承租人必须容忍采取维护措施，同样必须容忍采取一定的改善措施（参见《联邦最高法院民事裁判集》，第117卷，第217页），特别是也必须要容忍采取旨在节省供暖热能的措施。在住房使用租赁的情况下，这些容忍义务是对出租人终止权基本上被排除的一定补偿（参见下文边码242以下）：如果没有承租人的容忍义务存在，那么出租人在采取维护保养措施以及现代化措施方面就会受到妨碍。关于因建筑设施上的改善而提高租金的问题，参见下文边码261。 211

第五节　使用租赁作为继续性债务关系

使用租赁是一种继续性债务关系（参见《总论》边码11、562以下）；因此，其存在着时间上的结束问题。除可以因合意解除而结束之外，这种关系还可以因期间届满或者终止而结束（第542条）。 212

一、期间届满

动产（如汽车等）的使用租赁合同，但也包括一些不动产（如宾馆房间或者度假住房等）的使用租赁合同，常常是附有期限的。在此种情形，使用租赁随期间的届满即行结束（第542条第2款）。只是对于住房，第575条包含有一个特别规定：即其应当防止附期限的行为妨碍对承租人的保护。

二、终止

213 对于终止,存在着两种不同的、交叉性的区分。第一种区分是普通终止与特别终止的区分:普通终止不需要理由,而特别终止则必须说明理由。第二种区分是附期限终止与立即终止的区分:附期限的终止在期间届满之后始发生效力,而立即终止则即时发生效力。有关这方面内容,参见《总论》边码 562 以下。

1. 普通终止(ordentliche Kuendigung)使不附期限的使用租赁关系归于消灭(第 542 条、第 573 条、第 576 条、第 580a 条),使并非因期间届满而归于消灭的使用租赁关系消灭。而在附期限的使用租赁关系中,不得进行普通终止。约定一个期间(如至 2003 年 12 月 31 日)同时意味着:在此之前,仅得因重大事由(即以特别方式)才能够进行终止。

普通终止是附期限的:终止的相对人应当有时间对新的法律情况作出准备(即寻找另外的住房或者寻找新的承租人)。在第 573c 条中,终止期间的长度由租金的支付期间的长短来决定:约定的租金支付期间越长,终止期间也就越长。

214 2. 特别终止(qusserordentliche Kuendigung)有两种适用情形:一是用于附期限的使用租赁关系,目的是使这种使用租赁关系在期间届满之前归于消灭;二是用于不附期限的使用租赁关系,目的是使这种使用租赁关系能够即时消灭。在住房使用租赁中,对于出租人而言,特别终止甚至是唯一的终止可能性;参见下文边码 250 以下。

在特别终止的诸多事由中,我们已经讨论了下述几种:即使用租赁的承租人因权利瑕疵或者因物的瑕疵而立即终止(第 543 条第 3 款;参见上文边码 194、196、199)、出租人因支付迟延而立即终止(第 543 条第 2 款第 3 项;参见上文边码 202)以及出租人因违约使用租赁物而立即终止(第 543 条第 2 款第 2 项;参见上文边码 205)。关于住房使用租赁情形出租人附期限终止的事由,将在下文边码 251 以下进行讨论。

另外,还存在下述的立即终止事由:即在另外一方当事人因过失而违背自己的义务,以致不再能够苛求终止人继续使用租赁关系的情况下,使用租赁关系可以由双方依第 543 条终止。这是一切继续性债务关系中因重大事由而终止的一种特殊情形。

在下述情形,使用租赁的承租人可以附期限进行特别终止:一是依第 540 条第 1 款第 2 句(出租人拒绝许可转租;参见下文边码 217),二是依第 561 条(在租金提高之后)。承租人的权利承继人也可以附期限进行特别终止:这是依第 563a 条第 3 款、第 564 条第 2 句(权利承继人在承租人死亡后不想再继续使用租赁关系)。

使用租赁的出租人可以依第 565c 条(参见下文边码 257)附期限进行特别终止;对于承租人的权利承继人,其可以依第 563 条第 4 款、第 564 条第 2 句附期限进行特别终止。出租人不是必须要将该承继人接受作为新的承租人;然而对于终止,判例还要求出租人依第 573 条第 1 款具有正当利益(参见《联邦最高法院民事裁判集》,第 135 卷,第 86 页)。这也许是不正确的;参见卡纳里斯文,载《经济法杂志》,1997 年,第 1507 页;《梅迪库斯纪念文集》,1999 年,第 25 页、第 31 页以下、第 52 页。

三、使用租赁关系的继续

下述情况并不罕见:即使用租赁关系因期间届满或者因终止而结束,但承租人并没有返还租赁物,特别是并没有搬出住房。根据第 545 条,对于这种情况,使用租赁关系应当被视作为不定期延长(罗马法上称默许续租),然而这以当事人的一方没有在两周之内向另外一方表示自己相反的意思为限。主要是在住房使用租赁的情形,这一规定可能会引起完全在意料之外的,并且是有疑义的后果:即出租人终于能够获得了一个可以执行的搬出住房的判决,但首先是出于一定考虑而仍然无异议地让承租人继续居住。在此种情形,使用租赁关系似为新成立的,为进行终止所付诸的全部努 215

力似为徒劳的。就是不提出异议的这种不作为,也不能够用“不作为人没有认识到第 545 条的后果”这样的理由来撤销(第 119 条):这将是一个不显著的法律后果错误。

因此,通说对旧法第 568 条(现在为第 545 条)进行了显著的限制(如参见《帕兰特—普措(Palandt - Putzo)》,第 568 条,边码 8):即在两周的期间开始之前,出租人就应当能够表示自己对重新开始使用租赁关系的异议;此种表示也可以含于返还请求之中或者含于搬出住房之诉的送达命令之中(有争议)。根据判例,旧法第 568 条(现在为第 545 条)也可以通过一般交易条件而被排除于适用之外(参见联邦最高法院裁判,载《新法学周刊》,1991 年,第 1750 页)。

四、一方当事人的死亡

216 1. 如果没有其他的约定,那么出租人的死亡不妨碍使用租赁关系:根据第 1922 条第 1 款,由继承人参加到法律关系当中来。

2. 如果承租人死亡,那么在通常的情况下由与承租人在一个共同家庭生活的亲属加入到使用租赁合同中来。然而出租人通常享有第 563 条第 4 款附期限的特别终止权:即不能够随意地将一个其他的人作为承租人强加给出租人,但这以在加入者的人身上存在重大事由为限。反过来讲,通过表示出自己不欲继续法律关系的意思,加入者可以使加入行为溯及既往地归于消灭(第 563 条第 3 款)。

这种加入到使用租赁合同中的行为与加入者的继承权无关。易言之,这是对使用租赁关系的特定继受(参见洛伊特纳—施密德—克赛尔(Leutner - Schmidt - Kessel)文,载《法学家报》,1996 年,第 649 页)。由此产生了与出租人关系的问题,但也产生了与死亡承租人的继承人以及遗产债权人的关系问题:这种特定继受有时剥夺了遗产的财产价值。关于这里指出的这些问题,可以根据内容极为详尽的法律条文来解决。

第六节　转　　租

由于使用租赁的出租人不需要是租赁物的所有人，故承租人也可以再行出租。人们将这种关系称作转租。 217

一、转租的许可

为进行转租，使用租赁的承租人需要得到其出租人的特别许可（第540条第1款第1句）。在通常的情况下，承租人对于这种许可并不享有请求权；但是，如果这种许可没有任何理由地被拒绝，那么承租人享有附期限的特别终止权（第540条第1款第2句；参见上文边码214）。

根据第553条第2款，在住房使用租赁中，情况是另外一个样子。这里常常会出现下述情况：即一个具有子女的家庭居住在一个足够大的租赁住房之中。在此种情形，子女将独立并迁出；丈夫也许会死亡（在大约80%的婚姻中，妻子的寿命长于丈夫）。在这样的一种情况下，住房就太大了；但并不会出现搬迁到一个适中的较小住房的情况。第553条第2款考虑到了此种类型的情况：即在具备该条该款规定要件的情况下，赋予住房使用租赁的承租人以许可转租的请求权（但有判例远远地超出了这一范围，参见《联邦最高法院民事裁判集》，第92卷，第213页：即使用租赁的承租人对形成住房共同关系所具有的利益，也应当在旧法第549条第2款第1句的范围之内）。然而在有些情况之下，出租人可以要求提高租金（第553条第2款）。

二、出租人对次承租人享有的请求权

对于次承租人自身，使用租赁的出租人首先并不享有请求权，这是因为在这些人之间不存在合同关系。因此，相对于作为所有权人的出租人而言，转租赁通常也不赋予次承租人以独立的占有权（第986条）。这也就是说，一旦主租赁关系终结，出租人即 218

可以依第 985 条向次承租人请求返还租赁物。另外，第 546 条第 2 款还赋予了不由所有权决定的返还请求权（参见上文边码 207）。当然，在住房使用租赁中，如果转租人因得到了所有权人的同意而像所有权人那样出现，以致次承租人能够有像主承租人一样的感觉，那么即使是面对所有权人，次承租人也享受终止合同的保护（参见《联邦最高法院民事裁判集》，第 84 卷，第 90 页；德勒德（Derleder）文，载《经济法杂志》，1988 年，第 415 页；也有判例正当地超出了这一范围，参见德国联邦宪法法院裁判，载《新法学周刊》，1991 年，第 2272 页）。在为营利事业的目的而再行出租时，第 565 条创设了特别的保护（参见格特纳（Gaertner）文，载《法学家报》，1994 年，第 440 页）。

如果次承租人使租赁物发生毁损，则其通常依第 823 条第 1 款向出租人负责任（此即所谓的他主占有人过当；参见下文边码 787）。另外，出租人也因此而对承租人享有合同上的请求权：根据第 540 条第 3 款，对于次承租人的过错，承租人必须负与自己过错同一的责任。

第八十九章　土地的使用租赁

参考文献：布普—特赖尔（Bub - Treier）：《营业场所及住房使用租赁手册》，第3版，1998年；弗赖瓦尔德（Freywald）：《营业场所使用租赁》，1994年；弗里茨（Fritz）：《营利事业场所使用租赁法在1998年和1999年的发展》，载《新法学周刊》，2000年，第3686页以下；格拉姆（Gramm）：《担保让与所有权与出租人质权之间的竞合》，载《新法学周刊》，1992年，第2806页以下；海勒（Heile）：《民法典第566条为使用租赁合同规定的法定方式强制》，载《新法学周刊》，1991年，第6页以下；海因里希斯（Hennrichs）：《担保让与房屋所有权与出租人质权》，载《企业》，1993年，第1707页以下；基费绍尔—格拉泽尔（Kiefersauer - Glaser）：《土地使用租赁》，第11版，1967年；基默（Kimme）：《押租金》，载《新使用租赁法杂志》，1998年，第986页以下；勒宁（Loening）：《土地使用租赁之物上权利》，1930年；米歇尔斯基（Michalski）：《长期使用租赁合同中的书面方式要求》，载《有价证券资讯》，1998年，第1993页以下；尼古拉（Nicolai）：《出租人质权与担保让与房屋所有权》，载《法学家报》，1996年，第

219页以下;施莱明格(Schlemminger):《订立长期使用租赁合同时的书面方式要求》,载《新法学周刊》,1992年,第2249页以下;同一作者:《土地及房屋长期使用租赁合同的法定方式》,1995年;佐尔纳(Soellner):《土地受让人在使用租赁合同上对第三人承担的物之瑕疵责任——联邦最高法院民事裁判》,载《法学教育》,1970年,第159页以下;伏特曼(Vortmann):《担保让与房屋所有权与出租人质权》,载《经济法杂志》,1988年,第626页以下;韦伯—劳舍尔(Weber - Rauscher):《出租人质权与担保所有权在承租人破产中的抵触》,载《新法学周刊》,1988年,第1571页以下。

219 除上文自边码189以来附带提及的规定之外,对于土地的使用租赁,尚适用一些其他的特别规定。这些规定是由第578条中的引用性规定得出的,适用于住房之外其他房屋的使用租赁。至于房屋所处的建筑物是否构成土地的重要成分,则情况不变(如对于用益权人搭建的棚屋,应当予以否定;见第95条)。在第578条中,也应当可以考虑墙面(如出租用于安置广告或者自动机)。然而拖带式旅宿汽车的使用租赁,则不在第578条的范围之内;承租人设置的、依第95条属于自己的建筑物,也不在该条的范围之内(参见联邦最高法院裁判,载《新法学周刊》,1984年,第2878页;松嫩沙因(Sonnenschein)文,载《法学家报》,1985年,第45页)。

第一节　出租人质权

220 根据第562条和第578条第1款,对于自己由使用租赁关系产生的债权,出租人在承租人携入的可以扣押的物上享有法定的质权,在住房的情形亦为如此。

一、法律政策上的考虑

1. 这种源出罗马法的质权在评议《民法典》的过程中是有争议的(参见《慕尼黑民法典注释——伏尔斯科夫(Voelskow)》,第559条,边码1)。当时,德国社会民主党甚至担心,由于存在出租人质权,那么工人“都不会想到对自己的住房进行正常的并且符合人之尊严的装备”(参见帝国法院议事录,载《穆格丹》,第2卷,第1320页)。这种难得一见的看法显然并没有成为现实。

出租人质权并没有那么针对承租人,而是更多地针对承租人的债权人。这是因为在质权以之为限的、可以扣押的承租人的物上(参见《民事诉讼法》第811条和第812条),出租人也可以通过扣押来取得质权。而出租人质权的特殊性则在于,其系直接产生的,并且对于其他的债权人而言具有优先性。虽然出租人不能够因自己的质权而依《民事诉讼法》第771条对其他债权人的扣押提出异议,但其可以请求从物的价金中优先受清偿(《民事诉讼法》第805条)。此种优先权之所以是合法的,主要是因为针对不支付租金的承租人,出租人常常要在很长时间之后才能够实现搬出住房的行为。在这一期间之内,出租人被迫向承租人给予信贷;质权则能够为此提供某种补偿。

2. 然而在住房使用租赁中,质权常常仅意味着是一种低程度 221
的担保:这是因为在承租人的家用器具中,有些是不得扣押的,而有些在强制拍卖中只能带来很少的价金收入。在涉及营业场所的情形,如果存放的货物都是处在供货人所有权保留条件之下的,那么出租人质权没有任何意义。故此,在订立使用租赁合同时,很多出租人都要求承租人交纳一笔押金;有关这方面情况,参见上文边码191a和第551条。

二、质权的产生及内容

1. 质权随物被携入租赁场所而产生。在这里,携入(Einbrin- 222
gung)系指物以承租人的意思(不要求必须是法律行为意思)以及

并非以一时的目的而被带入租赁场所。

223 2. 这些物必须是承租人的物,即其通常必须为承租人所有。在这里,纵使不依通说(参见《联邦最高法院民事裁判集》,第34卷,第153页)而一般性地准许善意取得法定质权,也不能够从无权利人那里善意取得质权(第1209条):对于一项善意取得而言,取得人必须得是占有人;而出租人质权是以无占有的方式产生的(被携入物的占有人仅为承租人)。如果承租人的配偶自身并不是承租人(并因之依第427条对租金负共同责任),那么物属于承租人配偶这一情况是不够的。在共有的情形,质权按承租人所占的比例额产生。

如果承租人是在保留所有权的情况下取得一个物,那么根据判例,出租人质权应当在承租人以取得所有权为内容的期待权上产生(参见联邦最高法院裁判,载《新法学周刊》,1965年,第1475页)。但这仅具有很小的意义:如果有谁不支付自己的租金,那么就尚未支付的买卖分期价金而论,其常常也是有过咎的。在此种情形,如果出卖人解除买卖合同(第323条),那么承租人的期待权归于消灭:现在,取得所有权的条件不再能够成就,此即支付最后一期的买卖价金。所以,对期待权的质权同时归于消灭。

224 3. 质权仅使出租人由使用租赁关系产生的债权得到保障。在此,主张将来的债权因第562条第2款而受到限制。相对于其他债权人的扣押质权而言,第562d条也限定了对过去时间租金的责任。

三、质权的消灭

225 1. 根据第562a条,如果物在出租人知情并且没有异议的情况下从土地上被取除,那么质权消灭。这也就是说,在通常的情况下,出租人可以通过提出自己的异议来阻止质权消灭。根据第562b条第1款(在不向法院起诉的情况下),出租人甚至还享有(与第229条的狭窄要件无关的)自助权:即其可以以暴力来阻止物的取除,并在承租人迁出时占有这些物(参见《总论》边码 20)。此项权利是对出租人质权处于无占有状态并因之受到特别危害的某种补偿;尽管如此,人们对许可自助在法律政策上的正当性仍然可能存有疑义。

如果物已经被取除,那么出租人可以依第 561 条第 2 款(在诉讼上)请求返还。但根据第 2 句,对于这一点,存在自知情时起算,并且仅为一个月的除斥期间。

2. 如果仅存在上文所述的这些规定,那么出租人通过不断地 226
提出异议就差不多可以使承租人的生活以及经营管理活动处于停顿状态。因此,根据第 562a 条第 2 句第 1 项选择,如果物的取除系依通常的生活情况进行的,那么出租人不得对取除提出异议。这种异议权的排除同时意味着,质权随同取除而归于消灭。如果出租人通过留存的物显然已经得到保障(第 560 条第 2 句第 2 项选择),或者承租人已经提供担保(第 562c 条;参见第 232 条以下),那么情况也是这样。

在这里,人们可能会提出这样的疑问:即仅为一时的取除是否也使质权终止,如在将承租人的汽车或者毛皮大衣拿去修理的情形。通说对此持肯定的态度(如参见《慕尼黑民法典注释——伏尔斯科夫》,第 560 条,边码 4 以下):据此,出租人的质权并不优先于承担修理的企业主的质权(第 647 条;参见下文边码 384)。我对此存有疑问。

3. 如果承租人让与一个物,那么在其上存在的出租人质权也 227
可能会依第 936 条而消灭。为此,受让人既不得知悉此项质权,也不得单纯因重大过失而不知此项质权;即其必须是善意的(第 936 条第 2 款、第 932 条第 2 款)。在这里,判例倾向于维持出租人质权:即对于处在租赁场所之中的物的受让人而言,如果其在知悉使用租赁关系的情况下没有了解出租人质权,则其行为有重大过失(参见联邦最高法院裁判,载《新法学周刊》,1972 年,第 43 页、第

44 页)。然而这一表述有些过于宽泛了:在取得并非很有价值的物的情形,或许应当否定受让人具有了解的义务。

第二节 “买卖不破租赁”

一、出发点

228 1. 使用租赁作为债务关系原则上仅在合同当事人之间发生效力。这也就是说,如果出租人将租赁物让与一个第三人,那么承租人对于该第三人将是不应当享有占有权的。在此一情形,作为第三人的受让人将是应当能够向承租人请求返还标的物的(第985 条);承租人所要依靠的将会是基于第 536a 条而对自己的出租人享有的赔偿请求权。以前罗马法和普通法上的法律情况实际上就是这样;人们为此创造了一个格言,这就是“买卖破租赁”(Kauf bricht Miete)。

但从两个方面来看,这一格言并不确切(反而言之,即“买卖不破租赁”,亦为如此):第一,使用租赁没有被“破掉”,而是使用租赁关系(现在以损害赔偿为内容;见第 536a 条)继续存在于原来的当事人之间;也就是说,只是其内容发生了变动。第二,这种变动也不是基于债上的买卖。在这里,通常发生在买卖之后的、向买受人进行的(物上的)所有权移转,始使出租人不能够完成原本负担的交付使用行为。

229 2. 为承租人的利益,《民法典》在第 571 条以下(现在为第566 条以下、第 578 条第 1 款)作出了相反的规定:即在具备一定要件的情况下,使用租赁合同亦为或者亦对使用租赁土地的第三受让人和出租人的一些其他的特别承继人发生效力(参见下文边码 223)。人们可以将这看作是使用租赁的某种“物权化”:对第三人的效力使承租人的占有与物权相接近。

二、第 566 条中的规定

1. 第 566 条以使用租赁的土地在交付于承租人之后被出租人让与一个第三人为要件。在这里,事先交付于承租人这一要件是要保护受让人:使用租赁合同是不能够从土地簿册上被认识到的;因此,受让人至少应当通过承租人的(有形)占有而受到警告。如果受让是在交付于承租人之前完成的,那么只有在受让人已经承担履行由使用租赁关系产生的义务时,这种受让依第 567a 条始对受让人具有拘束力。出租人让人作出这种约定的情形并不罕见,目的是使自己对于自己的承租人不负有损害赔偿的义务。第 567a 条的特殊性在于,这种单纯对出租人作出的约定也有利于承租人。 230

2. 第 566 条的法律后果是,租赁物的受让人取代出让人而加入到由使用租赁关系产生的权利义务之中。也就是说,这里涉及的是法定契约移转的一种情形(参见《总论》边码 752)。 231

这样,使用租赁的承租人不仅获得了一个新的债权人(其依第 398 条以下必须要接受这一点),而且也获得了一个新的债务人。因为债务人的人身对于债权人至为重要,故这种更替并不能够简单地予以适用(第 414 条以下)。因此,根据第 566 条第 2 款第 1 句,出租人首先应当像自居为主债务人的保证人那样对作为新债务人的受让人负责任。只有在出租人向承租人通知让与,而承租人并没有表示在最近可能的期日终止时,出租人依第 566 条第 2 款第 2 句始被免除自己的共同责任。

3. 第 566a 条以下还处理了一些与契约移转相关联的问题:第 566a 条在承租人为出租人提供的担保方面(包括押金;参见上文边码 221)对受让人的责任进行了限定。第 566b 条规定,出租人关于租金的预先处分在多大程度上对受让人发生效力(如在出租人预先将自己的租金债权让与一个第三人的情形:受让人在何期间之内被剥夺租金债权,以致承租人不需要向受让人支付)。 232

有关这方面内容，参见《联邦最高法院民事裁判集》，第 137 卷，第 106 页；埃梅里希（Emmerich）文，载《新使用租赁法杂志》，1999 年，第 44 页。第 566c 条特别是涉及出租人与承租人之间的法律行为，例如，预付租金在多大程度上对受让人发生效力？然而第 566b 条和第 566c 条通常不适用于在使用租赁合同中已经约定的预先处分：此种处分应当对受让人发生效力而无时间上的界限，理由是受让人只是由使用租赁合同受让权利。这在过去特别是对于承租人向出租人支付的建筑补助费具有意义；但亦请参见《联邦最高法院民事裁判集》，第 37 卷，第 346 页、第 352 页；联邦最高法院裁判，载《新法学周刊》，1967 年，第 555 页。

同第 406 条相类似（参见《总论》边码 738 以下），第 566d 条保护的是为承租人产生的、针对出租人的抵销适状。最后，与第 409 条类似，根据第 566e 条，不正确的让与通知亦对让与人发生效力（参见《总论》边码 737）。

三、第 566 条的扩展

233 第 566 条只是规定了出租人通过实施法律行为出让使用租赁土地的情形。然而这种契约移转被扩展到了若干与之相类似的、在所出租的土地上法律情况发生变更的情形：

第 567b 条处理的是受让人继续进行出让的情形：在此种情形，使用租赁合同移转于第二受让人；但承担保证人责任的不是实施出让的第一出让人，而又是原来的出租人。

第 567 条规定的是出租人在使用租赁的土地上设定负担的情形。出租人虽然可以自由地进行此种负担设定，但在行使作为负担设定的权利将会剥夺承租人的使用时，准用第 566 条以下。据此，使用租赁合同例如移转于一项地上权或者一项用益权的嗣后受让人。然而如果行使作为负担设定的权利仅会在使用上对承租人构成限制（如在限制役权的情形），那么以此为限，第三人不得行使权利。在这里，第三人不得依据自己受限制的权利向承租人请求租金;第三人必须向对其设定瑕疵权利的人采取行动。

另外,在用益权人出租(第1056条)、先位继承人出租(第2135条)和地上权人出租(《地上权条例》第30条)的情形,准用第566条以下。在这里,如果(在时间上受限制的)出租人的权利在使用租赁合同结束之前归于消灭,那么使用租赁合同移转于新的权利人(通常为土地的所有权人)。

最后,《强制拍卖与强制管理法》第57条至第57d条也属于这一范畴:它们涉及的是在强制拍卖中通过拍定(即通过国家行为)取得使用租赁土地的情形。在此种情况之下,使用租赁合同也移转于拍卖的买受人,然而拍卖的买受人在遵照法定期间的情况下有时享有特别的终止权(参见上文边码205)。

然而根据判例(参见《联邦最高法院民事裁判集》,第107卷,第315页、第319页以下),对于中间出租人的变更,不能够准用第566条:这也就是说,次承租人只是对原来与自己订约的中间出租人保留自己的请求权。但第565条规定了一个例外。

第三节 长期性土地使用租赁合同的方式

根据第566条以及与其平行的规定,并非自己订立合同的人可以加入到合同之中。因此,如果合同内容在较长的时间之内对这些人构成拘束,那么这些人至少应当能够在某种程度上可靠地知悉合同的内容。所以,对于期限超过一年的土地使用租赁合同,第550条规定了书面方式(第126条)。 234

然而根据第550条第2句,在不遵守方式的情形,不应当发生第125条第1句的无效后果。在这里,比较柔和的制裁就能够达到规范目的:即合同被视作为不定期订立的,因此可以由受让人终止,但其只能够就第一年之后的时间终止。这样就达到了下述目的:即受让人受不要式合同拘束的时间不长于一年。当然,从此间的情况来看,合同终止保障(参见下文边码 242 以下)已经破坏了这种机制:即受让人有时可能会受到无时间限制的拘束。

第九十章　住房使用租赁

参考文献(较为一般性的著述,参见上文边码 189 和 219 之前的文献):巴尔特梅斯(Barthelmess):《使用租赁租金数额法注释》,第 5 版,1995 年;贝特曼(Bettermann):《居住权作为独立的法律领域》,1949 年;布伦斯(Bruns):《论强制搬出住房》,载《新法学周刊》,1988 年,第 1362 页以下;布普—特赖尔(Bub - Treier):《营业场所及住房使用租赁手册》,第 3 版,1999 年;德勒德—巴特斯(Derleder - Bartels):《住房使用租赁中出租人的变更》,载《法学家报》,1997 年,第 981 页以下;格特纳(Gaertner):《住房使用租赁与民法》,载《法学家报》,1984 年,第 565 页以下;同一作者:《使用租赁价格形成上的法律问题》,载《企业》,1985 年,第 1677 页以下;同一作者:《住房使用租赁法涉及哪些问题?》,载《法学家报》,1991 年,第 477 页以下;格拉姆利希(Gramlich):《使用租赁法》,第 7 版,1998 年;海默莱因(Haemmerlein):《企业主的住房经济》,1988 年;赫佩斯(Herpers):《住房使用租赁法》,第 2 版,1994 年;H. 洪泽尔(H. Honsell):《私法自治与住房使用租赁》,载《民法实务档案》,第

186卷,1986年,第115页以下;W. 克勒—考斯曼(W. Koehler – Kossmann):《住房使用租赁手册》,第4版,1996年;拉默尔(Lammel):《住房使用租赁法》,1998年;马丁内克(Martinek):《新的部分时间居住权法——分时享用合同中失败的消费者保护》,载《新法学周刊》,1997年,第1393页以下;冯·莫根(von Morgen):《使用租赁中的承租人保护是不惜任何代价的吗?》,载《法学家报》,1989年,第725页以下;帕施克—厄特克(Paschke – Oetker):《论住房使用租赁法中继续性保护的法理》,载《新法学周刊》,1986年,第3174页以下;帕施克(Paschke):《住房使用租赁的继续性债务关系》,1991年(参见格特纳(Gaertner)文,载《法学家报》,1992年,第518页);罗雷克(Rooellecke):《德国联邦宪法法院的使用租赁法——对论证角色的批评》,载《新法学周刊》,1992年,第1649页以下;罗凯特(Roquette):《新的社会使用租赁法》,1969年;施密德—富特勒—布兰克(Schmidt – Futterer – Blank):《使用租赁法》,第7版,1999年;许伦(Schueren):《住房共同关系中使用租赁法上的终止保护》,载《法学家报》,1989年,第358页以下;松嫩沙因(Sonnenschein):《私人住房使用租赁法在1982年和1983年的发展》,载《新法学周刊》,1984年,第2121页以下;同一作者:《私人住房使用租赁法在1984年和1985年的发展》,载《新法学周刊》,1986年,第2731页以下;同一作者:《私人住房使用租赁法在1986年至1988年的发展》,载《新法学周刊》,1990年,第17页以下;同一作者:《私人住房使用租赁法在1989年至1996年的发展》,载《新法学周刊》,1997年,第1270页以下;1998年,第2172页以下;同一作者:《德国联邦宪法法院关于使用租赁法的裁判》,载《新法学周刊》,1993 年,第 161 页以下;冯·施泰布特(von Stebut):《使用租赁中出租人终止事由的消灭》,载《新法学周刊》,1985 年,第 289 页以下;格拉夫·冯·威斯特法伦(Graf von Westphalen):《住房使用租赁与一般交易条件法》,载《企业》,1984 年,第 10 卷,副刊第 8 期;沃尔特(Wolter):《使用租赁法上的法律保护》,1984 年(参见拉梅尔(Lammel)文,载《法学家报》,1986 年,第 832 页以下;托纳(Tonner)文,载《民法实务档案》,第 188 卷,第 429 页以下)。

第一节　法律调整

1. 在使用租赁法的规定中,从适用范围上看,最为专门的规定是关于住房使用租赁的规定。这些规定直到第二次世界大战之后才被添加到《民法典》之中,而且主要是通过 1960 年和 1974 年之间的若干个增修法案来完成的。从外在的角度看,这些后来增加的规定大多都可以从条款数目上所添加的字母识别出来:这同在街道的情况相类似(嗣后加建房屋的房号用字母来表示)。然而这些痕迹通过 2001 年的使用租赁法改革(参见上文边码 188a 以下)现在常常已经变得很模糊或者说已经发生了变动。 235

从技术角度看,在这些较新的规定中,有些规定水准级差,这特别是因为其是在短时间之内并且是在没有对象可资参照的情况下产生的。但即使是从内容上看,尽管基本走向(参见下文边码 266 以下)是正确的,其仍然具有显著的瑕疵。这也可以从下述角度得到解释:即这些规定源出于议会不同的多数,因此也就反映了不同的社会政策立场。在 2001 年进行的最新的使用租赁法改革中,也表现出了这一点。另外,有些规定是政党政策妥协的结果,因此也就缺少清晰的线条。如此,《民法典》中的"社会使用租赁法"对于外行人来说几乎是无法理解的,进而属于少数专家的领域(单就这一点而论,它就已经不是很社会了)。关于这方面内容,主要请参见 H. 洪泽尔(H. Honsell)文,载《民法实务档案》,第186卷,第115页。

236 2.《民法典》没有对住房使用租赁法作出完整的调整。然而绝大部分的规定现在都已经从一开始在《民法典》之外形成的《住房紧迫法》中转入到了《民法典》之内。但即使是现在,在其他的法律中仍然存在重大的——有些是倾向于公法的——使用租赁法律规定。这主要是指《关于社会福利住房的住房约束法》(1994年8月19日文本)(参见下文边码239)和《关于向低收入的承租人支付房租津贴的房租津贴法》(1993年2月11日文本)(参见下文边码240)。

第二节 住房使用租赁法的发展

237 上文在谈到住房使用租赁的法律调整中提及了众多的令人混乱的方面。这在了解了住房使用租赁的发展之后才能够得到理解。在一开始,《民法典》基本上是将使用租赁中的出租人和承租人置于同一地位的。这在第一次世界大战期间即已经因紧急权法而发生了变动。然而本书仅对第二次世界大战之后时间的情况进行论述。

1. 大约在1943年之后,在德国出现了住房紧缺的情况,而且情况越来越严重。这是因为,第一,在战争期间,住房建筑处于停止状态,而且就是在原有住房的维护保养方面,也都是以必要工作为限。第二,特别是在城市里,许多住房都已经因空袭而被毁坏。第三,在战争结束之后,在尚存的帝国领域上还必须要安置几百万的难民。在这种情况下,如果将租赁价格的形成完全交由市场法则——即供给与需求法则——来决定，那么租金将会猛烈升高。能够享有这种高额租金的人将是那些得以保有自己房屋的人，也就是那些居于较为有利地位的人。反而言之，必须支付高额租金的恰恰是那些一无所有的人。这在社会政策上是无法忍受的。因此，租赁住房的价格是有上限的（使用租赁价格法）。

2. 但对市场的这种干预在以下两个方面引起了不受欢迎的 238
后果。

（1）人为地将使用租赁的价格保持在一个低的水平之上使人们不愿意进行出租（以及进行转租），特别是有许多承租人宁愿单独呆在"自己的"住房里也不愿意通过支付很少的金钱而与其他人居住在一起。因此，住房必须要由国家来进行分配（住房管理）。对住房紧缺进行的这种管理由住房管理局负责，其强制订立使用租赁合同，在必要时也可以代为订立使用租赁合同。这是战后时期特别令人不愉快，特别没有结果的一个表现方面（我曾亲身经历了这一切）。

（2）将租赁价格保持在一个低的水平之上也阻碍了住房的新 239
建工作：按照出租旧住房的最高价格进行计算，新建住房将会遭受巨大的亏损。然而国家则采取了两种现今仍然可以看到其痕迹的手段。

①这是因为一方面住房建筑是由公共资金支持的。这样产生的低价社会福利住房受《住房约束法》的拘束：即这种住房仅得以约束的价格被出租给特定的人（社会承租人）。当然，有许多以社会承租人起步的家庭不久之后就已经具有了比较高的收入。这就妨碍了廉价社会住房的使用，特别是这些家庭很快就已经习惯于仅将自己收入的一小部分用于支出房租。由于当初考虑问题存在诸多顾忌，致使社会住房使用不当，这一问题时至今日仍然没有得到解决。针对社会住房使用不当而征收的捐税虽然使人为低廉的房租与市场上房租价格之间的差异得到了一定的补偿，但这是很

不够的。恰恰是这种适度征收的捐税被攻击为违宪(所幸未果;参见德国联邦宪法法院裁判,载《法学家报》,1989年,第387页,连同卡彭(Karpen)的注解),这特别清楚地说明,财产占有思想在引导方面存在不当。

240 ②另一方面,对于没有得到公共资金支持的新建住房,租赁价格则是放开的。这虽然有助于推动住房建筑,但也使住房市场分裂为二:即在廉价的旧住房之外,还有昂贵的新建住房。这些旧有的住房往往牢牢地掌握在那些以前收入大多比较高并且——在子女搬出之后——负担比较轻的人的手中。就这些住房而言,有时也会形成交易(这一问题在奥地利更为突出):退让出来的承租人让自己的承继人一次性给付一笔金额(常常伪装为是对自己所留下的设施的"补偿"),理由是承租人使承继人取得了廉价的旧房屋。

而不愿意花费很多年时间去等待社会福利住房的年轻家庭,则大多要依赖昂贵的新建住房。但这些家庭的收入往往并不高,并且因为有子女而有较重的负担。因此,国家必须为他们支付住房津贴(参见施泰因迈尔(Steinmeyer)文,载《民法实务档案》,第187卷,1987年,第178页)。这也就是说,从结果上看,国家在这里也必须要介入,但不是——像在社会福利住房建筑中那样——以向出租人给付的方式,而是以向承租人给付的方式。第二种解决办法的好处在于可以避免住房配置不当的问题:即一旦承租人收入增加或者负担减轻,其住房津贴的请求权即发生减少或者完全归于消灭。

241 3. 到了20世纪60年代前半段,旧有住房也摆脱了住房管理和租赁价格约束。这是逐步进行的,首先系发生在那些住房供给超过住房需求的地区(即所谓的"白色圈带",大多为农村地区和小城市)。然后,"黑色圈带"慢慢地也消失了。至今为止,以极低租金(通常对房屋的维护保养具有严重的后果)为标志的、特殊形式的住房紧急权尚见于新的联邦州（参见舒尔茨（Schultz）文，载《新使用租赁法杂志》，1990 年，第 441 页；1991 年，第 5 页）；现在正在慢慢地消除。

但住房市场的放开使《民法典》发生了上文边码 235 所述的变动。这种变动的基本宗旨为保护承租人以防出租人终止合同。这里特别是放弃了原先依《民法典》而适用的、出租人与承租人具有同等终止可能性的原则。2001 年的使用租赁法律改革（参见上文边码 188 以下）还使这一趋势得到了加强。这在下文中论述。

第三节　“社会使用租赁法”对使用租赁关系的保护

一、终止的方式

1. 根据第 568 条第 1 款，住房使用租赁关系的终止需要采取书面方式。这首先系为清楚起见，因此也就同等地有利于承租人和出租人。但从第 2 款中产生了一些不清楚之处，原因是该款让出租人对承租人负担阐明义务。而且终止函应当载明终止事由（第 569 条第 4 款、第 573 条第 3 款第 1 句），这只是对出租人的制裁：即其在围绕终止而实行的诉讼中，通常只能够援用书面载明的事由（第 573 条第 2 款）。而在第 569 条第 4 款中，载明事由被视作为终止的生效要件。相反，如果承租人不说明自己的终止理由，则其不会遭受不利益。对于普通终止，承租人也是不需要具有理由的（参见上文边码 213），因此也就不能够请求载明理由。 242

使用租赁的出租人应当告知第 574 条以下的异议权，这同样只是有利于承租人（第 568 条第 2 款；参见下文边码 246）。

2. 但根据第 549 条第 2 款和第 3 款，上述的承租人保护在若干案件类型中是不适用的（这些情形常常作为承租人保护的例外出现）。具体言之，第一，“仅为一时使用而出租”的住房被排除在 243

外。这里涉及的例如有度假住房,通常也涉及大学生宿舍,这是因为承租人在学习结束之后要到另外一个地方去,即特别是在其保留有另外一个“第一住所”的情形。第二个例外系因第549条第2款第2项中的引用性规定而产生。这是指出租人(包括转租人)自己居住的住房中设置有家具的房间,其非是为永久的使用而被交付于一个家庭。在这一类型中,承租人保护的限制系基于下述情况:即在唯一的一个住房中,特别容易引发争执(如对厨房和浴室使用的争执、对噪音的争执以及对客人来访的争执);在此种情形,出租人应当能够很容易地使“自己的”住房远离烦人的承租人。

二、终止期间的延长

244 1. 根据第573c条,在住房使用租赁中,应当由出租人遵守的期间视至终止时止使用租赁关系存在期间长短的不同而有所不同。最短的期间为3个月减去至月底时止的3日。在交付使用之后5年和8年之后,这一期间还要延长3个月;这也就是说,最长的期间为9个月减去3日。这种根据使用关系长短来决定期间长短的做法是要考虑到下述情况:即承租人越来越多地与自己的住房和自己周围的环境(邻里关系以及购物的可能性等)联系在一起;在此种情形,通过长的终止期间能够使其从普通终止中完全得到保护,或者能够使其获得一个在同一地带寻找另外一处住房的机会。与之相类似,如果一项劳动关系存在的期间比较长,则其终止期间也得以延长(《民法典》第622条)。

直至上次使用租赁法改革时止,对于承租人而言,这种终止期间也以同样的方式得到了延长。这在现在已经不再适用;这也就是说,对于承租人,仍然适用第573c条第1款第1句(3个月减3日)和第573a条。

245 2. 但第573c条第1款的长的终止期间具有第573c条第2款至第4款所称的例外。在附期限使用租赁的情形,普通终止被完全排除在外(第573f条)。

三、特别的立即终止

同其他的继续性债务关系一样(第314条),使用租赁也可以因重大事由而立即终止。为此,第569条强行性地(第5款)规定了具体内容:对于承租人而言,如果所承租的住房引起显著的健康危害,那么这应当构成重大事由(第569条第1款第1句)(相应的旧法第544条被称作为“臭虫条款”)。根据第569条第2款,另外一个重大事由是持续地妨碍住宅安宁。第569条第3款在欠付租金方面对第543条第2款第1句第3项进行了补充:即在住房使用租赁中,欠付的租金必须要超过一定的界限。 246

四、普通的附期限终止

1. 与上述重大终止事由不同的是不定期订立的使用租赁合同的通常终止。这种终止在第573条以下得到了详尽的规定。应当先行说明的是,对于继续性债务关系的普通终止,通常不需要存在重大事由,连不重大的事由都不需要。在住房使用租赁(和劳动合同)中,情况非为如此:在这里,只有在出租人对终止使用租赁具有正当利益时,其始得进行终止(第573条第1款第1句)。然而对于较高租金所具有的利益,在这里根本不在考虑范围之内(第573条第1款第2句)。这是因为对于提高租金,存在着自己的,并非以变更性终止为运作方式的程序(第556条以下)(参见下文边码256以下)。 247

2. 根据第573条第2款连同第573b条第1款,出租人的正当利益特别是指下述四种情形(亦即仅存在规范性示例): 248

(1)使用租赁的承租人因过失而非为不显著地违背了合同(第1项)。在这里,违背合同不需要像在第569条特别终止事由那样严重:与特别终止的情形不同,第573条仅是赋予附期限的终止。例如,在违约使用时,可以免予警告;或者在支付迟延时,可以低数额的再次延误。在因拖欠租金而提起迁出之诉之前,不需要 249

事先提起支付之诉(参见德国联邦宪法法院裁判,载《新法学周刊》,1989年,第1917页)。

250 (2)使用租赁的出租人具有自己的需要:其需要将房屋用作自己的住房以及用作属于自己家庭的人(或者其家庭)的住房(第2项)。在这里,与有些法院裁判不同(参见《慕尼黑民法典注释——伏尔斯科夫》,第564b条,边码51以下),不得要求出租人处于急迫情况之下。出租人"自己创设的需要"也已经足够了,如出租人将自己的居住场所迁至自己的房屋所在地:出租人原则上应当能够在自己的房屋中居住(或者让受利益的人在那里居住);当时的联邦司法部长H. J. 福格尔(H. J. Vogel)即持此种见解(详见《法学家报》,1975年,第73页、第74页)。这得到了德国联邦宪法法院的确认(参见《法学家报》,1985年,第528页、第530页):不能说因为所有权人在一处住房中已经得到了"适当并相称"的安置,所以就可以不考虑所有权人自己的需要了。判例对此还进行了扩展(参见《联邦最高法院民事裁判集》,第103卷,第91页;德国联邦宪法法院裁判,载《新法学周刊》,1988年,第1075页;1989年,第970页):根据宪法(《基本法》第14条),所有权人创设自己需求的决定"原则上应当受保护";审查这种决定仅得以其是否基于理性并可以理解的理由(参见赫恩舍(Henschel)文,载《新法学周刊》,1989年,第937页;舒尔特(Schulte)文,载《法学家报》,1989年,第525页)。在德国联邦宪法法院的裁判中(参见《新法学周刊》,1989年,第970页;1993年,第1637页、第2166页;1994年,第309页、第310页、第435页、第994页、第995页、第2605页;《新法学周刊——民事私法报告》,1993年,第1357页),这已经一再地得到确认(有关这方面情况,参见沃尔夫(Wolf)文,载《有价证券资讯》,1990年,第1565页;拉梅尔(Lammel)文,载《新法学周刊》,1994年,第3320页)。然而出租人也必须要有自己利用的真实意图(参见德国联邦宪法法院裁判,载《新法学周刊》,1990 年,第 3259 页),并且能够提出这方面的证据(参见德国联邦宪法法院裁判,载《新法学周刊》,1993 年,第 2165 页)。但另一方面,也不得要求出租人利用至今为止在营利事业上所使用的择一客体(参见德国联邦宪法法院裁判,载《新法学周刊》,1990 年,第 309 页)。如同对于通过受孕测试来确认自己想要孩子这样的无耻请求,应当予以拒绝(参见德国联邦宪法法院裁判,载《新法学周刊》,1995 年,第 1480 页)。

当然,对于德国联邦宪法法院作出的上述以及其作出的其他许多强调出租人所有权的裁判,也有裁判与之相对立(参见德国联邦宪法法院裁判,载《新法学周刊》,1993 年,第 2035 页):即承租人也具有《基本法》第 14 条意义上的所有权(有关这方面的批评性意见,参见德彭霍伊尔(Depenheuer)文,载《新法学周刊》,1993 年,第 2561 页;吕特斯(Ruethers)文,载《新法学周刊》,1993 年,第 2587 页;罗莱克(Roellecke)文,载《法学家报》,1995 年,第 74 页;亦请参见默勒(Moeller)和伊勒(Ihler)文,载《民法实务档案》,第 197 卷,1997 年,第 537 页、第 565 页)。但这一判决在诉讼上并没有得到推动,原因是承租人没有获得成功。然而从实质内容上看,承租人享有的占有权(第 986 条)属于《基本法》第 14 条的范围。但这种归列并没有说明"所有权"在什么时候以及出于什么原因可以被终结。因此,我认为,德国联邦宪法法院的这一决定有欠妥适。

从面临自己需要的角度看,如果承租人的出租人为法人,那么承租人是受利益的。然而承租人不具有维持这一状况的权利。例如,如果一个住房公司将房屋土地让与一个需要住房的自然人(其因此依第 566 条成为出租人;参见上文边码 231),那么这种需要构成终止事由。第 577a 条第 1 款例外地规定了 3 年的等待期间(在住房特别紧缺的乡镇,等待期间最多可以为 10 年;见第 577a 条第 2 款)。根据《住房约束法》第 6 条第 7 款(参见上文边码 236)，对于社会福利住房，适用一项特别规定：即纵使是在提前偿还所使用的公共资金的情况下，享有居住权的承租人通常在 8 年的时间之内也不得因受让人具有自己的需要而被终止。

251 (3)使用租赁的出租人因继续使用租赁关系而在土地的适当经济利用方面受到妨碍，并因此遭受显著的不利益(第 3 项)。例如，出租人必须要拆除已经变得不经济的建筑物，或者其在出卖中仅就拆迁的房屋土地可以获得适当的价格，即属于此一范畴(在许多细节上尚存争执，参见《慕尼黑民法典注释——伏尔斯科夫》，旧法第 564b 条，边码 64 以下；德国联邦宪法法院裁判，载《新法学周刊》，1989 年，第 972 页：不需要使所有权人受到"生存威胁")。当然，在第 573 条第 1 款第 2 句和第 2 款第 3 项中，作为终止事由，增加租金的意图是被排除在外的；为此，出租人必须采用下文边码 260 以下论述的方法。

252 (4)使用租赁的出租人意欲通过终止附属房屋的使用租赁关系来创设其他的住房以供出租之用，但这以使用租赁关系能够一部终止为限(第 573b 条)。

3. 第 573 条适用范围的例外见于第 573a 条以及第 549 条第 2 款和第 3 款。

五、承租人的异议

253 1. 根据第 571 条，对于普通终止，以出租人具有正当利益为必要。如果欠缺这种利益，那么终止不生效力。但即使是在存在此种利益的情况下，以欠缺进行特别终止的重大事由为限(第 574 条第 1 款第 2 句)，承租人还是没有受到保护的；其可以通过第 574 条的异议来达到下述目的：使其自己的利益及其他特定人的利益同出租人的正当利益相衡量。这特别是也包括以可以苛求的条件而不能够取得适当的代用住房(第 574 条第 2 款)。如果承租人一方的利益重大，那么承租人可以请求延长使用租赁(第 574 条第 1 款第 1 句)，并且可以一直延长到"在考虑一切情况时适当为止”。在此种情形,可能会提高租金(第574a条第1款)。如果当事人没有就继续使用租赁关系或者就变更了的条件成立合意(这是可以见到的),那么根据第574a条第2款,这由法院来决定。

2. 根据第574b条第1款第1句,异议应当以书面方式表示。 254
当然,异议并不需要提及承租人的相反利益。第574b条第1款第2句仅使承租人具有下述义务:即经出租人请求“不迟延地告知”这方面的情况。异议必须在使用租赁关系终结前的2个月期间之内表示;出租人不向承租人告知异议的,不在此限(第574条第2款)。

3. 承租人的法律地位通过第575条和第575a条得到了进一 255
步的保障:即仅适用于不定期订立的使用租赁合同的第573条以下的规定,不得通过定期使用租赁合同而被规避。因此,定有期限的使用租赁合同仅在特定的条件下才是可能的(第575条第1款)。承租人在期间届满之前也享有一些特别的权利(第575条第2款和第3款)。

第四节　租金的变更

一、进行特别调整的必要性

《民法典》原本是不需要对使用租赁的出租人或者承租人变 256
更租金进行特别调整的,这是因为意欲引起另外租金的人,必须以约定的或者法律上规定的期间终止使用租赁合同,同时再以所希望的新的条件向另外一方当事人提出订立新合同的要约(这就是所谓的变更性终止)。然而终止方要面对下述危险:即另外一方不订立新的合同,结果是仅为终止发生效力,而新的合同并没有成立。

但自从出租人的普通终止基本上被排除之后,这一规定就不再能够适用了。另外,特别是考虑到货币不断贬值的这一情况,如果让出租人长时期受曾经约定的租金的约束，那么这在宪法上也将会是有疑问的(《基本法》第 14 条)。因此，《民法典》在第 577 条以下对在不终止使用租赁合同的情况下延长租金作出了详尽的规定。

关于在不消灭合同的情况下变更金钱给付义务的这种可能性，在劳动法上又有一个平行性的规定：即在劳动法上，工会差不多每年都可以终止工资及薪金集体合同(考虑到货币贬值，这原则上是正当的)，但这并不影响各项劳动关系的存续。

二、租金变动的不同可能性

257 关于租金数额的规定(不考虑经营费用；见第 556 条和第 556a 条)，见于第 557 条至第 560 条。这里进行了下述区分：

1. 通过在出租人和承租人之间订立协议，可以规定“在使用租赁关系存续期间”提高租金(第 557 条第 1 款)。只有《经济刑法》第 5 条为此规定了一个界限(参见下文边码 264)。

258 2. 如果要对租金不断地进行调整，则有两种途径可供选择。一是可以约定分级租金，其于预定的时点变更规定的数额。然而这种变动至早于 1 年之后始得发生(第 557a 条第 2 款第 1 句)。

259 3. 二是根据联邦统计局确定的德国全部私人家庭生活费价格指数来规定租金(指数租金)(第 557b 条)。在此种情形，租金亦须至少 1 年保持不变(第 557b 条第 2 款第 1 句)。但在具有较为详尽的数据资料的情况下，出租人必须以文字形式(第 126b 条)主张提高租金(第 557b 条第 3 款)。

260 4. 出租人至早可以于 15 个月之后请求承租人同意将租金提高到当地惯常的可比租金水平之上(此种租金提高不是事先约定的)(第 558 条第 1 款)。这种可比租金根据过去 4 年为可比住房约定的通常报酬来确定(第 558 条第 2 款)。确定这一数额的辅助手段有使用租赁参考(第 558c 条和第 558d 条)、使用租赁数据库(第 558e 条)、鉴定人出具的鉴定(第 558a 条第 2 款第 3 项)或者(至少3处)可比住房的报酬(第558a条第2款第4项)。但高级使用租赁参考(第558d条第1款)具有一定程度的优先性(第557a条第3款)。以此种方式可以实现的租金提高数额被限定在20%(调整上限)(第558条第3款),而且是在3年之内。

5. 根据第559b条,请求提高租金应当以特别的方式主张。 261
承租人仅就请求提高租金的意思表示到达之后的第3个月负担租金的增加(第559b条第2款)。另外,承租人享有可以阻止租金增加发生的特别的终止权(第561条第2款)。

第五节　初始租金

由于在终止(参见上文边码242以下)和提高租金(参见上文 262
边码258以下)时会出现困难,因此出租人将会尝试至少是在使用租赁关系开始之时约定尽可能高的对待给付。根据《民法典》,此举仅在第138条(背俗特别是暴利)会遇到界限。然而在这里又是适用一项特别规定:即根据《经济刑法》第5条(《舍恩菲尔德》第88项),如果一个人故意或者轻率地为住房出租约定不适当的高的报酬,则其行为以违反秩序论。在此方面,1993年的法律新文本根据法院实务而采纳了超出通常报酬20%的限额。在这种情况下,根据第134条,超出通常报酬的那部分价格约定应当是无效的,而合同在此之外则是有效的(参见卡尔斯鲁厄州高等法院裁判,载《新法学周刊》,1982年,第1161页;有争执)。这也就是说,承租人在这一方面也受特别法的保护。当然,自从1983年1月1日以来,单纯能够抵偿费用的租金通常应当非以"不适当的高"来论(《经济刑法》第5条第2款第2句)。

第六节　对承租人保护的评价

263　1. 直至2001年使用租赁法改革时为止，上文简要(!)论述的对住房承租人的保护在法律技术上是有缺陷的：即这些规定是分布于若干法律之中的；对于同一内容(如合同终止保障)的规定，也不是并行存在的；个别规范的表述烦琐笨拙而不灵活。易言之，摆在我们面前的只是一个连法学者也难以理解的拙劣之作。因此，重新拟定势在必行。

264　这是否已经因新的使用租赁法改革而获得了成功，人们对之是具有疑义的。与积极判断相对立的主要是所作出的规定过长：新的使用租赁法总共需要89条规定，而原本的买卖法(其同样也涉及消费者保护)用29条规定就足够了(不足1/3)。人们对于一切形式的团体债权都力争给予一定程度的考虑，这就足以表明使用租赁法的规定为什么会如此的细密。除此之外，还存在着诸多的不娴熟之处。例如，第573b条第1款第2项中的“配备各土地部分”是什么意思？这是指各花园面积或者停车面积吗？这为什么表述得让人无法理解？但在内容上，同样也存在着欠妥适之处：为什么承租人依第573条第4款仅能够请求“适当降低租金”，而依第536条第1款租金则自行减少？

265　2. 关于所述规定在法律政策上的价值的判断，需要有所区分。

(1)我认为，废除出租人和承租人在形式上所具有的同一地位，这在思路上是正确的。单从终止会引起搬迁费用这一点来看(常常也会引起美观修缮的费用；参见上文边码193)，终止对于承租人而言要更加敏感一些。承租人常常也因搬迁而丧失自己所熟悉的邻里关系。因此，防止出租人没有任何理由地进行终止，这在过去是必要的，也是正当的。当然，并非只是住房的承租人得以享受此种保护，而是在一定的情况之下营业场所的承租人也应当能够享受这种保护：当有搬迁的必要时，其另外还会失去自己的客户。当然，无论在何种情形，都应当考虑承租人的利益是否真的需要受到保护（特别是在拥有第二住房等的情形）。

我认为，将提高租金的可能性同终止使用租赁关系分离开来，这是正确的。单从货币贬值这一点来看，就需要这种分离。

(2)然而法律（另外还有判例）给适当提高租金造成的形式主 266
义的困难，我则认为是消极的。可以见到的例如有第554条第3款第1句和第559b条第2款的显著延迟。由于存在这些规则，通常的租金在很大程度上可以被压到差不多能够抵偿新建费用或者利息费用的金额之下。因此，自由融资用于出租的新建房屋常常仅为营利事业目的或者以税收手法（“业主模式”；参见下文边码411）以及因预期货币进一步贬值而设置（转化为“混凝土形态的黄金”）。然后，再以如此低廉租金的方式为一些没有这种必要的人提供补贴（有关批评性见解，参见阿多迈特（Adomeit）文，载《新法学周刊》，1981年，第2168页以下）。这样就使这些人在一定情况下远离了自行建房的行动，原因是他们能够以非常低廉的价格承租到住房。

如果租金不能够抵偿费用，那么从长期角度看，这将具有何种后果？这在新的联邦州清楚地展现了出来：旧有的住房都已经倒塌，原因是修缮费用不能够得到清偿；这样一来，道路两旁的建筑都变得荒芜了。这与这里正确实行的持续性的、不给子孙后代增加负担的经济管理理念是不相一致的。

面对这样一种情况，人们应当承受因抵偿费用的租金所造成 267
的负担。在此种情形，为进行补偿所必要的辅助活动应当以承租人为连结点，而且应当更多地取决于家庭状况，特别是取决于子女数。在典型的情况之下,需要得到帮助的不是已经挣钱的未婚男子,而是一个多子女家庭的生活负担者。但要将这种辅助正好引至并且仅是引至需要帮助的场所,这不是通过一般性地降低租金或者通过将租金维持在一个低的水平之上所能够达到的。要想达到这一目的,需要针对家庭情况进行补助。

第二部分

其他定期限交付的合同

第九十一章　用益租赁

参考文献：策布拉（Cebulla）：《非物性标的物的用益租赁》，1999 年；法斯本德（Fassbender）：《农地用益租赁法注释》，第 2 版，1993 年；科诺坡（Knoppe）：《税法上营利事业企业的用益租赁关系：企业出租、企业分立》，第 8 版（尚未出版）；科罗舍尔（Kroeschell）：《德国农业法》，1983 年；朗格—乌尔夫—吕德克—汉德耶利（Lange – Wulff – Luedtke – Handjery）：《农地用益租赁法》，第 4 版，1997 年；米特巴赫（Mittelbach）：《税收视角之下的营利事业使用租赁和用益租赁合同》，第 4 版，1979 年；帕根贝格—盖斯勒（Pagenberg – Geissler）：《许可合同》，第 4 版，1997 年；普法夫（Pfaff）：《许可合同的法律基础》，1992 年；同一作者：《许可合同》，1999 年；皮卡罗（Pikalo）：《公证实务中的农地用益租赁法》，载《德国公证人杂志》，1981 年，第 276 页以下；同一作者：《新的农地用益租赁法》，载《新法学周刊》，1986 年，第 1472 页以下；舒伯特—库廷（Schubert – Kueting）：《用益租赁及让渡合同——企业政策形态分析》，载《企业》，1976 年，副刊第 7 期；施顿普夫—格罗斯（Stumpf – Gross）：《许可合同》，第 7 版，

1998 年;伏尔斯科夫(Voelskow):《使用租赁与用益租赁的界定问题》,载《新法学周刊》,1983 年,第 910 页以下;E. 沃尔夫—埃卡特(E. Wolf - Eckert):《营利事业使用租赁、用益租赁及融资租赁手册》,第 7 版,1995 年。

第一节 适用范围

268 1. 同使用租赁一样,用益租赁也是一种有偿的、双务的、定期限交付的合同。但用益租赁在两个方向上超出了使用租赁(参见上文边码 185):第一,除使用租赁客体之外,用益租赁也包括享用依通常经济规则可以被视作为受益的孳息。第二,用益租赁不限于物,而是也包括权利(第 581 条第 1 款第 1 句谓之标的物);除此之外,用益租赁还被扩及其他的财产利益。

269 2. 据此,用益租赁主要有下述两个适用范围:

(1)如果在定有一定期限的情况下将一个物交付给合同当事人的一方,并且规定除使用利益之外,其亦应获得该物的孳息,那么这必然是用益租赁。根据第 99 条,这是指物的出产物以及其他的收获物。在农业土地、森林和园林用益租赁的情形,涉及的主要是出产物,即有机成长物。而特别是在矿山、采石场和矿泉的情形,涉及的则是(无机的)收获物。

在这里,承租人的所有权取得依第 956 条第 1 款第 1 句第 1 项选择来确定:其自分离时起即取得孳息和出产物的所有权,原因是母物处于其占有之下。因此,例如苹果等物,一旦其脱离用益租赁土地上的树木,其即开始成为独立之物,并为用益租赁的承租人所享有。

（2）如果交付的是物以外其他的东西，那么这必然也是用益租赁。在这里，除了涉及权利用益租赁（Rechtspacht）之外（如向对方提供狩猎权的狩猎用益租赁以及许可），主要涉及企业的用益租赁（Pacht von Unternehmen）：企业通常是由物（如机器）、权利（如商号）和其他财产利益（如客户关系和专有技术）构成的集合物（参见上文边码153）。但恰恰是在企业的用益租赁方面，应当注意同使用租赁的界定：为了以自己的商号和自行获得的客户关系经营一项营利事业而仅承受物（如仅承受营业场所）的人，仅为房屋使用租赁的承租人，而非为企业用益租赁的承租人。 270

第二节　《民法典》中的规定

一、用益租赁概论

1. 在第581条第2款中，用益租赁的规定是以引用使用租赁法为出发点的。据此，用益租赁的出租人不只是必须要以约定的状态交付用益租赁的客体，而且还必须要在这一状态之下维护用益租赁的客体。在存在物的瑕疵或者权利瑕疵的情形，适用第536条以下。反而言之，用益租赁的承租人必须支付用益租赁的租金，并且必须以必要之注意对待用益租赁的客体，最后在用益租赁终结之后返还用益租赁的客体。同在使用租赁的情形一样，这一终结亦因所约定的终结时点的到来或者因终止而促成。 271

在用益租赁中，依约交付的只是抽象的用益的可能性，而非具体的用益。故此，收益的风险通常在用益租赁的承租人那里。但也可以通过特约而使用益租赁的出租人参与分担这种风险，如约定用益租赁的租金依照营业额的多寡来确定，或者约定用益租赁的租金构成承租人利益的一部分（这就是所谓的利益分配用益租赁；参见下文边码591）。在合同期限比较长的情况下，这种约定（是容许的）能够同时保护用益租赁的出租人遭受货币贬值的恶果。

272 2. 然而相较于使用租赁法而言,第584条至第586条包含有一些特殊规则:即用益租赁的承租人大多按期间(如按收获年度)进行经营管理。因此,根据第584条第1款,在发生疑义时,仅准许按用益租赁年度的结束(通常与收获年度一致)进行普通终止。根据第584条第2款,在土地和权利的用益租赁中,这甚至适用于遵照法定期间的特别终止。第584a条对用益租赁中的特别终止进行了限制:即如果用益租赁的承租人在转租上遭到拒绝,则其不应当能够依第540条进行终止。反而言之,在用益租赁的承租人死亡时,出租人不能够依第580条终止,但承租人的继承人也许应当能够这样(其亦根本不能够继续用益租赁)。最后,第584b条对第546a条第1款进行了变更:即在迟延返还用益租赁标的物的情形,租金应当按比例依用益的可能性继续支付。这样就将下述情况考虑在内了:即特别是在农业土地的情形,用益不是均等地分布于全年,而是累积性地存在于1年的收获之内。

二、具有附属物的土地的用益租赁

273 第582条至第583a条涉及的是具有附属物的土地的用益租赁(不要求是农业土地)。在这里,"附属物"系指服务于土地目的的物,即土地从物及土地成分。对于此种附属物,用益租赁的承租人必须要进行维护;易言之,在这一方面,用益租赁的出租人不负有维护保养义务(第582条第1款)(不同于第535条)。但由于许多附属物的寿命短于用益租赁期间,故用益租赁的出租人通常必须给付赔偿(第582条第2款);用益租赁的承租人只是必须赔偿牲畜的通常减少。对于自己所占有的附属物,用益租赁的承租人亦因自己的债权涉及附属物而依第583条享有质权(如债权系因第582条第1款第2句产生的)。此项质权也包括属于第三人所有的附属物(参见《联邦最高法院民事裁判集》,第34卷,第153页、第157页):这正是要保护用益租赁的承租人,以使其在附属物的用益方面不会因第三人的返还请求权或者扣押而受到妨碍。

第582a条涉及的是关于附属物的特约:即用益租赁的承租人以估定价格承受附属物,并负有同样以估定价格返还的义务。这也就是说,如果用益租赁的承租人以50,000欧元的价值来承受附属物,则其通常必须以同样的价值返还附属物;差额部分以金钱补偿(第582a条第3款第3句)。然而在出现货币贬值的情形,用益租赁的开始与结束之间的距离越远,这种价值比较受到的影响也就越多。因此,在价值比较受到强烈妨碍的情形,判例通过剔除货币贬值因素来对这种比较进行了修正(参见《帝国法院民事裁判集》,第104卷,第394页;联邦最高法院裁判,载《林登迈尔—默林》;《民法典》第589条第1项)。

用益租赁的承租人虽然可以在通常经营管理的限度内处分附属物(如让与牲畜)(第582a条第1款第2句)。但在进行此种处分之前,附属物仍然为用益租赁的承租人所有;用益租赁的出租人通过"并入"甚至取得用益租赁的承租人新购置的附属物的所有权(第582a条第2款第2句)。但对于多出的或者过于昂贵的附属物,用益租赁的出租人可以进行拒绝;于此种情形,这些附属物重新归于用益租赁的承租人(第582a条第3款第2句)。附属物上的物的危险在用益租赁的承租人那里(第582a条第1款第1句)。

三、农地用益租赁

关于农地用益租赁,《民法典》中原本仅有为数不多的一些规 274
定。这种情况因1985年11月8日的法律而发生了改变:农地用益租赁——即以经营农业为目的的土地用益租赁(定义见第585条第1款第2句)——现在于第585条至第597条中得到了颇为详尽的规定。在这里,辅助性地引用使用租赁法(第581条第2款)是不适用的;易言之,第585条以下应当为完整的规定。因此,在第585条以下,有许多规定是在重复使用租赁法上的规范,只不过稍许有些不同而已(如第 588 条、第 589 条、第 590a 条、第 590b 条、第 596 条)。然而在一些细节问题上,立法者还是专门引用了使用租赁法(如第 586 条第 2 款、第 593b 条、第 594e 条第 1 款)。

这里不拟详论农地用益租赁法的细节问题;有关这方面的情况,在一定程度上可以清楚地从详尽的法律条文中看出来。这里只是指明一些特殊的问题:农业上用益租赁的承租人不仅有权利,而且也有义务进行用益(即进行经营管理)(第 586 条第 1 款第 3 句)。另外,其必须以自己的费用进行通常的修缮(第 586 条第 1 款第 2 句)。但反过来讲,用益租赁的承租人在用益方式上也享有一定程度的自由(第 590 条第 2 款)。法律也考虑到了用益租赁的承租人继续进行用益租赁的愿望(第 595 条)。第 593 条则不仅可以使用益租赁的承租人受益,而且也可以使用益租赁的出租人受益:如果在用益租赁合同订立之后,由于情况持续发生变化而使给付与对待给付二者之间陷于严重不成比例的状态,那么应当对合同作出调整(必要时由农业法院裁判决定)。这是对等价性障碍形式的法律行为基础丧失制度的特别规定(参见《总论》边码 298)。

第三节 《民法典》之外的规定

275 对于用益租赁的一些特殊情形,适用《民法典》之外的特别规则(这里只是进行简要的论述)。

1. 农业土地的用益租赁现在在私法上于第 585 条以下得到了详尽的规定。但对此还要进行一定的行政上的合同审查。这是 1985 年 11 月 8 日《关于通知及非难农地用益租赁合同的法律》(《农地用益租赁交易法》)的内容(《舍恩菲尔德》第 39 项)。据此,对于农地用益租赁合同的订立和变更,应当向州法规定的主管机关进行通知。如果可以认定所涉及的是"不健康的土地用益分配",或者是不经济的地产分割,或者用益租赁的租金为不适当,那么主管机关可以对合同进行非难。在发生争执的情形,此种非难的合法性由农业法院裁判(其可以对合同进行形成性的干预)。

2. 小花园用益租赁在过去是由若干特别规定调整的,主要是 276
1919 年 7 月 31 日的《小花园及小农地用益租赁法》。这使合同自由受到了很大程度的限制,特别是表现在只能够接受行政上确定的用益租赁租金。这些特别规定差不多也将终止的可能性完全排除掉了。然而德国联邦宪法法院认为(参见《新法学周刊》,1980 年,第 985 页),这些限制中有一部分内容违背了《基本法》第 14 条中的所有权保障,因而是违宪的,但这以限制内容系针对私人出租人为限。对此,1983 年 2 月 28 日的《联邦小花园法》(参见《联邦法律公报》,第 1 部分,第 210 页)进行了考虑(参见朗德菲曼(Landfermann)文,载《新法学周刊》,1983 年,第 2670 页以下)。

3. 狩猎用益租赁在《联邦狩猎法》第 11 条以下得到了规定 277
(《撒托利乌斯》第 890 项),并由州法补充调整。这些规定的宗旨是保证在充分大的土地上进行在行并连续的狩猎。但另外一方面,也应当阻止将狩猎集中在少数人那里的现象;确定最大土地面积就是为这一目的服务的(《联邦狩猎法》第 11 条第 3 款)。根据《联邦狩猎法》第 12 条,对于狩猎用益租赁合同,存在与农业用益租赁合同相类似的行政审查(参见上文边码 275)。

4. 最后,企业用益租赁的一种特殊情形即药房用益租赁,被 278
规定在 1980 年 10 月 15 日的《药房管理法》之中(参见《联邦法律公报》,第 1 部分,第 1994 页)。在这里,用益出租的许可性受到了狭窄的限制:即药房通常仅能够以用益租赁的方式出租给获准开业的药剂师。

第九十二章 借　　用

第一节　适用范围与界定

279 1. 根据第598条，出借人必须以无偿的方式准许借用人使用标的物（同在借贷的情形一样，这是诺成合同；参见下文边码287）。这样看来，借用就是无偿方式的使用租赁（参见上文边码184）。但在这种交付中，人们同时也可以看到借用人在意思合致的情况下从出借人的财产中得利；就此点而论，借用是赠与的一种特殊情形（参见第516条第1款第1句）。然而借用通过第598条以下得到了专门的调整，以致对于赠与规定已经没有适用余地可言。特别是借用的约定不受第518条方式的拘束。这是因为立法者认为，与借用相联系的财产牺牲没有在赠与中的那么重大。从典型的情况看，这种价值判断是正确的：只是在定有一定期限的情况下而将物交付他人使用（即移转直接占有）的人所作出的牺牲要比永久转让物的所有权的人为小。

280 2. 但在例外的情况下，单纯交付物的使用也可能意味着是一种显著的牺牲；如果标的物的价值昂贵并且是长期交付使用,那么情况即为如此。例如,在联邦最高法院的一个判例中(参见《联邦最高法院民事裁判集》,第82卷,第354页),一整套住房以受领人的终身为期限无偿地被交付使用。在此种涉及不典型价值昂贵的给付的情形,专业文献认为应当准用赠与法的规定(参见拉伦茨,《债法分论》,第2卷,第1编,第47章,第1节,第197页,注解4;《慕尼黑民法典注释——科尔豪泽(Kollhosser)》,第516条,边码3以下)。但联邦最高法院拒绝了这一见解(同前引),其认为:出借人特别是因为第605条第1项的终止可能性(参见下文边码284)而受到了充分的保障。这实际上构成了与赠与的实质性不同;因此,应当遵从联邦最高法院的见解。有关这方面的详细情况,参见内尔森·冯·施蒂律克(Nehlsen－von Stryk)文,载《民法实务档案》,第187卷,1987年,第552页。

第二节　出借人的义务

称借用是无偿形式的使用租赁,这不能够被理解为下述情况:即出借人具有使用租赁出租人的全部义务,其只是欠缺租金请求权而已。实际上法律考虑到了借用的无偿性,具体表现就是:相较于使用租赁出租人的义务而言,法律将出借人的义务弱化了很多。 281

一、出借物方面的义务

标的物主要只是以标的物所处的状态被出借,这也就是说,出借人既不需要将标的物置于一种比较好的状态之下,也不需要对其进行维护和保养(第535条非为如此)。相当于第536条的减价也不在考虑之内,原因是借用人并不分担自己得以减价的对待给付。第543条第2款第1句第2项的终止在借用中是全然没有意义的,原因是终止只是会剥夺借用人对瑕疵物的使用,而不会为 282

其带来利益。

二、损害赔偿义务

283 剩下的只是出借人的损害赔偿责任。但相较于一般的过错责任(第276条第1款第1句)而言,这种责任也被显著地弱化了:根据第599条,出借人仅对故意和重大过失负责任;而根据第600条,甚至仅在恶意时,始因隐瞒物之瑕疵和权利瑕疵而产生损害赔偿义务。

在赠与的情形因第521条而产生争执(参见上文边码176),这里因上述这些规定产生了同样的争执。特别是在借用中现在有一种见解正在不断地获得承认:这就是将责任优遇只是用于借用人的给付利益,而不用于对维护自己的其他法益所具有的利益(如见拉伦茨,《债法分论》,第2卷,第1编,第50章,第294页)。如此一来,对于借用人因使用瑕疵自行车而遭受的身体损害,出借人应当在不减轻责任的情况下根据违反义务(第280条第1款)和第823条第1款负责任。这种责任减轻仅应当适用于借用人因自行车无法使用而产生的损害,例如在其必须租用另外一辆自行车的情形。

但这种较新的见解使出借人负担了不适当的高的风险;因此,不应当遵从这一见解。责任优遇也必须要能够适用于(在金额上可能要高得多的)附带损害(有关此种见解,参见斯图加特州高等法院裁判,载《保险法》,1993年,第192页;梅迪库斯文,载《奥德斯基(Odersky)纪念文集》,1996年,第589页)。在这里,依第599条排除轻过失责任为通常情形;对责任进行进一步限定的第600条仅涉及使用利益(《施陶丁格—罗伊特(Reuter)》,第599条,边码2;第600条,边码1)。第276条的完全责任仅适用于不与出借物相关联的损害,如借用人在前去受领物品时在出借人的结冰楼梯上摔倒。

三、交付使用的期间

从交付使用的期间上看,法律也在很大程度上对出借人给予了谅解。这首先表现在:虽然(同第542条第1款使用租赁的情形一样)应当约定一定的期间,但在欠缺此种约定时,一旦借用人已经能够进行符合目的的使用,出借人即可以请求返还标的物(第604条第2款)。纵使在这一准则不适用的情形,标的物甚至可以随时被请求返还(第604条第3款)。 284

除此之外,出借人在一定的情况下也可以提前终止借用(第605条)。除借用人违约和借用人死亡的情况之外,如果出借人在事先没有预见的情况下自己使用出借物,那么同样也适用此种规定(第605条第1项)。这样就保护了出借人免于遭受意料之外的不利益。

四、费用偿还

最后,从自己支出费用的角度看,借用人处于较之第547条的使用租赁的承租人为不利的地位:根据第601条第1款,借用人无论如何都必须要自行承担通常的维持费用(并非仅是动物的饲养费用)。而对于其他的费用(如出借汽车的修理费用),则始终只是依关于无因管理的规定而存在偿还义务,易言之,这种义务单纯依出借人的意思和利益而存在(参见下文边码624)。据此产生的借用人的请求权依第606条经6个月罹于时效。 285

第三节 借用人的义务

借用人已经具有了无偿性的利益。在此之外再使其受到超出使用租赁的承租人的利益是没有理由的。因此,借用人仅得依约使用借用物,并且通常既不得再行出借,也不得再行出租借用物(第603条)。在第604条中,借用终结之后的返还义务得到了与第546条中使用租赁承租人的相应义务相类似的规定。在这里, 286

应当将第570条和第578条第1款类推适用于土地借用。

对于出借人因借用物变更或者毁损而享有的赔偿请求权，第606条（同第548条中的使用租赁一样）规定了6个月的短期消灭时效。这（同使用租赁中一样；参见上文边码206）也应当适用于因侵害所有权（第823条第1款）而产生的竞合的侵权请求权（参见《联邦最高法院民事裁判集》，第54卷，第264页、第267页）。据此，出借人将处于较无合同关系的一个情谊者为不利的地位（其侵权请求权无疑问地依第195条、第199条罹于时效）。恰恰是因为借用具有无偿性，因此几乎不可能使这样的一个结果得到正当化；出于这一考虑，我认为，对于竞合的侵权请求权，还是应当适用普通的消灭时效。

第九十三章 借　贷

参考文献：G. 博默尔(G. Boehmer)：《当代法上的要物合同》，载《民法档案》，第 38 卷，1918 年，第 314 页以下；德勒德(Derleder)：《不受取借贷物时银行的损害赔偿请求权》，载《法学家报》，1989 年，第 165 页以下；迪德利西斯—理塞德(Diederichs - Rixeder)：《联邦最高法院关于借贷法的最新判例》，载《有价证券资讯》，1985 年，第 38 期，特刊第 7 册；根茨默(Genzmer)：《论付息借贷说》，载《民法实务档案》，第 137 卷，1933 年，第 194 页以下；格鲁伯(Gruber)：《受终止的商业借贷中的利息请求权》，载《新法学周刊》，1992 年，第 2274 页以下；豪伊泽尔—瓦尔特(Haeuser - Walter)：《新的借贷终止法》，载《新法学周刊》，1987 年，第 17 页以下；哈恩(Hahn)：《借贷合同中的利息及清偿约定》，载《企业顾问》，1994 年，第 1236 页以下；哈尔斯滕贝格(Halstenberg)：《联邦最高法院关于借贷法的最新判例》，载《有价证券资讯》，1988 年，特刊第 4 期；肯德根(Koendgen)：《1991 至 1993 年间银行信贷法的发展》，载《新法学周刊》，1994 年，第 1508 页以下；穆贝特(Muelbert)：《付息借贷》，载《民法实务档案》,第 192 卷,1992 年,第 447 页以下;同一作者:《1988 至 1991 年间最高法院裁判中的借贷》,载《法学家报》,1992 年,第 289 页以下、第 401 页以下、第 448 页以下;赖夫纳(Reifner):《信贷关系上变动利率的调整》,载《法学家报》,1995 年,第 866 页以下;许恩(Schoen):《存在利益分配借贷吗?》,载《企业法及公司法杂志》,第 22 期,1993 年,第 210 页以下;H. P. 韦斯特曼—巴特斯(H. P. Westermann - Baltes):《分期信贷合同的基本问题》,载《法学工作报》,1983 年,第 477 页以下。

第一节　是要物合同还是诺成合同

287　同第 516 条第 1 款赠与的情形相类似(参见上文边码 171),在第 607 条第 1 款的借贷中,也是偏离了通常在一个合同类型的开始有规范相跟随的模式。这是因为在第 607 条中,并没有列举对于该类型具有标识性的当事人的义务。旧法第 607 条对贷与人的义务则完全避而不谈。关于借用人,这一规定也只是说,其因交付而负有以同等价值偿还所受领给付的义务。这似乎是以下述认定为依据的:即借贷系因受领所交付的物始告成立。在这种情况下,似乎仅为受领人负有偿还的义务,并且(在付息借贷的情形)也负有支付报酬的义务。这与罗马法和普通法上将借贷作为要物合同的通行见解是一致的:其并非因所表示出来的意思合致(合意)即已经成立,而是因物的交付始告成立。依此种见解,合意的借贷预约(第 610 条)仅作为预约而出现。但自从第 607 条第 1 款重新修订以来,以及自从在债法改革的范围内适用新的第 488 条第 1 款以来,这种理解已经不再能够站得住脚了:借贷现在肯定是诺成合同。

在古典的罗马法中，只有少数的合同类型能够因单纯的合意而得以订立，借贷则不属于这一范畴。因此，将其理解为要物合同是有前因的。但根据《民法典》，任何合同都可以是诺成合同（第305条）。因此，现在欠缺充分理由还将借贷视作要物合同。就是《民法典》的立法者也没有要通过第607条第1款来固定这一见解的意思。这一规定仅应当具有阐明的作用：即如果没有支付，那么也就不应当能够请求偿还（参见《民法典立法理由书》，第2卷，第306页 =《穆格丹》，第2卷，第169页以下）。

第二节　内容及界定

一、通常情形

根据上文边码287所述，借贷为诺成合同。贷与人负担在所约定的期间交付借贷物（参见拉伦茨，《债法分论》，第2卷，第1编，第51章，第1节）。而借用人则负担偿还（第607条第1款），并在有相应约定的情况下负担报酬（第608条）。在不支付利息的情形，借贷为无偿合同，否则为双务合同：处在双务性关系上的是交付义务和支付报酬义务。因此，如果借用人在履行自己支付报酬的义务上陷于迟延，那么贷与人将能够通过第323条而在约定的或者在应当由终止促成的期日到来之前使偿还义务届清偿期。然而在这里，人们应当将这种仅向将来发生效力的终止视作为特别规定。 288

借贷的客体原本为金钱或者其他的代替物。与在使用租赁和借用的情形不同，这些物并非仅是为借用人直接占有，而是亦为其所有。因此，偿还请求权系指向所有权转让，而不是单纯指向交付占有物。

但应当予以返还转让的并不是所受领的那些物。这是因为，如果借用人必须要付还所获得的那些纸币，则其实际上也就不能够支出这些纸币了，原因是其无法知道自己是否还能够重新取得这些纸币。因此,旧法第 607 条规定,偿还义务系“以同种类、品质和数量”履行。在金钱的情形,这意味着是所受领的金额。在付还之前所发生的货币贬值在这里是不考虑的;其必须尽可能地由利息来填补(参见《总论》边码 167)。

二、新规定

288a 在 2001 年之前为统一的借贷因债法现代化而被分割为两种不同的合同类型:第 607 条以下仅是更多地调整物之借贷(如所谓的有价证券借用)。但重要得多的是金钱借贷。其见于第 488 条以下。这种特别规定之所以为必要,主要是因为只有在金钱借贷(以及在类似的信用供给)中《消费者信贷法》才是起作用的,因而也就应当考虑消费者信贷的问题。下文只是论述这种金钱借贷。

三、协议借贷

289 金钱也以无体的形式即作为记账货币出现(参见《总论》边码 157 以下)。也可以采取这种形式将金钱作为借贷来提供:一家银行将贷与的金额贷记到借用人的账户上,或者其准许透支账户。在这里,虽然没有转让什么物品的所有权,然而这种形式的价值转移也受第 488 条的拘束(记账货币在《民法典》中根本就没有出现过)。而在借用人依约还不能够处分金钱期间,将金钱划拨到公证人的信托账户是不够的(参见联邦最高法院民事裁判,载《新法学周刊》,1986 年,第 2947 页)。

但也可以在不发生价值移动的情况下给予借贷。这就是以前在旧法第 607 条第 2 款中规定的协议借贷:如果有谁因其他的法律原因(如作为买卖价金)而负担金钱或者代替物,则其可以与债权人约定,该金钱或者代替物是作为借贷而负担的。在作出此种约定的情形,可以适用第 489 条和第 490 条;在此种情形,如果没有其他的约定,那么特别是在终止之后才可以请求支付。因此,协议借贷可以用于合并已经到期的或者在短时间之内到期的债务。

协议借贷可以作为债务更新而出现，原有的债务移转为一种新的、具有其他法律特征的债务（参见《总论》边码288）。但这并不危及担保的存在。因此，也可以意图达到一种比较低的效力：即原债务应当继续存在，并且只是被延期清偿，就好像其为借贷一样。最后，也可以让一种具有借贷性质的债务代清偿地（第364条第2款）与原有债务并存。但根据第780条，此种附加债务通常需要采取书面方式。

四、界定

借贷与其他合同类型的界定基本上不会造成什么困难：其与 290
赠与是通过偿还义务区分开来，与使用租赁和借用是通过移转所有权以及通过所交付的物仅应当依价值偿还而区分开来。只是相对于不规则保管而言，可能会出现界定疑义：在不规则保管中，交付保管的物的所有权移转于保管人（第700条；参见下文边码458）。这里系以对交付所具有的利益为界定准据：在借贷的情形，这种利益完全是在意欲使用受领物的受领人那里。因此，如果为保证受领人方便使用而不能够准许随时请求返还，那么始终应当认为这是借贷（而不是保管）。

第三节 具体规则

除至今为止所讨论的第488条第1款之外，关于非向消费者 291
给予的金钱借贷的那一目规定仅还由其他的4个规定组成。另外，具有重大实际意义的还有第138条：从中可以导出许可利息的上限。

具体言之，第488条第2款规定的是利息的到期（在发生疑义时，事后依年度期间确定），第488条第3款规定的是应予偿还的借贷金额的到期（在约定的期间届满之后或者在终止之后）。第489条对借用人的终止作出了附加的规定。这一规定旨在强行性地(第489条第4款第1句)阻止下述情况的出现:即借用人在较长的期间之内受对自己为不利的(或者变得不利的)利息的拘束;亦请参见下文边码300以下。

如果对借贷设定有质物,那么借用人可以与贷与人就提前清偿信贷进行磋商,以便赎回质物。根据判例,其在一定情况下甚至享有这方面的请求权(参见《联邦最高法院民事裁判集》,第136卷,第161页;古滕贝格(Guttenberg)文,载《法学教育》,1999年,第1058页;持极大疑问者,参见肯德根(Koendgen)文,载《经济法杂志》,1997年,第1645页:"无法测定的学理上的楼道损害")。然而在此种情形,贷与人可以请求所谓的期前赔偿(参见联邦最高法院裁判,载《新法学周刊》,1998年,第592页)。但此种赔偿数额极巨,以至于为判例所肯定的提前偿还的请求权实际上仅具有极小的意义(参见《联邦最高法院民事裁判集》,第136卷,第161页)。这一判例现在已因第490条第2款而基本上得到了确认(参见海曼—罗斯勒(Heymann - Roesler)文,载《经济法杂志》,2001年,第441页以下)。

最后,根据第490条第1款,在支付之前,如果另外一方当事人的财产情况或者为借贷所设定的担保发生恶化,致使偿还请求权可能会受到妨害,那么可以立即终止借贷预约。同第321条的情形类似(参见《总论》边码487),这是法律行为基础丧失的一种特殊情形。但是,如果借贷是才支付的,那么通常只是还能够进行立即终止。但在例外情况下,在届清偿期之前,这样也就是在债务人陷于支付不能之前,贷与人必须要注意到,债权较早届清偿期的其他债权人如何由债务人的财产受清偿。这种情况的存在以及将借贷客体的所有权移转给受领人就使信贷担保成为必要(参见《总论》边码811以下)。

第四节　贷款开户合同

贷款开户合同是银行借贷预约的一种特殊形式:即银行有义务根据客户的需要在一定最高数额限度内按一定条件向客户提供信贷(有关这方面的详细情况,参见卡纳里斯:《银行合同法》,第2版,1981年,边码1195以下;施文托夫斯基—舍费尔(Schwintowski－Schaefer):《银行法》,1997年,第7章,边码21以下)。对于这种承诺,顾客通常即已经负担对待给付,这就是所谓的备置手续费(Bereitstellungsprovision):银行在作出承诺之后,也必须要准备好资金以备履行。第610a条以前也适用于此种贷款开户合同(见卡纳里斯,同前引,边码1251以下);现在起这种作用的是第490条第1款。 292

第九十四章　特定目的的借贷:消费者信贷

参考文献:比洛(Buelow):《民法典中的消费者信贷法》,载《新法学周刊》,2002 年,第 1145 页以下;比洛—哈斯滕贝格(Buelow - Halstenberg):《消费者信贷当前面临的法律问题以及最高法院关于消费者信贷的最新判例》,1989 年;克劳森(Clausen):《融资性有价证券买卖和消费者信贷法》,载《新法学周刊》,1993 年,第 564 页以下;科斯特(Coester):《第三人融资交易中的消费者保护》,载《法律学习》,1992 年,第 617 页以下;道纳 = 利普(Dauner = Lieb):《结合行为中的消费者保护》,载《有价证券资讯》,1991 年,副刊第 6 期;埃梅里希:《分期信贷的法律问题》,载《法学教育》,1988 年,第 925 页以下;埃塞尔(Esser):《B 类交易中买卖合同与借贷合同之间的关系》,载《科恩(Kern)纪念文集》,1968 年,第 87 页以下;格恩胡贝尔(Gernhuber):《意定结合中的交换和信贷》,载《拉伦茨第一次纪念文集》,1973 年,第 455 页以下;吉勒斯(Gilles):《融资性营业及服务行为中的延伸抗辩》,载《法学家报》,1975 年,第 305 页以下;哈伯萨克(Habersack):《适用消费者信贷法第 9 条情形由第三人融资的不动产及股份取得》,载《商法杂志》,第156期,1992年,第45页以下;赫曼(Heermann):《由第三人融资的取得行为》,1998年;科兹奥尔(Koziol):《适用于消费者信贷的特别私法》,载《民法实务档案》,第188卷,1988年,第183页以下;拉伦茨:《三方法律关系中的留置权》,载《米歇利斯(Michaelis)纪念文集》,1972年,第193页以下;马歇尔·冯·比伯施泰因(Marschall von Bieberstein):《分期付款买卖及融资》,1969年;同一作者:《关于融资性分期付款买卖改革的鉴定意见》,1978年;同一作者:《融资性分期付款买卖》,1980年;马素赫(Masuch):《订立消费者信贷合同时使用代理人的问题》,载《经济法杂志》,2001年,第143页以下;米勒=劳伯(Mueller = Laube):《一部支付信贷与营业行为》,1973年;普法夫(Pfaff):《判例上的债法》,1986年,第27页以下;冯·莱纳多夫(von Reinerdorff):《论延伸抗辩的法理》,1984年;P.施洛瑟(P. Schlosser):《融资性的分期付款买卖》,载《法律学习》,1985年,第89页以下;伏尔考默—科赫(Vollkommer - Koch):《由第三人融资的法律行为中的延伸抗辩》,载《法律学习》,1980年,第469页以下。亦请参见下文边码300之前关于消费者信贷法的著述。

第一节　问　题

1. 通常情况下,接受借贷的人是奉行一定目的的:其系要将借贷的金钱用于这一目的。但单单这一点对于借贷并不具有意义。特别是,如果所接受的金钱使用情况不好,并因此而不能够再收回,那么仍然必须要偿还借贷:即使用风险在借用人那里。这也就是说,借用人不能够以"用借贷所买受的物没有被交付或者仅 293

是有瑕疵地被交付”来对抗贷与人。

294 2. 但在许多情况之下，利用借贷物所要达到的目的并不单纯是借用人的单方动机。贷与人也可能对借贷物的使用具有利益，甚至并且可能使这种利用成为借贷合同的标的。例如，向企业提供的借贷常常应当被用于生产性目的（如购置机器），而不应当用于企业主的私人消费。这是因为只有这种生产性的使用才能够提高企业的收益能力，并进而保障有能力偿还。如果将用贷款所购置的物（如一台机器）的所有权移转于贷与人以提供担保，那么这种联系就更加清楚了。但即使是这样，借用人在购置方面通常总还是享有自由的（如选择供货人或者型号）。因此，在这种类型的借贷中，使用风险也是在借用人那里：即使所购置的机器被证明是无用的，或者其被灭失，借贷仍然必须要全额偿还。如果贷与人因过失而向借用人提供了不良的咨询，或者没有作出清楚的警告，那么无论如何都会存在与缔约过失相联系的、基于违反义务的赔偿请求权（如借贷用于买卖股票的情形，参见联邦最高法院裁判，载《经济法杂志》，1997 年，第 580 页；或者在为不动产交易融资，而银行自己从中受益的情形，参见联邦最高法院裁判，载《新法学周刊》，1992 年，第 2146 页）。

295 3. 但越来越常见的是借贷与另外一种行为的更为密切的结合，如与分期付款买卖的结合：借用人（买受人）与贷与人（银行）相互之间已经根本不再进行接触。在此种情形下，借贷由出卖人媒介；在出卖人那里有银行的申请表格；其亦帮助买受人填写，并将申请表格转递给银行。存在信贷的可能性及条件常常成为出卖人运作广告的理由。信贷不是出自出卖人那里，而是出自一个第三人（银行）那里，这对于买受人而言有时根本就是无法认定的。在此种由第三人融资的买卖（drittfinanzierte Geschaefte）中出现了下述问题：即银行是否真的应当从那些强行性的规定以及从其融资的那些交易的风险中被免除。

第二节　旧法对合同结合关系的规定

1. 在《消费者信贷法》于 1991 年 1 月 1 日生效之前(参见下文边码 307 以下),对于合同结合关系的处理,主要发展出了下述三种辅助手段: 296

(1)如果借用人受到了出卖人的恶意诈欺,则其不仅应当能够依第 123 条撤销买卖,而且也可以向贷与人撤销借贷合同。这是因为,与贷与人结合在一起的出卖人并没有被处理作第 123 条第 2 款第 1 句意义上的“第三人”,以致其所实行的诈欺就像是贷与人自己进行的诈欺一样。

(2)贷与人应当向借用人释明因将信贷分解为借贷和付现交易两个部分而对借用人产生的危险。违背此项义务并且具有归责事由的情形被认定为缔约过失。因此,作为损害赔偿,借用人可以请求免除这种分解所带来的不利后果(第 249 条第 1 句)。以贷与人使用出卖人为限,出卖人为履行释明义务中的履行辅助人(第 278 条)。 297

(3)在具备一定要件的情况下(具体内容上当然是有疑义的),借用人应当能够以买卖中产生的抗辩来对抗贷与人,如出卖人还没有交付(第 320 条),或者买卖因所交付的物具有瑕疵而已经被解除(旧法第 462 条)。这样,特别是《分期付款法》的强行性规定也可以被适用于借贷。人们将这种情形(仿社团法和公司法中的延伸责任模式)称作抗辩延伸(参见阿伯特豪泽(Abeltshauser)文,载《经济法杂志》,1990 年,第 693 页)。 298

2. 即使是在《消费者信贷法》生效之后,这三种可能性的目的也没有完全过时。这是因为相较于《分期付款法》提供的保护,该法提供的保护从有些方面看范围要小一些。例如,该法没有规定 200 欧元的“轻微界限”;没有被登记到商事登记簿的手工业者也 299/300

受到《分期付款法》的保护。对于第358条和第359条,情况也与之相类似:其自2002年1月1日以来取代了《消费者信贷法》。至于说判例在第358条和第359条之外是否还会适用上文边码296至298中的旧规则,还要拭目以待。

第三节　新规则

参考文献:关于《德国消费者信贷法》,参见本书上一版。关于新的规定,参见比洛(Buelow):《民法典中的消费者信贷法》,载《新法学周刊》,2002年,第1145页以下;H.P.韦斯特曼(H. P. Westermann):《可以将入伙作为消费者信贷行为吗?》,载《经济法杂志》,2002年,第189页以下。

一、借用人的保护

301 1. 新的规则并不限于第488条所称的借贷。其亦涵盖其他的融资辅助,特别是涵盖3个月以上的有偿支付延期、融资租赁合同和分期支付买卖(第499条至第501条)以及分期交付合同(第505条)。根据判例(参见联邦最高法院裁判,载《新法学周刊》,1997年,第654页),《消费者信贷法》也应当能够准用于对信贷合同的债务加入;也有判例将这扩展到了三方承受信贷合同的情形(参见《联邦最高法院民事裁判集》,第142卷,第23页)。然而借贷仍然为一种重要的适用情形。

302 2. 第358条以下和第491条以下提供的保护以一定的人身及事务要件为连结根据。这些在分期付款买卖中(上文边码128以下)已经得到了详尽的论述。

303 3. 对于那些被认为应当受到保护的借用人(即“消费者”;参见第13条)和生存设立人(第507条),以其面对企业主(第14

条）为限，法律在下述方向上强行性地（第 506 条）提供保护：

（1）首先应当向借用人广泛地释明信贷的费用；第 492 条将这一要求涵盖到了一项方式规定之中。不遵守这一方式将引起基本上与第 125 条和第 139 条不同的特殊法律后果（参见上文边码 133）。

（2）得到正常释明的借用人也应当可以在 2 周之内撤回交易 304（见第 495 条第 1 款连同第 355 条；参见上文边码 135）。这或许主要是在借用人于订约之后不久即发现了一种较为有利的信贷可能性时，始具有实际意义（如果其于嗣后始做到这一点，那么第 490 条第 2 款有时能够提供救济）。然而在借用人不于 2 周内真实付还借贷的情形，撤回被视作没有发生；同第 489 条第 3 款一样，第 495 条第 2 款也是适用于普通终止。

（3）其他的规定则旨在保护借用人以防丧失抗辩（第 496 条 305 第 1 款；参见上文边码 141 以下），或者防止在迟延偿还时其债务过于迅速地增加（第 497 条；参见上文边码 144）。在分期清偿信贷的情形，只有当剩余款额达到一定的数额时，贷与人才应当能够终止信贷（第 498 条）。最后，在提前付还的情形，借用人可以扣除中间利息（第 504 条）。

（4）反而言之，第 497 条第 1 款第 1 句对单纯为 4% 的、已经 306 过时的法定通常利率作出了修正（第 246 条；参见上文边码 143 和《总论》边码 164）：即陷于偿还迟延的借用人应当不再依固定的利率负担迟延利息。在此种情形，利率受届时欧洲中央银行的基本利率约束；这是因为其应当高出 5%。这一多出数额之所以为正当，是因为在迟延的情形，信贷系非自愿给予的，并且大多系向不可靠的债务人提供的。当然，信贷的贷与人和借用人应当可以证明实际损害高于或者低于法定的通常利率（第 497 条第 1 款第 3 句）。在有土地质权担保的情形，基本利率之上的附加仅为 2.5%（第 497 条第 1 款第 2 句）。对于此种利息的折抵，适用特别规定

(第497条第2款和第3款)。

二、交易联系

307 1. 第358条第3款通过两个要素对买卖(或者另外一种营业行为;第358条第1款)与信贷之间的结合关系作出了定义:即信贷必须用于为买卖价金融资,并且此两个合同必须构成“经济上的一体”。此种一体特别是指贷与人在准备过程中或者在订立信贷合同过程中利用出卖人的协助。这种协助实际上大多表现为下述方面:即出卖人置备贷与人的申请表格,在填写表格时为买受人提供帮助,然后再将填写好的表格转交给贷与人。而在诉讼或者公证上作成证书的情形,以及在将信贷用于取得有价证券、外汇、衍生产品或者贵金属的情形,基本上不适用第358条、第359条以及关于消费者信贷的规定(第491条第3款;消费者不得进行投机行为!)。

2. 此种交易联系具有下述两种效力:

308 (1)根据第358条,撤回结合合同之一亦对另外一个合同发生效力。关于撤回权,也必须要进行相应的告知。这样就将两个合同的存在联系在一起了。如果没有这种联系,那么买受人通常也不会依靠另外的信贷来为继续负担的买卖价金融通资金了。

309 (2)根据第359条,如果对于出卖人可以拒绝支付买卖价金,那么应当可以拒绝偿还信贷。这里当然也适用200欧元的界限(第359条第2句)。最后,在物的瑕疵的情形,首先应当等待在法律等上负担的后续履行的失败(第359条第3句)。这意味着是对延伸抗辩的(修正性)法律调整(参见上文边码298)。

第三编

劳务或者工作给付合同

第三册

第九十五章 概 论

下文即将(自边码 311 起)论述的劳务或者工作给付合同在内容上极其多样(参见上文边码 7)。因此,那些具有极为一般性规定的类型是作为"基本类型"出现的。这是两种双务合同(雇用合同和承揽合同;第 611 条至第 630 条,第 631 条至第 650 条)和一种无偿合同(委任;第 662 条至第 674 条)。这些一般性的规定包含有大量的、生活中出现的典型事件。当然,这也有其不利之处,即有时这些规则在具体意义上是有疑义的。如劳务给付(第 611 条第 1 款)如何与成果制作(第 631 条第 1 款)区分开来? 一名医师是不是应当既向病人给付劳务又要促成一定结果(康复)? 或者,什么时候仅凭支付报酬就可以认定这是雇用合同或者是承揽合同(第 612 条第 1 款、第 632 条第 1 款)? 或者,在什么样的具体要件之下构成"依工作的性质不能验收的除外"(第 640 条第 1 款)? 人们可以收取出租车载客服务吗? 这又应当怎样进行呢? 310

在有些方面,《民法典》自己已经消除了这种一般性规定带来的不利之处。例如,对于若干如不进行特别调整则将归属于雇用合同、承揽合同或者委任这些一般类型之下的合同,《民法典》将它们设计成了独立的合同类型。这主要是指旅游合同、居间合同和保管,新近也包括与信贷机构订立的一些合同(第676a条以下)。并且在雇用合同法中,最为重要的部分即非独立劳动法的内容基本上已经被抽出;由此产生了劳动法这一自己的法律领域(参见下文边码315)。

其他的、在生活中为典型的合同,如医师合同和建筑合同,虽然在法律上没有得到单独的调整,但判例法或者说合同实务现在已经创设了一些能够照顾到此种合同特点的规则。

从法律技术上看,此种特殊规则优先适用于一般规则。这也就是说,在适用雇用合同法、承揽合同法或者委任法之前,首先必须审查一下这是否为其他的特别类型。然而有时为解释或者补充特别规则,人们可以回想一下较为特殊的类型系源出于何种较为一般的类型,这是有好处的。

第一部分

雇用合同

第九十六章　雇用合同与劳动法

参考文献：劳动法方面的教科书（如教学法方向上的）；多伊普勒（Daeubler）：《劳动法》，第2版，2000年；迪茨（Duetz）：《劳动法》，第4版，1999年；哈瑙—阿多迈特（Hanau – Adomeit）：《劳动法》，第11版，1994年；利普（Lieb）：《劳动法》，“要点”丛书，第7版，2000年；施利曼（Schliemann）（编）：《民法典中的劳动法》，第2版，2000年；P. 施维特纳（P. Schwerdtner）：《劳动法》，第1卷，法学教程，第2版，1989年；泽尔纳（Soellner）：《劳动法概要》，第12版，1998年；沃伦施莱格（Wollenschlaeger）：《劳动法》，1999年；佐尔纳—罗里茨（Zoellner – Loritz）：《劳动法》，第5版，1998年；有关一些错误发展方面的概述，参见阿多迈特（Adomeit）：《劳动关系之择一性》，载《新法学周刊》，1984年，第1337页以下；有关发展方面的著述，见同一作者：《民法典中的雇用合同与劳动法的发展壮大》，载《新法学周刊》，1996年，第1710页以下；有关原则性问题的著述，见博姆克（Boemke）：《债务合同与劳动关系》，1999年。

在阐述雇用合同法的细节内容之前，首先必须论述刚刚在上文边码310提及的劳动法的独立化问题。

第一节 雇用合同法的"无社会色彩性"问题

一、劳务给付的种类

311 根据第611条第2款，雇用合同的客体可以是"任何种类的劳务"。故此，雇用合同包括极不相同的生活关系。

1. 雇用合同可以穷尽于一项仅为一次性的，并且应当在短时间之内给付的劳动。如擦鞋匠的劳务或者医师抑或律师提供的一次性咨询。但雇用合同也可以是长时期的，并且使当事人负有定期给付劳务的义务，特别是通常的劳动合同即为如此。依正确的见解，只有第二种雇用合同能够设定继续性债务关系以及此种关系所特有的问题（如终止等）。

312 2. 受雇人可以负担非独立性的劳动，这是指其工作时间和工作地点基本上是规定好的，并且其在自己工作的细节问题上也必须奉行指示的情形。这又是劳动合同的标志性特征。但对于所负担的工作，也可以以独立的方式给付，这主要是指债权人对应当向自己完成的工作一无所知，并因此而依赖此种工作的情形。例如，在病人与医师之间的关系上，情况即为如此。劳务给付甚至可以是督导性的，这是因为受雇人同时代表雇用人。例如，为一个有限责任公司任用的董事或者一个股份有限公司的董事会，即属于此一范畴。

313 3. 在另外一种意义上，人们也可以将劳务区分为高级劳务和低级劳务。这与将劳动区分为独立性劳动和非独立性劳动基本上是一致的（参见上文边码312），这是因为高级劳务常常是不能够受督导的。但这两种分类有时也是相分离的。例如，受雇于一家医院的助理医生虽然也给付高级劳务,但受其上司指示的拘束。

二、不同的保护需要

在一个奉行社会国原则的国家制度中(《基本法》第 20 条第 1 款),法律关系的法律调整显然必须由权力在当事人之间的典型分配来决定:力量相对薄弱的人必须受到法律制度的保护,以避免其因相对人不公正地行使权力而受到侵害。但就雇用合同的整个适用范围而言,并不能够实行此种典型的权力分配。餐馆的帮工与医师、工厂工人与律师、擦鞋匠与董事会成员只能够被置于唯一的一个公分母之下,即其都"负担劳务"。然而其与雇用人之间的权力分配是非常不一样的。故此,在典型的保护需要上实行统一是不可能的。这也就是说,在社会性保护方面,意图涵盖一切类型雇用合同的规范必须是不同的。 314

第二节　劳动法

上文所述的这种情况让人们采取了以下两种出路:即或者在《民法典》之外针对一方当事人典型地需要保护的领域设置规范,或者是将这种规范订入到《民法典》之中。 315

1. 事实上主要是在第一条道路上得到了发展:即对于非为独立的劳动(关于界定,参见德国联邦劳动法院裁判,载《新法学周刊》,1984 年,第 1985 页以下;策尔纳—洛里茨:《劳动法》,第 4 章,第 3 节,五;旺克(Wank)文,载《企业》,1992 年,第 90 页;现在关于"表见独立",参见联邦最高法院裁判,载《经济法杂志》,1998 年,第 2104 页("冰人"案);许默里希(Huemmerich)文,载《新法学周刊》,1998 年,第 2625 页;莱泽勒(Reiserer)文,载《企业顾问》,1998 年,第 1258 页;赖尼克(Reinicke)文,载《经济法杂志》,1998 年,第 581 页;赫罗马德卡(Hromadka)文,载《企业》,1998 年,第 195 页;霍普特(Hopt)文,载《企业》,1998 年,第 863 页;海因策（Heinze）文，载《法学家报》，2000 年，第 332 页；博恩特（Berndt）文，载《新法学周刊》，2000 年，第 64 页），在《民法典》之外形成了劳动法，其为独立的法律领域，并具有自己的诉讼管辖。其由个体法和团体法两个部分组成。该第二部分使用雇主协会、工会、企业参决会、集体合同、企业协定、罢工和开除等核心概念；其与《民法典》中的债法距离遥远。但就是从个体法上看，其与债法亦有偏差（并非总是具有信服力）。不再称劳动合同，而是称劳动关系（参见策尔纳—洛里茨：《劳动法》，第 4 章），就是这方面的第一个表达。关于《民法典》之外劳动法方面的论述，读者应当参看该法律领域自己的教科书。

316 2. 但是，在《民法典》的雇用合同法中，立法者也越来越多地进行区分。特别是，那里有一些较新的规定明确地涉及劳动关系、雇主和雇员等概念。这是指第 611a 条、第 611b 条、第 612a 条、第 613a 条和第 622 条，这方面新近也有第 623 条的书面方式要求（参见拉基斯（Lakies）文，载《企业顾问》，2000 年，第 669 页；里夏迪—安努斯（Richardi - Annuss）文，载《新法学周刊》，2000 年，第 1231 页；博姆（Boehm）文，载《新劳动法杂志》，2000 年，第 561 页）和第 619a 条的举证责任倒置（参见《总论》边码 420）。这样，现在在《民法典》中也有专门的劳动法规定。然而这些规定仅涉及一些极为特定内容的个别方面；因此，其尚不能够构成一定程度上的封闭体系。故此，下文（参见边码 317 以下）在提及雇用合同法时仅是指明，但不是深入论述这些劳动法上的规定。这也就是说，下文仅论述雇用合同法，而不论述劳动法。在论述时，当然应当注意任何劳动合同均构成雇用合同这一情况。因此，以劳动法不含有特别规则为限，劳动合同亦受雇用合同法规定的约束。

第九十七章 《民法典》中的雇用合同

参考文献：博克曼（Borgmann）：《2000至2001年联邦最高法院关于律师责任法的裁判》，载《新法学周刊》，2002年，第2145页以下（关于此前情况，见《新法学周刊》，2000年，第293页以下）；R. 布鲁恩斯（R. Bruns）：《雇用合同的牵连性问题》，载《民法实务档案》，第178卷，1978年，第34页以下；多伊奇—陶皮茨（Deutsch - Taupitz）（主编）：《给付劳务职业的责任》，1993年（比较法研究）；法布里立斯（Fabricius）：《劳动关系上的给付障碍》，1970年；希尔特（Hirte）：《职业责任》，1996年；V. 朗（V. Lang）：《职业法、职业义务和职业责任》，载《民法实务档案》，第201卷，2001年，第451页以下；霍斯特·马布格（Horst Marburger）：《患病情形续付报酬的重新调整》，载《企业顾问》，1994年，第1417页以下；奥德斯基（Odersky）与U. 许布纳（U. Huebner）：《职业责任是一种可以苛求的职业风险吗?》，载《新法学周刊》，1989年，第1页以下、第5页以下；皮克（Picker）：《雇用合同法上的立即终止与不能以及受领迟延与报酬危险》，载《法学家报》，1985年，第641页以下、第693页以下；G. 赖尼克

(G. Reinicke):《数障碍原因竞合时的报酬续付请求权》,载《企业》,1991年,第1168页以下;罗伯(Robe):《职业责任的原因及界限》,载《民法实务档案》,第201卷,2001年,第117页以下;W-H.罗特(W.-H. Roth):《自由职业法上不良给付情形的报酬请求权》,载《保险法》,1979年,第494页以下;席曼(Schiemann):《自由雇用合同》,载《法学教育》,1983年,第649页以下;P.施维特纳(P. Schwerdtner):《劳动条件法上的照顾理论与报酬理论》,1970年;泽尔纳(Soellner):《论"无劳动无报酬"》,载《民法实务档案》,第167卷,1967年,第132页以下;乌尔里希(Ullrich):《工资担保或者瑕疵担保》,载《新法学周刊》,1984年,第585页以下;维德曼(Wiedemann):《劳动关系作为交换关系及共同关系》,1966年;M.沃尔夫(M. Wolf):《当前联邦最高法院关于雇用合同的裁判》,载《新法学周刊》,1994年,第563页以下。

第一节　特征及界定

317 第611条至第630条调整的是以报酬为对价而给付劳务的合同。这是指雇用合同,也包括适用刚刚提及的(参见上文边码315)特别规则的劳动合同。在《民法典》中,劳务给付的债权人(在劳动合同中为雇主)被称作雇用人,劳务给付的债务人(在劳动合同中为雇员)被称作受雇人。

1. 给付劳务主要应当与指向制作一定结果(第631条第1款)的承揽给付区分开来。关于这一困难的界定,将在承揽合同中进行论述(参见下文边码361以下)。

318 2. 雇用合同仅包括有偿给付劳务。而无偿给付劳务,以其系依法律行为履行为限，则为委任的内容（参见下文边码 416 以下）。

3. 一些专门的劳务给付（或者称承揽给付；界定问题在这里并不重要）被《民法典》或者被《商法典》规定为是一些独立合同的客体。在这种情况下，这些规则优先适用于《民法典》中的一般性规则（参见上文边码 310）。这主要是指居间合同（第 652 条以下）、保管（第 688 条以下）、行纪（《商法典》第 383 条以下）、货物运输行为（《商法典》第 407 条以下）、运输代理行为（《商法典》第 453 条以下）和仓库营业行为（《商法典》第 467 条以下）。1976 年 8 月 24 日的《函授保护法》包含有关于函授的补充性规则（参见《法律公报》，第 1 部分，第 2525 页）。 319

4. 没有被作为独立的合同类型来调整，但应当与雇用合同严格区分开来的是劳务供给合同：债务人以之约定的非是自己的劳务，而是供给他人的劳务。这也就是说，其自己并不负担劳务给付。在这种情况下，对于其为给付劳务所提供的人的错误，其无须依第 278 条负责任；其责任限于自己对人员的选用过错上。例如，如果在使用租赁中，建筑机械的出租人也承担提供操纵人员，那么这通常就是单纯的劳务供给义务。如若这些人员应当依照承租人的指示工作，那么出租人对于自己正常挑选的人员的错误不负责任（参见《总论》边码 335；瓦尔克（Walker）文，载《民法实务档案》，第 194 卷，1994 年，第 295 页）。 320

第二节 劳务给付的债务人的义务

一、劳务给付义务

1. 劳务给付义务是劳务给付债务人的（唯一）主义务（第 611 条第 1 款）。这可以是一切种类的劳务（第 611 条第 2 款；参见上文边码 311 以下）。至于在多大程度上可以要求劳务给付的债务 321

人作出独立的决定,这也是由劳务的种类来决定。例如,译员必须要翻译提交给自己的文字,或者流水线上的工人必须要实施分配给自己的行为动作。另外,医师和律师等人员通常应当自己找寻通往目标的正确道路。如果这些人从劳务给付的债权人那里获得指示,而这些指示在其看来似乎并不正确(如不进行截肢或者不达成和解),则其首先应当向劳务给付的债权人进行告知并予以警告(参见联邦最高法院裁判,载《新法学周刊》,1985 年,第 42 页)。但在这无济于事的情况下,其或者必须遵从指示,或者必须提出终止(第 627 条)。

322 2. 根据第 613 条第 1 句,在发生疑义时,劳务给付义务应当亲自履行。这是因为在通常的情况下,另外一方当事人都是根据劳务给付债务人的能力来挑选劳务给付债务人的;如果这一义务可以交由其他的人来完成,那么这就将与之发生抵触。如此,除在迫切和紧急的情况下之外,自身意欲实施清算的主任医师不得让自己的主治医师来履行义务(参见库伦(Kuhlen)文,载《新法学周刊》,2000 年,第 841 页;米巴赫—帕特(Miebach - Patt)文,载《新法学周刊》,2000 年,第 3377 页;采勒州高等法院裁判,载《新法学周刊》,1982 年,第 2129 页)。然而使用辅助人则没有被第 613 条第 1 句排除在外,正如律师可以自己不录入书状一样,医师自己也可以不实施实验室中的工作。

根据第 613 条第 2 句,在发生疑义时,劳务给付的请求权也应当是不可以转让的。如果劳务应当在债权人的人身上给付,那么这从第 399 条第 1 项选择中就可以得出来:在这里,劳务给付的内容亦随债权人人身的变更而变更(如在教学或者治疗的情形)。然而相较于附着于企业(即“工作岗位”)而言,恰恰是这种非为独立的劳动给付常常较少地附着于人身。因此,在细节问题上十分困难的第 613a 条让劳动关系移转于企业全部或者一部的意定受让人那里。这属于劳动法范畴,故在这里不再进一步论述(参见

《总论》边码753;策尔纳·洛里茨:《劳动法》,第20章,第3节)。

3. 引人注目的是,与绝大多数其他合同类型中的规定不同,第611条以下不包含有关于瑕疵给付的规范(如见第434条以下的买卖、第536条以下的使用租赁和第633条以下的承揽合同)。这也不能够用“雇用合同中人们不负担结果”来解释。然而如果不完成一定的结果,债权人也没有让人向自己约定劳务,那么这对于劳务给付而言并不具有意义:病人尽管得到了良好的治疗但仍然死亡;诉讼尽管律师已经尽了全部之注意而仍然失败。但劳务给付本身可以是有瑕疵的:医生因错误诊断而没有对事实上存在的疾病采取任何措施;律师没有及时地提出实质性的证据请求;女工完成的是不持久的或者是不正确的钎焊连接。但法律并没有明确地讲明于此种情形应当减少报酬请求权或者应当给付损害赔偿。然而我们也不能够从中得出下述结论:即对于不良的劳务给付,应当给付完全的报酬(但这或许为判例的主要见解,参见W-H.罗特(W-H. Roth)文,载《保险法》,1979年,第494页以下;法兰克福州高等法院裁判,载《德国法月刊》,1992年,第347页;但关于另一方面的情况,亦请参见乌尔里希(Ullrich)文,载《新法学周刊》,1984年,第585页以下;另外,关于有限责任公司董事的案件,参见联邦最高法院裁判,载《企业》,1988年,第387页;关于侦探的案件,参见联邦最高法院裁判,载《新法学周刊》,1990年,第2549页)。正确的见解应当是: 323

(1)根据第614条,劳务给付的债务人通常负有先为给付的义务。这也就是说,在其未依约给付的期间内,其报酬请求权尚不届清偿期。从劳务给付的债权人的角度观之,其可以请求履行,即可以请求约定的给付。可见,任何可以将这种履行请求权排除在外的特别规定(如以前在买卖中那样),都是不存在的。 324

如果劳务给付成为不能(如需要同声传译的报告已经结束),那么这通常会使劳务给付的债权人免除其报酬义务,而且是依第

323 条第 1 款或者第 5 款(在第 5 款中,在解除或者终止之后由劳务给付的债权人进行)。

325 (2)以劳务给付的债权人例外地应当先为给付为限或者无法律上的义务而已经先为给付为限,在此种情形,在不良的劳务给付之后,其仍然享有履行的请求权。如果劳务给付已于此间成为不能,那么该项请求权虽然因第 275 条第 1 款而告失败,但报酬可以依第 326 条第 4 款和第 346 条以下请求返还。

326 (3)不良给付的损害赔偿请求权系通常因违反义务而发生的损害赔偿请求权(第 280 条;参见《总论》边码 412 以下)。易言之,要件为劳务给付的债务人具有归责事由。不由过错决定的请求权仅因担保而存在,但恰恰在雇用合同中这是非常罕见的。

二、其他义务

327 劳务给付债务人的其他义务可以因特别规则或者因诚实信用而产生。其主要见于劳动合同(如在紧急情况下从事额外工作、不从事竞业活动以及缄默)。然而这种义务不应当被置于非常重要的地位,以至于让人产生以一种共性的幻想来消除劳动关系对立面的印象(企业经营关系)。

第三节　劳务给付的债权人的义务

一、报酬义务

328 与劳务给付债务人的劳务给付义务相对的是劳务给付债权人的报酬义务(第 611 条第 1 款)。第 612 条为此项义务的设定提供了救济:

1. 根据第 612 条第 1 款,以劳务给付依情形仅得依有偿方式期待为限,报酬应当被视作为默示约定的。这样就可以防止雇用合同因在有偿性上欠缺合意而告失败;因在有偿性上发生错误而撤销(第 119 条第 1 款)亦被排除在外。然而反过来讲,具体的情形也可能会排除第 612 条第 1 款的报酬义务，如在向朋友和亲属给付较小规模劳务的情形。不论在何种情形，法定劳务给付义务的存在（如依第 1619 条）都将排除第 612 条第 1 款的适用。

主要是德国联邦劳动法院有时在适用上超出了第 612 条第 1 款的文义及意旨（参见《慕尼黑民法典注释——绍布（Schaub）》，第 612 条，边码 7 以下；其本人当然承认这样的判例）：在报酬期待告以失败的情形，这一规定亦应当适用，如因期待获得附加给付（指定继承或者结婚等）而约定了低价值的报酬。我对此则持有强烈的怀疑态度；参见下文边码 652。

2. 如果没有规定报酬的数额，那么第 612 条第 2 款可以提供帮助：其引用的是定价和通常的标准。这样就可以避免合同因未规定报酬而为无效。 329

二、特论——无劳务给付情形的报酬义务 330

与普通债法不同的是，即使在不给付劳务的情形，雇用合同法亦在两种情况下赋予劳务给付的债务人以报酬的请求权。

1. 根据第 615 条，即使是在劳务给付的债权人陷于受领迟延的情形，也必须要支付报酬。劳务给付的债务人只是需要折抵自己因不给付所节省的或者恶意不节省的利益。就劳务给付于受领迟延期间已经成为不能这一情形而论，这相当于第 323 条第 6 款的一般性规则（如应予清刷的房屋已于此间焚毁）。但第 615 条则超出了这一范围之外，原因是劳务给付的债务人不应当负有后续给付的义务，这也就是说，即使给付尚为可能，亦应当支付报酬。据此，如果教师对自己患病的学生作出了徒劳的等待，则其可以为自己的补习辅导工作请求酬金（债权人迟延不以可以归责为要件；参见《总论》边码 426 以下）。因《债法现代化法》而引入的第 615 条第 3 句将报酬义务扩展到了“雇主应当对不能够完成工作的风险负责任”的情形。然而这不再是没有任何意义的冗言赘语。

331 2. 更为重要的是第616条:如果劳务给付的债务人在自身没有过错的情况下在比较不显著的时间之内因存在于自己人身上的事由而在劳务给付上受到阻碍,则其不应当丧失自己的报酬请求权;当然,这里也应当折抵所节省的利益。这样,劳务给付的债权人主要是在罹患疾病的情形必须要对劳务给付的债务人进行供给。

(1)尽管可以设定这样的“社会性”义务,但非常明确的是,第616条既不限于劳动关系,也不只是(像第617条那样)限于继续性的雇用关系。但从“比较不显著的时间”这个要件中可以得出一项实质性的限制:即在一次性的或者应当予以快速了结的劳务给付中,短时间的阻碍就可能是比较显著的了。因此,劳务给付的债权人根本不需要资助自己患病的医生或者律师,但也不需要资助负有几小时补习义务的教师。

332 (2)阻碍事由必须出现在劳务给付的债务人那里。这可以是罹患疾病、分娩、死亡抑或婚礼,有时也可以是近亲属的这些情形。而在所发生的事件涉及很多人时,如因交通堵塞或者在下大雪时因道路管制而不能够到达工作岗位的情形,则不存在这种人身上的要素(参见德国联邦劳动法院裁判,载《新法学周刊》,1983年,第1078页)。然而如果劳务给付的债务人虽然来到了企业,但因寒冷而不能够工作,那么这受第615条的拘束,结果是劳务给付的债权人负有支付报酬的义务(参见德国联邦劳动法院裁判,载《新法学周刊》,1983年,第2159页)。

333 (3)阻碍必须是不可以归责的。在这方面,存在大量的,并且从总体上看非常有利于劳务给付的债务人的判例。如此,因参加危险运动项目而受到的伤害,甚至因自杀未遂而受到的伤害,都应当是不可以归责的。但另外,因不系安全带所造成的伤害,则被认为是有过错的(参见《慕尼黑民法典注释——绍布》,第616条,边码62以下)。

(4)关于工人、职员以及职业受训者,1994 年 5 月 26 日的《报酬续付法》包含有一些重要的特别规定。其所调整的报酬续付问题不仅针对罹患疾病的情形,而且也针对节假日。在生病的情形,报酬最长应当续付 6 周(《报酬续付法》第 3 条第 1 款)。另外,在第 1 款第 2 句中,该法对下述至今为止一直受到争执的问题作出了调整:即因同一疾病而一再丧失工作能力的情形应当适用何种规定。 334

三、劳务给付债权人的其他义务

劳务给付的债权人亦因诚实信用而负有保护义务。其中有一些已经在法律上得到了具体化。当然,其主要是对劳动合同具有意义,因之在下文仅进行简要的论述: 335

1. 根据第 617 条和第 619 条,对于长期受雇的、已经被接纳到自己家庭之中的劳务给付债务人,以其罹患疾病为限,劳务给付的债权人也必须要给予供给以及医疗。但这一义务是辅助于保险给付的(第 617 条第 2 款),因此基本上已经失其意义。

2. 根据第 618 条和第 619 条,劳务给付的债权人必须采取一定的保护照顾措施以保护劳务给付的债务人。对于(可以归责的)违反义务的情形,第 618 条第 3 款规定了独立的损害赔偿请求权,其涉及的是违反保护义务的一种特殊情形(第 282 条)。但第 618 条第 3 款的特别之处是对第 842 条至第 846 条的引用,即对侵权行为法的引用。如此,根据第 844 条第 2 款,对于被致死的劳务给付债务人的遗属,劳务给付的债权人负有供给的义务。 336

但第 618 条基本上也已经成为没有意义的了:其第 1 款受到技术劳动保护规范的叠置;并且第 2 款中的赔偿义务因雇主自己的责任基本被排除(这是与法定意外伤害保险联系在一起的;以前为《帝国社会保险法》第 636 条以下,现在为《社会法典》第 7 编第 104 条以下)而被排除于适用之外(参见施泰恩—克里格—阿尔瑙(Stern - Krieger - Arnau)文,载《保险法》,1997 年,第

408 页）。

337 3. 根据第 629 条，在继续性的雇用关系终止之后，并且在经请求之后，必须为劳务给付的债务人提供适当的时间以寻求新的工作岗位。在这里，应当认为存在第 616 条的报酬义务（当然是可以更易的）（参见《慕尼黑民法典注释——P. 施维特纳（P. Schwerdtner）》，第 629 条，边码 8）。

338 4. 根据第 630 条，在继续性的雇用关系结束时，并且在经请求之后，应当向劳务给付的债务人给予证明书（参见施莱斯曼（Schlessmann）：《工作证明书》，第 16 版，2000 年）。在此，劳务给付的债务人可以在下述两种证明书之间作出选择：第一种为简单证书，其仅表明雇用关系的性质及期间长短（“某某作为……自……时起至……时止在这里工作”）；第二种是加重证明书，其内容亦及于“雇用期间的给付及操守”。

第二种证明书在寻找新工作时应当能够为劳务给付的债务人提供证明。在此方面，约定俗成有一种颇为好心的拟就方法：即为防止出现争执，常常通过略去赞扬的话语来隐含责难（参见沃于斯特（Weuster）文，载《企业顾问》，1992 年，第 638 页：《不可避免的“至为满意”》；有关妥适见解，亦见同一作者文，载《企业顾问》，1992 年，第 58 页；另外请见胡诺德（Hunold）文，载《新劳动法杂志——司法报告》，2001 年，第 113 页；格洛瑟（Glosser）文，载《企业顾问》，2001 年，第 629 页）。这样就会出现下述危险：即因信赖引入误解的证明书而任用找工作者的雇用人受到诈欺。在此种情形，可以考虑让出具人依第 826 条负责任。另外，根据判例（参见《联邦最高法院民事裁判集》，第 74 卷，第 281 页、第 287 页以下），对于后来在核心内容上被认为是不正确的证明书，出具人负有更正的义务；在不履行此项义务时，辅助人的过错似应依第 278 条进行折抵（细节问题尚不清楚）。

第四节 雇用合同的消灭

1. 雇用关系随劳务给付债务人的死亡而结束(参见第613条第1句)。而单是劳务给付债权人的死亡则不构成终结事由。但在劳务给付与债权人的人身相关联的情形(如教学或者医疗),债权人的死亡引起给付不能。 339

2. 再者,附解除期限的雇用合同因期间届满而终结(第620条第1款)。当然,在应于较长时间从事活动的劳动关系中,附加较短期限,从而可能将终止保障(特别是《终止保障法》规定的终止保障)排除在外的做法,通常是不准许的。有关这方面情况,参见佐尔纳—洛里茨:《劳动法》,第21章,第1节,三。 340

3. 如果仅负担一项有限定的工作(如实施手术或者准备考试),那么劳务给付义务亦因履行而告终结。 341

4. 无论是在时间上不受限定的雇用合同,还是为提前终结有限定的雇用合同,都需要进行终止。与使用租赁法上相类似,这种终止既可以是普通的,也可以是特别的;既可以是附期限的,也可以是无期限的(参见上文边码213以下)。第621条至第628条对细节问题作出了规定。在这些规定中,第622条和第623条单纯涉及劳动关系,故此在这里不进行论述。 342

(1)除此之外,对于终止权,适用下述规定:

①第621条规定的是普通终止的期间,其借鉴的是确定报酬的时间间隔。

②对于终身的或者期间长于5年的雇用合同,第624条赋予劳务给付的债务人以附期限的特别终止权。此项权利旨在保护劳务给付的债务人,以防止在自己的自由方面受到长时间的限制。因此,尽管在法律上没有规定,但此项权利是不可以更易的。 343

③根据第626条,劳务给付的债务人和劳务给付的债权人随 344

时都可以因重大事由而终止合同。这是一项不可以更易的、实行特别终止的权利。在第626条第1款中,事由重大与否系依据不能够苛求继续雇用关系来判断。第626条第2款为终止权规定了一个长度为2周的短暂除斥期间(这是很有问题的;参见德国联邦劳动法院裁判,载《新法学周刊》,1994年,第3117页),其自知悉终止事由时起算(参见贝克—沙夫纳(Becker - Schaffner)文,载《企业》,1987年,第2147页;雷德斯(Laeders)文,载《企业顾问》,1990年,第790页)。

345 ④最后,第627条仅涉及有限的雇用关系:即以特别信赖为前提条件,并且其存续典型地不涉及劳务给付债务人生存基础的雇用关系。这通常包括与医师及实科开业医生订立的治疗合同以及与律师、税务顾问、注册会计师或者建筑师订立的合同;有争执的是将这适用于教学合同。对于受第627条拘束的行为,纵使没有重大事由,也应当可以随时终止。

这种依通说仅得以个体合同加以变更(参见联邦最高法院裁判,载《新法学周刊》,1989年,第1479页)的终止权的主要动机是:一种以信赖为基础的法律关系在这种信赖——哪怕只是单方的并且是没有任何理由的——丧失之后是不应当得以继续的。但也应当考虑到,劳务给付的债权人只是简单地“另行进行了考虑”而已,如病人不再要实施手术了,或者当事人不再要实行诉讼了。在这一方面,第627条也保护劳务给付债权人的决定自由。

346 (2)有效终止的法律效果总是使劳务给付义务归于消灭。然而报酬的请求权可以继续存在,损害赔偿的请求权也可以产生。

在依第626条和第627条进行终止时,对于报酬请求权,适用第628条第1款。在通常的情况下,劳务给付的债务人可以请求对已经给付的劳务支付报酬。然而以出现下述情形为限,排除此种请求权:劳务恰恰系因终止(参见联邦劳动法院裁判,载《企业》,1984年,第2705页)而对于债权人不具有利益,并且劳务给付的债务人或者系无理由地自行终止，或者系因违约而使债权人提出终止。

根据第628条第2款，以可以归责的方式（应当进行这样的补充）因违约而使另外一方当事人提出终止的人，应当负担损害赔偿（这就是所谓的解除过错（Aufloesungsverschulden）；参见联邦最高法院裁判，载《新法学周刊》，1994年，第443页；魏斯（Weiss）文，载《法学教育》，1985年，第593页；R. 克劳泽（R. Krause）文，载《法学教育》，1995年，第291页）。并且依第627条第2款第2句，如果劳务给付的债务人在无重大事由的情况下于不适当的时间终止合同，则其亦应当给付损害赔偿。此二者归根结底都是违反义务的特殊情形。

第九十八章　医疗合同的特殊之处

参考文献:贝克曼(Bergmann):《责任法视角下的医院组织》,载《保险法》,1996 年,第 810 页以下;贝克曼—金茨勒(Bergmann - Kienzle):《医院的责任》,1996 年;布律斯肯—克律格里希(Bruesken - Klueglich):《医院治疗责任体系与企业内部的损害补偿》,载《保险法》,1994 年,第 1141 页以下;布恩特(Bunte):《医院合同理念——现行法——将来法》,载《法学家报》,1982 年,第 279 页以下;达姆(Damm):《医学技术与医师责任法》,载《新法学周刊》,1989 年,第 737 页以下;德姆贝格(Demberg):《第 282 条对治疗合同的适用》,载《法律学习》,1987 年,第 337 页以下;多伊奇(Deutsch):《现代医师法的发展趋势》,载《保险法》,1982 年,第 305 页以下;同一作者:《医师法与药物法》,1983 年;同一作者:《牙科治疗中牙医的责任》,载《保险法》,1983 年,第 993 页以下;同一作者:《刚刚执业者的手术:论德国最高法院民事裁判第 88 卷第 248 页上的裁判》,载《新法学周刊》,1984 年,第 650 页以下;同一作者:《过失学说与治疗瑕疵》,载《新法学周刊》,1993 年,第 1506 页以下;同一作者:《医学法上的资源限制与责任尺度》，载《保险法》，1998 年，第 261 页以下；同一作者：《医院承担者的组织过错》，载《新法学周刊》，2000 年，第 1745 页以下；多伊奇—盖格尔（Deutsch – Geiger）：《医学治疗合同》，载《关于修订债法的鉴定及意见》，联邦司法部编，1981 年，第 2 卷，第 1049 页以下；多伊奇—马蒂斯（Deutsch – Matthies）：《医师责任法》，1988 年；杜恩茨（Dunz）：《论民法上的医师责任实务》，1974 年；埃伯哈德（Eberhardt）：《疾病保险机关认可的医师与投保受医的病人之间关系上的民法与社会法》，载《民法实务档案》，第 171 卷，1971 年，第 289 页以下；埃勒斯—博伦多夫（Ehlers – Boehlendorf）：《医师责任法实务》，1994 年；弗拉姆—尼克斯多夫（Frahm – Nixdorf）：《医师责任法》，1996 年；弗朗茨基（Franzki）：《医师责任上的新维度》，载《保险法》，1990 年，第 1181 页以下；弗朗茨基—汉森（Franzki – Hansen）：《协作医生》，载《新法学周刊》，1990 年，第 737 页以下；盖斯豪尔（Gaishauer）：《责任法视角下的牙医外科手术（拔牙）》，载《保险法》，1997 年，第 274 页以下；格莱恩（Gehrlein）：《医师责任概论》，2000 年；盖斯—格赖纳（Geiss – Greiner）：《医师责任法》，第 4 版，2001 年；吉泽（Giese）：《医务损害与医师责任法》，裁判集，1988 年；吉森（Giesen）：《新型治疗方法中医师的民事法律责任》，1977 年；同一作者：《医师责任法》，第 4 版，1995 年；同一作者：《变革中的医师责任法》，载《法学家报》，1982 年，第 345 页以下、第 391 页以下、第 448 页以下；同一作者：《医师责任法的变迁》，第 2 版，1984 年；同一作者：《病人健康与病人意愿之间》，载《法学家报》，1987 年，第 282 页以下；同一作者：《医师责任法上的变迁》，载《法律学习》，1990

年,第 1053 页以下;同一作者:《医师责任法当前的问题》,载《医学法》,1997 年,第 17 页以下;吉森—瓦尔特(Giesen – Walter):《医生的阐明义务与病人的自我决定权》,载《法律学习》,1991 年,第 182 页以下;格罗斯(Gross):《医疗责任》,1987 年;哈特(Hart):《医师责任法的基础》,载《法律学习》,2000 年,第 14 页以下、第 64 页以下;汉森(Hensen):《论无因管理特约的许可性》,载《新法学周刊》,1983 年,第 1366 页以下;亚斯帕森(Jaspersen):《医疗错误与报酬请求权》,载《保险法》,1992 年,第 1431 页以下;卡岑迈尔(Katzenmeier):《医师责任》,2002 年;F. J. 考夫曼(F. J. Kaufmann):《医师责任诉讼中的举证责任问题》,1984 年;克恩(Kern):《门诊手术的责任法问题》,载《新法学周刊》,1996 年,第 1561 页以下;克莱曼(Kleimann):《法定疾病保险机关与健康给付关系的法律性质》,载《新法学周刊》,1985 年,第 1367 页以下;克莱内韦弗斯(Kleinewefers):《论医师的民事法律责任》,载《保险法》,1992 年,第 1425 页以下;科尔豪泽—库必鲁斯(Kollhosser – Kubillus):《医师法的基本问题》,载《法律工作报》,1996 年,第 339 页以下;库尔曼(Kullmann):《违反医疗阐明义务时的损害赔偿义务》,载《保险法》,1999 年,第 1190 页以下;劳夫斯(Laufs):《医师法》,第 5 版,1993 年;同一作者:《1983 至 1984 年医师法的发展》,载《新法学周刊》,1984 年,第 1383 页以下;续文,载《新法学周刊》,1985 年,第 1361 页以下;1986 年,第 1515 页以下;1987 年,第 1449 页以下;1988 年,第 1499 页以下;1989 年,第 1521 页以下;1990 年,第 1509 页以下;1991 年,第 1516 页以下;1992 年,第 1529 页以下;1993 年,第 1497 页以下;1994 年,第 1562 页以下;1995 年,第 1590 页以下;1996 年,第 1571 页以下;1999 年,第 1578 页以下;2000 年,第 1757 页以下;同一作者:《医师责任的改革》,载《新法学周刊》,1996 年,第 2413 页以下;同一作者:《世纪结束之时的医生、病人及法律》,载《新法学周刊》,1999 年,第 1758 页以下;劳夫斯—迪克斯—魏恩克(Laufs - Dieks - Wienke):《医师责任的发展》,1997 年;劳夫斯—乌伦布鲁克(Laufs - Uhlenbruck):《医师法手册》,第 2 版,1999 年;鲁亦希(Luig):《医疗合同》,载《合同之债务关系》(不含买卖法),瓦伦法律丛书,民法,第 3 卷,1974 年,第 223 页以下;马斯(Maass):《1979 年以来保险医师法的发展》,载《新法学周刊》,1989 年,第 2926 页以下;续文,载《新法学周刊》,1991 年,第 2938 页以下;1993 年,第 2974 页以下;1994 年,第 2988 页以下;1995 年,第 3028 页;1997 年,第 3061 页以下;2000 年,第 3395 页以下;2001 年,第 3369 页以下;同一作者:《合同医师法的发展》,载《新法学周刊》,1998 年,第 3390 页以下;1999 年,第 3377 页以下;纳特(Natter):《与投保社会保险的病人订立的医疗合同》,1987 年;奥克斯曼—格奥格(Oexmann - Georg):《牙医的民事法律责任》,1989 年;皮希勒(Pichler):《病人权利的国际发展》,1992 年;雷伯恩(Rehborn):《医师责任法的当前发展》,载《德国法月刊》,1999 年,第 1169 页以下;续文,载《德国法月刊》,2000 年,第 1101 页以下;鲁姆勒—德策尔(Rumler - Detzel):《医师的治疗自由与职业责任》,载《保险法》,1989 年,第 1008 页以下;森格尔(Saenger):《诉讼中的医师责任》,载《保险法》,1991 年,第 743 页以下;施密德(Schmid):《医师责任诉讼的程序规则》,载《新法学周刊》,1994 年,第 767 页以下;R.肖尔茨(Scholz):《医疗错误中的责任及损害计算》,载《保险法》,1996年,第817页以下;施拉姆(Schramm):《医师责任法规范的保护范围》,1992年;舒林—迪尔(Schulin - Due):《保险医师法概论》,载《法学教育》,1984年,第920页以下;施瓦伯(Schwabe):《论医师的私人清算》,载《法律政策杂志》,1987年,第270页以下(参见海斯(Hess)文,同前引,第274页以下);施皮克豪夫(Spickhoff):《可以用一般交易条款排除医院承担者对医疗服务的责任吗?》,载《保险法》,1998年,第1189页以下;同一作者:《新世纪开始时的医学与法律》,载《新法学周刊》,2001年,第1757页以下;同一作者:《2001至2002年医师法的发展》,载《新法学周刊》,2002年,第1758页以下;施蒂芬—德莱斯勒(Steffen - Dressler):《联邦最高法院关于医师责任法裁判的新发展思路》,第7版,1997年;施托多尔科维茨(Stodolkowitz):《违反阐明义务与损害之间因果性的举证责任及减轻举证责任》,载《保险法》,1994年,第11页以下;特必勒—施密茨—赫沙德(Terbille - Schmitz - Herscheid):《论医疗错误中的公开义务》,载《新法学周刊》,2000年,第1749页以下;魏尔斯(Weyers):《有必要为病人和医师的利益而对医师合同法及责任法引入补充性的规定吗?》,载《第52届德国法学家大会鉴定》,1978年,第1页以下。

347 医疗可以以独立的方式或者在被医院接纳这个较大的框架范围之内进行。另外,在这两种情况下,应当考虑到社会法对私法的叠置或者排挤作用。这是因为——正如在绝大多数情况之下一样——医疗系“依据疾病诊疗单”进行的。下文首先对私法进行论述，而后（参见下文边码 355）论述起叠置作用的社会法。

第一节　私法方面

一、医疗合同

1. 订立简单的医疗合同（即订立不被纳入到广泛的医院治疗范围之内的医疗合同）并不具有什么特殊之处。因此，这里仅提及两点内容： 348

第一，医疗合同并非罕见都是（纯正的）利他合同，父母为自己患病的未成年子女请医生即为如此。在此种情形，通常是与父母成立医疗合同，而不是依据法定代理通过父母与待治疗的子女成立合同。这是因为，父母通常不愿意表现出自己欲以子女名义行为的意思。这也就是说，父母应当自己成为医生报酬请求权的债务人，这特别是因为父母向子女负担治疗差不多总是作为扶养费来负担的。

第二，在订立医疗合同时常常不论及报酬的数额。这也是不必要的。这是因为治疗仅得以有偿的方式期待，以至于适用第 612 条第 1 款（参见上文边码 328 以下）。并且在报酬数额方面存在有定价，其见于《医师费用法》。该法为 2400 种以上的不同给付规定了一定的（相对较低的）费用。当然，医师（在一定限度内）也可以按这些费用的倍数（最多为 350%）来计收费用。医师裁量收费的依据为具体给付的困难程度和病人的经济状况。根据第 316 条和第 315 条第 3 款，裁量权的行使应当在审判上予以核查。

2. 医疗合同差不多一般性地被归列为雇用合同。就医师通常不能并且也不要承诺治疗结果，而仅是为此付诸努力这一点而论，这无疑是正确的（参见拉伦茨：《债法分论》，第 2 卷，第 1 编，第 52 章，第 1 节，第 310 页以下；亦请参见《联邦最高法院民事裁判集》，第 63 卷，第 306 页）。但以涉及在技术上制作假牙为限， 349

联邦最高法院意欲适用承揽合同上的瑕疵担保权法(第 633 条以下)(同前引),这是妥适的。对于以制作物为内容的其他医疗上的从属给付,似应作出相应的裁判。

350 3. 医师依科学规则,即通常依诊断和疗法负担治疗。如果医师自己的努力不能够满足治疗的需要,则其必须将病人移交给专家。医疗合同系基于信赖关系。因此,其可以由当事人双方依第 627 条毫无困难地以第 628 条的法律效果终止(参见上文边码 345)。

对医师进行责任限制并不常见,这或许也违背专门职业规范。故此,医师通常对任何过错都负责任,特别是亦对轻过失负责任。但此种过错常常是很难证明的(参见 R. 韦伯(R. Weber)文,载《新法学周刊》,1997 年,第 761 页)。在因果关系方面常常也会出现类似的证据困难,例如,如果治疗正确的话,那么病人也是可以得到救治的? 在这里,判例对受害人表示出了谅解,手段是方便举证直至完全倒置举证责任:在有重大治疗错误的情形(参见豪施(Hausch)文,载《保险法》,2002 年,第 671 页;有关判例例如见联邦最高法院裁判,载《新法学周刊》,2001 年,第 2794 页:“实在让人无法理解的错误行为”;参见多伊奇(Deutsch)文,载《保险法》,1988 年,第 1 页),以错误能够一般性地引起此种损害后果为限(参见《联邦最高法院民事裁判集》,第 132 卷,第 47 页;第 138 卷,第 1 页),可以推定对于这种损害后果具有因果关系。在这里,存在单纯的共同因果关系即为足已:参见联邦最高法院裁判,载《新法学周刊》,1997 年,第 796 页。根据联邦最高法院的裁判,如果医师对不可以阐明性具有过错,那么情况亦为如此(参见《联邦最高法院民事裁判集》,第 85 卷,第 212 页;联邦最高法院裁判,载《新法学周刊》,1987 年,第 1482 页)。

351 如果过错证明没有成功,那么受害人常常会转而采取另外一种论证方法:即在与治疗相联系的风险方面,医师没有向受害人进行充分的阐明。故此，病人并没有有效地对治疗表示同意。所以，与治疗相关联的、对病人身体完整性的干涉是违法的（同时也是有过错的）。这也就是说，即使手术自身已经得到了正常的实施，医师甚至还要负责任。

这里出现的关于进行必要阐明的程度的问题已经成为医学者与法学者之间的一个主要系争点（参见多伊奇（Deutsch）文，载《新法学周刊》，1982年，第2585页以下；《裁判集：医师法上的阐明与允许》，1986年；埃勒斯（Ehlers）：《医师在实施医疗手术之前的阐明义务》，1987年；另请参见海尔曼（Heilmann）文，载《新法学周刊》，1990年，第1513页；克莱内韦弗斯—施帕尔塞尔（Kleinewefers－Sparwasser），载《保险法》，1990年，第1205页；沙福尔（Schaffer）文，载《保险法》，1993年，第1458页；克恩（Kern）文，载《新法学周刊》，1994年，第753页；冯·默伦达尔（von Muehlendahl）文，载《新法学周刊》，1995年，第3043页；在判例方面，参见《联邦最高法院民事裁判集》，第144卷，第1页；联邦最高法院裁判，载《新法学周刊》，1990年，第2928页；《保险法》，1994年，第104页；另请参见联邦最高法院裁判，载《法学家报》，1996年，第518页，连同吉森（Giesen）的注解：在有科学疑问的情形也存在阐明义务）。有些裁判或许夸大了对医师的要求。例如，在我看来，科隆州高等法院的裁判就是有疑义的（见《保险法》，1982年，第453页）：医师肯定也会说自己事前还从未实施过这种手术，类似的手术也仅是实施过几次而已；一名律师也肯定会说自己此前尚从未实施过票据或者亲子关系诉讼。有时也会被要求指明从几率上看为十分不可能的风险（如见杜塞尔多夫州高等法院裁判，载《保险法》，1994年，第218页）：出现并发症的几率仅为50,000分之一。因此，有些医院将病人阐明情况的义务转移到了内容广泛，并且应当由病人签名的表格上（参见雅可布（Jacob）文，载《法律学习》，1982年，第529页；古拉拉基斯（Gouralakis）文，载《新法学周刊》,1990 年,第 752 页)。然而这种过多虑及医师责任法上的安全性,并且为十分非个人性的阐明可能会使病人感到恐惧,从而可能因为所叙述的惊恐事件的聚集而不同意接受正确的治疗(现在很多药品的说明书就是这样;参见楚克(Zuck)文,载《新法学周刊》,1999 年,第 1769 页)。故此,(以口头方式)实行分阶段阐明的办法可能要好一些(但不一定是必要的;参见《联邦最高法院民事裁判集》,第 144 卷,第 1 页、第 5 页以下)(事后再以个别的方式以文书记载下来):医师首先只需要粗线条地向病人指明危险,事后于病人问及时再陈述细节。

但无论如何可以请求的是,医师应当在手术之前尽可能及时地作出阐明(参见联邦最高法院裁判,载《新法学周刊》,1992 年,第 2351 页;1994 年,第 3009 页;1998 年,第 1748 页;《保险法》,1995 年,第 1055 页;科隆州高等法院裁判,载《新法学周刊》,1992 年,第 1564 页;亦请参见罗德(Rohde)文,载《保险法》,1995 年,第 391 页)。在单纯的美容手术中,对于可能出现的危险,必须进行特别的告诫(参见联邦最高法院裁判,载《新法学周刊》,1991 年,第 2349 页)。如果可能会发生特别严重的后果,如因输入他人血液而感染肝炎或者艾滋病,则需要尽特别之注意(参见《联邦最高法院民事裁判集》,第 116 卷,第 379 页;亦见多伊奇(Deutsch)文,载《法学家报》,1992 年,第 423 页)。在此种情形,医师甚至必须要打破自己的缄默义务(参见法兰克福州高等法院裁判,载《新法学周刊》,2000 年,第 875 页;亦见施皮克霍夫(Spiekhoff),同前引,第 848 页)。亦在考虑范围之内的还有经济上的阐明义务,即阐明不能够偿还某些治疗费用(如见柏林高等法院裁判,载《保险法》,2000 年,第 89 页)。

二、医院治疗

352 1. 在医院中,医疗通常只构成向病人负担的、内容较为广泛的给付的一部分。这些给付例如也包括安置、膳食和护理。所有这些给付通常都是在唯一的一个、融合有不同类型合同要素的合同中承诺的(参见下文边码 588 以下)。这就是所谓的完全医院(接纳)合同。由于在这里是由医院的承担者自行负担医疗给付,故其依第 278 条对医师的过错负责任(同对其他人的过错一样)。

2. 上述合同的对称是所谓的分割医院(接纳)合同。在这里, 353
医疗仅是由与病人订立单独合同的医师负担。而医院承担者仅负担其他的给付,并且也不对医师的过错负责任。分割的医院合同特别是见于协作医生以住院方式继续门诊治疗的情形。但在此种情况下,何人应当依第 278 条对辅助人(如助理医生和参加手术的护士)的过错负责任的问题将会造成巨大的困难:是医院的承担者还是医师?(参见《联邦最高法院民事裁判集》,第 23 卷,第 319 页;亦请参见《联邦最高法院裁判》,载《新法学周刊》,1962 年,第 1763 页)。来到一家医院急诊就医的私人病人通常也与自行清算的主任医师设定合同关系。在这里,不在场的主任医师依第 278 条对值班的主治医生负责任(参见《联邦最高法院民事裁判集》,第 105 卷,第 189 页)。

3. 在某种程度上介于上文所述两种形态之间的是具有医师 354
附加合同的完全医院(接纳)合同。在这里,在上文边码 352 的形态之下,病人还要与治疗的医师订立合同,其目的例如是要实现由主任医师进行治疗。在此种情形,即使该医生是医院的职员,其仍然获得自己的清算权(参见联邦最高法院裁判,载《新法学周刊》,1979 年,第 597 页)。在此种情形,对于治疗错误,除医师之外,医院承担者亦负责任(参见《联邦最高法院民事裁判集》,第 95 卷,第 63 页、第 68 页)。

第二节　社会法因素

根据《社会法典》第 5 编第 2 条第 2 款第 1 句(以前为《帝国 355

社会保险法》第 182 条第 1 款第 1 项），对于社会疾病保险，适用所谓的物的给付原则：保险的承担者（即疾病保险机关）根本不以预支的方式负担金钱，或者负担偿还首先应当由被保险人支出的医疗费用。而是医疗费用由疾病保险机关负担。但疾病保险机关几乎并不保有自己的治疗机构。故此，被保险人必须要到医生或者医院那里就医（原则上可以自由选择；见《社会法典》第 5 编第 76 条第 1 款，以前为《帝国社会保险法》第 368d 条第 1 款）。但在通常的情况下，被保险人并不因此而负有支付报酬的义务。在此种情形下，医生或者医院承担者最后从疾病保险机关那里获得此项报酬（以被保险人没有例外地被规定支付自留额为限）。

但在可能还是要由个体法来调整的病人（被保险人）、医师（或者医院承担者）以及疾病保险机关这个三角关系中，立法者并没有这样做。在这里，医师（医疗机构在下文不在考虑范围之内）首先必须被许可作为保险医师（见《社会法典》第 5 编第 95 条第 1 款，以前为《帝国社会保险法》第 368a 条第 1 款）。其因之而成为保险医师住所地主管保险医师协会的成员（见《社会法典》第 5 编第 95 条第 3 款，以前为《帝国社会保险法》第 368a 条第 4 款）（这是具有权利能力的公法团体）。各个保险医师协会与各个疾病保险机关协会订立总括或者纲要合同。这些保险医师协会也主管受领由疾病保险机关负担的报酬（见《社会法典》第 5 编第 85 条，以前为《帝国社会保险法》第 368f 条）。保险医师协会负责将报酬分配给自己的成员；这些成员根据自己的成员资格而有义务向被保险人提供医疗供给。因此，从总的情况上看，至少在下述四个人之间存在着公法上的结合关系：

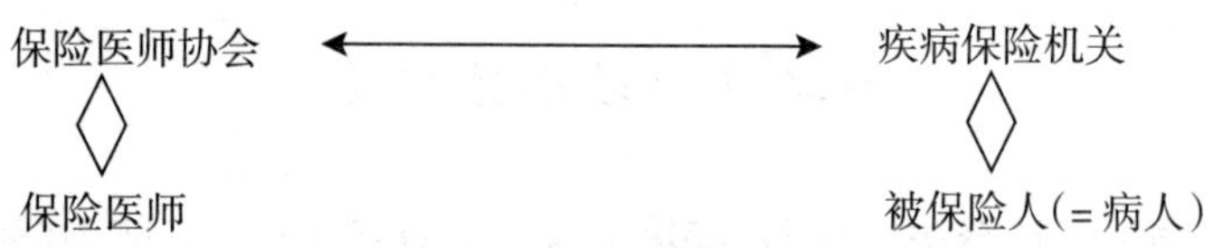

可见，只有保险医师与病人之间的关系还没有得到解决。为此，《社会法典》第5编第76条第4款(以前为《帝国社会保险法》第368d条第4款)规定："承担治疗使参加保险医师供给的医生有义务对有待治疗者尽符合民事合同法规定之注意。"这也就是说，上文所述的公法聚集现象将产生下述令人惊异的结果：在被保险人对保险医师的权利方面(而不是义务方面)，又适用的是雇用合同法(通说亦为如此)。在此方面，保险病人不应当劣于私人病人。因此，特别是在得到不良医疗的情形，其享有上文边码350以下所述的请求权。

第三节　附论：竞合的侵权法

通常情况下，医疗过错不仅意味着侵害合同，而且也意味着侵害生命、身体或者健康。因此，从第823条第1款中可以得出受害病人的侵权行为的请求权(或者从第844条得出其遗属的侵权行为的请求权)。特别是，在合同上的注意义务与侵权行为的注意义务之间不应当存在差别(参见帝国联邦最高法院裁判，载《新法学周刊》，1989年，第767页，连同多伊奇(Deutsch)的注解)。侵权的损害赔偿请求权至今为止主要是因只有这样才可以取得慰抚金(旧法第847条)始具有自己的意义。然而在这里，对非为机关的辅助人(见第31条；如主任医师)的责任，仅依第831条确定(参见下文边码850以下)；对于身为公务员的医师，应当考虑《基本法》第34条以及第831条(参见下文边码928)。 356

第二部分

承揽合同

第九十九章　承揽合同总论

参考文献：巴勒施泰特（Ballerstedt）：《论不同类型承揽合同中民法典第635条和第638条的解释》，载《拉伦茨第一次纪念文集》，1973年，第717页以下；博格林（Boeggering）：《承揽合同中的受取》，载《法学教育》，1978年，第512页以下；布劳恩（Braun）：《将计算机程序交付给使用者系作为承揽合同》，载《企业顾问》，1992年，第154页以下；布罗斯（Bross）：《联邦最高法院关于（一般）承揽合同法的判例》，载《有价证券资讯》，1992年，第125页以下、第165页以下；1993年，第1493页以下；布罗斯—考里肯施利杰沃（Bross－Keukenschrijver）：《联邦最高法院关于（一般）承揽合同法的判例》，载《法学教育》，1992年，第125页以下、第165页以下；布吕格迈尔（Brueggemeier）：《修理与结果损害》，载《企业顾问》，1995年，第2489页以下；比登本德（Buedenbender）：《承揽合同》，载《法学教育》，2001年，第625页以下；克斯特尔—瓦尔特延（Coester－Waltjen）：《承揽合同中的瑕疵责任》，载《法律学习》，1993年，第200页以下；《再论承揽合同中的瑕疵责任》，载《法律学习》，1993年，第540页以下；德勒德—

迈尔(Derleder – Meyer):《工作物瑕疵的侵权责任》,载《民法实务档案》,第195卷,1995年,第137页以下;埃尔曼(Erman):《范围的理念——分配承揽合同价金危险的视角》,载《法学家报》,1965年,第657页以下;费舍尔(Fischer),《设备买卖中的受取》,载《企业》,1984年,第2125页以下;高赫(Gauch):《承揽合同》,第3版,1985年;格洛克纳(Gloeckner):《承揽合同——类型、义务方案和权利瑕疵责任》,载《法律学习》,1999年,第343页以下;格里默(Grimme):《承揽合同中的报酬》,1987年;H. H. 雅可布斯(H. H. Jakobs):《承揽人因瑕疵工作物给付而承担的损害赔偿义务与瑕疵解除和减价之间的关系》,载《法律学习》,1974年,第341页以下;同一作者:《因瑕疵工作物给付而享有的损害赔偿请求权的消灭时效》,载《法学教育》,1975年,第76页以下;同一作者:《承揽合同中的不履行与瑕疵担保责任》,载《拜茨克(Beitzke)纪念文集》,1979年,第67页以下;同一作者:《承揽合同中的受取》,载《民法实务档案》,第183卷,1983年,第145页以下;凯撒(Kaiser):《德国和瑞士承揽合同瑕疵责任的体系》,载《德国及国际建筑法杂志》,1986年,第1页以下;克勒(Koehler):《法学家大会与承揽合同法改革——简要回顾》,载《新法学周刊》,1985年,第945页以下;科勒(Kohler):《承揽合同与定作人责任》,载《新法学周刊》,1993年,第417页以下;考林滕堡(Korintenberg):《承揽合同中的履行与瑕疵担保责任》,1935年;屈纳(Kuehne):《工作物的制作届清偿期(特别是在没有约定期间的情形)》,载《企业顾问》,1988年,第711页以下;屈纳尔(Kuehnel):《完全维护合同》,载《企业顾问》,1985年,第1227页以下;劳夫斯—施维格

(Laufs – Schwenger):《承揽合同中定作人的损害赔偿请求权》,载《新法学周刊》,1970 年,第 1817 页以下;莱夫(Lewer):《承揽合同中定作人依民法典第 618 条和第 619 条劳务给付法的责任》,载《法学家报》,1983 年,第 336 页以下;里特巴斯基(Littbarski):《缔约过失请求权与民法典第 633 条以下请求权的关系》,载《法学家报》,1978 年,第 3 页以下;梅迪库斯:《买卖合同与承揽合同》,载《法学教育》,1992 年,第 273 页以下;米克里茨(Micklitz):《修理合同》,1983 年;同一作者:《修理合同中的实际小时报酬与价格约定》,载《经济法杂志》,1986 年,第 285 页以下;同一作者:《修理手工业和一般交易条款法中的计算方法》,载《企业顾问》,1988 年,第 639 页以下;毛茨克(Motzke):《承揽人的检查、阐明及监督义务》,载《德国及国际建筑法杂志》,1988 年,第 244 页以下;尼克里施(Nicklisch):《承揽合同法上品质保证的损害赔偿责任以及一般交易条款对其进行的限制》,载《拜茨克(Beitzke)纪念文集》,1979 年,第 89 页以下;同一作者:《承揽合同中定作人的协助义务》,载《企业顾问》,1979 年,第 533 页以下;同一作者:《在定作人作出指示的情形承揽合同法上的危险分配》,载《博施(Bosch)纪念文集》,1976 年,第 731 页以下;帕德克(Padeck):《汽车清洗设备发生损害情形的法律问题》,载《保险法》,1989 年,第 541 页以下;F. 彼德斯(F. Peters):《承揽合同法的基本情形》,载《法学教育》,1992 年,第 1022 页以下;1993 年,第 29 页以下、第 118 页以下、第 211 页以下、第 289 页以下;里布勒(Rieble):《依民法典第 633 条第 3 款在不法代执行情形的补偿请求权》,载《企业》,1989 年,第 1759 页以下;里门施耐德

(Riemenschneider):《承揽人的保障》,1967 年;施莱希特里姆(Schlechtriem):《承揽人的瑕疵担保责任及一般性责任》,载《法学家报》,1971 年,第 449 页以下;施伦德(Schluender):《实务中从承揽合同的设计》,载《新法学周刊》,1995 年,第 1057 页以下(参见克劳斯(Kraus)文,载《新法学周刊》,1997 年,第 223 页以下);H. 施密德(H. Schmidt):《质量保证协议及其法律框架》,载《新法学周刊》,1991 年,第 144 页以下;赛德尔(Seidel):《承揽合同中承揽人的"修复权"》,载《法学家报》,1991 年,第 391 页以下;施普林格(Springer):《承揽合同中的受取概念》,1988 年;魏尔斯(Weyers):《承揽合同法上的类型区分》,载《民法实务档案》,第 182 卷,1982 年,第 60 页以下;M. 沃尔夫(M. Wolf):《联邦最高法院当前的裁判:承揽合同和旅游合同》,载《新法学周刊》,1994 年,第 838 页以下。亦请参见上文边码 40 前列明的关于一般瑕疵担保责任法的著述。关于承揽合同法的改革,如见魏尔斯著述,修订版,第 2 卷,第 1115 页以下;凯尔霍滋著述,修订版,第 3 卷,第 241 页以下(建筑法);克勒(Koehler)文,载《新法学周刊》,1984 年,第 1841 页以下;米克里茨(Micklitz)文,载《法律政策杂志》,1984 年,第 239 页以下;尼克里施(Nicklisch)文,载《法学家报》,1984 年,第 757 页以下;舒伯特(Schubert)文,载《法学评论》,1984 年,第 315 页以下;托马斯(Thomas)文,载《经济法杂志》,1984 年,第 1046 页以下。另请参见泰希曼(Teichmann)、布朗特纳(Brandner)和泽格尔(Soergel)在汉堡举行的第 55 届德国法学家大会上宣读的论文。最后见哈斯(Haas)文,载《新法学周刊》,1992 年,第 2389 页以下。关于未经事先通知而"改变作用"的经典作品演出的这一专门性问题，参见费斯曼（Fessmann）文，载《新法学周刊》，1983年，第1164页；克诺特（Knothe）文，载《新法学周刊》，1984年，第1074页。

关于新法，如见哈斯（Haas）：《德国债法现代化法草案：买卖法及承揽合同法》，载《企业顾问》，2001年，第1313页以下；莱肯霍夫（Reinkenhof）：《新承揽合同法》，载《法律学习》，2002年，第433页以下；毛余普（Meub）文，载《企业》，2002年，第133页以下；舒德纳基斯（Schudnajis）文，载《新法学周刊》，2002年，第396页以下；泰希曼（Teichmann）文，载《法学教育》，2002年，第417页以下。

第一节　特点与界定

第631条至第650条调整的是以无偿制作工作物为内容的合同，即承揽合同。在这里，法律将承揽给付的债权人称作定作人，将承揽给付的债务人称作承揽人。这时所涉及的不需要是消费者法意义上的企业主，实际上所涉及的常常为企业主。 357

一、承揽给付的多样性

1. 承揽给付系指向工作物的制作（见第631条第1款）。这是一个非常一般性的概念。其多样性在第631条第2款那里又得到了强调：这不仅可以涉及一个物的制作或者变更，而且也可以涉及另外的、应当由工作或者劳务促成的结果。学者魏尔斯（Weyers）（见《修订》，第2卷，第1115页、第1196页以下）作出了下述较为常见的区分： 358

- 在定作人的设施上实施的工作（安装、维护、清洁）；
- 在定作人交付的物上实施的工作，如清洁或者汽车修理；
- 手工业工作，如摄影工作或者开锁服务；

• 脑力劳动，如鉴定、规划、翻译、市场调研、艺术演出及活动，也包括制作个人性的电脑程序（参见《联邦最高法院民事裁判集》，第 102 卷，第 135 页、第 140 页）；

• 赢利事业加工，如金属加工、模型建造和分析工作；

• 具有潜在身体结果损害的工作物（较好的表述应当是：与定作人的身体有关联的工作），如眼镜师、牙科技师、理发师和按摩师的给付；

• 建筑工作，如建筑师的给付、安装、混凝土浇筑和挖掘工作；

• 其他工作，如运输和伐木。

359 2. 由于存在这种多样性，因此非常清楚的是，在各个次级类型中可能会出现非常不同的问题。故此，欲将所有这一切都涵盖在内的法律规定必须得是相当不确定的。出于这一原因，一般交易条款特别是在承揽合同中是有其合法适用范围的。

360 3. 与劳务供给合同（参见上文边码 320）相平行，学者菲肯切尔（Fikentscher）也指明了（并不罕见的）承揽供给合同（Werkverschaffungsvertraege）的存在（参见《民法实务档案》，第 190 卷，1990 年，第 34 页以下）：即某人负有义务使合同的另外一方当事人取得一个第三人的承揽给付（如音乐会代理机构负责安排一个艺术家的演出）。对此，除有一些偏差之外，适用第 631 条以下（见菲肯切尔文，同前引，第 65 页）。

二、与劳务给付的界定

361 承揽合同与雇用合同的界定是非常有疑问的。

1. 二者理念上的不同在第 631 条第 2 款表现得非常清楚：在这里，承揽给付的内容被指称为“应当通过劳动或者提供劳务促成的成果”。据此，承揽给付虽然包括劳务给付，但其还可以超出这一范围之外：即承揽人只有在发生成果之后始完成履行。由于对待给付只有在履行给付义务的情况下才能够被获得，故在承揽合同中，承揽人负担的风险要大于雇用合同中的劳务给付债务人：

纵使承揽人已经正常地完成了自己的劳务,以未发生成果为限,其并不获得承揽报酬。

设置建筑物是这方面的一个清楚示例。在这里,在业主与建筑工程的承包人之间存在着承揽合同,而在建筑工程承包人与建筑工人之间则为雇用合同(表现为劳动合同)。如果差不多将要完工的建筑因意外而灭失,那么这根本不妨碍建筑工人对承包人享有的工资债权:其已经完成了自己负担的劳务,因此而完成了履行。然而对于所给付的劳动以及对于所耗费的材料,建筑工程的承包人通常连向业主请求部分报酬的权利都没有:这是因为工作的成果即竣工并验收(参见下文边码 379),并没有出现。

2. 尽管在理念上可以进行清楚的界定,但实际上常常存在着 362
巨大的界定困难。

这是因为:第一,所约定的是否仅为劳务抑或也包含成果(有时包含成果,那么包含何种成果),这常常可能颇具疑问。上文边码 349 即已经表明:医生并非不折不扣地负担治疗,而仅是负担在治疗上付诸努力;这也就是说,在其与病人之间存在的是雇用合同。但在盲肠手术的情形又如何呢?如果说在这里并不负担对病人的治疗,那么至少要负担摘除盲肠吧?通说对此作出了否定,从而在这方面也走向了雇用合同。一般地讲,如果借助于给付所要达到的成果的发生不单是取决于债务人的努力,而是也取决于其他的情况,特别是取决于债权人人身上的情况,那么通常应当将这认定为雇用合同。

第二,存在用以约定不同种类给付的合同:即此种合同不仅具有成果关连性,同时也具有行为关连性。建筑师合同(Architektenvertrag)即属于这种情况。在这里,制作建筑规划更多地表现为具有成果关连性,而建筑督导及监督则更多地具有行为关连性。因此,建筑师合同的归属具有不确定性,其在判例上是变动着的:帝国法院曾认为这是雇用合同(参见《帝国法院民事裁判》,第 86

卷,第75页;第137卷,第83页);而联邦最高法院则肯定其“无论如何通常均为”承揽合同(始自刊载《联邦最高法院民事裁判集》第31卷第224页上的裁判)。此项见解可资赞同,理由是建筑师给付的瑕疵常常表现在建筑工程上(参见拉伦茨《债法分论》,第2卷,第1编,第53章,第1节,第343页)。然而与在医疗合同反转的情形相应(参见上文边码349),对于建筑师给付中侧重行为的那些部分,也应当能够谨慎地补充适用雇用合同法。

363 **三、其他的界定**

承揽合同法与雇用合同之外其他类型合同的界定造成的困难要小得多:在无偿的情形下,其构成委任(参见下文边码416以下)。并且在保管和居间合同等得到专门调整的给付中,以及在商法上的特定合同类型中,准用上文边码319关于雇用合同的论述。这些特殊规则优先适用于一般承揽合同法,因此无须讨论与雇用合同的界定问题。亦请参见下文边码386关于与买卖的界定以及边码389与旅游合同的界定。

第二节 定作人的无过错瑕疵请求权

364 承揽人必须依约制作工作物。在这里,应有性能依与买卖相类似的方法确定(参见上文边码44以下)。首先是看约定的性能,其次是看工作物是否适合于预定的或者通常的效用(第633条第2款)。如果工作物的实际性能背离了这一点,并且损害了定作人的利益,那么与承揽人是否具有过错无关,定作人享有一系列法律救济。在这里,如果承揽人已经注意到了公认的技术规则(参见联邦最高法院裁判,载《企业顾问》,1995年,第589页),已经遵守了定作人的指示(参见《联邦最高法院民事裁判集》,第132卷,第189页),或者已经遵循了约定的型式(参见《联邦最高法院民事裁判集》,第139卷,第244页;另见泰希曼—F.施罗德

(Teichmann - F. Schroeder)文,载《法学家报》,1999 年,第 797 页;联邦最高法院裁判,载《新法学周刊》,1998 年,第 3707 页),那么这并不能够简单地使承揽人免责。异类物的交付或者过少交付应当等同于瑕疵(第 633 条第 2 款第 3 句)。

一、瑕疵的除去

在以前,出卖人仅需要以买卖标的物的原本状态交付;在标的物交付完毕之后,其连修复都没有必要去做。这种情况在现在得到了改变(参见上文边码 54 以下)。这样就使买卖更加接近了承揽合同:在有瑕疵的情形,承揽人也是(以前亦为如此)主要负担修复义务(第 634 条第 1 项)。但其亦享有此项权利(如同出卖人享有二次提供权;参见上文边码 54):在通常情况下,只有当承揽人尽管指定延展期间而仍不除去瑕疵时,定作人始可以因瑕疵而解除合同或者减价。 365/366

依照一般的规则,在除去瑕疵为不能的场合,并不存在除去瑕疵的请求权(但亦请参见下文边码 371)。例如,建筑师的规划瑕疵在建筑工程设置完毕之后通常不再能够得到修复(参见《联邦最高法院民事裁判集》,第 43 卷,第 227 页、第 232 页以下)。除此之外,根据第 635 条第 3 款,如果除去瑕疵要求支出过巨的费用,那么承揽人有权拒绝除去瑕疵。这反映的是与第 251 条第 2 款第 1 句相同的法律思想(参见《总论》边码 592):即应当避免那些不经济的赔偿性给付(但也有裁判对此持限定性见解,参见联邦最高法院裁判,载《新法学周刊》,1996 年,第 3269 页)。例如,如果地毯的颜色与所选定的颜色出现了轻微的背离,并且这种背离只有通过重新制作才能够得到消除,那么就可以适用第 635 条第 3 款。

二、解除或者减价

1. 在承揽合同中,解除和减价采取的是与买卖中同样的设计,即被设计成为形成权。因此,同在买卖中一样,对于消灭时效 367

方面的规定,需要引用第218条(参见下文边码373)。

368 2. 解除常常会给承揽人造成特别的不利,原因是其无法使用工作物(如一个建筑师无法使用在一块土地上进行建筑的方案)。故此,第323条第5款第2句对解除进行了限定,即不得因不显著的违反义务行为而解除合同(但可以进行减价和自行实施)。

369 3. 相对于买卖而言,这种自力实施是承揽合同的一个特殊之处:即在延展期间届满未果之后,如果承揽人不正当地拒绝后续履行,那么定作人可以自行除去瑕疵(第637条第1款)。定作人可以因自己所发生的费用而请求偿还,甚至请求预支(第637条第3款)。

370 4. 将不及时制作视同瑕疵制作(如同旧法第636条),这在新法中不再存在。这种"视同"现在也没有那么必要:根据第323条,解除并不以承揽人构成债务人迟延为要件(因此也就不以可以归责为要件)。

三、重新制作

371 如果除去瑕疵为不能,那么人们可能会问,定作人是否还可以请求重新制作。例如,如果所承诺的给汽车上漆已经不可以补正地遭受失败,那么定作人可以请求重新上漆吗?依旧法,如果不具备第633条第2款第3句和第634条第3款的要件,或者是在验收之后,那么这基本上是得到肯定的(参见《联邦最高法院民事裁判集》,第96卷,第111页;克勒(Koehler)文,载《法学家报》,1986年,第295页)。在新法中,第635条第1款提及了重新制作,并且将其规定为是后续履行的一种方式:代之以除去瑕疵,承揽人可以选择这种后续履行方式(这与第439条第1款中的买卖是不一样的)。但在除去瑕疵为不能的情形,此项选择权归于消灭。

四、拒绝验收

372 最后,定作人可以拒绝验收瑕疵工作物(参见第640条第1款)。这样,定作人就可以避免报酬请求权的到期(第641条第1

款)(参见下文边码 379)。

五、消灭时效

1. 在 2002 年 12 月 31 日之前,旧法第 638 条对因工作物具有瑕疵而存在的请求权规定了非常短暂的消灭时效,其通常自验收起算仅为 6 个月,这与旧法第 477 条买卖的情形相类似。这样,尽管第一次警报事件后来始发生,但因警报装置不能够正常工作而存在的请求权在 6 个月之后即已经因时效而消灭(参见法兰克福州高等法院裁判,载《新法学周刊》,1988 年,第 2546 页)。这也就是说,损害赔偿的请求权在成立之前即已经罹于时效。为避免这种情况的出现,人们付出了很多的努力。例如,如果一项建筑工程系按劳动分工的方法制作的,而承揽人系因组织工作上的瑕疵而没有查知瑕疵的存在,那么有判例认为适用 30 年的期间(参见《联邦最高法院民事裁判集》,第 117 卷,第 318 页;亦请参见鲁特科夫斯基(Rutkowsky)文,载《德国及国际建筑法杂志》,1991 年,第 50 页)。但主要是瑕疵结果损害的请求权是在一个很难界定的范围之内建立在积极侵害合同的基础之上,并因而被认为同样是在 30 年之后始罹于时效。 373

2. 这种短期消灭时效现在已因新的第 634a 条而得到了实质性的延长(同第 438 条中的买卖相类似)。这里存在三个期间: 374

(1)作为通常期间适用的是第 195 条和第 199 条的消灭时效期间(见第 634a 条第 1 款第 3 项);在承揽人为恶意的情形下,适用第 634a 条第 3 款的期间。这意味着是一个长度为 3 年的期间(第 195 条),但其自请求权成立并且知悉或者因重大过失而不知定作人时始开始计算(第 199 条第 1 款)。然而消灭时效至迟在 10 年后完成(第 199 条第 4 款),这里对于损害赔偿请求权适用特殊规则(第 199 条第 2 款和第 3 款)。这些期间差不多都是充分的。

(2)根据第 634a 条第 1 款第 2 项连同第 2 款,适用 5 年的期间,其自验收时起算。其涉及的是建筑工程以及与之有关的计划或者监督给付。

(3)同样自验收起算的还有第 634a 条第 1 款第 1 项的 2 年期间。这里涉及的是“结果表现为制作、维护或者变更物,或者表现为为完成这方面的计划或者监督给付”的工作物。然而根据第 651 条,动产的制作受买卖法拘束(参见下文边码 386 以下),并且建筑工程的制作受优先适用的第 3 项的拘束。这样,对于第 1 项而言,可供考虑的基本上是动产和不动产方面的修理、维护保养以及变更的合同。

375 3. 从内容上看,第 634a 条的消灭时效涵盖定作人基于承揽合同享有的一切请求权,具体言之,其包括后续履行的请求权(第 634 条第 1 项)、自行除去瑕疵的费用偿还请求权(第 634 条第 2 项)以及损害赔偿或者偿还无谓费用的请求权(第 634 条第 4 项)。然而同在第 438 条一样,解除和减价并没有被提及,原因是其为形成权,而非为请求权。同买卖的情形一样,消灭时效在这里也是通过第 634a 条第 4 款第 2 句和第 5 款中所引用的第 218 条发生作用的:即后续履行请求权的消灭时效通常使解除权和减价权归于消灭;定作人仅因尚未支付的报酬而享有拒绝给付权。

376 4. 然而因其他法律原因而存在的请求权,特别是基于侵权行为的损害赔偿请求权,则不为第 634a 条所涵盖。在承揽合同中,在这方面起作用的是延伸损害(同在买卖中相类似;参见上文边码 103):即在合同上的请求权已经罹于时效的情况下,尚可以由第 823 条第 1 款请求赔偿。

第三节　定作人的损害赔偿请求权

377 根据旧法,对于定作人因瑕疵后果而享有的损害赔偿请求权,承揽合同法在第 635 条具有自己独立的基础。但在与一般性的积极侵害合同的界定上，其适用范围受到了激烈的争辩，并且其主要争执点系表现在消灭时效上（旧法第638条；参见上文边码373）。

然而在新法中，关于赔偿请求权在承揽合同法上并没有自己的规定（这同在买卖上是一样的）。因此，适用第280条第1款和第281条中的一般性规定：即如果承揽人不能证明自己不应当对违反义务负责任，则其必须给付损害赔偿（必要时应在指定期间未果之后）。在这里，应当得到赔偿的特别是那些因迟误而发生的损害（第280条第2款和第286条），或者是那些因所负担的工作物具有瑕疵而发生的损害（第280条第1款和第281条第1款）。因工作物瑕疵而发生的损害也包括结果损害，也就是说，不需要再行区分结果损害与瑕疵损害。如此，以敷设电缆为定作内容的人也可以请求赔偿因敷设时存在的瑕疵而出现的结果损害，即不仅可以请求赔偿在冰箱断电后发生腐败的储存食物，而且也可以请求赔偿因瑕疵敷设电缆而造成短路引起的火灾损害。这种损害赔偿可能会超出承揽给付价值的若干倍。但在工作物瑕疵本身尚不意味着侵权行为的情形，依据第823条第1款因瑕疵工作物的简单减值而进行的赔偿也可能会告以失败。

第四节　承揽人的报酬请求权

一、报酬义务的存在及范围

定作人的主要义务是支付约定的报酬（第631条第1款）。378
同在第612条雇用合同的情形一样（参见上文边码328以下），第632条中也有相应的规定：即惯常的报酬被视作为默示约定的；其数额依定价和惯常性来确定。

在工作物的范围事先没有得到确定的情形（如在瑕疵尚不能够被确知的修理的情形），承揽人常常会对自己预期的价格作出说明。这种并不可靠的费用估计(与固定价格协议不同)将使承揽人负有下述义务:即在预计将会超出的情形不迟延地向定作人进行通知(第650条第2款)。在此种情形下,如果工作物对于自己将会变得非常昂贵,那么定作人可以终止合同,同时发生第645条第1款的法律后果(参见下文边码382)(第650条第1款)。在违反通知义务时,定作人并非径行支付工作物的交易价值(有关不正确见解,参见联邦最高法院裁判,载《新法学周刊》,1970年,第2018页;亦请参见克勒文,载《新法学周刊》,1983年,第1633页;魏尔纳(Werner)文,载《考比昂(Korbion)纪念文集》,1986年,第473页)。在这里,应当适用关于"强迫得利"的规则(参见下文边码678、681)。

二、到期

379 根据第641条第1款,报酬通常应当"在工作物验收时"支付。如果验收依工作物的性质而被排除,则依第646条,应当以完成的时间为准。

这种验收在以前简单地被理解为是对工作物的实际承受,即其同第433条第2款的情形相类似(参见上文边码31)。但较长时间以来得到实现的是另外一种见解:即在实际承受的基础之上,还必须要加上定作人承认工作物"基本上为合约"。这种承认本身在无体工作物的情形也是可能的(如在搭乘出租车之后对司机表示出的承认性的话语)。但由于此种承认并非十分常见,故在此种情形,人们应当依第646条而以完成为准(参见拉伦茨《债法分论》,第2卷,第1编,第53章,第3节,一,第365页以下)。

由于这对承揽人的权利具有重大意义,故承揽人可以依第640条第1款向定作人请求验收,而且也可以诉请履行(参见《联邦最高法院民事裁判集》,第132卷,第96页)。在非为实质性瑕疵的情形,不得拒绝验收。自从2000年5月1日以来,如果定作人负有验收的义务,那么在指定期间未果之后,也可以拟制验收。

但如果是在知悉工作物瑕疵的情况下进行验收，则排除因未保留的瑕疵而存在的请求权（第640条第2款）。

另外，自从2000年5月1日之后，根据第632a条，对于已经履行的给付，在具备一定要件的情况下，与验收与否无关，应当能够请求一部付款。根据第641a条第2款，在其他的情形之下，报酬请求权亦在验收之前即已经到期。同验收拟制一样，这些规定特别是要保护建筑承揽人，以防定作人在援用所谓瑕疵的情况下延迟付款。再者，根据第641a条，验收可以用由合格鉴定人出具的竣工证书来取代。

三、价金危险的先时移转

由于报酬请求权随验收（或者完成；第646条）始届清偿期，故承揽人在此时刻到来之前承担价金危险，这是正确的（第644条第1款第1句）。但这不适用于所谓的物之危险（第644条第1款第3句）：即对于由定作人交付的材料的意外灭失或者意外减损，承揽人不负责任。例如，如果已经修理完毕的鞋子在鞋匠那里因意外而灭失，那么鞋匠无需向顾客给付赔偿（第644条第1款第3句），然而其亦不得请求报酬（第644条第1款第1句）。 380

然而同在买卖法上相类似，在一些情形之下，价金危险在此之前即已经移转于定作人：这就是依第644条第1款第2句在受领迟延的情形和依第644条第2款通过送交工作物产生的送交承揽合同的情形（参见上文边码36以下）。

四、一部报酬

在一些情形之下，尽管工作物还没有完成并验收，但法律仍然至少赋予承揽人以部分报酬的请求权。 381

1. 为使承揽人能够促成所承诺的工作成果，定作人必须要予以协助，这种情况并不罕见。例如，其必须要将得到批准的建筑规划交付给建筑承揽人；或者其必须要将有待修理的物交付给承揽人。对于这种协助，承揽人通常——即在没有作出另行约定的情形下——并不享有请求权。因此,如果定作人不给予协助,那么承揽人也不能够通过第 280 条和第 281 条取得替代给付的损害赔偿的请求权。但此种不作为或许可以设定债权人迟延。故此,根据第 323 条第 6 款第 2 种情况和第 326 条第 2 款第 1 句第 2 种情况,至少是在承揽给付于债权人迟延期间成为不能的情形,定作人必须支付约定的报酬。

除此之外,承揽合同法还赋予承揽人以其他的权利。根据第 642 条,在定作人陷于债权人迟延的情形,承揽人可以请求适当的赔偿。此项赔偿实质上已经超出了依第 304 条负担的费用偿还。尽管定作人在没有过错的情况下也可以陷于债权人迟延,但尽管如此,其必须给付(减轻的)损害赔偿,即必须给付承揽人提供劳动力的报酬(这与第 615 条雇用合同的情形相类似;参见上文边码 330)。

另外,在定作人陷于受领迟延的情形,在指定期间并附终止警告之后,承揽人可以终止承揽合同(第 643 条),并以此种方式为将来创设清楚的关系。在此种情形,根据第 645 条第 1 款第 2 句,承揽人可以请求与所给付劳务相应的那部分报酬(即使这部分劳动对于定作人而言是无法使用的,也不例外)以及尚未偿付的垫款。

382 2. 而第 645 条第 1 款第 1 句处理的则是给付不能的一种特殊情形。这种特殊性表现在,工作物的灭失、减损或者无法实行都归因于定作人范围之内的事由。作为此种事由,法律列举了由定作人交付的材料或者由定作人给予的指示。如果承揽人的给付因存在于定作人人身上的事由或者因可以归因于定作人行为的事由而发生灭失或者成为不能,那么应当准用此种规定(参见《联邦最高法院民事裁判集》,第 136 卷,第 303 页:“许内曼工程”,即建筑工地上没有设置洪水防护装置)。

根据第 645 条第 1 款第 1 句,价金危险不应当位于承揽人那里，而是应当由定作人负担部分报酬。如果定作人甚至应当对给付不能负责任，则其在此之外尚依第 645 条第 2 款、第 323 条第 6 款第 2 句或者第 326 条第 2 款亦或第 280 条以下负担全部的报酬（只是扣除所节省的或者可以节省的费用）。

3. 根据第 649 条，定作人在工作物完成之前可以随时终止合同，即不得违背其意志而将工作物强加于其身上。然而于此种情形，定作人通常必须支付全部的报酬，至于说工作物已经完成到什么程度，在所不问。承揽人必须要承受对自己所节省的费用以及对自己因将劳动力移作他用而取得的或者故意不取得的利益所进行的抵充（参见勒沃（Loewe）文，载《德国及国际建筑法杂志》，1998 年，第 121 页）。 383

五、报酬请求权的担保

报酬请求权通常随验收（第 641 条第 1 款）或者完成（第 646 条）始届清偿期。就此而论，承揽人必须先为给付。故此，其有不能够收回到期报酬的危险。在这里，第 647 条、第 648 条和第 648a 条能够提供一定的救济。 384

1. 对于处于自己占有之下、由自己制作或者修理的动产，承揽人享有法定的质权（第 647 条；参见 K. 施莱伯（K. Schreiber）文，载《法律学习》，1995 年，第 497 页）。至为重要的是工场所有人对自己所修理的汽车享有的质权。

但恰恰是在这里常常会出现下述情况：即汽车不属于承揽给付的定作人，这特别是见于其是在保留所有权的情况下取得汽车而尚未完全支付价款的情形。如果现在不继续支付分期价款（此种情形常常如此），那么根据第 449 条第 1 款，出卖人可以解除买卖合同。于此种情形，其将依第 985 条向进行修理的承揽人请求交出汽车。如果承揽人已经完成了修理工作，则其会用自己的报酬请求权来对抗这项返还请求权。第 647 条的物上质权（故亦对出卖人发生效力）就可以用作此种手段。

但联邦最高法院全然不顾学说上的强烈呼声而拒绝了从无权利人那里善意取得法定质权的可能性(参见《联邦最高法院民事裁判集》,第34卷,第153页):第1257条系以依法已经成立的质权为要件,因而并没有引用对此种成立作出规定的第1207条。当然,也有判例意欲赋予承揽人以由留置(第1000条)担保的第994条和第996条的费用偿还权(参见《联邦最高法院民事裁判集》,第34卷,第122页)。但如果修理是在解除买卖合同之前,故而是在所有权返还请求权适况之外实施的,那么这就很成问题了(有关详细内容,见梅迪库斯《民法》,边码587以下)。实务系通过将设质条款纳入修理合同来为自己提供救济的:即其用合同上的设质来补充法定质权,而对于合同上的设质,肯定能够适用第1207条。判例对此给予了承认(参见《联邦最高法院民事裁判集》,第68卷,第323页)(尚存争执;有学者认为这背俗,理由是此种条款只能够使权利人在非为定作人的物上取得质权)。联邦最高法院对汽车修理条款所进行的内容广泛的审查也没有对设质条款提出疑虑(参见《联邦最高法院民事裁判集》,第101卷,第307页;M. 沃尔夫(M. Wolf)文,载《法学家报》,1987年,第1129页)。

385 2. 在建筑工程的情形下,根据第648条,承揽人因自己的报酬债权而享有在定作人的建筑土地上给予保全抵押的请求权(此项权利通常不得由一般交易条款排除适用;参见《联邦最高法院民事裁判集》,第91卷,第139页)(关于定作人非为土地所有权人的情形,参见克莱姆(Clemm)文,载《企业》,1985年,第1777页;《联邦最高法院民事裁判集》,第102卷,第95页(关于此项裁判,参见格鲁纳瓦尔德(Grunewald)文,载《法律评论》,1988年,第462页):即承揽人仅于例外情形通过第242条得到救济;参见斯拉普尼卡(Slapnicar)文,载《企业顾问》,1993年,第230页)。但与第647条质权的情形不同,此项抵押权非是依法即已经成立,而是随登入土地登记簿始告成立。并且为达到这一目的,承揽人还需要获得定作人的准许(《民法典》第 873 条以下;《土地登记法》第 19 条),或者获得以登记为内容的确定判决。此二者通常要很久以后才能够到来。较为快捷的方式是,承揽人可以暂时处分取得对保全抵押的,并且能够维持顺位的预告登记(第 885 条和第 883 条第 3 款)。然而这大多也要很久以后才能够到来,原因是建筑土地常常在开始建筑之前即已经为贷与人完全设定了土地债务。而建筑承揽人只能够以下述方法为自己提供救济:其将全部报酬划分成许多期,而每一期都应当在一定的建筑阶段结束之后支付(参见第 641 条第 1 款第 2 句)。自从 1993 年 5 月 1 日之后,在一定的情形之下,第 648a 条至少也赋予建筑承揽人以提供担保的请求权:即在不提供担保的情形,承揽人可以拒绝给付(参见古特布罗德(Gutbrod)文,载《企业》,1993 年,第 1559 页;斯拉普尼卡(Slapnicar)文,载《新法学周刊》,1993 年,第 2903 页;韦伯(Weber)文,载《有价证券资讯》,1994 年,第 725 页;莱纳曼(Leinemann)文,载《新法学周刊》,1997 年,第 238 页)。在此方面,自 2000 年 5 月 1 日之后适用的、在上文边码 379 所提及的新规定,或许更为有利。

第一百章　与买卖的界定

参考文献：冯·克劳斯哈尔(von Craushaar)：《交货及安装合同》，载《考尔比昂(Korbion)纪念文集》，1986年，第27页以下；齐尔克(Zirkel)：《配件供应商与装配者之间的关系是一种特殊合同吗?》，载《新法学周刊》，1990年，第345页以下。

第一节　问　　题

386 在上文自边码357之后论述的承揽合同中，没有任何关于承揽人向定作人移转所有权的义务的规定。无需存在此种义务系出自不同的原因：在无体工作物的情形(如在运送的情形)，不存在可以转让所有权的物。在单纯修理的情形，所有权的情况并没有发生变更。例如，如果应予修理的汽车事前即已经属于定作人，则其所有权亦继续存在，而不需要首先向其移转所有权。并且在建筑合同的情形，第946条、第93条和第94条考虑到了定作人取得所有权的情况，以至于在这里也不需要依法律行为移转所有权。

如果承揽人是用自己的材料制作定作的动

产,那么情况就是另外一个样子了:印刷厂在自己购置的纸张上印制;对于所定作的西服,裁缝使用的是自己的布料;机器制造厂用自己的材料生产所定作的机器。在这里,材料首先属于承揽人;其所有权必须移转给定作人。旧法第 651 条在不同程度上将此种“承揽供给合同”置于买卖法的拘束之下。

新的第 651 条对买卖法的适用范围进行了进一步的扩展:根据第 651 条第 1 句,买卖法通常适用于“以交付有待制作或者有待生产的动产为内容”的任何合同。这也就是说,与旧法第 651 条的情形不同,现在不再以承揽人是否应当购置工作物所需要的材料为准据。据此,如果裁缝系用定作人的布料制作西服,那么也适用买卖法。这样也就很少会奉行下述目的:适用买卖上的所有权移转义务。如果裁缝只是耗费了很少的劳动,因此而未依第 950 条成为所有权人,则无需移转所有权的义务。重要的是阻止下述意图:即使类似于买卖的合同摆脱关于消费品买卖的强行性规定(第 474 条以下)(不存在单独的“消费品承揽合同”)。而在建筑工程的情形,承揽合同法是不受任何限制地适用的。

第二节　第 651 条中的区分

在法律处理方面,第 651 条视有待制作的动产是可以代替抑或不可以代替而进行了不同的区分:在前者情形,仅应适用买卖法;而在后者情形,适用买卖法和承揽合同法。

1. 根据第 91 条,可以代替的物系指在交易上惯常依数量、尺 387
度或者重量而指定的物。这也就是说,这是指承揽人在典型情况下也可以向其他顾客销售的物,如时尚家具或者批量生产的机器。对于此种物,承揽人甚至常常都有库存,以至于首先并不能够确定定作人系以在订约时即已经存在的物品供的货,还是以嗣后制作出来的物品供的货。因此,这种所谓的交付买卖(Lieferungskauf)

与纯粹的(种类)买卖大多很难区分。这是因为在这里,如果承揽人因定作人(即时)解除合同而重新保有货物,则其通常还可以将这项货物另行使用。因此,在代替物的情形,根据第651条第1句和第2句,仅应当适用买卖法。

388 2. 而与此相反的是,专门为定作人制作的物则为不可代替物,如为旅游举办人制作的宣传广告(参见联邦最高法院裁判,载《新法学周刊》,1966年,第2307页以下),或者量体裁制的西服。根据第651条第3句,此种情形混合适用买卖法的规定和承揽合同法的规定:即除适用买卖法之外,还适用第642条、第643条、第645条、第649条和第650条的规定。理由在于,这种合同中的定作人常常负有为制作所必要的协力义务或对己义务;另外,不可代替物在通常情形下无法另行出卖或者很难另行出卖。

第一百零一章　旅游合同

参考文献：阿伯斯豪泽尔(Abelshauser)：《旅游合同法的欧洲化》，载《欧洲经济法与税法》，1991年，第97页以下；巴特尔(Bartl)：《旅游权与业余活动权》，1991年，第2版；本德雷夫(Bendref)：《德国法与奥地利法上对荒废休假的赔偿》，1988年；贝特豪威泽尔(Bethäuser)：《现代旅游法裁判》，载《德国汽车法》，1990年，第396页以下；同一作者：《旅游法与环境问题》，载《德国汽车法》，1991年，第441页以下；布劳洛克—瓦格纳(Blaurock-Wagner)，《旅游合同法上不履行的损害赔偿请求权》，载《法律学习》，第169页以下；波希亚米亚克(Bociamiak)：《因人身和财产损害对旅游举办人的损害赔偿请求权》，载《保险法》，1998年，第1076页以下；克劳绅(Clausen)：《旅游合同游客意外死亡产生的影响》，载《新法学周刊》，1991年，第2813页以下；艾克特(Eckert)：《旅游法上的风险分配》，1988年；同一作者：《旅游法上的消费者保护》，载《法律政策杂志》，1991年，第454页以下；艾兴格(Eichinger)：《新旅游合同法典型案例》，载《法律学习》，1981年，第185页以下；菲利希(Fuhrich)：

《旅游法》,1998年,第3版;同一作者:《联邦最高法院的新旅游法裁判》,载《企业》,1988年,第2137页以下;同一作者:《旅游合同法上的不可抗力风险分配》,载《企业顾问》,1991年,第493页以下;同一作者:《环境对整体旅游等的影响》,载《新法学周刊》,1991年,第2192页以下(彼得—托纳(Peter - Tonner)对此文提出商榷,载《新法学周刊》,1992年,第1794页以下);同一作者:《旅游合同的价格变更》,载《新法学周刊》,2000年,第3672页以下;同一作者:《现代化债法中的旅游合同》,载《新法学周刊》,2002年,第1082页以下;格鲁内瓦尔特(Grunewald):《论给付人作为旅游举办人非典型履行辅助人的问题》,载《新法学周刊》,1980年,第1924页以下;霍普曼(Hoppmann):《1993年/1994年旅游合同裁判》,载《德国法月刊》,1994年,第747页以下;伊泽曼(Isermann):《旅游合同法》,1988年;同一作者:《1979年—1989年旅游合同法十年记》,载《德国汽车法》,1989年,第374页以下;卡勒(Kaller):《旅游法》,2000年;拉伦茨(Larenz):《论旅游合同的类型化》,载《保险法》,1980年,第689页以下;勒维(Löwe):《新型整体旅游权》,1981年;马尔蒂斯(Martis):《旅游合同的新发展》,载《德国法月刊》,1999年,第903页以下,续篇载《德国法月刊》,2000年,第922页以下;迈耶(Mayer):《旅游合同的瑕疵担保法及其与一般给付障碍法的关系》,载《保险法》,1987年,第339页以下;W.米勒(W. Müller):《基于休假虚度的损害赔偿》,1986年;诺伊纳(Neuner):《旅游居间合同》,载《民法实务档案》,第193卷,1993年,第1页以下;尼斯—特劳特(Nies - Traut):《旅游法》,1995年;比克(Pick):《旅游法》,1995年;波斯纳(Posner):

《旅游合同法上的竞合问题》,1994 年;勒肯(Recken):《联邦最高法院旅游合同法裁判》,载《有价证券资讯》,1987 年,第 889 页以下;施罗特曼(Schlotmann):《旅游合同法的理论与实践》,1992 年;赛德尔海姆(Seyderhelm):《旅游法》(评注),1997 年;泰希曼(Teichmann):《旅游合同的给付障碍结构》,载《法学家报》,1979 年,第 737 页以下;同一作者:《旅游合同中一般交易条款的内容审查》,载《法学家报》,1987 年,第 751 页以下;同一作者:《论旅游法上的"瑕疵"责任与不可抗力责任》,载《法学家报》,1990 年,第 1117 页以下;同一作者:《1986—1993 旅游法裁判的发展》,载《法学家报》,1993 年,第 823 页以下、第 990 页以下;腾佩尔(Tempel):《旅游合同法的发展》,载《法学教育》,1984 年,第 81 页以下;同一作者:《旅游合同费用减价之估量》,载《新法学周刊》,1985 年,第 97 页以下;同一作者:《旅游合同的请求权要件》,载《新法学周刊》,1986 年,第 547 页以下;同一作者:《结束旅游前不得主张请求权》,载《新法学周刊》,1987 年,第 1532 页以下;同一作者:《轻微旅游瑕疵》,载《新法学周刊》,1997 年,第 2206 页以下;同一作者:《论因恐怖袭击而终结旅游合同》,载《新法学周刊》,1998 年,第 1827 页以下;同一作者:《旅游合同的撤销条款与新债法》,载《新法学周刊》,2002 年,第 2055 页以下;托纳(Tonner):《旅游合同法》,1995 年,第 3 版;同一作者:《在度假寓所休假的问题》,载《新法学周刊》,1981 年,第 1921 页以下;同一作者:《旅游合同法在判例法、立法及其协会交涉上的发展》,载《民法实务档案》,第 189 卷,1989 年,第 122 页以下;同一作者:《欧洲旅游法》,1992 年;同一作者:《旅游合同法的新问题》,载《德国汽车法》,1998 年,第 434 页以下；同一作者：《旅游与气候风险》，载《新法学周刊》，2000 年，第 365 页以下；乌伊贝尔（Uibel）：《整体旅游的游客与包租飞机》，载《新法学周刊》，1986 年，第 296 页以下；沃尔特（Wolter）：《旅游法上的瑕疵担保责任与一般给付障碍法的关系》，载《民法实务档案》，第 183 卷，1983 年，第 35 页以下。

第一节　旅游法的发展

一、法律出发点

389 自 1960 年以来，随着国民收入的不断提高、休假时间的不断延长，有越来越多的人参加旅游，并且旅游行程越来越远。旅游者可以自行与铁路、航空公司、旅店等订立一切必要的合同，以此完成个人旅游。但除此之外，尤其是对于出国旅游而言，还盛行着另外一种法律方式：旅游举办人以一整体价格提供一揽子服务（交通、住宿、膳食），游客只需与旅游举办人订立一个合同。

显然，游客与旅游举办人订立的合同曾经被认定为承揽合同，游客是基于承揽合同向旅游举办人请求其所承诺的给付。但是，在旅游产品目录上往往都附有这样的条款，即旅游举办人只是具体给付人（如交通企业、旅店，参见《联邦最高法院民事裁判集》，第 61 卷，第 275 页和第 276 页）的媒介人。该“媒介条款”免除了旅游举办人为给付人的过错所担负的责任：依据第 278 条的规定，旅游举办人应当负有这种责任，即在旅游举办人负担旅游服务义务的情形，具体给付人只是其履行辅助人，应当由旅游举办人负担此种责任。但是，与此相悖的是，仅起媒介作用的旅游举办人实际上具有的只是居间人的地位；那么，旅游举办人应当只对谨慎选择具体给付人负责。在这些经过谨慎挑选的具体给付人出现过错时，游客只能自己向其主张瑕疵请求权。而这一切会给游客带来困难和不便,尤其是在国外,游客会遭遇极大的障碍;这种做法导致的后果是,游客在事实上并没有受到法律的保护。

出于上述原因,根据 1973 年载《联邦最高法院民事裁判集》第 61 卷第 275 页的判决,旅游举办人在具备由其履行辅助人经手、自己完成给付的表象时,其媒介条款无效。据此,承揽合同法的适用得到了保障:在一般情况下,由旅游举办人对具体给付人的过错负责,游客可以从旅游举办人处获得帮助。

二、法典化

因为承揽合同法具有高度的抽象性(参见上文,边码 358),所 390
以,承揽合同法中并未包含针对旅游法专门问题的规定。其中凸显的一个问题是:根据第 631 条及其下若干条文难以获得一个清晰的范式,并且是依据第 307 条应当可以用来衡量旅游举办人交易条件的范式旅游合同。出于上述原因,1976 年联邦政府在《民法典》之外又拟定了一份规模甚巨的旅游合同法草案。但是,联邦参议院对此种规模提出了批评,并要求将其纳入民法典(这两点批评都有一定的道理)。于是,在这个基础上诞生了第 651a 条至第 651j 条(根据第 651m 条,为保护游客的利益,这些规定均为强行性的规定);其生效于 1979 年 10 月 1 日。自 1994 年 11 月 1 日以来,其中的部分规定得到了修正,并补充了向游客担保的条款(见新法第 651k 条,并参见下文,边码 403)。并请参见艾克特(Eckert)文,载《企业》,1994 年,第 1069 页;菲利希(Führich)文,载《新法学周刊》,1994 年,第 2246 页;同一作者文,载《保险法》,1995 年,第 1138 页;米勒(Müller)文,载《新法学周刊》,1994 年,第 2470 页。根据欧盟的规定,在 1994 年 11 月 23 日新增加了(其中有些内容是极其多余的)《旅游举办人资讯义务规则》(可参见帕兰特/托马斯(Palandt/Thomas)第 651l 条后,对此问题的论述可见腾佩尔(Tempel)文,载《新法学周刊》,1996 年,第 1625 页)。例如,该规则(第 4 条第 1 款第 1 项 a)规定,旅游举办人应当在旅游开始前及时通知游客出发时间;这一点难道不是不言而喻的?(参见现行法第651a条第3款)2001年又增加了第651l条,该条款包含针对学期至少为3个月的留学问题的特别规定。

第二节 第651a条及其下诸条文的适用范围

一、旅游合同

391 第651a条第1款规定的旅游合同,系指旅游举办人有偿向游客提供由具体旅游服务构成的整体服务。如果承诺的只是具体的旅游服务,那么就不涉及旅游合同,比如说仅承诺负责运送(此种情形属于承揽合同,参见边码412)或者只负责提供住宿(在此大多数情形下,属于由使用租赁和雇用合同构成的混合合同,参见下文边码588)。但是,若干个次要的从给付(如属于运送中一部分给付内容的:行李的运送)也还不能构成多数给付。同样,从第652a条及其下条文的发生史看,与旅店订立的关于住宿与膳食(全日膳食或早晚膳食)的合同也不应当受新规定的调整(这一点尚有争议)。但是,旅游举办人的行为却无需具有营业性质。因此,第651a条及其下条文也适用如体育协会或教会牧区的旅游(参见勒韦(Löwe)文,载《新法学周刊》,1982年,第1683页)。根据载《新法学周刊》,1985年,第906页的联邦最高法院的裁判(评论见布劳洛克(Blaurock)文,载《法学家报》,1985年,第847页),对于标的为单项旅游服务的合同也准用旅游法(即第651f条第2款),《联邦最高法院民事裁判集》第119卷第152页上刊载的判决确认了提供休假住宿的合同也适用该条规定,并在第161页以下列有相应的文献。针对第651f条第2款,《联邦最高法院民事裁判集》第130卷第128页表述如下:合同标的为“有成效地组织旅游”时,此项规定类推适用单项旅游服务(但不包括快艇包租情形)。

二、旅游的举办与媒介

第651a条第2款吸纳了关于媒介条款的裁判(见上文边码389):在依其他情形(如广告)可以推定意思表示人自己负责提供旅游服务的,媒介条款应当不予考虑。但是,仅仅只是媒介旅游服务也是可能的,甚至也是经常发生的,并且可能发生在提供多数旅游服务的情形,如旅行社购买机票并预订旅店住宿的情形(评论参见腾佩尔(Tempel)文,载《新法学周刊》,1999年,第3657页)。但此处必须明确的是,旅行社确实没有自己负责提供服务的意愿。 392

第三节　具体问题

第651a条及其下条文调整各种不同的旅游,如豪华游轮旅游和仅提供午餐的汽车一日游。因此,法律规定根本无法穷尽,很多问题必须通过旅游举办人的交易条款来解决。但是,法律对其中特别有争议的两点内容规定得很是详尽。 393

一、旅游合同的拘束力

1. 一般情况下,在开始旅游的若干个月前,就已经完成旅游合同的订立。但是,情势一直到启程都有可能发生变更:如游客因患病不能参加旅游,或者未能获得所期待的休假。以前在发生这种情形时,游客往往负担着高额的“解约金”。而现在的第651b条与第651i条则避免了这种情形的发生。依照新法第651b条的规定,游客一般可指定第三人代替参加旅游。并且按新法该第三人可以自己成为旅游合同的当事人。按照第651i条的规定,游客可以在启程前随时解除合同(尤其是在游客未能找到第三人替代的情形)。而旅游举办人在此情形下只能请求适当的赔偿,赔偿额的计算应当是:从旅游费用中扣除旅游举办人节省的费用以及将其移作他用所取得的利益(第651i条第2款)。合同中也可以规定基于通行价值计算得到的总赔偿额(第 651i 条第 3 款),而不采取这种难于操作的具体计算方法。

394 2. 第 651j 条赋予双方当事人旅游开始后的终止权(Kündigungsrecht)。其前提是发生“订约时不可预见的不可抗力”。例如,目的地国发生战争或内乱致使旅游举办人无法组织旅游,那么,旅游举办人就可以考虑终止合同。对于游客而言,则可以是因为途中患病。但是,如果旅游举办人的履行辅助人(如旅店工作人员)发生罢工,是不能构成不可抗力的,或者尼罗河船只在运营时发生火灾(参见《联邦最高法院民事裁判集》,第 100 卷,第 185 页、第 188 页)也同样不属于不可抗力。

终止的法律后果在第 651j 条第 2 款中主要是通过引证的方式加以规制的(评论参见腾佩尔(Tempel)文,载《新法学周刊》,1997 年,第 621 页):旅游举办人可以就其完成的给付请求获得适当的报酬;因提前运回游客而产生的额外费用由双方分担;其他额外费用全部由游客承担(在私人旅游中,游客同样应当承担意外的风险)。按照《联邦最高法院民事裁判集》第 109 卷第 224 页、第 227 页以下(切尔诺贝利事件)的裁判,旅游举办人支付的因取消预订旅店而发生的费用,虽然不属于让游客受益的“旅游举办人已完成的给付”,但是,按照交易基础障碍理论,游客还是应当分摊一半的费用。

二、瑕疵旅游

395 1. 按照第 651c 条第 1 款,旅游举办人应提供具有保证之品质的旅游服务,并且没有能够抵销或有损用益的瑕疵。也就是说,旅游服务应当尤其符合广告宣传的内容(关于更换航空公司或更换机型的问题,参见罗纳德·施密德(Ronald Schmid)文,载《新法学周刊》,1996 年,第 1636 页)。就此,人们可以有这样的疑问,即是否应该以及在何种程度上应该对瑕疵进行说明。例如“中央地段”这一表述能否充分警示旅店嘈杂的交通噪声?或者“您离机场不远”这种表述能否明确说明飞行噪音?(回答是否定的:参见柏林高等法院裁判,载《新法学周刊——民法司法报告》,1993年,第557页。)

人们一方面不应当对此类说明的明确程度要求过低。其中的原因在于,旅游与寄送商品不同,寄送商品在买受人不满意时可以退回,而旅游服务却不能退回,故此,游客对旅游举办人提供的信息存在着特别的依赖。另一方面也不应当要求举办人对目的地国的通常状况,即一般可以期待之情形作出说明。例如,未明示旅店“安静”时,进行南部旅游就应当预见存在一定的噪音;同样,特别低廉的旅游价格应能警示人们不该抱有过高的期望。但是,1999年第567页《新法学周刊——民法司法报告》上刊载的纽伦堡地方法院的裁判令人产生不安和顾虑,该裁判如下:纵使旅店后面有铁道,楼梯间有老鼠,卫生间有蟑螂,卧椅下有蛇,这种廉价的斯里兰卡游尚不能构成瑕疵旅游。同样,参加“冒险旅游”就应当预见其不舒适性与大量的体力消耗(参见《慕尼黑州高等法院民事裁判集》,1984年,第234页)。

尚存在疑问的是关于旅游瑕疵的特别规定与一般规定的界定问题,例如关于(一部)不能的规定。针对首项旅游服务落空以致整个旅游落空,并且其原因并非纯粹在于游客个人的问题,《联邦最高法院民事裁判集》第97卷第255页判决其适用旅游法(评论参见泰希曼(Teichmann)的文章,载《法学家报》,1986年,第759页以下)(因从杜塞尔多夫飞往慕尼黑的机票已经订罄,故此,游客无法从该地出发抵达阿拉伯联合酋长国)。

2. 瑕疵旅游的法律后果(参见克斯特尔—瓦尔特延(Coester – Waltjen)文,载《法律学习》,1995年,第329页)一般情况下与是否应当归责举办人无关。 396

(1) 依照第651c条第2款的规定,游客首先可以请求补救,这一点符合承揽合同法中关于后续履行请求权的规定(第635

条,参见上文边码365)。与承揽合同法一样,旅游合同法同样规定了,在补救需要费用过巨时,旅游举办人可以拒绝履行。例如,游客一般不能要求工地停止施工,但可以考虑的补救途径是将游客调换至较为安静的房间或者也可以将其安排到其他旅店。

397 (2)旅游举办人未在游客指定的恰当期间内采取补救措施的,根据第651c条第3款的规定,游客可以采取自力救济(参见第637条)。旅游举办人拒绝补救的(例如旅游举办人认为其给付符合合同要求)或者游客特别需要立刻得到救济的(例如游客发生生命危险时),无需再指定期间。出现上述情形时,旅游举办人应该偿还游客自力救济必要的费用。对于这项请求权,应当注意的是第651g条第1款规定的除斥期间(1个月)和第651g条第2款规定的消灭时效(2年);而联邦最高法院的裁判(载《新法学周刊》,1988年,第488页)则削弱了这一规定的力度与强度(评论参见泰希曼(Teichmann)文,载《法学家报》,1988年,第515页)。

398 (3)上述法律救济对于游客而言可能尚不充分和完善,例如采取补救措施可能不现实,或者旅游举办人拒绝采取补救措施,或者游客的自助行为因语言障碍无法得以实现(在国外),或者游客没有足够的金钱并且也未从举办人处获得足够的金钱以调换另一处住宿;再者,在绝大多数情况下,至采取有效的补救措施为止,尚需要经过一段时间。故此,第651d条规定了在绝大多数双务合同中都有的减价制度:即在不发生游客因过失未告知瑕疵的情形,"旅游费用在瑕疵存续期间相应减少"。依照法律,旅游合同减价条件之成就与买卖合同(参见上文边码65)、承揽合同(参见上文边码367)不同,但与租赁合同(参见上文边码195)却是相同的。减价一旦成就,游客即只负担减价后的费用;并且可以索回预先多支付的费用。而该请求权是否适用第651g条关于期间的规定,按照法律字义是存在歧义的,但就其意义而言其适用是应当予以肯定的。

关于减价的百分率高低问题，实务中已经形成了固定的比率。其中，法兰克福州法院的裁判具有特别的意义，法兰克福州法院负责该地区对重要旅游举办人的诉讼案件，其第二十四民事法庭研究制作了《法兰克福旅游费用减价表》，载《新法学周刊》，1985年，第113页，补充内容见《新法学周刊》，1994年，第1639页；并请参见米勒—让古特（Müller - Langguth）文，载《新法学周刊》，1985年，第900页，亦请参见同一作者文，载《新法学周刊》，1985年，第1885页、第1887页；以及克勒（Köhler）文，载《法学家报》，1985年，第1088页（讥讽词语："零价格全程度假"）；并请参见腾佩尔（Tempel）文，载《新法学周刊》，1996年，第164页。

（4）依照第651e条的规定，游客最终还享有与承揽合同中的解除权（参见第634条第3款）类似的终止权。当然，按照第651e条第1款的规定，并不是任何瑕疵都足以促成这项权利。确切地说，瑕疵应当能够足以显著地侵害旅游；或者由于瑕疵的存在，并出于重要的、能为旅游举办人所辨识的事由，而不能够苛求游客参加旅游。其中对第一种可能性应该作一般性的理解（例如旅店不能供水），而对第二种可能性则应该作个例化的理解（比如旅店没有电梯，而游客又行走不便）。另外，按照第651e条第2款的规定，一般情况下终止以指定期间为要件。在旅游开始前游客就可以终止合同关系，但也可以是在此之后（特别是在旅游期间出现瑕疵时）。 399

一般情况下，旅游举办人因合同终止而丧失对旅游费用的请求权。第651e条第3款规定，旅游举办人只能要求游客支付其真正受益的那部分服务。但是，第651j条规定的不可抗力终止权相对于这种有利于游客的终止权具有优先的效力。相对于《联邦最高法院民事裁判集》第85卷第50页的裁判而言（一场飓风导致预订的旅店停水、停电），这一优先原则在第651j条第1款中（单纯依此规定）有明确的规定。

400 3. 依照第651f条的规定,游客可以因归责于旅游举办人的瑕疵请求损害赔偿。并且,按照法律的字义,该请求权似当既不要求游客告知瑕疵(如第651d条第2款),也不要求游客指定期间(如第651e条第2款)。但联邦最高法院作出了与此不同的裁判(参见《新法学周刊》,1985年,第132页),裁判要求损害赔偿请求权一般以游客告知瑕疵或请求举办人采取补救措施为要件。关于损害赔偿请求权,以下尚有一些具体问题有待阐述。

(1)旅游举办人的归责问题首先取决于一般性的规定,即第276条与第278条的规定。只是旅游举办人在广告目录或者其他文字资料中几乎都对其责任范围进行了限制。而是否允许其限制责任,还应当受到第309条第7项的规制与限定(仅仅可以排除轻微过失责任,但绝不能排除对身体与健康造成损害的责任)。但第651h条对此作出了改变:

该条第1款的规定是矛盾的。一方面,第651h条第1款不允许旅游举办人完全排除其责任,而只允许其将责任限定在旅游费用的三倍(但不允许其对身体损害和健康损害作此限制),从而改善了游客的地位;另一方面,该条第1款允许举办人对给付承担人的过失(第278条),并且在其出现重大过失或故意时的责任同样也限定为旅游费用的三倍,故此又恶化了游客的地位。但其前提条件是,旅游举办人确实只对给付承担人的过失负责任,并不对自己的选任过失或督导过失负责任。

第651h条第2款相对第309条第7项而言,又进一步恶化了游客的地位。按照该条款规定,举办人对给付承担人担负的责任不应严苛于其自身依国际公约或依基于国际公约的法律规定所应承担的责任。并且,按照此种规定,即使在游客自己与给付承担人订立合同的情形下,游客也不能有任何请求。

401 (2)损害赔偿请求权首先包括那些在实行补救、减价或终止后未曾避免的财产损害。例如,因旅店地毯铺设有瑕疵导致游客摔倒,或者污染菜肴导致游客染病,或者游客的行李在汽车运送过程中被偷盗。

并且,依照第651f条第2款,在旅游无法进行或旅游明显受到侵害时,游客应当可以因“无益耗费的休假时间”请求给予适当的金钱赔偿。这项规定可以追溯至关于休假商业化的裁判,因为,职业人的休假是以劳动(系指非独立工作者)或以损失收入(系指独立劳动者)为代价换取的,所以,休假的价值应当符合工作收入(参见《联邦最高法院民事裁判集》第63卷,第98页;《总论》边码670)。对于跨越第253条第1款设置的非财产损害的金钱赔偿“壁垒”,这一裁判理由在起初是非常必要的。

但是,根据第651f条第2款的规定,现在人们可以不再依赖于旅游商业化这种理念。当今的通说认为(如参见《慕尼黑民法典注释——托纳》,第651f条边码49)第651f条第2款规定了第253条第1款的其他法定例外情形,即对于非财产损害的金钱赔偿不以身体或健康损害为要件。基于此种认识,衡量金钱赔偿额度时不应只考虑劳动收入这一尺度,相反还应当考虑其他情形,特别是应当考虑瑕疵造成侵害的程度。此时,个人的抵抗能力(如抵抗噪音的能力)也是应当考虑的因素。另外,即使是对于无劳动收入的人,也要考虑其损害赔偿请求权(如家庭主妇、学生、退休人员),相关判决参见《联邦最高法院民事裁判集》,第85卷,第168页(学生)。详见本德雷夫(Bendref)文,载《新法学周刊》,1986年,第1721页;米勒(Müller)文,载《新法学周刊》,1987年,第883页。法兰克福州法院将一个全然无益耗费的休假日估值为100马克(参见《新法学周刊民法司法报告》,1988年,第1451页)。关于具体旅游服务准用第651f条第2款的问题,参见上文边码391。

(3)第651f条规定的损害赔偿请求权受到第651g条关于期 402
间规定的约束(参见腾佩尔(Tempel)文,载《新法学周刊》,1987

年,第2841页;沃尔特(Wolter)文,载《新法学周刊》,1988年,第396页)。但是,对于发生竞合的、基于其他法律原因的赔偿请求权,应当按照其各自的期间来处理(《慕尼黑民法典注释——托纳》,第651g条,边码2)。对于侵权行为请求权而言,我认为这是正确的(第195条、第199条,同样参见《联邦最高法院民事裁判集》,第103卷,第298页、第302页);但对于基于合同和缔约过失的请求权,我认为这是存在问题的。

联邦最高法院的裁判为设定竞合的、侵权行为之损害赔偿请求权提供了更多实质性的可能(参见《联邦最高法院民事裁判集》,第103卷,第298页、第303页以下;评论参见泰希曼—米尔德纳(Teichmann－Mildner)文,载《法学家报》,1988年,第664页;格老尔(Gerauer)文,载《企业顾问》,1989年,第1003页;勒肯(Recken)文,载《企业顾问》,1989年,第1709页;菲利希(Führich)文,载《企业》,1990年,第1501页):在该案例中,一名游客因其度假的西班牙旅店的阳台栏杆发生断裂,坠落地面而造成重伤。按照第831条的规定,排除旅游举办人的侵权责任,原因在于,该(独立的)旅店主并非举办人的事务辅助人(参见下文边码851)。但是,尽管如此,联邦最高法院认定举办人负有交易安全保障义务,即举办人应当定时检查其合同旅店的安全性。旅游举办人在过失侵害此种义务时,负有第823条第1款规定的侵权责任。类似的判决结果亦可见法兰克福州法院的裁判(参见《新法学周刊民法司法报告》,1994年,第560页)。

三、对游客请求权的担保

403 在旅游举办人(常为有限责任公司)无支付能力时,那些善意赋予游客的请求权则一无用处。尤其是在旅游开始后,游客面临着自己支付旅店和回程机票的危险。而1994年新写入的、十分复杂的第651k条旨在克服这种现象:一般情况下,旅游举办人应当参加保险或取得金融机构的支付承诺,以备不测之用;而旅游举办人必须通过出具担保书证实其具备这一点，举办人没有担保书的，在旅游结束前不得要求支付高于旅游费用 10% 的金额，即最高 500 马克的价款。

第一百零二章 建筑工程合同

参考文献:学生用基础性文献,参见洛赫尔(Locher):《建筑私法》,1996 年,第 6 版;此类文献还可参见宾德哈尔特—雅根堡(Bindhardt - Jagenburg):《建筑师的责任》,1990 年,第 9 版;布里泽(Blaese):《履行请求权及其在建筑合同中的具体化》,1988 年;包尔斯多尔夫(Borsdorf):《建筑工程发包规则中的瑕疵担保法》,载《法律学习》,1988 年,第 67 页以下;布吕希—包泽(Brych - Pause):《建筑承担人的买卖及其模式》,1999 年,第 3 版;古帕斯(Cuypers):《建筑合同中的受领》,载《建筑法杂志》,1991 年,第 141 页以下;同一作者:《建筑合同和民法典第 635 条》,载《建筑法杂志》,1993 年,第 163 页以下;同一作者:《给付说明及其违反建筑工程发包规则第一部分的行为》,载《建筑法杂志》,1994 年,第 426 页以下;同一作者:《建筑合同法》,1998 年;德里(Doerry):《建筑承担人、建筑信托与建筑受托人》,载《有价证券资讯》,1991 年,副刊,第 35 页;爱伦—布拉特(Ehlen - Blatt):《关于将瑕疵结果损害纳入在建筑工程中适用第 635 条的联邦最高法院的裁判》,载《科比耀纪念文集》,1986

年，第 69 页以下；菲舍（Fischer）：《建筑合同法中的技术规则》，1985 年；格罗斯（Groß）：《瑕疵担保责任中的利益平衡》，载《科比耀纪念文集》，1986 年，第 123 页以下；格尔兹沃次（Grziwotz）：《建筑承担合同中的瑕疵担保责任规制》，载《新法学周刊》，1989 年，第 193 页以下；雅根堡（Jagenburg）：《判例中的建筑私法》，1984 年，第 2 版；同一作者：《建筑私法的发展》，最后载《新法学周刊》，1999 年，第 1153 页、第 2403 页（建筑诉讼）、第 2628 页（建筑师与工程师）、第 2855 页（建筑信托等）、第 2218 页（《民法典》与承揽合同问题）；《新法学周刊》，1998 年，第 2398 页（《建筑工程发包规则》，第一部分）、第 2494 页（《建筑工程发包规则》，第二部分）；《新法学周刊》，2000 年，第 2629 页以下和第 3243 页以下；《新法学周刊》，2001 年，第 3302 页以下和第 3453 页以下；同一作者：《昨天、今天与明天的技术状况》，载《科比耀纪念文集》，1986 年，第 179 页以下；凯泽（Kaiser）：《建筑私法中的现实法律问题》，载《德国建筑法与国际建筑法杂志》，1985 年，第 1 页以下、第 55 页以下；同一作者：《建筑合同中的危险负担》，载《科比耀纪念文集》，1986 年，第 197 页以下；同一作者：《建筑实践与建筑诉讼中的瑕疵责任法》，1992 年，第 7 版；同一作者：《建筑发包工程规则第二部分中的瑕疵责任》，载《德国建筑法与国际建筑法杂志》，1980 年，第 213 页以下；克莱纳＝米勒—美尔—欧迈耶（Kleine = Möller – Merl – Oelmaier）：《建筑私法手册》，1997 年，第 2 版；克尼夫卡（Knifka）：《建筑工程总承包合同中的法律问题》，载《德国建筑法与国际建筑法杂志》，1992 年，第 1 页以下；同一作者：《通知终止建筑合同后的受领及其效力》，载《德国建筑法与国际建筑法杂志》,1998年,第113页以下;科珀勒(Koeble):《总承包模式中存在的问题》,载《新法学周刊》,1992年,第1142页;克勒(Köhler):《论瑕疵责任在新建建筑物让与时的法律性质》,载《新法学周刊》,1984年,第1321页;科比耀(Korbion):《建筑合同中的瑕疵担保法》,载《法律学习》,1979年,第470页以下;同一作者:《建筑工程受领的要件与法律后果》,1988年,第2版;科比耀—霍和斯泰(Korbion - Hochstein):《建筑发包规则之合同》,1988年,第7版;科比耀—让珀—和比希(Korbion - Lampe - Helbig):《建筑发包规则与建筑合同》,载《科比耀纪念文集》,1986年,第249页以下;库奇克(Kutschker):《建筑发包规则第二部分、一般交易条件法与欧共体指令》,载《建筑法杂志》,1994年,第417页以下;劳尔(Lauer):《建筑工程超支时建筑师的责任》,载《建筑法杂志》,1991年,第401页以下;勒珀(Lepp):《建筑法的基本结构》,1988年;里特巴尔斯基(Littbarski):《建筑业中的责任法与保险法》,1986年;罗谢(Locher):《建筑信托法与建筑承担人的权利》,1997年,第5版;吕福曼—弗莱施曼(Löffelmann - Fleischmann):《建筑师合同及其建筑师与工程师酬金法》,1990年;梅迪库斯(Medicus):《论在谨从公认的技术规则后的瑕疵责任》,载《德国建筑法与国际建筑法杂志》,1984年,第155页以下;毛欧勒(Meurer):《论建筑合同当事人的合作义务》,载《德国法月刊》,2001年,第848页以下;莫兹克(Motzke):《论建筑起造人、建筑师、工程师与特殊专家的责任界定》,载《建筑法杂志》,1994年,第47页以下;莫兹克—纳特斯海姆(Motzke - Nettesheim):《论建筑私法中的问题》,载《企业顾问》,1993年,第1460页;尼克利施(Nicklisch):

《分包合同中的法律问题》,载《新法学周刊》,1985 年,第 2361 页;赖特曼(Reithmann):特别是其《建筑承担人的买卖》一书,1995 年,第 7 版;路特考夫斯基(Rutkowski):《建筑发包规则第二部分第 13 条规定的瑕疵担保》,载《新法学周刊》,1991 年,第 86 页以下;夸克(Quack):《最高法院建筑合同法新裁判》,1996 年,第 3 版,及其载《有价证券资讯》的论文,1991 年,副刊,第 7 页;施马茨(Schmalzl):《建筑师与建筑工程承包人的责任》,1980 年,第 4 版;施密德(Schmid):《失败的修缮》,载《新法学周刊》,1994 年,1824 页;H. W. 施密德(H. W. Schmidt):《联邦最高法院关于建筑工程法、建筑师法及建筑静力工程师法律的裁判》,载《有价证券资讯》,1985 年,第 1085 页,续文载《有价证券资讯》,1987 年,特刊,第 5 页;施莱希特里姆(Schlechtriem):《建筑物的加工处理损害及其继续侵蚀性瑕疵的合同外责任》,载《德国建筑法与国际建筑法杂志》,1992 年,第 95 页以下;肖特克(Schottke):《建筑工程发包规则合同上的建筑用地风险》,载《建筑法杂志》,1993 年,第 407 页;西格堡(Siegburg):《建筑技术——德国工业标准的公认规则》,载《建筑法杂志》,1985 年,第 367 页;同一作者:《建筑起造人错误规划引起的瑕疵》,载《科比耀纪念文集》,1986 年,第 411 页以下;同一作者:《建筑合同中的瑕疵担保法》,1999 年,第 4 版;菲根(Vygen):《建筑发包规则与民法典中的建筑合同法》,1997 年,第 3 版;同一作者:《1989/1990 年州高等法院关于建筑合同法的裁判》,载《德国建筑法与国际建筑法杂志》,1990 年,第 116 页以下;菲根—舒伯特—让(Vygen - Schubert - Lang):《建筑工程延迟与给付的变更》,1988 年;魏塞(Weise):《瑕疵担保法中瑕疵的含义》,载《建筑法杂志》,1991 年,第 19 页以下;魏尔纳—珀斯托(Werner - Postor):《建筑工程诉讼》,2002 年,第 10 版;维勒布朗特—德策(Willebrandt - Detzer):《论拒绝受领》,载《企业顾问》,1992 年,第 1801 页以下;此外,还有若干部建筑工程发包规则评注。

以建筑工程为标的的合同在一般情形下经济价值较高,建筑工程合同因此成为承揽合同中尤为重要的一脉。同时,建筑物完全没有瑕疵的情形又是极为罕见的。在具体操作上,对于建筑工程规划而言,可以考虑设计各种各样不同的合同(参见尼克利施(Nicklisch)主编的《建筑工程合同》,1984 年)。其中本质性的区别在于:建筑起造人已拥有建设用地,还是正计划购买建设用地。

第一节　在自有土地上的建筑工程

一、合同概括内容

404 最简单的情形是,已拥有建设用地的建筑起造人自行订立一切必要的合同:一般与建筑师订立一份承揽合同(参见上文边码 362),再与建筑工程承包人订立至少一份承揽合同。承包人拥有一个专业面相对宽泛的建筑企业的,承包人可以自己承担一切必需的建设服务项目(掘挖工程、静力设计、骨架建设、改造建设),但常见的情形是,至少有个别服务项目需要由其他企业来完成。与这些企业订立合同的可以是建筑起造人自己,也可以是第一位承包人以自己的名义与其订立合同。此时的第一位承包人,我们称之为总承包人;而由总承包人纳入工程的其他企业,我们称之为从承包人。从承包人与建筑起造人之间并不订立合同;在总承包人与分承包人的关系中,从承包人是总承包人的履行辅助人(在一般情形下,并非其事务辅助人,参见联邦最高法院判决,载《新法学周刊》),1994 年,第 2756 页)。

> 建筑工程合同也可以是建筑师以自己的名义订立,而无需由建筑起造人订立。但其中建筑师所需的代理权,在一般情形下并不直接来自建筑师合同。

二、订立合同时的特殊之处

对于建筑工程而言,尤其是在建筑规划比较庞大时,其合同的订立一般有两个特殊之处: 405

第一,对建筑工程进行整体招标或者分项招标(分项工程)。这在法律上意味着要约邀请,即邀请他人在招标期限内发出要约。一般情况下,招标建筑起造人有决定作出承诺的自由;尤其要予以强调的是,以最低价格投标者并无决标的请求权。对于公共招标工程问题,《反对限制竞争法》第 97 条以下条款另有特别规定。

第二,经常出现的情形是,若干个建筑企业联合起来共同竞标,并且在其后也共同履行合同。这样一种投标联营(简称联营,参见科恩布鲁姆(Kornblum)文,载《德国及国际建筑法杂志》,1992 年,第 9 页)形成一种合伙(参见下文边码 473)。这种形式主要见于机场的建设、运河的建设、高速公路的建设或者地铁的建设,而其中建设所需的机器设备及其人力资源远非一个单独的企业所能具备和拥有。

三、建筑工程发包规则

1. 在没有其他不同规定的时候,建筑起造人与建筑工程承包人之间的合同(或者总承包人与从承包人之间订立的合同)依照民法典承揽合同法的规定进行调整。自 1926 年以来,有了一个能够比较好地符合建筑法特殊需要的合同范式,即在其后又得到多次修订的《建筑工程发包规则》(VOB)。 406

《建筑工程发包规则》分成三个部分:第一部分调整建筑工程

的招标与发包，即调整建筑合同的前期准备工作与合同的订立问题；其对于公共机构作为发包人有着实质性的意义（参见《联邦最高法院民事裁判集》，第116卷，第149页）。第二部分规定与调整的对象是建筑工程合同的内容，与民法典中的承揽合同法的规定有所不同；计划在2002年10月1日前完成修订（参见基泽尔（Kiesel）文，见《新法学周刊》，2002年，第2064页）。第三部分涵盖了那些基于第二部分规定订立的合同中的技术规范；也就是说，该部分将一般公认的建筑规范编纂成了法律。

407 2.《建筑工程发包规则》中最引人注目的是第二部分（简写为VOB－B），其中包含有一般交易条件。因此，按照民法典第305条，在订立具体合同时必须采纳这些规定（参见巴尔旭（Barsch）文，载《企业顾问》，1982年，第1699页）。民法典第308条第5项和第309条第8项第2目（分别在句尾）只是在审视合同内容时，创设了两种便利情形，即无需遵守该条款的禁止性规定。据此，允许拟制意思表示和允许缩短因整体纳入VOB－B所得出的法定瑕疵担保期间。

总的来说，VOB－B的适用是普遍的，也是符合其目的的（参见魏可（Weick）文，载《科比耀纪念文集》，1986年，第451页）：这是因为VOB－B的规定更加符合建筑的需要，并且相较民法典第631条以下条款的规定更加具体和深入。在其调整过程中，VOB－B并不是单方面地迎合建筑企业。虽然，VOB－B一方面将工程瑕疵的担保瑕疵从5年（民法典第634a条第1款第2项）缩短至2年（令人担忧！），并且完全排除解除权；但是，另一方面建筑起造人能够以提交书面瑕疵通知的方式使消灭时效的期间中断（而不是如民法典第204条第1款第1项规定的，以起诉的方式中止时效的进行）。尽管VOB－B的适用很是普遍，但其从整体甚至到局部都不是习惯法。

四、建筑信托

虽然，建筑起造人是土地的主人，但是，在建筑规划领域还仍然必须订立众多合同：建筑起造人在与建筑师和建筑工程承保人订立合同之外，例如还要与保险公司订立合同，以及为取得必需的资金与银行或储蓄银行订立合同。此时，建筑信托合同就如同是具有处理事务性质的承揽合同（第675条第1款，并请参见下文边码433）：建筑信托的受托人免去了建筑起造人一应订立合同之劳繁。在大多数情况下，受托人自己订立必要的合同，并且一般是以建筑起造人的名义和计算。但是，受托人与一个覆盖范围广泛的总承包人之间的界限是不确定的：这种情况发生在"受托人"向建筑起造人保证一个固定价格，并以自己的名义订立建筑工程合同的情形。 408

第二节　尚待取得的土地上的建设工程

待建土地尚需建筑起造人取得时，法律关系就会因此变得错综复杂。 409

一、买卖或承揽合同

在建筑工程已经完全完工或者绝大部分工程已经完工时，所有权始发生移转的情形并不在少数。我们可以将其视作已建土地的买卖，并且对于建筑物的瑕疵适用民法典第434条以下的规定；此时应当不再适用承揽合同法的规定（参见上文边码116）。但是，法院的裁判却是与此判断完全相反的。按照最高法院的裁判（参见《联邦最高法院民事裁判集》，第60卷，第362页、第364页），对于物的瑕疵责任，"不应当区别对待是否是在取得土地后、又基于其他承揽合同由让与人在此土地上建造房屋的情形，还是同时一起取得土地和由让与人建设的房屋所有权的情形"。并且，对于建筑物而言，承揽合同法的适用始终应当是恰当的，其原因在于,新建建筑物的瑕疵及瑕疵原因一般而言可能要待数年后方能被发现。按照联邦最高法院判决(参见《联邦最高法院民事裁判集》,第63卷,第96页),在买卖合同订立时,建筑物已然部分建成的,物的瑕疵请求权自然应当以承揽合同法的规定为准绳。甚至在合同订立时工程已经结束的情形,或者其时工程仅仅还有一小部分未能完成的情形,按照最高法院判决也应当适用承揽合同法(参见《联邦最高法院民事裁判集》,第68卷,第372页)。根据法兰克福州高等法院的判决(参见《新法学周刊》,1984年,第2586页),承揽合同法在物的瑕疵责任上的适用范围最终延伸至经彻底修缮的老房屋内自有住宅的买卖。对于承揽合同法适用范围的扩大,我们应该予以肯定,这是因为民法典第633条第2款规定的修复可能性和修复义务更加符合实际需要。但是,该原则在《债法现代化法》生效后是否还能适用是有疑问的,其原因在于,《债法现代化法》在很大程度上缩短了买卖法与承揽合同法的距离(在关于修复的问题上!)。

二、建筑承担合同

410 土地一般属于为建筑物建设操劳(同时一般也为融资操劳)的人。此处我们论及的是建筑承担人(关于其发展,参见赖特曼(Reithmann)文,载《有价证券资讯》,1986年,第377页)。与上文边码408处阐述的建筑信托合同相比较,建筑承担人与建筑起造人——买受人的法律关系的包容面更大,特别是其另外负担有土地所有权的转移(关于其未来的意义,参见乌尔曼(Ullmann)文,载《新法学周刊》,2002年,第1073页)。

建筑承担合同与在已属于建筑起造人的土地上建设的信托管理迥异,其中特别特殊的一点是,在建筑承担合同中,支付不能风险也是由双方分担的:在土地属于建筑起造人的情形,一切建筑工程成果都自然而然地成为其财产(见《民法典》第946条、第93条、第94条);如果不考虑建筑瑕疵的危险,建筑起造人就可以无风险地支付。但是，在土地属于建筑承担人时，建筑工程成果并不能给建筑起造人带来直接的益处，其原因在于，如果建筑承担人为其信贷设定的土地债务具有比合意预告登记优先的顺位，那么，即使是合意预告登记（参见上文边码 114）也不能给买受人带来可靠的保障。基于上述原因，在建筑承担人出现支付不能境况时，其相对人会遭受很大损失：该相对人会面临失去房屋宅地的危险，而原本该相对人对即将拥有房屋宅地是深信不疑的，并且往往已在房屋宅地上投入了毕生之积蓄。

对此，立法者以营利事业法的规定进行了干预：按照《营利事业法》（GewO）第 34c 条，建筑承担人（也可以是建筑受托人）执业必须具备官方机构的许可。并且，建立在《营利事业法》第 34c 条（1974 年 6 月 20 日生效）基础上的《居间人与建筑承担人规程》（参见《联邦法律公报》，第 1 卷，第 1344 页）还能影响建筑承担人订立的民法合同的内容。尤其是作为买受人的建筑起造人在提供物上担保的情况下，其预付款项受到显著的限制。因篇幅限制，对于细节问题本书无意赘述（参见洛赫尔（Locher），《建筑私法》，第 38 章）。

三、建筑起造人模式

有关建造建筑物或建造自有住房（大多数情况下）的合同规 411
则，被称为“建筑起造人模式”，其主要从税收角度考虑问题：一方面，应当尽可能地减少取得人取得土地、建设房屋及其融资的风险和付出；另一方面，取得人还应当在税法上以建筑起造人的身份出现（而不是以已完工建筑物的取得人身份出现），以使那些在合同形成中产生的高额宣传费用（如用以鉴定、广告、宣传单、融资）给取得人带来益处。在这一过程中，并不罕见出现高于取得人待支付预付款项两倍的亏损分派额，在最高税率为 50% 时，取得人可节约的所得税数额与其应当支付的预付款相等；这就意味着，取得人在开始时并不需要投入自己的资金。但是，此种合同内容现在只有在严格制约的条件下,始为可能。

但是,在任何情形下,取得人都必须对其为取得土地和建设所吸收的(大多数时候为高额的)贷款承担个人责任。而宣传费用及其动用的大量人员往往会大幅增加“建筑起造人模式”框架下建筑规划的成本。此时恰好可将因此才变为可能的亏损分派作为正面的宣传理由。尽管如此,迄今为止许多按照这种方法建设完毕的项目往往是盈利的,并且是因为土地成本与建筑成本的增加:十年前高价建设的建筑物一般比在其后廉价建设的建筑物还要便宜。自从这种增加成本的方式叫停以来,出租那些建设费用过高的房屋不再能够抵偿其成本。这个问题在新联邦州显得尤为突出。

因受篇幅限制,本书无意赘述有关(深受税法影响的)建筑起造人模式的具体法律设计问题,具体可参见布吕希(Brych)文,载《法律学习》,1981 年,第 248 页;同一作者:《现代建筑模式》,1992 年,第 5 页;L. 舒曼(L. Schumann):《住房建筑中的建筑起造人模式》,1983 年;戈德贝克—乌德(Goldbeck - Uhde):《法与实践中的建筑起造人模式》,1984 年;赖特曼(Reithmann)文,载《企业顾问》,1984 年,第 681 页;德施勒(Deschler)文,载《企业》,1983 年,第 2491 页、第 2543 页;施密德—利比希(Schmidt - Liebig)文,载《企业》,1984 年,第 213 页。此处尚待说明的是,以建筑起造人身份加入此种模式的参与者一般联合组成合伙,即建筑起造人共同体(参见下文边码 473)。

第一百零三章　运送合同

参考文献：巴泽多（Basedow）：《运输合同》，1987年（评论参见科勒（Koller）文，载《民法实务档案》，第189卷，第185页以下）；同一作者：《运输法》（评注，1995年，第3版）；同一作者：《海洋法远景》，载《法学家报》，1999年，第9页；本可—卡特雷兹（Benkö - Kadletz）：《航空运输的事故责任》，2000年；杜比夏尔（Dubischar）：《货物运输法基础》，1987年；恩格（Enge）：《运输保险》，1987年，第2版；菲尔特豪特（Filthaut.）：《对铁路乘客与公共汽车乘客损害的责任免除与责任限制》，载《交通法新杂志》，2001年，第238页以下；冯格—爱尔曼（Finger - Eiermann）：《铁路交通法》，1996年，第6版；福瑞颇（Froeb）：《交通法中的自然耗损责任》，1991年；菲利希（Führich）：《定期空运机票超员预订的补偿》，载《新法学周刊》，1997年，第1044页；格目拉—罗纳特·施密德（Giemulla - Ronald Schmidt）：《航空运输法评注》，1988年（又有新的补充）；同一作者：《关于航空事故责任的欧洲法新规则》，载《保险法新杂志》，1988年，第225页；赫贝尔（Herber）：《海商法》，1998年；霍夫曼—格拉珀黑尔（Hofmann

– Grabherr):《航空运输法》,1994年,第2版;科勒(Koller):《论道路交通法中损害的产生》,载《保险法杂志》,1990年,第553页以下;同一作者:《运输法的改革》,载《保险法杂志》,1996年,第1441页以下;同一作者:《运输法》,2000年,第4版;同一作者:《多方式运送人的责任》,载《保险法杂志》,2000年,第1187页;孔策(Kunze):《卧车法——一个陌生的法律领域》,载《保险法杂志》,1986年,第7页以下;马特尔(Martell):《汽车货物运输法》,载《新法学周刊》,1999年,第193页;米勒—罗斯丁(Müller – Rostin):《对国际航空运输乘客的新责任规则》,载《保险法杂志》,1997年,第1445页;普吕斯曼—拉本(Prüßmann – Rabe):《海商法》,1992年,第3版;路维德(Ruhwedel):《航空运输合同》,1998年,第3版;同一作者:《运输法改革法与航空慢运货物的运送》,载《运输法》,1999年,第369页;施密德—莱费斯(Schmid – Leffers):《航空整体旅游框架内的航空运送法律问题》,载《新法学周刊》,1998年,第1911页以下;施文克(Schwenk):《航空私法1995—1996新裁判概貌》,载《新保险法杂志》,1997年,第341页以下;施密德—索能(Schmidt – Sonnen):《航空整体旅游框架内的航空运送法律问题》,载《新法学周刊》,1992年,第464页以下,同时也请参见《新法学周刊》,1994年,第2451页;肖赫(Schoch):《国际国内航空运输中旅客运送的责任问题》,载《企业顾问》,1994年,第1513页;图姆(Thume):《新运输法》,载《企业顾问》,1998年,第2117页;G. 瓦格纳(G. Wagner):《执行货运人的责任》,载《商法与经济法杂志》,第163卷,1999年,第679页以下。

第一节　法律渊源

无论是人员的运送还是货物的运送都是以一定的工作成果为 412
目的的，即以地点的变化为目的的，而不是仅仅以付出劳动为目的。基于这个原因，与此相关的合同原则上多为承揽合同（民法典第631条）。但是，在1998年6月30日以前，运送合同一直是由零零散散的特别规定来调整的（参见第8版），其中有一个重要的界定标准是运输得以实现的方式，即是通过铁路、汽车、内水航行或海航还是飞机。

这种法律分裂状况最终因1998年6月29日颁布的《运输改革法》和1998年6月22日颁布的《汽车货物运输改革法》的施行得到改善。此后，无论运输采用何种方式，营业性的（《商法典》第407条第3款第1句第2项）货物运输统一由商法典第407条及其下条款的规定调整；其中，只是对于搬家货物的运输作出了特殊的规定（《商法典》第451条以下）；同时受到调整的还有采用各种不同的运输工具时呈现的特殊之处（《商法典》第452条以下）。这些商法上的规定未涵盖的只是非营业性的货物运输以及一切人员的运送，也就是说，这里尚存在有承揽合同法的适用空间。但是，所有的海洋船舶运输继续优先适用《商法典》第556条及其下条款的规定。

第二节　《商法典》第407条及其下条款的规定

本书将对于上文提及的海洋法不予阐述（《商法典》第556条 413
及其下条文原本也并未被收入《舍恩菲尔德法律汇编》）。对于商法典第407条及其下条款（这部分内容包含在商法之内，参见卡纳里斯(Canaris):《商法》,第33章,边码3以下),我也只打算简略地论述几句,并只限于对其独特的责任规则的阐述。《商法典》第425条第1款规定,承运人应对运输货物的丧失或者毁损或者违反交货期间负责,故而,此处不再采用旧民法的范畴(不能,迟延),同时也没有"归责"这一要件。按照《商法典》第426条的规定,承运人"在尽最大之注意时仍不可避免货物的丧失、毁损或延迟交付及其后果时",免予承担责任。这一点让人感觉比《民法典》第276条第1款规定的一般过错要件要更严格,并让人回忆起旧《道路交通法》第7条第2款中规定的"不可避免的事件"(参见卡纳里斯(Canaris):《商法》,第33章,边码15以下和边码882)。尽管如此,《商法典》第427条第1款还是规定了一些大多数情形下与托运人行为有关的特别免责事由;并且,《商法典》第431条及其下条款还规定了责任的最高限额。但是,所有这些对责任的免除及其限制,都不适用重大过失情形,即承运人意识到损害很有可能发生,但仍然为故意或者过失的情形,不适用这些责任的免除及其限制规定(《商法典》第435条)。相反,商法典第414条第1款规定托运人对承运人可能负有的无过错责任。在这个问题上,《商法典》第414条第3款和第4款还规定了一个(不合体系的)特例,即当托运人为"消费者"时的特例。

第三节　旅客运送

一、铁路

414 对于铁路客运适用《责任法》第1条和第4条,并且是为旅行者的利益。但是,因为《责任法》第9条和第10条规定的责任最高限额比较低(参见下文边码890),所以,那些并行可能的(《责任法》第12条)、覆盖面更广的责任,即基于《民法典》第823条及其下条款以及基于合同的责任就显得十分重要。按照《铁路交通法》第 17 条的规定，排除债务人迟延的损害赔偿请求权（火车晚点）。在以其他方式实施人员运送时，也适用同样的原则；在这一问题上，甚为古怪的是，人比物的地位竟然要低（在《商法典》第 425 条第 1 款的规定中，对延迟是要负责的）。合理之批评也可参见施陶丁格（Staudiger）文，载《新法学周刊》，1999 年，第 3664 页。

二、汽车

《道路交通法》第 7 条及其下条款专门对采用汽车运送人员的责任作了规定。另外，尽管随行同车人员享受了汽车带来的危险利益，但为其利益，自 2002 年 8 月 1 日起，该责任规定对其也有适用空间。对于有偿的、营业性的人员运送，《道路交通法》第 8a 条规定，对乘客之责任属于强行性的规定。 415

在侵权责任与合同责任的竞合问题上，与铁路的规定相同（《道路交通法》第 16 条，并参见上文边码 414 和下文边码 886）。

三、飞机

飞机的责任问题是最为复杂的问题（参见黑勒布让特（Hellebrandt）文，《民用飞机人身损害责任法》，1999 年）。在国内航空运输中，《航空运输法》第 45 条和第 46 条规定了对于乘客的过错推定责任（但因《航空运输法》第 46 条的规定受到很大程度的限制）。《航空运输法》第 48 条第 1 款第 2 项规定，只有在空运运送人一方故意或有重大过失时，不受限制的侵权责任和合同责任才发生竞合。此项特例在国际运输中又进一步受到限制，即 1929 年 10 月 12 日的《华沙条约》（简称 WA）对此又作出了进一步的限制（参见 G. 维得曼（G. Wiedemann）文，《华沙条约对责任的限制》，1987 年）：即按照该条约第 25 条的规定，只有在过错可以归纳为附条件之故意和有认识的重大过失时，才发生一般责任（参见法兰克福州高等法院（美茵河畔）裁判，载《保险法》，1981 年，第 164 页）。 415a

现在，这种令人不能十分满意的法律状况（参见米勒—罗斯丁(Müller - Rostin)文,载《保险法》,1997 年,第 1445 页)因国际航空运输协会(International Air Transport Association,简称 IATA)的一项倡议得到了改善:许多航空公司迫于压力,特别是迫于美国运输部的压力,都放弃了这种对责任的限制(否则,将有损这些航空公司在美国的降落权)。另外,《华沙条约》在很大程度上也受到了 1995 年的海牙议定书以及 1997 年的欧盟指令的限制(参见米勒—罗斯丁(Müller - Rostin)文,同上;以及参见其另外一篇文章,载《保险法》,1998 年,第 1445 页)。现在,国际上尚没有一个统一的责任法,新的秩序正在酝酿和准备之中,参见森格尔(Saenger)文,载《新法学周刊》,2000 年,第 169 页;并请参见卡德雷茨(Kadletz)文,载《保险法》,2000 年,第 927 页。

第三部分

其他合同

第一百零四章　委托合同

参考文献：卡纳里斯(Canaris)：《为他人利益之损害行为的风险承担》，载《劳动法》，1996年，第41页以下；可斯特—瓦尔特延(Coaster - Waltjen)：《委托》，载《法律学习》，2001年，第567页以下；科英(Coing)：《对受托人的金钱返还请求权》，载《法学家报》，1970年，第245页；多恩(Dorn)：《劳动付出及其费用的赔偿》，载《法学家报》，1964年，第93页以下；格尼乌斯(Genius)：《本人的风险责任》，载《民法实务档案》，第173卷，1973年，第481页；哈尔德(Harder)：《论罗马法与现行法上的身后委托》，载《吕普陶夫纪念文集》，1970年，第515页；H. 洪泽尔(H. Honsell)：《本人的风险责任》，载《吕普陶夫纪念文集》，1980年，第485页以下；伊泽勒(Isele)：《事务之处理》，1935年；克勒(Köhler)：《劳动付出是费用吗?》，载《法学家报》，1985年，第359页；朗(Lang)：《联邦最高法院关于委托合同的新裁判——无因管理》，载《有价证券资讯》，1998年，特刊，第9页；莱纳尔(Lenel)：《无偿与有偿的事务处理》，载《民法实务档案》，第129卷，1928年，第1页以下；兰特(Lent)：《处理事务中的意志和利益》,1938 年;K. 米勒(Müller):《费用赔偿之请求权》,载《法学家报》,1968 年,第 769 页以下;D. 内尔—尼叙木拉(D. Nörr – Nishimura)(主编):《委托及其类似的行为》,1993 年(有法制史方面的论述);拉普(Raape):《违约执行事务时委托人的权利》,载《民法实务档案》,第 141 卷,1935 年,第 88 页;施泰多尔夫(Steindorff):《劳动法与商法上作为费用赔偿的损害价值的补偿》,载《德勒纪念文集》,1963 年,第 273 页以下。

第一节　内容与界定

416 按照《民法典》第 662 条的规定,"受托人因接受委托而有义务为委托人无偿处理其委托的事务"。

一、处理事务

对于委托合同法中(以及无因管理,见《民法典》第 677 条,参见下文边码 617)出现的处理事务这一概念的理解是非常宽泛的:即按照通说,这一概念包括每一个关涉他人的活动(与《民法典》第 675 条第 1 款不同,参见下文边码 433)。也就是说,这种活动既不需要持续一定的时间(根据《联邦最高法院民事裁判集》第 38 卷,第 270 页上的裁判,迅速拨转汽车的方向盘也符合这一要求),也不需要是法律行为(这里列举的示例或受托替外出的人浇花就不是法律行为,但还请参见下文边码 419)。而且,此种活动也不需要与财产发生联系(例如受托照看墓地)。另外,这种活动也无所谓涉及的是行为还是结果,好比在有偿的情形下,无所谓这种活动是雇用合同的标的还是承揽合同的标的一样(参见上文边码 361 以下)。

与通说不同的是,有些人认为处理事务这一概念为"较为严苛"的概念(如埃塞尔(Esser)就持这种观点)。应当承认,委托合同法中的有些规定只适用那些内容比较丰富的，并要求受托人决策的行为。例如，《民法典》第 666 条和第 668 条规定的告知义务、报告义务和支付利息义务对于浇花这一委托而言，不具有重要的意义。但是，在其他合同类型中（例如买卖和合伙），同样也存在着许多并不适用于简单行为的规定，但并没有因此而导致这些简单行为脱离这些合同类型。

在一般情况下，委托合同法只是不适用于那些受到特别调整的活动。比如，即使是无偿保管也被纳入《民法典》第 688 条以下规定的调整范围（只是按照《民法典》第 690 条的规定，无偿保管的责任得到减轻），而不是受《民法典》第 662 条以下规定的调整。

二、无偿性

委托以处理事务无偿为原则，这是此类合同区别于雇用合同与承揽合同的界点；也就是说，委托合同是与以有偿为要件的合同类型和以有偿为要件的特别合同类型（如居间合同和《商法典》第 383 条以下规定的行为）相对的事物。并且，因为委托具有无偿性，所以委托合同不是双务合同（参见《总论》边码 472），《民法典》第 320 条以下的规定对其不适用。 417

但是，"无偿性"只是意味着对委托活动不支付费用。委托事务对受托人产生费用的（例如前往浇花地点的行车费用），按照《民法典》第 669 条和第 670 条的规定，委托人应当偿还该费用（参见下文边码 424）；也就是说，受托人应当在付出其努力之外，无需有财产上的付出。但是，这一规定是任意性的规定：根据合同，受托人也可以自愿承担该费用（例如，因为受托人期待委托人有机会也给予同样的协助的原因），但这一点对委托合同没有丝毫的妨碍。相反，约定给付报酬应当是不符合委托合同法的，即此类合同应当属于雇用合同或者承揽合同（参见《总论》边码 142）。

三、界定

首先要从两个方向对委托合同予以界定。

418 1. 在日常语用中,既存的债务关系框架内的各项具体指示在很多时候也被称作"委托"。例如,可以称某人给予银行的指示为划转委托,或者领导对女秘书的指示亦为委托,但此处并不是《民法典》第662条意义上的委托。这种区别与不同尤为明显地体现在,银行抑或女秘书并不再需要受领这些委托,这是因为基于银行合同或者劳动合同,银行和女秘书有义务服从之,这里的指示只是原本既存的给付义务的具体体现(《民法典》第315条)。令人遗憾的是,《民法典》新条文第676a条第1款对这一点在认识上有偏颇,该款不恰当地使用了"划转合同"这一词语来表示顾客的具体指示。

419 2. 另外,还有待区分的是,作为法律行为的委托和被证明为非法律行为的日常生活情谊关系。这种区分和界定对于责任的承担尤为重要。受托人负有正常处理事务的义务,并在可以归责的义务侵害时负有损害赔偿义务(在绝大多数情况下是因为不良履行,参见《民法典》第280条,《总论》边码412)。与此相反的是,情谊助人者不负担有任何义务;只有在其实施侵权行为时,例如在违法和过失侵害他人所有权时,情谊助人者始负担责任(《民法典》第823条第1款)。

情谊关系与委托关系一样涉及的都是无偿活动。而其不同之处则在于,对于委托这种法律行为而言必须具有法律拘束意志,或者必须满足认定受法律拘束的一定客观准则,这属于一般法律行为理论问题(参见如梅迪库斯:《民法总论》,边码191)。特别以委托法的视角看待这一问题,如若该活动与高额费用挂钩,那么,可以理解为法律行为:这样才能有《民法典》第669条和第670条设定的偿付请求权。故此,譬如在浇花不产生行车费用时,为情谊事务;而在其产生诸如此类的费用时,浇花一般则为委托合同的标的。

第二节　受托人的义务

一、执行

按照《民法典》第 662 条的规定,受托人有义务执行承担的事务。虽然依照《民法典》第 671 条的规定,受托人终止委托后,可以终结其义务(参见下文边码 430)。但是,也可以视情形,从义务终结中推断终止的意思表示,而该表示只有送达委托人才能发生效力;在此之前,继续存在执行事务的义务,如若不执行事务,受托人在可以归责时负有损害赔偿义务。 420

在执行事务时,受托人一般应当遵从委托人的指示。依照《民法典》第 665 条第 2 句的规定,在出现新的情势时,受托人应当通知委托人,并等候其决策。只有在因等候而发生的滞缓带来危险时,受托人可以并必须偏离委托人给予的指示(《慕尼黑民法典注释——赛勒》,第 665 条,边码 26);因此,根据《民法典》第 665 条第 1 句的规定,受托人负有"要求思考"的遵从义务。但是,即便如此,受托人也不能按照自己的意愿决策,而是以委托人可能的意志为准绳。在这个意义上,《民法典》第 665 条第 1 句基于的出发点是,受托人是否可以认为,委托人将允许其作出某种对指示的偏离。例如,某人受托给予第三人贷款(《民法典》第 778 条),而在该第三人陷入财产危机时,一般不允许受托人再向其支付贷款。但当委托人恰有在该第三人发生危难时助他一臂之力的意愿时,受托人则相反负有支付贷款的义务;委托人因此而遭受损害的事实,故不能赋予受托人以偏离委托指示的权利。

二、返还

《民法典》第 667 条规定,受托人必须返还其为履行委托合同所取得的(以及未用完的)或者其因处理事务所取得的一切东西。例如,受托浇花者必须返还呈交于其的房屋钥匙,以及返还预付 421

的、剩余的行车费用。又例如，受托购物的受托人在事务处理完毕后，负有交付购得物的义务。此种情形下，返还可能只是意味着《民法典》第 985 条规定的占有物之交付（如相关的钥匙），或者也可能意味着所有权的转移（例如购物受托人以自己的名义购物，继而成为所有人）。

此外，《民法典》第 667 条规定的返还绝不仅仅限于物的返还，相反更多要予以考虑的是债权的让与。例如，受托出卖物的受托人，因以自己的名义出售该物，所以取得了对买受人的价金债权。另外，关于贿金的返还问题，参见联邦最高法院的裁判，载《新法学周刊》，2001 年，第 2476 页。

三、其他义务

422 1. 按照《民法典》第 666 条的规定，受托人的其他义务主要产生于那些持续时间相对较长，并有财产关联的委托合同（参见上文边码 416），如告知义务、报道义务以及提出报告的义务（参见《民法典》第 259 条与第 261 条）。此外，在受托人为自己使用当属委托人的金钱时，《民法典》第 668 条还规定了其支付利息的义务。

423 2. 按照《民法典》第 663 条的规定，公开被指定处理某项事务的人，或者公开请求处理该项事务的人，或者向要约人请求处理该事务的人，在其不接受此项委托时，必须告知其对要约的拒绝。这项规定对于无偿委托而言，至多因其最后一种可能性才具有一定的意义，这是因为无人会公开被指定或公开自荐无偿处理事务。故此，第 663 条的意义几乎只是存在于关于有偿事务的第 675 条第 1 款规定的准用之中（参见下文边码 432）。事实上，第 663 条（与《民法典》第 149 条相近）设定的是基于参与合同磋商产生的义务（参见《总论》边码 108）：即应予避免合同有效的表象。可以归责的违背行为应带来负担赔偿消极利益的义务，对于要约人因信赖其要约得到承诺（《民法典》第 151 条），故相信合同得以成立而遭受的损害，要约人可以请求赔偿。

第三节　委托人的义务

一、费用的偿还

依照《民法典》第 670 条的规定，委托人有义务偿还受托人认 424
为依情形当为必要的费用。该项规定通过转引规范也经常适用于委托合同法之外的领域（例如《民法典》第 675 条、第 683 条、第 994 条第 2 款），并且伴随着其适用产生了一系列问题。

1. 受托人发生费用，这一事实并不足以产生偿还请求权；而是在受托人可以认为该费用为必要时，才产生偿还请求权。对此种必要性进行评断，当依受托人在决策支出该费用时点的状况而定（主观因素），但还须从明智观察者的角度出发（客观因素）。尽管有这个前提，但还有无益的、客观上不必要的费用有待偿还。这里，始终应该考虑到《民法典》第 665 条第 2 句和第 666 条的规定：即在受托人认为委托人未预见的费用为必要时，受托人一般有义务先向委托人作出询问。

2.《民法典》第 670 条直接涉及的是为执行委托而支出的费 425
用，也就是说，只涉及受托人自愿之付出。与此相反，损害则是其所遭受的、违背意愿的不利益。但承担的是显见危险的事务时，对此作出界定可能会引起问题。例如，某人接受委托，欲从着火的房屋中抢出物品，其应当预见被烧伤的可能。但是，在一般情况下，受托人即使在此种情形下依然可以期望不发生损害，结果很难将之称为自愿的付出。

此外，按照当今绝对主流的观点，委托人的偿还义务已经远远扩及损害的范围，也就是说，有待偿还的虽然不是所有具有相当因果关系的损害（参见《总论》边码 597 以下），但包括因事务特定之风险产生的损害（参见《联邦最高法院民事裁判集》，第 33 卷，第

251 页、第 257 页;《慕尼黑民法典注释——赛勒》,第 670 条,边码 14)。其中争议点在于,偿还费用是基于对《民法典》第 670 条的适用(也可能为准用),抑或是基于在此之外产生的判例法(在第二种情形,参见拉伦茨(Larenz):《债法分论》,第 2 卷,第 1 部分,第 56 章,第 3 节,第 417 页以下)。总而言之,任何涉及损害赔偿的情形,都必须适用第 254 条和第 844 条至第 846 条。基于这些规定,受托人因自己的疏忽共同促成损害时,例如因从着火的房屋中抢救物品造成的损害,只能请求部分得到赔偿(《民法典》第 254 条);如若受托人在试图抢救物品时丧生,其遗属享有对扶养费用的赔偿(《民法典》第 844 条第 2 款)。

因执行委托事务,受托人对第三人负有赔偿义务的,那么,委托人负担偿还的费用在于免除该项债务(参见《联邦最高法院民事裁判集》,第 89 卷,第 153 页)。

426 3. 因为委托具有无偿性,所以,在一般情况下,费用的偿还不允许是对受托人处理事务的报酬(参见上文边码 417)。但是,有一种例外情形为很多人所认可,即在处理事务属于受托人的职业范围或者营业范围时(《民法典》第 1835 条第 3 款,参见下文边码 626),并且此种活动因特殊情势而为必需时。以下列情形为例,已托付给律师的财产管理在未曾预见的情况下要求进入诉讼程序,但这种例外情形也有可能是不必要的:如果没有对无偿承担诉讼的阐释,那么,对于此种情形适用《民法典》第 612 条第 1 款,或者意味着在委托之外的无因管理(参见下文边码 622)。

二、其他义务

427 按照《民法典》第 669 条的规定,委托人应依请求预先支付可以预见的费用,即受托人无需预先以自己的资金处理事务。

此外,还要考虑到其他在法律中未明文规定的义务——委托人的照顾义务。故此,在一般情况下,委托人应该告知受托人在执行事务时可能出现的、但并不为其所知的危险(譬如应告知在着火的房屋中,气罐有可能引起爆炸的危险)。

第四节　委托关系的结束

一般情况下,委托的结束是因为双方的义务都已经得到履行,或者因为有其他一般性的终结原因。但是,除此之外还有一些受到特别调整的情形。 428

1. 依照《民法典》第673条第1句,在存疑时,委托关系因受托人的死亡而消灭。该条款与《民法典》第664条第1款的规定相适配,第664条第1款规定,在存疑时,基于当事人之间的人身信赖不允许转委托他人执行事务(替代情形,参见《总论》边码335)。对于涉及履行辅助人的问题,并没有特别的规定;《民法典》第664条第1款第3句规定的依《民法典》第278条调整的责任问题,对应的也只是一般性的规定。

按照《民法典》第673条第2句的规定,受托人的继承人有义务不迟延地向委托人通告受托人的死讯,并在必要时暂时继续处理委托的事务。在此种情形,委托被视作“继续存在”(《民法典》第673条在条款结尾处的规定),这项规定的目的在于保证继承人基于《民法典》第670条规定的请求权。但是,只要有一个朴素的理念,即认定委托此时继续存在,也能实现上述目的,并且比法律选择的结构要更简单。

2.《民法典》第672条第1句规定,在存疑时,委托不因委托人的死亡或丧失行为能力(或成为限制行为能力人)而消灭。尽管按照《民法典》第664条第2项的规定,存疑时委托的赋权是不能转让的,但在这项规定中,法律赋予执行委托相较委托的人身信赖关系更为优越的地位。在实践中,不乏存在那些只有在委托人死亡后始获得意义的委托,即以约定的方式处理遗物(例如将被继承人的储蓄存款簿转交其侄女)。而诸如此类的身后委托可能 429

会与继承法发生冲突,其原因在于,执行此种委托将抽走遗产,以致继承法规定的方式有可能得不到维护。但这个问题属于继承法上的问题。

与此相反,对于在例外时委托应在委托人死亡或丧失行为能力时消灭的情形,在债法上规定了两种具体做法:即受托人应该在必要时继续处理事务(《民法典》第 672 条第 2 句),受托人允许以一切委托赋予的权利和义务处理事务,并且一直持续至其明知或应知委托消灭为止(《民法典》第 674 条)。但是,按照《民法典》第 169 条的规定,对于明知或应知委托消灭的第三人,与委托相关的、依《民法典》第 674 条及第 168 条第 1 句继续存续的代理权,不发生利于该第三人的效力。

430 3.《民法典》第 671 条规定了委托的意定结束方式,并且是从双方当事人的角度出发随时终止委托:即委托人的撤回和受托人的终止通知。此种结束方式无需理由,其中隐含的原则是,结束无偿合同相对而言应当比较容易(参见上文边码 177)。受托人即使在不恰当的时点也能有效终止委托,但依照《民法典》第 671 条第 2 项第 2 句的规定,如若没有重大原因(《民法典》第 671 条第 2 项第 1 句),受托人负有赔偿损害的义务。例如,某人以委托方式承担浇灌他人花卉义务的,也可以在所有人尚未归来时,有效终止该项委托,但在一般情况下,当以赔偿干枯花卉的义务为代价;但是,如若受托人自己要出门去看望患病的家人,那么,受托人将不负担损害赔偿的义务。

第五节　建议或推荐

431 按照《民法典》第 675 条第 2 项的规定(旧法第 676 条),在一般情况下,建议者或推荐者是不负担损害赔偿义务的。这项规定要追溯到罗马法的谚语:仅为受托人之利益的委托是无拘束力的

(mandatum tua gratia)。其实,《民法典》第 675 条第 2 项的表述是不言而喻的:在无关自己利益的情形,向某人提出建议或给予推荐者(例如,使用某一条道路或购买某一种股票),并没有使他人负担遵从义务的意愿。

但是,《民法典》第 676 条适用的前提应当仅限于,"无损于基于合同关系或者侵权行为产生的责任",这项规定也是理所应当的。其中蕴涵三方面的意义(参见施特劳赫(Strauch)文,载《法学教育》,1992 年,第 897 页;哈勒(Haller)文,载《法律学习》,1997 年,第 234 页;米勒—莱施(Möller – Leisch)文,载《法学家报》,2000 年,第 1085 页):第一,可以通过给予建议或推荐订立独立的合同,例如可以通过银行的解答或者交易所的投资建议订立合同。虽然,接受此种咨询者同样也不负有遵从的义务,但其享有获得相应建议的请求权。根据联邦最高法院的裁判(载《企业顾问》,2000 年,第 429 页),投资顾问应当至少负有参加信服测试的义务,从而产生基于此种合同的责任;在何种前提下认定为此类合同,当以一般法律行为理论为准绳。第二,含其他内容的合同可以使其负有建议或推荐的义务,或者至少使其负有不作出不正确陈述的义务(例如银行合同,参见《联邦最高法院民事裁判集》,第 123 卷,第 126 页;又如推荐债券,参见阿伦茨(Arendts)文,载《法学教育》,1994 年,第 915 页;霍恩(Horn)文,载《有价证券资讯》,1999 年,第 1 页;弗吕(Früh)文,载《经济法杂志》,1999 年,第 701 页),那么,同样要负合同责任;而是否成立此类义务,这是一个合同解释的问题,现在也是《民法典》第 675a 条的问题。但是,根据联邦最高法院的裁判(载《新法学周刊》,1997 年,第 1361 页;载《经济法杂志》,1999 年,第 574 页),无论在何种情形,银行都应该向没有经验的客户警示投机交易的风险。根据联邦最高法院裁判(载《新法学周刊民法司法报告》,1998 年,第 1361 页),一般情形下推定其实施的为符合正确阐明要义的行为,但银行言明自身缺乏专业知识的，就足够说明这一点；而根据联邦最高法院的裁判（载《新法学周刊》，1998年，第2675页），银行也无需拒绝执行在此情形依然被授予的委托。第三，一项不正确的建议或者不正确的推荐也可能构成侵权，那么，其责任则以侵权法为准。在故意的情形，考虑适用《民法典》第823条第2款（及《刑法典》第263条：欺诈）和《民法典》第826条；在单纯过失的情形，只在例外情形下因侵害交易安全义务考虑适用《民法典》第823条第1款，尤其在负有保护他人法益的职业义务的情形，参见下文边码755。

第一百零五章　有偿处理事务

参考文献：卡纳里斯(Canaris)：《银行合同法》，1981年，第2版；1988年，第3版，第1部分；并参见吕姆克(Rümker)文，载《经济法杂志》，1989年，第199页以下；科英(Coing)：《私人财产管理的法律形式》，载《民法实务档案》，第167卷，1967年，第99页以下；同一作者：《基于私人法律行为的信托》，1973年；格伦德曼(Grundmann)：《信托合同》，1996年；胡非尔(Hüffer)：《银行法中的责任问题》，1987年；肯德根(Köndgen)：《1990/1991银行法的发展》，载《新法学周刊》，1992年，第2263页；克茨(Kötz)：《企业联合与信托》，1963年；李普里希(Liebrich)：《经济法中的信托与受托人》，1966年；万德曼(Weidemann)：《论民法典第662条、第675条、第677条中的事务概念》，1932年；关于银行的一般交易条件，参见《新法学周刊》，1992年，第3263页、第3278页。

第一节　《民法典》第675条第1项的功能

按照《民法典》第675条第1项的规定，委 432

托合同法中的一些特定条款也适用于“以处理事务为标的”的雇用合同或承揽合同。也就是说，一些原本依据民法典适用于无偿委托的条款，扩展延伸至有偿的合同；甚至其中有些条款的真正意义体现于有偿合同之中（参见上文边码423，《民法典》第663条）。

这种调整技术可以从委托的立法史中得到解释。其中的原因在于，按照《民法典第一草案》，应当可以为受托人约定报酬，并且在通常情形可以推定此种约定（《第一草案》第586条，参见《立法理由》第2卷，第527页以下 = 穆格丹，《民法典立法资料汇编》，第2卷，第295页），由此，委托法可以直接适用有偿处理事务。此后，在第二草案中委托为必然无偿时，第675条则应当为委托法保留一部分其原有的适用范围。

第二节　民法典第675条第1项中的“处理事务”概念

433 《民法典》第675条第1项中的“处理事务”，不可能具有《民法典》第662条（参见上文边码416）和第677条（参见下文边码617）中蕴涵的宽泛的意义。因为若非如此，几近所有的雇用合同和承揽合同都要受第675条第1款的调整，而该项规定明显旨在限于调整此类合同中的一部分合同（此为通说，但存在争议）。然而，对这一相对比较狭隘的处理事务概念，给出一个在一定程度上具有区分力的定义是有难度的。故此，如赛勒（Seiler）（参见《慕尼黑民法典注释——赛勒》，第675条边码2，第662条边码14）又退回到此种表述：即第675条第1项中的“处理事务”意指任何一种需要指向委托法规定的法律后果的法律关系。但是，对于在具体情况下法律关系须具备何种要件始为此种情形的问题，人们是能够并且也是必须作出较为详尽的解答的。

对于这个概念,裁判给出的相应定义为:处理事务是一种原本应由本人亲力而为,但后由他人(业务执行人)承接的独立的、经济的活动(参见《联邦最高法院民事裁判集》,第 45 卷,第 223 页、第 229 页)。这个定义虽然不具备特别的表现力(参见拉伦茨:《债法分论》,第 2 卷,第 1 部分,第 56 章,第 5 节,第 422 页以下),但是也突出了一些本质性的特征,即只有是经济的活动才能证明适用委托法中那些在实质上与财产相关的规范的合理性(故此,如医生治疗不在第 675 条调整的范围之内)。出于类似的原因,活动具有一定的独立性也是至为重要的。因为,对于一项由本人具体指导的活动,在一般情况下适用雇用合同法或者承揽合同法的规定即已足矣。最后一点也是令人信服的,此处所涉的确应当是在本人范围内的活动,正因如此,所以其法律后果应由本人承担,而委托法对此作了考虑。除了裁判论及的特征外,当然还可以有所补充,即由他人决策的活动不应当是意义甚微的活动,否则不需要这些委托法上的附加规定,即能满足需要。

在第 675 条调整范围之内的合同示例,如财产管理(也包括管理一件重要的财物,例如土地或者公司股份),诉讼的实施,处理纳税事务,开立账户和管理账户的银行合同(在汇划存款账户中称作“汇划存款合同”,现见《民法典》第 676f 条和第 676g 条)或者有价证券的保管,建筑信托合同(参见上文边码 408)以及建筑承担合同(参见上文边码 410)。

第三节　第 675 条第 1 项的法律后果

第 675 条第 1 项的法律效果是:在适用雇用合同或者承揽合同的规定之外,应附加适用该条款列示的委托法上的规定。在第 434
675 条第 1 项中,并没有直接引用《民法典》第 671 条,其原因在于,第671条中规定的合同的消灭比较容易,是不能直接用于有偿合同的(参见上文边码430)。并且,在准用《民法典》第670条规定的同时,也应考虑处理事务的有偿性。这里需要考量的是,业务执行人的费用是否应当已经因支付报酬得到了偿付(例如财产管理人的电话费用和通信费用)。

当然,第675条第1项对于法律后果也未作详尽的阐释。其原因在于,一方面对于具有处理事务特征的承揽合同,还要附加考虑适用在第675条第1项中未提及的第664条(参见《慕尼黑民法典注释——赛勒》,第675条,边码5);在另一方面,在不具有处理事务性质的劳动关系中,也要考虑到费用偿还请求权(《慕尼黑民法典注释——赛勒》,第670条,边码21)。

第四节 新型银行合同

434a 随着1999年7月21日《划拨法》的生效,若干种法律关系均在金融机构的参与下得到了调整。制定这部法律的一部分动因在于欧共体的指令,但其已经远远超出欧共体指令要求的规范。尤其是对于划拨合同(对于该术语以及法律结构的论述,参见上文边码418及艾因泽勒(Einsele)文,载《法学家报》,2000年,第9页)的调整比欧共体规定的更加趋于一般化。由此,该规定部分丧失了其真正的意义。

这里具体涉及的是转让合同的终止(新版《民法典》第676条),此外还有划拨合同(《民法典》第676a条至第676c条;参见金佩尔(Kümpel)文,载《有价证券资讯》,2000年,第797页)、支付合同(《民法典》第676d条和第676e条)和汇划存款合同(民法典第676f条和第676g条)。其中包含的主要是为银行客户利益的强制法。新规定在多方面受到批评与指责,可参见维肯斯(Wilkens)文,载《德国法月刊》,1999年,第1236页;里塞—林特那(Risse - Lindner)文,载《企业顾问》,1999 年,第 2201 页;莱福纳(Reifner):《消费者与法律》,1999 年,第 387 页;艾因泽勒(Einsele)文,载《法学家报》,2000 年,第 9 页(对于学生最为适合);格拉福·冯·威斯特法伦(Graf von Westphalen)文,载《企业顾问》,2000 年,第 157 页;H. H. 雅可布斯(H. H. Jakobs)文,载《法学家报》,2000 年,第 641 页;霍夫曼(Hoffmann)文,《划拨法的基本问题》,载《有价证券资讯》,2001 年,第 881 页。

第一百零六章　居间合同

参考文献：贝特格（Bethge）：《律师事务中的居间法》，1999 年，第 2 版；波那特（Bonnet）：《关于不动产居间人的国家规范》，1973 年；布尔克哈尔特（Burghart）：《土地居间人的忠实义务》，载《民法实务档案》，第 140 卷，1935 年，第 81 页以下；德纳—措普夫斯（Dehner - Zopfs）：《联邦最高法院新裁判中的居间法》，1993 年，第 2 版；德纳（Dehner）：《1989 年以来居间法的发展》，载《新法学周刊》，1991 年，第 3254 页（其续文载《新法学周刊》，1993 年，第 3236 页以下；1997 年，第 18 页以下；2000 年，第 1986 页以下）；迪堡特（Diebold）：《佣金请求权要件》，1987 年；迪克尔霍夫—布朗特（Dyckerhoff - Brandt）：《不动产居间人法》，1993 年，第 10 版；格拉色—乌朗克（Glaser - Wranke）：《实务中的居间法》，1982 年，第 7 版；黑克（Hecker）：《不动产居间人的一般交易条件》，1970 年；克尼珀（Knieper）：《民法典体系中的居间合同》，载《新法学周刊》，1970 年，第 1293 页；H. 克劳泽（H. Krause）：《不动产居间人法研究》，载《莫里托纪念文集》，1962 年，第 383 页；克律格—多耶（Krüger - Doyer）：《居间法中的单独委托》,1977 年;马丁内克(Martinek):《居间合同为准暴利行为吗?》,载《法学家报》,1994 年,第 1048 页;H. 米勒(H. Möller):《媒介合同的本质与种类》,载《拉普(Raape)纪念文集》,1948 年,第 341 页以下;培特里—维泽勒(Petri - Wieseler):《居间法手册》,1998 年;劳伊特(Reuter):《居间法作为居间行为的特别法》,载《新法学周刊》,1990 年,第 1321 页;舍费尔(Schäfer):《居间承揽合同——一种不恰当的合同类型》,载《新法学周刊》,1989 年,第 209 页;同一作者:《居间人的损害赔偿请求权》,载《企业顾问》,1990 年,第 2275 页;雪波(Scheibe):《居间人与非委托人订立合同时的佣金请求权》,载《企业顾问》,1988 年,第 849 页;施密德—扎尔策(Schmidt - Salzer):《论居间法问题》,载《企业》,1969 年,第 1091 页;P. 施维德特内(P. Schwerdtner):《居间法》,1999 年,第 4 版;同一作者:《联邦最高法院居间法新裁判》,载《法学家报》,1983 年,第 777 页以下;同一作者:《成果与劳动成果》,载《新法学周刊》,1989 年,第 2987 页以下;托德(Thode):《联邦最高法院关于民法典居间法的裁判》,载《有价证券资讯》,1989 年,副刊,第 3 卷;托纳(Tonner):《居间合同法的改革》,载《企业》,1984 年,第 241 页以下;维格内—赛勒—拉普(Wegener - Sailer - Raab):《居间人及其委托人》,1997 年,第 5 版;O. 维尔纳(O. Werner):《裁判中的不动产居间人》,载《法律学习》,1970 年,第 353 页;沃尔福(Wolff):《联邦最高法院关于民法典居间法的裁判》,载《有价证券资讯》,1978 年,第 1282 页(续文载《有价证券资讯》,1981 年,第 666 页;1985 年,第 25 期,副刊,第 3 卷)。

第一节　法律规制问题

一、商事居间人与民事居间人

435 《商法典》在第93条至第104条中包含了对商事居间人的详尽规定。与此相反的是,《民法典》在第652条至第656条中的规定则相当贫乏,这是因为这些规定中有多项条款(第655条、第655a条至第655e条、第656条)规制的只是特殊标的的居间合同(雇用媒介、借贷媒介和婚姻媒介,参见下文边码448)。故此,作为一般性的、同时也适用于商事居间人的基本规范,只余下了第652条至第654条的规定;对于《商法典》外居间人(即所谓的民事居间人,在《民法典》中被称作Mäkler)而言,这些条款蕴涵的则是《民法典》中的唯一性规范。

民事居间人之所以具有重要的意义,是因为《商法典》第93条将商事居间人的活动领域局限于"商品、有价证券、货物运送、船舶使用租赁或者其他商事往来的标的物"。同时,《商法典》在第93条第2项中明文规定,商法典不适用于不动产,即土地以及营业场所和居住场所。

二、居间合同的特点

436 如若可以补充适用其他合同类型的规范,例如补充适用雇用合同或者承揽合同的规范,那么,《民法典》在居间合同上贫乏的规则就不会构成太大的烦扰。但是,这种可能性是极其有限的,其原因在于,《民法典》第652条对居间合同作了非常独特的设计:居间合同既不是一种双务合同(如雇用合同和承揽合同),也不是一种无偿合同(如委托)。相反按照第652条的规定,居间人并没有从事活动的义务;因居间合同负担义务的只是另外一方(一般称作"委托人",尽管并不存在《民法典》第662条以下意义上的委托合同),该当事人负有"支付报酬"的义务(《民法典》第652条第

1 款第 1 句)。但委托人负担此种义务的前提条件是,委托人所追求的合同因居间人的活动得以成立。也就是说,居间人只有在取得成果的情形下,方能获得报酬;但是,居间人并无此种义务。

但是,此种独特的规定在很大程度上并没有深入大众的法律意识。也有人认为,规定居间人负有从事活动的义务,相对而言更符合事物之目的,而且依民法典的规定居间人所处的地位恶劣,所以,在居间法中一般交易条件得到了最为普遍的推广。与之形成对比的是,《民法典》第 307 条(以前为《一般交易条件规制法》第 9 条)规定的合理性审查遭遇两个困难(参见《慕尼黑民法典注释——黑尔普・洛特》,第 652 条前,边码 5):第一,在此处鲜有成功范例的法律规定(《民法典》第 307 条第 2 款第 1 项)几乎无法实现其“示范功能”;第二,更确切地说,“合同性质”(第 307 条第 2 款第 2 项)遭到了质疑。尤为突出的一点是,对于一方面寻求保障居间人的报酬请求权,同时在另一方面也使其负担义务的合同,没有理由提出不同的意见和看法(参见下文边码 441)。

综合上述原因,很多人认为有必要制定新的居间法规范,并且,联邦政府也比较早地提出了法律草案(《联邦政府印刷品 220/79》,相关论述可参见万科(Wank)文,载《企业》,1979 年,第 1877 页;格勒斯(Gilles)文,载《法律政策杂志》,1979 年,第 267 页;福考美(Vollkommer)文,载《拉伦茨纪念文集》第 2 卷,1983 年,第 663 页;托纳(Tonner)文,载《企业顾问》,1984 年,第 241 页;并请参见《慕尼黑民法典注释——黑尔普・洛特》,第 652 条,边码 8)。但是,《债法现代化法》并未实施此项改革。

三、营利事业法

就上述民法上的漏洞,暂且是由公法来填补的,并主要是由营 437
利事业法来填补的(我认为,此种方式对于民法的发展而言是最为拙劣的方式)。据此按照《营利事业法》第 34c 条的规定,住房居间人仍然需要得到许可。《居间人与建筑承担人条例》(载《联邦法律公报》,1975 年,第 1 卷,第 1351 页)中规定了某此类型的居间人的职业义务。另外,关于介绍和媒介住房,1971 年 11 月 4 日颁布的法律(《住房媒介规制法》,载《联邦法律公报》,第 1 卷,第 1745 页)在很大程度上蕴涵着强制性的规范,并且其中大部分对民法上的居间合同发生效力。

第二节　居间人的活动

438　因为上文所述居间合同具有的独特法律调整特性(参见上文边码 436),居间人的义务不同于双务合同,其义务与委托人的义务不能对等而立。相反,此处更多涉及的是居间人并不负担的并据此取得报酬的活动。

一、指示居间人与媒介居间人

《民法典》第 652 条第 1 款第 1 句将居间人的活动描述为“指示订约机会”和“媒介合同”。根据此项条款,居间人被区分为告知交易意向者姓名的指示居间人,以及促进其为订约作准备并积极参与合同磋商的媒介居间人。在实践中,这两种居间人常常合二为一(参见《慕尼黑民法典注释——黑尔普·洛特》,第 652 条,边码 88):居间人在开始时先告知有意者的姓名,继而促进与其订约一事,因为其本身对此抱有兴趣,其中的原因在于,即使是指示居间人也只有在订立合同后始能取得报酬(参见下文边码 445 以下)。

二、居间人法律地位的改善

439　1. 按照《民法典》的规定,有意者可以同时委托任意多个居间人,而不构成违反合同或诚信(参见联邦最高法院的裁判,载《新法学周刊》,1967 年,第 198 页)。但是,因为委托人最终只能与其中一人订立合同,而此人可由其他居间人所媒介,故此,每一个居间人都面临徒劳无获的风险。出于这个考虑,居间人总是试图取得排除其他居间人的单独委托。但即便如此，还存在委托人不通过居间人的媒介而订立合同的可能性。当然，这一条也可以被排除在外。

2.《民法典》第 652 条以下条款对居间合同的期间没有作出规定。由此得出结论，委托人可以随时终止合同（因为居间人不负担给付义务，所以，其对合同的终止几乎不抱有任何兴趣），致使居间人在其工作将获得成效前，因委托人通知终止而面临丧失报酬的危险，或者至少陷入难以举证的困境。出于此种原因，委托人的终止权一再得到排除：排除一定期间的终止权或者排除没有指定恰当期间的终止权，这就是所谓的固定委托。 440

3. 单独委托和固定委托可以结合在一起。如若在此基础之上，进而排除委托人不经居间人自行订立合同的权利，那么，委托人则将依赖于居间人的服务。此种情形下，为平衡利益起见，规定居间人具有从事活动的义务：居间人应当为委托人的利益认真投入，如若不是如此，在委托人通过其他途径完成订约的情形，居间人将丧失其报酬请求权或损害赔偿请求权，参见联邦最高民事裁判，载《新法学周刊》，1966 年，第 1405 页和第 1406 页。这是因为，单独委托的意义不在于，“居间人在数年后，让侦探追查其久已搁置的委托的委托人是否在此期间让与了土地”。 441

通过上文论述，从结果上看我们在居间合同的法定模式之外，又建立了一个新的模式。根据这个新的模式，虽然居间人通过相应的约定获得了更多的权利，但是其也负担了从事活动的义务。这样一种居间合同接近双务雇用合同或承揽合同（参见联邦最高法院裁判，载《企业顾问》，1988 年，第 1787 页）。

三、忠实义务

按照《民法典》第 242 条，居间人在任何情形都负有忠实义务。也就是说，居间人应该对委托人作出咨询，并避免其发生损害。当然，并不能由此设定居间人具有使合同内容恰当合适的义务。 442

第三节　委托人的义务

一、非订约义务

443 从表面上看，可以得出这样的结论，委托人不允许轻易枉费居间人的心血。与这一点或许相适配的是，居间人促成满足各方权利人的订约可能性的，其委托人有义务订立合同；在委托人拒绝可能的订约时，至少人们可以去思考适用《民法典》第 162 条的规定。但是，事实上并非如此，委托人相反拥有拒绝订约的绝对自由，而《民法典》第 162 条只能适用于订约时，委托人阻止居间人的报酬请求权生成的情形（参见拉伦茨：《债法分论》，第 2 卷，第 1 部分，第 54 章，第 397 页）。此外，依照不订约条款，委托人拒绝订约时依然负担居间费，但该条款在一般交易条件中被认定为无效（参见联邦最高法院裁判，载《新法学周刊》，1967 年，第 1225 页）。

在不动产居间合同方面，司法裁判甚至在与间接强制订约作斗争：如果委托人拒绝订约，必须支付部分（该判例中为 20%）居间费（该判例中为价金的 5%）的，该居间合同受民法典第 313 条的调整（参见联邦最高法院裁判，载《新法学周刊》，1980 年，第 1622 页；并参见《总论》边码 98）。在一般交易条件中，费用的偿还只能以“适当的最高额”作为条件，但不能以价金的百分比（该判例中为 0.4%）为条件（参见《联邦最高法院民事裁判集》，第 99 卷，第 374 页）。

二、支付报酬义务

444 按照《民法典》第 652 条第 1 款的规定，委托人对于约定的、按定价的或按通常标准的（《民法典》第 653 条第 2 款）报酬（报酬一般以居间费的方式按合同价值计算得出），在满足以下三项条件的前提下必须支付：

第一,在委托人与居间人之间必须成立居间合同。而按照标准格式合同的要求衡量,通常能够明确已订立这样一种合同。并且,营利性的居间人也具有那种明示的外在形式(例如在不动产广告中,补充字样“Imm.”),故此,依照《民法典》第653条第1款的规定,报酬可以视作已约定。

但是,一般而言这个条件尚不充分(参见联邦最高法院裁判,载《新法学周刊》,1984年,第232页)。这是因为,与居间人打交道,并不意味着在任何情况下总能推断出,居间人恰好愿意为其工作,双方进而订立了居间合同。事实可能完全与之相反,例如土地的买受意向人可以认为,居间人是受出卖意向人的委托,并由其支付报酬。在这种情况下,居间人必须明确告知,正是另外一方为其委托人;交易意向人必须能够明确辨知,居间人期待由其支付报酬(参见《联邦最高法院民事裁判集》,第95卷,第393页)。这一点对双重委托尤为重要,即居间人为合同双方当事人工作、并想从双方取得报酬的情形,法律并不禁止居间人的这种行为。但是,与第一位委托人订立的合同中可以包括此类禁止性条款。发生居间人违背该条款,为另一方工作的情形时,依照《民法典》第654条的规定,居间人丧失该合同上的请求权。

第二,委托人必须有效订立其所向往的合同。如若合同的生 445
效需要的追认遭到拒绝,那么,仅有合意是不够的(例如《民法典》第1643条第1款、第1821条第1款第4项)。另外,《民法典》第652条第1款第2项规定,合同的订立附停止条件的,那么只有在条件成就时,方能请求支付报酬。如果有效合同没有得到履行的,或者事后终止的(例如通过解除合同或撤销),那么依照法律,居间人请求支付报酬的请求权并不因此消灭。但是,根据联邦最高法院的裁判(载《法学家报》,1997年,第119页、第120页),在特殊情形下,可以通过对居间合同的解释,获得与此不同的结论。

第三,合同的成立必须正是“因为居间人的指示或居间人的 446

媒介”,也就是说,居间人必须成为合同订立的原因。在这一点上,尤其常见纷争。现实生活中,并不罕见出现委托人主张早已知悉居间人指示的机会,并以此为理由拒绝居间人要求支付报酬的请求权。在这种情况下,司法裁判向居间人伸出援手,尽管可以由居间人证明自身的因果关系,但裁判判决委托人负有先知的举证责任(参见《慕尼黑民法典注释——黑尔普·洛特》,第652条,边码165)。居间人经常以附加的方式,通过所谓的先知条款来保护自己,依此条款,委托人必须在居间人报告机会后的短时间内(如3天内)主张其先知。但是,对于一般交易条件中包括的此类条款,联邦最高法院持有相当怀疑的态度(参见《新法学周刊》,1971年,第1133页;1976年,第2345页;参见P.施威德纳(P. Schwerdtner)文,引文出处同上,边码251以下;参见民法典第309条第12项,旧法为《一般交易条件规制法》第11条第15项)。

三、费用偿还义务

447 按照《民法典》第652条第2款的规定,对于居间人支出的费用(例如在报纸上登载广告或参观旅行)只有在有特别约定时,委托人才有义务偿还。这是因为居间人如若享有对居间费的请求权,那么,该居间费一般包括需偿还的费用。反之,即使是按照民法典的规定,在居间人的工作不具成效时,委托人也无需偿还费用。虽然说可以抛弃这项规定,根据正确的观点,也可以通过一般交易条件来抛弃之(相反的观点,参见布劳克斯—瓦尔克:《债法分则》,边码310a)。但是,如果这一切没有发生,那么在裁量成效居间费的额度时要予以考虑:换一种视野看待这个问题,居间行为无所成效时,也要考虑对费用作出偿还。

第四节　特别规定

448 上文已经简短地提及关于报告住房可能与媒介住房的特别规

定(参见上文边码437)。《民法典》第655条规定,报告或媒介雇用合同的,法院视情形可判决降低过高的居间费。但是,这个领域因为联邦劳工局的工作(《劳动促进法》第4条)没有取得太大的意义。《民法典》第655a条至第655e条对于借贷媒介作了单方面的强制性调整(第655e条第1款)。对于婚姻媒介,第656e条第1款规定,婚姻居间人的报酬请求权只能为自然债务;这项规定对于委托人的仓促行为起到了保护作用(参见《总论》边码24)。关于所谓的"伙伴媒介"的新形式,参见《联邦最高法院民事裁判集》,第112卷,第122页(参见波斯丁豪斯(Börstinghaus)文,载《新法学周刊》,1990年,第2552页;同样也请参见此刊中的B.彼得斯(B. Peters)的论文;参见福考曼—格律恩(Vollkommer - Grün)文,载《法学家报》,1991年,第96页;还有沃尔增(Olzen)文,载《法律学习》,1996年,第634页):对于媒介伙伴的雇用合同应当准用《民法典》第656条的规定;也就是说,该媒介人不享有可诉请履行的报酬请求权。关于借贷伙伴媒介,是否适用《消费者借贷法》(新法为《民法典》第499条以下)的问题,参见哥本资斯—莱泽勒(Compensis - Reiserer)文,载《企业顾问》,1991年,第2457页。

第一百零七章 保管合同

参考文献：卡纳里斯：《银行合同法》，1981年，第2版，边码1163以下；库伦贝克（Kuhlenbeck）：《保管合同》，载《法学周刊》，1909年，第649页以下；同一作者：《变例保管合同》，载《法学周刊》，1910年，第641页以下；梅迪库斯：《论机动车辆的保管责任》，载《卡尔斯鲁厄论坛二十五周年》，1983年，第171页以下；施文陶夫斯基—舍费尔（Schwintowski－Schäfer）：《银行法》，1997年，第11章，第3节。

第一节 内容与界定

一、保管合同的标志

449 《民法典》第688条规定，保管人有义务保管寄托人寄存的物。在一般情况下，保管人因此成为直接的他主占有人，而寄存人取得的是间接的（大多数情形下为自主的）占有（参见《民法典》第868条），这与使用租赁和借用中的占有关系相吻合，但利益关系不同。在使用租赁与借用关系中，取得直接占有者，为租赁人或借用人，其利益在于物的使用；同时，该法律关系也允许其使用该物。而保管合同中，放弃直接占有者,即寄托人对于保管抱有兴趣:寄托人因此免去了保存物的负担,而保管人并不取得物的使用权。故此,在有偿合同中(参见下文边码456),是寄托人必须支付报酬,而非取得直接占有的保管人。

保管合同与借用或借贷合同一样(参见上文边码287),一般不是以物的交付为条件的实践合同。但保管人只有在确实受领物后,才负有物的保管和返还的义务。

二、与使用租赁(借用)的界定

但是,如果切换角度,即从为安置一物提供房屋或场地的角 450
度,来界定保管与使用租赁(借用)的范畴,却可能出现不同的意见:此处的场所提供人究竟为房屋(场地)的出租人,抑或为寄存物的保管人?这个问题的实例主要源自银行保险柜或行李柜,以及在旅店或者百货商场的车库或停车场停放机动车辆。因为这两种不同的法律形式的责任有所不同,所以对其进行区别和界定就显得十分重要。详言之,出租人仅对交付使用的空间是否合用负责(就这一点而言,其对自始瑕疵负无过错责任,《民法典》第536a条第1款,参见上文边码197);但与此相反的是,保管人对所交之物还负有保管照顾义务。

以上述视角分析这个问题,那么,所有种类的保管柜箱都仅为使用租赁。原因在于,提供保管柜箱者并不接近标的物,故此,并不对其尽照顾之意(参见《帝国法院民事裁判集》,第141卷,第99页)。使用无人看顾的停车场,同样也为使用租赁或借用,这是因为此处无人保管和照顾(参见《联邦最高法院民事裁判集》,第63卷,第333页,旅店停车场之争,但裁判理由不详尽)。相反,只要担负保管照顾义务的,就可以认定其为非典型保管合同(在没有交与保管的行为发生的情形下),而看护人员的存在以及凭证的发放是为认定的佐证。另外，亦在考虑范围之内的是，这种合同形式为由保管和使用租赁组成的混合合同（此种观点参见《联邦最高法院民事裁判集》，第63卷，第333页）。

三、在其他法律关系框架内的保管

451 生活中十分常见的是，在原本以其他目的为指向的法律关系框架内，必须为他人保管物。例如在以维修为目的的承揽合同关系中，应保管待修之物；在法定关系的框架内，父母有义务保管子女之物。此处的保管照顾义务起源于其他法律关系，而非保管合同。但是，似乎也可以准用保管合同法中的个别规定（例如《民法典》第694条）。但是，在一般情形下，如果为保管另外收取报酬的，那么，伴随在主合同之外，还成立单独的保管合同（例如剧院衣帽间的衣物保管）。

四、商法上的特别规定

452 在商法上予以特别调整的是仓储保管业务，也就是营业性地仓储货物和保管货物，见《商法典》第467条至第475h条的规定。另外，银行保管有价证券为1937年2月4日颁布的《证券保管法》（《有价证券保管与购买法》）的调整对象（参见《舍恩费尔德》，第59卷）。

第二节　保管人的义务

453 1.《民法典》第688条规定，保管人首要的任务是保管好寄托之物。《民法典》第691条又规定，在存疑时，保管人不得将其寄存于第三人处；代替保管情形适用与委托（《民法典》第664条第1款，参见上文边码428）相同的规定。《民法典》第692条规定了保管的变更情形，该条与关于委托的第665条相似，相当于“有思考之遵从义务”（参见上文边码420）。《民法典》对保管人在其保管义务框架内的具体工作并没有作出规定；也就是说，这些工作将视情形而定。在保管合同中，重要的例如有对寄存物可以辨知的护理需求（动物膳宿），保管人采取照顾措施的可辨知的能力，以及报酬的高低等。

按照《民法典》第 696 条的规定，对于未指定期间的保管合同，保管人可随时要求寄托人取回寄托物；而对于约定期间的保管合同，只有在存在重大事由时，才允许其要求提前取回。这两种情形中的取回要求类似于持续性债务关系中的（普通或特别）终止。

2. 保管结束后，按照《民法典》第 697 条的规定，保管人有义务向寄托人返还寄托物，并且是于保管地返还。在保管合同存续期间，按照《民法典》第 695 条的规定，寄托人可随时要求返还，甚至在约定期日之前也可以要求返还寄存物，并且不需要重大事由，而之所以有此规定，归因于保管为一种单纯服务于寄存人的合同（出于对待给付的考虑，参见《民法典》第 699 条第 2 款），寄存人当然应当可以随时终结合同。 454

3. 保管人为履行上文论及的义务要负何种责任，则取决于保管是否有偿（参见下文边码 456）：有偿保管时，则适用一般性原则，也就是按照《民法典》第 276 条和第 278 条的规定，保管人对任何过错负责；相反在无偿保管时，保管人按照第 690 条的规定，只对其通常处理自己事务之注意负责，即其一般无需对寄存之物尽程度高于对自己事务之注意，依照《民法典》第 277 条，此时，唯独不允许其有重大过失（参见《总论》边码 312）。保管人如果为自己的用途使用寄存的金钱（尤其在违反合同时，也应如此），按照《民法典》第 698 条的规定，保管人则应为此支付利息（参见第 668 条关于委托的规定）。 455

第三节　寄存人的义务

1. 寄存人的主义务为支付约定的报酬。但是，有偿性对于 456

“保管”这种合同类型而言,并不是必需的。与雇用合同和承揽合同一样(《民法典》第 612 条第 1 款、第 632 条第 1 款),《民法典》第 689 条规定,在只有有偿方能期待保管的情形,保管的报酬也就视作默示约定。保管的到期及报酬在保管期内的分配,都由《民法典》第 699 条调整。

如果对于保管服务并没有特别约定报酬,但保管服务却与另一有偿合同结合在一起的情形,保管也可以是有偿性的。例如这种情形可见于旅店客人将机动车辆停放在停车场或者车库内,即可认定为在使用租赁之外尚有保管。

457 2.《民法典》第 693 条与第 694 条对寄存人的其他义务作了规定:寄存人应该如同委托人对待受托人一样(《民法典》第 670 条,参见边码 424),向保管人偿还支出的费用。当然,在保管为有偿时,应当询问费用是否已经包括在报酬之内(例如动物膳宿中的饲料问题)。另外,寄存人应该告知保管人寄存之物非显见的危险性(例如待保管之犬爱咬人,或者其患有传染性疾病);而与此相反的是,关于寄存物具有特别之价值的告知,属于《民法典》第 254 条中的对己义务(参见拙著《总论》边码 675)。

第四节　变例保管

458 在一般保管中,寄存人可以要求取回其交与寄存的特定之物,同时,所有关系不发生任何变动。而《民法典》第 700 条规定的变例保管,即罗马法上的 depositum irregulare(“Depositenkasse”之称的起源)则与此不同。在变例保管中,所有权立即(第 700 条第 1 款)或通过取得占有(第 700 条第 1 款第 2 句)发生向保管人的转移,并且按照第 700 条第 1 款的规定,所有权转移后适用关于消费借贷的规定。也就是说,虽然一方面寄存人此后只能要求返还同样种类的(不是原本的那个)物,但另一方面物的危险却是由保管人来承担的,即在已成为其所有的寄存之物发生意外灭失时,保管人仍然负有返还的义务。

这种准保管合同与消费借贷的区别在于其间利益关系的不同:消费借贷当为实现借用人对物的利用,因而,赋予物的使用权是为借用人的利益服务。而与此相反的是,变例保管则当为寄存人免去保管的负担和危险,故此,在这里寄存人的利益居于首位。第 700 条第 1 款第 3 句规定,在存疑时,返还的时间与地点应当依照保管法确定,即为符合变例保管与消费借贷具有差异的特性,尤其是按照第 695 条的规定,寄存人可以随时要求返还(而非第 609 条规定的于通知终止后)。最为常见的实例为活期存款,特别是汇划账户上的活期存款:活期存款与储蓄账户或定期账户不同,存款人随时可以提取任意金额的存款。

第一百零八章 附章:旅店主处物的携入

参考文献:岗斯雪次央—芬克(Ganzschezian – Fincke):《旅店客人与旅店主的法律关系》,1971 年;霍劳赫(Hohloch):《旅店主责任的基本问题》,载《法学教育》,1984 年,第 357 页以下;林德迈耶(Lindermeyer):《旅店主对旅店客人携入物的责任》,载《企业顾问》,1983 年,第 1504 页;O. 维尔纳(O. Werner):《小旅店主的责任》,载《法律学习》,1971 年,第 539 页以下。

第一节 旅店主责任的产生及其功能

459 在古罗马时期,旅店主与马厩主人或其他动物圈棚的主人一样(还有船员)均被视作恶劣的人群,甚至是与偷盗者同流合污的人群。故而,司法长官对其在一般合同责任之外还规定了附加的、不以过错为要件的责任(参见卡泽(Kaser):《罗马私法》,1971 年,第 2 版,第 136 章,第 3 节,第 3 目)。这种责任形式在《民法典》第 701 条至第 704 条中一直保留至今,而关于这些规定的现行版本源自 1966 年欧洲理事会签订的关于旅店主责任的公约;自此以后,在许多欧洲国家都适用与《民法典》类似的规定。

上述有关旅店主责任的原初设想在今天的理念中仍然延续着,故此,第701条及其以下条款调整的绝对不是住客与旅店主之间的合同内容(例如《民法典》第651条以下条款调整的是游客与旅游举办人之间订立的合同),相反,第701条及其以下条款规定的是与有效合同无关的法定责任,而在此法定责任之外当然应当还可以存在合同责任(通说可参见《联邦最高法院民事裁判集》,第63卷,第333页、第336页;拉伦茨:《债法分论》,第2卷,第1部分,第59章,第462页;《慕尼黑民法典注释——许弗》,第701条,边码6;也请参见联邦最高法院裁判,载《新法学周刊》,1963年,第1449页)。在今天,之所以规定严格的旅店主法定责任是归因于较多的工作人员与住客的流通,由此导致特别的偷窃危险以及受损住客举证困难。

第二节 责任要件

一、旅店主

按照第701条第1款,首先这里关涉的是"以营业为目的,接收他人住宿的"旅店主。因此,这种严格责任只适用于宾馆、膳宿公寓和旅店,而不适用于酒馆和餐馆。其中的原因在于,客人只有在宾馆等处才无法长时间看护其财物。另外,因为住宿对于疗养院与医院而言,只是医疗服务中的从给付,所以,第701条及其以下条款对其不适用(参见《帝国法院民事裁判集》,第112卷,第58页),同样,这些规定也不适用于野营营地的所有人(参见科布伦次州高等法院的裁判,载《新法学周刊》,1966年,第2017页)。这些点尚有争议,但是可以否定的是对卧车公司的适用:卧车中的住宿也只是运送服务中的从给付(参见《慕尼黑民法典注释——许 460

弗》,第701条,边码15,有进一步的论述)。

综合上述论据看,酒馆与餐馆对于客人脱下的衣帽所承担的责任只能产生于其服务合同。但是,在例外情形判例认为酒馆与餐馆的主人具有保管这一从属义务,此例外情形系指"其要求客人交存保管外衣,而客人却在客观上无法看顾外衣"的情形(参见联邦最高法院裁判,载《新法学周刊》,1980年,第1096页)。但是,对于采取通常之举措限制此种责任的,适用《民法典》第309条第7项第2目的规定(旧法《一般交易条件规制法》,第11条第7项)。

二、留宿的客人

461 旅店主只对宾馆、膳宿公寓及其旅店留宿的客人负责,也就是说,对于其他人则不负责任,例如对在其餐厅就餐的客人。而关于留宿,无需成立有效合同。

三、携入物

462 此种法定责任适用于由留宿客人携入的物(不包括人身损害),并且不考虑其归谁所有。而关于何种情形被视作携入,第701条第2款有较为详细的规定,例如按照其中第2项的规定,旅店人员在火车站接管行李就视作携入。但第701条第4款又规定,此种责任不扩及车辆、车上的物品及其活物;故此,上文边码450论及的出租人或者保管人的责任就显得尤为重要。

四、责任事由

463 构成真正责任事由的是携入物的灭失、毁坏或者损坏,而不取决于旅店主或其人员的过错。第701条第3款规定,旅店主的责任只有通过证明才能得以免除,即需证明损害系由客人或其随行人员造成、由物的性质或不可抗力造成。不可抗力在这里应当与《责任法》第1条中的类似(参见下文边码889),作狭义理解,尤其是窃盗和旅店失火均不属于这个范畴。

第三节　责任范围及其限制

1. 第702条对责任范围的调整具有相当的艺术性:第1款规定,一般情况下旅店主的责任为有最高限额限制的责任;第2款又规定,在旅店主及其雇用人员有(需证明的)过错时,或者对于旅店主特别予以接收保管的物品(首饰、金钱),或者对于旅店主违反法律规定(第702条第3款)拒绝保管的物品,其责任范围没有限制。 464

另外,第702a条对责任在多大范围内可以预先得以免除作出了调整:免除的条件是具有特别的书面方式(第2款),以及满足第702条第1款规定的最高限额内的严格条件。

2. 此外,按照第703条的规定,客人负有向旅店主告知其已知悉的损害的对己义务;在特定情形下,其损害赔偿请求权在其未告知时消灭。

第四节　法定质权

根据第704条的规定,旅店主对住客的携入物享有法定质权。 465
这项规定在很大程度上与《民法典》第562条及其以下条款规定的出租人的质权一致(参见上文边码222以下)。与第562a条第2句的不同之处在于,虽然客人带走行李符合“一般之生活状况”,但是,旅店主依然可以在客人迁出时,对其带走行李表示异议(而按照第561条第1款,可以强行阻止之);如若不然的话,质权几近没有任何价值。

第一百零九章　附章:悬赏广告

参考文献:德莱澳客(Dreiocker)的博士论文:《悬赏广告的教义史》,基尔,1969 年;艾备提(Eberty):《评奖决定的拘束力》,载《民法文档》,第 39 卷,1913 年,第 82 页以下;克勒(Köhler):《悬赏广告及其价值》,载《民法文档》,第 25 卷,1905 年,第 1 页以下;库伦贝科(Kuhlenbeck):《悬赏广告》,载《法学周刊》,1908 年,第 645 页以下;冯·迈耶(von Mayr):《悬赏广告》,1905 年。

466 悬赏广告(《民法典》第 657 条至第 661 条)是对于实施某种行为,尤其是对于实施有成效的行为予以奖励的公开承诺。悬赏人对于实施该行为者负有奖励的债务。此类实例有重新找回遗失,或被窃盗的物,或者是走丢的动物,澄清事故说明或者抓获罪犯,也包括有奖征募广告(参见下文边码 469 以下)。公开承诺的方式可以是任意的:可以是通过登载报纸广告、广播、张贴布告或者其他方式。悬赏广告与赌博和赌赛的界定参见下文边码 508。慕尼黑州高等法院的裁判(载《新法学周刊》,1983 年,第 759 页)将一项对冰球队如若保持原级别不变可获金钱的承诺视作赠送承诺，因为此案中的受益者为确定的人，所以该裁判应该是正确的。

第一节　负担义务行为的成立

悬赏广告之所以在“合同”这一标题下只能处于附章的地位，467
是因为正如第 657 条昭示的那般：悬赏广告并非是通过订立合同成立的，悬赏人是因其单方的、公开的表示才负担义务的，即使对方实施行为并非出于考虑悬赏广告的缘由，或者对此根本不知情。综上所述，悬赏人的表示不能被视为订立合同的要约，以及实施悬赏行为是对该要约的承诺。从效果上看，悬赏广告中悬赏人的义务产生于其单方面的法律行为。参见《总论》边码 60，并且，也请参见该处对类推适用《民法典》第 333 条及其第 2176 条规定的债权人拒绝权的论述。

第二节　细节问题

一、对行为人的保护

在悬赏广告中，实施行为者在一定程度上要先为给付，而悬赏 468
人在利益得到满足后，存在无意履行其给付义务的风险，第 658 条至第 660 条的规定即旨在防范此种风险：第 658 条对悬赏广告的撤回作出了限制性规定，特别是在行为实施后不得撤回悬赏。对于悬赏行为多次被实施，或者多人参与行为的情形下报酬分配，第 659 条与第 660 条作出了规定。按规定，首先实施行为者享有优先之地位；在没有先后之分时，当分割报酬；只有在迫不得已时，将通过抽签决定（第 659 条第 2 款第 2 句、第 660 条第 3 款）。

二、有奖征募

1. 有奖征募为一种悬赏广告。有奖征募的独特性在于其出 469

发点在于尽可能多的人员参与有奖征募，并形成竞争关系。悬赏人获得最大的利处，是有奖征募的最终目的。明确符合这一画面的，例如建筑师为特定建筑工程规划的竞争，为特定科学研究题目的有奖征募也属于此种情形。

在这些有奖征募活动中，对应征作出评价成为关键性的问题：哪些应征符合既定要求，其中哪一项又是最好的？按照第 661 条第 2 款第 1 项的规定，评价决定首先应由在悬赏广告中指定的人员决定（指定人员可以是评奖人，也可以是一个委员会）。如若未曾指定第三人，将由悬赏人自己作出决定。并且，按照第 661 条第 3 款的规定，数个应征人获得相同评价的，应当分割奖酬，在奖酬不可分割时，将通过抽签决定。

按照第 661 条第 2 款第 2 项的规定，评价决定对于“参与者是有拘束力的”。与第 319 条第 1 款第 1 项的规定不同的是，法院则不能检测评价决定是否存在显示公平。故此，司法裁判将评奖人的地位与仲裁员相类比，而非与仲裁评断人的地位类比（载《联邦最高法院民事裁判集》，第 17 卷，第 366 页和第 373 页及其下一页）（参见《总论》边码 201 及 202）。但是，联邦最高法院至少认为对程序进行检测是可能的；在这个问题上，《民事诉讼法典》第 1041 条（现为第 1059 条）规定了一个不能逾越的界限。按照联邦最高法院的裁判（载《新法学周刊》，1983 年，第 442 页），法院也可以审查，评价委员会排除某应征者参与竞争是否不法。

但是，因为法院除对上述因素可以作出判决外，对事物本身无法进行审查，所以，在悬赏人自己或其成员作出拒绝决定的情形，有可能会引起无法忍受的不公正。出现这类情况时（《联邦最高法院民事裁判集》第 17 卷第 366 页涉及另一种情形），可以通过第 826 条对事物本身作出裁判（参见《民事诉讼法典》第 1059 条第 2 款第 2b 项）。但是，一般情况下，必须接受评奖人的决定，因为也无人有参与这种有奖征募的必要。另外，在许多悬赏文字中经常出现的套话"排除法律诉讼途径"，通常与第 661 条第 2 款第 2 项规定的内容没有任何差异。

> 第 661 条第 4 款明确规定，悬赏人一般不能请求获得对应征物（征文、模型）的所有权。如若悬赏人有意取得所有权的，则应向应征者购得。

2. 就目标任务和奖酬而言，除了上述这些十分重要的有奖征 470
募外，还有大量并不十分重要的有奖征募活动。有奖征募已经主要成为一种惯用的广告手段，举办者往往很少关心应征作品，如收集到的广告语，而是通过活动促使应征者熟悉悬赏人的商品，比如在寄售商店的商品目录中寻找刻意的"印刷错误"并组词。如若无需花费很多精力便可求得有奖征募活动答案，并且其奖金分配自始便确定由抽签决定，那么，这些"有奖征募"至少可以被视作博戏或者赌博而不具有拘束力（第 762 条）（参见下文边码 508）。这时，要考虑的视角还有税法（彩票税）、刑法（《刑法典》第 287 条）和竞争法（《反不正当竞争法》第 1 条）。

按照自 2002 年 7 月 1 日新增的第 661a 条的规定，企业向消费者作出的中奖承诺是具有拘束力的。这一条款是针对那些不严肃的、措辞令人费解的承诺，并且其主旨只在于制造中奖请求权的假象。

第四编

协力债务关系

第四册

在迄今论及的债务关系中，双方当事人一般均因利益的不同而形成对立，例如买受人意在以尽可能低的价格买进，而出卖人则意在以尽可能高的价格卖出。这种利益的对立关系在下述债务关系中，即合伙与共有关系中，至少不处于中心地位（参见上文边码 8）：合伙人旨在达到共同的目的（第 705 条），而共有关系人的意趣在于共有物的繁荣和发展（第 741 条）。参与这两种债务关系的当事人，毫无疑问的可以是两个人以上。故此，规范双务合同的第 320 条及其下条款根本不适合共有关系（但凡共有关系几乎都不是建立在合同基础之上的，参见下文边码 498），而其对合伙的适用也有很大的局限（参见下文边码 478）。 471

第一百一十章　合　伙

参考文献:参见关于公司法的教科书,如弗卢梅(Flume):《公司法总论》,第1卷,第1编:人合公司,1977年;艾森哈特(Eiserhardt):《公司法》,2000年,第9版;格鲁那瓦尔特(Grunewald):《公司法》,1999年,第3版;霍普特—黑尔(Hopt - Hehl):《公司法教程》,1996年,第4版;G. 许克(G. Hueck):《公司法》,1991年,第19版;许弗(Hüffer):《公司法》,1998年,第5版;克拉伏特—克老尔茨(Kraft - Kreutz):《公司法》,1998年,第7版;屈勒(Kühler):《公司法》,1998年,第5版;迈贝尔克(Maiberg):《公司法》,1990年,第7版;兰哈德—舒尔茨(Reinhard - Schulz):《公司法》,1981年,第2版;K. 施密德(K. Schmidt):《公司法》,1997年,第3版;H. 韦斯特曼(H. Westermann):《人合公司法》,第1卷:基础部分,1980年;维德曼(Wiedermann):《公司法》,第1卷,1980年;另外还有巴勒施泰特(Ballerstedt):《共同目的——作为人合公司法的基本概念》,载《法学教育》,1963年,第253页以下;博伊廷(Beuthien):《人合公司股东的责任》,载《企业》,1975年,第725页以下、第773页以下;贝尔(Behr):

《对人合公司的执行》，载《新法学周刊》，2000 年，第 1137 页以下；M. 波莫（M. Böhmer）：《合伙中共同目的的约定》，载《法学家报》，1994 年，第 982 页以下；波尔科—欧鹏（Bork – Oepen）：《人合公司股东的单独诉讼权限》，载《公司法杂志》，第 30 卷，2001 年，第 515 页以下；布劳宁格（Breuninger）：《合伙作为经济往来中的法律主体》，1990 年；布鲁恩（Brunn）：《论居住共同关系中的内部关系》，载《德国法月刊》，1989 年，第 127 页以下；德吕伽拉（Drygalla）：《一般交易条款规制法也适用于合伙合同吗？》，载《经济法杂志》，1997 年，第 968 页以下；菲肯切尔（Fikentscher）：《论公司法与卡特尔法中"共同目的"概念及其功能》，载《H. 魏司特曼纪念文集》，1974 年，第 87 页以下；格菲司（Giefers）：《作为企业形式的合伙》，1992 年；贵科勒（Göckeler）：《裁判程序、执行程序及破产程序中合伙的地位》，1992 年；格鲁内瓦尔特—H. F. 米勒（Grunewald—H. F. Müller）：《1995/1996 年公司法的发展》，载《法学家报》，1997 年，第 698 页以下；同一作者：《1997/1998 年公司法的发展》，载《法学家报》，1999 年，第 442 页；哈波迈尔（Habermeier）：《公司法的基本问题》，载《法学教育》，1998 年，第 865 页；哈波扎克（Habersack）：《合伙的责任问题》，载《法学教育》，1993 年，第 1 页以下；黑尔曼（Hermann）：《外部合伙的责任限制》，载《企业顾问》，1994 年，第 2421 页以下；亨斯勒（Henssler）：《律师事务所》，载《新法学周刊》，1993 年，第 2137 页；和尔特（Hierte）：《1996/1997 年企业法与公司法的发展》，载《新法学周刊》，1999 年，第 179 页；惠弗勒（Höfler）：《合伙人要求其他合伙人履行合伙合同义务的诉讼》，载《法学教育》，1992 年，第 388 页；许弗

(Hüffer):《百卷联邦最高法院民事裁判集:人合公司法》,载《商法杂志》,第151卷,1987年,第396页;奎格(Kögel):《企业合伙:合同中对责任限制的可能性与风险》,载《企业》,1995年,第2201页以下;考恩布路恩(Kornblum):《人合公司股东对于公司债务的责任》,1972年;考赫(Koch):《1989/1990年公司法的发展》,载《新法学周刊》,第404页;考瓦斯基(Kowalski):《合伙中的不当得利责任》,载《新法学周刊》,1991年,第3183页;朗根菲尔德(Langenfeld):《合伙》,1996年,第4版;雷特尔(Lettl):《在共同共有与连带之债之间》,载《企业》,1982年,第74页;罗力兹(Loritz):《合同自由与公司法上的个人保护》,载《法学家报》,1986年,第1073页;吕克(Lüke):《合伙内部关系冲突的诉讼实施》,载《合同法杂志》,第23卷,1994年,第266页;米勒—格拉弗(Müller-Graf):《责任法与公司法》,载《民法实务档案》,第191页,第475页;尼可力绪(Nicklisch):《银团内部关系合同中的法律问题》,载《企业顾问》,1999年,第325页;皮尔兹(Pilz):《关于合伙合同中一次给付补偿的法律实务思考》,载《企业顾问》,1994年,第1021页以下;普拉姆贝克(Plambeck):《合伙中关于责任限制的约定》,1993年;T.赖泽尔(T. Raiser):《股东诉讼的权利》,载《商法杂志》,第153卷,1989年,第1页以下;同一作者:《新企业改组法视角下的共同共有与法人》,载《民法实务档案》,第194卷,1994年,第405页以下;莱夫(Reiff):《无权利能力企业载体协会的责任构建》,1996年;罗伊特(Reuter):《人合公司法新裁判》,第2部分,载《法学家报》,1986年,第72页以下;同一作者:《私法秩序中的协会》,载《联邦最高法院50年——学术庆贺文集》,2000 年,第 2 卷,第 211 页;黑尔普·罗特(Herb. Roth):《公司股份的扣押与设质》,载《公司法杂志》,第 29 卷,2000 年,第 187 页以下;K. 施密德(K. Schmidt):《共同共有合伙的财产秩序》,载《法学家报》,1985 年,第 909 页;同一作者:《内部关系合伙的对外责任》,载《法学教育》,1988 年,第 444 页以下;同一作者:《职业法、债法与合伙法之间的自由职业者的合伙立法》,载《经济法杂志》,1993 年,第 633 页;同一作者:《土地法上的人合公司》,载《经济法杂志》,1998 年,第 2 页以下;K. 施莱伯(K. Schreiber):《合伙中的经营权限与代理权》,载《法律学习》,2001 年,第 346 页;许内曼(Schünemann):《共同共有合伙的基本问题》,1975 年;舒尔策·奥斯特罗(Schulze. Osterloh):《共同共有的约束原则》,1972 年;同一作者:《退伙股东的共同财产分割结存额》,载《公司法杂志》,1986 年,第 545 页以下;哲勒特(Sellert):《民法典第 831 条第 31 条对合伙的适用》,载《民法实务档案》,第 77 页以下;P. 乌尔姆(P. Ulmer):《合伙中的代理与责任》,载《菲舍尔庆贺文集》,1979 年,第 785 页以下;菲特(Vetter):《大型项目中临时合伙组织的法律问题》,载《经济法杂志》,2000 年,第 1041 页以下;瓦尔特(Walter):《股东作为公司的债权人》,载《法律学习》,1982 年,第 81 页以下;拉夫·魏伯(Ralph Weber):《合伙——概念及要件》,载《法律学习》,2000 年,第 313 页;魏伯·格雷勒特(Weber. Grellet):《共同共有是神秘的游戏吗?》,载《民法实务档案》,第 182 卷,1982 年,第 316 页;魏玛尔(Weimar):《一人人合公司——公司法的新类型?》,载《经济法杂志》,1997 年,第 1769 页;魏尔康普(Wellkamp):《企业合伙的风险限制》,载《新法学周刊》,1993 年,第 2715 页;H. P. 魏特曼(H. P. Wetermann):《人合公司法上的合同自由与类型法定》,1970 年;维德曼(Wiedemann):《人合公司的公司合同》,载《有价证券信息》,1990 年,增刊,第 8 期;同一作者:《论合伙的独立性》,载《凯勒曼庆贺文集》,1991 年,第 529 页;同一作者:《人合公司——是合同关系还是组织机构?》,载《公司法杂志》,第 25 卷,1996 年,第 286 页;维德曼—弗雷(Wiedermann - Frey):《关于在原合伙人后续义务上商法典第 173 条的类推适用》,载《企业》,1989 年,第 1809 页;恩斯特 · 沃尔夫(Ernst Wolf):《共有关系法的基础》,载《民法实务档案》,第 173 卷,1973 年,第 97 页以下("共有关系"在该文中的理解相较第 741 条的股东要宽泛一些);维斯特(Wüst):《利益的共同性》,载《法学家报》,1985 年,第 1077 页;茨维内曼(Zwernemann):《合伙的姓名》,载《企业顾问》,1987 年,第 774 页,在此参见《慕尼黑民法典注释—P. 乌尔姆》,第 705 条及其以下条款,也可参见其独立出版的文章,见下文边码 482a。

第一节 第 705 条及其以下条款的意义

472 1. 第 705 条及其以下条款首先对于商法上的两种人合公司而言,具有"基础结构性"的意义:《商法典》第 105 条第 3 款规定,无限公司补充适用民法典关于合伙的规定;另外,《商法典》第 161 条第 2 款又规定,两合公司补充适用关于无限公司的法律,也就是《商法典》第 105 条第 3 款和《民法典》第 705 条及其以下条款。

473 2. 此外,对于第 705 条及其以下条款而言,还有一个广阔的主要适用领域——合伙。例如有从事自由职业者的联合(如律师联合或者税务顾问联合,医生的合作诊所,参见 K. 施密德文,载《经济法杂志》,1993 年,第 633 页,还有下文将要论述的自由职业者合伙法)、农场主的联合或者小经营者的联合;还有在建筑行业不适用《商法典》第 105 条第 2 款第 1 项情况下(登入商业登记簿)的工作联合组织(参见上文边码 405);还有建筑起造人联合(参见上文边码 411);最后还有发行股票或债券的银行团,或者单纯为大型项目融资的银行团。除了这些具有重大经济意义的合伙外,还有比较小的合伙,比如共同乘车关系或共同居住关系。甚至,有时还达到了或超过了情谊关系的界限,如博彩联合(参见《联邦最高法院民事裁判集》,载《新法学周刊》,1994 年,第 1705 页以下)。同样,划归到这一类别的还有以合伙形式组织的足球运动员基金,参见 H. P. 魏司特曼文,载《经济法杂志》,1991 年,第 705 页。

1994 年 7 月 25 日颁布的《自由职业合伙法》(PartGG)生效于 1995 年 7 月 1 日。该法部分依据的是无限公司法,其调整的是特定自由职业者的一种特殊联合方式,由于其非为营业,故此不受《商法典》的调整,参见赛波特文,载《自由职业者合伙》,1994 年;同一作者文:载《企业》,1994 年,第 2381 页;K. 施密德文:载《新法学周刊》,1995 年,第 1 页;克斯特尔—瓦尔特延(Coester - Waltjen)文,载《法律学习》,1995 年,第 666 页;索逖罗宝络斯文:载《经济法杂志》,1995 年,第 1879 页;阿诺尔特文,载《企业顾问》,1996 年,第 597 页。根据《自由职业合伙法》第 1 条第 4 款的规定,自由职业合伙法的基础是合伙法。

3. 第 705 条及其以下条款的规定具有重大的现实意义。因 474
为这些规定一般在论述公司时被提及(作为“公司法”),所以本书在此将限于对四个议题的概议:合伙合同(参见下文边码 475 以下)、合伙财产(参见下文边码 480 以下)以及管理(参见边码 483 以下)和合伙的解散(参见下文边码 493)。

第二节　合伙合同

475 1. 合伙人因合伙合同负担义务，即以一定方式推动实现共同目的的义务。合伙人必须对共同目的以及每一个合伙人为实现该目的的推动方式取得合意（见第706条第1款）。在大多数情形下，合伙合同虽然还规定了大量的其他问题，例如事务的处理、代理以及利润和损失的分配。但因为法律对这些方面都有任意性规定，所以这些约定并不是必需的。

476 2. 合伙的共同目的可以是临时性的（例如银行团发售增资股份），也可以是持续性的（例如律师的联合）。我们称第一种情形为临时合伙。

任何一种合法的、不背俗的目的都可以是合伙的共同目的，而不考虑其为经济目的抑或是理想目的。并且，也可以存在这样的情形，即一名股东是出于经济上的原因追逐共同目的，而另一名股东则出于理想上的原因追逐共同目的。但是，营业（《商法典》第1条）不能为合伙的目的，营业将转变合伙的性质，使合伙转变为无限公司。

477 3. 合伙合同本身并没有方式要求。但是因为合伙合同可能包含某些特定的内容，所以才对合同规定了方式要求，特别是在合伙人负担有土地出资义务的情形，见第311b条第1款的规定。

478 4. 合伙合同不是无偿合同：即使在出现无偿加入合伙的情形，每一名合伙人也仍然有义务推动共同目的的实现。合伙合同也并不直接是第320条及其以下条款意义上的双务合同，这一点尤其明确见于两名合伙人以上的合伙。例如假设合伙人甲已经出资，而合伙人乙则不能因为合伙人丙尚未出资的原因，毫无问题地依第320条的规定，拒绝出资，因为一旦拒绝出资，可能会触及忠实于合同的合伙人甲。另外，在第705条及其以下条款还有多项特别规定，在适用这些条款的同时，不存在第 320 条及其以下条款的适用空间。例如，第 723 条第 1 款第 2 项规定了合伙人义务侵害情形和给付不能情形。并且，一般情况下，个别合伙人不能要求其他合伙人给付合伙合同上的义务，而是要通过合伙来要求其给付。

因此，在必要并附加极大限制时方能准用第 320 条及其以下条款。尤其是合伙人对于合伙负担的义务，其义务之间不存在牵连关系（参见《慕尼黑民法典注释—P. 乌尔姆》，第 705 条，边码 139 以下）。

5. 夫妻之间合伙或者同居关系之间合伙，引发不少问题（参 479
见《联邦最高法院民事裁判集》裁判，载《新法学周刊》，1999 年，第 2962 页；豪斯曼（Hausmann）：《共同生活关系》，1990 年；科劳泽（Krause）文，载《法律学习》，1989 年，第 455 页）。其间不存在净益共同关系（第 1363 条及其下条款）的，在分道扬镳后经常尝试，以合伙法（第 730 条及其下条款）结算共同关系人的净益。虽然夫妻之间或者同居关系的伴侣之间，可以没有任何顾虑地约定合伙，并且该合伙的目的超出婚姻或者共同生活的框架，例如共同经营一个小店或手工企业，但是，在这种情形下，很难再对起初订立合同的意思表示作出证明，并且，认为合伙的产生可以是基于纯粹共同协作的事实合伙说，已经为人们所放弃。如今，人们不考虑其中具体的无效原因，而只认可基于瑕疵合同基础上建立起来的合伙（但并非没有合同基础的合伙）（参见《慕尼黑民法典注释—P. 乌尔姆》，第 705 条，边码 246 以下）。

联邦最高法院在少数情况下认为，在夫妻间不存在合伙合同，并处于分别财产制的情况下，为实现净益结算，也可以准用第 730 条及其下条款（载《联邦最高法院民事裁判集》，第 84 卷，第 361 页）。对此，我本人持怀疑态度。

第三节　合伙财产

480 1. 对于合伙而言,是否真正形成合伙财产并不是必要条件,例如一般在承运共同关系中即不存在合伙财产。但在大多数情形下是存在这种合伙财产的。合伙财产形成于合伙人的出资(第706条)以及合伙事务处理过程中取得的财产(第718条第1款),属于合伙财产的还有原合伙财产的代替物(第718条第2款)。

481 2. 但是,按照并未全然放弃的旧学说,合伙财产并不是简单地属于合伙,这是因为合伙不是法人,合伙不具备权利能力(参见下文边码490),所以,只有合伙人才能是法律载体。如果依照第741条及其以下条款的规定,合伙财产中具体财物应当按份归属于合伙人,但显然这不符合事物的目的(参见下文边码496),并且如果按此规定,每一个合伙人还应当相应地具备处分权(第747条第1句),并且通过行使该处分权,可以将合伙财产中的具体财物按份转移给非合伙人。

故此,第719条选择了另外一种解决方案:合伙人共同共有合伙财产,合伙人对于合伙财产既不能处分,也不能要求分割。并且,依照第719条第2款,即使是单个合伙人的债权人(与合伙的债权人相对)也不能以抵销对合伙的债权的方式促成这种处分。按照第720条,向合伙财产出资债权的行为被视作债权的让与。另外,合伙人向合伙财产转让土地也需要合意和登记。

482 第719条中规定的数人的财产关系,被称为共同共有关系:共同共有人对于合伙财产中的具体财物不享有处分权,而只对合伙财产享有股份。也就是说,只有所有的共有人才可以作为权利人共同处分具体财物。同时,第719条第1款还不允许单个股东处分其在整个合伙财产中占有的股份,而合伙人的债权人也相应地不能以质押和划拨的方式承受该股份。更准确的表述应为,依据《民事诉讼法》第 859 条第 1 款第 2 句,合伙人作为债务人根本不能以对合伙财产中具体财物的股份出质。依照《民事诉讼法》第 859 条第 1 款第 1 项,对整体财产的股份虽然可以出质,但是,根据《民法典》第 725 条第 2 款,对于债权人而言,初时只有其债务人分派所得的盈利才是可以使用的。如若债权人还有变价财产的意愿,那么,依照第 734 条的规定,债权人首先必须向合伙发出终止的通知,然后债权人才能取得其债务人的出资以及在清算财产时该债务人分配得到的盈余。

对于第 719 条第 1 款的规定,始终存在争议的问题是,共有人究竟是否拥有对合伙财产中具体财物的股份(按照条文字义显然是拥有的)。但是,在任何情况下都可以约定对这种股份不予处分。与此相反的是,在股份与合伙人地位建立关联关系的前提条件下,合伙人可以通过约定以处分合伙财产的股份:此处可以约定允许合伙人的地位与其相关的财产出资一起发生移转。在这一点上,第 719 条第 1 款既有强制性又有任意性。

3. 与上文论述有所不同的是,起源于公司法的新(派别)学说 482a
(参见弗卢梅(Flume)文,载《商法杂志》,第 136 卷,1972 年,第 177 页)承认有的合伙具有相当于无限公司和两合公司一样的部分权利能力(参见《商法典》第 124 条、第 161 条第 1 款)。而其成立的前提条件有三个:第一,合伙必须拥有合伙财产(参见上文边码 480);第二,合伙必须通过其组织机构参与法律往来;第三,合伙必须具备自己的"身份特征"(例如姓名和住址)。参见乌尔姆文,载《民法实务档案》,第 198 卷,1998 年,第 113 页;慕尔贝尔特(Mühlbert)文,载《民法实务档案》,第 198 卷,1998 年,第 38 页。

新学说不能以立法者新创设的思路为支撑,新思路系指各种不同形式的公司之间可以互相转换(恰当的论述可参见乌尔姆文,同前引,第 119 页以下;T. 赖泽尔(T. Raiser)文,载《民法实务档案》,第 194 卷,1994 年,第 495 页;蒂姆(Timm)文,载《新法学周刊》,1995 年,第 3209 页、第 3214 页)。但是,借助于新学说却可以简化某些问题,例如德国最高法院裁判承认合伙具有支票能力(载《新法学周刊》,1997 年,第 2754 页)或者按照通说成立的责任情势。但另一方面,新学说对合伙的划分方法有别于《民法典》,并且《民法典》中还有一些规定不太符合这种新学说。最后,应当质疑的是,是否确实存在对承认部分权利能力的实际需求(否定意见可参见考得斯(Cordes)文,载《法学家报》,1998 年,第 545 页;还请参见苯恩特—博伊(Berndt - Boin)文,载《新法学周刊》,1998 年,第 2854 页)。在此仅指出这些问题,并不对此作深入探讨;在这些问题上有详尽论述的主要参见许克(Hueck)文,载《策尔纳(Zöllner)纪念文集》(1998 年),第 1 部分,第 275 页。

现在,联邦最高法院已经实质性地对此新学说给予了承认(参见《联邦最高民事裁判集》第 146 卷,第 341 页;哈定(Hadding)文,载《公司法杂志》,第 30 卷,2001 年,第 712 页;H. 鲍曼(H. Baumann)文,载《法学家报》,2001 年,第 895 页;K. 施密德(K. Schmidt)文,载《新法学周刊》,2001 年,第 903 页;维泽(Wieser)文,载《德国法月刊》,2001 年,第 421 页;格斯曼—努意斯尔(Gesmann - Nuisl)文,载《有价证券资讯》,2001 年,第 973 页;普法伊费尔(Pfeifer)文,载《新公司法杂志》,2001 年,第 193 页;德勒德(Derleder)文,载《企业顾问》,2001 年,第 2485 页;蒂梅尔—胡尔克(Timmel - Hulk)文,载《法学教育》,2001 年,第 536 页;乌尔姆—施特芬(Ulmer - Steffen)文,载《新法学周刊》,2002 年,第 330 页;海尔(Heil)文,载《新法学周刊》,2002 年,第 2158 页):如果合伙(非为法人)(通过其组织机构)"设定其权利和义务",那么合伙则具有权利能力(同前引第 343 页)。故此,合伙人的更替对于与合伙相关的法律关系的存续没有任何影响(同前引第 345 页)。并且,合伙具备《民事诉讼法》第 50 条规定的完全当事人能力(同前引第 347 页)。虽然合伙不具备登记能力,并可能因此遇到一些困难，但不妨碍合伙的部分权利能力（同前引第356页）。

第四节　合伙的管理

一、业务管理的权限

1. 绝大多数合伙可以区分为合伙人之间的内部关系以及与第三人的外部关系。内部关系如出资的给付（第706条）或者损益的分配（第721条以下），而外部关系主要涉及的是与第三人订立合同以及对第三人的责任。 483

但是，在例外情况下也存在并不对外的、仅限于内部关系的合伙。例如在由同事组成的共同乘车关系（参见上文边码473）中，驾驶员一般以自己的名义，而非以合伙的名义购买燃料；驾驶员只是将产生的费用分配给搭乘人员。我们称这种关系为内部合伙。

2. 只要不是这种内部合伙，就必须有内部关系和外部关系之分。在内部关系中主要涉及的问题是，单个股东参与合伙管理的范围问题，即业务执行的权限。对此，《民法典》提出了若干个模式以供选择，但并未排除其他的形式： 484

（1）在无特别约定时适用第709条第1款，即共同执行业务；任何行为需要得到所有合伙人的同意。

（2）合伙合同也可以规定多数决。那么，按照第709条第2款，在发生分歧的情况下，依据合伙人的数目计算多数，以此避免以出资的额度或者其他“资本”视角为立足点。 485

（3）最后，第710条规定对一名合伙人或者若干个合伙人执行事务的委任。该条规定的第1句不仅仅意味着允许这些合伙人单独或者共同执行业务，更多地是将其他合伙人排除在业务执行之外。但根据第716条的规定，其他合伙人具有检查权。 486

如果在按照第710条调整的过程中，出现允许若干个合伙人单独行动的情形,则应按照第711条第1句的规定,赋予任何一个业务执行权利人对此提出异议的权利。并按照第711条第2句的规定,在发生异议的情形下必须停止该业务的执行。此时,异议权即为否决权,而不再取决于多数票。

487 3. 如若合伙人在业务执行上无法取得一致意见,或者某一名合伙人的举措因另一名合伙人的异议始终无法得以实施,那么合伙最终只能终止。对此,在第712条第1款中有相对温和的规定,即在出现重大事由时,可以撤销业务执行权限。但是,就此问题需要其他合伙人的一致决议,或者在合伙合同规定有多数决的情形下,需要其他合伙人多数表决同意。此外,依照第712条第2款的规定,业务执行权利人可以从自身的角度出发,因重大事由终止自己业务执行的权利(以及与此相关的业务执行的义务)。

但是,合伙约定的业务执行关系,在依第712条的规定发生变化后,并不一定需要出现第709条规定的共同业务执行(尚有争议),而是尽可能维护合同的约定(《慕尼黑民法典注释—P. 乌尔姆》,第712条,边码17);只是有一个前提,即变更后业务执行仍然能够正常运转。

488 4. 对于业务执行合伙人与合伙的关系(与所有合伙人整体的关系),第713条引用委托合同法的规定,即《民法典》第664条至第670条。按照这些条款的规定,特别是按照第666条的规定,业务执行人应使其他合伙人保持对业务执行的知悉和了解。而且,按照第670条的规定,业务执行人也可以要求合伙偿还其为业务执行允许支出的费用。

二、代理权

489 1. 业务执行权确认的是内部关系上的"允许",而代理权确认的则是对外关系上的"能够":代理权意指能够通过法律行为对外约束共同共有财产(或许在特定情形下还能够约束合伙人的其余财产,参见下文边码490)。

在合伙合同中代理权的调整可以有别于业务执行权。例如可以规定，在内部关系上决策必须经多数同意（第 709 条第 2 款），但对外则可以通过一名合伙人的法律行为来实施该决策。如若没有这样的特别约定，则适用第 714 条的规定，存疑时代理权取决于业务执行权。并且，第 715 条规定，代理权的撤回对应于业务执行权的撤回。

2. 对于外部关系而言至为重要的问题是：对于由代理设定的债务，负责的只是受共同共有关系约束的合伙财产吗（参见上文边码 481）？抑或是每一名合伙人对此债务要负无限责任，即合伙人要以非合伙财产对此债务负责？ 490

从第 427 条并不能够找到这个问题的答案，这是因为依据该条款，全体合伙人则将负连带债务人责任。该条款规定的是在若干人对债务负责的情形下应如何负责的问题；而此处涉及的问题是，合伙人究竟是否负担有无限责任。如若借助现今的通说，例如依照联邦最高法院的裁判（载《联邦最高民事裁判集》，第 146 卷，第 341 页；参见上文边码 482a），承认合伙具有部分权利能力，那么，我们将无法回答这个问题。但是，如若我们拒绝这个学说（例如参见联邦劳动法院的裁判，载《企业》，1989 年，第 1973 页，并参见哈波扎克（Habersack）相关文章，载《法学教育》，1990 年，第 179 页），但可以想像，合伙人应当仅以合伙财产负责。无权利能力协会的成员责任仅限于协会财产的，也会遭遇类似的问题（参见如梅迪库斯《民法总论》，边码 1154）。

近年来，在关于合伙人责任这一问题上，形成了两种观点（参见《慕尼黑民法典注释——P. 乌尔姆》，第 714 条边码 24 以下；同一作者文，载《经济法杂志》，1999 年，第 509 页、第 554 页；哈波扎克（Habersack）文，载《企业顾问》，1999 年，第 61 页；莱夫（Reiff）文，载《经济法杂志》，1999 年，第 517 页、第 1329 页）：按照第一种观点，具有执行权的合伙人一般不仅能够代理合伙财产，而且能够代理合伙人本人(双重义务理论,参见《联邦最高民事裁判集》,第74卷,第240页)。因为合伙并不是强制性地要求拥有代理权,所以,应该能够通过对代理权作相应的限制来避免产生针对个人的义务。而与此相反的是,另一种观点认为(相应内容可参见《商法典》第128条规定的无限公司),与合伙的共同债务并行的直接是合伙人的无限责任(从属理论,持反对观点的有霍梅霍夫(Hommelhoff)文,载《经济法杂志》,1998年,第8页)。现在,联邦最高法院决定采用这种理论(载《联邦最高民事裁判集》,第146卷,第341页及第358页以下)(但论据对我而言是很难理解的,即该决定是基于"承认合伙具有一定权利能力的结论",第358页)。关于这个问题的讨论还是应该留给公司法来解决。

三、法律行为外的责任

491 对于法律行为之外的,特别是侵权行为,一般由从事该行为的合伙人自己负责。相反,因为该合伙人并不位居其余合伙人之下,所以,其余合伙人至少绝不承担第831条规定的责任(参见下文边码851)。但是,被纳入考虑范围的是,其余合伙人依照第31条负担的限于合伙财产的责任。但其前提是,只有在业务执行权不同于第709条的规定,移转给特定的合伙人时,才能认定具有适用类推适用的法律相似性;唯有此,这些合伙人才能如同合伙财产的组织机构一样(参见《慕尼黑民法典注释——P.乌尔姆》,第705条,边码215以下;另请参见梅迪库斯:《德国民法》,边码795以下)。关于动物占有人的责任问题,还请参见K.施密德(令人深思的)讽刺作品:《负无限责任的雪山救人犬》,载《法学家报》,1988年,第31页。关于税捐债务,联邦财税法院认为(载《经济法杂志》,1990年,第643页),合伙人因从事"完成共同的事务",从而负有无限责任(不同意见参见拉泽纳克(Rasenack)文,载《企业顾问》,1990年,第2456页)。

四、对他合伙人的责任

合伙人之间对于因合伙合同所生请求权的责任适用特别的规则——此规则即使是在部分权利能力学说的框架之中，也未受到质疑，此类请求权系指社会性请求权，例如依第 713 条和第 670 条规定的费用的偿还，一般情况下，他合伙人对此并不负个人责任，该合伙人应当以债权人的身份要求合伙对此负责。其中的原因在于，如若在合伙陷入支付不能的情形时，该合伙人即可以请求他合伙人负个人责任，那么，这将是一种对亏损的弥补行为，而依照第 707 条的规定，他合伙人并不负担此种义务。 492

例外情形仅存于，某一名合伙人因合伙债务对第三人曾负担个人责任，即使该合伙人起初应当要求合伙对此负责，但在合伙财产不足以负责时，该合伙人应当可以要求他合伙人作出相应的补偿（参见关于无限公司的裁判，载《联邦最高民事裁判集》，第 37 卷，第 299 页）。对此在第 426 条的规定中得到解释：负连带债务关系的合伙人之间的补偿，并不是产生于合伙合同，致使在这一点上无需考虑第 707 条的规定。

第五节　合伙的解散

《民法典》中一半以上关于合伙的条款，即第 723 条至第 740 条，规定的都是关于合伙的解散或者合伙人的退伙问题。因为这些规定都非常细致，允许我在此仅作概括性论述。 493

1. 合伙解散的原因有多种，第 723 条以下规定的因一名合伙人提出终止所致（并且第 723 条第 1 款第 2 项规定，因重大原因任何时候均可）；第 725 条规定的因一名合伙人的扣押质权人提出终止所致（参见上文边码 482）；第 726 条规定的因合伙目的已完成或者无法完成所致；第 727 条规定的因一名合伙人死亡所致；第 728 条规定的因合伙或者一名合伙人开始进入支付不能程序所致。

494 2. 合伙中一旦出现解散原因,并不是立即结束,而是按照第730条以下的规定进入清算阶段;只有在结束清算后,合伙才完全解散。在清算阶段,依照第732条及其以下条款的规定,首先要清偿合伙债务,而后才返回出资。剩余财产依照第732条的规定,应该根据合伙人对利益的份额分配给合伙人。反之,依照第735条的规定(任意法!),在合伙财产不足以清偿债务时,合伙人应该按比例续缴。一般情况下,社会性请求权也应至迟在解散时得到解决(参见上文边码492)。

495 3. 合伙人(自愿)退伙(第736条)和(强制)开除(第737条)带来的是第738条至第740条规定的财产的分割。按照第738条第1款第1句的规定,退出合伙的合伙人丧失其对合伙财产的份额,该份额归其他合伙人享有。作为对此的补偿,退伙人享有要求清算利益的请求权,按照第738条第1款第2句句末的规定,该利益为如若合伙解散当属于合伙人的财产。与第735条规定相应的是,在合伙财产亏缺时,第739条规定,退伙人负有后续缴纳义务。

第一百一十一章　按份共有

参考文献：恩莱德（Engländer）：《一般法律共同关系》，1914 年；朗根（Langen）：《利益共同关系》，1929 年；拉伦茨（Larenz）：《论法律共同关系说》，载《耶林民法学理法律年鉴》，第 83 卷，1933 年，第 83 页以下；K. 施密德（K. Schmidt）：《共同关系分割的诉讼问题与执行问题》，载《法学评论》，1979 年，第 317 页；舒波特（Schubert）：《论法律共同关系的债法问题》，载《法学评论》，1975 年，第 363 页以下；卡尔·舒尔茨（Karl Schultz）：《共同关系和共有》，1924 年；泽米阿斯（Tzermias）：《论共有关系中的使用之调整》，载《民法实务档案》，第 157 卷（1958/1959），第 455 页以下；维丁格尔（Würdinger）：《简单利益共同关系理论》，1934 年；维斯特（Wüst）：《从方法论看共同关系的分割》，1956 年；同一作者：《利益共同关系——私法的规制原则》，1958 年。

第一节　概　　论

一、按份共有和共有财产

1. 第 741 条通过"一项权利为数人共有" 496

的表述,确定了分别共有条款(第 742 条至第 758 条)的适用范围。例如,一个物可以为数人所有(此时,该共有还补充适用第 1008 条至第 1011 条)或者一项债权亦可以为数人享有(参见《总论》多数债权人部分,边码 780)。第 743 条至第 748 条调整的是共有物的管理问题(参见下文边码 500 以下),第 749 条至第 758 条调整的是共同关系的终止问题。

单纯的利益共同关系并不直接受第 741 条规定的调整(参见《慕尼黑民法典注释——K. 施密德》,第 741 条,边码 62 以下),但是,此类利益共同关系却可以准用其中的一些规定。

497 2. 按照第 741 条的规定,"只有在法律没有其他规定时",方能适用关于共同关系的规定。该条款主要涉及下述情形,即归属关系并不按份分割,而是共同共有的情形。《民法典》中的三种共同共有情形,系指合伙财产(第 719 条,参见上文边码 481 及边码 482a)、婚姻共同财产(第 1419 条)以及共同继承遗产(第 2033 条第 2 款)。

分别共有和共同共有的主要区别在于:共同共有关系中的共有人对具体财物不享有可处分的部分,其享有的部分只是针对共有财产的整体。例如,共同继承人享有对共同继承财产的整体的应有继承部分,但是,共同继承人并不享有对属于遗产的某一块土地的继承部分。依照《土地登记法》第 47 条的规定进行土地登记时,显见按份共有与共同共有的区别:如若为按份共有的,可登记为"甲和乙作为共有人各占一半份额";如若为共同共有的,则登记为"甲和乙之间具有不可分割的继承共同关系"(应继份不出现在此处,而是出现在第 2353 条规定的关涉整个遗产的继承证书中)。

对按份共有和共同共有进行这种区分是隐含下述目的的:共

同共有财产应当捆绑在一起,以保障合伙的物质基础或者保护遗产债权人。但是,按份共有中不存在同样的"捆绑利益",其出发点并不在于全部财产,而仅仅在于具体的标的。

二、按份共有关系的产生

综上所述,共同关系的法则只能在非常狭窄的范围内得到直 498
接的适用。这归因于法律规定归属于数人的情形,为共同继承关系,因此构成共同共有关系。并且,基于法律行为约定的共同关系,一般都相应地约定有目的,因此成为合伙,同样构成共同共有关系(或者构成一种具有部分权利能力的产物)(参见上文边码476)。

据此,在《民法典》中规定的按份共有的法定产生原因,主要有第 947 条第 1 款和第 948 条规定的情形(附合、固体和液体的混合)、第 963 条规定的情形(蜂群的结合)和第 984 条规定的情形(他人土地上埋葬物的发现),在特殊情况下还有第 921 条至第 923 条规定的情形(经界设置)。此外,数人可以共同完成取得的事实,例如加工(第 950 条)或者在《民法典》之外的发明(《专利法》第 6 条第 2 句)。基于法律行为的按份共有关系形成于共同取得时未约定目的因而未形成合伙的情形。这种情形尤其多见于夫妻不追逐婚姻共同关系之外的目的但共同取得的关系。

此外,共同关系法偶尔也可基于特别的法律引证得到适用,例如依据第 731 条第 2 句、第 1477 条第 1 款、第 2038 条第 2 款、第 2042 条第 2 款和第 2044 条第 1 款的规定。

三、按份共有的机能

即使是在基于法律行为产生的共同关系中,共有人之间的法 499
律关系并非取决于法律上规定的行为意思。在任何情况下,共同关系就是其法定债务关系产生的原因(参见《联邦最高法院民事裁判集》,第 62 卷,第 243 页和第 246 页;参见《慕尼黑民法典注释——K. 施密德》,第 741 条,边码 3)。但共有人可以通过合同对其法律关系作不同的调整(联邦最高法院裁判,同前引)。

第二节 使用、管理和处分

500 1. 对于共有标的的使用和管理而言,最为重要的是份额的高低。份额的高低决定了孳息的分配(第 743 条第 1 款)以及成本和负担的分配(第 748 条)。如若一项债权的 3/4 归属某人,那么,其将得到 3/4 的利息,但其同时也要以同样的份额负担为收取该利息付出的成本。

依照第 743 条第 2 款和第 744 条第 1 款的规定,虽然对共有标的的使用和管理并不按照份额分割,但是,依照第 745 条第 1 款的规定,在存疑时将通过决议来调整对共有标的的使用和管理,而此时多数之表决将以份额的高低为准则。根据第 746 条的规定,该决议还对特定继受人发生效力,亦即对受让一定份额的人发生效力(参见下文边码 502)。而在第 746 条中无需提及全部继受人,其中的原因在于,全部继受人自然而然地承继全部的权利及义务。

501 2. 但是,与上文相对的是,每一名共有人也还都拥有"稳固多数的"地位。尤其是依照第 745 条第 3 款第 2 句的规定,在没有征得相关人同意时,不得侵害对应于一定份额的使用标的之权利,例如,拥有 51% 份额者,不得以多数作出独自使用的决议。按照第 744 条第 2 款的规定,任何一名共有人都可以独自采取为维持共有标的物的举措,并且也可以事先请求其他共有人的同意。

502 3. 根据第 747 条第 1 句的规定,任何一名共有人都可以独自处分其份额。其他的共有人必须接受因特定继受可能带来的新共有人,其他这些共有人甚至没有法定的先买权(例如第 2034 条以下规定的共同继承人的权利)。同样,共同关系与合伙不同,其不具有人身法上的特征;共同关系的产生往往具有偶然性。对于共有物份额的处分遵循的,是同样适用于处分共有标的本身的规则。故此,债权份额的移转将依照第 398 条以下的规定进行,动产所有权份额的移转则按照第 929 条以下的规定进行。

并且,顺理成章的是,按照第 747 条第 2 句的规定,共有人只能共同处分共同标的的整体。之所以这样规定,是因为该处分为"全体共有人对其份额的一种协调处分"(《慕尼黑民法典注释——K. 施密德》,第 747 条,边码 22),而这要求每一名共有人的协作。

第三节　终　　止

1. 按照第 749 条第 1 款的规定,任何一名共有人一般都可以 503
随时请求终止共有关系。虽然可以通过合同来排除或者限制这项权利,并且如此通常也符合目的的要求,但是,按照第 750 条的规定,在存疑时,对这项权利的排除将因其中一名共有人的死亡而丧失效力。并且,按照第 749 条第 2 款和第 3 款的规定,共有人在任何情况下都享有因重大原因要求终止的权利——必要时要求立即终止。最后,第 751 条第 2 句规定,共有人的债权人享有非暂时执行名义的,可以要求终止共同关系。不可终止共同关系的约定,不应当阻碍债权人对债务人财产采取行动。

第 758 条规定,要求终止的请求权不具时效性。该规定旨在避免共有人因消灭时效的迫近,而被迫请求解散共同关系。

2. 在终止的形式问题上,第 752 条在第一位规定了自然分割 504
形式。只是自然分割具有一定的条件,即共有标的物可以被分割成对应共有人份额的部分,并且不减损其价值。然而,已建土地往往不具备这一要件:耸立的建筑物绝大多数无法分割。即使未建土地在经济上也无法分割,例如一块待建设的土地因为被分割的太小,以致无法建设。

在共有标的物无法分割时,应该按照第 753 条的规定将其出卖,而后再分割出卖所得。动产的出卖遵照关于质物出卖的规定(第 1228 条以下),即一般按照第 1235 条第 1 款的规定以公开拍卖的方式出卖共有物(定义见第 383 条第 3 款,参见《总论》边码 259)。土地的强制拍卖依照《强制拍卖法》第 180 条以下进行;并且此处例外地不以执行名义为要件。按照第 754 条的规定,到期债权不应出卖,而是收回;对于收回债权所得再予以出卖和分割。

公开拍卖和强制拍卖往往得到的收益低于市场价格。故此,共有人可以商定不同的变价方式,以符合目的要求。因而,可以考虑将共有标的物划配给一名共有人,然后,由该共有人向其他共有人给付补偿费用。根据第 757 条的规定,一旦标的物出现物的瑕疵或者权利瑕疵,其他共有人则负担出卖人的责任。

505 3. 与共同关系相伴的常常还有债务(例如未缴纳的税款或者共有房屋的修缮费用)。按照第 755 条的规定,每一名作为连带债务人为此类债务负责的共有人,可以要求在分配积极财产前对此进行清偿:任何一名共有人都不应面临这样的危险,即只得到积极财产中的一部分,却要为整个债务负责。

根据第 756 条的规定,一名共有人对另一名共有人基于共同关系的债权,可以应债权人的请求,以债务人的共有部分进行清偿。就这点而言,终止共同关系应当也包括对债务的清偿。

第五编

风险合同

风险合同不能一概而论(参见上文边码9):有些风险合同牵涉的只是风险游戏(参见下文边码506以下),而另外一些却有着严肃的目标(参见下文边码512至边码549)。出于上述原因,相应的法律规定因此而有巨大的差异,只有第二类行为才具有完全的约束力。

第一百一十二章　赌博、打赌与差额交易

参考文献：阿达姆斯—陶科米特（Adams－Tolkemitt）：《国家彩票业的无序行为》，载《法律政策杂志》，2001年，第511页；阿思曼（Assmann）：《期货交易的迷惘与混乱》，载《经济法杂志》，2001年，第2061页；阿斯特—拉特雷夫（Ast－Rathleff）：《赌博》，1965年；布雷兹（Bletz）：《交易所期货交易、期货抗辩与差额抗辩》，载《企业顾问》，1987年，第627页；丹霍夫（Dannhoff）：《商品期货交易法》，1993年；格鲁纳瓦尔特（Grunewald）：《交易所期货交易能力》，载《有价证券资讯》，1988年，第1077页；K. J. 哈通（K. J. Hartung）：《认购权证交易中的期货抗辩与差额抗辩》，载《企业顾问》，1989年，第2411页；霍伊泽尔（Häuser）：《依照《德国交易所法》第55条排除返还请求权》，载《有价证券资讯》，1988年，第1285页；恒思勒（Henssler）：《以风险作为合同标的》，1994年，第417页至第730页；海耳（Hey）：《交易所法中的套期保值交易债务》，载《经济法杂志》，1989年，第824页以下；霍普特（Hopt）：《交易所期货交易和民法典第764条、第762条的差额抗辩》，载《企业顾问》，1984年，第417页；霍

恩(Horn):《新法下的交易所期货交易》,载《经济法杂志》,1990年,第2页以下;F. A. 曼(F. A. Mann):《交易所期货交易和国际私法》,载《克默雷尔庆贺文集》,第737页;施隆特(Schlund):《数码奖券》,1972年;施瓦克(Schwark):《交易所纪念交易》,载《法律学习》,1985年,第403页以下;蒂尔普—Frhr. 冯·布特拉(Tilp - Frhr. von Butlar):《交易所法第55条适用中的现实问题》,载《经济法杂志》,1998年,第189页以下;托克米特(Tolkmitt):《德国赌博业》,2001年;H. P. 韦斯特曼(H. P. Westermann):《交易所期货交易中依据不当得利法的返还清算》,载《梅迪库斯纪念文集》,1999年,第675页以下。

第一节　无法律拘束力

赌博、打赌和差额交易的共同之处在于,它们一般根据第762条第1款第1句都不"设定拘束力"。也就是说,这些行为不产生履行请求权。但是,从另一方面而言,根据第762条第1款第2句,也不能以债务不成立为由请求返还已付出之给付(但可以因其他原因,例如因为欺诈,意即"作弊",参见《民法典立法理由书》,第2卷,第646页=《民法典立法资料总汇》,第2卷,第361页)。如若赌博、打赌和差额交易没有其他瑕疵,那么,有足够的理由保留所得。这些根据法律规定不完全有效的债务关系,我们称之为自然债务(参见《总论》边码24)。 506

第762条第2款将履行请求权的排除扩展至为履行赌博或打赌的债务承担的不要因义务,如汇票或支票义务。也就是说,此处废弃了债务约定的不要因原则(参见下文边码557),并且,也不能有效地为自然债务设定担保。

第二节 界定问题

一、赌博和打赌

507 1. 因为赌博和打赌在第762条中被同样对待，所以，在法律上无需对此作出界定(《民法典立法理由书》，第2卷，第643页 = 《民法典立法资料总汇》，第2卷，第359页)。按照一般的语用，"打赌"系指为着重强调一项判断而有所投入(也可为单方面的，颇有争议)(例如"明天肯定是好天。如果明天下雨，你赢100欧元")。而赌博更多涉及的是娱乐，特别是还可以以测量体力和灵巧性的方式进行。第762条并不区分幸运赌博还是灵巧性赌博。

508 2. 但是，要明确界定赌博、打赌和具有完全法律拘束力的悬赏广告(参见上文边码470)。悬赏广告中约定的报酬以取得一定的成果为前提，悬赏人受此约束。而在体育运动中，因为娱乐性目的并不十分重要，所以为体育运动(如网球)设立的奖金也可以归为此类。存有极大歧义的是，如何界定在年度集会上承诺战胜"大力士"即可得100欧元的问题。此处，承诺人恰恰不愿意有人战胜其"大力士"。但有学者如拉伦茨在《德国债法分论》第2卷第1编第55章第406页中认定此处依然为有效的悬赏广告(因为拉伦茨不承认单方面打赌行为，所以结论符合其推理)。我本人倾向于相反的观点，而且是因为该标的至少缺乏严肃性(参见《慕尼黑民法典注释——塞勒》，第657条，边码22)。

如若"有奖征募"(第661条)的答案过于简单，以至无需付出过多的辛劳，并且可以想象会有众多答案正确的征募信函的，那么，这种"有奖征募"更多的可以是一种赌博游戏(斯图加特州高等法院裁判，载《德国法月刊》，1986年，第756页；杜塞尔多夫州高等法院裁判，载《新法学周刊》，1997年，第2122页)，之所以作出这样的裁判，是因为实际上起决定作用的只是抽签，肯定超出了

第659条第2款规定的范围。但还请与新法第661a条作比较:向消费者发出其赢得奖金信号者,必须给付奖金。

3. 在例外情形下,《民法典》承认有效的彩票合同或者摸彩合同。彩票合同的一方当事人(购买彩票者)负有无条件支付赌注的义务,另一方当事人则负有在一定条件下支付彩奖的义务。摸彩合同与彩票合同的区别在于,摸彩合同的彩奖不是金钱,而是物(参见《刑法典》第286条第2款)。按照第762条的规定,此类合同作为赌博游戏即可以是无拘束力的。总之,第763条以一般情况下合同无拘束力为前提,而只对获得国家核准的合同作另行处理:国家核准是对此类交易的常规清算的信任基础(《民法典立法理由书》,第2卷,第647页=《民法典立法资料总汇》,第2卷,第362页);国家核准不能改变的事实是,亏损风险一般根本不被提及,但发生概率却极高)。此类经国家核准的活动有两种分期奖券(德国西北分期奖券和南德分期奖券,联邦与州的国民协议是其基础)、足球彩票和数码奖券、赌马、慈善博戏、赌场以及经许可的赌博机。该领域的特别法有1922年4月8日颁布的《赌马和彩票法》(载《帝国法律公报》,第1卷,第393页)、1938年7月14日颁布的《公开赌场批准法》(载《帝国法律公报》,第1卷,第955页)以及《营利事业法》的第33c条(关于赌博机)。按照联邦最高法院的裁判(载《经济法杂志》,1998年,第2006页),对于体育赌博游戏至少准用第763条的规定。 509

二、差额交易

1. 一般情况下,订立买卖合同的目的在于,在约定的期日真实地交付商品和给付价金。相反,合同的目的也可以是不实施这类活动,但合同却又是出自真意的行为(不至于依照第117条的规定为无效合同)。这种情形下,完成交易的方式为支付价格的差额:在日后某一约定的时点,将市场价格与约定价格相比较;如若市场价格高于约定价格,则由出卖人向买受人支付差额(对于 510

买受人而言,证明当时的买卖是对其有利的);反之,买受人将向出卖人支付差额。

这种合同方式可以是双方当事人共同的意愿,那么,按照第764条第1句的规定,该行为为公开的差额交易。但此意愿也可以是单方追逐的意愿;在另一方当事人知悉或者应知悉该意愿的,根据第764条第2句,这种行为为隐藏的差额交易。这种行为的法律后果与赌博游戏的一般无二,不具有拘束力:基于不以真实的买卖为目的的行为,不得起诉,这也是为保护输者。

511 2.《交易所法》第52条及其以下条款,对于在交易所实施的交易所期货交易,给予了特殊的规定(1989年发生重大变更)(也可以适用于股票的认购权交易,参见《联邦最高法院民事裁判集》,第92卷,第317页;施瓦克(Schwark)文,载《有价证券资讯》1998年,第921页;吕斯纳—拉贺麦尔(Rössner - Lachmair)文,载《企业顾问》,1989年,第1990页;蒂尔普(Tilp)文,载《企业》,1989年,第2356页)。因为上述行为服务于理性的、非投机性的需求,即服务于防范未来风险的目的,所以,在一定的前提条件下,其交易拘束力是得到承认的(参见《总论》边码24)。

而因为外国法准许这类交易的框架不同(一般更宽泛),故此,形成严重的冲突法问题:在外国交易所参与期货交易的德国伙伴拥有何种范围的差额交易抗辩权?对此问题应参见现行的《交易所法》第61条。《交易所法》第53条第2款规定了阐明义务,对于非企业主和非交易所人员而言,其履行阐明义务,即取得在交易所从事期货交易的能力(基于资讯)(参见联邦最高法院裁判,载《新法学周刊》,1998年,第2171页、第2524页;2000年,第359页)。其他更多的阐明义务可以由媒介人来承担,例如可参见联邦最高法院裁判,载《保险法》,1992年,第1001页;其他可参见杜塞尔多夫州高等法院的裁判,载《经济法杂志》,1994年,第1765页。

第一百一十三章 保 证

参考文献:鲍尔—门格尔贝格(Bauer - Mengelberg):《债务承担和担保合同》,1930 年;拜尔(Bayer):《最高金额保证人之间的平衡》,载《经济法杂志》,1990 年,第 1523 页以下;贝尔宁豪斯(Berninghaus):《格式合同式银行保证的责任范围》,载《企业顾问》,1986 年,第 206 页以下;贝特尔曼(Bettermann):《保证的从属性和担保目的》,载《新法学周刊》,1953 年,第 1817 页以下;比洛(Bülow):《信用担保法》,1993 年,第 3 版,第 171 页以下;P. 比德林斯基(P. Bydlinski):《保证请求权的消灭时效与可让与性》,载《经济法杂志》,1989 年,第 953 页以下;同一作者:《批评中的最高法院关于保证法的裁判》,载《有价证券资讯》,1992 年,第 1301 页以下;克斯特尔—瓦尔特延(Coester - Waltjen)文,载《法律学习》,2001 年,第 742 页以下;丹恩(Dähn):《股东和业务执行人对公司债务承担整体保证的效力》,载《银行法与银行经济杂志》,2000 年,第 61 页以下;德勒德(Derleder):《无限信用保证》,载《新法学周刊》,1986 年,第 97 页以下;G. 菲舍尔(G. Fischer):《关于保证与债务加入的最高法院最新裁判》，载《有价证券资讯》，2001 年，第 1055 页以下、第 1093 页以下；盖斯勒（Geißler）：《保证人的免责请求权》，载《法律教育》，1988 年，第 453 页以下；吉森（Giesen）：《特别债法——保证中解决冲突的基本原则》，载《法律学习》，1997 年，第 64 页以下、第 122 页以下；霍恩（Horn）：《是否允许整体保证》，载《经济法杂志》，1997 年，第 525 页以下；同一作者：《保证法在 2000 年》，载《经济法杂志》，2001 年，第 93 页以下；坎卡（Kanka）：《共同保证》，载《耶林民法学理论年刊》，第 87 卷（1937/1938），第 123 页以下；克尼特尔（Knütel）：《债权人对保证人的注意义务问题》，载《弗卢梅纪念文集》，第 1 卷，1978 年，第 559 页以下；同一作者：《保证人追索问题》，载《法学评论》，1985 年，第 6 页以下；格拉夫·兰巴多尔夫—斯科拉（Graf Lambadorff - Skora）：《保证法手册》，1994 年；雷特尔（Lettl）：《从属性对抗担保目的，保证表示中的法律问题》，载《有价证券资讯》，2000 年，第 1316 页以下；St. 洛伦茨（St. Lorenz）：《保证中的内部关系和给付关系》，载《法学教育》，1999 年，第 1145 页以下；梅迪库斯（Medicus）：《债权人对保证合同的期望之意义》，载《菲肯切尔纪念文集》，1998 年，第 267 页以下；同一作者：《保证法的发展》，载《法学教育》，1999 年，第 833 页以下；梅尔茨（Merz）：《联邦最高法院关于保证法的裁判》，载《有价证券资讯》，1977 年，第 1270 页以下；1980 年，第 230 页以下，1984 年，第 1141 页以下；1988 年，第 241 页以下；米夏尔斯基（Michalski）：《应第一要求之保证》，载《银行法与银行经济杂志》，1994 年，第 289 页以下；莫尔曼（Mormann）：《联邦最高法院关于保证的裁判》，载《有价证券资讯》，1963 年，第 930 页以下；1968

年，第 666 页以下；1974 年，第 962 页以下；帕佩(Pape)：《联邦最高法院最新裁判：保证法》，载《新法学周刊》，1995 年，第 1006 页以下；同一作者：《1995 年保证法的发展》，载《新法学周刊》，1996 年，第 887 页以下；同一作者：《1996 年保证法的发展》，载《新法学周刊》，1997 年，第 980 页以下；赖尼克(Reinicke)：《保证与连带之债》，载《新法学周刊》，1966 年，第 2141 页以下；莱恩尼科—蒂特克(Reinicke - Tiedtke)：《信用担保》，2000 年，第 4 版，第 25 页以下；同一作者：《对交互计算债务的保证》，载《经济法杂志》，1988 年，第 545 页以下；同一作者：《保证人支付担保的求偿请求权》，载《法学家报》，1990 年，第 327 页以下；同一作者：《保证法》，1995 年；同一作者：《保证法中的确定性要求和其他担保约定》，载《企业》，1995 年，第 2301 页以下；里姆(Riem)：《保证法新案例》，载《法学教育》，2000 年，第 138 页以下、第 241 页以下、第 343 页以下；施瓦策(Schwarz)：《德国与欧洲消费者保护法对保证人的保护》，2001 年；施敦特尔—施托特尔(Stötter - Stötter)：《信用保证的风险限制之可能》，1987 年，第 1621 页；蒂特克(Tiedtke)：《副保证人的求偿权》，载《有价证券资讯》，1976 年，第 174 页；同一作者：《1980 年至今的联邦最高法院关于保证法的裁判》，载《经济法杂志》，1986 年，第 69 页以下、第 150 页以下；同一作者：《1986 年至今的联邦最高法院关于保证法的裁判》，载《经济法杂志》，1990 年，第 413 页以下；同一作者：《1990 年至今的联邦最高法院关于保证法的裁判》，载《经济法杂志》，1995 年，第 521 页以下；同一作者：《保证法中的连带债务条款与担保条款》，载《法学家报》，1987 年，第 491 页以下；同一作者：《对无效借贷的保证》,载《法学家报》,1987年,第853页以下;同一作者:《限缩的与宽泛的保证义务》,载《经济法杂志》,1994年,第1237页以下;同一作者:《1997年至今联邦最高法院在保证法领域的裁判》,载《新法学周刊》,2001年,第1015页;汉斯约克·韦伯(Hansjörg Weber):《保证》,载《法学教育》,1971年,第553页;同一作者:《保证人与短缺保证人之间的追偿请求权》,载《企业顾问》,1971年,第333页;同一作者:《保证的特殊形式与相近的担保行为》,载《法学教育》,1972年,第9页以下;同一作者:《担保行为》,1998年,第6版,第3页以下;魏策(Weizel):《保证》,载《法学教育》,1981年,第112页以下;同一作者:《最高金额保证和连带债务》,载《法学家报》,1985年,第825页以下;韦斯特康普(Westerkamp):《保证和债务加入》,1908年;H. P. 韦斯特曼(H. P. Westermann):《保证》,载《法律学习》,1991年,第449页以下、第561页以下;韦特(Weth):《第一要求的保证和担保》,载《民法实务档案》,第189卷,1989年,第303页以下;格拉夫·冯·威斯特法伦(Graf von Westphalen):《国际贸易中的银行担保》,1982年;同一作者:《新版赫尔莫斯条款》,载《经济法杂志》,1986年,第1479页以下;沃尔夫(Wolf):《共同保证人作为连带债务人和从债务人》,载《新法学周刊》,1987年,第2472页以下;楚雷克(Zulegg):《公法上的保证?》,载《法律学习》,1985年,第106页以下;此外,还请参见拉伦茨—卡纳里斯(Larenz – Canaris):《债法分论》,第2卷,第2编,第60章。

第一节 一般特征

一、保证的功能

保证是《民法典》中一种典型的人的信用担保方式:债权人不仅可以面对其原始债务人的财产,而且可以面对保证人的财产(参见《总论》边码 812)。担保的价值取决于担保财产的价值,因此银行保证能够提供特别强大的安全保障,同样强大的还有通常被用作经济政策工具的国家保证。而个人担保则因其保证财产的多寡和充实程度,其保证的价值通常令人怀疑。人们对于其他形式的人的担保,抱有同样的疑问,尤其在长期信贷中,人的担保相对于物的担保显得有些无足轻重。尽管如此,保证总而言之还是比较重要的。 512

二、当事人

第 765 条第 1 款规定,保证的成立是基于保证人与债权人的合同。虽然如此,但因为保证意在担保债权人对第三人的债务,所以,该第三人在广义上亦参与了保证,该第三人为主债务人。由于主债务人一般应当在最后关头承担履行的负担,而作出给付的保证人必须可以向主债务人求偿,故此,在保证问题上存在三种不同的法律关系: 513

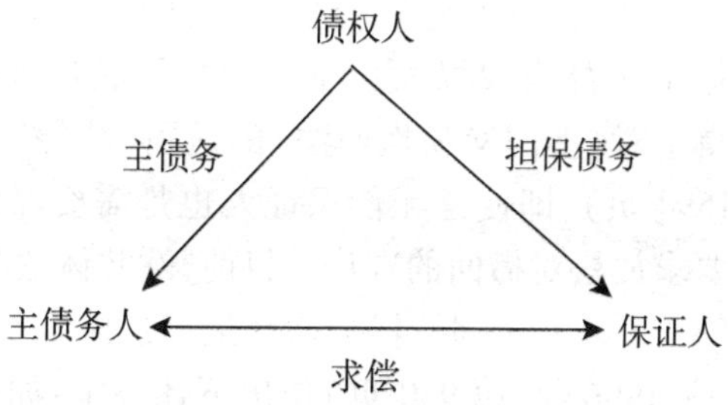

第二节　保证合同

一、内容

514 1. 第 765 条第 1 款规定,保证人因保证合同对债权人负担为履行第三人主债务负责的义务。而保证人因何作出保证承诺,对于“保证”这一合同类型而言没有意义。特别要强调的是,保证也可以是有偿的,如银行保证。当然,一般情况下,保证的对价是由保证人和债务人约定的,是在与债权人订立的保证合同之外的。主债务人负担对价债权是基于其通常对于保证具有主要利益:保证可以帮助其获得债权人的信贷。相反,在信用保险中,债权人为其提供的信贷“购买”担保。

与上述情形相对的是,在亲属圈或者朋友圈中的保证为无偿的保证。但是,其间的保证人与主债务人之间也是基于一定的法律关系的,即主债务人委托保证人承担保证责任,这种关系对于保证人的求偿是具有意义的(参见下文边码 529)。

515 2. 而是否依据《上门交易撤回法》(《民法典》新法第 312 条)适用撤回权,则涉及保证人的给付是否满足《上门交易撤回法》第 1 条(新法第 312 条第 1 款)意义上的“有偿性”。联邦最高法院裁判起初否定了这一点,而且是因为下述情形,即债权人因保证之故给予主债务人以利益,例如允许其延期给付(载《联邦最高法院民事裁判集》,第 113 卷,第 287 页以下)。之后,联邦最高法院在一般情形下取得了对《上门交易撤回法》的适用(载《新法学周刊》,1993 年,第 1594 页):即使是无偿保证人也是需要保护的;此外,欧共体指令要求放松对撤回的准许。目前,欧共体法院(载《新法学周刊》,1998 年,第 1295 页)根据联邦最高法院提交的方案(载《新法学周刊》,1996 年,第 930 页)作出下述决定:如若主债务源自执业,那么,保证人将不会受到《上门交易撤回法》的保护,以此从保证的从属性出发，对主债务人给予与保证人相同的保护。这一决定从理由上乃至结论上都不能令人信服（例如可参见 St. 洛伦茨文，载《新法学周刊》，1998 年，第 2937 页；莱恩尼科—蒂特克文，载《经济法杂志》，1998 年，第 893 页；哈萨巴赫文，载《法学教育》，1999 年，第 329 页）。而保证是否适用《消费者信贷法》（新版《民法典》第 499 条），存在很大的争议（斯图加特州高等法院对此据理否定，载《新法学周刊》，1997 年，第 3450 页；哈姆州高等法院相关裁判，载《有价证券资讯》，1998 年，第 171 页；联邦最高法院关于商业信贷的裁判，载《新法学周刊》，1998 年，第 1939 页）。相关文章参见埃德尔曼（Edelmann）文，载《企业顾问》，1998 年，第 1017 页；卡比施（Kabisch）文，载《有价证券资讯》，1998 年，第 534 页；察恩（Zahn）：载《企业》，1998 年，第 353 页；德勒克色（Drexl）文，载《法学家报》，1998 年，第 1046 页；比洛（Bülow）文，载《经济法杂志》，1999 年，第 1613 页；G. 菲舍尔（G. Fischer）文，载《经济法杂志》，2000 年，第 828 页。此后，欧共体法院在 2000 年 3 月 23 日裁判决定，保证合同不受《欧共体消费者信贷指令》的调整（载《经济法杂志》，2000 年，第 574 页；评论见乌尔姆（Ulmer）文，载《法学家报》，2000 年，第 781 页以下；霍尔茨纳格（Holznagel）文，载《法律学习》，2000 年，第 578 页以下）。

3. 保证远远超过保证人给付能力时是否构成背俗（第 138 516 条）一直是一个争议颇大的问题。联邦最高法院最初作出的裁判对于保证人是严苛的（例如联邦最高法院民事裁判，载《新法学周刊》，1989 年，第 1602 页）。而德国联邦宪法法院作出了否定的回应（载《联邦宪法法院裁判集》，第 89 卷，第 214 页，也可见于《新法学周刊》，1994 年，第 36 页），此后，联邦最高法院的裁判对公民友善了一些，特别是在出现主债务人的近亲负担保证的情形（例如参见《联邦宪法法院裁判集》，第 120 卷，第 272 页；第 125 卷，第 206 页；第 135 卷，第 66 页；第 136 卷，第 47 页；还可参见联邦最高法院裁判,载《新法学周刊》,1999 年,第 1182 页;以及提交欧共体关于第 9 民事庭和第 10 民事庭裁判有出入的决议,载《新法学周刊》,1999 年,第 2584 页;还请参见格恩胡贝尔(Gernhuber)文,载《法学家报》,1995 年,第 1086 页;阿尔贝斯—弗莱策(Albers - Frenzel):《主债务人近亲对其信贷的共同责任》,1996 年;H. F. 米勒(H. F. Müller)文,载《经济法杂志》,1998 年,第 447 页;奥德斯凯(Odersky)文,载《企业法与公司法杂志》,第 27 卷,1998 年,第 169 页;梅迪库斯文,载《法律教育》,1999 年,第 833 页;蒂特克(Tiedtke)文,载《法律教育》,1999 年,第 1209 页;阿登(Aden)文,载《新法学周刊》,1999 年,第 3763 页;托纳(Tonner)文,载《法律教育》,2000 年,第 17 页;库尔科(Kulke)文,载《经济法杂志》,2000 年,第 952 页;诺贝—吉尔西霍夫(Nobbe - Kirchhof)文,载《银行法与资本市场法杂志》,2001 年,第 5 页;最后参见霍尔茨纳格(Holznagel):《对公民的体系保护》,2002 年)。该问题深层次地触及了关于一般法律行为的理论("不平衡态势"以及相类似的,参见梅迪库斯《德国民法总论》边码 706 和《民法》边码 253a;在此处不作深入研究)。

在债权人过错低估保证风险的情形下,毫无疑问应当考虑保证人对债权人因缔约过失的相对请求权。对于就特殊原因作出的保证,裁判将保证人的责任范围限制在对该特殊信用予以保证时的范围之内(例如可参见《联邦宪法法院裁判集》,第 142 卷,第 213 页;埃里克(Ehrick)文,载《法学家报》,2000 年,第 466 页)。此外,对于适用于债权人对主债务人所有的现时及未来的债务的全部保证,还应当运用原《一般交易条款规制法》第 9 条(新版《民法典》第 307 条)来进行调整(联邦最高法院裁判,同前引)。

二、方式

517 1. 依照第 766 条第 1 句,保证表示(即仅指保证人的表示,而非指债权人的承诺)需要书面方式。此处,法律首先考虑的是那些作无偿保证人,法律是为避免其轻率作出保证而给予的保护。其原因在于,保证往往是基于一定的期待,即主债务人将自己给付,而无需保证人支付。为满足保护目的,保证表示必须包括主要事实,尤其是要载明债权人、主债务人、保证意思和主债务的名称(参见联邦最高法院裁判,载《新法学周刊》,1984 年,第 798 页;具体内容见联邦最高法院裁判,载《新法学周刊》,1989 年,第 1484 页;1993 年,第 724 页),需要载明的还可以有最高限额;相反,无需特别说明保证的无限性(参见联邦最高法院裁判,载《新法学周刊》,1986 年,第 928 页;相关评论见莱恩尼科—蒂特克(Reinicke – Tiedtke)文,载《法学家报》,1986 年,第 426 页)。联邦最高法院理由充分地否定了非商人空白保证的可能性(参见《联邦宪法法院裁判集》,第 132 卷,第 119 页),空白保证系指由保证人签字、后来由债权人补充完全的空白文书:否则将无法实现第 766 条上的保护目的。相关评论主要是批评,参见比洛(Bülow)文,载《经济法杂志》,1996 年,第 1694 页;凯姆(Keim)文,载《新法学周刊》,1996 年,第 2774 页;帕夫洛夫斯基(Pawlowski)文,载《法学家报》,1997 年,第 309 页;G. 菲舍尔(G. Fischer)文,载《法律教育》,1998 年,第 205 页;贝内迪克特(Benedikt)文,载《法律学习》,1999 年,第 78 页。

对于立法者而言,保证人完成支付即满足了方式要求的保护目的。第 766 条第 2 句规定,如若保证人错误地相信自己负有给付义务,在其支付后方式上的欠缺即自行得到补正。该句规定隐含了语言上的错误:保证人一般并不履行第 766 条第 2 句表述的"主债务",而是其自己的保证债务,否则保证人即按第 267 条给付他人的债务,而因为此种情形的出现,会给保证人的求偿带来不利益,所以,保证人在任何时候都应该避免之(参见下文边码 528 及以下)。

2. 按照《商法典》第 350 条和第 351 条,如若保证的承担为商 518

人的商业行为(《商法典》第343条及其下条款)的,则不适用第766条第1句规定的方式要求。在上述情形下,避免保证人轻率的保护显得没有必要。在有些时候,这类保证本来就是有偿的,保证人的风险已经包含在对价中了,并且得到了偿付。

519 3. 因为保证具有方式要求,所以,应当界定保证和同样作为人的信用担保,但无方式要求的债务加入。为此,依通说当采用在《总论》边码814中论述的经济界定标准:债务加入要求加入人对于主债务的成立自身具有直接的经济利益;如若保证人不具有此种利益,那么,不论当事人的语言表达如何,均为保证。按照第766条第1句和第125条第1句,无私地“加入”他人债务的表示,也可能为无效的表示。

520 4. 此外,还应考虑到其他与保证相类似的行为。这些行为同样没有方式要求,故应与保证作出界定。在例外情况下,即只有在第三人为款项的收回向债权人负责,并负担比仅负从属义务的保证人更严格的责任时,才能认定为担保合同(参见下文边码521)。拉伦茨—卡纳里斯所著《德国债法分论》(第2卷第64章第3节第2目)中所采观点与通说相对,即认为应当准用第766条规定的方式要求。按照第778条的规定,在信用委任中依据保证法负责。在此种合同中,与保证中的债权人不同的是,受任人负有提供信用的义务。最后,债权人还可以因主债务人与他人的纯正利他合同(参见《总论》边码765)取得对该他人的请求权。但是,对于向债权人的清偿义务,第329条的推定恰好相反,即债权人由此不应当取得请求权。此种情形下的债权人——与保证不同——也不参与合同的订立。

第三节 保证债务

一、从属性

1. 保证债务在法律上是为尽可能完好地实现其担保主债务的目的，故此，保证债务“依托于”主债务，保证债务对主债务而言具有从属性（源自拉丁语 accessio = 从属物，从属义务，参见《总论》边码 800）。其中，可以区分为若干层次的从属性： 521

第一，基于生成从属性，保证债务只能产生于主债务形成之后。虽然，按照第 765 条的规定，保证的承担也可以是为未来的或者附（延缓）条件的债务，但是，保证人只有在主债务发生后始负担义务。在主债务无效情形，存疑时，保证人不为替代主债务的，如不当得利债务负责（例如无效借贷情形）。

第二，保证债务在内容上同样具有从属性。根据第 767 条第 1 款第 1 句，保证债务视“主债务其时的状态”而定。特别要强调的是，保证债务的范围因而可以扩大，例如增加迟延利息或者甚至增加对主债务人的法律追诉费用（第 767 条第 2 款）。而且，保证债务的内容也可以发生变更，例如在主债务因不履行转变为损害赔偿义务的情形（参见联邦最高法院裁判，载《新法学周刊》，1988 年，第 907 页）。只有主债务人和债权人之间后来实施法律行为的，才不致使保证债务得以扩大（第 767 条第 1 款第 3 句），否则保证人将任由他人的意愿行事。 522

按照第 767 条的规定，特别是损害赔偿请求权可能会急剧加重保证人的负担，并使其变得无法预测。但这一规定是任意性的，当事人经常约定保证债务的最高限额，以缓之。

第三，在债权人一方，保证人负担的义务具有从属性。如若债 523

权人依照第 398 条的规定让与主债权,那么,按照第 401 条第 1 款的规定,对保证人的债权也就移转至新债权人(参见《总论》边码 721)。相反,按照第 414 条及其下条款的规定,主债务人发生变更时,一般保证将不再存续,因为,保证人的风险最终将取决于主债务人的给付能力,所以,未征得保证人的同意,不得将其推给新债务人。但是,根据联邦最高法院裁判,不能因为让与而将主债务和保证分割开来(载《联邦宪法法院裁判集》,第 115 卷,第 177 页)。

524 第四,保证债务的执行取决于主债务的执行。按照第 768 条第 1 款第 1 句,保证人一般可以主张主债务人享有的抗辩权。例如,保证人可以主张债权人允许主债务人延期清偿债权,或者主张债权已经罹于时效(第 214 条第 1 款),或者主张债权的取得无法律原因(第 821 条)。并且,根据第 768 条第 2 款的规定,即使主债务人放弃行使这些抗辩权,也不会对保证人构成妨碍。

依照第 770 条的规定,保证债务的执行从属性扩及下述情形,即主债务人可以通过行使形成权(撤销或抵销)排除其债务的情形。虽然,依此规定保证人并不能行使他人的形成权,但是,保证人应当可以拒绝对债权人进行清偿,也就是说,只要主债务人保有形成权,保证人就享有抗辩权。如若主债务人丧失形成权(如按第 121 条的规定,期间届满),则保证人的抗辩权归于消灭。

另外,按照第 768 条第 1 款第 2 句的规定,主债务人死亡后,保证人不得援用继承人依第 1975 条及其下条款限于遗产的责任限制。这种从属例外情形可以用保证的目的要求来解释。因为,通过限制继承人的责任,即可以主张债务人财产不足,而保证的目的恰在于防范此种情形,所以,法律不允许该责任限制给保证人带来利益。同样,对于《支付不能法》第 254 条第 2 款规定的支付不能程序中主债务的减低,也适用同样的原则。

525 第五,保证人的债务将随主债务的消灭而消灭(第 765 条第 1 款及其下条款和第 767 条第 2 款)。特别是在主债务人履行义务后，保证人不再承担义务：在此种情形，保证目的得以实现。

2. 上文论及的从属性区分了主债务人——保证人关系与第421条以下规定的连带债务人之间的关系。虽然，有同第421条关于连带债务人的规定，债权人只能从主债务人和保证人处取得总体上为一份的给付，但是，因为债权人对于债务人和保证人的债权并不具有同样的顺位，所以，每一项（如同依据第425条的规定）应当可以有不同的法律命运。确切地说，对主债务人的债权具有主导地位，该债权在从属性框架范围之内一般决定了对保证人债权的命运（参见《总论》边码800）。 526

二、辅助性

保证人在一般情况下只负有辅助性责任，这更进一步地与保证的担保目的相适配。第771条至第773条通过给予保证人以先诉抗辩权，实现了上述要求。一般情形下（例外情形见第773条），在债权人未曾尝试对主债务人的财产执行时，保证人应当可以拒绝给付。但是，这种执行要求可能会给保证人带来不利益，这是因为按照第767条第2款的规定，对无果强制执行的费用保证人也要承担责任。故此，执行要求在法律技术上被设计成抗辩权。这样，保证人就可以自己决定，是否愿意强迫债权人对债务人实施先诉和先行执行，并根据第771条第2句的规定，将中止基于保证之请求权的时效。 527

特别是银行习惯于让其保证人在起初就放弃先诉抗辩权（即第773条第1款第1项规定的，名为自居债务人的保证）。并且，按照《商法典》第349条的规定，如若商人的保证是商业行为的，商人则不享有先诉抗辩权。

第四节 保证人的求偿

528 保证只应当为债权人提供担保,而非为使主债务人从给付的负担中解脱出来。故此,在保证人向债权人清偿后,保证人必须可以向主债务人求偿。就此求偿存有两条路径。

一、法定让与

第一条路径生成于保证法自身。该路径和保证人与主债务人之间是否存在特殊的法律关系无关。依照第 774 条第 1 款第 1 项的规定,在保证人完成给付后,债权人对主债务人的债权并不消灭,而是移转至保证人。因此,保证人成为主债务人的新债权人,并且,根据第 412 条及第 401 条的规定,保证人原则上(当然依照第 774 条第 1 款第 2 句的规定,位居债权人之后)取得该债权其余尚存的担保。

该求偿路径的缺点主要在于消灭时效。此种债权在移转前已存在,并根据第 199 条第 1 款已经开始计算消灭时效。也就是说,在有些时候,债权在向保证人移转后不久即可能完成时效。

二、特殊求偿请求权

529 第二条路径恰好可以就上述不足起到弥补作用。该路径的出发点是,保证一般并不是由保证人主动承担的,而是基于主债务人的要求。这种要求一般为委任或者是依第 675 条第 1 款的处理事务合同(后者为有偿保证情形)。在这两种情形,保证人均可以按照第 670 条,要求偿还依情形可认为是必需的费用(参见上文边码 424)。按照第 683 条和第 670 条的规定,正当无因管理时承担的保证,也有此同样的结果。此时,偿还的费用包括保证人得向债权人支付的金额。

该请求权的起源不在于债权人,而在于保证人的给付。故此,保证人拥有足够的求偿时间。总之,该请求权的保障并不依据第

412 条和第 401 条的规定。

上文论述的两种保证追偿途径的区别有如按照第 426 条中两款规定的连带债务之追偿途径的差别,有关内容参见《总论》边码 804 以下。

第五节 保证的边缘问题

一、免除请求权

在保证人完成给付的情形,保证人可以实施上文论述的求偿。 530
但是,现在保证人最为感兴趣的是,其根本无需去给付。为此目的,保证人可以基于与主债务人的内部关系,依照第 670 条和第 257 条的规定,要求免予保证债务。一般情形下,只有在主债务人向债权人履行债务的,保证债务才能得以免除。在实务中,免除保证债务会产生一定的后果,即债务人可能会丧失原本因保证获得的信贷。出于上述原因,第 775 条对保证人的免除请求权作了限制:该请求权只产生于下述情形,即在主债务人的状况发生恶化(第 775 条第 1 款第 1 项及第 2 项),或者担保情形逼近的情形(第 775 条第 1 款第 3 项及第 4 项)。超出第 775 条的字义,但依照第 775 条的宗旨,必须排除保证人的预先支付请求权(第 669 条)。

二、债权人的对己义务

1. 对于依第 774 条第 1 款第 1 句的保证人求偿,适用第 412 531
条和第 401 条(参见上文边码 528)。如若其他担保中有一项消灭,则保证人的境况将发生恶化。第 776 条即调整此类因债权人导致的境况恶化:如若债权人抛弃其他担保,并有损于保证人求偿,则保证人免予承担责任。依照联邦最高法院的裁判(载《新法学周刊》,2000 年,第 1566 页),保证人的此种权利不能因一般交易条款而受到限制。

有学者(参见拉伦茨:《债法分论》,第 64 章,第 3 节,第 480

页以下)认为,第776条隐含着一般性规则,即负无效责任的保证人在求偿时获得相对于设定有担保物权之物的所有人的优先权。按照此说,对于一项由保证及担保物权担保的债权而言,完成支付的保证人应当可以向担保物的所有人追偿,但是,完成支付的所有人却反过来不能向保证人求偿。我始终(参见《民法》边码941)认为该说无信服力。确切地说,即使担保种类不同,但在追偿时各个提供担保之人(如共同保证人,依照第774条第2款和第426条的规定,参见下文边码533)的权利却应当是平等的(同样参见新版的拉伦茨—卡纳里斯:第2卷,第2编,第60章,第4节,第3目,第1分目;埃塞尔—万额斯:第2卷,第40章,第4节,第3目;《德国联邦宪法法院裁判集》,第108卷,第179页;联邦最高法院裁判,载《新法学周刊》,1992年,第3228页)。据此,对于得到保证和担保物权担保的债权,保证人和担保物的所有人可以互相追偿。求偿范围在存疑时按数量分配确定,即在两项担保发生竞合时各分一半。但是,在风险承担时可以考虑其不同和区别(参见拉伦茨—卡纳里斯:第2卷,第2编,第60章,第4节,第3目,第2分目)。在数个最高限额保证情形,最高限额的比例应当是关键因素(联邦最高法院裁判,载《新法学周刊》,1998年,第894页;相关文章见格勒克纳(Glöckner)文,载《经济法杂志》,1999年,第821页)。

532 2. 对于有时间限制的保证(定期保证),债权人必须按照第777条的规定采取一定的举措,以避免保证因期间届满而消灭。

第六节 保证的特殊形式

一、共同保证

533 数人为同一债务承担保证的,称作共同保证。依照第427条的规定,如若该数人共同为保证,则其作为连带债务人对债权人负责。第 769 条将此种责任扩大到数人无任何联系，甚至互不相知为保证的情形。对于共同保证人的追偿，依照第 774 条第 2 款，适用第 426 条第 1 款规定的均分原则（参见《总论》边码 802）。

二、短缺保证

短缺保证在一定程度上构成了自居债务人保证的对立面。短 534
缺保证与自居债务人保证的区别在于，短缺保证不放弃先诉抗辩权（参见上文边码 527），相反，对保证人的地位有所加强。在短缺保证中，保证人要求债权人必须证明其请求权具备如下要件，即债权人在采取谨慎之举措后依然无法得到债务人的给付（参见联邦最高法院裁判，载《新法学周刊》，1989 年，第 1484 页、第 1485 页）。

三、副保证

副保证不是为债权人对主债务人的债权作担保，而是为对保 535
证人的债权作担保，故此，对于债权人而言，此处存在前后两个担保：如若先位保证人或称主保证人不为给付，则债权人可以坚持向副保证人要求给付。在副保证人应请求向债权人清偿的情形，副保证人依照第 774 条、第 412 条、第 401 条完全取得债权人对先位保证人的债权（与共同保证人依据第 774 条第 2 款和第 426 条不同，尚有争议）。

四、再保证

再保证不是对债权人的债权提供担保，而是向保证人对主债 536
务人未来的（第 765 条第 2 款）追偿请求权提供担保。如若再保证人向保证人清偿的，则再保证人可以依据第 774 条第 1 款第 1 句向主债务人求偿。

五、应第一请求之保证

在一般保证情形下，主债务人无需给付时，保证人也无需给 537
付。与此相对的是，应第一请求之保证则要严格一些（相关文章参见米夏尔斯基（Michalski）：《应第一要求之保证》，载《银行法与银行经济杂志》,1994 年,第 289 页;卡纳里斯(Canaris)文,载《经济法杂志》,1998 年,第 493 页;哈恩(Hahn)文,载《德国法月刊》,1999 年,第 839 页;格勒施勒(Gröschler)文,载《法学家报》,1999 年,第 822 页):保证人必须应债权人的"第一请求"支付,即只要保证人称保证情形已然发生(参见《联邦最高法院民事裁判集》,第 74 卷,第 244 页)。此种保证形式应当给予债权人以流动资金。此种保证的从属性仅仅反映在如下情形,即主债务人无支付义务,保证人则享有返还请求权。保证人只有在显见的权利滥用时方能拒绝支付(参见联邦最高法院裁判,载《新法学周刊》,1988 年,第 2610 页;1989 年,第 1108 页;相关评论见 P. 比德林斯基(P. Bydlinski)文,载《有价证券信息》,1990 年,第 1401 页;《民法实务档案》,第 190 卷,1990 年,第 165 页)。按照联邦最高法院的裁判,此种保证只能以一般交易条款的方式由金融机构承担(载《经济法杂志》,1990 年,第 1186 页)(但在其他联邦最高法院裁判中有所弱化,载《新法学周刊》,1997 年,第 1435 页;1998 年,第 2280 页);依照联邦最高法院的裁判,有关的个人约定可以解释为一般保证(载《新法学周刊》,1992 年,第 1446 页)。

第七节　附节:保护人声明

参考文献:冯·贝恩奴特(Von Bernuth):《条款审核中的保护人严正声明》,载《经济法杂志》,1999 年,第 1501 页以下;弗莱舍尔(Fleischer):《保护人声明中存在的新问题》,载《有价证券信息》,1999 年,第 666 页以下;哈伯扎克(Habersack):《对不确定人的保护人声明》,载《经济法杂志》,1996 年,第 257 页以下;莫施(Mosch):《康采恩母公司的保护人声明及其对会计报告的意义》,

1978 年;施奈德(Schneider):《对公众的保护人声明》,载《经济法杂志》,1989 年,第 619 页以下;雅恩·施罗德(Jan Schröder):《"严正的"保护人声明——掩盖的是保证/担保还是独立的信用担保类型?》,载《公司法杂志》,1982 年,第 552 页以下(在第 552 页脚注 1 中还有其他文献);施特歇尔(Stecher):《"严正的"保护人声明中的法理及实际问题》,1978 年;蒂奎特(Thiekötter):《对不确定人的保护人声明》,1999 年。

大约自 1965 年以来,在经济生活中——在跨越国界的经济往 538
来中亦是如此——越来越广泛地传播着一种新型的信用担保形式,即提供信贷是基于第三人("保护人")向放贷人的声明,声明该保护人在借贷人("受保护人")还贷时将给予支持。一般情形下,保护人加入受保护人的行列(特别是作为康采恩的母公司),故其自身对信贷抱有同样的兴趣。

此类保护人声明在法律上可以表述为不具拘束力("软性的"),例如"让我们子公司具备支付能力,是我们的经营原则";保护人甚至不会因该表述负担损害赔偿义务(参见卡尔斯鲁厄高等法院裁判,载《新法学周刊》,1992 年,第 1394 页)。明显与之形成反差的是"严正的保护人声明",例如"我们将配备所需资金,以供子公司还贷"。在此大多数情形下,一般都避免承担保证中典型的保证人对债权人的还款义务,可能是为了在年度资产负债表中避免列示保证义务(《商法典》第 251 条)。

如何看待声明,是背离字义将其看做保证/担保,抑或依字义将其看做一种提供资金承诺,尚存在争议。对这一问题我们在此处不做探讨,可能第二种观点的理由比较充分,但这就又引发一个新的问题,即是否可以真的回避在年度资产负债表中列示的义务。根据联邦最高法院裁判,保护人在任何情况下都不应该承担从属性责任(载《联邦宪法法院裁判集》,第 117 卷,第 127 页)。慕尼黑第一州高等法院甚至认为(载《经济法杂志》,1998 年,第 1956 页),依照《民法典》第 138 条和《一般交易条款规制法》第 9 条(现《民法典》第 307 条),“严正的”保护人声明无效(不妥当)。

第一百一十四章　终身定期金

参考文献：黑格拉—佩措尔德（Haegele – Petzold）：《定期金基础上的经营让与和土地让与》，1978 年，第 4 版；G. 豪贝克和 K. 豪贝克（G. Heubeck / K. Heubeck）：《价金的定期金化——定期金的资本化》，载《德国公证员杂志》，1978 年，第 643 页以下；马斯（Mass）：《定期给付中的基本权和单个请求权》，1968 年博士论文，波恩；赖因哈特（Reinhart）：《论民法中的定期金概念》，载《瓦尔纪念文集》，1973 年，第 261 页以下。

第一节　法律规定

依照第 759 条第 1 款的规定，在存疑时，给予定期金的义务延伸至债权人的生存期，即终身定期金在经济上服务于对债权人的扶养。债务人因而承担了源自债权人不确定生存期的风险。故此，第 761 条要求关于终身定期金的许诺（但非对承诺）至少为书面方式。但按照其他规定，此类许诺甚至经常需要作成公证文书，例如在终身定期金的对待给付为土地所有权的转移时（第 311b 条第 1 款），或者以赠与 539

的方式的许诺(第518条第1款)。

《民法典》的其他规定旨在调整终身定期金的金额(第759条第2款)和支付方式(第760条)。这些规定非常之明确。而问题往往产生于《民法典》未规定的、但恰在终身定期金许诺中经常出现的保值条款;有关内容见《总论》边码168以下。

第二节 定期金许诺的独立性

540 尽管法律规定非常简单,但围绕着终身定期金问题依然存在着争论。司法裁判在很早即援用"法制史的发展",以独特的方式将终身定期金划分为两个部分,即不要因的债务约定设定的基本权和因之产生的单个定期金请求权。"终身定期金不是由时间上具有连续到期期日的单个独立请求权的集合组成的,终身定期金本身是一个完整的统一体…… 终身定期金权利的取得人在任何情况下获得的是对应于定期金资本的基本权。而该基本权的存在,赋予了终身定期金受领人要求分次支出的请求权"(载《帝国法院民事裁判集》,第67卷,第204页、第207页以下)。

该观点模糊了对下述条文的认识,即第761条中方式要求的具体指向是什么(参见《帝国法院民事裁判集》,第67卷,第204页、第211页)。另外,对终身定期金的许诺为对待给付时(例如土地),这种观点则尤其会引发问题和困难。按照帝国法院的裁判,此类合同的"履行不是因为单个给付,而是因为对终身定期金的设定"(《帝国法院民事裁判集》,同前引)。据此,已支付的定期金金额在基础合同终结后(例如解除),不应当依照第346条的要求返还,而只能是间接地通过不当得利请求权。

依据新学说(主要参见赖因哈特:见参考文献),必须拒绝这种对终身定期金的人为设计。虽然,可以毫无疑问地通过不要因的债务约定(如同任何一项其他给付)设定负担终身定期金义务,但绝不是必需的,人们也不能在没有具体依据的基础上,认定当事人具有这方面的意愿。故此,终身定期金约定一般同时也是关于具体定期金给付的约定;无需对两者进行分割。

当然,采用该学说的结果是,不再能将第 761 条的适用范围局限在不要因终身定期金的约定上,并据此准许其他约定的方式自由。但是,也可以通过其他途径来限制第 761 条的适用范围。首先,在当事人不是设定定期金义务,而是调整现有义务的种类和范围时,该规定就不适合,特别是涉及依照扶养法的定期金问题(关注《民法典》第 1614 条第 1 款)和依照损害赔偿法的定期金问题(例如第 843 条)。另外,依照习惯法,与雇用关系相关联的养老或者遗族扶养问题不受第 761 条的调整(拉伦茨:同前引,第 491 页;《慕尼黑民法典注释——彼谢尔》,第 759 条,边码 12)。

第一百一十五章　保险合同

参考文献：H. 鲍曼(H. Baumann)：《放松管制后的保险法》，保险出版社，1996 年，第 1 页以下；布鲁克(Bruck)：《民营保险法》，1930 年；布鲁克—米勒(Bruck－Möller)等：《保险合同法注释》，1953 年，第 8 版；多伊奇(Deutsch)：《保险合同法基础》，1988 年，第 2 版；德雷埃尔(Dreher)：《作为法律产物的保险》，1991 年；F. 埃伯尔(F. Ebel)：《民营保险法导论》，载《法律教育》，1983 年，第 260 页以下；埃伦茨维克(Ehrenzweig)：《德国(奥地利)保险合同法》，1952 年；艾希勒(Eichler)：《保险法》，1966 年；格特纳(Gärtner)：《民营保险法》，1980 年，第 2 版；同一作者：《保险法中合同正义的新发展》，1991 年；J. 冯·吉尔克(J. von Gierke)：《合同法》，第 1 卷，1937 年，第 2 卷，1947 年；哈特维希—米尔勒(Harwig－Möhrle)：《保险合同作为处理事务合同……》，载《保险法》，2001 年，第 35 页以下；霍夫曼(Hofmann)：《民营保险法》，1998 年，第 3 版；霍尔茨豪森(Holzhausen)：《保险合同法》，1999 年；基施(Kisch)：《民营保险法手册》，第 2 卷，1920 年，第 3 卷，1922 年，其他未出版；朗海特(Langhaid)：《1988/1989 年保险法裁判纵览》，载《新法学周刊》，1990年，第221页以下；续篇，载《新法学周刊》，1992年，第656页以下；1994年，第2652页以下；同一作者及米勒—弗朗克(Müller－Frank)文，载《新法学周刊》，1995年，第2892页以下；1996年，第3122页以下；1997年，第3134页以下；1998年，第3680页以下；1999年，第3454页以下；2001年，第111页以下；H.米勒(H. Möller)：《保险合同法》，1997年，第3版；普勒尔斯—马丁(Prölss－Martin)：《保险合同法注释》，1998年，第26版；冷格尔(Renger)：《新保险法的现状、内容和问题》，载《保险法》，1994年，第753页以下；勒默尔(Römer)：《联邦最高法院保险法裁判》，载《损害法杂志》，1998年，第241以下；续篇，载《损害法杂志》，2000年，第277页以下；2001年，第289页以下；希米考夫斯基(Schimikowski)：《保险合同法》，2001年，第2版；W.B.许内曼(W. B. Schünemann)：《保险合同法的法律本质和义务结构》，载《法学家报》，1995年，第430页以下；同一作者：《保险合同：未知的事物》，载《法律学习》，1995年，第1062页以下；施温陶夫斯基(Schwintowski)：《保险合同的法律本质》，载《法学家报》，1996年，第702页以下；G.瓦格纳(G. Wagner)：《作为技术调控机制的责任和保险》，载《保险法》，1999年，第1441页以下；魏尔斯(Weyers)：《保险合同法》，1995年，第2版；亨斯勒(Henssler)：《风险作为合同标的》，1994年，但奇怪的是该书未论及保险合同(参见德雷埃尔(Dreher)文，载《民法实务档案》，第194卷，第605页、第609页)。

第一节 规定与调整

一、保险合同法

541 1997年联邦德国的民营保险人的保险费总收入达到了2400亿马克(其中约980亿来自于人寿保险,1020亿来自于损害保险和责任保险);1983年则分别为920亿马克、330亿马克和420亿马克。透过这些数据可以看出,“保险合同”类型的经济意义是巨大的。在法律上对此作出规定和调整显得尤为重要,其原因在于,保险是在未来给付;而现在,“保险保护”只是一个法律体制的无形产品,其质量完全取决于法律的规定。但在《民法典》中却没有关于保险合同的规定(例外见第330条第1句)。

保险合同法在《民法典》诞生之初是由各州的法律调整的,并且,《民法典施行法》第75条维持了这些规定。当然,起初人们的设想是,关于保险法(同样还有商法)的帝国法律会陪伴《民法典》一起诞生(《民法典立法理由书》,第1卷,第149页 =《民法典立法资料汇编》,第1卷,第18页)。但是,《帝国保险合同法》(缩写《保险合同法》,参见《舍恩菲尔德法律汇编》,第62卷)的颁布迟至1908年。该法包括200个条款,涵盖了民营保险法的主要部分,整体立法技术完善。虽然其中一些细节部分在今天显得非常苛刻,但司法裁判缓和了其中的绝大多数过苛之处(参见纽伦堡州高等法院的裁判,载《保险法》,2000年,第437页,该裁判涉及保险合同撤销的回溯力)。

二、特别规定

542 在《帝国保险合同法》之外,还有公共保险法即社会保险法,以及经常出现的、依照各州法律的火灾保险法。在民营保险中,海上保险(《商法典》第778条以下)和再保险(再保险意指原保险人在一名或多名再保险人处为自己承担的危险投保。这种方式也可以用来处理大规模危险,例如大型飞机碰撞的危险)不在《保险合同法》的调整范围之内(《保险合同法》第 186 条)。

三、国家保险监督

在保险合同法之外,最后还有国家保险监督规范。这些规范 543
是包含在 1992 年 12 月 17 日颁布的《保险业监管法》之中的。因为保险人(类似于建筑储蓄银行)积聚了大量的财产,所以具备充分的监管理由。比如 1998 年民营保险人财产的账面价值达到了 14,690 亿马克,其中约 9070 亿马克来自人寿保险(1983 年时财产计 3900 亿马克和 2400 亿马克)。这些财产的用途在于抵御投保的风险,故此,资金的保有(以及保险人的其他金融举措)为监管的目标。自 1994 年以来,基于欧共体的规定不再对一般保险条款进行先期检查("放松管制"),但按照《保险业监管法》第 81 条第 2 款还有"弊端审查"。

第二节 保险法基本概念

1. 参与保险关系的至少有两人,即保险合同法的双方当事 544
人:保险人和投保人。但也可以是为他人计算的保险(《保险合同法》第 74 条及其下条款的表述方式;事实上为利他合同,《民法典》第 328 条),因此,关系中又加入一人作为受益人,即被保险人。在人寿保险中即有人寿保险受益人(见《保险合同法》第 166 条以下)。

2. 保险合同是一种双向债务合同。适用保险合同的除了一 545
般保险条款(参见下文边码 546)之外,还有《保险合同法》,并且,保险合同补充适用《民法典》的规定(例如关于行为能力的规定)。保险人的主要义务在于提供保险保护;投保人的主要义务为保险费的支付。

3. 在保险事故发生后,即在投保的风险变成现实时,要落实 546

保险保护。不同的险种依风险的种类划分,例如有责任保险、意外伤害保险、疾病保险、人寿保险、火灾保险、盗窃险、行李险、旅行解除费用险、诉讼费用保险和运输保险。

决定保险保护范围的是对投保利益的详尽描述。实现这一切并不是依赖《保险合同法》,而是依赖(标准化的)一般保险条款(一般交易条款,参见第309条第9项)。每一个险种都有一般交易条款。例如,入室盗窃一般条款(AEB)必须明确,何为“入室盗窃”(如潜入房屋或者用真假钥匙是否为入室盗窃),何种物受到保护(未被窃贼盗走、但遭毁坏或损坏的物是否受到保护?现金的保护额度是多少),何人盗窃才能提供保护(投保人的亲友或者雇员盗窃,能否提供保护)。在保险条款中,还可以规定投保人的特别对己义务(如认真仔细保管首饰的义务,或者告知警方的义务)。一般保险条款除了规定保险费和保险保护的起始点之外,还对保险合同的其他主要方面作出了规定。

第三节　保险的种类

547 1.《保险合同法》第1条将保险划分为损害保险和人身保险。《保险合同法》包括对所有险种的规定(第1条至第48条),针对损害保险的规定(第49条至第158k条),以及针对人身保险的规定,其险种被称为人寿保险(第159条至第178条)和疾病保险(第178a条之第178o条)以及意外伤害保险(第179条至第185条)。

损害保险和人身保险的这种比照还不是特别明确。损害保险的保险人在投保人发生保险事故后,必须对由此而产生的财产损害予以赔偿(《保险合同法》第11条)。但这也可能发生在人身保险的一些事故中,如在意外伤害事故中要对医疗费用或者误工费予以赔偿。故此,损害保险准确的相对概念应为定额保险。定额保险是在合同中约定一个明确的保险金额，以在投保人发生保险事故情形给付，而不取决于具体财产损害的多少。这种设计特别适合于财产损害难以量化的保险事故（特别是人寿保险）。

损害保险和定额保险在债法上的区别主要体现在《保险合同法》的第67条之中（参见《总论》边码697、边码699）。依此规定，投保人对第三人的损害赔偿请求权应当向给付的保险人发生移转，而这条规则仅适用于损害保险。而如人寿保险人（定额保险）则不能依《保险合同法》第67条向杀害投保人（引发保险事故）的第三人追索。受害人在得到依《民法典》第844条以下规定由作为第三人之加害人负担的损害赔偿之外，还会得到保险金额（参见《总论》边码658以下）：人寿保险为其受益人构筑了一个独特的资本积聚方式。此外，人寿保险也不会通过利益补偿的方式对加害人产生利益（参见《总论》边码606以下；边码665）。

548 2. 人身保险真正的相对面是非人身保险，特别是物上保险。人身保险的保险事故系指在人的身体上发生的事件（如意外伤害、疾病和死亡）；这种保险可以是损害保险或者是定额保险。相反，在非人身保险和人本身之间没有直接的关联，只是间接地涉及人本身（如作为物的所有人）。具体例子有行李保险、火灾保险、入室盗窃保险或者自来水保险。此类险种只允许是损害保险，保险人的给付因此也不允许高于具体的损害。这就是《保险合同法》第55条规定的保险法上禁止不当得利原则（对该原则的限制，参见联邦最高法院裁判，载《保险法》，2001年，第749页），也请参见《保险合同法》第51条关于超额保险的规定。但是，因为依《保险合同法》第50条保险人只对约定的保险金额负责，所以，经常发生给付低于损害的情况。再者，依照《保险合同法》第56条，在发生不足额保险时，只能按比例赔偿。

549 3. 强制责任保险，尤其是对机动车辆持有人规定的强制保险，具有特殊的意义（通过《机动车辆持有人强制责任保险法》的颁布,参见《总论》边码 81、边码 687)。该险种以及其他强制保险(如公证员职业赔偿保险,参见《公证员法》第 19a 条)的补充性规定见《保险合同法》第 158b 条以下,还请参见《强制责任保险法》第 3 条。

第六编

债权确认或流通合同

因为债权与(有体)物相对是外表不可见的,所以债权无法直接成为法律往来的标的:受让人看不见得到的是什么,以及为什么而为可能的支付。如若意在使债权进入交易("流通"),则必须尝试排除这种不明确性。为实现这一目的,可以特别通过在纸张上或者以一种符号"书面确认"债权及债权的内容(参见下文边码 560 至 584)。即使双方并无意让与,但避免债权内容发生争执的确认依然有益于法律关系的双方当事人。这就是本编首先要论述的部分。 550

第一百一十六章 和解、债务约定和债务承认

参考文献：O. 贝尔(O. Bähr)：《承认是承担义务的基础》，1894 年，第 3 版，1970 年再版；W. 鲍曼(W. Baumann)：《债务承认》，1992 年；布吕特(Brütt)：《不要因债权》，1908 年；M. 克斯特尔(Coaster)：《不要因和要因的债务承认问题》，载《法学家报》，1982 年，第 579 页以下；菲舍尔(Fischer)：《实体法和诉讼法上的“承认”》，载《法律教育》，1999 年，第 998 页，第 1214 页；克林米勒(Klingmüller)：《债务约定和债务承认》，1903 年；屈布勒(Kübler)：《确认和担保》，1967 年(相关评论见贝谢尔(Becher)文，载《民法实务档案》，第 168 卷，第 536 页以下)；马尔布格尔(Marburger)：《实务中的债务承认，特别是作为信用担保方式》，载《银行法与银行经济杂志》，1995 年，第 260 页以下；冯·图尔(von Tuhr)：《民法典不要因债务合同学说论》，1903 年；另请参见拉伦茨—卡纳里斯著：《债法分论》，第 2 卷，第 2 分卷，第 61 章。

第一节 和 解

551 和解已经在《总论》边码 284 以下免除和

债务更新的上下文中论述。依照《民法典》第779条第1款，和解是以双方让步的方式解决法律关系上的争执和不确定性。和解能够起到确认债权的存在和内容的作用。

第二节　债务约定和债务承认

一、独立的债务约定

1. 在债法中处处可见给付许诺：例如出卖人许诺交付买卖标的物，买受人许诺支付价款，消费借贷借用人许诺返还所受领的或者还有利息。所有提及的许诺都是与特定债务关系有关联的。这同时表明了许诺的经济意义，比如价金许诺当使出卖人获得出卖物的对价；借用人的返还许诺才致贷与人肯与支付。所有这些许诺因其关联性，被称作“非独立的”许诺。 552

与此不同的是，第780条涉及的情形是，以合同的方式“许诺一项给付，并且该许诺可以独立创设义务”。当然，此类独立的许诺并不是没有任何关联的。没有人会“如此单纯地”许诺给付，至少是有意赠与（《民法典》第516条第1款）。第780条规定的独立许诺只不过在法律上从这些关联中脱离了出来，不再以“价金”或者“返还借贷”的方式负担许诺金额，而是直接基于许诺。换言之，请求权基础不再是第433条第2款或者第488条第1款，而是第780条。

2. 请求权视角下的观察明晰了债务约定独立化的目的，债权人的诉讼地位得到了改善。如若某人基于第433条第2款诉请价金的，则必须要证明买卖合同的成立，即对商品和价金以及其他内容形成合意（第154条第1款）；此外，按照第320条的规定，必须准备好交付买卖标的物。相反，基于第780条的诉讼只需证明（书面的，参见下文边码559）债务约定；与和解不同的是，也无需许诺受领人的让步。 553

554 3. 在实务中,如在信用担保中就存在独立的债务约定:借款人不是为其还贷的义务设定抵押权,而是为其另行发出的债务约定设定的。类似情形可见与保全土地债务相关联的债务约定(参见《慕尼黑民法典注释——许弗(Hüffer)》,第 780 条,边码 30)。另外,在证券法中还经常有独立的债务约定,例如无记名债券(参见下文边码 570)、商人债据(《商法典》第 363 条第 1 款第 2 句)和汇票的一些特殊形式。

在存疑时,为履行而承担基于独立债务约定的义务,故在许诺人基于买卖、借贷等类似法律关系的“非独立”义务之外,尚存在基于独立债务约定的义务(第 364 条第 2 款,参见《总论》边码 244 以下)。关于其他义务缺失(比如并未支付借贷),或者存在抗辩权(如买卖标的物有瑕疵)的情形,参见下文边码 556。

二、独立的债务承认

555 第 780 条规定的债务约定与第 781 条规定的债务承认有相似之处:第 781 条规定承认人同样负担独立的义务。债务承认与债务约定的区别仅在于其表述;可以将这两种类型归纳成“独立的债务合同”。债务承认在实务中最为重要的形式是交互计算范围内的差额承认(= 连续计算,参见《商法典》第 355 条):决算(并不单纯为每日节本,参见《联邦最高法院民事裁判集》,第 50 卷,第 277 页)具有更新的效力,并创设新的债务原因(具体问题存在众多争议,如参见卡纳里斯(Canaris):《商法》,2000 年第 23 版,第 27 章,第 4 节;K. 施密德(K. Schmidt):《商法》,1999 年第 5 版,第 21 章)。

三、独立债务合同的共同问题

556 对于债务约定和债务承认而言,主要存在以下三个共同的问题,涉及可请求返还性、解释和方式。

1. 虽然,按照第 780 条和第 781 条的规定,可以创设独立的义务,但借助于不当得利法,又重新将其置于经济关联之中。债务约定即为第 812 条第 1 款意义上的给付;并且,第 812 条第 2 款明确表述,债务承认也是一种给付(参见下文边码 673)。为不致返还请求权的发生,给付需要法律原因。依通说,该法律原因隐含于"实质性的债务原因"之中。债务约定或者债务承认只有在许诺人和承认人确实负有债务时,始具备法律上的原因。如若自始不存在此类债务,抑或其后不再存在,依照第 812 条第 1 款的规定,则可以请求返还,并且,在因永久抗辩权丧失效力时,适用第 813 条的规定。不当得利请求权可以以抗辩权的方式对抗基于债务约定或者债务承认的诉讼(参见第 821 条)。当然前提条件是,不当得利请求权不会受第 813 条第 1 款第 2 句和该条第 2 款、第 814 条以及第 815 条的影响(参见拉伦茨—卡纳里斯(Larenz - Canaris):《债法分论》,第 2 卷,第 2 分卷,第 61 章,第 1 节,第 5 目)。

其后规定的法律状况与所有权发生转移时类似,即此类法律状况在初时都为有效,而无论让与人是否真正负担转移所有权之义务。但是,在义务未曾存在、过后不再存在或者负有永久抗辩权时,一般可以按照第 812 条第 1 款和第 813 条的规定,要求返还有效转移的所有权。义务的负担和处分之间的关系以不要因原则为准绳(参见梅迪库斯:《民法总论》,边码 224 以下),处分被称作"不要因"的。同样,可以依照第 780 条和第 781 条,称债务约定和债务承认为"不要因"的,而且经常如此。但在《民法典》中被称作"独立的"。

《民法典》允许的独立的(不要因的)债务合同(第 780 条和第 781 条),只有在得到不当得利法的修正之后,才能予以容忍。一项许诺或者一项承认能够存在于所有的经济关联之外,当是不合法的。追根溯源,独立的债务合同是法制史上丧失其原初意义的残余物。在罗马法上,因为并不是所有经济上要求的义务都能够非独立地创设,所以独立创设义务的许诺是必要的:诺成合同和要物合同在其时囊括的同样只是有限的行为范围。而在今日却非如此。独立债务合同的意义仅存于举证责任的减轻(参见上文边码553),而且,该目的也可以通过其他途径、并非独立地予以实现。

557 2. 这里直接引发了解释上的问题:何时可以认定,当事人意欲通过许诺或承认创设独立的请求权基础?如若当事人选择典型的独立行为(如有价证券、差额承认),或者该行为乃法律工作者或专业人士所表述的(在银行往来中),则这种意愿在一定程度上是明确的。相反,非专业人士(以及在日常生活中的法学者)几乎完全不知悉独立行为与非独立行为的细微差别。例如借款人书面表示7月1日还款1000马克,可以有两种含义(参见联邦最高法院裁判,载《企业》,1985年,第2402页):可以是单纯基于第488条的偿还请求权的债据,抑或是依第780条和第781条的独立无需。而因为债据具有和独立行为几乎相同的效力,所以,对此作出区分尤其困难(参见上文边码553),即债据同样可以减轻债权人的举证责任,当然,各自的方式是不同的。

作为独立债务合同存在的通常标志,即没有具体标明债务原因(如"充当价金"或"基于消费借贷")。但是,因为在非独立期望的义务中,未标明债务原因实则是出于不言而喻的原因(比如当事人无其他考虑),所以,这种标准根本不可靠。相反,因不当得利上的关联性(参见上文边码556)或者单纯出于入账的需要,在独立期望的行为中可以标明债务原因。在存疑时,我本人不主张认定其为独立义务:认定债务人负担附加之义务,应当具备确凿无疑的立足点。相反,拉伦茨—卡纳里斯认为特别是事故后的债务承认一般受第781条的调整(参见拉伦茨—卡纳里斯:《债法分论》,第2卷,第2分卷,第66章,第2节,第1目)。

558 债务承认中还有一个特殊的问题,即对独立承认予以否定时应当考虑,承认人是否愿意通过其宣言性承认放弃对其义务的抗辩。比如在交通事故发生后已承认支付义务的,可否事后提出共同过失的抗辩?或者储蓄银行在给予建筑工程承包人贷款前,可能会向建筑起造人询问,承包人向储蓄银行让与的、对建筑起造人的、作为担保的处分债权(第 631 条第 1 款)是否为正常。建筑起造人在认可后可否与银行对抗,认为建筑物并未完工或者完成的有瑕疵?在这类问题上,司法裁判恰如其分地有所保留,认为是放弃(不再可以请求返还的!)抗辩;参见联邦最高法院裁判,载《新法学周刊》,1984 年,第 799 页(相关评论见施隆特(Schlund)文,载《法学评论》,1984 年,第 327 页);参见联邦最高法院裁判,载《新法学周刊》,1999 年,第 2889 页(在该处被称作"要因承认")。关于此类确认合同的细节问题,参见克斯特尔(Coester)文,详见参考文献:林达赫尔(Lindacher)文,载《法律教育》,1973 年,第 79 页;库尼纳尔(Künell)文,载《保险法》,1984 年,第 706 页;梅迪库斯:《民法》,边码 772 以下。

3. 第 780 条和第 781 条明确规定的是方式问题:自己负担义务或者自己承认债务的表示,一般需要书面方式。按照联邦最高法院的裁判(载《联邦最高法院民事裁判集》,第 121 卷,第 114 页)(相关评论见德恩(Dehn)文,载《有价证券资讯》,1993 年,第 2115 页;鲍曼(Baumann)文,载《银行法与银行经济杂志》,1993 年,第 171 页),该方式要求旨在"通过明确的证据关系以维护法律的安全"(尚存疑虑,其他观点见拉伦茨—卡纳里斯:《债法分论》,第 2 卷,第 2 分卷,第 61 章,第 1 节,第 1 目,第 2 分目),方式要求至少可以在一定程度上避免过急行动。在方式要求之外还存在两种例外情形。 559

一方面,依照第 782 条的规定,如若许诺或承认是"基于结算或以和解的方式作出的",则可以不遵守方式要求。"结算"系指债权人和债务人共同努力得出的所有计算结果(参见《帝国法院民事裁判集》,第 95 卷,第 18 页),而对于“和解”这一概念第 779 条则有定义。此外,依照《商法典》第 350 条,如若许诺或承认对于债务人一方为商事行为的(《商法典》第 343 条以下),则无需书面方式。

另一方面,还可以规定其他更为严格的方式。例如许诺转让土地所有权时,依照第 311b 条的规定即适用此规则。因第 518 条第 1 款第 1 句的规定,以赠与方式给予的许诺或承认与原则相背,但其受制于赠与许诺的方式要求意义重大(参见上文边码 175)。

第一百一十七章　无记名债券

参考文献：布洛克斯(Brox)：《商法与证券法》，2001年第15版；A.许克—卡纳里斯(A. Hueck - Canaris)：《有价证券法》，1986年第12版；其他有价证券法方面的教科书，参见洛赫尔(Locher)，1949年；迈耶—科丁(Meyer - Cording)，1980年；里夏迪(Richardi)，1987年；H.舒曼(H. Schumann)：《商法》，第2卷，第2分卷，《有价证券》，1954年；赛达迪斯(Sedatis)：《有价证券法导论》，1988年；E.乌尔姆(E. Ulmer)，1938年；策尔纳(Zöllner)，1987年第14版；同一作者重要论文：《基于基础关系的抗辩权对第一受款人持有的汇票和支票的效力》，载《商法杂志》，第148卷，1984年，第313页；卡纳里斯(Canaris)：《汇票法以及支票法上的抗辩排除和抗辩延伸学说的关系》，载《商法杂志》，第151卷，1987年，第517页以下；其他参见施瑙德(Schnauder)：《基于基础关系对第一汇票债权人和第一支票债权人的抗辩》，载《法学家报》，1990年，第1046页以下；米勒—克里斯特曼—施瑙德(Müller - Christmann - Schnauder)：《有价证券法基本问题》，载《法律教育》，1990年，第899页以下，该文有众多续篇(载《法律教育》,1992 年,第 752 页以下);埃恩泽勒(Einsele):《作为债法的有价证券法》,《有价证券文书的功能丢失》,1995 年。

560 无记名债券(第 793 条至第 806 条)、指示证券(第 783 条至第 792 条,参见下文边码 578 以下)和其他在第 807 条和第 808 条规定的票证和凭证(参见下文边码 574 以下)均属于有价证券法的范畴。有价证券法的核心是在《民法典》规定之外其他证券,即主要是汇票、支票和《商法典》第 363 条规定的商业指示证券。故而,如若对有价证券法进行详尽论述,必将大大突破《民法典》债法的框架。但是,通过以下论述至少可以获得一个概貌,了解《民法典》规定的证券和凭证的体系地位。

第一节　有价证券概况

一、依证券化权利的种类区分

561 "有价证券"的含义接近于纸张和权利的结合。第一种区分方法即是对所结合权利的划分。

1. 该权利可以是一种成员权利,即对团体的份额或对公司的股份。最重要的示例当为股份有限公司的股份。这类证券属于公司法的范畴。

2. 证券上的权利也可以是物权。比如说有抵押书状、土地债务书状和定期土地债务书状(第 1116 条、第 1192 条第 1 款和第 1199 条第 1 款);这些证券都是在物权法中论述的。另外,属于这一类的还有一些投资凭证,其主要是以书面方式确认对特有财产的共有部分。

3. 最后还有——对于债法独具意义的——债权证券。此类证券系与债权相结合。

二、可以证明的效力

对债权的书面证明可以便利债权的流通和主张。外表可见的纸张是外表不可见的债权的权利证书(参见上文边码550),并且可以具备四种不同的证明效力(参见许克—卡纳里斯(G. Hueck－Canaris)书,第1章,第2节,第2目): 562

1. 为债务人之利益,可以规定债务人向证券持有人完成给付后,免其债务。

2. 为证券持有人之利益,可以规定推定持有人为该债权的债权人,即债务人在不能证明持有人为无权利人时,必须向持有人给付。 563

3. 为受让人之利益,可以推定实施让与的持有人为权利人。该推定便利取得和与证券相连的债权的流通。 564

4. 最后可以规定,债务人只需向证券的持有人(一般在其提示证券时)给付。该规定第一有利于债务人,债务人可以打发走任何不能出示证券者。另外,该规定也有利于书证债权后来的取得人(受让人),即受让人无需担心,对让与不知情的债务人可以依第407条通过向让与人的给付,免去债务。如若债务人只需向证券持有人给付,则不存在保护债务人依第407条向非持有人给付的理由。 565

三、证明要件

1. 在上文论述中,证明效力与证券的持有直接挂靠在一起。事实上,这个规定适用于无记名证券(如无记名债券、无记名股票、无记名抵押债券)。因为,此类证券避免任何指定某人为债权人的表彰,所以,特别适合于流通。但是,其中蕴涵巨大的、可能遭遇滥用的风险,比如窃贼为持有人时(窃贼是无权利人)。 566

2. 与无记名证券相对的是记名证券(禁止背书转让之证券,如抵押书状,在有价证券法之外还有债据)。这些证券载明特定的人,并载明其为权利人。虽然,债权据此并不是不可以转让或者 567

移转给他人,因而在该意义上债权并非具有专属性,但是,有价证券法上的特殊证明效力对于具名者是有一定局限的;任何其他持有人都必须证明其权利。记名证券固然不适合流通,但是在一般情况下,在另一方面对具名权利人提供了保护,以避免证券的滥用。

568 3. 在无记名证券和记名证券之间,尚有指示证券(一般主要为汇票和支票)。指示证券虽然指定特定人为权利人,但同时指示证券赋予该特定人以下述可能,即在证券上标记证明(指示)向他人移转的可能。由此,指示证券将无记名证券的优点流通性与记名证券的安全性统一于一体。

四、转让的技术

569 债权就自身而言是通过让与以实现移转(第 398 条以下),而作为动产的证券相反是依第 929 条及其下条款的规定实现移转的。这两种移转方式的区别主要在于,依照第 929 条以下的规定一方面要进行交付,另一方面有可能善意取得;而这两方面均不符合第 398 条的规定。由于这些差别的存在,很容易将债权的持有和对证券的所有权分割开来。避免这种尴尬可以有两种途径:一种途径是,赋予物的所有权以决定性意义,让债权追随之("基于证券的权利追随对证券的权利"),这就是无记名证券的原则。另一种途径是,赋予让与规范以决定性意义,对证券的所有权归属于债权各自的债权人("对证券的权利追随基于证券的权利"),依照第 952 条第 1 款的规定适用于债据,以及依照第 952 条第 2 款的规定适用于其他证券(比如有储蓄存单)。

第二节　无记名债券

一、权利资格

570 第 793 条及其下条款规定的无记名债券可以以下述方式纳入

上文论述的范畴：

1. 无记名债券属于无记名证券。其不载明特定之权利人；所有一切载明的证明效力都与持有联系在一起。

2. 无记名债券包含所有上文边码 562 以下论述的四种证明 571
效力：

(1)依照第 793 条第 1 款第 2 句的规定，发行人（即债务人）向无处分权的持有人给付的，特别是向非为债权人给付的，免于债务。

(2)依照第 793 条第 1 款第 1 句的规定，持有人可以请求给付，“但持有人无权处分证券的不在此限”。该条款意指一种（可以推翻的）推定，即持有人为权利人（也就是证券的所有人和债权的债权人）。

(3)依照第 796 条的规定，发行人对持有人的抗辩只能是出于以下三个原因：无效发行，证券的内容以及与持有人的个人关系（比如允许其延期）。由此特别排除了基于发行人和持有人所有的拥有特别权利的前手之间关系的抗辩权。另外，第 794 条规定了特定的情形，认为此类情形不妨碍发行的效力。这些规定对后来的无记名债券受让人提供了保护。

(4)最后按照第 797 条第 1 句的规定，发行人只需在提示证券时给付。这有利于债务人和受让人的利益，对其又是一种附加的证明效力（参见上文边码 565）。当然，权利人不应因证券的灭失而致在结果上发生损害，出于此种考虑，第 789 条以下和第 804 条规定了赔偿和无效声明。

3. 在结果上，无记名债券属于依照第 929 条以下条款转移的 572
证券，其债权追随证券的所有权（参见上文边码 569）。这个结论在第 793 条第 1 款和第 797 条第 2 句中就可以得出，原因在于，这些规定是以对证券的赋权和对证券的所有权为根本的（而非以对债权的所有为根本）。

二、经济意义

573 无记名债券的经济意义是巨大的。固定利率有价证券毫无例外都是无记名债券，如公债证券、特有财产证券（联邦、州、乡镇以及迄今为止的联邦铁路和联邦邮政）、工业证券（工业债券）和抵押银行发行的无记名抵押债券（无记名抵押债券不是如抵押书状等证券，而是属于为保证无记名抵押债券、以不动产担保物权担保的银行债权）。第 793 条第 2 款的规定修正了通常之书面方式（第 126 条），便捷了无记名债券的发行。

无记名债券给有意接受信贷者两方面的益处：第一，此举可以分解高额贷款，例如可以将其分割成面额为 100 欧元的单张债券，以使小规模投资者也能参与信贷；第二，此举便利了（在大多数情形下又因进入交易所交易得到提升的）流通能力，即所谓将长期信贷转化成短期信贷的能力：发行人一般只需在较长时间后（如十年后）返还贷款，与此相对的是，债权人通过出卖债券事先就可以摆脱贷与人这个角色，而使买受人成为贷与人。

第一百一十八章 《民法典》中的其他债权证券和凭证

参考文献:还请参考关于有价证券法的教科书(参见上文边码 560 之前)。

民法中除了无记名债券(参见上文边码 574
560 以下)和以三方关系为标志的指示证券(参见下文边码 578 以下)之外,还有其他票证(或者类似凭证)与债权相结合的情形。可以设想有单程车票、计时票、话剧票、优惠券、寄存衣物牌和银行储蓄存折。绝大部分此类票证都涵盖在第 807 条和第 808 条之中。

第一节 无记名票券和无记名凭证

1. 第 807 条规范的是凭证、票证或者类似 575
未载明特定债权人的文书,并且,此类证券当可以证明持有人为债权人。此类证券具有的这些特点符合无记名债券的特性。对此第 807 条予以了着重的强调,并规定适用关于无记名债券权利证明的其他规定(参见上文边码 571)。第

807 条中的凭证和无记名债券的区别可见于那些依照第 807 条不适用的规定:第 793 条第 2 款关于方式的规定以及关于赔偿、公示催告和息单的规定(第 798 条至第 806 条)。

综上所述,第 807 条规定的典型证券虽然能够完全证明持有人的权利,并且在往来中省却了对权利的任何审查程序。但是,另一方面此类凭证不具备无记名债券的形式和技术上的精微。故此,依照第 807 条的规定,此类凭证特别适合用于价值低、具有短期效力的情形(生息因而不再重要)。可以纳入此类的有绝大多数的车票(在乘车前;过后不能转让,参见下文边码 576),几乎所有的剧场、音乐厅、电影院等场所的入场券以及优惠券。

576 2. 有待与上述凭证予以区别的是那些虽然未载明权利人,但同时与第 807 条的规定相反的票证,此类票证不具备利于持有人的证明效力。虽然,债务人也无意审查持有人是否具备权利资格,也意欲在向持有人给付后,免于责任。属于此类票证的有行李牌、寄存衣物牌和乘上车后的车票。对此类票证不适用无记名债券的规定。这里不存在便利转让书证权利的理由(如若不是完全被排除,如上车后的车票)。故此,此处债权不是按照物权法的规定得以转让,而是按照让与法的规定发生移转的(车票则按第 399 条)。例如,可以依照第 398 条的规定,让与返还寄存衣物的请求权。依第 952 条的规定,对寄存衣物牌的权利追随之,参见上文边码 569。

第二节　附持有人条款的记名证券

577 第 808 条规定的证券明显不同于无记名债券和其他类似的证券,此类证券载明特定之人为债权人。就此而言,该条款涉及的是只能证明特指之人资格的记名证券(参见上文边码 567),但第 808 条规定的证券另外还附加有持有人条款:债务人向任何持有人给付后将免于责任。依此规定,上文所称的证明效力——与其他证明效力不同——关涉的不是被列为债权人的指定之人,而是持有人。该条款为债务人提供了保护,不致使其在向无权利持有人给付后不具免责效力,也就不致适用第 407 条及其以下条款。

此类证券在效力上处于无记名债券和记名证券之间。故此,称其为加重的权利证券或者称(不是特别妥适)跛行无记名证券。此类证券与上文边码 576 中论及的证券一样,无需提高其流通性。因而,此类证券的移转所依据的不是物权法,而是让与法;对证券的权利依第 952 条向债权的受让人发生移转。

第 808 条最重要的适用情形为储蓄存单(由银行、储蓄所或邮局出具的,参见韦尔特(Welter)文,载《有价证券信息》,1987 年,第 1117 页;M. 朗格(M. Lange):《企业顾问》,1993 年,第 1677 页)。当然,向任何持有人给付的免责效力(和由此造成权利人发生损失的危险)都可以通过约定密码来加以限制。此类证券还包括具名的预定凭证或者计时车票。但是,通常的债据并不属于此类证券,第 808 条第 2 款对其不适用。依照第 371 条的规定,债据的返还可以由公证承认债务消灭代替(参见《总论》边码 240)。据此,依照通说债据不是有价证券。

第一百一十九章　指示证券

参考文献：容（Jung）：《指示和意定代理权》，载《耶林民法学理论年刊》，第69卷，1920年，第82页以下；库比施（Kupisch）：《"似乎"之念：论法制史和法理学中指示证券中的经济视角》，1999年，第431页以下；梅德（Meder）：《作为指示行为的信用卡支付》，载《民法实务档案》，第198卷，1998年，第72页以下；里尔（Riehl）：《指示证券》，1908年；冯·图尔（von Tuhr）：《指示证券学说》，载《耶林民法学理论年刊》，第48卷，1904年，第1页以下；E. 乌尔姆（E. Ulmer）：《信用证和指示证券》，载《民法实务档案》，第126卷，1926年，第129页以下，第257页以下；另外，还有关于有价证券法的教科书以及拉伦茨—卡纳里斯：《债法分论》，第2卷，第2分卷，第62章。

第一节　"Anweisung"的含义

"Anweisung"在法律用语中有三个含义。

578 1. "Anweisung"最为广义的含义是对他人发出的，并且应由其遵守的指示。第447条第2款所涉及的即为买受人向送货出卖人发出的指示,第 645 条第 1 款第 1 句涉及的即为定作人向承揽人发出的指示。对于此类指示无特别规定。

2. “Anweisung”较为狭义的含义为便利三方关系中给付而设的制度(有如罗马法上的替代):一方指示另一方,向第三人支付金钱或为第三人贷记。应用实例如邮局汇款单。一般而言,被指示人只有在得到指示人的补偿后(抵偿)(如邮局汇款:只有在指示人支付金钱后),始遵从此类指示。从另一方面论,指示人不会无理由地给予第三人以利益,指示人是遵循一定的目的的。有如利他合同一般,这里也存在着三种法律关系(参见《总论》边码 762 至边码 764): 579

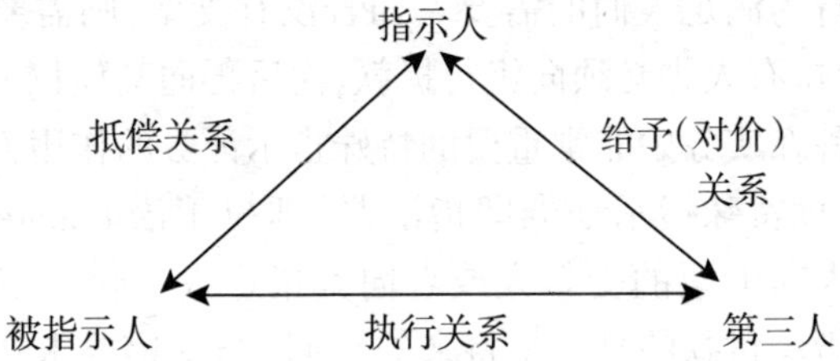

多个互相关联的法律关系在一种法律关系无效时,即能引发问题。以后在不当得利法中还要对此进行探讨(参见下文边码 727 以下)。

3. 最后,“Anweisung”还具有另外一层更为狭义的、技术上的含义,在此意义上的含义出现在第 783 条至第 792 条中:依照法条,此处“Anweisung”为一种文书,此种文书例如可以先不到达被指示人处,以命其执行指示,而是依第 783 条送交第三人处(称其为指示证券领取人,如参见第 784 条第 1 款)。第三人应当以此文书“在被指示人处以自己名义领取”给付,即第三人向被指示人出示该文书,并以自己的名义(非以指示人代理人的名义)请求给付。 580

第二节　指示证券的功能和特殊形式

581 1. 指示证券在现实中最为常见的特殊形式为支票,只要与之相联系,则非常容易理解上文述及的、初看很不易懂的程序:出具人以支票的方式指示付款银行,向具名者或支票的持有人(即所称的持有人条款)支付一定数额的金钱。一般情况下,出具人是借此向支票的领取人(受款人)支付债务(对价关系)。而银行则由出具人或者从其账面积蓄上或者从其给予的信贷中予以补偿(抵偿关系)。如若没有支票的协助,则无法通过银行向受款人的一次支付行为满足人们的需要。如若没有支票,则需要两次支付行为:账户持有人先必须向银行提款,而后再向其债权人支付。

第二种在实务中非常重要的特殊指示证券的作用方式与支票极其类同,该特殊指示证券即指汇票(即拉丁语 trahere):出具人指示受票人向汇票的受款人或者向其指定人支付一定数额的金钱。汇票指示付款的日期是将来的日期(与支票要求立即支付不同);典型示例为 3 月期汇票,用于贷款。汇票在到期前经常被转让,汇票因此能够取代一系列的支付行为,即通过受票人向最后持有人支付的行为。

582 2. 除了汇票和支票,指示证券的另外一种特殊形式为商业指示证券(《商法典》第 363 条第 1 款第 1 句)。而账户汇划(从一账户至另一账户)和跟单信用证比较贴近"Anweisung"在上文边码 579 意义上技术性较弱的含义。跟单信用证是买受人指示银行,凭提示的特定单据(如证明已发送买卖货物的运单副本)向出卖人支付价款。

第三节　《民法典》中的指示证券

《民法典》中的指示证券与上述特殊形式相比，意义甚微。许克—卡纳里斯(Hueck - Canaris)著述第4章第2节第1目中列举了《民法典》指示证券的示例——信用状，而信用状自身却已被其他制度所取代。对于指示证券的特殊形式而言，《民法典》的规定已经多数为众多的特别规定所排挤，尤其是《汇票本票法》和《支票法》。故而，在下文中对第783条及其下条款仅作简短论述。 583

1. 被指示人不是单纯因指示而负担义务，被指示人并没有参与指示人与指示领取人之间的法律行为(即便此处也并非为他付合同)。依照第783条结尾处的规定，指示对于被指示人而言更多是一种授权，为指示人之计算(也就是可以向其追索)向指示证券领取人给付。一般情况下，依第790条指示人可以撤回该授权。这种法律状况只有在被指示人以书面方式表示承担后始发生变化。依照第784条的规定，指示证券领取人在此后始享有对被指示人的债权。依照第787条第2款的规定，被指示人非因对指示人负有债务，而负担承担指示证券的义务。被指示人因此债务的原因，仅对其债权人负担给付所负担标的的义务，但却没有承担其债权人相应指示证券的义务。承担指示证券的义务可以通过特别约定予以设定(比如汇票承兑贷款：银行在承兑客户之汇票时，始负担发放贷款的义务)。

被指示人对指示人因承担产生的义务是独立的。依照第784条第1款的规定，被指示人不能提出基于抵偿关系(即被指示人与指示人的关系)的抗辩(比如指示人的账户因提款发生减少)。而被指示人的新生义务并不能使其免于对指示人的债务。第787条第1款规定，只有在向指示证券领取人给付后，才能得到免责。而被指示人只有见指示证券交付后始负担给付义务(此为何以依通说将指示证券视做有价证券的原因)。如若因承担指示证券发生危险的,被指示人可以向指示人表示拒绝给付(参见《总论》边码 245)。

584 2. 按照第 784 条第 1 款的规定,指示证券领取人始在被指示人承担后方享有对其的债权。在此之前,依第 783 条的规定,对于指示证券领取人而言,指示证券只是一种赋予其以自己的名义向被指示人收取给付的权利。但指示人不纯因指示证券的承担而免除其负担的如对指示证券领取人的债务,第 788 条规定,只有在被指示人向指示证券领取人给付后,指示人才能免责。指示债务时(即被指示人对指示人的债务,抵偿关系),被指示人向指示证券领取人的给付,可以产生上文边码 581 所述双重清偿的效果:消灭的不仅是被指示人对指示人的债务(抵偿关系),还有指示人对指示证券领取人的债务(对价关系)。

根据第 792 条的规定,在一般情况下(例外见第 792 条第 2 款),指示证券领取人可以以书面方式向第三人(更为妥适:第四人)转让指示证券,该第三人从而取得指示证券领取人的权利,即在承担前依第 783 条的授权,承担后依第 784 条第 1 款的债权。按照第 792 条第 3 款的规定,被指示人的法律地位取决于其是向原指示证券领取人表示的承担,抑或是向受让人表示的承担。

第七编

混合合同和非典型合同

第十冊

第一百二十章　概　　论

第一节　出发点

一般而言，整个债法特别是债务合同法是任意的。当事人因而可以在合同自由的基础上（参见《总论》边码 63 以下）， 585

1. 保持合同类型不变，并只在个别问题上通过不同的约定取代法律规定；或者

2. 将不同合同类型中的要素结合在一起或予以混合；或者

3. 订立法律中根本不存在的约定，即"发明"新的合同。

第 1 点引发一个问题，法律规范在例外情形下的强制性范畴的大小及其不可更易性。其中，还要区分法律规定对私人约定的稳定性和对一般交易条款广泛的稳定性。《总论》边码 86 以下已经对一般性原则作了论述；具体的强制性法律规定也分别在各种合同类型中予以了探讨。

第 2 点首先带出一个疑问，数个有关联的约定是构成多个（可能在法律上有互相关联的）合同，还是构成一个唯一的合同。例如租

赁供应早晚两餐的房间即能引发这个问题：是否应当认定其为一个涉及房间的合同（即在实质上为租赁）和一个涉及膳食服务的合同（一般为承揽合同）？抑或成立的是一个负担两种给付义务的合同？参见下文边码 586。

如若上述问题已经在第二个意义上求得答案，则又进一步产生一个新问题：对该唯一的合同应当适用数种典型合同规范的哪一种规范？暂且可以设想，对待复合给付中的每一种给付适用该给付所属的典型合同的法律。相反还可以主要适用一种类型的规范，而或多或少地排挤其他复合类型的法律规范。相关论述见下文边码 587 以下。

关于第 3 点，如若双方当事人确实对其“自己发明的”合同作了全方位的规定，那么几乎不会引发什么问题。只是一般很难对其“发明的”合同作出包罗万象的调整和规范。一旦出现当事人疏漏的问题，首先应当考虑适用一般债法（如不能、迟延、不良给付）。但在这些合同之中，还是可以找到与法定合同类型的相似之处的；那么这些典型合同的法律规范也可以用以填补漏洞。又如若在这些典型合同法律规范中包含有强制法时，则该强制性法律规范甚至在类似“自己发明的”合同中也可以对抗当事人的约定。参见下文边码 596 以下。

第二节　合同的归一

586 当事人的各项约定构成一个唯一的合同时，方能认定该合同为一个由各种不同类型混合而成的合同。而每一次均由不同的当事人形成的各项约定显然不具备这一点：即这些约定构成数个合同。贷款融资的买卖即为一个示例。其中，买受人与出卖人订立买卖合同，与贷与人订立消费借贷合同；消费借贷的目的乃是为了筹措价金，但该目的只是两项行为的具体法律联结（参见上文边码 293 以下，此即所谓的联立合同，《民法典》第 358 条以下，之前为《消费者信贷法》第 9 条）。

一般情况下，同一当事人之间先后时点订立的约定构成数个行为。行为同属一个类型的（比如某人从同一出卖人处先后买入物品），也适用此规则。在例外情况下，后来约定的宗旨仅在于对先前的约定作具体化规制或者变更时，则当然是可以变通的，即可能仅存在一种法律关系（如事后对买卖合同的标的进行了扩充）。相反，同时订立的约定有数种文书的，则又称其为数个行为。

尚未论及的还有同一当事人之间在同一时间订立的、并未形成数种文书的约定。而约定所涉及的究竟为单个合同，抑或所涉为数个合同，用以判断的唯一标准是当事人的意愿，其中重要的是，负担的数个给付之间是否应当有所关联。这取决于合同中体现的利益，如若债权人对该数个给付只能合并使用的，则一般情况下债权人旨在订立唯一的一个合同。原因在于，单一合同的成立能够更好地保护债权人，避免其在不能要求其他给付时，必须受领和支付其中一个给付的情形。

在上文边码 585 中提及的提供早晚餐的房间租赁示例中，如果债权人未得到住宿，那么膳食服务对其将毫无用处或者说用处很小。正因为如此，所以，在存疑时认为只成立一个关于数个不同类型给付的合同。

第一百二十一章　混合合同

参考文献：巴特尔（Bartl）：《计算机软件合同中的法律问题》，载《企业顾问》，1988年，第2122页以下；波恩特—里姆（Boente－Riehm）：《民法典中的特殊销售方式》，载《法律学习》，2002年，第222页以下；沙麻茨（Charmatz）：《论债法中合同类型的历史和结构——以混合合同为重点》，1937年；德里奥斯（Dellios）：《论"混合"合同寻法方法的准确性》，博士论文，累根斯堡，1981年；格斯纳（Geßner）：《双重类型合同的法律适用——以分配的宿舍为例》，载《民法实务档案》，第186卷，第325页；格里果莱特（Grigoleit）：《民法典中的特殊销售方式》，载《新法学周刊》，2002年，第1151页以下；赫恩格（Hoeniger）：《混合合同的基本形式》（=《混合合同问题研究》第1卷），1910年；容（Jung）：《债务关系的分类》，载《耶林民法学理论年刊》，第69卷，1920年，第61页以下；Leenen（莱嫩）：《类型与寻法》，1971年；拉尔（Rahl）：《网络合同》，1998年；西贝尔施密德（Silberschmidt）：《法律比较和历史中的利益分配法律关系》，载《商法杂志》，第96卷，1931年，第267页以下；施吕普（Schluep）庆贺文集：

《无名合同》,1988 年;拉伦茨—卡纳里斯(Larenz - Canaris):《债法分论》,第 2 卷,第 2 分卷,第 63 章。

混合合同可以划分成各种不同的种类。这个问题在《民法典》中未作规定,可以想像在文献中也就当然未能取得一致的意见(如参见拉伦茨—卡纳里斯(Larenz - Canaris):《债法分论》,第 2 卷,第 2 分卷,第 63 章;埃塞尔—艾克·施密德(Esser - Eike Schmidt)书,第 1 卷,第 1 编,第 12 章,第 2 节,第 2 目;菲肯切尔(Fikentscher)书,第 65 章)。我本人选择如下的三分法。 587

第一节 类型联合合同

一、概念和存在

在类型联合合同中,合同一方当事人的给付为分属不同类型的给付所聚积而成。上文边码 585 论及的附带膳食的房间租赁即为此种合同的示例。该示例中,金钱债务人可以要求提供物的使用(租赁)、雇用服务(整理房间)以及依买卖法评断(第 651 条)的承揽供给(膳食)。类型联合合同也经常在其他场合出现。例如在电影合同或剧院合同中,除了要提供座位(租赁),还负担放映影片或演出(承揽合同)。在买卖附加安装义务时,出卖人义务和定作人义务合二为一(参见格劳厄(Graue)文,载《民法实务档案》,第 163 卷,1963 年,第 401 页)。在法律中曾得到调整的类型联合合同范例为旅游合同(参见上文边码 389 以下)。 588

在同一类型中还可能存在类似的聚积,比如在一个合同中出租住房和营业场所,其中出租人就有受住房租赁特别法调整的义务(参见上文边码 253 以下)和不适用该特别法的义务。

对于类型联合合同并不重要的是,约定数个不同类型给付的对价是一体化的处分,抑或是分别约定有单独的价格。当然,约定单独的价格便于解决一些问题(比如从部分解除或部分减价的角度)。此外,如若应当成立数个分列的合同,那么,这种约定将作为一种标志被纳入考虑范围(参见上文边码586)。

二、法律调整

589 1. 一般情况下,类型联合合同中的各个不同类型的给付依照其分属的各个不同合同类型的法律进行调整。例如,在附带膳食房间的租赁中,依租赁法调整房间的有偿使用,依第611条以下调整雇用服务,依第651条、第433条以下调整膳食服务。依照第537条的规定,在房间出现瑕疵时,对待给付中相应的部分自动减价(参见上文边码195)。

590 2. 但是,一部给付的障碍可能会对其他的部分给付也造成影响,甚至经常发生此类案例(参见拉伦茨—卡纳里斯:《债法分论》,第2卷,第2分卷,第63章,第2节至第4节)。比如终止租赁(如依第543条)一般也会涉及其余部分。可以设想的是,如承租人在膳食服务出现瑕疵时保留房间,并仅因膳食服务终止或解除。而总括效力是否由给付发生障碍的债权人来选择,不能给予一般性的回答。总括效力的形成主要取决于每个合同中分量的分配。另外,还要考虑给付出现障碍的债务人的利益:也许可能无法苛求债务人固着于未发生障碍的合同部分。

如若联合的合同类型中有一种类型适用强制法,那么就会产生与上文不同的特殊之处,即该强制法可以影响其他类型的给付义务。例如住房和营业场所联合租赁即为一示例。如果对房屋可以进行分割,则可以将适用住房承租人的保护性规范限制在涉及住房的合同部分。例如尽管对住房有终止合同的保护性规定,但出租人可以终止关于营业场所的合同部分。反之,在房屋不可分割时(如营业场所没有住房部分将无法投入使用),则多数人认为,整个合同应受其主要合同部分适用法律的调整。而合同的主要部分可以由合同目的得出(参见联邦最高法院裁判,载《企业顾问》,1986 年,第 1396 页)。比如合同订立的目的是为营业,则整个合同不适用对承租人的保护性规定。当然,强制性法律有时也可以获得更大范围的适用。

第二节 类型融合合同

一、概念和形成

类型融合合同——与类型联合合同不同——不涉及当事人的数个给付(参见上文边码 588),其涉及的是单一的一项给付;该给付在一定程度上处于两种法定合同类型之间。以混合赠与为例即可明确上文内容。比如转移一物的所有权并得到价金(买卖),只是价金非常的低,依当事人之意愿只能部分补偿该物的价值,其余部分则为无偿(赠与)。依照第 675 条第 1 款的规定,类型融合合同的另一种法定类型为具有处理事务特征的雇用合同或者承揽合同(参见上文边码 432 以下)。 591

类型融合合同还有另一个典型的特例为利益分配合同(参见拉伦茨—卡纳里斯:《债法分论》,第 2 卷,第 2 分卷,第 63 章,第 3 节,第 2 目)。这一类合同的对待给付是按照给付受领人随之取得的全部或部分销售额或利润确定的。此类合同具有合伙的要素(参见上文边码 472 以下,关于界定问题参见联邦最高法院裁判,载《新法学周刊》,1995 年,第 192 页)。类似情形常见于营业场所的租赁,其租金按承租人在该场所取得的销售额或利润计算。这样,一般情形下在承租人一方的使用风险会部分地由出租人担当;并且,为弥补货币贬值可使租金处于动态(参见《总论》边码 172)。而因为风险发生转移,则显然可赋予出租人在此情形下,对承租人商业行为一定的监督权或话语权。

二、法律调整

1. 对于类型联合合同适用的规则,即每一种不同类型的给 592

付都分别按其合同类型的法律予以调整(参见上文边码 589),对于类型融合合同并不适用,因为此类合同涉及的给付为单一的给付。但是,对此类给付可以尝试适用其类型融合的法律混合规范。例如第 675 条第 1 款通过一些委托合同规范,对雇用合同或承揽合同法作了补充性规定。抑或对利益分配租赁,可以依照第 716 条赋予的检查权,补充第 535 条及其下条款的规定,以使出租人了解承租人的销售情况或盈利情况。

593 2. 但是,这两种类型规范的结合往往因冲突并不成功。例如在混合赠与中,第 518 条第 1 款规定的赠与方式与动产买卖中的方式自由无法统一。无法统一的差异还体现在责任的度量尺度上(买卖适用第 276 条第 1 款第 1 句,第 434 条和第 438 条以下条款的规定;赠与适用第 521 条以下条款)。抑或赠与人因重大背恩的撤回权(第 530 条以下)不符合买卖的规定,买卖中任何一方当事人(还能有谁?)都没有感恩义务;由此得出结论,在违反时也就不考虑撤回权。

首先,应当依分割说,尝试将统一的行为至少依价值进行分割。例如混合赠与分割标的物时,对当事人意欲无偿的部分,作为赠与处理(比如 500kg 的水泥应当"半数赠与",即水泥以被视做合适的价格的一半出卖:发生重大背恩时,依第 530 条的规定,可以撤回 250kg 水泥的赠与)。

对于有些规定而言,该学说引出的结论不具有太大的意义。如若当事人意欲使买卖和赠与成为一个统一的行为,依第 518 条第 1 款的规定,则应当是否只对赠与的部分进行公证?而分割说对于(一般)不可分割的给付而言,是根本不恰当的。在这种情况下,首先应当以纳入考虑范围的强制性规范的目的为依据。如因为第 518 条规定的目的在于保护当事人的过急行为,所以,在行为的非有偿性显见为主时,该条款始终应当得到适用(类似观点参见拉伦茨—卡纳里斯:《债法分论》,第 2 卷,第 2 分卷,第 63 章,第

3 节;施勒希特里姆(Schlechtriem):《债法分论》,边码 176)。在同样的范围内允许适用禁止赠与规范(如第 1641 条、第 2113 条第 2 款)。依照第 530 条及其下条款的规定,对赠与人的撤回权应作如下区分:在赠与特征比较突出时,受赠人得到返还已付价金的,必须返还赠与物(参见《联邦最高法院民事裁判集》,第 30 卷,第 120 页);在买卖特征比较突出时,则可以保留标的物,只需支付曾经为赠与部分的金额。在责任衡量尺度问题上(第 276 条第 1 款第 1 句或第 521 条),拉伦茨—卡纳里斯在其《债法分论》第 2 卷第 2 分卷第 63 章第 3 节中,依第 276 条第 1 款第 1 句的规定,为符合行为有偿部分的损害负担责任。

第三节　对待给付为其他类型的合同

一、概念和形成

上述类型联合合同和类型融合合同的复杂性是因为一部合同的给付不能明确地被纳入单一合同类型中。相反,现在要予以论述的合同之所以出现问题,原因在于给付与对待给付的关系,即对待给付与给付不同,其属于另外一个合同类型。例如针对雇用服务提供住房的合同,如作为房屋勤杂工要负责养狗、看护花园或者就是看护房屋。在此示例中,租赁合同和雇用合同相互交融,当事人双方(承租人和雇主)的金钱支付义务全部或部分地抵消。 594

所有其他的给付也可以以下述方式结合为双务合同:例如某人获得土地的所有权,但需给付 4 年的看护服务(附加雇用合同的买卖),抑或一画家为其邻人粉刷新房,而其邻人则负责画家新房的装修(即所称的承揽服务的“互易”)。

二、法律调整

在此类对待给付为他类型的合同中,其合同的给付分别适用属于该类型的法律。例如房屋勤杂工的义务以第 611 条以下规定 595

为基准,而其作为出租人出场的合同相对方的义务则以第 535 条及其下条款为准。但是,如若所参与合同类型的相关规定有所不同时,在合同终结时会出现问题,如通过解除或终止。比如关于雇用合同(或劳动合同)和住房租赁的终止规范就有所区别和不同。此时,应以主要决定合同特征的合同类型规范为出发点。对于部分以金钱为对价(以符合该合同类型)的给付则应当考虑具备这种主要地位。例如房屋勤杂工因其提供的服务,除了要求房屋外还可以要求金钱:雇用合同的特性则相较租赁合同的特性更为突出。在第 576 条至第 576b 条中,对住房租赁和雇用服务的结合情形作出了特别规定,该特别规定基于雇用关系的终止,引申出适用于与雇用并行的租赁的终止原因。

第一百二十二章　新型动产租赁、保理、特许经营

第一节　非典型合同和典型合同

1. 在合同自由的框架内，当事人可以“发明”在《民法典》中未规定的债务合同（参见上文边码585）。此类合同在不符合《民法典》中任何一种合同类型时，可以称作“非典型”合同。但因为《民法典》中的典型合同几乎包含了所有的生活关系，故很难想像一种全然新型的、与《民法典》规定的典型合同没有丝毫相似之处的合同。故此，非典型合同与依然保持其类型，但与任意性法律规范有偏差的合同之间没有严格的界限。 596

本书在《民法典》具体典型合同的上下文，已经特别论及专营商合同（参见上文边码82）、担保合同（参见上文边码96）、贷款开户合同（参见上文边码292）、劳务供给合同（参见上文边码320）、建筑信托合同（参见上文边码408）、建筑承担合同（参见上文边码410）以及保护人声明（参见上文边码538）；并且，夫妻间未指名的给予也不全然与法定的典型合同一致（参见上文边码182）。

597 2. 几十年以来呈现出这样一种发展趋势，比较常用的合同并非出自《民法典》，而是所谓的未依赖法律的发展。这一点从其英美式表述中就可看出端倪(比如不用"租赁买卖"字样)，以致无法认定其与《民法典》术语的类同。

上述类型的合同在今天已经达到了非常高的金额。比如新型动产租赁仅在1999年就已达到约830亿马克。投入新型动产租赁的财产约计3000亿马克。这一切充分显示了此类合同的经济意义；其他数据可参见《企业顾问》2001年第19期特刊。

此类合同大受青睐的原因在于其特别符合现代经济的需求和发展，并以税法为着眼点(参见下文边码599)。在下文中将对此类行为的根本要义作一简短阐释。同时，还要探讨此类行为与《民法典》规定的具体典型合同的亲缘关系。因为，正因为这种亲缘关系才能够得出种种结论，比如如何评价一般交易条款，特别是第307条第2款第1项以"法律规范的基本思想"为基准；而这种基本思想当然不允许通过选择新型的合同名称予以回避。又比如消费者保护对于一切消费者信贷而言都是同样的重要，参见第506条第2句。

第二节　新型动产租赁

参考文献：特别适合学生阅读的有马丁内克(Martinek)：《现代合同类型》，第1卷，《新型动产租赁和保理》，1991年；第2卷，《保理、专有技术、管理和咨询合同》，1992年；第3卷，《计算机合同、信用卡合同及其他现代合同类型》，1993年；相关评论见奥尔斯豪森(Olshausen)：《商法杂志》，第159卷，1995年，第513页以下；此外，还请参见《民法实务档案》1990年第3/4期特刊《新型动产租赁基本问题》刊载的论文(第204页以下,主要参见卡纳里斯文,载该刊第410页以下);埃梅里希(Emmerich):《新型动产租赁基本问题》,载《法律教育》,1990年,第1页以下;阿基斯(Assies):《新型动产租赁法上的新发展》,载《经济法顾问》,1995年,第497页以下;贝尔格(Berger):《制造者新型动产租赁的类型和法律本质》,1988年;贝恩斯坦(Bernstein):《新型动产租赁领域中民法问题的税法裁判》,载《德国汽车法》,1984年,第355页以下;同一作者:《以私人轿车为重点的新型动产租赁合同》,载《企业》,1987年,第1236页以下;贝特豪泽尔(Bethäuser):《新型动产租赁裁判纵览》,载《德国汽车法》,1984年,第363页以下;续文载《德国汽车法》,1985年,第367页以下;1987年,第2页以下;1991年,第41页以下;同一作者:《关于汽车租赁的最新裁判》,载《德国汽车法》,1999年,第481页以下;布鲁诺特(Brunotte):《新型动产租赁合同——法官造法在债法上的实例》,载《德国法官报》,1990年,第396页以下;比施根(Büschgen):《新型动产租赁实用手册》,1998年;卡纳里斯(Canaris):《新型动产租赁及其变迁》,载《新法学周刊》,1982年,第305页以下;同一作者:《消费者信贷法下的新型动产租赁基本问题》,载《经济法杂志》,1993年,第401页以下;克斯特尔—瓦尔特延(Coester - Waltjen):《新型动产租赁合同的基本结构》,载《法律学习》,1980年,第123页以下;同一作者:《新型动产租赁合同和现代法律保护立法》,载《法律学习》,1980年,第186页以下;埃本罗特(Ebenroth):《新型动产租赁合同作为介于租赁与买卖之间的法律行为》,载《法律教育》,1978年,第588页以下;同一作者:《一般交易条款基础上的格式合同之内容局限》,载《企业》,1978年,第2109

页；同一作者：《新型动产租赁中的给付障碍法》，载《法律教育》，1985 年，第 425 页以下；艾克尔特（Eckert）：《新型动产租赁中的受领确认》，载《经济法杂志》，1987 年，第 1510 页以下；弗卢梅（Flume）：《民法和税法观中的新型动产租赁的法律关系》，1972 年；同一作者：《新型动产租赁的法律角色》，载《企业》，1991 年，第 265 页以下；加伯勒—克劳尔（Gabele - Kroll）：《不动产租赁的基础》，载《企业》，1991 年，第 241 页以下；基格尔（Giger）：《新型动产租赁合同》，1997 年；戈德弗罗伊特（Godefroid）：《联邦最高法院关于新型动产租赁合同法的新裁判》，载《企业顾问》，1997 年，第 6 期增刊，第 19 页；戈尔（Goll）：《新型动产租赁领域中的现实问题》，载《法律学习》，1986 年，第 175 页以下；希尔德曼（Hiddemann）：《联邦最高法院关于新型动产租赁的裁判》，载《有价证券信息》，1978 年，第 834 页以下；霍洛赫（Hohloch）：《新型动产租赁汽车发生事故时的损害赔偿问题》，载《新交通法杂志》，1992 年，第 1 页以下；克拉姆罗特（Klamroth）：《依"租赁合同模式"的动产新型动产租赁合同的内容审查》，载《企业顾问》，1982 年，第 1949 页以下；克诺普斯（Knops）：《供货商承诺对新型动产租赁出租人的法律拘束力》，载《企业顾问》，1994 年，第 947 页以下；里普（Lieb）：《处于合同自由与内容审查矛盾间的新型动产租赁模式》，载《企业》，1988 年，第 946 页以下（对此的批评见格拉夫·冯·韦斯特法伦（Graf von Westphalen）文，载《企业顾问》，第 1829 页以下）；同一作者：《纯粹新型动产租赁中的担保》，载《企业》，1988 年，第 2495 页以下；同一作者：《消费者信贷法第 9 条和新型动产租赁》，载《有价证券信息》，1991 年，第 1533 页以下；同一作者：

《论新型动产租赁合同中的风险分配,特别针对商人》,载《有价证券信息》,1992 年,第 6 期特刊;马丁内克—厄科斯勒(Martinek - Oechsler):《消费者信贷法不适用无完全摊提义务的新型动产租赁合同》,载《经济法杂志》,1993 年,第 81 页以下;梅尔维希(Mellwig):《有利的新型动产租赁合同——一个计算错误?》,载《企业》,1983 年,第 2261 页以下;米夏尔斯基—施密德(Michalski - Schmitt):《机动车辆新型动产租赁合同》,1995 年;帕帕斯多洛(Papastolou):《零——新型动产租赁》,载《企业》,1987 年,第 1193 页以下(相关评论见奥帕(Ope)文,载《企业》,1987 年,第 1835 页以下);同一作者:《新型动产租赁合同和消费者信贷法》,载《有价证券信息》,1992 年,第 1797 页以下;莱恩尼科—提特克(Reinicke - Tiedtke):《新型动产租赁和瑕疵担保责任》,载《企业》,1982 年,第 1142 页以下;同一作者:《解除程序终止前支付分期租赁费的义务》,载《企业》,1985 年,第 2085 页以下;同一作者:《新型动产租赁中的支付不能风险》,载《企业》,1986 年,第 575 页以下;舍勒曼—施密德—布尔科克(Schölermann - Schmidt - Burgk):《消费者信贷法对新型动产租赁合同的书面方式要求》,载《企业》,1991 年,第 1968 页以下;A. 施罗德(A. Schröder):《行为基础丧失时新型动产租赁合同的返还清算》,载《法学家报》,1989 年,第 717 页;赛佛特(Seifert):《消费者信贷法和新型动产租赁》,载《企业》,1991 年,第 11 期特刊,第 12 页以下;施特恩贝格(Sternberg):《新型动产租赁裁判的发展》,载《企业》,1987 年,第 12 页以下;施特隆茨(Strunz):《不动产新型动产租赁》,载《建筑法杂志》,1988 年,第 413 页以下;同一作者:《新型动产租赁和破产》，载《企业顾问》，1988 年，第 218 页以下；提特克(Tiedtke)：《新型动产租赁出租人的瑕疵担保责任》，载《法学家报》，1991 年，第 907 页以下；P. 乌尔姆—H. 施密德(P. Ulmer - H. Schmidt)：《对机动车辆新型动产租赁合同中一般交易条款的内容审查》，载《企业》，1983 年，第 2558 页，第 2615 页；冯·韦斯特法伦(Graf von Westphalen)：《新型动产租赁合同》，1998 年第 5 版；相关评论见马丁内克(Marinek)文，载《商法杂志》，第 163 卷，1999 年，第 394 页以下；同一作者：《新型动产租赁合同标的物供货商的法律资质》，载《企业顾问》，1984 年，第 2093 页；同一作者：《新型动产租赁的最新裁判》，载《经济法杂志》，1985 年，第 1033 页；同一作者：《非商人为新型动产租赁承租人》，载《企业顾问》，1990 年，第 1 页以下；同一作者：《售出与回租合同中出租人的责任问题》，载《企业顾问》，1991 年，第 149 页以下；同一作者：《消费者信贷法第 1 条第 2 款规定的作为其他融资手段的新型动产租赁》，载《经济法杂志》，1991 年，第 639 页以下；同一作者：《新型动产租赁：收购合同隐含的意义》，载《企业》，1993 年，第 921 页以下；同一作者：《债法改革对新型动产租赁中"让与构建"的影响》，载《经济法杂志》，2001 年，第 2249 页；V. 沃尔夫(V. Wolf)：《新型动产租赁的法律本质》，载《法律教育》，2002 年，第 335 页以下；蔡恩(Zahn)：《消费者信贷法生效后的新型动产租赁实践》，载《企业》，1991 年，第 217 页以下；蔡恩—巴曼(Zahn - Bahmann)：《机动车辆新型动产租赁合同》，1999 年；拉伦茨—卡纳里斯(Larenz - Canaris)：《债法分论》，第 2 卷，第 2 分卷，第 66 章。

一、种类和功能

1. 借助于“新型动产租赁”这一词语可以表述各种各样的合同。只是这些合同具有一个共同的特征,即一方当事人(新型动产租赁出租人,简称 LG)有偿让另一方当事人(新型动产租赁承租人,简称 LN)使用物或集合物,而不转移物或集合物的所有权。该结构让人在初时联想到租赁。但是,租赁和真正的新型动产租赁是两种不同类型的合同。 598

出租人拥有一物,并将其提供承租人使用。而与此相反的是,LG 起初并不拥有该物,其拥有的只是资金;LG 利用资金取得 LN 期望并选中的物,并有偿向 LN 提供物的使用。故此,在物的出卖人和 LG 以及 LN 之间存在一种三角关系。其中,出卖人和 LG 之间的关系是买卖关系(LG 为所有权人,价金由其支付);LG 和 LN 之间订立的是新型动产租赁合同。而出卖人和 LN 之间一般并不存在合同关系,但 LN 往往为 LG 出面,与出卖人磋商和谈判。

如若就某物的使用寿命而言,LN 能够在较长时间内获得对物的使用,则与租赁相比,新型动产租赁更接近以贷款方式融资的分期付款。新型动产租赁主要的功能在于融资功能(Finanzierungsfunktion)(故此,其被称作“融资租赁”,参见第 500 条)。LN 无需投入自有资金即可获得物的使用,并且 LN 的资产负债表也不记载“融资租赁行为”:资产负债表中既无需载明(不属于 LN 的)租赁客体,也无需载明未来需支付分期租赁费的义务。其次,还有税法上的利益。所支出的分期租赁费被作为企业的支出减抵企业的应纳税收入,相较因贷款融资分期付款产生的利息和折旧,该数额(起码)要高一些。对于营业税而言,也会产生利益(参见迈恩克(Meincke)文,载《民法实务档案》,第 190 卷,1990 年,第 358 页)。

融资租赁的优越性主要是其具有很好的流动性,致使该类型在现代已然扩及(后来的)LN 现有的设备财产:该 LN 将该设备让与给 LG,而后再“回租”(sale und lease back)。通过这一程序,LN

不仅获得了价金,即流动性,而且甚至可以公开储备金,还附带改善资产负债表。总而言之,依照联邦最高法院的裁判(载《联邦最高法院民事裁判集》,第104卷,第129页),向LG的让与不属于"通常的营业"(即延伸所有权保留中的通常之营业行为,参见上文边码123)。另外,公共机构越来越多地通过融资租赁的方式取得设备(如行政大楼或水净化设施)(被称作地方融资租赁(Kommunalleasing))。

599 2. 融资租赁合同的主要区别在于出让期限的长短。期限的长短可以依据LN总共支付的分期租赁费计算,直至LG完全收回其投入(价金、利息、管理费用)为止(完全摊提融资租赁(Vollamortisationsleasing))。但也可以因为出让时间较短,只是部分地取得补偿(部分摊提融资租赁(Teilamortisationsleasing))。此种在如今畅行之形式也可以延长期限,这并不罕见;这可以是LN的选择,也可以是LG的选择。另外,对于期限较长的合同可以规定终止的各种可能。对此,主要是LN方可能发生兴趣,其原因在于,如若LN终止合同,则将方便其转向新技术(比如电子数据处理设备)。

600 3. 生产者融资租赁(Herstellerleasing)为一种特殊的形式。其中,生产者自己还是生产者的子公司作为LG出现,在经济上(并从结果上看,在法律上也)没有区别。在第一种情形,三方关系在法律上减至两方当事人,租赁物的取得为LG的内部事务;此时不存在买卖,只有融资租赁合同。

生产者融资租赁中的利益关系不同。此处,LG不仅旨在利用其资金,而且在原初意欲销售产品。在实践中,常见的情形为机动车辆。因为租赁物是LG自己生产的缘故,所以LG意欲销售该产品,故在这种情形下明显地存在着一种与买卖或租赁的联系。另外,因为此类合同往往是与非营业的消费者订立的(消费者融资租赁(Verbraucherleasing)),所以,存在着适用《消费者信贷法》的可能性。

二、法律调整

1. 融资租赁在法律上如何调整主要取决于当事人的约定。601 只有在两种情形下才需要以成文法为依据：第一，依第307条对内容进行审查（过去为《一般交易条款规制法》第9条），融资租赁合同一直是由（一般交易条款）和其他强制法组成的。第二，如若当事人的约定出现一般发生在非正常过程中（即在给付障碍情形）的漏洞时，则以成文法为依据。

2. 经常出现的障碍情形发生于租赁物出现物的瑕疵时：LG 602 习惯于排除自己对此类瑕疵的责任（就如符合第437条及其以下条款和第535条和第536a条规定的责任）；LN得到的仅仅是LG让与的其在发生此类瑕疵时对出卖人的权利（当然在生产者融资租赁是另外一番情形，参见上文边码600）。联邦最高法院对这一点有理由予以承认（载《联邦最高法院民事裁判集》，第106卷，第304、309页），尽管其认为融资租赁近似于租赁。其原因在于，融资租赁物为LN所选中，LN相较LG距离瑕疵更近。尽管如此，联邦最高法院还是将瑕疵风险在很大程度上转嫁给LG：如若因瑕疵的原因，LN在对出卖人的关系上发生解除，则融资租赁合同应当已然丧失行为基础，并且溯及订立合同之时（参见《联邦最高法院民事裁判集》，第81卷，第298页；第94卷，第44页；第97卷，第135页；第109卷，第139页），即该LN应当可以要求返还其已经支付的分期租赁费。这种做法将导致行为基础理论以非通常之方式，运用于修正当事人的约定。此种做法并不以当事人的意愿为准则，而是以合理之解决方案为准则和目标。

对于消费者行为（参见上文边码128以下）的法律基础由第500条（原《消费者信贷法》第3条第2款第1项）确定（相关评论见格拉夫·冯·韦斯特法伦（Graf von Westphalen）文，载《新法学周刊》，1993年，第3225页）。该条款规定，消费者法中的哪些规定适用于融资租赁。这些规定包括书面方式要求(第502条)和撤回权(第495条第1款)。另外,自《债法现代化法》实施后,对于关联合同明确应予准用第358条和第359条。故此,在企业(作为LG)和消费者(作为LN)的关系上,租赁物的瑕疵可以直接对抗LG。此时,不再需要上文提及的联邦最高法院铺设的行为基础理论进路。

603 3. 根据联邦最高法院的裁判(载《联邦最高法院民事裁判集》,第107卷,第123页),对于LN未能及时返还融资租赁物的情形,适用第557条第1款(新法第546a条),此时,LN必须继续支付分期租赁费;该原则甚至适用完全摊提融资租赁合同(参见上文边码599)。但联邦最高法院也可能因其租赁法上的基本出发点,取得不正确的结论(参见提特克(Reinicke - Tiedtke)文,载《经济法杂志》,1989年,第1437页)。

第三节 保　　理

参考文献:学生应主要参考马丁内克(Martinek):《合同类型》,第1卷(1991年)以及贝特(Bette):《保理行为》,1973年;布劳洛克(Blaurock):《保理让与》,载《商法杂志》,第142期(1978年),第325页以下;第143期(1979年),第71页以下;布林克(Brink):《客户支付不能时保收人的法律问题》,载《经济法杂志》,1987年,第817页以下;卡纳里斯(Canaris):《银行合同法》,1981年,第2版;埃林(Ehling):《国内保理合同结构的民法问题》,1977年;戈隆普(Glomb):《保理融资》,1969年;卡斯腾·施密德(Kartsen Schmidt):《保理上的整体让与和延伸的所有权保留》,载《企业》,1977年,第65页以下;R. M. 施密德(R. M. Schmidt):《保理业务》,1968年;泽里克(Serick):《保理让与》,载《商法杂志》,第 143 期(1979 年),第 68 页以下;同一作者:《保理业务的新发展》,载《企业》,1979 年,第 845 页以下;M. 沃尔夫(M. Wolf):《关于保理的最高法院裁判》,载《有价证券信息》,1979 年,第 1374 页以下;拉伦茨—卡纳里斯(Larenz - Canaris):《债法分论》,第 2 卷,第 2 分卷,第 65 章。

一、种类和功能

保理归根结底也是一种贷款方式:一方当事人(联系客户)向另一方当事人(保收人)让与(一般尚未到期)的债权,保收人立即向其支付,即保收人赋予客户一定的流动性。在具体做法上,保理可以分为纯正保理和非纯正保理两类:纯正保理合同中的客户彻底取得保收人的给付,即使是受让债权在后来证明并未能收回的情况下亦为如此。也就是说,纯正保理合同的保收人承担第三债务人的支付不能风险(保付功能)。相反,非纯正保理合同中的债权只是一种预先垫付;如若债权显然不能收回,保理客户则将返还垫付资金。 604

保理合同除了具备这种贷款功能之外,在这两种保理形式中均具备服务功能(Dienstleistungsfunktion):保理客户免去了收取应收款项的烦劳;此项工作交与保收人承担。1998 年,联邦德国的保理金额达到了 400 亿马克。

二、法律调整

1. 一般而言,保收人与其客户订立一总体约定,以建立继续性债务关系(Dauerschuldverhaeltnis)。总体约定中除了规定结算的方式外,还特别规定向保收人支付的酬金(当然,纯正保理的对价要比非纯正保理的对价要高)。此外,保理客户有义务赋予保收人所有的债权,并通过整体让与实现之。但在某些特定情形,允许保收人驳回债权。一般情况下,应将整体让与尽可能早地通知 605

第三债务人,以使其向保收人支付后可以免责。

606 2. 从法律角度观察,纯正保理初看类同于债权的买卖,并且,很多人也持这一观点。但是,也可以将纯正的保理视做通说上的非纯正的借贷,即与雇用服务结合的借贷(参见拉伦茨—卡纳里斯:《债法分论》,第2卷,第2分卷,第65章,第2节)。这一点从当事人的利益关系及其对保收人负担的对待给付的结算中可以厘清。纯正保理中的借贷在任何情况下都会以让与之债权予以返还;该债权对于保收人而言是一种代物清偿(第364条以下)。而对于非纯正保理而言,保收人的债权只是用于清偿(参见第364条第2项):如若债权人的债权不能得到清偿,则允许其主张对客户的借贷请求权。

607 3. 保理的法律问题并非主要产生于买卖法或消费借贷法,而是更多地源自于整体让与。整体让与经常与其他让与发生冲突,特别是与延伸所有权保留中包含的收益债权的预先让与发生冲突(参见上文边码123中的第3点)。

联邦最高法院有一个裁判(载《联邦最高法院民事裁判集》,第30卷,第149页),其具体内容非常复杂,并且裁判理由也令人质疑,该裁判原则上认为预先让与相较(即使是发生在前面的)整体让与享有优先的地位(参见梅迪库斯:《民法》,边码525以下)。该裁判的目的在于,保障附延伸所有权保留条件的供货商的利益。但是,纯正保理不损害供货商的此种利益。保理客户一般从保收人处获得包含对待给付,该对待给付中包含了买受人的一部分利润,或者至少等于供货商需担保的债权。在纯正保理中供货商在结果上几近等同于其客户凭现金支付将商品卖出。故此,联邦最高法院认为纯正保理的整体让与对于在其后发生的延伸所有权的保留是有效的(载《联邦最高法院民事裁判集》,第69卷,第254页)。并且,按照《联邦最高法院民事裁判集》第72卷第15页的裁判,对于发生在延伸所有权保留的供货之后的保理合同,也适用同样的原则。对于为担保银行信贷而实施的整体让与，依照联邦最高法院的裁判，不适用该原则（载《联邦最高法院民事裁判集》，第75卷，第391页），因为银行一般的利益在于受让债权的全部对价，故不允许在此之后发生保理让与。

第四节　特许经营

参考文献：基本文献为马丁内克（Martinek）：《特许经营》，1987年；同一作者：《现代合同类型》，第2卷，1992年；鲍德（Bauder）：《论被特许人的独立性》，载《新法学周刊》，1989年，第78页以下；伯纳尔（Böhner）：《消费者信贷法下特许经营合同的书面方式和撤回权》，载《新法学周刊》，1992年，第3135页以下；迪尼施—茨维戈（Dünisch - Zwecker）：《特许经营合同》，载《法律学习》，1995年，第817页以下；埃肯加（Ekkenga）：《特许经营合同的内容审查》，1990年；埃梅里希（Emmerich）：《特许经营》，载《法律教育》，1995年，第761页；埃德尔曼（Erdmann）：《一般交易条款下特许经营合同的期限》，载《企业顾问》，1992年，第795页以下；埃舍尔（Escher）：《类似于特许经营的销售体系的法律观》，载《企业顾问》，1998年，第1269页以下；福克尔（Forkel）：《特许经营合同作为企业无形财产的特许》，载《商法杂志》，第153期（1989年），第511页；吉斯勒（Giesler）：《特许人的广告责任》，载《经济法杂志》，1999年，第2131页；同一作者：《被特许人的减价权》，载《经济法杂志》，2000年，第2098页以下；格罗斯—斯考皮（Groß - Skaupy）：《特许经营体系》，1968年；哈格（Haager）：《1997年、1998年特许经营法的发展》，载《新法学周刊》，1998年，第2081页以下；同一作者：《1999—2001年特许经营法的发展》，载《新法学周刊》，2002年，第1463页以下；耶尔格斯(Joerges)：《特许经营合同和欧洲竞争法》，载《商法杂志》，第151期(1987年)，第195页以下；利泽岗(Liesegang)：《特许经营合同中一般交易条款的意义》，载《企业顾问》，1991年，第2381页以下；马克(Mack)：《新型合同体系——特许经营研究》，1975年；马蒂申(Mattießen)：《被特许人保护中劳动法和代理商法律的进路》，载《经济法杂志》，1988年，第1089页以下；斯考皮(Skaupy)：《"特许经营"作为合乎时代需要的销售战略》，载《企业》，1982年，第2446页以下；同一作者：《特许经营》(手册，1982年)；同一作者：《论特许、特许经营和特许经营约定》，载《新法学周刊》，1992年，第1785页以下；托伊布纳(Teubner)：《联合、结合抑或交易？》，载《商法杂志》，第154期(1990年)，第295页以下；韦尔特里希(Weltrich)：《特许经营合同和劳动合同的界定》，载《企业》，1988年，第806页以下；M. 沃尔夫—乌格豪尔(M. Wolf - Ungerheuer)：《特许经营在合同法上的问题》，载《企业顾问》，1994年，第1027页以下。

一、种类和形成

608 首先，对"特许经营"(Franchising)这个词语需要作一个说明：该词源自法语，在法语中主要意指国家在收取一定费用后，赋予个人从事一定活动的特权。在英语和美语的语用中，该词语被转义表述为可以将他人的权利用作商业用途的私法上的许可。

特许合同的当事人是两个相互间并不存在依赖性的企业，即特许人和被特许人。其中，特许人拥有商号、商标和经验知识(专有知识)。被特许人被允许使用之；被特许人还往往受驱于特许人的指示，而特许人则处理广告事务。作为对待给付，被特许人支付金钱。特许经营具体可以涉及商品的销售（产品供给特许经营）和服务的销售（商业模式特许经营）。人们称特许经营为“一个聪明人（特许人）和一个勤奋的中小企业主的幸福共生体”。

德国境内的特许经营产品销售著名案例有 Foto - Quelle（影像），Eismann（冷冻食品），Ring - Foto（影像），Ihr Platz（化妆品）以及 OBI（家装）；服务类有 Wienerwald，McDonald's 以及 Hilton 和 Sheraton 饭店。1993 年，总销售额达到了约 200 亿马克。

二、功能及其法律归类

特许经营——与融资租赁和保理不同——在典型情况下不 609
用于融资目的。其主要可以通过被特许人利用特许人的商标、广告和经验，以方便商品或服务的销售。在这一点上，特许经营与权利的收益租赁有相似之处。如若被特许人负有共同采购的义务，则在机能上与采购合作社具有亲缘关系。另一方面，在一般情况下特许人对被特许人享有监督权，以使整个销售体系的名声不致因某一个被特许人的劣质给付遭受损害（例如可参见联邦最高法院裁判，载《企业》，1985 年，第 35 页：未遵守汉堡包的烧烤温度）。在有些情形下，被特许人的地位可能近似于商业代理人（参见马丁内克（Martinek）文，载《经济法杂志》，1988 年，第 1362 页；克勒（Köhler）文，载《新法学周刊》，1990 年，第 1689 页；波德维西（Bodewig）文，载《企业顾问》，1997 年，第 637 页）。

特许经营在法律上的限制主要产生于卡特尔法（Kartellrecht）：《反对限制竞争法》第 14 条原则上禁止特许人规定的价格约束。并且，按照《反对限制竞争法》第 16 条的规定，如若涉及排他性约束、销售限制或者搭售行为导致的不公平限制竞争，卡特尔局可以在特定情形下宣布特许经营合同为无效合同。根据联邦最高法院的裁判，被特许人重复采购商品的义务受第 505 条第 1 款第 3 项的调整（即以前的《消费者信贷法》第 2 条第 3 项）（载《联邦最高法院民事裁判集》,第 128 卷,第 156 页);但是,只有与信贷类似的合同部分受撤回权的约束。被特许人与特许人之间存在强烈的依存性,故以所谓的表面独立性为视角,将特许经营双方的关系定位为劳动关系,其结果导致大量强制性规范的适用,例如可参见霍恩—亨斯勒(Horn - Henssler)文,载《经济法杂志》1998 年,第 589 页;还可参见联邦劳动法院裁判,载《经济法杂志》,1997 年,第 1714 页;1998 年,第 612 页。

第五节　其他种类的行为

609a　在融资租赁、保理和特许经营之外,还有其他新型的法律行为。自 1996 以来,法律对分时享用,特别是度假用不动产的部分时间租赁进行了规定和调整(《部分时间——房屋租赁法》,基于欧共体指令颁布的)。这些规范现位于《民法典》第 481 条至第 487 条(第 487 条规定,这些条款作为消费者法为单方面强制性规定),评论见赖肯霍夫(Reinkenhoff)文,载《法律学习》,1998 年,第 561 页。介于买卖租赁和承揽合同之间的有软件使用合同(参见《联邦最高法院民事裁判集》,第 102 卷,第 135 页;马利(Marly)书,1991 年;容克(Junker)文,载《新法学周刊》,1993 年,第 824 页)。

第八编

无因管理

卷八

参考文献:巴姆贝尔格(Bamberger):《公法无因管理法的基本问题》,载《法学教育》,1998年,第706页以下;巴奇(Batsch):《正当无因管理和不当无因管理中管理人的费用补偿请求权和损害赔偿请求权》,载《民法实务档案》,第171卷(1971年),第218页以下;贝尔克(Berg):《无因管理的主要问题》,载《法学教育》,1975年,第681页以下;博伊廷(Beuthien):《民法请求权体系中的不当无因管理》,载《泽尔纳庆贺文集》,2000年,第125页以下;博伊廷—韦伯(Beuthiem - Weber):《不当得利和无因管理》(法学教程,1986年,第2版);多伊奇(Deutsch):《道路交通中的牺牲自我问题》,载《民法实务档案》,1965年,第193页以下;迪德里希森(Diederichsen):《未成年人无因管理作为法学方法问题》,载《德国法月刊》,1964年,第889页以下;迪特里希(Dietrich):《危险情势下的无因救助》,载《法学家报》,1974年,第535页以下;弗雷克(Fleck):《合同、自己事务的侵权管理和请求权时效》,载《经济法杂志》,1991年,第1269页以下;弗朗克(Frank):《道路交通中机动车辆司机牺牲自我问题》,载《法学家报》,1982年,第737页以下;弗洛伊德(Freund):《论公法中无因管理的法律政策》,载《法学家报》,1975年,第513页以下;格蓝(Gehlein):《危急情形下紧急救助人员的请求权》,载《保险法》,1998年,第1330页以下;吉森(Giesen):《利于他人的事务管理法》,载《法律学习》,1994年,第352页以下,续文载《法律学习》,1996年,第225页以下、第281页以下、第344页以下;戈里伯(Griebe):《无因管理人的费用偿还请求权》,1996年;古斯基(Gursky):《新裁判中无因管理适用范围的扩张》,载《法律学习》,1969年,第35页以下;同一作者:《紧急事务管理人的责任》,载《法律教育》,1972年,第637页以下;同一作者:《无因管理的事实构成》,载《民法实务档案》,第185卷(1985年),第13页以下;豪斯(Hauß):《一种疲惫的法律制度,论无因管理的界定》,载《魏特瑙尔庆贺文集》,1980年,第333页以下;亨斯勒(Henssler):《无因管理法请求权基础的基本问题》,载《法律教育》,1991年,第924页以下;E. 冯·希佩尔(E. von Hippel):《对紧急救助人的赔偿》,载《希克庆贺文集》,1976年,第171页以下;伊泽勒(Isele):《事务处理》,1935年;基雪尔(Kischel):《行动和清算?公法中没有无因管理》,载《行政文档》,1999年,第391页以下;肯特根(Köndgen):《处于时代变迁中的无因管理:在法制史和私法法理中拯救名誉的尝试》,1999年,第371页以下;劳弗斯(Laufs):《无因管理中数个本人》,载《新法学周刊》,1967年,第2294页以下;伦特(Lent):《论无因管理概念》,1909年;同一作者:《事务处理的意思和利益》,1938年;马丁内克—特奥巴尔德(Martinek – Theobald):《无因管理法的基本问题》,载《法律教育》,1997年,第612页以下、第805页以下、第992页以下;

1998年,第27页以下;B. 奥普曼(B. Oppermann):《无因管理的结构和法理实践》,载《民法实务档案》,第193卷,1993年,第497页以下;奥托(Otto):《正当无因管理中管理人的结算请求权》,载《法学教育》,1984年,第684页以下;赖夏德(Reichard):《他人事务和不当得利》,载《民法实务档案》,第193卷,1993年,第567页以下;肖赫(Schoch):《公法中的无因管理》,载《法律学习》,1994年,第241页以下;施赖贝尔(Schreiber):《无因管理规范对于既为本人事务又为他人事务的适用》,载《企业》,1979年,第1379页以下;同一作者:《无因管理中的"亦为他人之"事务》,载《法律学习》,1991年,第155页以下;R. 施罗德—F. G. 贝尔(R. Schröder - F. G. Bär):《无因管理,无效承揽合同清算时的所有人——占有人关系和不当得利法》,载《法律学习》,1996年,第449页以下;施罗特(Schroth):《正当无因管理作为刑法中的正当理由》,载《法学教育》,1992年,第476页以下;舒伯特(Schubert):《无因管理的构成》,载《民法实务档案》,第178卷,1978年,第425页以下;同一作者:《无因管理的界限》,载《新法学周刊》,1978年,第687页以下;施瓦克(Schwark):《无因管理中管理他人事务的意思》,载《法学教育》,1984年,第321页以下;P. 施维德纳(P. Schwerdtner):《无因管理》,载《法律学习》,1982年,第593页以下、第642页以下;赛勒(Seiler):《对无因管理人服务的报酬》,载《许布纳庆贺文集》,1984年,第239页以下;同一作者:《无因管理法的基本问题》,载《法学教育》,1987年,第368页以下,还有若干续篇;蒂勒(Thiele):《受害人避免损害发生的费用和损害赔偿法》,载《费尔赓特雷戈庆贺文集》,1969年,第 393 页以下；文克施特恩（Wenckstern）：《非分行为作为侵权行为》，载《民法实务档案》，第 200 卷，2000 年，第 240 页以下；M. 沃尔夫（M. Wolf）：《在给付关系之外并行适用无因管理》，载《米尔庆贺文集》，1981 年，第 703 页以下；维特曼（Wittmann）：《无因管理的概念和功能》，1981 年；沃尔施莱格（Wollschläger）：《无因管理》，1976 年；同一作者：《无因管理基本轮廓》，载《法学工作报》，1979 年，第 57 页以下、第 126 页以下、第 182 页以下。

第一百二十三章　典型特征及其界定

第一节　事务管理的种类

一、自己的事务

610 如若某人修理自己的汽车或者请人修理其汽车，则其自己要承担由此而产生的费用，同时直接享用因修理带来的益处。其中的费用和收益均是基于同时承担费用和享用收益之人的决策，即第 903 条规定的“在其权利范围内的”所有人的决策。故此，对于此类处理自己事务的权利，一般无需法律给予纠正。

二、他人的事务

611 如遇某人修理他人的汽车，则又是另一番情形。因为此时费用一般由行为人承担，收益由所有人享用，所以，必须考虑补偿问题。在此，要区分两种情形。

1. 行为人之所以做这些，是因为其错误地将他人的物视做自己的所有；一般化可表述为：行为人误信他人的事务为自己的事务。例如，此种情形可见正当的自主占有人（第 987 条以下）和正当的遗产占有人（第 2019 条以下）。该二人均认为，自己为所有人或者继承人，并且不知道另有他人参与。此种情形适用在所列条款中包含的关于添附物偿还和收益返还的特别规定,并且有时还考虑纳入不当得利请求权,但仅作为非给付不当得利。此处之所以不存在给付,是因为行为人并非有意识地增益于他人之财产(参见下文边码 635)。最后,如若行为人在他人事务范围内造成损害的,还应该考虑损害赔偿请求权(比如基于第 823 条以下和第 989 条以下的规定)。根据第 687 条第 1 款的规定,如若行为人相信是在其自己的义务范围内行为的,则就不能适用无因管理法的规定。

2. 行为人也可以是知道为他人之事务。在此种情形,则又可以作进一步的区分。

612 (1)一般而言,管理他人事务者是为该事务所属之人行为,比如为汽车的所有人修理之。而大多数此类情形均是因为行为人负有合同或者法定的管理事务的义务,如因承揽合同承担修理工作。又如按照第 1626 条第 1 款的规定,父母管理未成年子女财产为法定义务。其中必要的补偿则是基于这些法律关系,比如承揽工资是承揽人给付的对价。

如若这些法律关系归于无效,那么,为执行事务作出的给付则应按第 812 条不当得利法的规定予以返还,参见下文边码 632 以下。例如承揽合同无效时,定作人可以要求返还已支付的承揽工资,当然,一般只有在对修理价值(第 818 条第 2 款)完成结算后方能进行。

在一方面为因有效合同或者特别的法定关系媒介的清算,而另一方面为依不当得利法的清算之间,还存在着第三种类型:即为第 677 条以下规定的、依据无因管理法的清算。根据第 683 条和第 681 条第 2 句的规定,此种方式在最为有利的情形下可赋予行为人受任人的地位;参见下文边码 616 以下。

613 (2)在例外情形下,还有明知为他人事务,但依然当作自己事务处理,比如窃贼请人油漆偷得的车辆并出卖之,尽管窃贼明白这两项事务均只能由所有人处理。在此类越权行为中，按照行为人的意思，事务管理的利益及负担均不向有事务管理权利之人发生转移；行为人而是意欲将两者均归己有。

在上述情形，享有权利之人一般具有基于所有人—占有人关系（第987条以下），或者基于侵权法（第823条以下）的请求权。处分为有效处分的，则可产生第816条规定的请求权（参见下文边码698以下），在发生其他权益侵害行为时，则产生一般权益侵害得利（参见下文边码707以下）。此外，第687条第2款还为享有权利之人提供了另外一种可能：权利人可以视（绝大多数情况下为不当的）越权行为人有意并正当地为权利人管理事务。所以说，非为正当之人应至少要给付假设其为正当时的给付（参见下文边码631）。

第二节　事务的权利归属

上述体系建构于对自己的事务和他人的事务的区分之上（参 614
见上文边码610和611以下）。该体系的建立是以可以确定事务权利归属为前提条件的。

一、客观权利归属

在多数情况下，事务的权利归属由其客观特性决定。依照第903条的规定，一般情况下，物的权利归属于所有人；在绝大多数情况下，处分债权的权利以及收取债权的权利归属于债权人；照顾未成年子女则为父母的权限，见《基本法》第6条第2款和《民法典》第1626条。

在大多数情况下，这种权利归属可以通过法律行为予以改变。例如，所有权人不仅可以整体上移转其所有权，还可以赋予第三人有限的权利，如允许其处分（第185条第1款）或者对物设定质权或者出租。出现这类情形时，也可能会产生权利的竞合归属。比如,已将房屋出租给乙的所有权人甲不得再行将房屋让与第三人使用;另外,直接占有房屋的乙在转租房屋时一般需要事先得到甲的同意(第 540 条,参见上文边码 217)。

二、主观权利归属

615 相反,对于其他事务的权利归属则没有一个与客观情势相结合的规定。例如,每一个人均有权订立关于物的取得的合同,人们称之为客观中性事务。此类事务可以在主观上将其权利归属于他人,而非行为人,即权利归属取决于行为人的意思。如若行为人意欲为他人取得一物,并且可以肯定,该他人应当即使在法律上也可以将此事务纳为己事。为实现这一目的,可以通过认定该事务对于行为人而言,具有主观上为他人的意思,故此,这种情形受第 677 条的调整。

第一百二十四章　无因管理的具体问题

参考文献：参见上文边码 610 之前的文献。

第一节　要　　件

依照第 677 条和第 687 条第 1 款的规定，如若某人（管理人）为他人（本人）管理该他人的事务，并且未受其委任或者对其也没有其他赋权，则成立无因管理。 616

一、事务管理

此处所遇的事实特征“管理事务”也应与委任中的一样，要予以宽泛理解（参见上文边码 416）。亦即管理事务包括每一种行为，无论是不是法律行为。即使是短暂的行为也可以是管理事务，比如转动方向盘（参见《联邦最高法院民事裁判集》，第 38 卷，第 270 页、第 275 页）。 617

二、事务的属他性

另外，必须涉及的是他人的事务，因为管理人自己事务的后果无需转移至他人（参见上文边码 610）。事务的属他性既可以遵循客观标准，如遇客观中性的事务，也可以遵循主观标准（参见上文边码 614 以下）。 618

三、管理他人事务的意思

619 管理事务必须是为他人管理,即所称的管理他人事务的意思。其必要性不仅出自第677条的规定,同样也出自第687条的规定:即如若行为人误将他人的事务作为自己的事务管理,则至少不能简单发生无因管理的法律后果。

1. 事务为客观中性时,为将其纳入他人事务之范畴,则必须存在管理他人事务的意思(参见上文边码615)。在此种情形,管理意思必须毋庸置疑地可以辨知。例如,某人购得足球比赛的门票(客观中性事务),并且,在一般情况下是为自己购票。如果其并未以任何一种方式明确表示,足球门票是为他人所购,依照第681条第2句和第667条的规定,没有人可以要求其交出门票。

当然,这里我们还要区分:如若行为人在外部关系上仅意在以他人代理人的身份购票,则依照第164条的规定,其在订立合同之时即必须明确系以他人名义订约。对于只相当于间接代理的无因管理而言,只需以任何一种方式显现其管理他人事务的意思——也可以是在合同订立之外,并且无需是向相对人表示。

620 2. 事务在客观上为他人事务的,依照通说可以推定管理他人事务的意思;该意思应当无需对外显现。如若某人在他人的房屋中救火,在存疑时应认为,该行为系为着火房屋的所有权人和居住者所为。这种观点在事务确为他人事务时是无可争辩的。但在事务混合了他人和自己的事务时,却要质疑这种对他人事务管理意思的推定,如消防队救火(本来即为其职责)。下文边码630还要对此进行论述。

621 3. 依照第686条的规定,对本人的身份发生误解并不重要:真正的本人因事务的管理享有权利并承担义务,而非误认之本人。也就是说,如果某人相信,着火的房屋系属其朋友,并意欲为朋友救火,那么,救火之人与从其朋友处受让的所有人发生基于无因管理的法定债务关系。而行为人是否愿意为新的所有权人投入救火,则并不重要。

四、未受委任或其他赋权

最后,依照第 677 条的规定,行为人管理事务既可以是未受本人的委任,也可以是不对本人享有任何权利。故可以说,无因管理系为辅助性的制度:只有在当事人对其法律关系未在合同上予以调整时,或者也不存在特别的法律规定时,才发生无因管理的法律后果。据此,可以通过任何一种合同(不必是委任)和法律上的特别规定(比如监护)来排除第 677 条及其下诸条款的适用。由此看来,“无委任”管理这一名称过于偏狭了。 622

但是,如果出现存在另一种法律关系,但法律关系归于无效或者发生逾越界限的情形,则是令人疑虑的。对于此种情形,司法裁判适用的是第 677 条,例如见《联邦最高法院民事裁判集》,第 37 卷,第 258 页(基于无效合同的装修);《联邦最高法院民事裁判集》,第 39 卷,第 87 页(偷漏税财产管理);联邦最高法院民事裁判,载《新法学周刊》,1997 年,第 47 页(背俗取得贵族称号,评论见艾因泽勒(Einsele)文,载《法律教育》,第 198 期,第 201 页)。我认为在此情形行为人意欲履行的只是其自己可能的义务,其管理他人事务的意思即可引起质疑(参见上文边码 619 以下)。但是,至少在法律关系无效时,必须优先采用给付返还请求权以实现返还清算。否则,如适用无因管理则要排除对不当得利请求权的限制(如第 814 条和第 817 条第 2 句)。综上所述,在此情形不应当维持裁判适用第 677 条以下的规定(参见《慕尼黑民法典注释—赛勒》,第 677 条,边码 40 以下)。

第二节 法律后果

623 无因管理没有统一的法律后果。第683条和第684条将无因管理划分为两个不同的种类。

一、区分标准

1. 划分无因管理是因为对他人的事务进行管理存在两种完全不同的形式。管理人可以是意在无私地、认真地以本人之意思对待其利益;而之所以没有订立处理事务的合同,其原因在于无法联系本人。比如为出门旅行的邻人排除水管破裂问题,或者昏迷者需要医疗救护。但另一方面而言,管理人也可以是自以为是地干涉他人的事务,并意欲向本人强加其意志。例如,某人为短期外出的邻人修剪灌木丛,以使其花园显得“整洁”,或者擅自为邻人订购一把修剪树篱用的剪刀。

显见,只有在发生第一种情形时,法律才以赋予请求权的方式向管理人提供保护。相反,在发生第二种情形时,更多地应该考虑如何避免此类不受欢迎的、对他人事务的干涉。

624 2. 如何准确界定这两类事务管理,第683条第1句的出发点在于,管理事务的承担是否“符合本人的利益以及本人真实或可推定的意思”。根据条文的规定,似乎利益和意思被置于平等的地位并存。但按照正确的观点这并不妥当的(尚有争议),这是因为事务为本人的权利范围,在一个以私人自治为原则的私法体系中,本人的意思应该决定对事务的管理。一般而言,即使该意思有悖本人的客观利益,也应该予以尊重。例如,土地所有权人可以自己决定其花园的外貌,即便是另一种设计可能会使花园升值。

由此可见,首先纳入考虑范畴的是以某种方式可以辨知的真实意思。一般情况下,真实意思要优先于任何其他标准(例外情形见第679条,参见下文边码625)。如果未知本人真实的意思,则以可推定的意思为据。而对于可推定意思的取得而言,利益是一个重要的参数。但在例外情形,如根据本人以前的行为或其为众人所知的信念,可以推定本人非理性的(与利益相背的)意思。此时,在客观利益之前要优先考虑该推定意思。

依照通说,上述顺位一般不考虑为管理人所辨知之理(例如可参见《慕尼黑民法典注释——赛勒》,第683条,边码12)。如若管理的承担违背了管理人未能辨知的、本人真实的意思,管理人不享有特别是第683条第1句规定的权利。在这一点上,无委任的管理具有巨大的风险。唯独还有一点存有争议,即管理的承担如若是以"避免本人面临的急迫危险为目的",那么,对管理人是否适用第680条规定的责任减轻基本原则,比如某人因轻微过失将醉酒之人误认为需医治之人,可否要求偿还运往医院的运输费用?有学者持肯定回答。相反观点则认为,误认之危险是不充分的。还有学者认为,至少应该是无过错予以肯定的危险,才能构成充分条件。我倾向于,费用之偿还需要有一个实际存在的危险;还有其他观点(类推适用第829条)见施托尔(Stoll)文,载《魏特瑙尔庆贺文集》,1980年,第411页。

3. 依照第679条的规定,如若涉及为公共利益履行的义务, 625
或者法定的扶养义务,则本人的意思例外地不为重要的要件。其中,第一种情况主要涉及本人的交通安全义务,排除由其负责的交通障碍,如某人在夜间将一辆未照明的汽车从车道上推走,而无需考虑司机或持有人相反的意愿。与此相对的是,第679条不适用于为他人支付税收债务:一项税收债务未准时到账,并不能明显地侵害社会公共利益。

非常有争议的问题是,如何对待试图挽救自杀者的尝试。活着并不是为公共利益之义务。但为了能够适用第679条的规定,许多学者将条款的适用扩及至下述情形,即本人的意思违背法律上的禁止性规范或者善良风俗。然而,法律上并没有禁止自杀的规定,背俗也当视具体情形而定。因此,第 679 条甚或其广义理解也无法解决此类情况(同样观点见拉伦茨:《债法分论》,第 2 卷,第 1 分卷,第 57 章,第 1 节,第 1 目,第 445 页;《慕尼黑民法典注释——赛勒》,第 679 条,边码 13)。我认为,最为清晰简洁的解决途径是下述侵权法方案:《刑法典》第 323c 条要求对显然的自杀行为应予救助。故此,自杀者或其继承人按照第 823 条第 1 款必须赔偿救助者适当的健康上的损害或所有权上的损害,但限于自杀者其时对损害可以预见的情形(参见拉伦茨:同前引,脚注 34)。单纯的财产损害(如尝试救助过程中时间上的损失)不能予以赔偿。此外,根据《帝国社会保险法》第 539 条第 1 款第 9 项第 1 目的规定(现《社会法典》第 7 编第 2 条第 1 款第 13 项),救助者还受法定意外事故保险的保护。总之,最严重的损害会因此受到赔偿,而厌世者的责任问题则仅牵涉保险机构的追索(但应有所局限,参见《联邦最高法院民事裁判集》,第 92 卷,第 270 页)。

二、正当无因管理的法律后果

626 如若事务的管理符合本人的意思,并且该意思如上文边码 624 以下论述是值得注意的,则被称为正当的无因管理。正当的无因管理的法律规定在实质上等同于委任法;管理人与本人的关系几乎有如委任。

1. 依照第 683 条和第 670 条的规定,本人必须偿还管理人视具体情形可以认为必要的费用。此处适用上文边码 424 以下关于委任的论述,特别是本人也要偿还无意遭受的不利益(损害)。管理人有赠与意图时,依第 685 条的规定无偿还请求权。

管理人实施的行为是否享有报酬,该视角下无因管理的利益关系与委任有所不同,与受任人不同,未受委任的管理人并无订立可以约定如所希望的报酬的合同。故通说认为,无因管理相较委任更应准用第 1835 条第 3 款的规定:管理人至少应该为属于其营业或职业的劳作获得报酬(例如拖车公司清道,医生救助昏迷者)。但在具体问题上尚有争议(参见拙著《民法》边码430)。

2. 依照第677条的规定,管理人必须“根据本人的利益,并考虑其真实意思或可推定意思”管理事务。这里又一次再现了在承担管理事务时应予重视的标准(参见上文边码624),对标准的理解也应一如第683条第1句:本人的意思决定了事务的承担,也同样决定了事务的管理。如若管理人有悖于此,则按照一般性规定,管理人要负担损害赔偿责任,尤其是在可以归责的义务侵害时。但在面临依第680条规定的紧急事务管理时,责任将予以减轻(参见上文边码624)。另外,第682条对无完全行为能力的管理人的责任给予了限制:管理人应该仅按侵权法(第827条以下!)和不当得利法负责(法律原因移转,按照哈索尔特(Hassold)论文的观点,载《法学评论》,1989年,第358页)。但是,按照正确的观点,由第682条并不能反向推导出,无完全行为能力人对本人的请求权将依第104条以下受到限制(参见《慕尼黑民法典注释——赛勒》,第682条,边码3)。 627

此外,按照第681条的规定,管理人也承担类似于受任人的附随义务:第681条第1句规定,管理人必须告知本人,并等待其决定的可能;第668条规定,管理人必须支付应为本人所得,但已为管理人所用的金钱的利息;并且,第667条规定,管理人第一必须向本人返还因管理而取得的一切。

三、不当无因管理的法律后果

管理的承担不能符合本人可推定的意思的(参见上文边码624),人们称之为不当无因管理。第684条第2句规定(此处的表述并不完整),如本人事后同意的,则可取得正当无因管理的法律后果。但是,在大多数情况下本人在事后也不同意当初不符合其意思的事务管理,故本人并不考虑承认。如出现此种情形,则适用下文论述。 628

1. 第684条第1句规定,本人必须依不当得利法向管理人返还因事务管理所取得的一切(第818条、第819条)。而本人之所以负担返还义务,是因为本人根本不负担费用的偿还,即本人不能保留建立在他人支出基础上的一切所得。如果本人并没有取得利益(常见于不当无因管理),则本人不负担任何债务,这也适用于本人并未获得利益,并按事物之本质无法返还的取得。也就是说,不应当强迫本人支付其并不希望的"强加利益"的客观价值(参见下文边码678、边码681)。

629 2. 管理人主要承担损害赔偿责任。依照第678条的规定,只要在承担事务管理时有过错,即应承担此责任。不当无因管理人承担的责任类似于迟延债务人(第287条第2句,参见《总论》边码407),与其后的过错无关,管理人对因管理事务而发生的所有损害负责。另外,此种情形依然适用第682条规定的责任减轻事由(参见上文边码627)。如若涉及防范实际的危险,则还附加适用第680条(参见联邦最高法院裁判,载《新法学周刊》1972年,第475页,参见上文边码624)。

此外,不当无因管理人还应当负担第681条规定的其他义务(《慕尼黑民法典注释——赛勒》,第681条,边码2f,尚有争议)。但是,与第681条第2句和第667条规定相反的是,第684条第1句规定,管理人无需返还因事务管理取得的一切(反之,也不能要求偿还费用)。

第三节　具体问题

一、对第三人负担义务或依职权负担义务的管理人

630 管理人与本人之间不存在承载管理事务的法律关系,这种情况并不罕见,因此也就有可能存在无因管理的空间;但是,也可能出现管理人是因职权或基于与第三人的合同负担义务的情形。例

如,消防队救火,处理的既是纵火者也是着火物所有权人的事务(参见《联邦最高法院民事裁判集》,第 40 卷,第 28 页)。或者交通安全义务人清理道路上灰坑引起的灰尘的同时,也同样为负有清理义务的作业企业处理了事务(参见《联邦最高法院民事裁判集》,第 65 卷,第 354 页)。或者某人基于合同修理第三人的物。司法裁判(当然不完全统一)一般认为,与客观上完全为他人的事务一样,对于此类“也为他人的”事务,同样可以推定为他人管理事务的意思(参见上文边码 620)。故此类情形下,管理人享有偿还费用的请求权,如本人持相反的意思还可适用第 679 条的规定。当然,对例外情形裁判也给予了承认(比如《联邦最高法院民事裁判集》,第 140 卷,第 102 页、第 109 页以下;魏斯豪普特(Weiß－haupt)文,载《新法学周刊》,2000 年,第 1002 页)。联邦最高法院裁判(载《新法学周刊》,2000 年,第 72 页;评论见 G. 舒尔策(G. Schulze)文,载《法学家报》,2000 年,第 523 页)合乎实际地否认了从事寻找继承人营业之人(有这样的情况!)的无因管理报酬请求权:即使寻找继承人也同样是继承人的事务,但适用于成功订立合同的一般性风险分配原则不允许遭到破坏。

我始终认为承认对第三人负有义务者为一种无因管理是不正确的(拙著《民法》边码 410 以下和 414,有更为详细的论述):国家行为在何种范围内是免费的或者是要由受益者支付的,必须由公法决定。否则,单纯借助无因管理就可以有理由认为,被盗者必须承担警察追捕小偷的费用(显然这是错误的)。此外,与第 677 条和第 681 条相反的是,因为国家行为并不服从于“本人”的意思,所以无因管理不适用于国家行为。另外,如若行为人因合同对第三人负有义务的,则其应当满足于合同的对待请求权。对受益“本人”附加的请求权则意味着普通法上类型诉讼的复活,而这恰是《民法典》所不愿接受的。

二、附论：第 687 条第 2 款第 2 句的转引

631 因为越权行为人不具有管理他人事务的意思，所以越权行为一般不受第 677 条以下条款的调整（参见上文边码 613）。但是，根据第 687 条第 2 款第 1 句的规定，本人可以依第 677 条、第 678 条、第 681 条和第 682 条向行为人主张请求权，特别是依照第 681 条第 2 句和第 667 条要求其返还因管理事务取得的一切。也就是说，对待不当管理人应当像对待正当管理人一样。但第 687 条第 2 款第 2 句对此作出了进一步的规定，即本人主张请求权的，本人对管理人负担第 684 条第 1 句规定的义务。

该转引蕴涵了一个明显的错误。按照第 684 条第 1 句的规定，本人应当将因管理而取得的一切返还给管理人，而这一切却是本人依第 681 条第 2 句和第 667 条所取得的，也就是说，因管理取得的一切被来回的转移。为了避免发生这种毫无意义的移转，对第 687 条第 2 款第 2 句应当作不同的理解和解释，该条款所指并非管理的成果，而是管理人发生的费用。如若管理人必须返还因管理所取得的一切，则其发生的费用应当按不当得利法予以偿还。

第九编

不当得利

参考文献：最为详尽的论述参见罗伊特—马丁内克（Reuter－Martinek）：《不当得利》，1983年，有关评述参见施莱希特里姆（Schlechteriem）论文，载《商法杂志》，第149期，第327页以下；法律比较上的论述参见舍费尔（Schäfer）：《欧洲不当得利法》，2001年；方法上的批评参见格迪克（Gödicke）：《不当得利法与学理》，2000年；此外，主要倾向于教学的有，博伊廷—韦伯（Beuthien－Weber）：《不当得利与无因管理》，1987年，第2版；吉森（Giesen）：《债法分则中冲突解决原则：不当得利Ⅰ：给付不当得利》，载《法律学习》，1995年，第169页以下；续篇，载第234页以下（非给付不当得利）；续篇，载第281页以下（不当得利的范畴）；克普世坦纳—克拉默（Koppensteiner－Kramer）：《不当得利》，1988年，第2版；勒维海姆—温克勒尔（Loewenheim－Winckler）：《不当得利的基本问题》，载《法学教育》，1982年，第434页以下，其他众多续篇，末篇载《法学教育》，1987年，第541页以下；勒维海姆（Loewenheim）：《不当得利法》，1997年，第2版；雷普（Reeb）：《不当得利法的基本问题》，载《法学教育》，1972年，第390页以下；1974年，第513页以下;以及作为著述:《不当得利法的基本问题》,1975年;P. 施维德纳(P. Schwerdner):《不当得利》,载《法律学习》,1982年,第192页以下,第255页以下,第309页以下;维灵(Wieling):《不当得利》,1998年,第2版;当前主要见拉伦茨—卡纳里斯(Larenz - Canaris):《债法分论》,第2卷,第2分卷,第67章至第74章。

其他规模甚巨的文献主要探讨的是数人关系中不当得利的结算,参见下文边码723。此外,要提及的是巴恩斯得特(Barnstedt):《不当得利中的无因性特征》,1940年;冯·克默雷尔(von Caemmerer):《不当得利和不法行为》,载《拉贝尔庆贺文集》,第1卷,1954年,第333页以下=《文集》,第1卷,第209页以下;克斯特德(Costede):《不当得利法学理和方法论上的思考》,1977年;克雷策柳斯(Crezelius):《合伙人的不当得利责任》,载《法学教育》,1986年,第685页以下;多伊奇(Deutsch):《百年后的不当得利法》,载《保险法杂志》,1996年,第1309页以下;埃尔曼(Ehmann):《论法律原因概念》,载《新法学周刊》,1969年,第398页以下;格拉赫(Gerlach):《不当得利的强制执行和不当得利》,1986年;哈丁(Hadding):《利他合同中不当得利的结算》,1970年;H. H. 雅各布斯(H. H. Jakobs):《侵害与财产转移》,1964年;耶尔格斯(Joerges):《作为经济法的不当得利法》,1977年,评论见魏特瑙尔(Weitnauer)文,载《商法杂志》,第142期,第398页以下;约斯特(Joost):《夫妻间的给予和离婚后的不当得利结算》,载《法学家报》,1985年,第10页以下;克勒尔(Kaehler):《不当得利法和返还请求权》,1972年;卡米温咖(Kamionka):《不当得利法中的给付概念》,载《法学教育》,1992年,第845页以下,第929页以下;克尔曼(Kellmann):《收益责任的基本原则》,1969年;克莱因海尔(Kleinheyer):《法益的使用和不当得利的结算》,载《法学家报》,1970年,第471页以下;克尼普尔(Knieper):《现代不当得利学说?》,载《企业顾问》,1991年,第1578页以下;肯德根(Köntgen):《不当得利法的变迁》,载《埃塞尔庆贺文集》,1975年,第55页以下;柯尼希(König):《不当得利》,1985年,评论见罗伊特(Reuter)文,载《民法实务档案》,第187卷,第484页以下;《不当得利:基础、趋势、展望——纪念德特勒夫·柯尼希海德堡学术会议》,1984年;柯特尔(Kötter):《论给付返还请求权的法律本质》,载《民法实务档案》,第153卷,1954年,第193页以下;科勒(Kohler):《给付法律上不存在之物的返还请求权》,载《保险法杂志》,1988年,第563页以下;科瓦斯基(Kowalski):《论合伙中的不当得利责任》,载《新法学周刊》,1991年,第3183页以下;克拉维理基(Krawielicki):《不当得利请求权基础》,1936年;库比适(Kubisch):《目的不达时的给付返还请求权》,载《法学家报》,1985年,第101页以下,第163页以下(评论见魏特瑙尔(Weitnauer)文,载《法学家报》,1985年,第555页以下);同一作者:《履行时的法律原因(第812条)》,载《新法学周刊》,1985年,第2370页以下;同一作者:《不当得利法中的法律实证主义》,载《法学家报》,1997年,第213页以下;冯·吕布韬夫(von Lübtow):《罗马法和现行法上不当得利返还请求权理论文集》,1952年;马扎(Mazza):《要因债务合同、法律原因和可请求返还性》,2002年,评论见伯尔克(Bork),载《法学家报》,2002年,第656页以下;梅迪库斯(Medicus):《给付返还清算的类型》,载《法学教育》,1990年,第689

页以下;同一作者:《给付返还请求权和连带债务》,载《W. 罗伦茨庆贺文集Ⅱ》,2001 年,第 229 页以下;诺伊霍夫—里夏拉特(Neuhof - Richrath):《依照双重原因说对无效信贷担保合同的返还清算》,载《新法学周刊》,1996 年,第 2894 页以下;平戈尔(Pinger):《不当得利法中给付概念承载了什么?》,载《民法实务档案》,第 179 卷,1979 年,第 301 页以下;赖默尔(Reimer):《强加的不当得利》,1990 年;罗特惠夫特(Rothoeft):《财产损失和不当得利结算》,载《民法实务档案》,第 163 卷,1964 年,第 215 页以下;吕姆克(Rümker):《侵害不当得利中的构成要件"无法律原因"》,1972 年;席尔特(Schildt):《不当得利法中的竞合问题》,载《法学教育》,1995 年,第 953 页以下;施莱希特里姆(Schlechtriem):《不当得利法裁判纵览》,载《法学家报》,1988 年,第 854 页以下,1993 年,第 24 页以下、第 128 页以下、第 185 页以下;施瑙德(Schnauder):《无不当得利的给付?——论目的性给付概念的基础和界限》,载《民法实务档案》,第 187 卷,1987 年,第 142 页以下;肖赫(Schoch):《公法上的赔偿请求权》,载《法律学习》,1994 年,第 82 页以下;F. 舒尔茨(F. Schulz):《侵害取得的权利体系》,载《民法实务档案》,第 105 卷,1909 年,第 1 页以下;施温陶夫斯基(Schwintowski):《不当得利结算行为》,载《法学家报》,1987 年,第 588 页以下;施坦格(Stangl):《公法上的补偿请求权》,载《法律公报》,1998 年,第 48 页以下;H. 韦伯(H. Weber):《公法上的补偿请求权》,载《法学教育》,1986 年,第 29 页以下;M. 韦伯(M. Weber):《期待落空的不当得利请求权?》,载《法学家报》,1989 年,第 25 页以下;魏特瑙尔(Weitnauer):《克默雷尔庆贺文集》,1978

年，第255页以下；同一作者：《不当得利法报告》，载《企业》，1984年，第2496页以下；韦勒克（Welker）：《因目的不达不当得利结算?》，1974年；H. P. 韦斯特曼（H. P. Westermann）：《法国民法和德国民法中的原因》，1967年；韦尔堡（Wilburg）：《奥地利法和德国法中的不当得利学说》，1934年；威廉（Wilhelm）：《侵害权利和财产决策作为不当得利请求权的基础和界限》，1973年；J. 沃尔夫（J. Wolf）：《不当得利学说的现状及其创新》，1980年；柯尼希（König）：《法律创新》，载《债法改革鉴定和建议》，联邦司法部出版发行，1981年，第2卷，第1515页以下；具有宝贵价值的还有不当得利法注释：W. 罗伦茨（W. Lorenz）文，载《施韬丁格民法注释》，1994年，第3版，1999年，新版；里普（Lieb）文，载《慕尼黑民法典注释》，1997年，第3版。

第一百二十五章　不当得利的类型

第一节　统一说抑或区分说

632 在过去的几十年里，关于不当得利学说的争议远远超出了民法的其他部分。争议点主要不在其结果（关于结果，在很大程度上意见是一致的），争议在其产生结果的理由，即是否可以用统一的不当得利事实构成涵盖所有类型的案例，或者对其区别对待是必要的抑或是适当的，这个问题即是争议的起点。

争议的原初为第 812 条第 1 款第 1 句的表述。虽然条款一开始即对“因他人之给付”和“以其他方式”进行了区分，但是，在其他事实构成以及法律后果上都未进行区分。事实构成的图表看似应当表述如下：

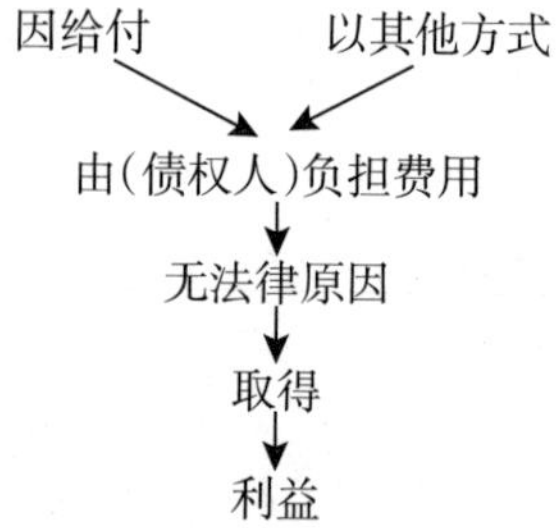

但在细心阅读后，就能发现这并不是强制性的。其中，“由（债权人）负担费用”这一语词并不一定要与前两个事实构成发生关联，更多的可能是指该语词前面的“以其他方式”（得利），按照这个思路，第 812 条第 1 款应以下图表示：

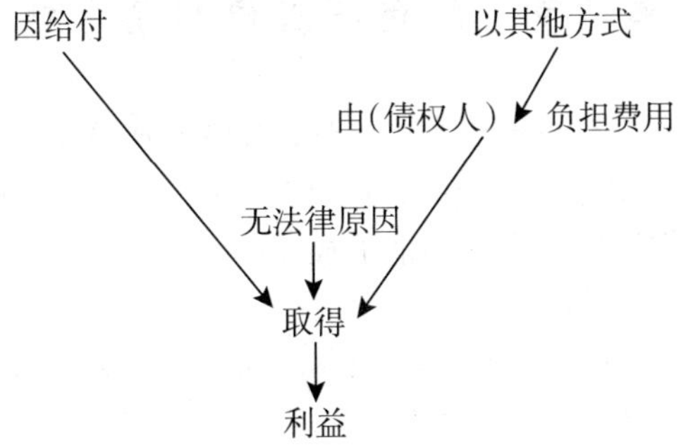

统一说（Einheitstheorie）的捍卫者以上述第一种方式理解第 812 条第 1 款，其意欲将“由（债权人）负担费用”、“利益”、“无法律原因”和“取得”概括描述所有的可以想像的不当得利情形。

但是，与上述学说相背的除了第 812 条第 1 款中语言的模糊性之外，还有两个其他原因：第一，第 813 条、第 814 条、第 815 条、第 817 条、第 819 条第 2 款和第 820 条第 1 款明确关系“给付”，这些条款包含了给付不当得利的特别规定。第二，不当得利涉及的事实构成具有完全不同的外在表现。一方面比如可以涉及基于未为辨知无效的合同所为给付的返还清算，例如无效买卖的买受人意欲要回其已支付的价金，出卖人意欲要回其已移转所有权的物。另一方面，可以涉及对他物的处分，如借用人将所借之物让与正当第三人（第 929 条、第 932 条），丧失所有权之人应当享有什么权利（第 816 条第 1 款）？而一个能够涵盖所有这一切情形的表述应当具有高度的抽象性。如何避免发生这种情况，依照通说仅为此目的就应对不同的不当得利类型进行分类（相同观点见罗伦茨—卡纳里斯:《债法分论》,第2卷,第2分卷,第67章,第1节,第2目)。作为补充性说明,我认为从客观原因上分析分类为必要;分类尤其有利于对缺乏法律原因的查证(参加下文边码636)。

第二节　给付不当得利请求权

633 1. 第一种类型的案例为第812条第1款第1句表述的第一种可能类型,即因他人给付取得利益。返还此种利益的不当得利请求权被称作给付不当得利请求权。

请求给付之诉起源于拉丁语condicere,condicere即是通知的意思。过去在罗马法中请求给付之诉是一种诉讼类型,该诉讼中审判期日定于30日之后(卡泽—哈科尔(Kaser - Hackl):《罗马法上的民事诉讼法》,1996年,第2版)。这一名称原初只表示一种程序的开始,而非特定的诉讼原因。在程式诉讼中,请求给付之诉发展成严正法上的(即服从于特定实体法规则的)请求特定金钱数额或物的诉讼,该诉讼程式并未规定负担义务的理由,故此,该诉讼适用于许多具体情形;第812条规定的最可能得到适用的"不当受益"原先只是各种情形中的一种。罗马法上的请求给付之诉原先并不建立于第818条第3款规定的现代不当得利请求权中典型的既存不当得利范畴。参加卡泽评论:《罗马私法》,第139章,1971年,第2版。

请求给付之诉这一术语的反义词是所有物返还请求权(Vindikation),即为第985条和第986条规定的所有权人对无权占有人的诉讼。所有权人可以请求返还物;丧失所有权者必须请求返还给付,可以是因为其自身有效地交出,或者是因为他人以其他有效途径取得(如基于第892条和第932条规定的正当性,或者按照第946条以下规定创设)。

2. 给付不当得利请求权的核心概念是给付。在一般情形下，给付被理解为有意识地、有目的地增加他人的财产（例如在《联邦最高法院民事裁判集》，第58卷，第184页和第188页即已经被称作“自此稳固的裁判”，其后又有联邦最高法院裁判，载《新法学周刊》，1999年，第1393页和第1394页）。具体的含义如下： 634

（1）增加他人的财产不仅是一种有金钱利益的给予；“财产”在此处不能理解为“可以以金钱估量”。而且，借助于给付不当得利请求权还可以要求返还非以金钱衡量的物，如情书，也可以是单纯的占有（即所称的占有返还之诉 condictio possessionis），抑或不正确的土地登记。第812条第1款第1句通过将取得的对象毫无色彩地表述为“利益”，传达了这种想像范围内的多样性。

（2）这种给予必须是有意识的，即必须载承一种意思。据此，如某人误信他物为己物、并为此支出费用的情形（如修复），不能构成给付不当得利请求权，此处行为人并不知道其行为是增加了他人的财产（参见下文边码638）。 635

（3）不当得利法意义上的给付还具有一定的目的性（Zweckrichtung）：给付者必须是遵循一定的目的的，而在一般的给予行为中是有此特点的。给予意味着牺牲，而牺牲则是为取得一定的利益。其中，目的并不一定在于物质上的等价物品（如免除债务）；确切地说，赠与也是在考虑范围之内的。 636

如若实现了目的，则一般没有理由（例外见第817条第1句，参见下文边码645），要求返还给付；该给付是“不得请求返还的”。相反，如若没有实现目的，则牺牲是无谓的；则法律制度必须考虑采用解除途径。有关具体论述参见下文边码641以下。

第三节　非给付不当得利请求权

“因给付”取得的相反概念在第812条第1款第1句中被表 637

述为“以其他方式”取得,即从反面规定了由此产生的返还请求权并不是基于给付,故称其为非给付不当得利请求权。这种非因给付的取得可以是基于各种原因:

1. 取得人可以是自己对他人的财产实施了侵害:取得人并未受到给付,而是自取利益。属于这一类的例如有,小偷消费偷窃之物或者用偷得的金钱支付债务(参见第 935 条第 2 款、第 932 条、第 816 条第 1 款第 1 句)。类似的还有,如无权占有人通过加工取得所有权(第 950 条、第 951 条和第 812 条),或者债权让与后原债权人受领债务人的给付,而债务人依第 407 条因此对新债权人免于债务(第 816 条第 2 款)。在上述各种情形中适用的返还请求权被称为侵害他人权益不当得利。具体内容参见下文边码 697 至 714。

638 2. 但是,可以想像,取得也可以不是基于给付和基于对他人权益的侵害。比如这种情况可见于,误认自己为所有权人的占有人对他物进行改进。对于给付而言,此处并不是有意识地增加他人的财产(参见上文边码 635),因改进受益的物之所有权人并不是自己从他人的财产中拿走利益。故此,为对这部分费用作出补偿,需要独特的不当得利返还请求权,即所称的支出费用不当得利请求权(Aufwendungskondiktion)。参见下文边码 717 以下。

如若免除债务系因其他人的行为而造成的,则其既不是给付也不是对他人权益的侵害。例如,负担损害赔偿的义务人向受害人给付的同时,也免除了应当对此损害负同样赔偿责任的第三人的债务。则债务人对第三人的不当得利请求权可以是一种求偿不当得利请求权(Rückgriffskondiktion)。参见下文边码 722。

这两种类型不当得利请求权的主要问题是,许多特别规范已对费用和求偿作出了规定。比如在所有权人—占有人—关系上对无权占有人支出的费用适用第 994 条以下的规定,而连带债务人的求偿以第 426 条规定为准。由此产生的问题是,不当得利请求权还余有多少空间。

第一部分

给付不当得利请求权

第一百二十六章　两人关系中的给付不当得利请求权

参考文献：参见上文边码632，关于多人关系则参见下文边码723以下。

第一节　问题概述

给付不当得利请求权中存在实质性的两大问题： 639

第一，涉及的是确定在法律上起决定作用的给付目的。给付目的实现与否，决定了给付是否需要返还；如目的已达则构成“法律上的原因”（参见上文边码636）。下文还要对此进行论述。

第二，如若给付涉及的不仅仅是两个人之间的关系，则给付不当得利请求权将演变成复杂的问题。比如债务人不向其债权人支付，而是根据债权人的指示向第三人支付，抑或债务人不以自己的金钱支付，而是在无权支配的情况下以第三人的金钱支付。这类错综复杂的问题将在下文边码723以下处理。

第二节　给付目的的多样性

一、原初目的和其他目的

640 给付往往用以追逐各种各样不同的目的，如机动车辆的买受人之所以支付价金，是因为其负担此项义务。进一步说，买受人意欲推动出卖人以交付车辆；买受人的支付行为排除了出卖人基于第320条的抗辩权。如若车辆已经交付，那么出卖人将不能依第326条和第346条的规定，要求返还车辆。另外，买受人需要该车辆，以轻松到达远处的工作场所。其中，可能有多种原因和期待在起决定性作用，比如买受人要保留其住房和工作岗位，又比如买受人马上要取得驾驶证抑或是不想失去，又比如买受人的价金没有更急迫的用途。

所有这些目标的实现和所有这些期待的成就，可能对于买受人而言都是非常重要的。但所有这一切绝不是都对不得请求返还已给付的价金具有意义；否则，买受人就可以通过第812条修正其错误的规划，而这些错误作为纯粹的动机错误是不能赋予撤销买卖合同的权利的。如若买受人可以将其生活中的风险，如住房、工作岗位和驾驶执照等风险转嫁给出卖人，那么单纯从结果上看，就已经是一种背离道德的行为。故此，决定性的因素只能是给付原初追逐的目的。

二、类型的形成

641 第812条及其下条款系传承罗马法的传统，其分类如下：

1. 以债务为内容的给付（solvendi causa）中唯一起决定作用的是以给付为目的的清偿效果（Tilgungserfolg）（参见下文边码651，不同观点参见库比适（Kubisch）文，载《新法学周刊》，1985年，第2370页）。目的不达可以有各种原因。

（1）如若待履行的债权根本不存在，则履行落空（例如，作为其基础的合同无效)。或者虽然存在债权,但债权系存在于其他人员之间(如赔偿窗户玻璃的父亲误认为其孩子打碎了玻璃窗,而事实上是另一个孩子所为)。或者债权蕴涵完全不同的内容,以致所为给付并不能达到履行的目的(如出卖人无意中交付的与出卖标的不同)。这一切给付都未达到目的,故可以请求返还。其方法和途径即是第812条第1款第1条第1种可能中规定的错债索回之诉(condictio indebiti)。

(2)通过给付予以履行的债权也可以在原初是存在的,但在事后不再存在。虽然履行达到了目的,但事后丧失了其原因。对此,第812条第1款第2句第1种可能规定了债因消失后的请求返还之诉(condictio ob causam finitam)。该返还请求权应当解除所为的、事后又成为不必要的给付。适用情形参见下文边码616以下。 642

(3)虽然给付予以履行的债权可以成立,并且事后也成立,但其可能负担永久性抗辩。此时,债务人不必履行义务,债务人可以用抗辩来保护自己。如若债务人错误地没有行使该权利,则第813条第1款第1句向其提供了返还请求权。此类永久性抗辩可以产生于以下情形,如债权人无法律原因取得债权或者因侵权行为取得债权(第853条),抑或债务人作为继承人可以对其责任予以限制(第1973条、第1975条、第1990条)。 643

永久性抗辩就其本身而言还可以产生于第214条第1款规定的消灭时效。然而,第214条第2款规定不得请求返还对时效已消灭的债权所为的给付,第813条第1款第2句再度明确引证该条款。消灭时效的抗辩之所以特殊,是因为时效已消灭的债务作为一种涉及声誉的债务还是应当可以得到履行的。此外,排除返还请求权还适用于,债务人对消灭时效不知悉的情形,并且,即使债务人本身并不具备不主张该抗辩权的决定意思时,也同样适用该原则。其中,重要的是消灭时效应当尽可能地带来法律上的和平;如若在(自始至终都有主观动力的)给付后,再重新争论返还的问题,是违背这个目标的。

644 2. 应该区别对待为其他目的(ob rem)的给付和以债务为内容的给付。第812条第1款第2句第2选择文句系指此意,即未达成"依照法律行为内容所为给付的目的"。此处给付的牺牲品是无谓的,应当可以解除:通过非给付目的的返还请求权。

此类为其他目的的给付第一可能出现在现金交易中,其时,尚不存在义务,法律原因的创设应当始在给付之后。例如,某人在商店里为一件特定的商品支付10欧元,但过后发现没有相应的库存,依照非给付目的的返还请求权可以请求返还给付。第二,发生此类给付的情形系指,关于目的效果的承诺未能有效达成,或者仅在出现特定困难时始有效达成。第一种可能适合例如缔结婚姻(参见第1297条),第二种可能适合例如指定继承情形(参见第2302条、第2274条以下)。如何界定则请参见下文边码652。

645 3. 最后,在第817条第1句中还规定了特定的返还请求权的事实构成:给付目的系以如下方式指定,即"受领人因受领违背法律上的禁止性规定或善良风俗"。该规定不包括比较常见的情形,即给付人同样违法或者违背善良风俗,否则,依照第817条第2句将排除返还请求权(参见下文边码659以下)。这样对于第817条第1句而言——受领给付即为背俗或违法的返还请求权——适用的空间就非常狭小。典型用于教学的案例是公务员受贿(《刑法典》第331条的收受利益),收受贿赂的公务员会因此遭到刑罚。但在此种情形可以质疑的是,给付人是否至少违背了善良风俗(《慕尼黑民法典注释——里普》第817条边码8)。比较明确的是,第817条第1句包括因受恐吓支付"保护费"的情形。

第817条第1句在理论上的特殊性在于,尽管实现了致力予以实现的效果,但返还请求权是受到保证的。同时,第817条第1句自然适用于如下情形,即给付是基于可以辨别的无效义务所为,但依第814条的规定被排除错债索回请求权的情形(参见下文边码656)。其原因在于给付目的在法律上形成不公平:在依一般不当得利法不能要求返还时,为受领人的违法目的或背俗目的所为的给付本身就不应当具有生命力。

第三节　特论:法律原因的事后消失

“法律原因事后消失”(第812条第1款第2句第1种可能),以及在结果上被纳入考虑范围的“债因消失后的返还请求权”,比人们设想的发生概率要小。 646

1. 第142条规定,通过撤销(依照第119条、第120条和第123条规定)被撤销的行为自始无效。那么,基于这些行为产生的请求权自始丧失了其法律原因,这属于错债索回请求权。

2. 作为“债因消失后的返还请求权”的适用案例经常指称下述情形,即设定请求权的法律行为中解除条件的成就。但是,如若条件成就,并且在事实上也缺乏真正的、符合当事人意思的溯及力时,第159条规定的也只不过是债上的补偿义务。但是,出于下述原因能否适用“债因消失后返还请求权”还是一个疑问:即如若当事人约定一项解除条件,那么,当事人也应当预见到了行为事后消失的可能性。因此,通过补充性的合同解释即能将返还义务视作该情形所希望的(见弗卢梅(Flume):《民法总论》,第40章,第2节,第4目;以及拉伦茨(Larenz):《总论》,第25章,第4节,第507页),故不再需要不当得利请求权。上述制度尤其适用于非从属性的担保合同,如担保所有权的赋予,即通过解释担保合同,即能在担保目的结束后保证返还(未附加条件的)为担保目的而发生所有权移转的物。 647

3. 夫妻间的给付有时也适用“债因消失后的返还请求权”。婚姻提前结束时,应当可以请求返还给付。例如在联邦最高法院 648

裁判中(载《法学家报》,1968 年,第 381 页,附 W. 魏尔纳(W. Werner)注释),丈夫用自己的资金在属于其妻子的土地上建设了一栋房屋以作家庭住房,之后在婚姻破裂后,丈夫要求补偿,联邦最高法院将婚姻视作丈夫给付的法律原因,并将离婚视为请求返还的原因。但这是不正确的(参见里普(Lieb):《夫妻合作》,1970 年,第 118 页以下),因为妻子借助于基于婚姻的扶养请求权是不能要求给予房屋的,所以,婚姻只不过构成了动机,而非给予的法律原因。在该案裁判后不久,联邦最高法院就放弃了依照不当得利法处理类似案例(参见《新法学周刊》,1982 年,第 2236 页)。参见上文边码 182 中关于夫妻间(以及非婚姻生活共同体的伴侣之间)此类给付的论述以及其中的例证,还请参见《施陶丁格民法注释——W. 罗伦茨》(1999 年,第 13 版)第 812 条,边码 100 以下。

649 4. 对于解除同样也不适用第 812 条第 1 款第 2 句第 1 种可能,这是因为解除后依照第 346 条的规定,借助于其自身的返还请求权形成一种债务返还关系(参见《总论》边码 551),并且,即使对于履行而言不当得利法是其唯一的责任基础,但其仍然不是建立在第 812 条规定的基础之上的(如依第 327 条第 2 句的规定,参见《总论》边码 534 和下文边码 671)。

650 5. 相反,“债因消失后的返还请求权”比如可以适用于下述情形(载《联邦最高法院民事裁判集》,第 29 卷,第 171 页):在该案例中,债务人先为给付 5 年,但合同因特别终止提前结束。还可以设想的情形为,如被保险人拿回了被偷窃的物品,则可以要求其返还保险额(参见《帝国法院民事裁判集》,第 108 卷,第 110 页)。

第四节　特论：目的效果未达

1. 第812条第1款第2句第2个选择文句中称未达到“依法律行为内容为给付的效果”是目的未达返还请求权的返还原因。绝大多数的给付是为了清偿债务(solvendi causa)。清偿效果没有达成的，则依第812条第1款第1句第1项选择文句，借助于错债索回之诉即可。故此，第812条第1款第2句第2种可能中的效果必须是不同于债务清偿的效果，在这一点上大家的意见是一致的。 651

与此相反，有争议的问题是，该规定中的效果是否可以仅为清偿之外的延伸效果。甲欲购买一块土地，并表示其目的为在该土地上建造房屋；一旦出现土地不适宜用于房屋建造的情形，甲可否请求返还价金？按照正确的及通行的学说(如参见拉伦茨—卡纳里斯(Larenz – Canaris)：《债法分论》，第2卷，第2分卷，第68章，第1节，第3目，第4分目；《慕尼黑民法典注释——里普》，第812条，边码165以下；《施陶丁格民法典注释——W. 罗伦茨》，同前引，第812条，边码106；还请参见联邦最高法院裁判，载《新法学周刊》，1992年，第2690页以下)，必须对此问题予以否定，否则会对法律行为理论构成无法控制的侵害。也就是说，如果基于债务的给付清偿了该债务，则绝不能依照第812条第1款第2句第2种可能请求返还该给付。主张清偿之外的延伸目的之未达成，必须借助于其他方法，例如借助于买卖法上的瑕疵制度(第434条、第438条以下，如第434条第1款第2句第1项的规定，买卖标的物不符合合同预先规定的使用目的)，借助于误解撤销制度(第119条以下：该制度在行为消失后构成错债索回之诉)，或者借助于行为基础丧失制度(第313条，参见《民法总论》，边码857以下)。如果这些制度依然无法奏效，则由给付者承担这些未达成效果的不利益;其他目的在法律上只是不甚重要的动机而已(参见上文边码 640)。

652 2. 是否应当基于债务给付,关于这个问题目前可能尚存有争议。例如这个问题表现在下述情形,某人无偿给付劳动或以非常低廉的报酬给付劳动,并期待会继承受领人的财产或者与受领人结婚。在此类情形,主要是联邦劳动法院(如载《新法学周刊》,1963 年,第 2188 页;1970 年,第 1701 页;1978 年,第 444 页)承认关于劳动给付的合同,并且基于第 612 条推导出给付报酬的义务(参见上文边码 328)。但是,这种结构在消灭时效制度上即已遭遇困境。此种合同上的报酬请求权依照第 195 条和第 199 条的规定在请求权成立的 3 年后时效消灭(债权人一直知悉此项请求权),但是,一般而言期待明确落空后,时效已届消灭。针对这种情况,联邦劳动法院(如载《新法学周刊》,1963 年,第 2188 页)人为认定延期的存在,即应当依照第 202 条第 1 款(新法第 205 条)的规定中止消灭时效。但是,不适宜基于第 612 条导出报酬请求权的情形,主要发生在双方当事人对劳动给付的无偿性或低廉报酬订有约定时:即第 612 条应当只不过是填补当事人的约定,而非排斥真实的约定。由此,在此类情形,未设定劳动给付义务,是返还已给付之劳动价值(第 818 条第 2 款)的最低条件(参见《施陶丁格民法典注释——W. 罗伦茨》,同前引,第 812 条,边码 107)。

653 3. 第 812 条第 1 款第 2 句第 1 种选择规定,其中构成返还不当得利原因的、未达成的结果必须是法律行为内容的目的。这一点明显地呈现于,在实务中出现频率最高的目的未达返还之诉,即基于可以辨知的无效合同基础上的给付是因为期待合同在将来有效(参见《施陶丁格民法典注释——W. 罗伦茨》,同前引,第 812 条,边码 110)。重要的适用案例是所谓的私下买卖。在公证的土地买卖合同中,为节省税款和费用,约定的价金过低;如若支付时期待能得到对待给付,则可以按照第 812 条第 1 款第 2 句第 2 种选择,要求返还给付(参见凯姆(Keim)文,载《法律教育》,2001年,第636页)。但如若廉价劳动者只是单方面地期待,将来能够有一天与雇主的女儿结婚,则不足以构成返还不当得利的原因。

第五节　总　　结

综上所述,两人关系上的给付不当得利请求权的前提条件可以总结如下: 654

1. 不当得利债务人必须取得利益(此处利益应作宽泛理解,参见上文边码634以及下文边码672以下)。

2. 取得利益必须是因不当得利债权人的给付,即必须符合其意思并根据其确定的目的(参见上文边码635以下)。

3. 根据第812条第1款的表述,不甚明确的是,给付究竟是否必须是由不当得利债权人支付费用(参见上文边码632)。因为此处限制在两人关系之中,故在定义上不存在有可能承担给付费用的第三人。

4. 给付必须缺乏法律原因抑或丧失法律原因。一般而言,无法律原因系指,给付者因给付并没有实现追求的目的,或者没有长久地达成其目的。基于债务的给付目的就是清偿债务,未达成其他结果并不重要(参见上文边码640、651)。其他结果的重要性只是体现在为其他目的的给付中,但这些结果必须是法律行为的内容(参见上文边码653)。

构成与上文论述相反的例外情形的,只有几乎无甚意义的第817条第1句:该条款中的返还不当得利的原因不是给付目的未达,而是违反法律法定或背俗(上文边码645)。

5. 最后一点要提及的是,不允许排除返还不当得利请求权或者请求权因为不当得利的消失而消灭;有关问题在下文中还要论及:下文边码655以下、679以下。

第一百二十七章　给付不当得利请求权的排除

参考文献：道纳(Dauner)：《依照第818条第2款排除不当得利请求权》，载《法学家报》，1980年，第495页以下；法布里立斯(Fabricius)：《以禁止性法律的目的来限制第817条第2句的适用》，载《法学家报》，1963年，第85页以下；黑克(Heck)：《第817条第2句在所有不当得利请求权上的扩展》，载《民法实务档案》，第124卷，1925年，第1页以下；H.洪泽尔(H. Honsell)：《背俗行为或禁止行为的返还清算》，1974年；同一作者：《民法典第817条第2句——"法律感情上的眩晕"》，载《法制史和私法法理》，1999年，第473页以下；柯特(Kohte)：《民法典第814条第1种可能的返还不当得利请求权的障碍》，载《企业顾问》，1988年，第633页以下；迈耶·马利(Mayer Maly)：《法律上的误解和不当得利》，载《海因里希·朗格庆贺文集》，1970年，第294页以下；梅迪库斯(Medicus)：《不当得利者的报酬给付义务》，载《迪茨纪念文集》，1973年，第61页以下；同一作者：《给付人破产时依第817条第2句排除返还请求权》，载《法律学习》，1989年，第349页以下；米夏尔斯基(Michalski)：《在民法典第817条第1句之外的该条第2句的类推适用》,载《法律学习》,1994年,第113页以下;尼德伦德(Niederländer):《任何人因秽行而不得主张权利》,载《古茨维勒庆贺文集》,1959年,第621页以下;H. P. 韦斯特曼(H. P. Westermann):《对民法典第817条第2句的观察》,载《法制史和私法法理》,1999年,第485页以下。

第813条第2款至第815条以及第817条第2句包含一些特殊的原因,以排除给付不当得利请求权。其中,第817条第2句是《民法典》最具争议的规定之一。

第一节　第813条第2款、第814条、第815条

1. 第813条第2款关系到该条的第1款(参见上文边码 655
643):第2款规定的是定履行日(即已经成立的、但未到期)债权的给付。此种给付不应当依照第1款有返还的可能。故可以明确的是,未届清偿期之抗辩(即一般为延期抗辩)不是第1款意义上的永久性抗辩。

相反,第813条第2款与附停止期限的债权无关(参见第163条、第158条第1款):该债权在期限届期前不至成立,就如附停止条件的债权在条件成就前不成立一般。附停止期限例如可以是为将来支付周期规定的租金。故此,如果某人负担的是月租金,但却因误解预先支付了一整年的租金,其可以要求返还其后月份的款项。

2. 第814条在两种不同的事实构成上涉及以债务为内容的 656
给付(参见上文边码641)。

第一,如若给付者在事前知悉其并不具有义务,那么则应排除

其要求返还给付的权利。知悉以给付的时点为准据，而非以事后丧失的时点为准据。据此，第 814 条第一种可能仅规定了错债索回之诉(condictio indebiti)，而并未规定债因消失后的请求返还之诉(condictio ob causam finitam)(参见上文边码 642)。如果给付者只不过知道其所承担的义务在事后可能消灭，则并不排除其返还请求权；而且，也不能改变其必须现在给付的事实。第 814 条同样不适用于非给付目的的返还请求权(condictio ob rem)(参见上文边码 644)。据此，基于可以辨知的方式无效或者效力未定的合同所为的给付在下述情形可以要求返还，即如若给付者在给付时存有方式瑕疵在将来可以得到修正的期望，或者过后可以获得承认的期望(参见《慕尼黑民法典注释——里普》，第 814 条，边码 4)。

规定第 814 条第一种可能的理由是禁止矛盾的行为(参见拉伦茨—卡纳里斯：《债法分论》，第 2 卷，第 2 编，第 68 章，第 3 节，第 1 目，第 1 分目)。该条款不适用于保留返还请求权的给付(而"不承认法律上的义务"或许是不充分的)。此时，具有返还请求权的给付者的行为并不矛盾。即使是迫于强制执行压力的给付，在不负担有义务的情形，同样可以要求返还。

657 第二，依照第 814 条的规定，如果给付符合道德上的义务或者符合礼仪上的考虑的，排除返还请求权。范例如下，某人错误地(参见第 1601 条和第 1589 条)承担了兄弟姐妹间的扶养义务，并向其兄弟支付扶养费。但这个示例在实践中可能不再具有意义(《慕尼黑民法典注释——里普》，第 814 条，边码 18)，现今，大家会认为社会国具有介入的义务。

658 3. 第 815 条将禁止矛盾行为的原则运用于非给付目的的返还请求权(condictio ob rem)(参见上文边码 644)：给付者明知可能达不到给付目的，或者给付者自己违背诚信阻碍目的成就，则给付者不得要求返还。第二种可能还被类推适用于第 1301 条(参见《联邦最高法院民事裁判集》，第 45 卷，第 258 页、第 262 页以下，尚有争议)。据此规定,未婚夫违背诚信原则阻止婚姻成就的,不得要求返还礼物。

相反,第 815 条不应当准用于债因消失后的请求返还之诉(condictio ob causam finitam),这也是颇具争议的(参见上文边码 642)。其中的原因在于,债因存在期间,给付者只是履行了其负担的义务。故此,第 815 条第 1 选择文句不适合于此,而准用第 2 选择文句在我看来并不合适。

第二节　《民法典》第 817 条第 2 句

第 817 条第 2 句规定的排除返还请求权带来的困难是最大 659
的。该条款在表述上是失败的,其立法目的也值得质疑,并且从其效果上看,该条款的法律政策也令人怀疑。

一、扩展

对于该条款的两种扩展情形,大家原则上的意见是一致的。

1. 第 817 条第 2 句在体系上仅与前句有关联,即关涉几乎毫无意义的第 1 句——受领给付即为背俗或违法的返还请求权(condictio ob turpem vel iniustam causam)(参见上文边码 645)。但是,排除返还请求权还应当适用于第 812 条第 1 项第 1 句第 1 选择文句规定的错债索回之诉,也就是说,该条款还将适用于基于法律行为的给付,而该法律行为依照第 134 条或第 138 条为无效,否则,第 817 条第 2 句几乎就丧失了其所有的意义。

2. 按照该条款的表述(同样),第 817 条第 2 句仅涉及双方 660
违法或背俗的情形,即受领人和给付者都违法或背俗的情形。此外,该规定还适用于给付者单方面违法或背俗的情形(例如放高利贷者),因为此时受领人的行为是无可指责的,所以给付者的地位不应当得到改善,也就是说,给付者不得要求返还给付。

二、局限于给付范围

661 与上述扩展情形相反的是,大家普遍认可第 817 条第 2 句的适用存在有一个明确的限制范围。这一点在高利贷问题上尤为明晰。此时,由排除返还请求权可以得出如下结论,即放高利贷者不得要求返还借贷,但是,从经济的视角看,贷与人的给付绝对不在于金钱所有权的转移,而只是允许借用人在一定期间内使用金钱。故此,在帝国法院作出裁判之后(参见《帝国法院民事裁判集》,第 161 卷,第 52 页)大家基本上取得了一致的意见:第 817 条第 2 句对于消费借贷(或其他类似情形)而言绝不意味着排除返还请求权,贷与人只是在约定期间不得要求返还;这才相当于贷与人的给付。如果借贷的期间事前未约定,则假设合同为有效合同,并允许贷与人通知终止(例如按第 609 条的规定)。

三、排除返还请求权的效力

662 在考问第 817 条第 2 句的意义之前,必须首先考虑该规定的影响范围。而这种影响视情形有所不同,即是双方当事人(给付者和受领人)违法或背俗,还只是给付者单方违法或背俗(如只有受领人违法,则根本不排除返还请求权,甚至可以根据第 817 条第 1 句的规定要求返还)。

1. 双方当事人背俗的范例为以取得或经营妓院为内容的行为。虽然,这种行为在今天不再总是被视作背俗,尤其是在 2001 年 12 月 20 日《关于调整妓女法律关系的法律》颁布后。但是,仍然可以认定其辅助行为在以下情形为背俗,即在行为目的的对价特别高时(参见《联邦最高法院民事裁判集》,第 63 卷,第 365 页)。违法示例比如有毒品交易或军火交易。

此时,第 134 条和第 138 条第 1 款的规定会引起合同无效的后果,任何一方当事人都不能诉请履行。第 817 条第 2 句补充规定,已经作出的给付不应当能够得到返还,该条款不利于先行给付的一方。先行给付一方丧失了其给付,同时不得要求取得对待给付。如果关于妓院的合同较为复杂时，例如有余款抵押时，就会推导出非常奇怪的结论。

2. 单方背俗的行为的常见情形是高利贷。第 138 条第 2 款排除了放高利贷者所有合同上的请求权：放高利贷者既不能要求约定的利息，也不能要求返还借贷。第 817 条第 2 句补充规定，即贷款不得提前并依照第 812 条的规定要求返还（参见上文边码 659、边码 661），也就是说，高利贷借用人无需支付利息，却可以暂且保留贷款。 663

四、排除返还请求权的目的

1. 第 817 条第 2 句规定的目的在过去常常被视作对行为违法者或背俗者的惩罚，甚至在今天间或也是这样。假如这种观点合乎实际的话，那么，第 817 条第 2 句的规定就是一个全然失败的规定。究其因在于，惩罚所得流入了另一方合同当事人的口袋里，而恰好在第 817 条第 2 句的直接适用范围内，该当事人的行为“同样”违法或背俗。例如，为什么允许妓院出卖人保留预先支付的价金？或者为什么允许毒品买受人不支付对价而保留毒品？即使是在给付者的行为有伤风化时（参见上文边码 663），受领人因“惩罚所得”而受益同样也不能让人理解，比如高利贷借用人因何而获“奖励”？ 664

2. 要使第 817 条第 2 句获得真正的意义，则必须寻求其他规范目的。该目的源自古老的谚语，即请求权的设定不得援用自己的不正当（Nemo turpitudinem suam allegans ausitur）。在具体问题上，还必须区分上述边码 662 以下列举的两种违法行为或背俗行为类型。 665

在双方当事人违法或背俗情形，第 817 条第 2 句规定的后果比第 138 条第 1 款规定的无效后果更为严格。该法律制度不仅不支持履行这些行为，而且还不支持给付返回出发原位。由于该规定，实施这些行为的风险提高了，至少当这些行为不能予以同时履行时。在此意义上,《联邦最高法院民事裁判集》第 41 卷第 341 页和第 344 页表述如下:“根据第 817 条第 2 句的规定,在法律框架之外或道德框架之外行为的人,将自己承担风险。”类似的表述见联邦最高法院裁判(载《新法学周刊》,1997 年,第 2381 页和第 2383 页):返还清算时,因自己的行为违法或背俗而致使自己不在法律框架之内时,不得请求法律保护。第 817 条第 2 款在此本身颇具意义的方向上是否取得成效,还是令人怀疑的。

666 3. 在给付者单方违法或背俗的情形,该条款还可以有另外一个目的符合第 817 条第 2 句的规定:单独第 138 条的无效规定对于当事人如高利贷借用人并不完全有用,因为无效规定仅保护其免于支付高利贷利息的义务;但无效规定并没有赋予当事人保留其急需借贷的权利,而第 817 条第 2 句则赋予了其这种权利,高利贷借用人只需在设合同为有效时必须还款的时间还款。

五、其他问题

667 上述关于第 817 条第 2 句规范目的的论述有助于回答一些其他问题。

1. 首先,由第 817 条第 2 句相对比较弱的目的指向,对于双方不正当的行为,自然可以延伸出该条款的局限范围:在有可能背俗地延续违法或背俗情势时,不适用排除返还请求权。例如,不能因第 817 条第 2 句规定排除收益出租人的返还请求权,而延续有悖风俗的妓院租赁(参见《联邦最高法院民事裁判集》,第 41 卷,第 341 页和第 343 页以下;还请参见联邦最高法院裁判,载《新法学周刊》,1997 年,第 2381 页和第 2383 页)。

668 2. 引起很大争议的问题是,第 817 条第 2 句是否除了排除所有的不当得利请求权(参见上文边码 659)之外,还排除其他请求权(参见《慕尼黑民法典注释——里普》,第 817 条,边码 24 以下;拉伦茨—卡纳里斯:《债法分论》,第 2 卷,第 2 分卷,第 68 章,第 3 节,第 3 目,第 5 分目)。这里尤其涉及基于所有权产生的请求权

(第 894 条、第 985 条以下),例如因第 817 条第 2 句被剥夺不当得利返还请求权的当事人,是否享有所有物返还请求权?

但是,不要因原则已经致使上述可能性成为不可能,虽然依照第 134 条和第 138 条的规定,待履行债权不成立,但原则上(例外情形为第 138 条第 2 款)并不影响为履行而发生的所有权的转移。而发生瑕疵同一性时则相反,即在债权行为上的瑕疵也关涉物权行为时(参见梅迪库斯:《民法总论》,边码 231 以下)。而是否具备同一性,违法情形则取决于禁止法的规定,即禁止法是否也禁止履行行为(一般如此)?背俗情形则涉及通说予以肯定的问题,即履行行为(尤其是金钱支付)是否“在道德上为中性的”行为,是否不具有负担义务行为的背俗性?

例如,甲方向乙方买麻醉品,并在事先已经支付价金。因为,按照第 134 条(并结合 1981 年 7 月 28 日颁布的《禁止麻醉剂交易法》)和第 138 条的规定,该买卖无效,所以,甲方不得要求取得麻醉剂(此外,每一位法官必须将这类诉讼移交给检察院),并且,第 817 条第 2 句阻止其要求返还价金的不当得利返还请求权。但如若金钱未被混合,当事人是否至少享有所有物返还请求权?这里首先要提出一个关于金钱所有权的移转是否违法或背俗的问题。对这个问题可以作否定的回答,是因为支付本身并无疑虑之处;对这个问题也可以作肯定的回答,是因为价金的支付是为了促使乙方交付麻醉品,是服务于不正当目的的。在这个问题上,我们认定支付行为并非背俗,此时金钱成为乙方的所有,从而排除了甲方的所有物返还请求权。由上可知,只有在认为金钱所有权的移转无效时,始能产生依第 817 条第 2 句排除所有物返还请求权的后续问题。

我认为,只有在履行行为的无效后果能改善背俗情势时,始能认定该行为无效。尤其是在通过背俗操纵后,当事人的债权人可能会遭受损失时,更应该考虑这个视角,因为无效保证了债权人对已转移标的物的追索。反之因为在背俗的视角下,麻醉品买卖中(通常也适用一般情形)的已付价金和麻醉品究竟属于何人则根本无关紧要,所以背俗在这里仅局限于债权行为,因此不存在会因第817条第2句而落空的给付人的所有物返还请求权。

尽管如此,在禁止法涉及物权行为时,偶尔也会引发依第817条第2句排除物上请求权的问题。当给付仅包括占有、给付者依然是所有人的时候,如有悖善良风俗的使用租赁和收益租赁情形,也会引发这个问题。发生此类情形时,如果承认上文边码666提出的保护目的,则第817条第2句的适用范围必须扩展至物上请求权。例如在暴利租赁中,承租人不应该因第985条的规定被剥夺占有;绝对没有理由得出与暴利借贷不同的结果(同样的观点见《慕尼黑民法典注释——里普》,第817条,边码25;拉伦茨—卡纳里斯:《债法分论》,第2卷,第2分卷,第68章,第3节,第3目,第5分目)。我认为,在其他情形扩展适用第817条第2句至物上请求权,就一般而言也是恰当的:任何人不得就自己的不正当行为享有请求权,这种拒绝给予法律保护的主导思想也适合于此(参见上文边码665)。而在这一点上,司法作出的是相反的裁判。但对于第817条第2句不应当适用于第826条规定的损害赔偿请求权(如见《联邦最高法院民事裁判集》,1992年,第310页),则又是毫无疑问的。

669 3. 但是应当质疑的是,在暴利行为中被盘剥者是否应该在全然不支付报酬的条件下保留给付,例如接受高利贷者是否无需支付通常的利息?通说认为,接受高利贷者不具有该项义务(参见联邦最高法院裁判,载《新法学周刊》,1983年,第1420页和第1423页),并因此赋予了第817条第2句不具备的惩罚功能(参见上文边码664)。其他学说则认为,可以在第138条的框架内将背俗的报酬减少至合乎道德习俗的临界金额,也就是使前述两者的差额部分归于无效(《慕尼黑民法典注释——里普》,第817条,边码17)，只是做的结果就会置法官于必须裁判合乎道德习俗的临界金额的尴尬境地。出于上述原因，我倾向于采限于市场价格的报酬义务(参见《迪兹纪念文集》，第61页以下；同样观点见拉伦茨：《债法分论》，1981年，第12版，第69章，第3节，第2目，第562页，边码3；《施陶丁格民法典注释——W. 罗伦茨》，1999年，第13版，第817条，边码12；同样结论还请见《联邦最高法院民事裁判集》，第63卷，第365页和第368页关于第990条和第987条的论述；但通说与此不同，例如可见拉伦茨—卡纳里斯：《债法分论》，第2卷，第2分卷，第68章，第3节，第3目；相同观点见赖夫纳(Reifner)文，载《法学家报》，1984年，第637页)。这项义务产生于第818条第2款的规定，如若受领人没有利用该市场价值，则可以依照第818条第3款的规定不予以价值补偿(不同解释见《慕尼黑民法典注释——里普》，第817条，边码17)。

4. 按照第817条第2句(几乎无甚意义的)第二部分的规 670
定，对给付为履行债务的情形，不禁止返还请求权。这里考虑的是第780条规定的不要因债务约定(参见上文边码552)，即法律规定债务约定为有效，并不受其原因行为无效的影响。因为应当可以主张不当得利返还请求权，所以债权人在结果上就不能要求获得给付：债务人因原因行为具有违法性和背俗性，故享有不当得利抗辩(第821条)。但是，另一方面债务人不得要求返还如基于不要因债务约定所为的给付，此处的行为存在于已经因最终的给付所达到的状态之中(参见上文边码665)。

第一百二十八章　给付不当得利返还请求权的内容

参考文献：冯·克默雷尔(Von Caemmerer)：《无生命状态下的返还》，载《拉伦茨庆贺文集》，1973年，第621页以下；卡纳里斯(Canaris)：《对无法律原因取得的物或他主物设定担保时不当得利的补偿问题》，载《新法学周刊》，1991年，第2513页以下；艾登米勒(Eidenmüller)：《无法律原因建筑给付的价值补偿》，载《法学家报》，1996年，第889页以下；弗莱斯纳(Flessner)：《不当得利已不存在》，1970年；弗卢梅(Flume)：《在罗马法到现行法发展进程中不当得利的丧失》，载《尼德迈尔庆贺文集》，1953年，第103页以下；同一作者：《不当得利作为得利的一种法律角色》，载《联邦最高法院50年——学术界贺礼》，2000年，第1卷，第525页以下；同一作者：《土地买卖合同无效情形下差额理论的适用性》，载《经济法杂志》，2001年，第1621页以下；同一作者：《依照不当得利法返还清算无效买卖合同》，载《法学家报》，2002年，第321页以下；弗兰克(Frank)：《民法典第281条对于负加重责任的不当得利债务人的适用性——联邦最高法院民事裁判集,第 75 卷第 203 页判决》,载《法学教育》,1981 年,第 102 页以下;弗里泽(Frieser):《利益丧失类似于假设的损害变化》,1987 年,相关评论见科勒(Kohler)文,载《有价证券信息》,1988 年,第 885 页以下;格茨克(Goetzke):《不当得利法中的主观价值概念》,载《民法实务档案》,1973 年,第 173 卷,第 289 页;格雷特(Gretter):《返还清算无效买卖合同时的不当得利返还请求权:节约所得的收益是否为民法典第 818 条第 1 款意义上的有待返还的收益?》,载《企业》,1995 年,第 516 页以下;格鲁斯基(Grunsky):《不当得利法中的积蓄说和准备金》,载《法学评论》,1972 年,第 279 页;哈根(Hagen):《损害法与不当得利法之间的功能联系与学理联系》,载《拉伦茨庆贺文集第 1 卷》,1973 年,第 867 页以下;H. H. 雅各布斯(H. H. Jakobs):《转让所得利益》,1993 年,相关评论见沃尔施莱格(Wollschläger)文,载《民法实务档案》,第 194 卷,第 408 页以下;舍尔迈耶(Schermaier)文:载《萨维尼法制史杂志——罗马法部分》,第 115 期,第 548 页以下;克尔曼(Kellmann):《使用他人法益的不当得利补偿》,载《新法学周刊》,1971 年,第 862 页以下;克诺特(Knütel):《民法典第 828 条和无偿取得的缺陷》,载《新法学周刊》,1989 年,第 2504 页以下;柯尼希(König):《利益责任》,载《克默雷尔庆贺文集》,1978 年,第 179 页以下;科勒(Kohler):《丧失利益抗辩必需的和明确的表述》,载《新法学周刊》,1992 年,第 3145 页以下;柯佩施坦纳(Koppensteiner):《不当得利法中的价值补偿问题》,载《新法学周刊》,1971 年,第 588 页以下,第 1769 页以下;库尔姆斯(Kulms):《不当得利法的返还规则、责任规范和不可剥夺的权利》,载《法学家报》,1998年,第430页以下;黑尔姆·郎格(Herm. Lange):《不当得利债务人和占有人的迟延责任》,载《法学家报》,1964年,第640页以下;拉伦茨(Larenz):《论不当得利法中价值补偿的意义》,载《卡默雷尔庆贺文集》,1978年,第209页以下;里普(Lieb):《作为不当得利请求权标的的使用可能性》,载《新法学周刊》,1971年,第1289页以下;W.罗伦茨(W. Lorenz):《防止强加的不当得利——德国法与英国法的比较视野》,载《梅迪库斯庆贺文集》,1999年,第367页以下;梅迪库斯:《不当得利债务人的加重责任》,载《法学家报》,1993年,第705页以下;雷基尔(Rengier):《不当得利已不存在》,载《民法实务档案》,第177卷,1977年,第418页以下;席尔肯(Schilken):《民法典第822条的意义》,载《法学评论》,1989年,第363页以下;舍恩尔(Schöne):《无法律原因取得的企业——返还抑或补偿价值?》,载《公司法杂志》,第29卷,2000年,第86页以下。

671 第818条至第822条的规定涉及给付不当得利(和其他不当得利类型)的内容,但这些条款的意义已经远远超出了不当得利法的范围,是因为在《民法典》很多其他条款中可以找到对不当得利法的引用(相关文章见哈丁(Hadding)文,载《米尔庆贺文集》,1981年,第225页以下)。例如,可以作如下表述,给付之物可以"请求依返还不当得利的规定予以返还"(如债法中的第516条第2款第3句、第528条第1款第1句、第531条第2款、第628条第1款第3句、第682条、第684条第1句、第852条,现在还有第346条第3款第2句、第347条第2款第2句)。这些条款的引用主要是置债务人相较一般规定较为有利的地位,故此,如引用的恰好是第818条以下的条款，则其一般被理解为法律效果上的引用。在第951条上的适用有所不同，参见下文边码734。

第一节　取得的利益

1. 按照第812条第1款第1句的规定，一般借助给付不当得 672
利请求权应予返还的是无法律原因给付所取得的利益。虽然以前一般表述为，返还系以“不当得利”为内容（如参见《帝国法院民事裁判集》，第54卷，第137页、第141页），但这并不符合第812条第1款第1句的原文，而且在客观上也不正确，因为即使是正当的不当得利债务人也并不总是完全未受到不利益（参见下文边码682）。

2. 一切可以被视作物的标的物均可成为“取得的利益”；此 673
处财产的价值并不重要，例如可以取得的利益首当其冲为所有权（因为不要因原则的关系，即使是没有有效的法律原因，也可以移转所有权），返还所有权即为再度移转所有权。同样其他物权也可以返还，如占有（此处称之为占有返还之诉 condictio possessionis），土地登记簿中的不正确的登记或者免除（参见《总论》边码282），无法律原因移转的债权可以依照第398条的规定予以“返还”。

此外，第812条第2款明确规定，给付标的物既可以是合同上积极的，也可以是消极的承认：因为无因性原则的关系，故在无法律原因时应该可以请求返还。关于与债务约定相似的积极承认（第781条），请参见联邦最高法院裁判（载《新法学周刊》，2000年，第2501页）和上文边码552以下；关于消极承认（第397条第2款），请参见拙著《总论》边码281以下，还请参见古尔斯基（Gursky）文，载《法学评论》，2000年，第45页。

3. 但是，“取得的东西”也可以是不被视作物的利益，例如利 674

益主要有服务(例如授课)或者使用(如机动车辆的使用);参见《慕尼黑民法注释——里普》第 818 条边码 11 以下。但是,因为这些利益是无法返还的,所以只能按照第 818 条第 2 款的规定予以价值补偿(参见下文边码 677 以下)。

第二节　收益和代替物、第 818 条第 1 款

675 第 812 条第 1 款第 1 句规定的以"取得的利益"为指向的返还义务,因第 818 条第 1 款的规定在两个方面得到了扩展:

1. 应予返还的还有受领人由取得的利益获得的收益(参见第 100 条)。存储无法律原因取得的金钱,并取得利息的,必须同时返还利息,如为宅基地,则还负担返还取得的租金。此外,还有上文边码 673 指出的非实体物性质的利益,利益的价值应按第 818 条第 2 款的规定予以补偿,例如,某人驾驶一辆无法律原因取得的汽车,或者自己居住在住宅内(关于计算问题,参见联邦最高法院裁判,载《新法学周刊》,1996 年,第 250 页)。对于无法律原因取得的借贷,则应按第 818 条第 2 款的规定支付通常之利息(参见《帝国法院民事裁判集》,第 151 卷,第 123 页和第 127 页)。

第 818 条第 1 款没有规定因过错未获利的赔偿义务,但按照第 818 条第 4 款的规定,应诉的或不正当的不当得利债务人负有此项义务;参见下文边码 688。

676 2. 依照第 818 条第 1 款的规定,应返还的还有取得的代替物。这主要涉及受领人"基于取得的权利"所获得的利益,例如债权被收回,担保被变价。第 818 条第 1 款还规定了受领人予以返还的还有,因取得的标的物遭到毁损、损坏或剥夺而获得的赔偿。其中例如包括对作为第三人的加害人的损坏赔偿请求权,或者保险请求权。

与此相反的是,依照通说受领人因出卖取得的利益而实现的

收入不在第818条第1款的调整范围之内(例如可参见拉伦茨—卡纳里斯(Larenz - Canaris):《债法分论》,第2卷,第2分卷,第72章,第1节,第3目,不尽相同的观点参见《慕尼黑民法典注释——里普》,第818条,边码26),此即所称的(经常性地被误写的)因买卖获得的利益(commodum ex negotiatione)(拉丁语commodum即为利益,negotiatiri即为买卖)。不予返还该利益的理由常常出自立法字义:与第2111条第1款第1句等条款(类似条款有第1418条第2款第3项、第1473条和第2041条)相反的是,第818条第1款未规定"涉及取得物的法律行为所获得的收益"。第285条第1款(旧法第281条第1款)同样也没有类似于第2111条第1款的表述,但尽管如此,该条款被扩展适用至法律行为上的收益(参见《总论》边码390)。卡纳里斯在前引著作中尝试区分这两个条款,但并不能令我确信。我认为,认定第285条和第818条第1款规定的代位制度具有差异的理由并不充分。参见下文边码705关于第816条第1款第1句的论述。

第三节　价值补偿、第818条第2款

1. 依照第818条第2款的规定,受领人在两种情形必须补偿价值:第一,"因取得物的性质"不可能返还的,其中主要是指在上文边码674f中列举的不被视作物的利益如服务或者使用利益;第二,受领人"因其他原因"不能返还的,同样负担补偿价值的义务,例如,受领人消耗使用了无法律原因送交的建筑材料。如若没有得到补偿并丧失了利益,则受第818条第3款的调整,参见下文边码679以下。 677

2. 大家的争议点在于怎么计算待补偿的价值:是客观确定的市场价值,还是受领人主观的利益。例如向未成年人传授一堂驾驶课,可否以通常之报酬来衡量这堂课(参见第612条第2 678

款),抑或可以考问一下,驾驶执照会给该具体的被培训人员带来什么利益(因为其暂且不会购置车辆,所以可能没有任何利益)。

与传统的通说不同的是,柯佩施坦纳(Koppensteiner)(参见参考文献中的引文)代表了主观说。主观说主要的意旨在于防范无效规范的保护目的不受价值补偿请求权的侵害:如若上述未成年人负担的价值补偿依照通常的报酬予以计算,则驾校合同的无效性没有给该生任何益处。此外,主观的价值概念应当还可以吸纳受领人因取得获得的特别利益。

对于第 818 条第 2 款,拉伦茨表示反对价值概念的主观化(参见《克默雷尔庆贺文集》,第 209 页、第 215 页以下):主观说违背了立法者的意思,如若没有模糊的例外情形,根本无法实践主观说。拉伦茨认为,可以优先采纳在第 818 条第 3 款的框架内考虑受领人具体情况的做法。根据这个观点,被置于同等地位的就是原初的无不当得利和不当得利事后丧失(以受领人不再受益为限),并且,由受领人造成的特别利益绝不应该通过价值概念的主观说被考虑进去。这个观点对我颇有信服力(参见下文边码 681,同样的观点还见于拉伦茨—卡纳里斯著:《债法分论》,第 2 卷,第 2 分卷,第 72 章,第 3 节,第 2 目,第 4 分目),特别是就此种利益而言是荒谬的,即先通过第 818 条第 1 款予以排除的目的,在于之后又通过价值计算将其纳入其中。现在,联邦最高法院也按交易价值计算待返还的利益(参见《联邦最高法院民事裁判集》,第 132 卷,第 198 页和第 207 页)。

第四节　以受益为基准:第 818 条第 3 款

一、基本思想

679 第 818 条第 3 款规定,“以受领人不再得利为限”,排除返还义务或者价值补偿义务。根据上文边码 678 所述,该条款还应扩及原初无不当得利情形，该条款构成了不当得利责任的原本特质。这种特质主要厘清了不当得利责任与第346条和第347条规定的解除责任的区别与不同：如若不存在加重责任的理由，受领人一般应予返还或补偿的利益仅为其财产中增加的部分。从这个角度看问题，不当得利请求权就构成了损害赔偿请求权的对立面：损害赔偿请求权涉及的不是债务人增加的利益，而是债权人丧失的利益。

二、无不当得利

1. 如若起初取得的物上的利益（参见上文边码673）在未获 680
得补偿的前提下，事后复而丧失，则不存在不当得利，例如取得的金钱被窃盗，取得的小狗死亡，取得的葡萄酒被饮用。但是，这里始终要质疑的是，受领人是否因此节约了其他物的消费或者避免了其他损失。例如，是否因受领人恰好随身携带的是无法律上原因取得的金钱，所以致使受领人的其他金钱未遭窃盗；或者是否受领人因消费了无因取得的葡萄酒，而节约了其他葡萄酒。在这些案例中，受领人取得的利益体现于其所节约的价值（但其不必交出这些，如未饮用的葡萄酒，未饮用的葡萄酒并非其无因取得的），我们可以称为“节约式不当得利”。

特别是，在经济上合理使用取得的利益不意味着不当得利已不存在。例如某人以无因取得的金钱支付债务，则不当得利的金额应以其债务如未获无因取得的利益支付的状态为基准（参见联邦最高法院裁判，载《新法学周刊》，1996年，第926页）。此外，根据联邦最高法院的裁判，不当得利还包括所节省的利息（参见《联邦最高法院民事裁判集》，第138卷，第160页）。相反，如若在让与取得利益时对价不抵价值，则取除不当得利。

2. 出于各种原因，如取得的利益无法以物的形式返还（参见 681
上文边码674），或者对于受领人没有价值，或者不再具有价值，故可以是当初就没有不当得利，也可以是事后丧失不当得利。例如，向不能使用驾照的人授驾驶课（参见上文边码678），就属于此种情形。这种无价值的情形特别体现在所谓的“强迫得利”(aufgedrängte Bereicherung)之中,特别是在费用支出不当得利的框架之中。例如,某人未经赋权就在他人的土地上建设房屋,并且该房屋阻碍了所有人的路。第994条以下的条款给建筑者的费用支出不当得利返还请求权留出了空间(参见拙著《民法总论》边码895以下),并且以此为限,按照第818条第3款的规定,应考虑具体所有人有限的需用性。

682 3. 不当得利最后也可以通过计算受领人其他财产遭受不利益的方式予以减少。例如,在传统教学示例中无法律原因取得的小狗咬坏了受领人的地毯(争议点在于,是否不当得利已被取除)。比较现实的案例为,受领人为无法律原因取得的物花费了运费、关税、税捐、仓储费或修理费。被纳入考虑范围的还有,某人为取得的葡萄酒而颇感兴奋,故一饮而尽以前购买的葡萄酒,但是,如果受领人未获得“补给”,则其并不会饮用这些藏酒。当然,受领人为相对于权利人而言无法律原因取得的标的,向无权利人支付的价金不属于计算范围内的不利益(参见下文边码706);根据联邦最高法院的裁判,该原则谨慎适用于给付返还请求权(参见联邦最高法院裁判,载《新法学周刊》,第1995页、第3315页、第3317页)。

三、考虑取除不当得利时的局限

683 1. 上文论述的第818条第3款还减除了受领人与无法律原因取得的利益相关的风险:此种风险被移转回到给付者手中,尽管给付者开始时因其给付规避了风险。例如,就无法律原因取得的小狗而言,受领人开始时取得了所有权,但也同时承担了物的风险(casum sentit dominus),受领人也因此成为动物饲养人,并依据第833条对第三人负责。但当给付者因小狗的死亡丧失不当得利请求权时,物的风险又重新回归给付者。受领人因负担向第三人赔偿损害的金额,故可以保留该犬,从这个视角看待问题,动物饲养人风险加重了不当得利请求权的负担(参见《施陶丁格民法典注释——W. 罗伦茨》,同前引,第818条,边码40)。

2. 此种风险转移论遭到了批评,因其在返还清算双务合同时会引向差额说及其后续学说(参见下文边码692),并且单方债务关系中的风险转移也遭遇了批评。其中,特别明显的是弗卢梅(参见参考文献中的引文)创造的术语"依据财产的决定",例如,决定购犬者应当承担对其所有及占有的风险。但如若该决定并非建立在法律上无瑕疵的意思之上,那么,上述这种考虑几乎是行不通的,如某人因受诈欺不知该犬的危险性,而购买了该犬,则其不应当负担该犬的风险。但如若行为无效只建立于给付者的意思瑕疵之上,从无效规范的保护目的出发,要求受领人承担与其决定相关联的风险则并无不妥。 684

此外,还有其他对第818条第3款的限制因素。这些限制因素导致的结果是,损害赔偿法中的归责原因被纳入不当得利法中(参见《慕尼黑民法典注释——里普》,第818条,边码57和边码59;批评意见可参见拉伦茨—卡纳里斯:《债法分论》,第2卷,第2分卷,第73章,第1节,第6目)。对第818条第3款的限制没有涉及双务合同中的对待给付,就这点而言,这些限制至今为止并没有得到较为普遍的承认(参见下文边码692以下)。

第五节　按一般规定的加重责任

一、前提条件

不当得利债务人责任减轻的基础主要是建立于,在典型事例中债务人开始时并不知道自己负担着返还的义务:一般情况下,债务人和给付者一样相信法律原因的存在(如其不然的话,对给付者则适用第814条),故此,受领人对自己可以保留取得利益的信赖应该受到保护。另外,出于同样的原因,根据第987条及其下条 685

款的规定,占有人相对于所有人的权益也受到了保护(参见下文边码785以下)。但是,在有些情况下也可能并不存在这种信赖,抑或这种信赖不应给予保护:在此种情形下,受领人依“一般规定”负责(参见下文边码688以下)。

1. 上述情形适用于自诉讼系属发生时起,依照《民事诉讼法》第261条的规定,诉讼系属的发生是以起诉(要求返还取得的利益或者要求价值补偿)为基点的。依照《民事诉讼法》第253条第1款的规定,起诉则要求向被告送达诉状。诉状送达后,被告人始知原告向其主张返还请求权;故被告应当考虑其负有返还的义务,并且应当注意保管其取得的利益(以法律上仍有可能为限,参见《联邦最高法院民事裁判集》,第132卷,第198页和第210页以下)。与此相反的是,按照联邦最高法院的裁判(参见《联邦最高法院民事裁判集》,第93卷,第183页),诉请确认债务不存在(消极确认之诉,参见《联邦最高法院民事裁判集》,第118卷,第383页、第390页以下)的诉讼系属不足以适用第818条第4款。

686 2. 按照第819条第1款的规定,诉讼系属等同于受领人对欠缺法律原因的知情。但与第990条第1款规定的所有人—占有人关系不同的是,在受领时并不立刻就成立重大过失。联邦最高法院裁判(参见《联邦最高法院民事裁判集》,第133卷,第246页)认为,如若受领人对欠缺法律原因的重大事实知悉,并有意识地回避对法律原因欠缺的进一步了解(相关评论见普罗普斯特(Probst)文,载《民法实务档案》,第196卷,1996年,第225页;并请参见马丁内克(Martinek)文,载《法学家报》,1996年,第1099页;参见奥特(Otte)文,载《法学教育》,1998年,第305页)。同样,按照第142条第2款的规定,可撤销的知情等同于无效知情。比较妥贴的观点(参见拉伦茨—卡纳里斯(Larenz - Canaris):《债法分论》,第2卷,第2分卷,第73章,第2节,第1目)是,知情系以类推适用第104条及其下条款规定的受领人的行为能力或者以法定代理人的知情为要件(参见柏林高等法院裁判,载《新法学周刊》,1998 年,第 291 页以下;S. G. 米勒(S. G. Müller)文,载《法学教育》,1995 年,第 81 页以下)。第 819 条第 1 款准用于消费借贷,因为受领人明确知道必须偿还借贷,故此,受领人不得主张所受领的已经丧失,以此减损请求权(参见联邦最高法院裁判,载《新法学周刊》,1999 年,第 1636 页)。

联邦最高法院希望"依具体法律关系中的所有权情形"确定受领人的审查义务,即受领人具有审查是否存在获得利益的法律原因的义务(参见《联邦最高法院民事裁判集》,第 72 卷,第 9 页、第 14 页),据此在受领人过失侵害此种义务时,即可以依据积极侵害债权(新法第 280 条)使其负担赔偿义务。但是,这种义务确认——即使存在——也只在十分例外的情形下才予以采信(参见《慕尼黑民法典注释——里普》,第 819 条,边码 3;在联邦最高法院裁判的这一案例中,汇划存款合同始终是有效的)。

3. 对于不当得利债务人而言,第 819 条第 2 款和第 820 条还 687
规定了其负担加重责任的其他原因。在这些条款中,受领人要么是因为违法或背俗不受法律保护,要么是依照法律行为的内容从一开始就应当料到自己的返还义务。但在第二种情形,第 820 条第 2 款规定减轻偿还利息的义务和偿还其他收益的义务。

二、责任范围

1. 加重责任的范围经常性地被表述为:在与第 818 条第 3 款 688
有出入时,受领人不得主张不当得利已不存在。但这种表述并不精确,是因为第 818 条第 4 款规定的并不是担保责任,而只是"依一般规定"的责任,这些一般规定主要是指自诉讼系属发生时起适用的第 291 条(金钱债务的利息支付)和第 292 条,而第 292 条又引用了第 987 条及其下诸条款的规定,这在一般情况下则意味着债务人承担的是过错责任(第 987 条第 2 款和第 989 条)。正因为如此,债务人在承担加重责任时,亦可通过主张不当得利已然不再存在,从而获得免责。但是,债务人对不当得利的丧失负有责任的,或者不当得利的丧失是在债务人迟延时发生的,则当然可以适用不同的规定。依照第 990 条第 2 款和第 287 条第 2 句的规定,债务人对因意外发生的返还不能也要承担责任,但损害在及时返还时仍会发生的,不在此限(参见《总论》边码 407)。

根据以上论述,如不当得利债务人因过错负责或在迟延期间负责,则其负担的就不只是(如依第 818 条第 2 款的规定)客观的给付价值,其负担的责任作为损害赔偿责任包括了对具体债权人财产的结果损害。

689 2. 在适用第 291 条和第 292 条规定之外,有时还取用第 275 条及其下条款中的其他规定(其中的问题,参见梅迪库斯文,载《法学教育》,1993 年,第 705 页)。例如,根据联邦最高法院的裁判(参见《联邦最高法院民事裁判集》,第 83 卷,第 293 页和第 298 页以下),取得金钱的债务人应该依旧法第 279 条负责(新法第 276 条第 1 款第 1 句,购置风险的承担)。但是,其中涉及的必须确实是金钱债务(而不是涉及返还特定金钱的象征物或金钱的代替物),而这在不当得利请求权中可能恰好被否决,参见 J. 威廉(J. Wilhelm)文,载《民法实务档案》,1983 年,第 183 卷,第 1 页;黑塞梅耶尔(Häsemeyer)文,载《法学教育》,1984 年,第 176 页;万特(Wandt)文,载《有价证券信息》,1984 年,第 535 页。

第六节　第 822 条规定的第三人责任

690 1. 受领人将取得的利益无偿给予第三人的,尤其要考虑受领人丧失不当得利的问题:给予者并不依第 818 条第 4 款和第 819 条的规定负担加重责任的,并且也未因此节约支出的(否之,给予者反正是要向第三人有所赠与的),依照第 818 条第 3 款的规定,给予者不再负担返还义务。第 822 条将无偿取得人的利益置于其次，将依照第818条第3款的规定面临丧失不当得利请求权者的利益置于前列，也就是说，取得人应当负担不当得利责任。同样的理念在不当得利法中还可以在第816条第1款第2句中找到（参见下文边码702）。

2. 但是，第822条的适用局限于下述情形，即依第818条第3款的规定，受领人自己的返还义务因无偿给予而消灭的情形。故此，无偿取得人的责任相对于第一受领人的责任而言是辅助性的，这种认定导致的结果很奇特。例如，甲无法律上的原因向乙给付某物；乙向丙转赠该物，并且无意因此节约其他费用，丙的地位取决于乙是否正当：只有在乙为不正当时，乙将依照第819条第1款和第818条第4款的规定继续承担责任，而丙面对甲基于第822条的请求权是安全的；与之相反的是，在丙之前手乙为正当时，丙则要面临甲的该项请求权。也就是说，如若丙受赠于非正当之乙，则丙处于相对优越的地位。 691

如若甲可以向不正当之乙实现其请求权，则结果还可以让人接受。但如若甲无法实现其请求权（如可以是因为乙没有财产的缘故），则很难让人理解，为何乙的不正当行为会对丙产生建立于甲的负担之上的利益。尽管如此，联邦最高法院（载《新法学周刊》，1969年，第605页；1999年，第1026页）和通说都接受了这种不和谐音。与此相对的是另一种应受到优遇的主张，即对第822条的辅助性条款作限制性解释（如《慕尼黑民法典注释——里普》第822条边码6附有进一步的论述，相关文字见拉伦茨—卡纳里斯：《债法分论》，第2卷，第2分卷，第69章，第4节，第1目，第1分目）：对第三人即受赠人的请求权只有在对第一受领人的请求权可以实现时方能得到排除。

第一百二十九章　差额说及其修正

参考文献：基础性文献参见魏恩特劳德(Weintraud)：《差额说》，1931年；关于问题本身参见卡纳里斯(Canaris)：《对待给付的返还请求权》，载《W. 罗伦茨庆贺文集》，1979年，第532页以下；比登贝德(Büdenbender)：《返还清算双务合同时的对待给付思考》，载《民法实务档案》，2000年，第200卷，第627页；卡纳里斯(Canaris)：《不当得利法之外的价值判断、特别是物上的价值判断相对于差额说和辅助性学理的优先序位》，载《法学家报》，1992年，第1114页；迪塞尔荷斯特(Diesselhorst)：《物的本质——差额说裁判追踪研究》，1968年；菲肯瑙尔(Finkennauer)：《事实上的牵连关系和整体计算理论》，载《法学教育》，1998年，第986页以下；弗卢梅(Flume)：《差额说和不当得利》，载《民法实务档案》，1994年，第194卷，第423页以下；同一作者：《返还清算无效双务合同时的费用和收益》，载《克诺柏—考尔克纪念文集》，1997年，第111页以下，其他三篇论文见上文边码671前的参考文献索引；霍夫曼(Hoffmann)：《不当得利法中的差额说》，载《法律学习》，1997年，第416页以下；莱泽尔(Leser):《合同的解除》,1975 年,第 110 页以下;同一作者:《从差额说到事实上的牵连关系》(博士论文,弗赖堡,1956 年);蒂尔(Thier):《双务合同不当得利清算中的基本问题》,载《法学教育》,1999 年,第 9 页以下。

第一节　不当得利请求权对立说和差额说

1. 第 818 条第 3 款引起的风险转移问题(参见上文边码 692
684)尤为突出地显见于双务合同。例如无效买卖中出卖人转移了买卖标的物的所有权,买受人支付了价金。那么,依照第 812 条第 1 款第 1 句第 1 种选择的规定,出卖人可以向买受人要求返还标的物,买受人可以向出卖人要求返还价金。又因为这两项债权是基于同一个无效的合同,也就是基于"同一个法律关系",所以,这两项债权可以依照第 273 条和第 274 条的规定同时履行(参见《总论》边码 210 以下),就此点而言,如当事人以抗辩主张留置权,则任何一方当事人的请求权都因享有对对待给付的留置权而得到了保障。但我们也可以采用一种差额说的弱化方式,从留置权中自动减除一部分(参见弗卢梅(Flume)文,载《法学家报》,2002 年,第 321 页和第 323 页;《帝国法院民事裁判集》,第 54 卷,第 137 页)。

但如果给付(例如买卖标的物)在没有得到补偿的情形下已经不存在,则第 273 条提供的保障就不再有成效。这是因为在一般情况下,按照第 818 条第 3 款的规定,该给付受领人的返还义务也就随之消灭,此例消灭即为买受人的返还义务,出卖人则应当返还价金。这个结果符合二不当得利请求权对立说,该说赋予双方当事人两个互不依存的不当得利请求权。

2. 与此相对的是,差额说旨在将两个不当得利请求权在法 693
律命运上(而不是如第 273 条在权利的主张上)联系在一起。根据这个原则,差额计算(=法定结算)应用于双方负担的同种类给付,在给付为不同种类时,不当得利债权人应当同时履行返还义务(参见联邦最高法院裁判,载《新法学周刊》,1988 年,第 3011 页);除此之外,债权人应当还可以从不当得利债务中减去债务人依第 818 条第 3 款免除的部分(此部分不再适用第 273 条),故债权人负担的只是差额部分。例如在买卖示例中标的物灭失,出卖人可以从待返还的价金中减去标的物的价值,如若标的物的"价值等于价格",则出卖人无需返还任何款项。

按照通说,差额说不应当限于扣除,而无独立的请求权,即出卖人不能请求返还买卖标的物价值高于价格的那部分款项。而在出现先为给付时,差额说彻底失灵。例如出卖人之前允许买受人延期支付价金,但在已交付的买卖标的物在买受人处灭失,并且未得到补偿时,买受人则不必返还该标的物,而出卖人在买卖合同无效情形依然不能依照不当得利法请求支付价金。

从结果上论,作为给付交换基础的合同虽然无效但依然发挥了一定的作用,差额说限制了第 818 条第 3 款的适用范围:只要可以从以返还为指向的不当得利请求权中实现扣除的,则危险就应当如合同有效时一样进行分配。就前面买卖案例而言,危险分配应当是:因为自买卖标的物交付时起,其风险应该由买受人承担(第 446 条),所以在不当得利返还清算时,买卖标的物的风险也应该由买受人承担。

第二节　赞成差额说与反对差额说

694 1. 差额说在比较长的时期内一直被看作是可靠的通说(参见最新联邦最高法院裁判,载《新法学周刊》,1995 年,第 2627 页;1999 年,第 1181 页)或者被看作是习惯法,但近期差额说却不断地遭遇批评。有学者认为,在先为给付时差额说失灵了,差额说的适用远远不够(参见上文边码 693);与此相背的是,其他持批评意见的学者认为,差额说应受到大规模的限制。

(1)对差额说的每一种批评都源出于以下这个问题:差额说应当考虑哪些特殊之处?因为差额说局限于双务合同,那么这个问题的答案显然应该与给付与对待给付的联结相关。

现在我们将受赠人与买受人作一番比较:只要受赠人认为赠与有效,受赠人就能够相信其可以长久保留赠与标的物,就可以任意处置该标的物。出于上述原因,第 818 条第 3 款对此信任提供的保护没有作出任何限制,但对于买受人则有所不同。虽然买受人相信,在买卖合同有效时可以保留买卖标的物,但只要买受人认为买卖有效,那买受人肯定知道必须支付价金;相反,买受人不能有这种想法,即无需牺牲自己的财产而可以保留买卖标的物。反过来从出卖人角度论述,即出卖人只有在得到价金时,才愿意接受标的物灭失的事实。这种思想状态是第 818 条第 3 款应当予以考虑的。

(2)一方面,就这个角度而言,差额说仅仅将已支付的价金视 695
作扣除项,差额说的适用范围太过狭窄。因为即使是在价金支付前,相信买卖有效的买受人也不会认为,无需支付价金就能保留标的物,所以差额说只在买受人要求返还已支付价金时发挥作用(即扣除已不存在的买卖标的物的价值)是不能够满足适用需要的。如果买受人之前尚未支付价金的,并且不能返还标的物的,原则上也应该作出补偿。

(3)另一方面,差额说的适用太过宽泛。差额说不考虑导致要因行为无效的法律规范的原因基础。这种忽视最为明显地体现在第 104 条及其下诸条款规定的未成年人保护之中。未成年人保护应当保护未成年人不受其自己意思引致的法律后果的影响,故此,在买卖无效时必须支付低于标的物价值的价金这一原则,对未成年人是不适用的,即使其无法返还标的物。此时,因买卖无效引起的风险由出卖人一方承担,出卖人必须想到,在标的物不复存在、也无得到其他赔偿的情形下,出卖人也必须返还价金(同样观点参见《联邦最高法院民事裁判集》,第126卷,第105页;联邦最高法院裁判,载《新法学周刊》,2000年,第3562页)。类似的例如还有受诈欺者和受不法胁迫者,因为其意思同样是错误形成的,所以对于受诈欺者和受不法胁迫者(第123条)也应该提供保护。

696 2. 概言之,差额说要在很大程度上进行修正,所以我们可以考虑放弃差额说,因为这里涉及的不仅仅是差额。与此相应的是,卡纳里斯提出了特别对待给付不当得利请求权(Gegenleistungskondiktion)(参见《W. 罗伦茨庆贺文集》,第19页以下;拉伦茨—卡纳里斯:《债法分论》,第2卷,第2分卷,第73章,第3节,第2目以下)。

结论简述如下:第818条第3款对于无效双务合同的适用应当受到限制,其出发点为,受领人对合同有效的信赖带来的不仅是对保留受领给付的信赖,同时还有受领人必须给予对待给付的承诺。无法返还给付并无需以其他形式弥补者(第818条第3款),在给付价值的"牺牲边界"范围之内不应当受到保护。按照卡纳里斯的思路(参见《W. 罗伦茨庆贺文集》,第45页),在法律技术上的实现路径可以是通过类推适用第819条第1款和第818条第4款规定的责任(参见上文边码688以下):在所谓的牺牲边界范围之内,将受领人视作事先知道法律原因不存在。也就是说,受领人尽管丧失了所受领的给付,但在一般情况下仍然要负担补偿。但是,这种做法如若违背了那些致使要因行为无效的条款的规范目的,则不再能够行之有效,例如,加重未成年人负担时,则无需修正第818条第3款。

第二部分

非给付不当得利请求权

参考文献：具有教学法倾向的论文有许弗（Hüffer）：《权益侵害得利》，载《法律学习》，1981年，第263页，此外，还有在边码632之前引用的文献，其中主要作者为冯·克默雷尔（von Caemmerer），吉森（Giesen）续篇，H. H. 雅各布斯（H. H. Jakobs），克勒尔（Kaehler），克尔曼（Kellmann），克莱因海尔（Kleinheyer），肯德根（Köntgen），罗特惠夫特（Rothoeft），吕姆克（Rümker），舒尔茨（Schulz），韦尔堡（Wilburg），威廉（Wilhelm），J. 沃尔夫（J. Wolf），柯尼希（König）；还有施莱希特里姆（Schlechteriem）文，载《海德尔堡柯尼希学术研讨会》，1984年，第57页以下；专论参见比兴（Büsching）：《竞争法中权益侵害得利的适用范围》，1992年；埃尔格（Elger）：《侵害他人权益不当得利》，2002年；哈贝尔迈耶（Habermeier）：《多人为侵害权益的权利人》，载《民法实务档案》，第193卷（1993年），第363页以下；凯泽（Kaiser）：《商标侵害》，载《工业产权与著作权》，1988年，第501页以下；普兰姆贝克（Plambeck）：《行纪案例》，载《法律学习》，1987年，第793页；许勒（Schürer）：《权益侵害得利请求权的保护范围》，博士论文，2000年，蒂宾根。

697 非给付不当得利请求权被区分为权益侵害得利(下文边码698以下)和其他一些比较罕见的类型(下文边码715以下)。其中,权益侵害得利在《民法典》中出现于三个地方:第一处,第816条调整因有效处分或受领造成的权益侵害情形;第二处,第812条第1款第1句第2选择文句述及非给付不当得利(以其他方式),该条文是关于权益侵害得利的一般性规定;第三处,第951条第1款第1句赋予因物的附合、混合或加工丧失权利者以不当得利请求权。

第一百三十章 《民法典》第816条规定的特别权益侵害不当得利

第一节 对第816条的理解

第816条调整的是权利人因无权利人而丧失权利的情形:第1款是因有效处分(主要是通过让与和设定负担的方式),第2款是因给付的受领。因为此处涉及的是对他人权益的侵害,所以第816条被视作权益侵害得利的特殊情形:被侵害的权益在不当得利请求权中继续发挥着作用(因为这个缘故,所以权益侵害得利请求权也被称为权益继续作用请求权)。 698

里普(Lieb)的视角又与此有所不同(参见《慕尼黑民法注释——里普》,第816条,边码2和边码6以下):在第816条第1款中,受让人以对权利人造成损失为代价取得权益,由此自然产生权利人对受让人的不当得利请求权。但是受让人在有偿取得权益时,其信赖在不当得利法上也应当受到保护:受让人不仅应当取得权益,而且应当允许其保留权益。故此,第816条第1款第1句向权利人提供对出让人的请求权,以补偿其对受让人的无效果的请求权。

这个视角主要与下述问题联系在一起,即第816条是否为一项调整给付和权益侵害的(可作一般化理解的)规定。里普对此的回答是否定的。但我持通说,对此的回答是肯定的(参见下文边码732),并坚持对第816条作一般性的理解,更何况新观点可能并没有带来优越之处,这种理解就更容易了。特别是按照与里普在前引文边码4中相反的新观点,根本不甚明确的是,基于第816条第1款第1句的请求权针对的是出让人取得的收益(通说的观点参见下文边码705);反之,明确的是,正因为对出让人取得收益的请求权应当取代对受让人的请求权,所以请求权的内容是由受让人的取得决定的(而不是受让人所给付的对等价值)。但是受让人所取得的是权益或其价值。

第二节　第1款中的处分

一、要件

699 1. 首先,第816条第1款要求的是无权利人的处分。处分即为(法律行为上的)让与、负担的设定、内容的变更或者权益的抛弃:所有这些行为都被纳入第816条调整的范畴之内,前提是处分人或无偿第三人因此而有所取得。

700 2. 处分必须对权利人有效。处分的有效性可以出自不同的原因:

(1)第一纳入考虑范围的是关于无权利人正当取得的规范。这些规范主要是指第932条以下和第1207条(动产)、第892条及第893条和第1138条(土地和土地权)、第2366条(取得继承证书上列示的权益)以及《商法典》第366条。

701 (2)上述权益的取得需要满足特定的要件,法律以此向所有人提供保护,特别是在取得人非为正当的情形以及动产为丧失时(第935条),受让人不得取得这些权益:所有人可以对任何一个第三受让人保留其返还请求权(第985条)。但这种保护也可以成为一种负担。例如,无财产人甲从乙处偷窃了一辆载重汽车包括乙的衬衣,并通过同犯丙出卖给商场;商场又通过其分店出售了这些衬衣。在该案例中,虽然所有的让与行为依第935条第1款全部无效,但在实践中对乙没有任何益处。因为根本无法查明购买这些衬衣的顾客或其时的占有人,所以就无法向商场的顾客主张返还衬衣的请求权。此外,乙一般而言对穿戴过的衬衣也不会特别看重。

对于上述这类案例,通说在三个方面给予权利人支持与帮助:

第一,通说允许权利人(例如在上述案例中的乙)以承认的方式,使原本为保护权利人起见无效的让与在事后有效(第185条第2款第1句第1选择文句)。据此,乙就可以基于第816条第1款第1句的规定向出让人主张其权利。处分在事后有效是这一条款所需满足的条件(参见《联邦最高法院民事裁判集》,第56卷,第131页;《慕尼黑民法典注释——里普》,第816条,边码24;拉伦茨—卡纳里斯:《债法分论》,第2卷,第2分卷,第69章,第2节,第1目,第3分目)。

第二,权利人应当可以在一系列让与(如上述案例中呈现的系列让与)中选择一项予以承认(参见《慕尼黑民法典注释——里普》,第816条,边码25)。在此选择过程中,权利人主要应以出让人的支付能力和所取得收益的多少为导向(参见下文边码705)。例如,在上述案例中,乙承认商场的让与行为,从而向其主张不当得利的返还请求权。

第三,通说在最后还卸除了权利人与承认相连的风险。就其自身而言,权利人首先应当表示承认,然后才能满足第816条第1款第1句的要件,才能基于该条款向出让人主张权利;但是,承认人因此将丧失其基于所有权的返还请求权,并且有可能为时过晚地做出出让人支付不能的认定。为补救起见,设计有两种方案(在结果上几乎具有同等价值):第一种是允许权利人的承认为附有不支付为其解除条件的承认;第二种是允许承认与支付同时履行(参见《慕尼黑民法典注释——里普》,第816条,边码25;梅勒(Mehrle)文,载《民法实务档案》,第183卷,1983年,第81页)。总而言之,权利人只有在确实获得收益后,始最终丧失权利。

二、有偿处分和无偿处分

702 1. 第816条第1款按照处分的有偿性划分处分的类型:处分为有偿时,不当得利请求权针对的是出让人,无偿时针对的则是受让人。其中的原因是不言而喻的,因为在一般情况下,无偿处分时出让人没有获得利益。受让人因此负担的责任符合第822条规定的原则(参见上文边码690),无偿受让人的利益被置于面临无任何补偿将丧失权益者的利益之后。

第816条第1款第2句和第822条的区别在于其要件的不同:第816条第1款第2句涉及的是无权利人的处分,而第822条涉及的则是在债务上依第812条对第三人负有返还义务的权利人的处分。

703 2. 对于第816条第1款第2句中的无偿性,存有两个疑问之处。

第一个疑问是,是否应该将无法律原因的处分——基于无效要因行为的处分——与无偿处分置于同等地位。与此相类似的问题也出现于第988条中(参见施瓦布—普吕庭(Schwab - Prütting):第48章,第3节,第2目,第2分目),对该问题的回答在今天主要是否定的(例如参见《慕尼黑民法典注释——里普》,第816条,边码44以下和边码52;拉伦茨—卡纳里斯:《债法分论》,第2卷,第2分卷,第69章,第2节,第2目;第70章,第2节,第2目,第1分目;但联邦最高法院对这一问题没有作出回答,参见《联邦最高法院民事裁判集》,第47卷,第393页):与无偿让与不同的是,无法律原因的受让人可能为取得利益付出了代价,即同样可以请求返还的对待给付。该对待给付只有在无效法律关系当事人之间进行大规模结算时,方可请求返还(留置权,差额说或者与此相类似的,参见上文边码692以下)。但是,如若依第816条第1款第2句的规定第三人要求交出所取得的标的,则这种结算可能会受到妨碍。

因此,只有在受让人取得利益时未曾付出时,尤其是在以无偿给予为目的时,才能准用第816条第1款第2句于无法律原因的让与。

第二个疑问涉及的是因混合赠与而取得利益的问题(参见上文边码591)。联邦最高法院在第816条第1款两个文句之间作出裁决的基准是其中的主要特征,即利益之取得主要为有偿的还是无偿的(参见联邦最高法院裁判,载《有价证券信息》,1964年,第614页)。与此相反的是,里普建议,对于原权利人除了赋予第816条第1款第1句规定的请求权之外,还可以赋予其对受让人要求补偿超出部分的请求权,但也应当可以通过返还受赠标的的方式避免这种补偿(参见《慕尼黑民法典注释——里普》,第816条,边码51),相同观点的还请参见拉伦茨—卡纳里斯:《债法分论》,第2卷,第2分卷,第69章,第2节,第2小节,第3目。 704

三、请求权的内容

1. 第812条第1款第2句的请求权涉及无偿取得的利益,这一点是毫无争议的。尚有争议的是基于第816条第1款第1句的请求权包含的内容。依照通说,特别是依照裁判(参见《联邦最高法院民事裁判集》,第29卷,第157页),处分人因原因行为所取得的收益是"因(有偿)处分取得的利益",这在买卖合同中就是价金。与此相反,经常见诸于文献的观点是,该请求权针对的是处分标的物的客观价值(参见《施陶丁格民法典注释——W.罗伦茨》,1999年,第13版,第816条,边码25;拉伦茨—卡纳里斯:《债法分 705

论》,第 2 卷,第 2 分卷,第 72 章,第 1 节;以上两书观点有所出入)。

这两种观点的差别主要体现在,处分人取得的收益高于客观价值的情形:按照第一种观点,处分人还必须返还高出的那部分价值;而按照第二种观点,依不当得利法处分人可以保留该高出部分(其只有在有意侵害他人权益时,依照第 687 条第 2 款第 1 句、第 681 条第 2 句和第 667 条才需要返还该部分,参见上文边码 613)。但是,在因让与取得的收益低于客观价值时,上述两种观点之间的差异则无甚太大的意义。依照通说,处分人只需将让与取得的、低于客观价值的收益返还即可,但其在过错情形负有损害赔偿的责任(第 990 条第 1 款、第 989 条、第 823 条第 1 款、参见下文边码 785 以下)。按照第二种观点,如果让与取得的收益不足以抵补客观价值的,让与人获得免责(第 818 条第 3 款);而不正当的让与人依照第 819 条、第 818 条第 4 款、第 292 条和第 989 条的规定,则同样要予以负责。

根据第 816 条第 1 款第 1 句的表述,并不能对上述两种观点之间的纷争作出评判,特别是该条款的表述并不是明确地取向于通说。例如,买卖让与中的让与人并不是通过自己处分买卖标的物而取得的价金,而是通过买受人的处分取得的(转移所有权或汇划款项)。确切地说,第 816 条第 1 款对有偿处分和无偿处分的划分是同通说一致的。另外,第 816 条只是构成一般权益侵害得利的一种特殊类型,并且众所周知其指向的是价值(参见下文边码 714)。如果让第 816 条第 1 款第 1 句规定的与过错无关的请求权仅仅指向价值,则也可以将其颇具意义地提升为以知情为要件的第 687 条第 2 款第 1 句(参见上文边码 613)的规定。故此,我一如既往地持以价值为取向的少数人的观点(参见拙著《民法》边码 723、边码 726)。但是,一般而言可以以取得的收益作为客观价值的参考点。

2. 此外,对于在实践中重要的关键点大家取得了一致的意见:即不允许处分人在依照第816条第1款第1句的规定返还时,扣除其从前手处(无效)取得时向前手支出的费用(例如可参见《联邦最高法院民事裁判集》,第14卷,第7页;第55卷,第176页)。第一,此中的理由是,处分人不得以取得的价金对抗权利人在处分前即已存在的所有权返还请求权(第985条)。第二,对苛求性进行考量也能佐证这一点:处分人因其支付了价金,故可以向其——一般为其熟悉的——前手主张基于权利瑕疵责任的请求权(第433条第1款和第437条以下);与此相对的是,对于因处分丧失权利者而言,寻找替代债务人原则上要困难得多。 706

第三节 依第816条第2款的给付受领

依照第816条第2款的规定,无权利人受领给付的,并且该给付对于权利人而言为有效给付的,此举则意味着剥夺了权利人的债权。这种向无权利人免除义务的给付,例如可以出现在第370条和第407条规定的情形,以及无权利受领人因持有有价证券而为正当时的情形(参见上文边码562)。在实践中重要的应用情形是,未言明的让与和告知债务人的让与相继发生。此处,向第一位受让人的未言明的让与为有效让与(参见《总论》边码740);而第二次让与无效,其中的原因在于让与人在第一次让与中已经丧失了其权利。但是,按照第407条第1款和第408条第1款的规定,债务人因向无权利的第二受让人的给付,免除了其对享有权利的第一受让人的义务。第一受让人可以依照第816条第2款向第二受让人请求返还给付标的物,第816条第2款不视第二受让人的过错而定(第二受让人无需对第一次让与知情)。 707

第一百三十一章　一般权益侵害不当得利请求权

参考文献：参见上文边码 632 之前所列举的文献，特别是克默雷尔(Caemmerer)、吉森(Giesen)、H. H. 雅各布斯(H. H. Jakobs)、克尔曼(Kellmann)、克莱因海尔(Kleinheyer)、吕姆克(Rümker)、F. 舒尔茨(F. Schulz)、韦尔布尔克(Wilburg)和威廉(Wilhelm)的著作。另外，还请参见埃尔格(Elger)：《侵害他人权益不当得利》，2002 年；许弗(Hüffer)：《权益侵害不当得利请求权》，载《法律学习》，1981 年，第 263 页以下；以及施莱希特里姆(Schlechtriem)文，载《海德尔堡柯尼希学术研讨会》，1984 年，第 57 页以下。

第一节　应用范围

708 权利人因无权利人的处分受到侵害(第 816 条第 1 款)，或者债权人因无权利人受领给付而丧失债权(第 816 条第 2 款)，这些并未囊括侵害权益得利的所有情形，还有一些其他情形。这些情形与第 816 条调整的特别权益侵害不当得利请求权并存，属于第 812 条第 1 款第 2 个选择文句调整的一般权益侵害不当得利请求权(以其他方式)。

一、物的消费

1. 物的消费不构成法律行为(例如吃一个小面包,燃烧木炭),故不是一种(受第816条第1款调整的)处分。但是,在效果上消费和处分两者趋同:两者均是从权利人处取走物,并使得物的价值流向他人。正因为如此,所以在发生无法律原因的价值移转时,对于物的消费同样需要进行补偿:无法律原因"被剥夺所有权的"原权利人必须享有不当得利请求权(当然,除了该请求权之外,还可考虑其他请求权,如基于侵权行为的请求权)。 709

2. 一般而言,消耗物的人往往是物的占有人。在无权占有情形考虑适用权益侵害不当得利请求权,例如可以用来对抗失窃物的取得人,依照第935条的规定,纵使该取得人为善意同样无济于事。故此,依照第985条所有人首先对占有人享有返还请求权,换言之:在所有人和占有人之间存在的是"所有权返还关系",在此前提条件下,关于所有人——占有人——关系的规定(第987条以下)优先适用于一般不当得利法的规定。同样的优先顺位适用于关于继承请求权的特别规定(第2018条以下)。关于这个问题在请求权中还要予以论述(参见下文边码785以下)。 710

第987条以下的条款并未包含关于物的消费的规定。这一点在第993条第1款中体现的尤为突出。该条款中对于"依通常的经营规则不能视为物的收益的"孳息(即所谓的过量孳息),赋予了不当得利请求权。正因为如此,占有人更不能避免因完全消费物所导致的不当得利请求权的行使,故第987条以下的规定不涉及因物的消费所致的一般权益侵害不当得利请求权问题。

二、第951条调整的内容

第951条调整的内容在广义上同属于物的消费:某人因物的附合(第946条和第947条第2款)、液体的混合或固体的混合(第948条和第947条第2款)而丧失其所有权或其他权利(第 711

949条),第951条第1款第1句赋予其不当得利请求权,原则上这依然是一般权益侵害不当得利请求权。但是,如果这种侵害同时构成侵害人向第三人给付的,则会出现一些问题。例如建筑工程承包人基于建筑合同将送交的、保留所有权的建筑材料筑入定作人的土地,依照第946条和第93条以下规定,土地所有人取得本归属于供货人的材料。这种取得的利益限于土地所有人根据建筑合同可以向建筑工程承包人要求的范围,供货人是否可以依然向取得人主张请求权?参见下文边码734。

三、物的使用

712 物的使用也可能意味着对他人权利的侵害,故这种方式可以是"以其他方式取得利益"。一般只有占有人可能使用物,因此在不当使用人和所有人之间可能存在(所有权)返还请求权关系。关于物的使用,第987条以下条款规定的所有人——占有人——关系包含了特别规定(与物的消费不同,参见上文边码710)。故此,一般的不当得利请求权不太适用于使用报酬问题,同样继承请求权享有类似的优先顺位。与此相关的问题——一如平常——将在侵权请求权中作详细的探讨(参见下文边码785)。

四、侵害其他权利

713 迄今为止,探讨的侵害只是着眼于物,其中涉及的权利也只是依附于物存在的权利,特别是所有权。但是,在所有权之外还有其他与物无关的权利,如姓名权、商号权、一般人格权、专利或者标记。此外,还有类似权利的,如占有。侵害这些权利或者准权利,是否或者在何种前提条件下会引发权益侵害不当得利请求权,尚存有诸多疑问。

按照通说,不得径由侵害的违法性得出权益侵害不当得利请求权的结论。这里涉及的问题为侵权法第823条第1款中的"其他权利"问题(参见下文边码809):哪些权益不仅保护其所有人避免受到侵害,而且还赋予其一定的积极权能?这个问题对于占有是最为明晰的。依照第858条的规定，虽然在对抗自力剥夺占有或妨碍占有方面，占有人得到比较广泛的保护，但如果不考虑其对物的占有的权利，占有人作为占有人并不享有其他权能。占有人既不能使用物，也不能在一段时期内保有物，其原因在于权利人可以依据第985条随时要求返还该物，甚或特定的无权利人可以依据第1007条的规定随时要求返还该物。

上述权益的特征我们称为权益归属内容（Zuweisungsgehalt），依照通说（参见拉伦茨—卡纳里斯：《债法分论》，第2卷，第2分卷，第69章，第1节，第2目）权益归属内容决定了对权利或权益的侵害是否会导致权益侵害不当得利请求权：如果受到（不一定是违法的）侵害的权益并没有此项权益归属内容的，抑或该项权益的归属内容未被侵害所波及的，则不成立权益侵害不当得利请求权。联邦最高法院对此作了积极的表述（参见《联邦最高法院民事裁判集》，第107卷，第117页和第120页）：债务人应当是将债权人受保护的权益纳为己有，而其以合法方式、未经债权人同意是不能利用此种权益的；其中侵害必须是，“侵害了本应归属于债权人的、对权益变价的权益归属内容”。故此，对于承租人的无权转租行为，出租人不享有权益侵害不当得利请求权（参见《联邦最高法院民事裁判集》，第131卷，第297页），这是因为出租人本身同样不具有此项权利。

具体权利（例如姓名、一般人格权、商标）的归属内容或者具体权益的（例如占有或受保护性法律保护的权益）归属内容，可以在研究这些具体权益时加以阐释。并请参见（出发点有所不同）《慕尼黑民法典注释——里普》，第812条，边码211。

第二节　内　　容

一般权益侵害不当得利请求权的内容可以是侵害所得的收 714

益、因侵害得到节约的费用,或者侵害所得收益的客观价值。此处通说与第 816 条第 1 款认定的(参见上文边码 705)相悖,通说有理由认定其内容当为取得收益的客观价值(例如可参见《联邦最高法院民事裁判集》,第 82 卷,第 299 页和第 307 页以下)。如若侵害人获得高于客观价值的收益,则受侵害权利的所有人只能依据第 687 条第 2 款的规定取得高出部分的收益(参见上文边码 613)。

第一百三十二章　其他非给付不当得利请求权

“以其他方式”即不是通过给付，但其可以是有待补偿的财产的转移，而不只是因侵害而引起的（相关论述见上文边码698至714）。正如上文边码638所述，还有其他原因应当被纳入考虑范围（例如第822条，参见拉伦茨—卡纳里斯：《债法分论》，第2卷，第2分卷，第69章，第4节）。下文将扼要论述两种常见原因。 715

第一节　费用偿还不当得利请求权

参考文献：维洛瓦特（Willoweit）：《费用偿还不当得利请求权的要件》，载《瓦尔纪念文集》，1973年，第285页以下；M. 沃尔夫（M. Wolf）：《请求权体系中占有人的费用偿还请求权》，载《民法实务档案》，第166卷，1966年，第188页以下。

1. 为他物支出费用（如在一块土地上建房，修理一辆汽车）原则上可以使物的所有人获得利益。在大多数情况下，支出费用是基于 716

合同的约定,如示例中是基于承揽合同,支出费用之人是有意识地、有目的地使他人之财产增值,即支出费用之人是为给付(参见上文边码 634 以下),在合同无效时,其可依给付不当得利请求权请求返还清算。

717 2. 只有在非为给付时,始能考虑费用偿还不当得利请求权,特别是在费用支出人并不知道所涉之物为他物的情形,或者其意欲自己使用该物。例如第一种情形可以为正当自主占有人,第二种情形为窃贼,而这两种人都没有使他人财产增值的意愿。

但是,只是具备非为给付(和非为受领人的侵害)条件,远远还不是费用偿还不当得利请求权,有诸多的特殊规定将其排除在外(参见拙著《民法》边码 886 以下),这里主要予以考虑的是关于所有人——占有人关系的第 994 条以下的条款:在绝大多数情况下,为他物支出费用的人是物的占有人。如若其并不享有占有的权利,则所有人对其享有所有权返还请求权,后果是适用第 994 条以下的规定。

第 994 条以下条款是否是对费用填补的终结性调整规范,这一点是极具争议的。通说对此是认同的(参见《联邦最高法院民事裁判集》,第 41 卷,第 157 页;第 140 卷,第 275 页和第 280 页;反对意见参见卡纳里斯文,载《法学家报》,1996 年,第 344 页),当然也赞同第 951 条规定的不当得利请求权(例如因在他人土地上建房的请求权,参见第 946 条)。相反,我一如既往地持这个观点(参见拙著《民法》边码 897),即承认不当得利请求权的竞合是正确的。我无法理解,为什么支出费用的占有人因无法主张不当得利请求权,其地位相较支出费用的非占有人要恶劣得多。当然,计算不希望支出的费用价值时,适用的始终是关于强迫得利的规则(参见上文边码 628、678、681):支出费用的受领人只需填补费用对于其的价值,而无需支出高出部分。

718 3. 即使是按照通说,非占有人支出的费用也归属于费用偿还不当得利请求权的适用范围。此外,下述情形也为费用偿还不当得利:支出的费用除了包括为某一特定标的(特别是物)支出的费用之外,还包括非为标的财产损失。在正确理解第687条第2款第2句的前提下(参见上文边码631),该条款能够充分保障依照不当得利法的规定给予费用的填补。但是,费用偿还不当得利的适用范围总而言之是比较有限的。

第684条第1句中关于适用不当得利法规定的出发点与上文论述有所不同(参见上文边码628)。该条款保障的不是填补不正当管理人支出的费用,而是其因管理事务为本人取得的利益。如若不能以原物返还,则可以依照第818条第2款计算其价值,此时又当适用关于强迫得利的规定(参见上文边码717)。

第二节 求偿不当得利请求权

1. 求偿不当得利请求权作为费用偿还不当得利请求权的一 719
种特殊类型,其以三人关系为出发点:第三人向债权人给付,致使其债务人免于给付的义务。其中的问题是,第三人是否可以基于非给付不当得利请求权向免于给付的债务人请求清偿(追索)。求偿不当得利和费用偿还不当得利具有类似的问题:求偿不当得利的适用范围也是因其他法律救济手段受到极大的限制(参见拙著《民法》边码945以下)。

(1)首先,最为常见的关于求偿的特殊规定见于法定让与(参见拙著《总论》边码726):给付者通过给付(或者甚至于因给付义务,见《社会法典》第10编,及旧版的《帝国社会保险法》第1542条)取得债权人对债务人的债权。则给付者可以基于移转于其的债权求偿,而无需以羸弱(第818条第3款)的不当得利请求权为依据。在《民法典》债编中,对于销除权人的法定让与规定在第268条第3款之中(参见《总论》边码141),关于连带债务人的法定让与规定在第 426 条第 2 款之中(参见《总论》边码 805),关于保证人的法定让与规定在第 774 条第 1 款之中(参见上文边码 528)。在《民法典》之外,法定让与情形主要见于调整交通事故损害分担的规定(参见《总论》边码 697)。

720 (2)此外,给付者对免责的债务人享有填补给付的一级请求权。对于连带债务人之间的关系,由第 426 条第 1 款调整(参见《总论》边码 805)。如若给付是基于被免除义务人的委托,则其依第 670 条负担费用偿还(参见上文边码 424 以下)。依照第 683 条的规定,对于正当无因管理适用同样的准则(参见上文边码 606)。

721 (3)最后,应当界定求偿不当得利请求权与给付不当得利请求权的区别。此处涉及这样一种情形,即给付者在误认为自己负担有义务时,意欲清偿自己的债务,这样的给付并不能使真正的债务人免除义务;其原因在于债务人并没有获得丝毫利益,故此,对于债务人不考虑适用求偿不当得利请求权的规定。相反,给付者必须向误认的债权人主张给付不当得利请求权,这是因非债给付导致的一般给付不得当利请求权(第 812 条第 1 款第 1 句第 1 个选择项)。

然而,给付者是否可以嗣后变更指定的清偿,并进而转向真实存在的债务,在这一点上是尚存争议的;如是,则给付实现了对债务的清偿,给付者则可以向免责的债务人主张求偿不当得利请求权。这种模式的优越之处尤其体现在债权人没有支付能力时,以致对债权人的给付不当得利请求权落空的情形。但是通说原则上并不承认给付者享有变更指定清偿的权利(参见拙著《民法》边码 95);但对于特殊情形,联邦最高法院至少是认同的(参见联邦最高法院民事裁判,载《新法学周刊》,1986 年,第 2700 页;相关论文见邓可(Denk)文,载《法学家报》,1987 年,第 127 页;参见施托尔特(Stolte)文,载《法律学习》,1988 年,第 246 页)。但是,在任何情形下，应当肯定的是，在发生错误时可以撤销指定的给付（参见《联邦最高法院民事裁判集》，第 106 卷，第 163 页；参见拉伦茨—卡纳里斯：《债法分论》，第 2 卷，第 2 分卷，第 70 章，第 3 节，第 2 目）。

2. 综上所述，被纳入求偿不当得利适用范围之内的为对他人之债的给付，而且是以不正当无因管理的方式进行的给付。第 684 条第 1 句规定适用不当得利法（参见上文边码 628），因为此处债务人之免责并非其本人的意思抑或违背其意思，所以涉及的还是强迫得利的问题（参见上文边码 678、边码 681）。并非应请求而支付他人债务者，是否可以直接对因此而免责的债务人享有求偿不当得利请求权？ 722

原则上，上述问题的答案应该是肯定的。如若没有约定禁止让与（第 399 条第 2 个选择项，参见《总论》边码 718），则债务人不得期待，债权人保持不变。让与法中的这个准则同样适用于求偿不得当得利请求权。但是，对于求偿不当得利，也可以类推适用让与法上的规定，依照第 404 条和第 406 条以下条款对债务人施以保护（参见拙著《民法》边码 952）。债务人准用第 404 条规定，享有对抗原债权人的一切抗辩；同样原则适用抵消（第 406 条）。如果债务人对第三人支付的清偿效力不知情的，并向原债权人给付的，则债务人也可以准用第 407 条的规定以对抗求偿不当得利请求权。

第三部分

第一百三十三章　多人关系中的不当得利返还请求权

参考文献:一般参见上文边码632之前的参考文献。卡纳里斯对多人关系有着根本性的研究:《三人关系中的不当得利补偿》,载《拉伦茨纪念文集》,1973年,第799页以下;补充性论文见同一作者文:《非现金支付往来中的不当得利补偿》,载《有价证券信息》,1980年,第354页以下;同一作者:《责任保险人向表见债权人支付的不当得利补偿》,载《新法学周刊》,1992年,第868页以下;现概见于拉伦茨—卡纳里斯(Larenz - Canaris):《债法分论》,第2卷,第2分卷,第70章;持部分反对意见的见弗卢梅(Flume)文:《多人关系中的不当得利补偿》,载《民法实务档案》,第199卷,1999年,第1页以下;此外,还有拜尔(Bayer):《让与无效债权后的不当得利补偿》,载《法学教育》,1990年,第883页以下;博伊廷(Beuthien):《三角关系中的给付与费用》,载《法学教育》,1987年,第841页以下;布齐克(Buciek):《第三债务人支付和不当得利的补偿》,载《经济法杂志》,1986年,第890页以下;冯·克默雷尔(von

Caemmerer):《不当得利请求权与第三人关系》,载《法学家报》,1962 年,第 385 页以下;德尔纳(Dörner):《向让与人还是受让人主张不当得利返还请求权?》,载《新法学周刊》,1990 年,第 473 页以下;弗卢梅(Flume):《银行汇款与不当得利》,载《新法学周刊》,1987 年,第 635 页以下;同一作者:《论三人关系因支付的不当得利补偿问题》,载《新法学周刊》,1991 年,第 2521 页以下;哈尔克(Harke):《论三角关系中不当得利补偿的举证责任分配问题》,载《法学家报》,2002 年,第 179 页以下;哈索特(Hassold):《论三人关系中的给付问题》,1981 年,对此的评论见哈尔德(Harder),载《民法实务档案》,第 182 卷,第 372 页以下;霍伊泽尔(Häuser):《账户汇划关系中对汇款委托的撤回》,载《新法学周刊》,1994 年,第 3121 页以下;H. H. 雅各布斯(H. H. Jakobs):《实践回归普通适用与给付不当得利法理论的使命》,载《新法学周刊》,1992 年,第 2524 页以下(相反观点见马丁内克(Martinek)文,载《新法学周刊》,1992 年,第 3141 页以下;卡纳里斯(Canaris)文,载《新法学周刊》,1992 年,第 3143 页以下);约斯特—迪阔迈尔(Joost - Dikomey):《不当得利请求权:错误汇款至债权人透支过度的账户》,载《法学教育》,1988 年,第 104 页以下;克尔曼(Kellmann):《履行辅助人不享有不当得利返还请求权》,载《法学评论》,1988 年,第 97 页以下;科勒(Koller):《多人关系中承揽服务和雇用服务的法律原因和非给付不当得利请求权》,载《卡纳里斯学术会议》,1998 年,第 151 页以下;科齐奥尔(Koziol):《返还清算保证人无法律原因的支付》,载《银行法与银行经济杂志》,1989 年,第 16 页以下;库必适(Kubisch):《不当得利法中法律实证主义》,1978 年,持赞同意见的见哈尔德(Harder)文,载《法学教育》,1979 年,第 76 页以下;同一作者:《不当得利请求权的统一要件——立法者的错误》,载《吕布托庆贺文集》,1980 年,第 501 页以下;同一作者:《"规范的视角,拟似……"——论不当得利法中的学理拟制》,载《法学家报》,1997 年,第 213 页以下;W. 罗伦茨(W. Lorenz):《基于瑕疵原因关系债权的让与:债务人向谁主张不当得利返还请求权》,载《民法实务档案》,第 191 卷,1991 年,第 279 页以下;马丁内克(Martinek):《不当得利补偿:第三人为他人并不成立的债务给付》,载《法学家报》,1991 年,第 391 页以下;迈耶—科尔丁(Meyer－Cording):《无汇款委托贷记时的不当得利补偿》,载《新法学周刊》,1987 年,第 940 页以下;米尔(Mühl):《不当得利法的变迁与联邦最高法院的裁判》,载《吕布托庆贺文集》,1980 年,第 547 页;冯·赖纳多尔夫(von Reinerdorff):《给付不当得利返还请求权人的确定》,载《德国法月刊》,1981 年,第 800 页;施瑙德(Schnauder):《第三人关系上的给付不当得利请求权的基础》,1981 年;同一作者:《论账户汇划目的约定说》,载《法学家报》,1987 年,第 68 页以下;同一作者:《反对受领人角度说》,载《新法学周刊》,1999 年,第 2841 页以下;K. 施赖伯(K. Schreiber):《多人关系中的不得当得利补偿》,载《法律学习》,1986 年,第 539 页以下;蒂尔曼(Thielmann):《反对不当得利的辅助学理》,载《民法实务档案》,第 187 卷,1987 年,第 23 页以下;瓦尔曼(Wallmann):《不当得利法中辅助原则的适用》(博士论文),1996 年,基尔;A. 韦伯(A. Weber):《为他人债务给付后的不当得利补偿》,1992 年;韦特海摩尔(Wertheimer):《责任保险人因向臆想再保险接受人支付时的不当得利补偿》,载《法学教育》,1992年,第284页以下;威廉(Wilhelm):《三角关系给付不当得利请求权中的“超越裁判”》,载《法学家报》,1994年,第585页以下;同一作者:《保证人支付的不当得利返还请求权》,载《新法学周刊》,1999年,第3519页以下。

第一节　问　　题

723 迄今为止,我一直尝试着回避不当得利法中理论上争议最大的问题,即参与者为两人以上的问题。上文中我们已经接触到了三人关系,特别是在对条款第822条(参见上文边码690以下)和第816条(参见上文边码698以下)的论述之中。这些条款已经对颇有争议的问题作了调整和规定,即在哪些人之间清算不当得利。例如,第816条规定“被剥夺所有权的”原所有人原则上对无权利人享有不当得利请求权,仅在例外情形,即在处分为无偿时,原权利人对取得人享有不当得利请求权(第816条第2款第2句)。

正如上文指出的(参见上文边码711),在其他类型案例中还会有其他人参与法律关系。现对这个问题予以阐述(例外见上文边码719论述的求偿不当得利请求权)。对于这个问题,联邦最高法院迄今一直避免作出一个一般性的回答,是因为在处理多于两人参与的不当得利问题时,应当杜绝“任何一种程式化的解决方案”,应当重视个案中着眼于客观不当得利清算的特殊性(参见《联邦最高法院民事裁判集》,第105卷,第365页和第369页;联邦最高法院民事裁判,载《新法学周刊》,1999年,第1393页和第1394页)。

这里可以区分两种情形:

第一,可以涉及多种给付关系。这些关系可以是在时间上有先后(所谓的“给付链”),也可以是在实施过程中发生联系(如指示证券)。参见下文边码 724 以下。

第二,因给付而取得可以遭遇以其他方式的取得(特别是通过侵害)。作为示例见第 816 条第 1 款第 1 句:此处,取得人获得处分标的——例如所有权——原则上是通过让与人的给付,例如让与人履行买卖上的交付债务,而从原权利人视角看待,有效处分对其构成权利的侵害。参见下文边码 732 以下。

第二节　多种交付关系

一、给付链

首先论述最为简单的类型:多种交付关系在时间上有先后关系。 724

(一)交付关系中的瑕疵

甲出卖给乙一物,并向其移转所有权;乙又将该物出卖给丙,同样向其移转该物的所有权。如若现在乙和丙之间的买卖被证明为无效行为,则乙可以毫无疑问地向丙主张该物的给付不当得利请求权;但如若甲和乙之间的买卖行为被证明为无效,那么甲则可以毫无疑问地向乙主张权利。依照第 822 条的规定,甲对丙的追偿只有在及其严格的条件下始为可能,上例则不满足此条件。对于乙不再拥有甲交付的物的情形,第 818 条第 2 款作了考虑,即乙无法返还该物时,其必须要向甲补偿该物的价值。

(二)一般规则

主要是卡纳里斯(载《拉伦茨纪念文集》,第 1 卷,第 802 页)对上述原则背后隐含的价值判断进行了阐释(参见拙著《民法》边码 667)。 725

1. 具有瑕疵原因关系的任何一方当事人应当保有其对另外

一方当事人的抗辩，特别是因该物成为请求权相对方的当事人应当可以与其相对人清算向其支付的价金。

2. 对于基于当事人相对方与第三人法律关系的抗辩，任何一方当事人均应当受到保护。

3. 任何一方当事人均应当承担其自主选择的相对人的支付不能风险（Insolvenz）。例如，买受人应当承担出卖人无法返还价金，并陷入支付不能程序的风险。

（三）双重瑕疵

726 上述原则特别适用于所谓的双重瑕疵：不仅甲与乙之间的买卖无效，乙与丙之间的买卖也无效。即使是这样，甲也只能对乙主张权利，而不能对丙实行追索，原因在于乙应当可以对甲享有抗辩权，而甲应当承担自己选择的买受人乙的支付不能风险（丙则是乙选择的）。

尚有争议的是，甲对乙可以主张何种请求权。如若乙还拥有出卖物，那么可以肯定其应当返还该物的所有权。但是，如若乙在没有法律原因的情况下将物交付于丙，则对其而言，乙—丙的不当得利请求权作为替代（第 818 条第 1 款）取代了所有权的返还。曾经几乎得到一致认同的观点即源于此，即甲—乙之间的请求权指向乙—丙之间请求权的让与。此种观点意味着不当得利返还请求权的不当得利返还（Kondiktion der Kondiktion）。但这个解决方案不完全符合上文边码 725 所述的原则，原因在于甲在让与后要承担并非由其本人选择的丙的支付不能风险。而且，丙要么丧失基于与乙关系的抗辩权，要么可以以此对抗甲：第一种方案违背第 1 项原则，第二种方案则违背了上文边码 725 所述的第 2 项原则。

因为上述原因，所以现在日渐盛行一种观点，即甲不要求乙返还乙对丙的不当得利返还请求权，而是要求返还该物的价值（第 818 条第 2 款）。而价值不会受到乙向丙有偿转移该物的影响，即使乙从丙处重新获得该物有困难。这里的问题是，这种方案是否符合第818条第3款的规定。

二、三角关系

在给付链中,履行行为(移转所有权)发生在原因行为(买卖合同)之后,负担行为和履行行为分别发生在同样的当事人之间(在示例中甲—乙,还有乙—丙)。而“三角关系”则不同:履行行为“越过了”一方当事人,如在示例中则直接发生在甲和丙之间。 727

1. 最为简单的案例为,在甲向乙交付之前,乙和丙之间的转卖已经成立,乙指示甲,直接向丙交付。虽然动产可以借助于所谓口头买卖(例如可参见鲍尔—施蒂尔纳:《物权法》,第51章,边码15、边码17;弗卢梅对此持批评意见,载《恩斯特·沃尔夫纪念文集》,1985年,第61页)设计路径,即动产的所有权先从甲移转至乙,然后又从乙移转至丙(第929条第1句规定的甲—乙之间的交付在此处认定为被下述行为代替了,即甲根据乙的口头指令向丙的交付行为,此行为也替代了乙—丙之间的交付)。如是,则所有权有如在给付链中一样被取得(参见上文边码724)。但这种设计路径不适用于土地,是因为无登记乙不能成为中间所有人(第873条)。对于非物给付(如服务),则同样没有通往丙直接取得的路径。

如果甲应当直接向丙完成给付,也丝毫不能改变对于返还清算至为重要的视角(参见上文边码725),故甲还得与乙清算,乙还得与丙清算;甲对丙的“追索”只有在满足第822条规定的特别要件时始为可能。

2. 但是,对于技术意义上的指示证券会产生一些困难(第783条以下,参见上文边码583)。以上述示例使用的代称来表示,甲相当于被指示人,乙相当于指示人,丙相当于指示证券领取人。第783条句尾处和第784条第1款都规定了被指示人向指示证券领取人的给付,即甲向丙的给付。丙在领取指示证券后,可以直接向甲主张请求权(参见上文边码583),所有权也对应地从甲向丙 728

发生移转。故此,此处显得比较容易理解甲对丙的给付,以及相应的给付不当得利返还请求权问题。

对应其中的给付,大家可能会接受第 783 条和第 784 条第 1 款中使用的术语(尽管我认为不是特别理想)。但是,给付不当得利返还请求权必须在甲和乙或者乙和丙之间进行。甲之所以给付,纯粹是因为基于指示证券中与乙的关系(抵偿关系,参见上文边码 579)。而乙之所以指示甲为给付(并且愿意为其给付作出的牺牲给予补偿),是基于乙与丙的对价关系。故此,只能根据基础关系来确定财产移转是否需要返还,并且只能在这些参与基础关系的人之间确定。如若甲与乙的抵偿关系有瑕疵,则甲可以向乙请求返还;如若乙和丙之间的对价关系有瑕疵,则乙可以向丙请求返还(参见《联邦最高法院民事裁判集》,第 147 卷,第 269 页)。不当得利返还请求权的路径与给付链是相同的(参见上文边码 724 以下)。

对于非技术性的指示关系,适用同样的原则(参见上文边码 579)。这里要涉及的主要是以银行汇款方式的支付。如果银行在其委托人的账户上得不到补偿,则银行应向其主张权利(乙与甲的关系),并不关涉到支付受领人丙。反之,如果支付受领人相对委托人的债权不存在(丙与乙的关系,对价关系),并且此债权应当通过银行汇款来清偿,则不影响银行和委托人的关系,即银行可以对委托人的账户设定负担,而且无涉不当得利返还请求权;委托人有如现金支付一般,必须向支付受领人请求不当得利返还请求权,唯具意义的是,是否存在代清偿的债权之争,仅限于委托人和支付受领人双方即可。

729 3. 依照通说(例如见拉伦茨—卡纳里斯:《债法分论》,第 2 卷,第 2 分卷,第 70 章,第 2 节,第 3 小节,第 2 目和第 3 目,以及第 4 节),指示证券无效时为例外情形,法律后果与上文有所不同。这是因为似受指示的甲之行为绝不能归责于乙,所以必须将乙从返还清算中剥离出来,即直接在甲和丙之间进行不当得利返还清算(当然不是给付不当得利返还请求权,正确裁判见联邦最高法院裁判,载《新法学周刊》,1994 年,第 2357 页和第 2358 页)。但如果是银行错误地将一张并非由发票人填具的支票予以兑现,或者将款项汇至错误的受领人账户上,则不允许银行在其客户的账户上设定负担,而是由银行本人向受领人主张不当得利返还请求权(参见《联邦最高法院民事裁判集》,第 66 卷,第 362 页和第 372 页;之后例如还有联邦最高法院裁判,载《新法学周刊》,1987 年,第 185 页:《汇款金额为指示之十倍》;慕尼黑州高级法院裁判,载《新法学周刊—民法裁判报道》,1988 年,第 1351 页:《双倍汇款》)。但是,直接返还不当得利取决于,受领人对其受惠的指示知情(参见《联邦最高法院民事裁判集》,第 87 卷,第 246 页;第 89 卷,第 376 页;相关评论见卡纳里斯文,载《法学家报》,1984 年,第 627 页;尚有争议)。对这个问题最为明确的阐释为卡纳里斯著文,载《法学家报》,1987 年,第 201 页,以及拉伦茨—卡纳里斯:《债法分论》,第 2 卷,第 2 分卷,第 70 章,第 4 节,第 2 目:在没有表见指示人的指示时,支付者在任何时候都是向受领人直接请求返还不当得利,而不取决于支付者是否对无指示知情,抑或应当知情;对支付者的保护见于第 818 条第 3 款。我认为这是正确的。其后,同样的认识见《联邦最高法院民事裁判集》,第 111 卷,第 382 页;联邦最高法院裁判,载《经济法杂志》,1990 年,第 1126 页;联邦最高法院裁判,载《新法学周刊》,2001 年,第 1855 页和第 2968 页;科隆高级法院裁判,载《经济法杂志》,1996 年,第 1376 页。

三、其他多人关系

在给付链和基于(技术的或非技术的)指示的三角关系之外, 730
还有其他可能附带不当得利诸多问题的多人关系。现在尚有争议的是,在让与虚无债权后给付不当得利的返还和类似的情形(参见《联邦最高法院民事裁判集》,第 105 卷,第 365 页;第 113 卷,第

62 页;第 122 卷,第 46 页;联邦最高法院裁判,载《新法学周刊》,1989 年,第 161 页;联邦最高法院裁判,载《经济法杂志》,2002 年,第 1419 页,评论见弗卢梅文,载《民法实务档案》,第 199 卷,1999 年,第 1 页和第 18 页以下;以及参考文献中的拜尔文、丢尔纳文、W. 罗伦茨文和马丁内克文)。对此问题的论述超出了本书的范围(参见如卡纳里斯文,载《新法学周刊》,1992 年,第 868 页;拉伦茨—卡纳里斯:《债法分论》,第 2 卷,第 2 分卷,第 70 章,第 5 节,第 1 目;H. H. 雅科布斯文,载《经济法杂志》,1994 年,第 9 页;参见拙著《德国民法》边码 680 以下)。但是,总而言之,这些情形的解决方法也必须要考虑上文边码 725 提及的一般性视角。

四、关于对第 812 条第 1 款第 1 句的理解

731 一项给付有无法律原因,可以按照服务于给付的原因关系来判断。如若没有法律原因,则在参与原因关系的当事人之间进行返还清算,实具意义。例外情形适用第 822 条的规定。不当得利的债权人和债务人即可由上述关系得出。第 812 条第 1 款第 1 句规定的确定角色地位的事实构成"由他人负担费用"对于给付不当得利的返还非为必要条件。对该规定的理解,应如在上文边码 632 在第二位阐述的一样:"由他人负担费用"涉及的只是"以其他方式"取得利益,故只涉及非给付不得当得利请求权(相同观点见拉伦茨—卡纳里斯:《债法分论》,第 2 卷,第 2 分卷,第 67 章,第 2 节)。

第三节　给付与以其他方式得利

一、无权利人的处分

732 正如上文边码 723 提及的,第 816 条第 1 款规定了给付和侵害遇合的一种重要情形:按照该条款的第 1 句,有偿取得人仅与其出让人发生关系;如果作为其根本的原因行为(如买卖)有效,则取得人可以保留其取得的利益。失去所有权的原权利人只有对出让人主张权益侵害不当得利请求权。抑或换言之,就因为给付而有偿取得的利益而言,基础关系决定了给付是否应当按照不当得利原则返还。由此,得到法律允许的,特别是得到物权法允许的、从无权利人处正当的取得不受不当得利返还请求权的影响:"失去所有权的"原权利人不可以强行要求,物权已然发生变动的取得重新返回原点;否则,物权的取得方式也要严重贬值。

这种贬值始出现在第 816 条第 1 款第 2 句调整的无偿取得之中。在该文句中,正当之人同样取得了物的所有权,但是,与第 822 条类似的是,失去所有权的原权利人享有直接追索取得利益的权利,无偿取得人必须在得利的限度内,向其返还。

二、其他竞合情形

因为第 816 条第 1 款的规定可以给其他竞合问题提供答案,所以再度详细论述该条款(批评意见参见蒂尔曼(Thielmann)文,载《民法实务档案》,第 187 卷,第 23 页)。 733

1. 对于消费他物情形(参见上文边码 709 以下),原权利人的权益侵害不当得利请求权不受消费人与第三人之间给付关系的妨碍。按照第 935 条第 1 款的规定,消费即使为善意取得的窃盗物,窃盗物的所有人依然享有权益侵害不当得利的请求权(参见《联邦最高法院民事裁判集》,第 55 卷,第 176 页:"小公牛")。原因在于消费人在消费前未能成为所有人(例如依照第 932 条和第 929 条),则其没有取得所有权以及消费该物的赋权。如果某人将他物附合、混合、加工或者利用,则适用同样的原则。

2. 与上文相反的情形主要见于,该物融入第三人的财产之中:建筑工程承包人基于承揽合同将不属于其的建筑材料筑入第三人(定作人)的土地(参见上文边码 711),该第三人依照第 946 条和第 93 条以下条款取得所有权。因为此处权利的变更是利于定作人的,所以依照第 951 条第 1 款第 1 句和第 812 条第 1 款第 1 734

句的规定,丧失权利者的不当得利请求权似乎应当是针对定作人(依照通说第 951 条是法律原因参照条款)。但是,这不符合第 816 条第 1 款的规定。其原因在于,建筑工程承包人如果不是立刻将建筑材料筑入,则其可以向定作人转移材料的所有权,而定作人为正当时,即能依照第 932 条和第 929 条规定获得并非丧失的(第 935 条)材料。按照第 816 条第 1 款第 1 句的规定,这是一种有偿的、无需返还的取得。对筑入前没有转移所有权的情形在不当得利返还规定上另作处理,意义不大,因为确定在工地上有无转移送交材料的所有权,抑或直接筑入土地是几乎不可能的(例如建筑起造人偶然出现在工地)。这些更多为偶发之区别和差异不应当在结果上有所改变。

故此,结论应当是:虽然享有权益侵害不当得利请求权的是权益受到侵害的当事人,他人获得"由其负担费用"的利益,但此他人并不总是该利益的取得人,其可以是侵害权益人,而其需要依照第 816 条第 1 款的规定予以确认。按照该条款的规定,该他人不是该利益的取得人,而是使得他人有偿取得该利益的权益侵害人(故权益侵害人成为权益侵害不当得利的债务人)。这个原则常被称作"给付优于权益侵害不当得利请求权"。但这种表述也只是一个简便的法则(更为有所保留的见拉伦茨—卡纳里斯:《债法分论》,第 2 卷,第 2 分卷,第 70 章,第 4 节,第 2 小节,第 2 目)。例如该法则不适用于下述情形,非为正当者依第 946 条和第 93 条以下条款的规定通过给付获得所有权,或者丧失之物被筑入的情形。其中的原因在于,依照第 932 条第 2 款和第 935 条的规定,通过法律行为之取得已经成为不可能,那么依照第 946 条的法定取得也无需是不得返还的利益。

第十编

以损害赔偿给付为内容的债务关系

参考文献：关于比较法上的广泛性论述，参见冯·巴尔(von Bar)：《欧洲普通侵权法》，第1卷(1996年)，第2卷(1999年)。另见阿达姆斯(Adams)：《危险责任和过错责任的经济分析》，1985年(关于该文，亦见布拉施茨佐克(Blaschczok)文，载《商法杂志》，第150期，第374页以下)；拜尔茨(Bälz)：《论民法责任体系的结构变迁》，1991年；布拉施茨佐克(Blaschczok)：《危险责任与风险归属》，1993年；布吕格迈尔(Brüggemeier)：《社会损害分配与侵权法》，载《民法实务档案》，第182卷(1982年)，第385页以下；同一作者：《侵权法》，1986年；同一作者：《现行法上的司法保护政策》，载《法学家报》，1986年，第969页以下；布赫纳—G.罗特(Buchner - G. Roth)：《侵权行为以及由所有人—占有人关系和正当致害产生的请求权》，法学教程系列，第2版，1984年；冯·克默雷尔(von Caemmerer)：《得利与侵权行为》，载《拉贝尔(Rabel)纪念文集》，1954年，第333页以下；《冯·克默雷尔文集》，第1209页以下；卡纳里斯(Canaris)：《保护性法规——往来义务——保护义务》，载《拉伦茨(Larenz)第二次纪念文集》，1983年，第27页以下；德克特

(Deckert):《民法典侵权法和损害法中的基本问题及细节问题》,载《法学教育》,1998 年,第 17 页以下、第 25 页以下,第 33 页以下;多伊奇(Deutsch):《一般责任法》,第 2 版,1996 年;同一作者:《责任法司法的新发展》,载《法学家报》,1984 年,第 308 页以下;续文载《法学家报》,1990 年,第 733 页以下;同一作者:《侵权行为、损害赔偿与慰抚金》,第 4 版,2002 年;同一作者:《精神病鉴定人的民事责任》,载《保险法》,1987 年,第 113 页以下;同一作者:《百年侵权法》,载《保险法》,1996 年,第 1309 页以下;同一作者:《归责联系、不法性与过错》,载《梅迪库斯纪念文集》,1999 年,第 77 页以下;恩格尔(Engel):《民法——经济法以其他手段的继续》,载《法学家报》,1995 年,第 213 页以下;福克斯(Fuchs):《保险保护与可保险性之作为损害分配的论据》,载《民法实务档案》,第 191 卷(1991 年),第 318 页以下;同一作者:《侵权法》,第 3 版,2002 年;盖格尔(Geigel):《责任诉讼》,第 23 版,1997 年;冯·格拉赫(von Gerlach):《联邦最高法院关于责任法的判例》,载《德国汽车法》,2000 年,第 241 页以下;格罗斯(Gross):《责任法和损害法中最高法官司法的发展》,载《保险法》,1996 年,第 675 页以下;E. 霍夫曼(E. Hofmann):《面向实践的责任法》,1989 年;U. 许布纳(U. Huebner):《技术控制的责任问题》,载《新法学周刊》,1988 年,第 441 页以下;克尔纳(Körner):《责任法的任务》,载《新法学周刊》,2000 年,第 241 页以下;克茨—瓦格纳(Kötz - Wagner):《侵权法》,第 9 版,2001 年;同一作者:《责任法的目标》,载《施泰因多夫(Steindorff)纪念文集》,1990 年,第 643 页以下;库比适—克吕格尔(Kupisch - Krüger):《侵权法的基本情形》,载《法学教育》,1980 年,第 270 页以下、第 422 页以下、第 574 页以下、第 727 页以下;1981 年,第 30 页以下、第 347 页以下、第 584 页以下、第 737 页以下;同一作者:《侵权法》,1983 年;劳夫斯(Laufs):《无过错的侵权责任》,载《格恩胡贝尔(Gernhuber)纪念文集》,1993 年,第 245 页以下;莱帕(Lepa):《我们这个时代责任诉讼的引人注目之处》,载《保险法》,2002 年,第 265 页以下;莱泽(Leser):《论侵权法和危险责任法中的法益保护手段》,载《民法实务档案》,第 183 卷(1983 年),第 568 页以下;卢克斯(Lukes):《损害补偿法——技术时代中的作用及因素》,载《保险法》,1983 年,第 697 页以下;马布格尔(Marbuger):《技术规则在责任法和保险法上的意义》,载《保险法》,1983 年,第 597 页以下;同一作者:《从生产者责任和环境责任法律规定的视角看责任法的基本问题》,载《民法实务档案》,第 192 卷(1992 年),第 1 页以下;默腾斯—雷布(Mertens - Reeb):《侵权法的基本情形》,载《法学教育》,1971 年,第 409 页以下、第 525 页以下、第 586 页以下;1972 年,第 35 页以下;罗伯(Robe):《侵权责任的理由和界限》,载《民法实务档案》,第 201 卷(2001 年),第 117 页以下;施曼(Schiemann):《一般性的禁止致害——"不损及他人"》,载《法学教育》,1989 年,第 345 页以下;K. 施赖伯(K. Schreiber):《诉讼参与人的民事责任》,载《民事诉讼杂志》,第 105 期(1992 年),第 129 页以下;施瓦策(Schwarz):《其他欧洲国家的意外伤害理赔》,载《新法学周刊》,1991 年,第 2058 页以下;P. 施威特纳(P. Schwerdtner):《侵权法》,载《法律学习》,1981 年,第 414 页以下、第 484 页以下;施托尔(Stoll):《侵权法的法官造法及法律修订》,1984 年;施蒂尔纳(Stürner):《论判例上损害归属的正当性》,载《保险法》,1984 年,第 297 页以下;陶皮茨(Taupitz):《经济分析与责任法——一个中间报告》,载《民法实务档案》,第 196 卷(1996 年),第 114 页以下;G. 瓦格纳(G. Wagner):《责任法的任务——以环境责任法改革为例所做的检讨》,载《法学家报》,1991 年,第 175 页以下;R. 韦伯(R. Weber):《1975—1985 年间责任法的变迁》,载《保险法》,1988 年,第 986 页以下;乌索夫(Wussow):《责任法》,第 15 版,2002 年;措伊纳(Zeuner):《论责任法上他人责任与自己责任的关系》,载《梅迪库斯纪念文集》,1999 年,第 693 页以下。

第一百三十四章 概　　论

第一节 原级和次级的损害赔偿请求权

一切债权都可以按照下述方式改变其内容,代之以原本负担的给付,或在原本负担的给付之外,成立损害赔偿的义务。这种改变系作为给付障碍的后果而发生(参见《总论》边码290至529)。损害赔偿在这里系作为次级给付而出现。 735

但在此之外,也存在——事实上非常重要的——债权,其自一开始起就是指向损害赔偿的。在《民法典》中,这些规定见于债法分则的末尾,即见于第27节(第823至853条)。另外,在特别法中还有许多其他的规定,主要是关于危险责任的规定。

第二节 依请求权发生原因的不同而区分

1. 刚刚提及的《民法典》第2编第27节的 736

称谓为“不许行为”(unerlaubte Handlungen)。* 据此,请求权的原因在这里是指债务人实施了“一些不被准许的行为”(即被禁止的行为,又或者是不法的行为)。在此基础上,还必须加上贯穿整个《民法典》的过错原则(参见《总论》边码 300)所要求的过错。就是说,这里是对不法的、有过咎的行为负责任。这是狭义上的不许行为;详见下文边码 739 至 868。

737 2. 但应当看到,被禁止之作为的责任要件对于第 833 条第 1 句中规制的动物占有人责任这一常态情形即已经不合适了(参见下文边码 871 以下),这是因为动物的占有并非不法行为。依据通说,(非为人指使的)动物致害行为亦非不法,原因是法律制度仅是将自己的命令性规范和禁止性规范指向人,而不是指向动物。也就是说,这里仅能够将占有人对动物的瑕疵管束行为认定为不法;而第 833 条第 1 句的责任,恰恰不是由此决定的。就是说,这种责任非是出自狭义上的不许行为。这里的责任事由应当是危害行为(Gefährdung)。其他的危险责任特别是基于引致技术风险或者基于对技术风险的控制(参见《总论》边码 342 以下)。在这里所涉及的所有情况之下,行为的不法性都是不重要的,因此也就不要求具有以违背义务性为前提条件的过错(参见《总论》边码 301)。但这类情形常常也被涵盖到另外一个不许行为的概念之下;详见下文边码 870 至 907。

738 3. 最后,国家责任(Staatshaftung)应当具有一个自己的地位。这是因为根据 1981 年《国家责任法》的新规定,这里应当将过错不法行为的责任与危险行为的责任结合到一起。但这一新

---

* 学者通常将其处理成为“侵权行为”。这里考虑到上下文的需要,将其按字义处理成为“不许行为”。这种处理在这里或许更多地应当理解为是一种权宜之计,但从发展的角度看,从概念体系的建构看,从理论体系的建构看,这应当是一种较为妥适的处理方法。

规定在宪法上以失败而告以终结（参见下文边码911）。因此，这里暂时适用的仍然是第839条的过错责任（参见下文边码912以下）。

第一部分

狭义上的不许行为

第一百三十五章　一般条款抑或限定性构成

参考文献：贝内尔（Benöhr）：《民法典第823条和第826条的编辑》，载《法制史与私法学理》，1999年，第499页以下。

第一节　“大”的一般条款

739 1.《民法典第一草案》原本要将下述内容的第704条第1款放置于侵权法的开始：“某人因出于故意或者过失所实行的不法行为……而给他人造成损害的……对于因该行为所引起的损害，其对于该他人负有赔偿的义务。”该“大”的侵权一般条款是以1803年的《法国民法典》第1382条为范式的（当然这更多的是外在的，参见施托尔文，具体见边码735之前的文献目录，第27页以下）：“任何行为致使他人遭受损害的，因其过错致使损害发生之人，应当对该他人负有赔偿的责任。”在现代，（1975年6月19日的）《民法典》第330条系采下述表述：“一个公民或者一个企业在侵害自己所担负义务的情况下不法地引起损害的，其有义务赔偿该损害。”当然，依照该法典第333条，如果引起人没有过错，则赔偿的义务罹于消灭。

740 2. 对于一切种类的不法和过错致损行为而言,此种广泛性的侵权一般条款似乎至为简单和方便。但如果认真地看待,则存在两个重大的不足。

第一,在采用此种一般条款的情况下,不法性的要件还需要进一步的精确化。这是因为我们不能够简单地认为,任何致使他人遭受损害的行为全部都是不法的。例如,一个人占据了停车场上的一个空位,因此而使他人丧失了这个位置,这种行为肯定不是什么被禁止的行为,就是认定赔偿义务也是没有任何意义的。类似的情况同样见于商业往来之中:任何竞争都意味着是对竞争对手的损害,但这样的行为也不能够简单地被认定为是禁止的。这就是说,广泛性损害赔偿规范的简单性是以下述必要性为代价的,即通过进一步的行为规范将那些被禁止的行为与那些被准许的行为相互区别开来。

741 第二,如果采用一个"大"的侵权一般条款,那么在确定请求权人之时,也会引致困难。这是因为一个侵害行为常常会在很多人那里引起损害,一开始仅在一个人那里出现的损害还会不断地扩展。

例如,在一个雇员受到侵害的情形就会出现这种情况。这种侵害间接地也会使雇主受到损害,这是因为在受侵害者重新康复之前,雇主丧失了对劳动给付的请求权(尽管如此还必须继续支付6个月的薪资)。由此可能还会对其他的人产生损害,如受侵害者的同事必须要完成其工作定额;又或者雇主的委托人所给予的委托被迟误完成。

如系致人死亡,那么情况与之相类似。即使死亡者——如作为退休者——已经不再工作,但其仍然可以是经济往来中的顾客,如是肉食店的顾客,是餐旅业的顾客,或者是发电厂的顾客。这些人现在都因丧失了该顾客而遭受业务上的损失(存疑时也包括利润在内)。

一个被广泛理解的“大”的侵权一般条款也将会使所有这些仅是间接受到损害的人从中受到利益。这将引起十分不实际的请求权的积聚,而且在这些请求权中,许多的请求权仅是以较小的金额为内容的,其在计算上也是极具疑问的。因此,凡是采用侵权一般条款的法律制度,莫不对请求权作出限制。例如,依据《民法典》第332条,仅是在法律上有规定的情况下,或者是在例外情形依衡平原则为正当的情况之下,一个间接受到损害的人始能够享有请求权。但这样一来,原本简单的一般条款通过进一步的并且是不清楚的例外规定而变得复杂化了。

第二节　《民法典》的决定

1. 为了避开上文所述的困难,《民法典》走了另外一条道路: 742
第823条第1款仅是对于那些自身在特定的生活法益或者权利(生命、身体、健康、自由、所有权)上受到侵害的人给予了损害赔偿的请求权。就是说,赔偿权被集中在受到直接侵害的人,而那些因此种侵害仅是间接地在自己的财产方面受到妨碍的人,通常并不具有自己的请求权。如那些因失去自己的顾客而丧失利益的人,即为如此。因自己的雇员受到侵害而在劳动给付上遭受损失的雇主,也不具有自己的请求权。就是说,给这些人造成的单纯财产损害,尚不能够径行构成侵权。

2. 当然,对于下述的情况,我们的法律制度也不会擦肩而 743
过:即损害出现转移,首先由侵害人之外的其他人从受侵害人那里去除了损害。例如,在续付薪资期间,雇员并不遭受收入损失(参见《总论》边码645以下)。设如其仍然能够向致害人请求赔偿拟制的收入损失,那么其将因此而得利。我们的法律制度避免了这种情况的出现,手段是让侵害人的给付最后到达间接受损害人那里(参见《总论》边码697)。这大多是通过法定让与来实现的,即受侵害人对侵害人所享有的请求权，依法移转于间接受损害人。

如此，在工人受到侵害的情形：依照《报酬续付法》第3条，尽管工人丧失工作能力，雇主必须继续支付报酬。但根据该法第6条，工人因拟制的报酬损失而对致害人所享有的请求权，由雇主取得（参见《总论》边码697）。但该项因法定让与所取得的他人的请求权，实质性地区别于雇主自己的损害赔偿请求权，这是因为借助于该项传来取得的请求权，仅能够请求赔偿原债权人的损害，即雇员的（拟制）报酬损失。而对于该项请求权而言，那些对于雇主自己的赔偿请求权具有重要意义的情况，即雇主遭受到何种生产损失，或者雇主为替补人员或者为其他雇员加班必须支出何种费用，并不具有什么意义。

对于侵害人而言，这意味着，发生于工人与雇主之间的内部损害转嫁，虽然因法定让与而变更了赔偿请求权的债权人，但并不改变请求权的内容。

第三节 "小"的一般条款

744 如完全没有一般性的表述，《民法典》也是无能为力的。故此，其包含有三个"小"的一般条款。

1. 在第823条第1款中，在那些"特定"的法益和权利之外，还提及了"其他权利"（sonstiges Recht）（参见科斯特—瓦尔特延（Coster - Waltjen）文，载《法律学习》，1992年，第209页）。但在解释这一概念时（参见下文边码805以下和814以下），始终应当考虑到《民法典》是摒弃"大"的侵权一般条款的。因此，财产不能够构成"其他权利"。

745 2. 在第823条第2款中，损害赔偿义务系以过错违背保护性法规（Verletzung eines Schutzgesetzes）为连结点。至此，以这些法律没有自行规定赔偿义务为限，其被设置了一个附加的法律效果。

第823条第2款所具有的一般条款性质的适用广度，特别是可以从下述情况中得出来，即保护性法规并不需要归属于私法，例如保护性法规也可以是《刑法典》、《道路交通法》和《道路交通管制规则》中的许多规定。关于这方面的具体问题，请参见下文边码822以下。

3. 第三个一般条款见于第826条：任何故意且背俗的致害行 746
为都应当使行为人负有赔偿的义务。就是说，这里并不取决于被侵害的法益的性质，而是取决于致人损害的性质。有关详细内容，见下文边码835以下。

第一百三十六章　过错责任的一般要件、衡平责任

第一节　结构问题

参考文献：多伊奇：《一般责任法》，第2版，1996年，第31页以下，其中附有进一步的情况说明。

747 对于狭义上的不许行为（参见上文边码736），要区分要件该当性、不法性和过咎（参见《总论》边码30）。这是传统的体系建构，亦长时间适用于刑法（可能现在还在适用）。有些刑法学者试图将故意纳入构成之内，这在民法上是没有意义的。这是因为对于损害赔偿法而言，未遂（《刑法典》第22至23条）（故意应当于较早的位置得到讨论）并不具有意义。如果一个不许行为并没有超出其尝试阶段，那么通常是不会发生损害的。

在所提及的三个要素中，各个赔偿规范的客观构成（der objektive Tatbestand）是不同的；这些构成将分述于边码777至783。而关于不法性和过咎，则可以作出一般性的论述。其在

这里应当被放置于“括号”之前。[1]

第二节 不法性

参考文献:冯·巴尔:《往来义务》,1980年;同一作者:《论动态体系对往来义务学理的意义》,载比德林斯基(Bydlinski)等主编:《现行法和将来法上的动态体系》,1986年,第63页以下;同一作者:《往来(安全保障)义务法上的发展及发展态势》,载《法学教育》,1988年,第169页以下;比尔(Berr):《根据所选定的问题看往来安全保障义务方面的较新司法》,载《德国汽车法》,1987年,第256页以下;布吕格迈尔:《组织责任》,载《民法实务档案》,第191卷(1991年),第33页以下;达姆(Damm):《专家责任的发展态势》,载《法学家报》,1991年,第373页以下;德克特(Deckert):《往来义务》,载《法律学习》,1996年,第348页以下;杜恩茨(Dunz):《从联邦最高法院的新近判例看行为之作为归责标准》,载《卡尔斯鲁厄论坛25年》,1983年,第97页以下;埃伯施泰因(Eberstein):《安全技术法原则导论》,1987年;埃登菲尔德(Edenfeld):《往来安全保障义务的界限》,载《保险法》,2002年,第272页以下;哈格尔(Hager):《论民法上的不法性概念》,载《恩斯特·沃尔夫(Ernst Wolf)纪念文集》,1985年,第133页以下;黑克豪森(Heckhausen):《帝国法院关于开放往来问题责任的判例》,1935年;希尔特(Hirte):《职业责任》,1996年;克勒—马尔堡—索恩贝格(Köhler – Marburger – Sonnenberger):《技术规范

① 意指可以按照“提取公因式的原则处理”。

化的法律问题》,载《企业顾问》,1985年,第6期,第4期副刊;克特(Kothe):《正当化的允许》,载《民法实务档案》,第185卷(1985年),第105页以下;库尔曼(Kullmann):《从联邦最高法院的判例看业主的合同外责任》,载《科比耀(Korbion)纪念文集》,1986年,第235页以下;V.朗(v. Lang):《再论职业法、职业义务和职业责任》,载《民法实务档案》,第201卷(2001年),第451页以下;拉伦茨(Larenz):《民法上的不法性与行为概念》,载《德勒(Dölle)纪念文集》,1963年,第169页以下;同一作者:《损害归责的原则》,载《法学教育》,1965年,第373页以下;利特巴斯基(Littbarski):《职业责任——法官造法的一个取之不尽的源泉?》,载《新法学周刊》,1984年,第1667页以下;W.洛伦茨(W. Lorenz):《往来义务系用于保护他人财产?》,载《卡尔斯鲁厄论坛25年》,1983年,第48页以下;马尔堡(Marburger):《法律上的技术规则》,1979年;默滕斯(Mertens):《侵权法与特别私法——论财产利益侵权保护上的造法》,载《民法实务档案》,第178卷(1978年),第227页以下;同一作者:《往来义务与侵权法》,载《保险法》,1980年,第397页以下;默勒斯(Moellers):《环境法和责任法上的法益保护》,1997年;同一作者:《商人经销危险产品时的往来义务》,载《法学家报》,1999年,第24页以下;明岑贝格(Muenzberg):《行为和结果之作为不法性和责任的基础》,1966年;尼克利施(Nicklisch):《技术标准在法律制度中的功能和意义》,载《企业顾问》,1983年,第261页以下;尼佩代(Nipperdey):《民法上的不法性、社会相当关系、过失和罪责》,载《新法学周刊》,1957年,第1777页以下;皮珀(Pieper):《民事诉讼中的技术规则》,载《企业顾问》,1987 年,第 273 页以下;里德迈尔(Riedmaier):《往来安全保障义务方面的新近判例》,载《保险法》,1990 年,第 1315 页以下;罗格(Rogge):《在为第三人利益所从事的活动中的独立往来义务》,1997 年;施伦德(Schlund):《喷洒义务之作为往来安全保障义务》,载《德国汽车法》,1988 年,第 6 页以下;施密德(Schmid):《公共道路上清理和喷洒义务的范围》,载《新法学周刊》,1988 年,第 3177 页以下;K. 施赖伯(K. Schreiber):《民法典中的正当化理由》,载《法律学习》,1997 年,第 29 页以下;许内曼(Schünemann):《往来安全保障义务保护中的登山问题》,载《新法学周刊》,1985 年,第 1514 页以下;施蒂芬(Steffen):《处在既存利益保护与行动自由之间的往来义务》,载《保险法》,1980 年,第 409 页以下;施托尔(Stoll):《论正确往来行为的正当化理由》,载《法学家报》,1958 年,第 137 页以下;同一作者:《绝对权利侵害中的不法类型》,载《民法实务档案》,第 162 卷(1963 年),第 203 页以下;同一作者:同边码 735 之前的文献目录;格拉夫·冯·威斯特法伦(Graf von Westphalen):《一般性的往来安全保障义务与公共道路上的照明义务》,载《企业》,1987 年,第 21 期,第 11 期副刊;维特霍尔特(Wiethölter):《正确往来行为的正当化理由》,1960 年;措伊纳(Zeuner):《从民法视角看不法性问题》,载《法学家报》,1961 年,第 41 页以下;同一作者:《关于民法上过错的意义和地位的几点看法》,载《法学家报》,1966 年,第 1 页以下。

一、被征引的和应当特别成立的不法性

1. 关于不法性,首先可以区分下述两个方面: 748

第一个方面，客观构成的实现通常是不法的。这是因为这种构成本身即充分确定地表明了一个通常为被禁止的行为，如致使一个人死亡，或者侵害一个人，或者毁损一个他人的物（第 823 条第 1 款）。在这里，不法性是由构成要件的该当性所“征引”的。所要审查的只是这种征引的正确性是否例外地受到特别正当化理由（参见下文边码 757 以下）的辩驳。

而在第二个方面，客观构成是不确定的，以至于根本不可能从其实现情况来获得不法性的征引特征。这特别是适合于被定位在第 823 条第 1 款中所称的“其他权利”的两种情况，即对于所设置的和所从事的营利事业经营的权利以及一般人格权。这二者都不具有清楚的轮廓。可以说，它们都仅是表明一个框架，故此也被称作为“框架权”（Rahmenrecht）。在它们受到侵害时，不法性应当通过考量来确定，特别是应当通过对其他人权利的考量来确定。关于这方面内容，见下文边码 814。

749 2. 但遗憾的是，特别确定不法性的必要性并非限于上述的框架权。在其他的、旨在保护“经典”法益或者权利（如生命、身体或者所有权）的构成的情形，同样应当特别地设定违法性。这产生于“侵害”（verletzen）概念所具有的不确定性。虽然侵害结果是否发生于生命、身体或者所有权在大多数情况下都是清楚的，但这种侵害在法律意义上系基于何人的行为，可能却是不清楚的。设如一个人仅是在自己的房屋门口没有进行充分的照明，致使他人在黑暗之中摔倒并发生骨折，那么该人即已经不法地侵害了他人的身体了吗？又或者以生产者责任为例（参见上文边码 99 以下），如果一个瑕疵产品在最终购买者那里引起所有权损害，那么这即为制造者的不法侵害？又或者是制造者的供货者的不法侵害？在产品系在外国制造的情形，即为进口商的不法侵害？又或者是最后将产品出卖给受损害人的经销者的不法侵害？又或者是赠与人的不法侵害？还是所有这些人共同造成的不法侵害？

如果将“不法侵害”理解为是“造成侵害结果的原因”，那么这些问题就很容易回答了（即应当全部给予肯定）：所提及的所有的人肯定都有份。但对于侵害概念作出如此宽泛的理解在法律上是没有意义的。在不作为的情形，如对房屋门口不进行照明的情形，这是特别清楚的：并非仅是房屋的所有权人没有对房门口给予照明，而是任何的人。但如果要由此对于任何人都征引出不法性，并且去寻求正当化的理由（如认定有关人员与该房屋没有任何关系），那么这将是没有意义的。还是应当在一开始即将侵害结果归责于那些有义务采取防范措施的人。

3. 据此可以总结如下：在第 823 条第 1 款的情形，通过满足 750
客观的侵权构成来征引不法性，应当限于对经典法益的直接侵害（direkte Verletzung）。“直接”在这里是指侵害结果在于行为的进行，以至于明显应当归责于行为之人。在不作为的情形，以及在侵害仅是该人行为的一个较为遥远的结果的情形（间接侵害，参见拉伦茨—卡纳里斯，《债法分论》，Ⅱ 2 §76 Ⅲ 1 c），这点是不具备的。在这里，引致人首先仅是引起了侵害的危险；而这一危险是否能够实现，已经不再由引致人控制。生产者责任的全部适用情形，都是这方面的示例：在这里，侵害结果的发生与生产过程本身常常存在着显著的空间和时间间隔。

据此，以不法性没有被征引为限，其必须能够从义务的侵害中派生出来。这种使一个人采取措施以阻止他人受到侵害的义务，被称作为往来（安全保障）义务（Verkehrs（sicherungs）pflichten）。*在这里，相较于简略的词形表达而言，完整的词形表达在内容上并不具有得到一般承认的其他的含义。

---

* 该概念究竟应当如何处理，目前在国内学界具有比较大的争议。提出的方案虽然有很多，但局限性也是非常明显的。译者在这里仅是从德文角度出发，给出该概念一个比较贴合原意的处理。按照王泽鉴教授的高度负有责任心的表达，系属“暂译”。

二、往来义务

751 1. 对于往来义务的例外,存在着一系列的理由(如见《慕尼黑民法典注释——默滕斯》,第823条,边码208以下)。

(1)最早被认识到的理由是开放自己的场所:如果一个人开放自己的场所,则其必须努力将与之相联系的危险保持在一个尽可能低的程度之上。例如适用于道路、商场和酒馆等。

752 (2)在对已经存在的往来进行干涉时,情况与之相类似。这种干涉可以表现为单纯的参与。特别是对于道路交通,由此产生的安全保障义务已经被规定在《道路交通法》之内。但也存在着其他种类的干涉,如在马路上设置建筑工地,也应当将危险保持在一个较低的水平之上,如通过设置警告牌和护栏。急迫希望的是实现下述要求,即此种带来危险的施工必须尽可能快地予以终结。总是能够让人看到下述这样一种情况,即在巨大的妨害往来的建筑工地上,显然没有人在工作,致使危险远远长于其应当存在的时间。

753 (3)往来义务的另外一个理由是对危险物的支配。《民法典》中规定的情况是对用于维持动物占有人职业的动物(第833条第2句)和工作物(第836至838条)的支配;没有在《民法典》中规定的义务,例如见于武器的持有人(但亦请见联邦最高法院裁判,载《保险法》,1990年,第1289页)或者毒品的持有人。

754 (4)另外,对特定人的监督义务(第831条和第832条),也属于往来义务。

755 (5)从事某一职业或者营利事业也可以创设往来义务,这是因为其他的人将会对正确的从事产生信赖,并因此欠缺自己的注意。最后,仅构成这一类别的一个从属情形的是生产者的往来义务(参见上文边码99以下)。当然,职业从事者和营利事业经营者通常是根据合同来从事活动的。将职业责任义务不仅归列于合同义务,而且也归列于往来义务,使得行为人对于那些本身并不参加合同的人也承担责任(如对于房屋的所有权人承担责任,其所有权因侵害第三人与承租人的合同而受到妨碍;亦见第844条以下)。在这种情况下,如果第823条第1款所保护的法益受到干涉(非是单纯地干涉财产),那么认定对第三人的保护作用就是多余的了。故此,保护作用建构主要见于财产损害,如见于因错误告知所造成的财产损害(参见《总论》边码772以下)。

2. 往来义务的程度并不能够一般性地得到确定。起决定性 756
作用的是具体的情况,特别是在他人那里所引起的信赖的程度以及如此所带来的危险的程度。据此,对于高速公路所适用的规则与起伏不平的森林道路所适用的规则是不同的。另外,经济上的考虑,特别是费用,也起着一定的作用。加强的义务特别适用于下述场合:即儿童受到危害,但又不能够期待儿童作出自己之注意的场合(参见默勒斯(Moellers)文,载《保险法》,1996年,第153页)。

三、正当化理由

在直接干涉第823条第1款所称的经典法益的情形,不法性 757
的征引可以受到辩驳。正当化理由即为此目的服务的。而对于由往来义务侵害所派生出来的不法性,则几乎与这些理由没有关系:其存在即已经能够排除或者限制往来义务的认定。在框架权的场合,这些理由也已经常常进入成立不法性的考量过程之中。具体地讲,可以区分有下述的理由:

1. 正当防卫非为不法,见《民法典》第227条和《刑法典》第32条。其在总则中(如见科勒书,第7章,边码6以下;梅迪库斯:《民法总论》,边码151以下)和在刑法中讨论。

2. 对于正当性的紧急避难,并且无论是对于防御性的紧急 758
避难(第228条),还是对于攻击性的紧急避难(第904条),情况都是类似的。以前被称作为“超法律”的,但现在则被规定于《刑法典》第34条的紧急避难情形,也属于这一范畴。关于这方面内容,例如可以参见科勒书,第 7 章,边码 11 以下;梅迪库斯:《民法总论》,边码 162 以下)。

759 3. 最后,在债法之外的总则中,也有第 229 条以下所称的正当性的自助权(参见科勒书,第 7 章,边码 19 以下;梅迪库斯:《民法总论》,边码 168 以下)。一个特殊情况,即土地出租人以保护自己质权为目的的自助权,曾经被规定于第 562b 条和第 581 条第 2 款(参见上文边码 225)。

760 4. 而正当的无因管理,也就是符合本人意思的无因管理(第 683 条,参见上文边码 623 以下),则是来自债法本身的正当化理由。事务管理人在这里具有正当性,虽然没有被明确地规定在法律之中,但却可以从其意旨中推导出来:如果第 683 条第 1 句基本上是按委任法来处理事务管理人,则其自然也允许管理人的活动。如此,如果一个医生妥适地为一个无意识者提供供给,则该医生通常即为正当的(如其利用机会延期手术,就是不正当的了)。

761 5. 侵害名誉方面特别的正当化理由产生于《民法典》第 824 条第 2 款(有争议,参见下文边码 803)和《刑法典》第 193 条。

762 6. 针对侵权法,联邦最高法院在一则判例中提出了一个专门的正当化理由(参见《联邦最高法院民事裁判集》,第 24 卷,第 21 页、第 26 页):即往来上正确的行为(verkehrsrichtiges Verhalten)之标准。在该则案例中,一个有轨电车公司因自己的事务辅助人在工作上的不当行为而依第 831 条被请求给付损害赔偿。但该公司主张,自己的事务辅助人系属往来上正确的行为。联邦最高法院在这里完全可以作出下述简单的论证:即辅助人的正确行为无论如何都能够辩驳辅助人的不良挑选与损害之间存在联系的推定。这是因为即使是一个正常选拔的辅助人,其在行为上也不可能还好于正确的行为。

但联邦最高法院并没有采用这个在以前即已经为帝国法院所知悉的论证理由,而是走到了不法性理论的深层界面:正如裁判所言，通过广泛的行为规定（如《道路交通法》和《道路交通管制规则》），立法者将特定的一些往来领域秩序化了。这样一来，在遵守这些规定的情况下，损害责任即不能够因欠缺过错而得到否定。

> 通过准许充满危险的往来，并且通过对参与者参与这样的往来作出具体的规定，如规定参与者应当怎样实施行为，法律制度是在表明，在遵守这些规定的情况下，一个行为是保持在法律的框架之内的。这里并不涉及下述问题：即一个已经充分考虑到往来规则中的命令性规范和禁止性规范的往来行为，仍然被附加上消极的不法性价值判断。对此，所发生的结果并不能够构成充分的理由，这是因为在《民法典》的规定的意义上，通过不许行为，不法性的评价不可能不考虑到引致结果的行为。因此，应当建立下述原则：即如果一个道路交通或者铁路交通的参加者具有往来上为正确的（符合秩序的）行为，则其不构成不法性的损害行为。

这一裁判虽然具有指引方向的意义，但几乎没有发生任何实际效果。联邦最高法院在1981年作出的一则判例中只是说（参见《新法学周刊》，1981年，第570页、第571页），其“迄今为止尚从未明确地被放弃”。对于侵权法而言，这无论如何也是不必要的，这是因为在除不法性之外并不要求过错的第1004条这一类别的规范中，该项裁判不管怎样都可以具有实际的效果。故此，这里不再对这一问题作出进一步的讨论。

7. 其他的、属于公法范畴的正当化理由，产生于国家的干涉权，如警察方面的这种权利。关于稳定往来的目的在多大程度上能够使创制往来障碍（如车道上的花篮）正当化的问题，见施道伦威克（Stollenwerk）文，载《保险法》，1995年，第21页。 763

8. 最后的一个正当化理由，也是在侵权法上引起最多疑问的正当化理由，为被侵害人的允许问题（Einwilligung des Verletzten）。下文将对这一问题作出较为详尽的论述。 764

四、特论:允许问题

765 1. 按照十分通行的学说,允许不构成法律行为,以至于法律行为学说的规则(第 104 条以下)至少不能够直接适用。这特别也涉及撤销和无效的理由。因此,《刑法典》第 228 条没有将连结点设置在被侵害人允许的背俗性上,而是设置在"尽管允许而行为是否违背善良风俗",这是正确的。这里应当作出与第 138 条相类似的考虑。

行为能力也是不必要的。但联邦最高法院在一则判例中正确地要求(参见《联邦最高法院民事裁判集》,第 29 卷,第 33 页、第 36 页),允许人"依自己的精神和道德成熟程度能够判断干涉和自己所为准许的意义"。在对身体和健康等重要法益进行实质性干涉之时,这些要件通常仅应当对于完全行为能力人给予肯定。这是因为如果法律制度连最小的法律行为都不准许某人实施,则其几乎不可能会准许该人允许截肢。

766 2. 对于医生的干涉而言,为有效允许所必要的对干涉的认识,通常要求对病人作出说明。这一问题不仅存在于侵权法,而且同样也存在于合同法;请参见上文边码 351。

767 3. 最多的困难产生于没有明确地表示允许,而仅是由权利承担人的行为推断出来的允许。此种允许以前往往被评价为以自己的危险行为(Handeln auf eigene Gefahr),原因是后来的被侵害人系在有意识地承担引起侵害的危险。此种情况在道路交通中常常会出现:想想明显有醉意的司机,或者过度疲劳的司机;再想想与一个无驾驶执照的人同行。参加危险的体育运动,情况与之类似(参见福尔格拉夫(Fuellgraf)文,载《保险法》,1983 年,第 705 页)。

但对于绝大多数这种情况,联邦最高法院都正确地对允许的认定提出了疑义(参见《联邦最高法院民事裁判集》,第 34 卷,第 355 页):对危害的同意通常并不意味着是对侵害的允许。这是因为即使是一个有意识的危害人,也希望什么都不会发生。只有在参加某些特别危险的体育项目时,才有可能认为是允许(参见《联邦最高法院民事裁判集》,第34卷,第355页、第363页;第63卷,第140页、第144页)。这方面的示例有危险的赛车,大风险的攀岩、拳击和决斗等。但在通常的情况下,自行危害行为受第254条的约束:其大多引起损害分担的结果。

对于男人运动(具体讲就是足球),联邦最高法院的评价又不一样了(参见《联邦最高法院民事裁判集》,第63卷,第140页):在受到侵害的情形(这在完全按照规则进行比赛的情况下也是无法避免的),运动员虽然没有作出允许,但其系以接受允许为代价的。这是因为运动员意识到,由自己创设的情况也会引起侵害。因此,如果"受损害人请求被起诉的致害人给付损害赔偿,尽管其自己同样可能面临被告现在所面临的情况",那么这将是一个不被准许的自相矛盾(禁止反言原则(venire contra factum proprium))(参见《联邦最高法院民事裁判集》,第63卷,第140页、第144页以下)。再者,对于已经发生的、不适用排除请求权的违背规则事件,受损害人必须加以证明。纵使发生严重的侵害事件,也应当适用这种风险分配(联邦最高法院判例,同前注,第146页)。根据科隆州劳动法院和杜塞尔多夫州劳动法院的判例(前者见《新法学周刊》,1985年,第991页;后者见《保险法》,1996年,第73页),对于承担责任而言,轻微的规则违背应当是根本不够的;但在严重违背的情形下,情况就不一样了(参见班贝格(Bamberg)州高等法院裁判,载《保险法》,1990年,第1015页)。

另外,在吸烟者对香烟生产者提起损害赔偿诉讼的情形,也提出了以自己危险行为的问题:吸烟者于此间已经知道自己受到危害,这不会妨碍此种诉讼吗?参见施蒂芬(Steffen)文,载《新法学周刊》,1996年,第3062页;希尔特(Hirte)文,载《保险法》,1997年,第550页。

第三节　过　　咎

768 由不许行为产生的赔偿义务通常要求存在过咎，其以两点内容为前提条件：即行为人的过错能力和存在具体构成中所要求的过错形式，即仅为故意抑或也有过失。

一、过错能力

过错能力是作为侵权行为能力被规定在第 827 条、第 828 条的。但由于第 276 条第 1 款第 3 句引用了这些规定，故其亦被视为特别结合关系范围之内过错责任的要件。因此，这些规定在《总论》边码 302 以下即已经得到了论述。当然，蔡勒（Celle）州高等法院已经对第 828 条第 2 款的合宪性提出了质疑（参见《保险法》，1989 年，第 709 页，并请参见 E. 洛伦茨（E. Lorenz）的说明；类似结果亦见于德绍（Dessau）州法院的裁判，载《保险法》，1997 年，第 242 页；同时请见阿伦斯（Ahrens）文，载《保险法》，1997 年，第 1064 页），但这是涉及该款规定在轻微过失之时即已经引起少年人的无限制责任。卡纳里斯教授走得就更远了，详见《法学家报》，1987 年，第 993 页；1990 年，第 679 页；亦请参见《基本权利与私法》，1999 年，第 51 页以下；其他见解可以参见梅迪库斯文，载《民法实务档案》，第 192 卷（1992 年），第 35 页、第 65 页以下。联邦宪法法院拒绝对这一问题作出裁判，原因是第 828 条属于先宪法性法律（参见《新法学周刊》，1998 年，第 3557 页；亦见罗舍尔德斯（Looschelders）文，载《保险法》，1999 年，第 141 页）。关于儿童在道路交通中的责任，见施蒂芬（Steffen）文，载《保险法》，1998 年，第 1449 页以下；亦见舍芬—帕戴（Scheffen – Pardey）：《儿童和青少年发生事故时的损害赔偿》，1995 年。

自从 2002 年 8 月 1 日以来，根据新的第 828 条第 2 款，满 7 岁与 10 岁之间的儿童不再对某些过失引起的损害负责任，即不再对“由机动车辆、轨道交通或者悬浮轨道产生的事故”负责任。当然，几乎不能认为，一个 9 岁男孩会经营轨道交通。但在第 254 条的场合，即在准用第 827 条、第 828 条的场合，这一规定是具有意义的：儿童在损害发生时的不当行为（如不小心地跑上车道），不被折抵为与有过错。

二、故意和过失

对于故意和过失，侵权法上的情况通常与债法总则中的情况 769
相同。因此，这里可以参见《总论》边码 306 以下的论述。一个特殊之处仅见于第 823 条第 2 款：如果作为保护性法规而适用了一个刑法的规范，那么必须要具备刑事责任所要求的主观要件，其要严格于民事责任的主观要件（参见下文边码 830）。

第四节　第 829 条的衡平责任

参考文献：多伊奇（Deutsch）：《归责能力与过错》，载《法学家报》，1964 年，第 86 页以下；盖伦（Geilen）：《限制侵权能力、过错与衡平责任》，载《亲属法杂志》，1965 年，第 401 页以下；雷纳茨（Lehnertz）：《责任保险的存在对于衡平请求权的意义》，载《保险法》，1974 年，第 940 页以下；E. 罗伦茨（E. Lorenz）：《责任保险对民法典第 829 条衡平责任的影响》，载《梅迪库斯纪念文集》，1999 年，第 353 页以下；皮尼茨（Pienitz）：《责任法上的未成年人》，第 2 版，1960 年；瓦伯尔（Waibel）：《民法上未成年人的过错能力》，1970 年。

依第 827 条、第 828 条不具有侵权行为能力的人，也可能具 770
有财产，并且自由地参与往来。因此，对于给他人造成的损害，若其能够无责任地予以脱逃，这可能会让人觉得是不公平的。第

829 条旨在填补这一漏洞。

一、要件

771 1. 首先，依第 827 条、第 828 条为无责任的人，必须已经给他人造成了损害。虽然第 829 条仅引用了第 823～826 条，但对于责任而言，只要侵权行为是建立在第 823～826 条的基础之上，则也以此种侵权行为为已足。但始终要求致害行为具有不法性（参见《慕尼黑民法典注释——默滕斯》，第 829 条，边码 4 以下）。

772 2. 有问题的是，无责任人至少必须在多大程度上系在一个非技术（即自然）的意义上具有过咎的行为。通常这肯定是需要的，例如，如果一个少年骑自行车者尽管已经尽到往来中必要的注意而仍然制造了发生交通事故的理由，则其亦不依第 829 条对结果负责任。否则的话，相较于一个没有过失同样不负责任的完全责任人而言，其将处于不利的地位。

但特别是在下述情形，即一个首先具有责任的人的行为继续作用于一个责任已经发生终结的时间之内，则应当作出另外的裁判，如一个汽车司机突然遭受脑溢血，致使失控的汽车冲入人群。在这里，在侵害之时，哪怕是自然过错的认定，并非仅是缺乏责任性，而且根本不构成人的行为。尽管如此，对于第 829 条的（类推）适用（在《道路交通法》第 7 条之外），联邦最高法院在一则案例中正确地给予了肯定（参见《联邦最高法院民事裁判集》，第 23 卷，第 90 页）：依据衡平原则，也可以要求首先的无责任者对自己行为后来发生的效果负责任（特别是在有责任保险人应当对此负责任的情形）。

773 3. 损害赔偿不得从负有监督义务的第三人那里取得，如从引致损害的儿童的父母那里取得（依据第 832 条；参见下文边码 861）；就是说，第 829 条的责任仅是辅助性的。至于说第三人是否系因法律原因而不负责任（例如因其已经履行了监督义务），或者其是否仅是欠缺所必要的给付能力，在所不问。

4. 最后,衡平原则必须要求保持无损害状态。作为衡平评价的要素,第 829 条提及了"当事人的情况"。特别是,致害人为保证自己适当的扶养以及为保证履行自己的法定扶养义务所需要的资金,不允许予以剥夺。 774

这里似乎主要涉及的是贫富之间的差别(Unterschied zwischen arm und reich),例如,打瞎工人一只眼睛的百万富翁,尽管患有精神病仍然要负责任(第 827 条第 1 句)。然而现代的问题是在其他方面,即现在越来越多地被置于保险和供给关系之内:一个致害人会因有责任保险人为自己负责任而具有给付能力?反言之,一个致害人可以因能够将自己的损害转嫁于社会保险人或者私人保险人而不需要给付赔偿?这两个问题都是非常具有疑义的;参见联邦最高法院裁判,载《新法学周刊》,1995 年,第 452 页;《慕尼黑民法典注释——默滕斯》,第 829 条,边码 20 以下;弗赖海尔·马歇尔·冯·比伯施泰因(Freiherr Marschall von Bieberstein)文,载《企业顾问》,1983 年,第 476 页;福克斯(Fuchs)文,载《民法实务档案》,第 191 卷(1991 年),第 318 页、第 324 页。

5. 在下述的情况,第 829 条得到了准用:责任非是因第 827 条、第 828 条而告以失败,而是因为行为人年龄较小而仅应当对其提出减低的注意要求(参见《总论》边码 310)。在联邦最高法院的一则案例中(参见《联邦最高法院民事裁判集》,第 39 卷,第 281 页),儿童玩了"骑士游戏"(Ritterspiel):一方应当摧毁另外一方防守的城堡。属于防守方的原告在另外一方实施的一次突袭之后,调转脸跑开。被告——攻击者——向原告投掷树枝。在树枝于空中飞行期间,原告因突然转身而被树枝击中眼睛。在这里,根据法院的认定,12 岁的被告虽然依第 828 条第 2 款一般性地负责任:约定游戏规则表明,投掷的危险性是被认识到的。但被告系属于没有过失的行为,理由是其因具有较低的年龄而可以认为,遵守规则即可以避免危险(没有人会朝着脸部投掷)。这里的责任由 775

第 829 条类推适用得出。

二、法律效果

776 在衡平原则的框架之内,第 829 条的责任可以延展到全部损害的赔偿,包括抚慰金的赔偿(第 253 条第 2 款)。但衡平考量在这里也可以引起损害分担的结果。

第一百三十七章　生命、身体、健康和自由的侵害

第一节　总　　论

生命、身体、健康和自由不被理解为是主观性的权利。这是因为仅在承担人(权利主体)可以与标的(权利客体)相区分的场合,始可以称权利,例如,在第823条第1款中所提及的所有权的情形,所有权人与所有权所涉及的物。但在生命、身体等的情形,这是不成功的:这些都是人的性质,其与人本身并不能够分别开来。故此,在这里称人格利益或者称生命利益。但与绝对的权利(如所有权)相比,在由损害赔偿请求权提供的侵权保护方面,并没有什么不同。 777

第二节　细节规定

一、生命

侵害生命意味着致人死亡。被涉及者(即被致死者)自己不再能够享有请求权。但可以存在继承人和遗属的请求权;这方面内容在《总论》边码658以下即已经论述。 778

二、身体和健康

779 1. 同在刑法上一样，侵害身体意味着是对身体完好无损性的精神上的干涉。有些论者也将对内在生命过程的干涉（如携带毒品）归于此项范畴。我本人更倾向于认为是健康侵害。但这种界定在第823条第1款的情形并不具有作用，这是因为该规定是将二者作出了同等化的处理。联邦最高法院在一则案例中（参见《联邦最高法院民事裁判集》，第124卷，第52页）也将精子储备的灭失扩展性地认定为身体侵害（参见劳夫斯—雷林（Laufs－Reiling）文，载《新法学周刊》，1994年，第775页；罗伯（Robe）文，载《法学家报》，1994年，第830页；陶皮茨（Taupitz）文，载《新法学周刊》，1995年，第745页）。关于体育侵害的特殊性，参见上文边码767。

780 2. 健康侵害（参见多伊奇文，载《卡尔斯鲁厄论坛25年》，1983年，第93页）意味着使人生病。例如这可以因传染而发生（参见多伊奇文，载《新法学周刊》，1986年，第757页；同一作者文，载《保险法》，1997年，第905页），但亦例如可以因噪声或者睡眠障碍而引起，又或者因净化设备的恶心气味而引起。艾滋病的情形，在疾病发生之前的单纯传染即已经足够，参见《联邦最高法院民事裁判集》，第114卷，第284页。如果将健康侵害的界限置于一个较低的水平之上（这一问题尚未得到详尽的讨论；但请参见《联邦最高法院民事裁判集》，第91卷，第20页，第28页以下），那么第823条第1款可以被有效地用于应付来自环境的致害行为。在此之外，休克损害，如因获悉配偶死亡的消息而发生的休克损害（参见《联邦最高法院民事裁判集》，第56卷，第163页；亦请参见《总论》边码602），也属于健康侵害：在这里，大多不是由消息的传递人负责任，而是由死亡的责任人负责任。医生为逃避损害赔偿义务而让病人在长达二十多年的时间之内遭受身患癌症的恐惧（实乃不可思议之情形），属于第823条第1款的范畴（参见卡尔斯鲁厄州高等法院裁判，载《保险法》，1988 年，第 1134 页）。而通常出现的、因近亲属死亡而遭受的精神妨碍，则是不充分的（参见联邦最高法院裁判，载《新法学周刊》，1989 年，第 2317 页）。

3. 身体或者健康侵害并不因侵害性的干涉系好意的而被排 781
除。因此，依照通说，引致侵害结果的医疗行为也适用第 823 条第 1 款的构成，即是说，其必须通过允许或者通过正当的无因管理而被正当化（参见上文边码 760、764 以下）。只要不禁止（第 823 条第 2 款）自力治疗，那么医生干涉的这种陌生归列或许就是无法避免的。

4. 对于健康侵害而言，并不要求受损害人在侵害行为实施 782
之时即已经出生，或者哪怕仅是已经受胎。如此，如果一个孩子是带病出生的，那么因侵害怀孕者（包括精神上的侵害）（参见《联邦最高法院民事裁判集》，第 58 卷，第 48 页；第 93 卷，第 351 页），或者因在受胎之前向母亲输送梅毒血液（参见《联邦最高法院民事裁判集》，第 8 卷，第 243 页）而应当对该孩子的疾病负责任的人，可能要对该孩子负责任。在这里，即使孩子从未曾健康过，孩子的赔偿请求权也不会因之而告以失败：人的未受侵害（健康）的状况是由自然性质决定的，故不需要为了能够被“侵害”而真实地存在过。特别是请参见泽布（Selb）：《出生前致人损害——权利能力的问题？》，载《民法实务档案》，第 166 卷（1966 年），第 76 页。

而认为至少是在通常情况下父母亲具有不生产患有遗传病孩子的注意义务，应当不予以赞同。另外，认为如若没有“义务侵害”孩子则根本就不能够得以生存的看法，常常会妨碍患病孩子对父母亲的赔偿请求权；参见（此为另一案件类型）《联邦最高法院民事裁判集》，第 86 卷，第 240 页、第 254 页。

三、自由

“自由”在第 823 条第 1 款并不具有《基本法》第 2 条第 1 款 783
所称的“自由发展人格”这样的宽泛含义（参见多伊奇：《责任法上

的自由与自由侵害》,载《豪斯(Hauss)纪念文集》,1978 年,第 43 页;亦请参见埃克特(Eckert)文,载《法学教育》,1994 年,第 625 页)。这里适用特别的规定,其大多亦同时规定自由的界限。如此,自由的营利事业活动主要由《反不正当竞争法》和《反对限制竞争法》规定;赔偿请求权产生于这些规定之中,如果其中并不含有自己的请求权基础,则应当同时结合第 823 条第 2 款予以适用(参见下文边码 822 以下)。在不存在特殊规定的情形,侵害人格自由权系作为侵害一般人格权而得到考虑(参见下文边码 815 以下)。

这样,对于第 823 条第 1 款,主要就是指身体上的活动自由了(同样见解亦见于拉伦茨—卡纳里斯:《债法分论》,Ⅱ 2 §76 Ⅱ 2a)。这一自由因拘禁而受到侵害。这里特别是也指行政上对自由的剥夺,如因错误检举或者因不正确的专家鉴定所产生的自由剥夺。然而在法庭鉴定人的情形,至少要求存在重大过失,特别是命令剥夺自由的判决不能够轻松地通过对鉴定人实施的赔偿诉讼而失去意义。自从 2002 年 8 月 1 日之后,这明确地被规定在新的 839a 条之内。因交通堵塞所产生的自由限制通常并没有超过显著性界限,因此作为一般生活风险的一部分不应当受到制裁(拉伦茨—卡纳里斯:《债法分论》,Ⅱ 2 §76 Ⅱ 3c,其系以所有权侵害为视角)。但例外情况也是可以想见的。

第 823 条第 1 款所称的自由,有时也被理解为通过胁迫、强迫或者欺诈来干涉意思决定的自由(如见《慕尼黑民法典注释——默滕斯》,第 823 条,边码 82;《帝国法院裁判集》,第 58 卷,第 24 页、第 28 页)。但就这一方面而论,特殊的规定或许已经足够,必要时再结合适用第 823 条第 2 款。

第一百三十八章　所有权侵害

参考文献：冯·巴尔：《侵权法上所有权侵害的责任问题》，1992 年；伯肯（Boecken）：《侵权法上针对单纯用益妨害的所有权保护》，1995 年；德勒德—迈尔（Derleder－Meyer）：《工作物瑕疵的侵权责任》，载《民法实务档案》，第 195 卷（1995 年），第 137 页以下；多伊奇：《所有权之作为绝对权和作为责任的保护标的》，载《德国法月刊》，1988 年，第 441 页以下；弗尔斯特（Foerste）：《错误投资的侵权责任》，载《新法学周刊》，1998 年，第 2877 页以下；格吕克特（Glueckert）：《电缆毁损情形用电者的损害赔偿请求权》，载《民法实务档案》，第 166 卷（1966 年），第 311 页以下；格鲁纳瓦德（Grunewald）：《与瑕疵承揽给付相关联的所有权侵害》，载《法学家报》，1987 年，第 1098 页以下；默舍尔（Moeschel）：《民法典第 823 条第 1 款框架下所有权的保护范围》，载《法学教育》，1977 年，第 1 页以下；K. 米勒（K. Mueller）：《所有人—占有人关系上的侵权法责任》，载《法学教育》，1983 年，第 516 页以下；普鲁姆（Plum）：《论所有权损害与财产损害的界定》，载《民法实务档案》，第 181 卷（1981 年），第 68 页以下；

罗森巴赫(Rosenbach):《环境改变引起的所有权侵害》,1997年,(亦请参见多伊奇文,载《新法学周刊》,1998年,第967页);措伊纳(Zeuner):《物与环境之间关系的障碍之作为所有权侵害》,载《弗卢梅(Flume)纪念文集》,第1卷,1978年,第775页以下。

784 除生命、身体、健康和自由之外(参见上文边码778以下),第823条第1款还明确地提及了所有权。在此方面,产生有两个附加的问题:一是因侵害所有权所产生的侵权上的赔偿请求权被竞合的规定排除;二是所有权侵害的构成特别的不清晰。

第一节 第823条第1款被排除适用

一、所有人—占有人关系

785 依据第992条,只有在特定的要件之下,占有人始因不许行为而向所有人负损害赔偿的责任,并且依第993条第1款最后半句,占有人"在此之外"不负有损害赔偿的义务。十分通行的学说由此得出下述的结论:第989条以下优先使用于第823条第1款(也包括第823条第2款和结合适用的以保护所有权为内容的法律),即诚实的占有人应当受到侵权请求权的保护(参见上文边码710、712关于干涉性不当得利的论述)。该通行学说相当于历史立法者的意思(参见《立法理由书》,第3卷,第394页 = 穆格丹《民法典立法资料汇编》,第3卷,第219页);即使不进行深入的修正,其亦能够得到坚持。因此,我在下文以之作为依据(参见拙著《民法》边码574)。

据此,只有下述人因第823条第1款负责任(这同样适用于第823条第2款的责任):

786 1. 非占有人(确切地说,是在侵害之时既非直接占有亦非间接占有物的人)：对于该人，第985条以下自一开始之时起就是不适用的，其无需交出物，原因是其并不拥有物（即不构成“所有权返还适状”）。

2. 依侵权法，正当的他主占有人负责任，理由是就是所有人也不能因第986条而依第985条向其请求交出物。当然，只有当他主占有人超出自己占有权的界限（处于超限状态），例如使用租赁的承租人使租赁物发生毁损，并且超出了第538条的许可界限，那么就可以考虑正当他主占有人的侵权责任，否则的话，将欠缺所有权侵害的不法性。 787

3. 如果不正当的他主占有人超出了自己误认的占有权的界限（处于超限状态），那么他主占有人亦依第823条第1款负责任。在此方面，第991条第2款规定了一个特殊情形（与第三人占有媒介关系的效力），但依立法目的，其可以一般性地适用（即也可适用于占有媒介关系不生效力的情形）：如果有谁造成了损害，并且是在存在误认的占有权的情况下也必须要赔偿的损害，则其不会因为第989条以下而受到侵权请求权的保护。 788

4. 最后一点，依照侵权法，第992条中所称的、同样被评价为不值保护的占有人，应当负责任。这是指那些系因被禁止的暴力（通说又补充了有过咎地）而取得占有的人（第858条），或者系因指向所有权的犯罪行为而取得所有权的人。 789

二、遗产占有

对于继承人与不正当遗产占有人之间的关系，第2018条以下包含有与第985条以下（所有人与不正当占有人之间关系）相类似的规定。在这里，对于第2018条以下而言，通过合同从遗产占有人那里取得遗产的人，视同遗产占有人，第2030条。并且不正当地被宣告死亡、现在则请求交出自己财产的人，相当于继承人，第2031条。细节问题恕我在这里不能论述（参见拙著《民法》，边码574a以下、603a以下）。但无论如何，第2018条以下在 790

显著的范围之内(参见第2025条)也排除了侵害所有权的侵权请求权。

三、结构上的结果

791 综合上述,对于案件的解决(无论是书面还是口头),下述结论是合乎目的要求的:即在侵害所有权的侵权请求权之前,特别是在由第823条第1款产生的侵权请求权之前,应当考虑第985条以下和第2018条以下。这是因为由此始能够得出,通向侵权法的道路是否畅通。另外,占有的权利(因此也就是第986条所有权返还请求权的排除)常常取决于当事人之间存在的合同以及取决于——基本上等同于合同的——正当的无因管理。由此,合同和无因管理尚应当在第985条以下和第2018条以下之前检查。就是说,总体上看,可以将下述内容作为合目的性的结构(详见拙著《民法》边码7以下):

1. 合同(连同缔约过失);
2. 无因管理;
3. 物上请求权连同其结果性的请求权,特别是第985条以下、第2018条以下;
4. 侵权行为和危险责任;以及最后
5. 不当得利(在此方面,亦应当首先检查合同和无因管理,这是因为此种特别结合关系决定着法律原因的存在,并且得利请求权也可以通过第985条以下和第2018条以下被排除)。

第二节　所有权侵害的构成

792 依第903条,所有权是指任意对待一个物,并且可以排除他人的任何干涉的权利。由此可以产生不同种类的所有权侵害。

一、对所有权权利的干涉

首先,所有权侵害可以表现为对所有权权利的干涉:侵害人剥夺所有权,或者在所有权上设定他人的权利。这是那些亦为第816条第1款所涵盖的非权利人有效处分的情形(参见上文边码699以下):其将物出让于一个诚实的第三人,或者对物进行有效的设质。根据第816条第1款,在这里,"被剥夺所有权"或者因质权而受到限制的原权利人,可以请求因处分所取得的利益。此外,依第823条第1款,在干涉人具有过错的情形,也可以请求赔偿进一步的损害。当然,正是在此种"处分情形",第823条第1款常常因第989条以下而被排除(参见上文边码785以下):一项依第932条以下和第1207条为有效的处分,必须出自于一个占有人。依第932条以下的意旨,诚实的取得人同样受到侵权请求权的保护。

二、对物之本体的干涉

所有权侵害还可以表现为对所有权赖以存在的物的本体的任何干涉,这是没有疑问的,即该物受到灭失或者毁损。这是所有权侵害最为常见的表现情形;这主要是由交通意外产生的物之损害。在这里,特别是在侵害是由非占有人产生的情形,第989条以下并不妨碍第823条第1款的适用(参见上文边码785以下)。 793

三、物的侵夺或者扣留

通常情况下,只有在所有人占有物之时,其始能够随意地对待自己的物(第903条)。故此,如果某人向所有人侵夺或者扣留占有,则被理解为所有权侵害。但侵害人在这里常常取得自己的占有,或者常常具有自己的占有,因此这里应当注意第989条以下的优先适用问题。 794

四、物之使用的其他障碍

1. 至今为止提到的三种情况基本上都是没有争议的,而第四种情况则是十分成问题的。这里涉及的是程度弱于侵夺或者扣留的物之使用的障碍问题;在这里,妨害人通常也不是占有人,而是常常远于该物的人。在判例上例如讨论的是下述的情形(有关 795

这方面较为广泛的概述,参见普鲁姆(Plum)文,载《民法实务档案》,第181卷,第68页、第92页以下):因建筑施工而使一处(属于电力供给企业的)电缆发生毁坏,致使电力用户不再能够使用自己的电器(参见《联邦最高法院民事裁判集》,第29卷,第65页;第41卷,第123页;以及其他等;亦请参见O. 舒尔策(O. Schulze)文,载《保险法》,1998年,第12页)。又或者因运河侧面斜坡坍塌致使一艘内河船舶被“禁闭”在内河水道,而处在无法通行位置之前的其他船舶则不能够抵达自己的目的地(参见《联邦最高法院民事裁判集》,第55卷,第153页)。又或者因发生火灾致使通向一处土地的道路受阻,甚至是在警察的命令之下进行清理(参见联邦最高法院裁判,载《新法学周刊》,1977年,第2264页)。又或者是因在车库之前进行建筑施工致使停放在车库之内的汽车无法驶出(参见《联邦最高法院民事裁判集》,第63卷,第203页、第206页;联邦最高法院裁判,载《新法学周刊》,1993年,第1793页;格吕纳贝格(Grueneberg)文,载《新法学周刊》,1992年,第945页)。又或者汽车的持有人被吊销了驾驶执照,致使其不再能够利用自己的汽车(参见《联邦最高法院民事裁判集》,第63卷,第203页)。又或者一个物被瑕疵地修理(参见《联邦最高法院民事裁判集》,第55卷,第392页)。又或者一个尚未完成的工程结构被瑕疵地涂刷(参见联邦最高法院裁判,载《新法学周刊》,1978年,第1051页)。又或者尚未完成的工程结构被装上了有瑕疵的屋顶,之后必须重新被拆除(参见慕尼黑州高等法院裁判,载《新法学周刊》,1977年,第438页)。又或者不合适的花土妨碍了樱花的成长(参见联邦最高法院裁判,载《保险法》,1993年,第1367页)。又或者因交付瑕疵部件致使由此以及由其他的无瑕疵部件生产的整体物不堪使用(参见联邦最高法院裁判,载《新法学周刊》,1998年,第1942页)。又或者因建筑师过错地设计瑕疵性的隔热装置,致使承租人的物发生腐败(参见联邦最高法院裁判,载《新法学周刊》,1991 年,第 562 页)。又或者因交付含有抗生素的牲畜饲料,致使此种产品被禁止向动物饲养人出卖(参见《联邦最高法院民事裁判集》,第 105 卷,第 346 页)。又或者因使用非为无味的螺纹工具,致使水管的使用受到妨碍(参见联邦最高法院裁判,载《新法学周刊》,1994 年,第 517 页)。

2. 对于此种情形,已经讨论了两个比较一般性的问题。 796

(1)使用障碍经常涉及营利事业经营。那么就可能对下述问题产生疑义:即是应当将对个别物(如对企业土地)的所有权视作为侵害的标的,还是应当在整体上将对营利事业企业的权利视作为侵害的标的(参见下文边码 818 以下)。新近的判例倾向于第一个见解:即认为对营利事业经营权的侵害仅是一个辅助性的兜底构成(如见《联邦最高法院民事裁判集》,第 55 卷,第 153 页、第 158 页;第 105 卷,第 346 页、第 350 页;有关批评性见解,见措伊纳(Zeuner)文,具体见参考文献注解)。

我本人认为应当优先采用所有权侵害方案。这是因为在非为营利事业性使用物的情形,反向的裁判将无法找到损害赔偿请求权的基础。但对于营利事业性利用的所有权所给予的这种优先处理,既不能够通过《民法典》被证明为妥当,也根本不能够在事理上被认为是适当(参见下文边码 818 以下)。

(2)这样就接触到了第二个问题。其涉及对第 823 条第 1 款所称的所有权侵害给予肯定的要件。在判例上,对此呈现出了两个较为一般的解决视角。 797

第一,第 823 条第 1 款仅应当适用于下述情形:即使用障碍涉及应被使用的物,而不涉及所有人的人身;即是说,使用是对任何人都受到了妨碍,而并非仅是对所有人受到了妨碍(参见《联邦最高法院民事裁判集》,第 63 卷,第 203 页、第 206 页)。故此,在吊销驾驶执照的情形,第 823 条第 1 款是受否定的,这是因为另外一个人还是能够使用汽车的;而在扣留汽车证书的情形,联邦最高法院或许将会对第 823 条第 1 款作出肯定。这一区分我认为是可以采用的。

第二,联邦最高法院要求,使用必须至少是暂时地完全被排除,而并非仅是受到限制。因此,联邦最高法院在一则判例中虽然因船舶被禁闭(其实际上已经不具有活动能力)而判处损害赔偿(参见《联邦最高法院民事裁判集》,第 55 卷,第 153 页),但并未因那些在禁闭之外的船舶(其仅是不能够达到一定的目的地)而判处损害赔偿(关于赞同的见解,见默舍尔文,具体见上述参考文献;拉伦茨—卡纳里斯:《债法分论》,Ⅱ 2 §76 Ⅱ 3c)。这种区分极具一般性,几乎不能够与第 903 条、第 1004 条相一致:对于仅是限定自己使用可能性的障碍(当然不要求利用他人的物,如利用内河水道),所有权人也可以进行抵制。再者,联邦最高法院自己也没有坚持这一区分。这是因为在供电中断的情形,联邦最高法院仅是因为由此被毁坏的物而给予侵权的损害赔偿请求权(参见《联邦最高法院民事裁判集》,第 41 卷,第 123 页:孵化的蛋全部坏掉)。而因对电力设备所有权的侵害所产生的使用中断的赔偿,则遭到了拒绝。在这里,几乎不可否认的是,灯泡等没有电是根本无法使用的。如此,对于下述问题:即使用障碍的程度是否能够决定所有权侵害的性质,如果能够决定,那么又是按照何种原则,联邦最高法院至今为止尚未给出一个令人满意的回答。拉伦茨—卡纳里斯(参见《债法分论》,Ⅱ 2 §76 Ⅱ 3c)作出了下述论证:使用性损害极其近于纯粹的财产损害(其不适用第 823 条第 1 款)。但这并不能够解释,此种损害为什么有时候应当得到赔偿,而有时候不能够得到赔偿。

现在,伯肯(参见边码 784 之前的参考文献)对这一问题作出了详尽的研究。其亦主要是从第 903 条出发进行论证:即所有的使用妨害都是对所有权人的权能的侵害,因此也就是对所有权的侵害。然而同在第 906 条的情况相类似,其亦欲设定所有权人的容忍义务,在这种义务的效力范围之内,应当排除侵害的不法性。主要是最后的这项建议,尚需要进行讨论(参见梅迪库斯文,载《法学家报》,1997年,第403页)。

第一百三十九章 人身和商业名誉的侵害

参考文献：阿斯曼—屈勒(Assmann - Kuehler)：《检验责任与检验广告》，载《商法杂志》，第142期(1978年)，第413页以下；巴斯通—福格特(Baston - Vogt)：《民法一般人格权的事务保护范围》，1997年；博伊廷—施莫茨(Beuthien - Schmoelz)：《人格利益权利对人格的保护》，1999年；布林克曼(Brinkmann)：《自由言论表达与商品检验之间的营利事业批评》，载《新法学周刊》，1987年，第2721页以下；邦德(Bund)：《学者的言论风险》，载《冯·卡默雷尔(von Caemmerer)纪念文集》，1978年，第297页以下；多伊奇：《贬值性的媒体批评》，载《克林米勒(Klingmueller)纪念文集》，1974年，第49页以下；埃根米勒(Eigenmueller)：《不受欢迎的批评者——剧本批评与侮辱性批评》，载《新法学周刊》，1991年，第1439页以下；冯·加姆(von Gamm)：《媒体批评产生的人格侵害和名誉侵害》，1969年；同一作者：《人格保护与大众传媒》，载《新法学周刊》，1979年，第513页以下；格里姆(Grimm)：《联邦宪法法院裁判中的言论自由》，载《新法学周刊》，1995年，第1697页以下；J. 哈格尔(J. Hager)：

《民法上的名誉保护》，载《民法实务档案》，第196卷（1996年），第168页以下；海勒（Helle）：《私法上的人格、名誉和经济声誉的保护》，第2版，1969年；基泽尔（Kiesel）：《联邦宪法法院对名誉保护的清算》，载《新行政法杂志》，1992年，第1129页以下；屈勒尔（Kuehler）：《对营利事业产品和职业服务的公开批评》，载《民法实务档案》，第172卷（1972年），第177页以下；同一作者：《公开性之作为法庭——论媒体自由与名誉保护之间的冲突》，载《法学家报》，1984年，第541页以下；同一作者：《名誉保护、自己决定与民主》，载《新法学周刊》，1999年，第1281页以下；梅塞尔（Messer）：《信用妨害情形的金钱赔偿请求权》，载《施蒂芬（Steffen）纪念文集》，1995年，第347页以下；奥森比尔（Ossenbuehl）：《介于权力与权利之间的媒体》，载《法学家报》，1995年，第633页以下；奥托（Otto）：《名誉保护与言论自由》，载《法律学习》，1997年，第139页以下；佩伦（Paern）：《事实告知与事实主张》，载《新法学周刊》，1979年，第2544页以下；B. 彼特斯（B. Peters）：《新闻上的注意要求》，载《新法学周刊》，1997年，第1334页以下；莱因哈德（Reinhardt）：《民法上的名誉保护与正当的利益维护》，载《海因里希·朗格（Heinr Lange）纪念文集》，1970年，第195页以下；里歇特（Richert）：《企业保护与新闻自由》，1989年；E. 施密德（E. Schmidt）：《正当利益的维护是一个正当化理由吗？》，载《法学家报》，1970年，第8页以下；施利克（Schricker）：《对营利事业产品和职业服务的公开批评》，载《民法实务档案》，第172卷（1972年），第203页以下；森德勒（Sendler）：《自由性可以被夸大吗？》，载《法律政策杂志》，1994年，第343页以下；西布雷希特（Siebrecht):《民法上的名誉保护》,载《法学教育》,2001 年,第 337 页以下;西莫斯(Siemes):《人格因媒体而被强制商业化情形之下的利益去除》,载《民法实务档案》,第 201 卷(2001 年),第 202 页以下;索林(Soehring):《1994—1996 年间新闻权和言论权的发展》,载《新法学周刊》,1997 年,第 360 页以下;施蒂芬(Steffen):《新闻批评中的真实性与价值判断》,载《新闻档案》,1979 年,第 284 页以下;施泰因迈尔(Steinmeyer):《公民倡议与企业保护》,载《法学家报》,1989 年,第 781 页以下;施蒂纳(Stuerner):《联邦公民丧失的名誉——是形成公共舆论的较好的游戏规则?》,载《法学家报》,1994 年,第 865 页以下;泰廷格(Tettinger):《自由言论斗争中的人身名誉保护》,载《法学家报》,1983 年,第 317 页以下;同一作者:《基本法价值制度中的人身名誉权》,载《法学教育》,1997 年,第 769 页以下;蒂尔曼(Tilmann):《言论侵权法上的责任限制》,载《新法学周刊》,1975 年,第 758 页以下;G. 瓦格纳(G. Wagner):《人格侵害法上的名人与普通公民》,载《保险法》,2001 年,第 1305 页以下;瓦尔特(Walter):《民事诉讼中针对当事人陈述的名誉保护》,载《法学家报》,1986 年,第 614 页以下;文策尔(Wenzel):《话语与图像报道权》,第 4 版,1994 年。

798 与《民法典》的一些草案不同,在第 823 条第 1 款之内,作为保护法益既没有出现人身名誉,也没有出现商业名誉。尽管如此,二者仍然受到侵权法损害赔偿请求权的一定保护。

第一节　人身名誉

一、性别名誉

第825条的特别规定（越来越不具有实际意义）处理的是妇女性别名誉受到侵害的一种特殊情形。自从2002年8月1日以来，这一规定采取了性别中性式的表述，并且在内容上也作出了扩展（不法诱使实施或者容忍性行为）。在这里，依据第253条第2款（侵害性自决），同时可以考虑请求抚慰金。

二、刑事规定与第823条第2款

第823条第2款同时结合适用保护名誉的刑法规范（《刑法典》第185条以下），是非常重要的。但由于这些情形在第253条第2款中没有被提及，故针对这些情形而言，不能够考虑非财产损害的金钱赔偿。以前存在的、在刑事诉讼中判决给予受侵害人罚锾的可能性，已经在1974年通过《刑法典施行法》第7条而被消除。现在，关于一般人格权的判例则构成了一定的补偿（参见下文边码817）。 799

就是说，除赔偿财产损害之外（如确定匿名写信者的费用），对于受侵害人而言，仅还有第249条第1款的回复原状请求权（Herstellungsanspruch）。作为除去请求权，该请求权甚至不由侵害人的过错来决定（参见下文边码945）。依照一般的规则，回复原状或者除去妨害将表现为撤回。在事实主张的情形，这意味着事实的更正。但联邦最高法院为此要求对不真实性进行认定（参见《联邦最高法院民事裁判集》，第37卷，第187页），致使疑问归于受侵害人负担（至为存疑，详见拉伦茨—卡纳里斯：《债法分论》，Ⅱ2 §88 Ⅱ）。

对于伤害性的评价，受侵害人就更加不利了：这种评价“原则上不问质的方面特别是不问正确性而受《基本法》第5条第1款的约束,并且仅在狭窄限定的例外情形下是被禁止的”(参见《联邦最高法院民事裁判集》,第 139 卷,第 95 页、第 101 页)。再者,撤回(或者道歉)根本就不应当能够被请求,这是因为否则的话,“自由的言论权利(《基本法》第 5 条)就会在一个无法忍受的程度上受到妨害”(参见联邦最高法院裁判,载《新法学周刊》,1978 年,第 751 页;慕尼黑州高等法院裁判,载《新法学周刊》,1997 年,第 62 页)。这是有疑问的,原因是《基本法》第 5 条第 2 款明确地规定了应当优先适用“人身名誉权”,但却符合让人遗憾的、被联邦宪法法院所追逐的一个趋势(如见联邦宪法法院裁判,载《新法学周刊》,1992 年,第 2073 页、第 2074 页,Ⅰ 2b;有关内容亦见格里姆(Grimm)文,载《新法学周刊》,1995 年,第 1697 页)。在联邦宪法法院作出的、备受讨论的“士兵决定”案中(参见《新法学周刊》,1994 年,第 2943 页),这一趋势被特别明显地表现了出来(但亦请参见克里勒(Kriele)文,载《新法学周刊》,1994 年,第 1897 页;本达(Benda)文,载《新法学周刊》,1995 年,第 429 页;施达克(Stark)文,载《法学教育》,1995 年,第 689 页;其他见解见索林(Soehring)文,载《新法学周刊》,1994 年,第 2926 页)。即是说,仅是依《刑法典》第 200 条而可以考虑刑事法庭判决的公告。然而联邦宪法法院现在似乎更多的是要采取保留的态度(参见联邦宪法法院裁判,载《新法学周刊》,1996 年,第 1592 页;赞同见解见赛茨(Seitz),同上,第 1518 页;但联邦宪法法院在另外一个案例中又作出了另外的处理,详见《新法学周刊》,2000 年,第 199 页)。

最后,在州新闻法中规定的新闻法上的反对性说明请求权,也不是很有效果:因媒体上的说明而受侵害者,可以要求以与攻击相同的方式也发表自己的反对性说明。这种发表原则上是应当予以完成的,而不问所作出的说明中何种说明为正确。然而此种反对性说明并非罕见的(在我看来是违法的)因编辑性的附加文句而遭受价值贬损,致使其给受侵害人带来的损害明显多于利益。但联邦最高法院正确地采取了严格的态度,详见《保险法》,1995 年,第 305 页,第 308 页。

三、一般人格权

上文所述的在人身名誉保护方面存在的不足,实质性地推动 800
了下述情况的出现:即通过承认一般人格权而创设其他的请求权;关于这方面内容,详见下文边码 815 以下。

第二节 商业名誉

与人身名誉不同,在商业名誉侵害的情形,通常涉及财产损 801
害,其甚至可能达到一个很高的数额。例如,一个企业主因谣言而被终止信贷,或者其货物因不良检验结果而不再能够找到买受人,这都可能意味着支付不能。相较于人身名誉之情形,法律规定更加明显地区分事实主张引起的侵害与价值评价引起的侵害(参见贝内迪克特—扬森(Benedikt - Jansen)文,载《政策档案》,1987 年,第 669 页;联邦宪法法院裁判,载《新法学周刊》,1992 年,第 1439 页;1993 年,第 1845 页;1994 年,第 1779 页;联邦最高法院裁判,载《新法学周刊》,1994 年,第 2615 页,其明显倾向于肯定价值评价;关于最新情况,请见联邦最高法院裁判,载《法学家报》,2002 年,第 663 页,包括屈勒(Kuehler)所作的说明)。

一、事实主张

1. 对于危害商业名誉(信用)的事实主张,在第 824 条中有 802
专门的规定。其在第 1 款中规定,在主张不具有真实性的情形,可以因任何的过失而存在损害赔偿的义务。在这里,并非仅是自己主张事实的人始负有赔偿的义务,而且将其作为他人的主张而予以传播的人,同样负有赔偿的义务。

在言论可以被证明为正确或者可以被证明为不正确的情形,应当作出事实主张的认定(与价值评价不同)。这基本上由下述情况决定：即言论在多大程度上是实质性的，即在多大程度上提及的是可以验证的细节情况。如此，像是德国最大的江湖骗子之一或者是德国最大的骗子公司之一（参见《帝国法院裁判集》，第154卷，第117页、第124页），或者像是被称之为“廉价的伤痕”（参见联邦最高法院裁判，载《新法学周刊》，1965年，第36页）这样的责备，都是被视作为单纯的价值评价。相反，如果说一台地毯清扫机可以将任何地毯破坏成为碎片，那么这就应当是事实主张了（参见联邦最高法院裁判，载《新法学周刊》，1966年，第2010页）。

联邦最高法院在一则判例中尚对第824条的适用范围作出了进一步的限定（参见《联邦最高法院民事裁判集》，第90卷，第113页；亦请参见P. 施威特纳（P. Schwerdtner）文，载《法学家报》，1984年，第1103页以下）：针对一个社团提出的客观上不真实的主张（该社团反对在斯图加特—曼海姆之间计划修建的快速铁路线），联邦铁路提起了诉讼。但根据联邦最高法院的观点，第824条仅涵盖与行为相对人关系上出现的障碍，而不涵盖与社会公众和国家批准机关关系上出现的障碍。这些关系上的障碍虽然可以构成对营利事业经营的干涉，但只要主张者在自己陈述的正确性方面是诚实的，那么就不存在违法性（存疑）。

803 2. 依第824条第1款，应当对任何过失负责任，也就是应当负与第823条第1款同样严格的责任，而第2款则是一项非常实质性的限制：如果主张的不正确性并不为告知人所知悉，那么“在告知人或者告知的受领人对主张具有正当的利益时”，告知人不应当负责任。这被通行学说视作为正当化理由（参见《慕尼黑民法典注释——默滕斯》，第824条，边码44；亦请参见《联邦最高法院民事裁判集》，第3卷，第270页、第280页以下）。当然，只要当对告知正确性的信赖在继续之时，这种正当化理由始具有效力：如果不正确性得到证明，那么也就不再能够建立或者散布主张了；继续存在着的结果应当被除去（细节上尚有许多问题存在疑义）。

但第824条第2款的原本问题无论如何在这一规定的字义中已经表现了出来:这是从那里要求“正当利益”得出来的。对于没有经过审查(因此在一定几率上为不正确)的主张,无论是告知人还是受领人,都不可能具有此种利益;就是言论自由这种基本权利,也不能够涵盖此种主张(参见联邦最高法院裁判,载《保险法》,1985年,第592页、第593页)。这样问题就表现为:为了使告知人所追求的利益是正当的,应当要求其尽到多大程度之注意。

这不能够一般性地得到程式性的回答(联邦最高法院亦采此种见解,详见《联邦最高法院民事裁判集》,第132卷,第13页、第24页)。而仅能够说明一些应当进行相互考量的准则,下述情形即应当要求较高程度的注意:主张得到广泛的传播;告知人享有高度的信赖(此二项准则通常适用于新闻、广播和电视);告知的内容能够产生大的损害。另外,特别是社会公众对告知所具有的迫切性和强烈的资讯利益,则不应当要求高的注意程度。在刚刚提到的这两个视角之下,相较于他国君主的性生活而言(在那里被认为存在有害性),对被认为具有生命危险的药物所作出的警告,无需给予较高注意程度的审查。有关具体示例,例如见联邦最高法院裁判,载《企业顾问》,1986年,第689页(在公布价格比较结果时商品检验协会的注意要求)。

但无论如何,为进行正当化,通常至少应当要求作出检查的尝试(欧洲人权法院亦为此种见解,参见《新法学周刊》,2000年,第1015页,主题4)。为此,特别是可以将应被告知的事实所涉及的人的需求作为最低的标准。在此上下文,联邦最高法院将这称之为“依据媒体的注意”(参见《联邦最高法院民事裁判集》,第132卷,第13页、第23页以下)。

二、价值评价

就是说,价值评价不受第824条的约束。根据联邦最高法院 804
的裁判(参见《联邦最高法院民事裁判集》,第65卷,第325页、第

329 页),此种评价通常也包括商品检验的公布:在这里,检验结果("不尽如人意"等)的分量要重于各个被告知的事实的分量。在此一方面,可以考虑适用由第 823 条第 1 款产生的、因侵害所设置及所从事的营利事业经营的权利而产生的赔偿请求权;详见下文边码 821。然而商品检验中也可能会包含事实主张,具体见联邦最高法院裁判,载《企业顾问》,1989 年,第 1023 页;在此方面,也可以请求撤回。

第一百四十章　其他权利的侵害

参考文献：贝克尔（Becker）：《通过侵权法保护债权？》，载《民法实务档案》，第196卷（1996年），第439页以下；卡纳里斯：《债权的物权化》，载《弗卢梅纪念文集》，1978年，第1371页以下；同一作者：《民法典第823条第1款对债权的保护》，载《施蒂芬（Steffen）纪念文集》，1995年，第85页以下；多伊奇：《运动员因社团社员资格所具有的其他权利》，载《保险法》，1991年，第837页以下；同一作者：《亲属权之作为责任事由》，载《保险法》，1993年，第1页以下（=《格恩胡贝尔（Gernhuber）纪念文集》，1994年，第581页以下）；法布里丘斯（Fabricius）：《论民法典第823条第1款"其他权利"的学理》，载《民法实务档案》，第160卷（1961年），第273页以下；哈伯扎克（Habersack）：《成员资格——主观及"其他"权利》，1996年；哈门（Hammen）：《债权之作为民法典第823条第1款的其他权利？》，载《民法实务档案》，第199卷（1999年），第591页以下；赫尔姆斯（Helms）：《因妨害社团成员资格而享有的损害赔偿请求权》，1998年；Th. 洪泽尔（Th. Honsell）：《在被禁止的占有侵夺之后所产生的损害赔偿》,载《法学家报》,1983 年,第 531 页以下;雅伊梅(Jayme):《不许行为法上的家庭》,1971 年;克拉塞尔(Krasser):《针对第三人干涉的合同权利保护》,1971 年;勒维施(Loewisch):《相对权利的侵权保护》,1970 年;梅迪库斯:《损害赔偿请求权提供的占有保护》,载《民法实务档案》,第 165 卷(1965 年),第 115 页以下;同一作者:《债权之作为民法典第 823 条第 1 款的"其他权利"?》,载《施蒂芬(Steffen)纪念文集》,1995 年,第 333 页以下;明克(Mincke):《债权之作为民法典第 823 条第 1 款所称的"其他权利"》,载《法学家报》,1984 年,第 862 页以下;奥特(Otte):《依民法典第 823 条第 1 款因侵害"债权管辖权"所产生的损害赔偿?》,载《法学家报》,1969 年,第 253 页以下;皮珀(Pieper):《自力取走担保物情形下的占有权和损害赔偿》,载《茨魏布吕肯(Zweibrücken)州高等法院纪念文集》,1969 年,第 231 页以下;里格尔(Rieger):《婚姻在空间—标的范围上的保护界限》,载《新法学周刊》,1989 年,第 2798 页以下;斯米德(Smid):《论婚姻"空间—标的范围"保护诉讼的学理》,1983 年;维泽尔(Wieser):《占有人依民法典第 823 条所享有的损害赔偿请求权——联邦最高法院裁判》,载《法学家报》,1954 年,第 613 页,载《法学教育》,1970 年,第 557 页以下。

805 除具体提到的生存法益和所有权之外,第 823 条第 1 款中还包含有"其他权利"这个"小的一般条款"(参见上文边码 744)。这里涉及的是若干不同的问题方面。其中,所谓的"框架权"因其具有特殊性而应当专门予以讨论(参见下文边码 814 以下)。在此之外,我按照见解上的不同而区分下述三个方面。

第一节　确定的适用情形

一、限定物权

第 823 条第 1 款肯定可以适用于那些受到限制的物上权利，特别是可以适用于役权和物的担保权。但应当考虑到，相较于所有权而言，这些权利仅具有不甚广泛的内容，因此，有些所有权侵害并不要求构成这些限制权利的侵害。如此，对占有的干涉通常并不涉及抵押权，原因是其并不能够使权利人有权占有。或者，在一个设定有抵押权的土地上实施的拆除工作虽然可能侵害抵押权（参见《联邦最高法院民事裁判集》，第 65 卷，第 211 页：针对建筑师亦存在赔偿请求权；所有权人的同意亦不能够除去针对抵押权人的不法性），但这仅是在下述情形之下适用：即抵押权并未因“裸”地的价值而已经得到充分的担保。 806

第三人对限制物权的侵害常常也侵害到所有权，例如，如果某人对房屋的烧毁负有过错，那么这涉及所有权人、用益权人，有时也涉及抵押权或者土地债务的债权人。就是说，所有这些受侵害者都因第 823 条第 1 款而拥有对加害人的赔偿请求权。如果加害人通过重建房屋来给付赔偿，即依第 249 条第 1 款给付赔偿，那么所有这些请求权将会同时得到履行。而在向一个受侵害人进行金钱支付的情形（如依第 249 条第 2 款），那么将会存在下述的危险：即该受侵害人不将金钱用于回复原状，致使其他人受到的侵害不能够被消除。这或许可以通过类推适用第 1281 条来加以避免：即致害人负有共同向所有受侵害人给付的义务；那么在此种情形下，这一金额的分配或者使用就是数个受侵害人之间内部关系上的事情了。这是因为在第 1281 条的情形，就像不能够苛求债务人一样，也不能够苛求加害人从自己角度并且自己承担风险地对这种内部关系作出评价。

二、先占权

807 依先占权,权利人可以取得无主物,第958条第2款。此种权利主要包括涉猎权和渔业权,其标的是动物和其他的物(如脱落的鹿角)。就是说,私猎可以不因所有权侵害而产生第823条第1款的赔偿请求权(涉猎权人尚不具有这一点),而是因侵害先占权而产生此项权利。

三、其他绝对地位

808 此外,对于第823条第1款,尚可以考虑某些至少与物权类似的法律地位。例如,可以考虑期待权(参见《联邦最高法院民事裁判集》,第114卷,第161页)以及具有物权效力的销除权和留置权。另外,属于该项规定范围的肯定还有著作权、专利权和工业产权以及一些特定的人格权(如姓名权和肖像权)。这里应当提及的还有成员资格权(如见《联邦最高法院民事裁判集》,第110卷,第323页、第327页、第334页,对此亦见K.施密德(K. Schmidt)文,载《法学家报》,1991年,第157页;哈丁(Hadding)文,载《克勒曼(Kellermann)纪念文集》,1991年,第91页;拉伦茨—卡纳里斯:《债法分论》,Ⅱ 2 §76 Ⅱ 4c;格茨—格茨(Goetz - Goetz)文,载《法学教育》,1995年,第106页:不准许成员参加帆船竞赛,主要请见参考文献中哈伯萨克和赫尔默斯的文章)。而成员资格不应当因对成员资格赖以存在的合伙或者社团的财产形成不利的干涉即已经受到侵害(参加《慕尼黑民法典注释——默滕斯》,第823条,边码152)。在我看来,依第823条第1款为成员资格提供侵权法上的保护,是非常有疑问的。

第二节 有疑问的适用情形

一、占有

809 在占有的情形,占有究竟在多大的程度上是一种权利,这本身就是有争议的。但纵使人们不想因这种疑问即让第 823 条第 1 款的适用告以失败,在损害计算时,仍然会遇到几乎无法克服的困难:占有人之作为占有人(如小偷),并没有被赋予具有金钱价值的权能(参见上文边码 713),致使第 823 条第 1 款并不适用(参见《联邦最高法院民事裁判集》,第 79 卷,第 232 页)。通常情况下,只有通过支撑占有的权利(物上权利或者债上权利),占有始获得财产法上的轮廓。但由于物上权利受第 823 条第 1 款的约束(参见上文边码 806),故占有的实质性意义系在于,为债上权利提供针对第三人的保护:这些权利因此而与所有权类似,从而使第 823 条第 1 款可以适用。这里人们或许会产生疑问,即被视作为保护标的的是因占有而被"物权化"的债上权利,还是(或许是值得赞同的)占有本身。

特别是,已经得到租赁房屋的承租人因第 823 条第 1 款而对使租赁房屋发生损坏的第三人享有损害赔偿的请求权(参见哈斯(Haas)文,载《企业顾问》,1986 年,第 1446 页)。如此产生的与所有权人赔偿请求权的竞合,应当采取与限制物权情形一样的处理(参见上文边码 806)。而在承租人尚未取得占有的情形下,其仅能够向自己的出租人采取行动。

以非正当占有人未被起诉和诚实为限,以及以其系有偿取得为限,除正当占有人之外,或许还必须例外地赋予非正当占有人以赔偿的请求权:即依第 987 条、第 990 条、第 993 条,此种占有人甚至在与所有权人的关系上,应当能够保留用益(其他见解见《联邦最高法院民事裁判集》,第 79 卷,第 232 页、第 238 页)。如在承租人之间围绕利用共同设施的诉讼中,共同承租人也是受保护的(参见《联邦最高法院民事裁判集》,第 62 卷,第 243 页)。而在与直接占有人的关系上,间接占有人是不受保护的(参见《联邦最高法院民事裁判集》,第 32 卷,第 194 页)。

二、亲属权

810 1. 在第823条第1款的情形,婚姻的归列极具疑义:在婚姻忠实义务受到侵害时,一方配偶可以对不忠实的另外一方配偶或者对进入到婚姻之中的第三人提出赔偿要求吗?联邦最高法院虽然通过除去请求权和不作为请求权对“婚姻的空间—标的范围”(基本上为婚姻住房)给予了保护(参见《联邦最高法院民事裁判集》,第6卷,第360页;亦见斯米德(Smid)文,载《新法学周刊》,1990年,第1344页),而迄今为止始终拒绝给予婚姻破裂的损害赔偿请求权(如见《联邦最高法院民事裁判集》,第23卷,第215页:配偶;第279页:第三人;联邦最高法院裁判,载《法学家报》,1973年,第668页):婚姻的忠实性不在侵权法的保护范围之内;亲属法上的规定是终结性的。在妨害婚姻的第三人方面,我认为这一理由并不具有信服力(详见拙著《民法》边码616以下);相同见解且详尽论述见格恩胡贝尔—克斯特—瓦尔特延(Gernhuber - Coester - Waltjen):《亲属法》,第17章,第3节;结论上亦请参见《慕尼黑民法典注释——默滕斯》,第823条,边码156。

811 2. 而判例亦将父母对未成年子女的照顾权(第1626条以下),包括对探望权的规定(第1632条第2款;参见法兰克福州高等法院裁判,载《新法学周刊》,1979年,第2052页,其涉及的还是旧法文本),归入到第823条第1款之下。如此,具有照顾权的父母一方可以要求赔偿为寻找被另外一方带走的子女而不得不支出的侦探费用,参见《联邦最高法院民事裁判集》,第111卷,第168页。

第三节 被排除者

一、债权

812 债权仅约束债务人,而不约束任何的第三人,故即使这种侵害系基于债务人的侵害,或者系基于对债权标的的侵害,其亦不受第823

条第1款的制约。因此,如果一个雇主的雇员受到了第三人的侵害,并由此丧失了劳动能力,那么雇主对侵害人并不能够享有第823条第1款的请求权(参见上文边码743)。在没有占有的情形,承租人也不能够向毁坏物的第三人要求赔偿;参见联邦最高法院裁判,载《新法学周刊》,2001年,第971页;亦请参见上文边码809。

而在涉及侵害债权管辖权的情形,例如通过不正当的、但对于债权人而言却是有效的给付受领而引起的侵害情形,有些论者意欲适用第823条第1款(如见拉伦茨—卡纳里斯:《债法分论》,Ⅱ2 §76 Ⅱ 4g;明克(Mincke)文,载《法学家报》,1984年,第862页;亦请参见边码805之前的参考文献)。然而这里在可以不考虑过错而适用第816条第2款的情况下(参见上文边码707),侵权保护大多是不必要的,此种见解见奥特(Otte)文,载《法学家报》,1969年,第253页;亦见《慕尼黑民法典注释——默滕斯》,第823条,边码132。卡纳里斯(同前注)虽然指出了无支付能力的有限责任公司的董事不正当收取债权的情况,即该董事的人身责任仅能够通过第823条第1款来设定,然而这一说明并不能够让我信服;参见《施蒂芬(Steffen)纪念文集》,1995年,第333页;结论上亦见哈门(Hammen)文,载《民法实务档案》,第199卷(1999年),第591页。

二、财产

财产之作为一个人具有金钱价值的财物的总和,肯定不适用 813
第823条第1款。这是因为否则的话,就会构成"大的侵权一般条款",而这是《民法典》以充分理由予以拒绝了的(参见上文边码739以下)。因此,如果某人被促使作出使其自己的财产得以减少的处分,例如系被诈欺所为(但于此种情形适用第823条第2款,参见下文边码822以下),或者系因被错误告知所为(属于第826条范畴,参见下文边码838),那么这特别是不属于第823条第1款的范围。

第一百四十一章　特论："框架权"的侵害

参考文献：关于一般人格权，特别是请参见巴斯通—福格特（Baston – Vogt）：《民法一般人格权的事的保护范围》，1997年；德根哈特（Degenhart）：《一般人格权，基本法第2条第1款结合第1条第1款》，载《法学教育》，1992年，第361页以下；埃尔曼（Ehmann）：《论一般人格权的结构》，载《法学教育》，1997年，第193页以下；福克尔（Forkel）：《论个人性人格权的体系涵盖及界定》，载《胡布曼（Hubmann）纪念文集》，1985年，第93页以下；同一作者：《一般人格权与"经济人格权"》，载《诺伊迈尔（Neumayer）纪念文集》，1986年，第229页以下；盖斯（Geis）：《人格权的核心领域》，载《法学家报》，1991年，第112页以下；格廷（Goetting）：《人格权之作为财产权》，1995年；J. 哈格尔（J. Hager）：《针对媒体的人格权》，载《法律学习》，1995年，第566页以下；胡普曼（Hubmann）：《人格权》，第2版，1967年；K. W. 朗格（K. W. Lange）：《一般人格权可以通过民事预防而得到保护吗?》，载《保险法》，1999年，第274页以下；格尔达·米勒（Gerda Mueller）：《人格权的可能性及界限》，载《保险法》，2000年，第

797 页以下;R. 莱因哈特(R. Reinhardt):《现行法律制度中的人格权》,1931 年;P. 施魏特纳(P. Schwerdtner):《德国民法制度中的人格权》,1977 年;赛法特(Seyfarth):《宪法对民法名誉保护诉讼的影响》,载《新法学周刊》,1999 年,第 1287 页以下;西蒙(Simon):《一般人格权及其在营利事业上的表现形态》,1981 年;韦斯特曼(Westermann):《人格侵害情形的金钱赔偿》,载《卡纳里斯研讨会文集》,1998 年,第 125 页以下;另外亦请参见边码 798 之前关于人身名誉保护方面的文献。关于营利事业经营权,特别是请参见布林克曼(Brinkmann):《联邦最高法院司法中言论法上的企业保护》,载《工业产权保护与著作权》,1988 年,第 516 页以下;布赫纳(Buchner):《营业权对侵权法企业保护的意义》,1971 年;卡森贝格(Katzenberger):《企业权与不正当竞争》,1967 年;普罗伊舍(Preusche):《侵权法上的企业保护与责任限制》,1974 年;里夏迪(Richadi):《民法责任体系对劳动斗争的意义》,载《劳动法杂志》,1985 年,第 101 页以下;里歇特(Richert):《企业保护与新闻自由》,1989 年;席佩尔(Schippel):《营业权》,1956 年;施莱希特里姆(Schlechtriem):《对营利事业经营的干涉与合同履行》,载《多伊奇纪念文集》,1999 年,第 317 页以下;施劳德(Schrauder):《竞争违反之作为对营利事业经营权的干涉》,1970 年;施温坦斯基(Schwitanski):《侵权法、企业保护与劳动斗争权》,1986 年;西伯恩(Sibben):《罢工干涉营业权的正当性》,载《新劳动法杂志》,1989 年,第 453 页以下;施塔特米勒(Stadtmueller):《企业权的保护范围和保护标的》,1985 年;菲韦格(Vieweg):《通过技术规范和比较性的商品检验来实现消费者保护》,载《新法学周刊》,1987 年,第 2726

页以下；措伊纳(Zeuner)：《营利事业经营权、一般人格权和往来安全保障义务的发展脉络》，载《卡尔斯鲁厄论坛25周年》，1983年，第196页以下。

第一节　框架权的特殊性

814　第823条第1款中特别提及的保护法益，如生命、身体和所有权，都具有清楚的界限，以至于超越界限通常都可能会征引不法性（参见上文边码748）。对于类似于所有权的其他权利（参见上文边码806以下），对于因占有而得到加强的债上权利，以及对于某些亲属权（参见上文边码810以下），情况与之相类似。最后，在致害性的、不真实的事实主张的情形，不被准许的东西常常也可以在一定程度上得到准确的确定；但在第824条第2款的情形，已经呈现出来利益考量的必要性（参见上文边码803）。

在两种其他的法律情况之下，即在一般人格权和营业权的情况之下，这种必要性存在的程度更大。二者虽然被归入第823条第1款的"其他权利"之下，但其在那里具有若干特殊性，特别是它们并不具有清楚的界限，致使不法性都不能够通过超越此种界限来征引。正确的情况是，只有通过权衡权利承担者的利益和干涉者的利益，始能够确定此二人中何人是正当的。联邦最高法院在一则判例中对此作出了极为清楚的表述（参见《联邦最高法院民事裁判集》，第24卷，第72页、第80页）："在因任何一个人的一般人格权与任何另外一个人的一般人格权具有同一位阶、并且人格的自由发展表现为超出自身范围的发展而发生冲突的情形……如若出现争议，则需要进行界定，为此必须要适用法益和利益考量原则。"对于这种考量，人格权和营业权就好像仅是提供了一个框架，因此，在这一视角之下，对于这一界定，菲肯切尔提出的、现在已经普遍采用的"框架权"称谓（《债法》边码1216）也是合适的（但也有持疑义者，见拉伦茨—卡纳里斯：《债法分论》，Ⅱ 2 §80 Ⅲ 2）。劳动岗位权（在我看来是应予否定的）也能够极好地通过考量得到规定，参见联邦劳动法院裁判，载《新法学周刊》，1999年，第164页。再者，认定存在不受妨碍的家庭计划权，同样极具疑义（参见A. 福斯（A. Voss）文，载《保险法》，1999年，第545页）。

第二节　一般人格权

一、承认

第823条第2款提供的人身名誉保护方面的不足，已经在上文边码799提及。自从1949年以来，由于在基本法上强调人类尊严（《基本法》第1条第1款）和人格自由发展权（《基本法》第2条第1款），故对这种不足的感受变得更加强烈。因此，虽然姓名权和肖像权享有了侵权法上的保护（参见上文边码808），但其他的人格表现却不能够得到保护，那么这就让人觉得有伤风化。由于这些权利很难具体地完全被涵盖，故形成了"一般人格权"这一集合称谓：在这一视角之下，又涉及的是一个框架，而且是关于诸多个别权利的框架。再现一般人格权得到实现的实质性裁判主要为"读者来信案"（参见《联邦最高法院民事裁判集》，第13卷，第334页）、"骑士案"（参见《联邦最高法院民事裁判集》，第26卷，第349页）和"人参案"（参见《联邦最高法院民事裁判集》，第35卷，第363页）；亦请参见下文论述。 815

二、一般人格权的内容

对于一般人格权的内容，无法给出僵化的表述。在我看来，除人身名誉保护之外，主要还有两个类型很重要（参见《民法总论》边码1079以下）： 816

在第一个类型中，涉及的是为下述情形提供保护：即在社会公众中对一个人形成了一个错误的形象。例如，如一个律师为自己的当事人所表达的意见被认为是律师自己的意见(参见《联邦最高法院民事裁判集》,第13卷,第334页);一个啤酒厂主引起了系“为他人经营”的表象(参见《联邦最高法院民事裁判集》,第26卷,第349页、第353页);卡塔里娜·瓦兰特(Catarina Valente)被与人造牙齿联系到了一起(参见《联邦最高法院民事裁判集》,第30卷,第7页);或者一个国际法和教会法教授被与人参提高生殖能力的效果联系到了一起(参见《联邦最高法院民事裁判集》,第35卷,第363页)。在此种情形之下,并不必然要求名誉受到侵害;某人实质性地异于真实情况而被描述,即为已足。将自己人为制造出来的采访公布于众,也属于这一范畴(如见《联邦最高法院民事裁判集》,第128卷,第1页,内容涉及摩纳哥的卡洛里娜)。关于在此种类情形之下媒体的注意义务,参见联邦最高法院裁判,载《保险法》,1988年,第405页以下。

在第二个类型中,涉及的是对他人私密范围的侵入:这里并没有被绘制一幅错误的图像,而是干涉了一个人的权利,即其私密事务是否应当得到保护的问题。这原则上也适用于所谓的历史人物,参见《联邦最高法院民事裁判集》,第131卷,第332页(再次请参见摩纳哥卡洛里娜案件:帕帕拉茨图片;亦请参见弗尔克(Forkel)文,载《法学家报》,1997年,第43页)。这里实际上主要涉及性生活问题,但也涉及其他的问题(参见《联邦最高法院民事裁判集》,第73卷,第120页):“明星周刊”公布了以不法方式窃听的两个政客之间的电话谈话。

三、权利侵害的后果

817 过失地侵害一般人格权使行为人负有赔偿财产损害的义务,例如赔偿因进行必要抵抗所发生的费用。在非财产损害方面,无论如何均应当依第249条第1款回复原状(但亦请参见上文边码799);对于将来,在存在实行危险的情形,总可以请求不作为(参见下文边码944)。

除此之外，在第 847 条的字义之外，联邦最高法院亦给予了一种形式的抚慰金赔偿（参见《联邦最高法院民事裁判集》，第 26 卷，第 349 页；此为首次给予），即给予一定的金额用以抚慰所遭受的非财产损害（关于内容，参见《总论》边码 656 末尾）。对此，联邦最高法院提出了下述正当化理由（参见《联邦最高法院民事裁判集》，第 35 卷，第 363 页）：即相抵触的第 253 条因《基本法》与之不同的价值判断而被排除于适用之外。这从未有过完全的信服力，但却得到了联邦宪法法院的认许（参见《联邦宪法法院裁判集》，第 34 卷，第 269 页）。另外，这一司法在细节上尚有不清楚之处。首先，完全有理由要求，这里必须存在一个严重的、以其他方法无法予以补偿的干涉，也必须存在显著的过错。联邦最高法院在一则判例中以在我看来无法理解的方式取消了最后的要件（参见联邦最高法院裁判，载《新法学周刊》，1982 年，第 635 页：伯尔/瓦尔登（Boell/Walden）案）：侵害人在这里甚至被负担了发生错误的风险，而同一审判庭于此前在同一案件中同样犯下了这一错误（参见联邦最高法院裁判，载《新法学周刊》，1978 年，第 1797 页）。我认为后来的裁判明显不正确。

自从 2002 年 8 月 1 日之后，立法者删除了第 847 条，而在第 253 条第 2 款中对非财产损害的赔偿作出了一般性的规定。但一般人格权的侵害并没有作为适用情形而被提及。按照方法论上的规则，由此或许可以得出下述结论：即现在不应当给予抚慰。但这是一个很困难的意图。或许更加应当认为，抚慰并非抚慰金，以至于第 253 条的限定作用就不涉及抚慰了。

第三节　营业权

一、权利的理由和问题

1. 企业——依照较旧的、现今仍在使用的术语理解，是指所 818

设置的、并且所从事的营利事业经营——在多个方面受到损害赔偿请求权的保护。例如,依第 823 条第 1 款针对属于所有权人所有或者占有的物的侵害;依第 824 条针对因不真实的事实告知所引起的商业声誉损害;依《反对限制竞争法》第 33 条针对某些限制竞争的措施;最后,依第 823 条第 2 款同时结合若干其他的具体规定。

819 2. 但上述规定中的任何规定都仅提供一个限定性的保护。为了填补剩存的漏洞,在 1900 年之后不久,营业权即作为《民法典》第 823 条第 1 款意义上的"其他权利"而被发展出来。这是一个一般条款性质的框架权,其保护客体为企业主的活动,特别是其以保护企业主免受外部妨碍为目的,但其亦存在两点疑惑,也正是出于这种考虑,卡纳里斯甚至完全否定营业权(参见拉伦茨—卡纳里斯:《债法分论》,Ⅱ 2 §81 Ⅱ-Ⅳ):

第一,"权利"的概念过于具有静态性,以至于不能以此涵盖企业。这是因为在这里,实质性的并不是企业的存在,而是企业在动态地运行,即在取得流转额和利益。但在与其他人的竞争中,企业主始终必须重新去完成此二者:于其而言,流转额和利益并不是在法律上被保障的;可以考虑的总仅是那些针对特定障碍的保护。

第二,认定企业权隐藏着下述危险:即在轻微过失的情形存在相当的无限定责任的危险。如此,雇员的过失侵害或者电缆的中断就都可以作为赔偿请求权的原因而出现了。又或者说,第 824 条第 2 款针对不真实事实告知赔偿义务的界限,对于损害商业的价值评价就可能会不具有效力了。

二、修正

820 1. 为了对付上文所述的危险,对于因侵害营业权所产生的赔偿义务,判例通过一些相当一般性的、并且是不确定的表述作出了限制:营利事业经营的保护仅为"兜底构成,其仅在其他的保护性规定不予适用的情形,始告以适用";其仅涉及"直接"或者"与企业相关连”的干涉(参见《联邦最高法院民事裁判集》,第69卷,第128页、第138页以下;《慕尼黑民法典注释——默滕斯》,第823条,边码490以下)。企业关联性应当能够从干涉的态势中得出,即企业的妨害符合侵害人的意志方向(参见《联邦最高法院民事裁判集》,第59卷,第30页、第35页)。例如在糖制造者和糖商方面,如果消费者协会将糖称作为“有害物质”,则不存在企业关联性(参见汉堡州高等法院裁判,载《新法学周刊》,1988年,第3211页;存疑)。再者,干涉必须要“超出单纯的烦扰或者社会上通常的阻碍”,参见联邦最高法院裁判,载《新法学周刊》,1999年,第279页、第281页。特别是对于竞争上的干涉,通常仅应当适用竞争法上的特殊规则(如见《联邦最高法院民事裁判集》,第36卷,第252页、第257页;第38卷,第200页、第204页)。

不法干涉营业权的示例例如有封锁施普林格出版社,以此阻止《图片报》的交付(参见《联邦最高法院民事裁判集》,第59卷,第30页;亦请参见联邦劳动法院裁判,载《新法学周刊》,1989年,第57页、第61页);或者1973年的领航员怠工(参见《联邦最高法院民事裁判集》,第69卷,第128页);或者不法的同情性罢工(参见联邦劳动法院裁判,载《企业》,1985年,第1695页);或者报纸针对住房企业出租人的、要求承租人将每月租金支付到一个限制处分账户的告知(参见联邦最高法院裁判,载《新法学周刊》,1985年,第1620页;联邦宪法法院的裁判对此给予了确认,具体见《新法学周刊》,1989年,第381页)。关于在援引环境保护的情况下呼吁联合抵制的不法性问题(布兰特/施帕尔案),参见默勒斯(Moellers)文,载《新法学周刊》,1996年,第1374页。而在一个旅游企业的公寓中未经许可收看电视,则不构成不法性的干涉,参见联邦最高法院裁判,载《新法学周刊》,1998年,第2141页。

2. 还有一个特别重要的类型,其涉及针对不为第824条所涵 821
盖的致害性评价而给予营利事业经营提供保护的问题。对于此种批评，联邦最高法院要求采取最具有保护性的手段（参见《联邦最高法院民事裁判集》，第3卷，第270页、第280页以下（康斯坦策案）），这样一来，对于损害商业的批评，仅剩下一个很小的空间。但这在后来又被放弃了（参见《联邦最高法院民事裁判集》，第45卷，第296页、第307页以下；“地狱之火”案；值得一读）：“如果涉及的是由一个正当者在一个实质性妨碍社会公众性的问题上开展思想上的言论斗争”，那么所作出的推定系为自由言论的许可性而斗争。

特别是商品检验协会被赋予了一个显著的空间。联邦最高法院仅是要求：商品检验必须中性地进行（在商品检验协会中这通常是得到保障的），并且必须专业地实施，最后，检查必须是客观的，但为此并不要求结果具有客观的正确性，而是以作出此种努力为已足（参见《联邦最高法院民事裁判集》，第65卷，第325页、第334页）。在援引此项内容的情况下，联邦最高法院（同前注）例如准许实施下述行为：即对于被消极评价的滑雪捆绑器具，协会仅对一件这样的器具作出检查。相较于有关的《工业标准》而言，协会有时可以提出更为严格的要求（参见联邦最高法院裁判，载《企业》，1987年，第1343页）。亦请参见上文边码802关于联邦最高法院一则判例（参见《联邦最高法院民事裁判集》，第90卷，第113页）的论述（在损害营利事业的主张的情形，“诚实性”不应当排除违法性）。

第一百四十二章　保护性法规的违反

参考文献：卡纳里斯（第 134 章之前）；德尔纳（Doerner）：《论保护性法规侵害的学理》，载《法学教育》，1987 年，第 522 页以下；Th. 洪泽尔（Th. Honsell）：《民法典第 823 条第 2 款所称的保护性法规的违反》，载《法律工作报》，1983 年，第 101 页以下；卡洛鲁斯（Karollus）：《侵害保护性法规责任的功能及学理》，1992 年（关于该著述，亦见冯·巴尔文，载《民法实务档案》，第 192 卷，第 441 页以下）；克诺弗勒（Knoepfle）：《论将规范评价为民法典第 823 条第 2 款所称的保护性法规的问题》，载《新法学周刊》，1967 年，第 697 页以下；冯·奥尔豪森（Olshausen）：《论民法上（特别是在民法典第 823 条第 2 款情形）刑事规范的采用问题》，载《贝曼（Bemmann）纪念文集》，1997 年，第 125 页以下；F. 彼特斯（F. Peters）：《论民法典第 823 条第 2 款的法律技术》，载《法学家报》，1983 年，第 913 页以下；罗地西（Roedig）：《违反保护性法规情形民法典第 823 条第 1 款构成的具备》，1973 年；施米德尔（Schmiedel）：《德国卡特尔法上的侵权债务》，第 1 卷，1974 年；K. 施密德（K. Schmidt）：《行政行为上的侵权保护》,载《措伊纳(Zeuner)纪念文集》,1994 年,第 279 页以下;维特霍特(Wiethoelter):《民法典第 823 条第 2 款与过咎理论》,载《法学家报》,1963 年,第 205 页以下。

第一节　第 823 条第 2 款的意义

822 第 823 条第 2 款是以第二个“小”的侵权一般条款(参见上文边码 745),将损害赔偿义务联结到了保护性法规的违反上。第 823 条第 2 款的意义由在具体情况之下与之相联系的保护性法规的性质决定。

一、第 823 条第 1 款适用范围之内与结果相关联的保护性法规

有些保护性法规涉及的是在侵权法上已经由第 823 条第 1 款广泛保护的法益,如生命、身体、自由或者所有权(参见上文边码 777 ~ 797)。此一种类的保护性法规例如是关于针对生命的犯罪行为的规定(《刑法典》第 211 条以下)、针对身体的犯罪行为的规定(《刑法典》第 223 条以下)、针对自由的犯罪行为的规定(《刑法典》第 234 条以下)和针对所有权的犯罪行为的规定(《刑法典》第 242 条以下和第 303 条以下)。

与此种保护性法规相结合,第 823 条第 2 款并不能够设定是由第 823 条第 1 款得出的请求权。在这里,第 823 条第 2 款提供的保护甚至落后于第 823 条第 1 款提供的保护,这是因为特别是对于主观构成,刑法常常提出较为严格的要求。如此,针对物的损坏,《刑法典》第 303 条以下要求具备故意,而第 823 条第 1 款则以过失为已足。再者,民法上的客观过失概念(参见《总论》边码 309)严格于刑法上的过失概念。最后,民法上的责任能力(第 828 条)提前发生于刑法(《刑法典》第 19 条)。

尽管如此,在这一方面,以满足保护性法规的要件为限,第

823 条第 2 款也给予独立的请求权(参见《总论》边码 356 以下)。但在研习中,在第 823 条第 1 款之外,仅是对基于第 823 条第 2 款的请求权作出较为简短的处理。只是不要因为这种简短而——就像一再发生的那样——在适用刑法时导致基本性的错误(在单纯过失及类似情形,应当对《刑法典》第 303 条予以肯定)。

二、与行为相关联的保护性法规

其他的保护性法规禁止实施特定的危险性行为,而并非仅是 823
禁止促成侵害结果。例如,《道路交通法》和《道路交通管制规则》中的许多规定,即属于此项范畴。如此,如果超出了最高的速度,那么无论是否因此而引发事故,这都是被禁止的。虽然这些规定常常也服务于对第 823 条第 1 款中提到的法益提供保护,特别是对生命、身体和所有权提供保护,但尽管如此,在与此种行为关联性保护性法规结合适用的情况下,第 823 条第 2 款取得了独立的意义:在这里,过错通常仅需涉及对保护性法规的违反——与第 823 条第 1 款不同的是(参见《总论》边码 316)——而不需涉及法益的侵害。例如,如果有人违背《道路交通法》第 21 条在没有必要驾驶执照的情况下驾驶一辆汽车,则其仅需要在此限度之内故意或者过失地行为,但在因此种驾驶行为而致人侵害方面,则不需要满足这一条件。

当然,这一差别最后并没有初视之下感觉那么严重。这是因为一方面,保护性法规也对在第 823 条第 1 款情形应当遵守的往来上必要之注意的程度(第 276 条第 2 款)作出了规定。如此,如果有谁因在没有必要驾驶执照的情况下驾驶而致人伤害,那么通常在伤害方面,其亦为过失地行为。另一方面,对于第 823 条第 2 款,也要求存在责任成立的相当因果关系(参见《总论》边码 598)。如果一个具有驾驶执照的优秀驾驶员也不能够阻止具体的侵害,则这种相当因果关系应当是不存在的。在采取第 823 条第 2 款路径的情况下，对于受损害人而言，并不罕见地也具有证明上的利益（如关于《刑法典》第 186 条，参见《联邦最高法院民事裁判集》，第 95 卷，第 212 页）。

三、保护财产的法规

824 最后，第三类保护性法规涉及的是不被第 823 条第 1 款所涵盖的法律利益，特别是财产。例如，《刑法典》第 263 条以下关于欺诈和不忠实的规定，即属于这一范畴（但《刑法典》第 267 条关于伪造书证的规定，不在此范围之内，参见《联邦最高法院民事裁判集》，第 100 卷，第 13 页）。对于此种保护性法规，第 823 条第 2 款取得了其最大的意义：利用这些规定，可以设定不能够由第 823 条第 1 款产生的损害赔偿的请求权。虽然在这里，第 826 条常常会发生竞合，但较之以损害的背俗性而言，设定保护性法规之违反常常更加具有信服力。

在法益通过第 823 条第 1 款仅作为“框架权”而得到保护的限度内（参见上文边码 814 以下），第 823 条第 2 款具有相类似的重大意义。这是因为在某些妨害于特别法上得到规制的限度内，这种一般性的保护通常是不适用的。如此，针对竞争上的行为，所设置和所从事的营利事业经营仅应当依照竞争法上的规定（主要是《反不正当竞争法》和《反对限制竞争法》）予以保护，参见《联邦最高法院民事裁判集》，第 36 卷，第 252 页、第 256 页。以这些规定自身不设定损害赔偿请求权为限，此种损害赔偿的请求权仅能够通过第 823 条第 2 款来设定。

第二节　保护性法规的违反

825 第 823 条第 2 款赔偿请求权的要件是，设定请求权的事件受保护性法规的约束。

一、存在保护性法规

1. 对于第823条第2款,首先要求应予适用的法律是保护性法规(有关这一问题的根本性论述,见卡纳里斯文,载《拉伦茨第二次纪念文集》,1983年,第27页、第45页;现在可以参见拉伦茨—卡纳里斯:《债法分论》,II 2 §77 II)。为此,人们常常定义如下(参见《联邦最高法院民事裁判集》,第46卷,第17页、第23页):保护性法规是指至少也应当保护个人利益的任何法律规范(《民法典施行法》第2条)。与之相对的应当是单纯服务于保护一般性利益的规范。

2. 但这一区分往往并不具有多少实益。这是因为就规范的 826
保护目的常常不能够确实地得到肯定而论,这种区分是不确定的:在较为陈旧的法律中,历史立法者的意思往往是很难确定的。就算知道立法者的意思,还存在下述的问题:即在今天是否还能够以这一意思为根据。再者,在较新的法律中,参与立法程序的人在陈述上相互并不一致,这也不是罕见的情况;这就提出了下述问题:即应当以其中的何人为准。

上述定义的另外一个不足在于,其不加区分地以保护目的为连结点:对于第823条第2款,仅是取决于由损害赔偿请求权提供的保护,而个别人的保护亦可以以其他的方式实现。如此,一个乡镇可以不通过即将面临的损害赔偿请求权,而是通过地方监督来避免自己的经济企业与私人企业主形成竞争(参见联邦最高法院裁判,载《法学家报》,1962年,第217页,内容为城市屠宰场产生长形冰块;现在亦请参见联邦最高法院裁判,载《经济法杂志》,2002年,第1645页,同时附有德雷尔(Dreher)的注解)。

在这两个困难中,第一个困难(确定准据性的规范目的)是一般性的困难;其在这里无法进一步讨论。但考虑到第二个困难,应当对上述定义作出补充:从被认定为保护性法规的规范的"外围环境"中,必须能够得出,其保护目的恰恰(也)应当通过私法上的损害赔偿请求权来实现(类似见解见联邦最高法院裁判,载《新法学周刊》,1980 年,第 1792 页;亦见 H. 施洛瑟尔(H. Schlosser)文,载《法学教育》,1982 年,第 657 页)。卡纳里斯(同前注第 75 页以下;亦请参见拉伦茨—卡纳里斯:《债法分论》,II 2 §77 II)提出了进一步的标准。关于保护性法规的广泛概览,例如《慕尼黑民法典注释——默滕斯》,第 823 条,边码 192 以下。

二、规范的保护范围

827 但对于设定具体的赔偿请求权而言,要求一个规范是保护性法规还是不够的。个别的损害事件也必须处于规定的保护范围之内。这包括三个方面:

1. 绝大多数的保护性法规仅具有一个限定性的人的保护范围,即其仅要保护特定的人。如此,《刑法典》第 263 条意图保护受诈欺者免受财产损害,但不保护诈欺管辖部门的职员免于遭受因交付的工作产生的健康损害。

828 2. 在上述的例子中,也可以表明事的保护范围上的区别。这涉及下述问题:即保护性法规是否刚好应当服务于受侵害的法律利益。如此,《刑法典》第 263 条肯定服务于财产,但不主要服务于诈欺管辖部门的职员因工作而可能受到侵害的健康。然而这不意味着,次要的、构成主要健康侵害相当后果的健康损害,也不在《刑法典》第 263 条的保护范围之内。例如,自己所节省的利益被诈欺的寡妇对于自己的损失可能会非常激动,致使发生心肌梗塞。在这里,依照《民法典》第 823 条第 2 款和《刑法典》第 263 条,诈欺者也应当对心肌梗塞负责任,尽管其过错并没有延展至此(致使责任并没有因第 823 条第 1 款而发生)。

829 3. 也是最后一点,依所发生的致害的性质,受保护者在受保护的法益上也必须刚好是应当受到此种保护的。如此,禁止在夜间不加照明而将车辆停放在车道上,是要保护其他交通参与者的生命、身体和所有权。然而这一保护目的限于后车撞前车所发生的侵害以及限于过强制动造成的侵害。而若某人在尝试着将危险的车辆推离道路,并在此过程中受到侵害,那么上述规定的保护范围不再合适(然而这里可以考虑第683条、第679条和第670条的请求权;参见上文边码626)。

三、保护性法规的违反

针对具体致害所适用的保护性法规,必须具有违反行为,即是说,必须满足该保护性法规的全部的客观和主观构成。就是说,以刑事法律要求故意为限,也必须满足故意的要件。在刑事法律的情形,完全以刑法上的要件为准据,如在过咎或者过失方面;也适用刑法上的误解学说(参见联邦最高法院裁判,载《保险法》,1984年,第1071页以下)。在第823条第2款的框架范围之内,仅应当放弃为处罚所必要的控告:不应当仅是因此而促使受损害人提出并不为其所要的控告,以求其不丧失民法上的赔偿请求权。 830

四、过错

根据第823条第2款第2句,如果保护性法规的违反并没有要求过错,那么对于民法上的赔偿义务,应当以过错(至少为第276条第2款的过失)为必要。这相当于《民法典》上通常适用的过错原则(参见《总论》边码300)。 831

第三节　细节问题

关于第823条第2款的绝大多数细节问题,都涉及的是某些规范或者规范类别之作为保护性法规的性质问题(参见上文边码825以下)。为此,可以对比各个注释;这里仅论述三点内容。 832

1. 职业意外保险机构的意外防范规定大多不被视作为保护性法规(参见《慕尼黑民法典注释——默滕斯》,第823条,边码183以下)。当然,这方面的论据仅具有很少的信服力。但纵使人们作出其他的决定,受到侵害的雇员通常也不能够因过失性地违反保护性法规，而由第823条第2款产生出对雇主或者对同事的损害赔偿请求权；与之发生抵触的是《帝国保险法》第636条、第637条（现为《社会法典》第7编第104条以下）的法定责任免除规定（参见上文边码336）。

833 2. 禁止自力（第858条）虽然可以被理解为是保护占有人的保护性法规（绝大多数注释书采此见解），但纵使采取这一途径，也不能够将由第823条第1款产生的占有人损害赔偿请求权方面存在的限制排除在外。参见上文边码809以及《联邦最高法院民事裁判集》，第79卷，第232页；第114卷，第305页、第310页以下。

834 3. 下述问题因环境损害而具有重大意义：即《联邦公害防治法》第5条规定被批准的工业设施的经营者应当负担一定的义务，这是否因此可以构成第三人（如受妨害林地的所有权人）的保护性法规。如果企业遵守自己所承受的负担，那么即使这些负担没有得到满足，这一问题或许应当予以否定（为此无论如何都可以考虑职务责任，但这目前是被否定的，参见《联邦最高法院民事裁判集》，第102卷，第350页；联邦宪法法院裁判，载《新法学周刊》，1998年，第3264页；亦见冯·希佩尔（von Hippel）文，同前注，第3254页），参见马堡（Marburger）：《法律上的技术规则》，1979年，第482页以下。自从1991年1月1日以来，在此基础上又有了《环境责任法》的责任（参见下文边码900以下）。

第一百四十三章　故意背俗的侵害

参考文献：布劳恩(Braun)：《确定力与回复原状》，第1卷：《民法典第826条针对确定判决的法律救济》，1979年；多伊奇：《侵权构成的发展及发展功能》，载《法学家报》，1963年，第385页以下；克勒(Koller)：《债权人危害及债权人不利益的背俗性》，载《法学家报》，1985年，第1013页以下；克拉多斯(Klados)：《民法典第826条——实现确定力的合法手段?》，载《法学教育》，1997年，第705页以下；克拉泽(Krasser)：《针对第三人的合同权利保护》，1971年；拉默尔(Lammel)：《论告知责任》，载《民法实务档案》，第179卷(1979年)，第337页以下；洛舍尔德斯(Looschelders)：《因打算要孩子的(夫妻)一方"单方"破坏家庭计划所产生的损害赔偿?》，载《法律学习》，2000年，第169页以下；默滕斯(Mertens)：《侵权法与特别私法——论财产利益侵权保护的法律发展》，载《民法实务档案》，第178卷(1978年)，第227页以下；同一作者：《论使债权人遭受不利益的银行责任》，载《商法杂志》，第143期(1979年)，第174页以下；施里克(Schricker)：《法律侵害与风俗违背》，1970年；维亚克尔

(Wieacker):《司法与道德律》,载《法学家报》,1961 年,第 337 页以下;M. 沃尔夫(M. Wolf):《满足背俗侵害构成情形的赔偿权人》,载《新法学周刊》,1967 年,第 709 页以下。

《民法典》侵权法上的第三个"小一般条款",即第 826 条,不考虑受侵害的法益的种类,让侵害人因故意且背俗的侵害而负赔偿的责任。

第一节 第 826 条的意义

835 对于第 826 条的意义,可以区分两个方面。

1. 如果故意的侵害系指向第 823 条第 1 款所称的生命法益或者权利之一,那么赔偿请求权即已由该项规定而产生。故意的侵害也可以表现为违背保护性法规,如刑法,那么应当考虑第 823 条第 2 款的赔偿请求权。以当事人在一个合同中被结合到一起为限,故意的侵害将违反合同,并由此引发合同责任(Vertragshaftung)。

在此之外,还可能存在第 826 条的请求权,就是说,这一规定绝对不是单纯辅助性的。但在实践中,特别是在研习中,人们将主要重量都放置到由第 823 条成立的请求权或者放置到由合同成立的请求权。再者,这些请求权对债权人较为有利,这是因为其亦包含全部的相当结果损害,而在第 826 条的情形,这些损害必须要在故意的范围之内(参见下文边码 838)。

836 2. 但在此之外,也存在一个宽泛的、第 826 条单独适用的范围。这主要涉及在没有违背保护性法规的情况下所造成的财产侵害。然而将某些侵害重复性地评价为不法,能够引起具体规则的形成。这些规则有时为立法者接受,并且被表述为保护性法规。

如此,《反不正当竞争法》和《反对限制竞争法》中的一部分规范(经济力量的滥用),就是从第826条的判例中产生的。第826条因此也在一定程度上丧失了意义。但与之相对的是,其在其他场合的意义在增加,这是因为社会评价的改变在不断地将其他的行为方式认定为背俗(反言之,其他的行为方式正在不断地脱离背俗的领域)。

第二节　请求权要件

一、引致损害

第826条请求权的第一个要件是引致损害。在这里——与第823条第1款的情形不同——不取决于何种法益主要受到了侵害,特别是,亦以原级的财产损害为已足。与第823条第2款相反,引致损害的种类非是由违反法律上的禁止性规定来决定,非财产损害(如因被拒绝纳入社团而遭受名誉损害),亦为已足。 837

二、故意

请求赔偿的损害必须是故意造成的。再者,依通说,故意必须包括那些据以将侵害评价为背俗的情况。而对于这种评价,行为人自己既不需要知情,也不需要单纯外行性地感知,否则的话,受损害人可能会发生无法克服的证据困难;行为人自己的那些松懈观念,也不应当使行为人受利益。 838

预见损害的发生为可能,但承认性地予以接受的附条件故意(参见《总论》边码315),亦为已足。另外,在损害方面,不需要已经预见到细节情况,而仅需要预见到损害发生事件的种类和方向(参见《慕尼黑民法典注释——默滕斯》,第826条,边码62以下)。例如,如果某人为自己的因不忠实而退出的雇员出具欺骗性的有利品行证明(参见上文边码338),则不需要具体地形成下述观念:即该雇员将在何时、以何金额以及给何雇主造成损害。这里以存在一般性的观念为已足,即欺骗性的证明将会引致损害。

个别情形亦有下述表述:即无所顾忌或者轻率形态的重大过失,有时即为已足(如参见联邦最高法院裁判,载《新法学周刊》,1992 年,第 3167 页)。然而这与第 826 条并不一致;无所顾忌和轻率更多的是对于背俗具有意义(参见拉伦茨—卡纳里斯:《债法分论》,II 2 §78 II 2b)。此外,它们仅能够构成附条件侵害故意的一个征引标志(例如参见联邦最高法院裁判,载《新法学周刊》,1991 年,第 634 页、第 636 页;《联邦最高法院民事裁判集》,第 129 卷,第 136 页、第 177 页)。例如,一个鉴定人在鉴定上可能会对一个自己从未看见过的艺术品的真实性作出证明,那么在鉴定的正确性方面以及在由此可以预料的损害方面,推断存在或许故意(Eventualvorsatz)就是可以理解的了。

三、背俗性

839 最后,造成损害必须违背善良风俗,其因此同时被认作为不许行为(被认作为不法)。这种背俗性本身与第 138 条决定法律行为无效的背俗性是同一背俗性(例如参见克勒书,第 17 章,边码 18 以下;梅迪库斯:《民法总论》,边码 681 以下)。然而法律效果是不同的:第 138 条仅禁止权利保护,而第 826 条则提供这种保护(诈欺之诉意义上的)。具体地讲,在第 826 条可以区分两个方面。

840 1. 如果有谁拥有一项特别的权利,那么即使在该项权利致他人发生损害时,其通常也能够行使该项权利:相对于其他的人,该项权利赋予权利人以优先地位。如此,债权人可以行使自己的债权;所有权人可以让他人远离自己的物(设如在《基本法》第 14 条第 2 款的所有权社会连带关系的范围之内,法律上没有作出其他的规定);如果有谁已经取得了一项确定判决,则其就可以执行该项判决。在这里,无论如何都是在十分特殊的要件之下,如损害的发生不被正当化的利益所涵盖,始考虑善良风俗的违背问题

(此种表述见《联邦最高法院民事裁判集》,第 129 卷,第 136 页、第 172 页)。

2. 与此相对的是行为人仅能够援引自己的一般性行动自由(allgemeine Handlungsfreiheit)的致害行为:这种自由通常不能够涵盖致他人于损害的行为。如此,人们不得通过有意的错误告知行为致使他人遭受损害。就是说,在这里,致害的故意正好征引不法性。只有在法律制度将自己的行为要求限定在特定的人时,情况始会是另外一个样子(参见下文边码 842)。 841

第三节　具体的适用情形

第 826 条的适用范围即为人的恶意性行为的范围。引证大量的材料,应当是注释性专业文献的事情。此外,在第 826 条提及的较旧的裁判所涉及的一些情形,现在已经由特别法调整,而不再主要依第 826 条决定(参见上文边码 836)。这里仅简要地论述三个适用范围。 842

一、参与他人的合同侵害

一个债务合同(任何债务关系均为如此,包括单方债务关系;参见联邦最高法院民事裁判,载《新法学周刊》,1992 年,第 2152 页)仅使其参加人受到拘束,但不使第三人受到拘束。因此,要买受一个物的人,原则上不需要去考虑出卖人是否已经向一个第三人允诺该物。即使买受人积极地知悉这一内容,受领该物并不意味着背俗。只有当买受人以特别的手段促使出卖人违约,例如允诺免除出卖人对于第一买受人损害赔偿请求权的责任,始能够因之产生背俗的问题(如参见联邦最高法院裁判,载《新法学周刊》,1981 年,第 2185 页,那里亦涉及联邦铁路的背俗行为;类似情况参见联邦最高法院裁判,载《新法学周刊》,1994 年,第 128 页)。

二、债权人诈欺

843 债务关系的相对性也为数个债权人竞合产生的问题提供了基准点:原则上讲,任何一个债权人都可以申请满足自己的债权,而无需顾及其他的债权人,即是说,纵使债务人的财产对于其他的债权人已经不再足够,亦为如此。这一所谓的预防原则仅在开始无支付能力程序时,始告以结束;在此之后,全部的债权人通常都被同等对待,包括那些债权在以后始行届期的债权人。

但背俗也见于下述情形:即一个债权人在与其他债权人的竞争中寻求取得不正当的利益。过度担保(Uebersicherung)即属于此范畴:为向自己提供担保,债权人要求利用债务人财产中明显比较大部分的财产(在概括让与中并不罕见)。然而在这里,并不需要第826条,原因是第138条即已经能够为此提供救济:担保行为无效,致使其他债权人遭受的、应当依第826条得到赔偿的损害自从一开始起就被避免了。在债权人诈欺(Gläubigertäuschung)的情形,情况是另外一个样子。例如,一个担心自己债权的债权人短时期地向债务人供给其他资金,以此让第三人对债务人产生具有信用的感觉。这样被诈欺的人将会向债务人供给信用,以此使第一债权人得到满足。在这里,第138条不能够确实地提供救济,但受诈欺者或许对第一债权人享有第826条的赔偿请求权。债权人诈欺的一个边界情况是拖延破产(无支付能力),如请参见《联邦最高法院民事裁判集》,第96卷,第231页(混凝土及责难工程案)。

三、不正确判决的利用

844 一个继承人可能会因为向自己的被继承人提供的信贷而被起诉偿还,也可能因此受到判决。那么对于偿还,该继承人可能需要一个证人,或者需要提示由原告出具的受领证书:其现在可以借助于第826条抵抗判决的执行,或者由该规定要求返还依判决所支付的利益?关于这方面的广泛内容,参见普律廷—维尔特(Pruetting－Werth):《不正确名义情形确定力的中断》,第2版,1994年。

《民事诉讼法》第 578 条以下规定的是因确定判决而结束的程序的再审。对此，在至为严重的程序缺陷的情形，可以提起无效之诉（《民事诉讼法》第 579 条）；在事实性判决基础存在特定缺陷的情形，可以提起回复原状之诉（《民事诉讼法》第 580 条）。仅在这些特殊的法律救济不充分的场合，始产生第 826 条的适用性问题。在这里，首先面对的是下述先决问题：即《民事诉讼法》第 578 条以下是否为终结性规定。出于若干，但在这里又不能够展开的诉讼法上的原因，我想对此作出肯定（主要涉及据称为错误的判决的确定力的问题）。但联邦最高法院持另外的见解（如参见《联邦最高法院民事裁判集》，第 50 卷，第 115 页，连同对诉讼情况的论述；同意性见解参见《慕尼黑民法典注释——默滕斯》，第 826 条，边码 169 以下）。但在反对确定判决的场合，对于第 826 条的适用，联邦最高法院要求存在“特别严重情形的背俗行为”；判决的不正确性不得基于债务人自己的瑕疵诉讼实施（如参见联邦最高法院裁判，载《新法学周刊》，1979 年，第 1046 页、第 1047 页以下）。必须得是“执行名义的债权人在不尊重实体法律情况的条件下以债务人的负担而利用自己的形式法律地位，而这与公平正义的思想是不一致的”（参见联邦最高法院裁判，载《新法学周刊》，1999 年，第 1258 页）。然而，对于这一问题的裁判是很难预见的（参见联邦最高法院裁判，载《新法学周刊》，1983 年，第 2317 页）。例如，源自第 138 条扩展适用之前时间的，关于偿还借贷的确定判决（特别是无结束性审查情况下由督促程序产生的执行裁定），是否还应当得到执行，这曾经是极具争议的。关于这方面内容，例如请参见《联邦最高法院民事裁判集》，第 101 卷，第 380 页；第 103 卷，第 44 页；联邦最高法院裁判，载《新法学周刊》，1998 年，第 2818 页；克特（Kothe）文，载《新法学周刊》，1985 年，第 2217 页；明茨贝格（Muenzberg）文，载《新法学周刊》，1986 年，第 361 页；格鲁恩斯基（Grunsky）文，载《经济法杂志》，1986 年，第 1361

页;同一作者,载《经济法杂志》,1987 年,第 1021 页;德内克—施托尔(Deneke - Stoll)文,载《法学教育》,1989 年,第 796 页;赫恩(Hoehn)文,载《法律学习》,1989 年,第 240 页;联邦宪法法院裁判,载《新法学周刊》,1993 年,第 1125 页。一般性地讲,成问题的是确定的,但后来又被认定为不正确的缺席判决;参见冯克(Funk)文,载《新法学周刊》,1991 年,第 2001 页;格吕恩(Gruen)文,载《新法学周刊》,1991 年,第 2401 页。后来始可以被认定为不正确的确认判决的利用问题,不属于第 826 条的范围;参见哈姆(Hamm)州高等法院裁判,载《新法学周刊》,1998 年,第 1800 页。

第一百四十四章　基于推定过错的责任

参考文献：克斯特—瓦尔特延（Coester－Waltjen）：《证据减轻与危险责任》，载《法律学习》，1996年，第608页以下；穆西拉克（Musielak）：《证据负担》，载《法学教育》，1983年，第198页以下、第368页以下、第526页以下、第609页以下（附有进一步的说明）；欧伯海姆（Oberheim）：《民事诉讼中的证据减轻》，载《法学教育》，1996年，第636页以下、第729页以下、第918页以下、第1111页以下；1997年，第61页以下、第358页以下；施迪克（Stueck）：《推定证明》，载《法学教育》，1996年，第153页以下。

第一节　举证责任的意义

一、受损害人的通常风险

对于第823条第1款的请求权（以及对于由绝大多数其他侵权规定产生的请求权），举证责任在于原告，即在受损害人那里。就是说，受损害人不仅必须证明被告侵害了自己，并且由此发生了诉讼中被请求赔偿的损害；而且原告的举证责任也包括被告具有过错以及该过错 845

与侵害之间存在的因果联系。即是说,如果有谁向一个骑自行车者请求损害赔偿,原因是该骑自行车者撞到并侵害了自己,则该人也必须要证明,撞到自己的行为系基于骑自行车者的过错。

在简单(直接)的侵害过程中,这种证明通常无论如何都是可能的,这是因为其外在过程受损害人是可以看见的。然而在致害表现为死亡的情形,这种可见性也是无济于事的。对于受损害人而言,在往来义务情形所出现的间接侵害(参见上文边码 750),完全是无法概览的,例如,一个产品缘何会失败,他人的建筑物缘何会倒塌,或者一头奶牛缘何会逃离草地,对于这一切,受损害人通常是根本无法得知的。

二、对受损害人的救济

846 针对这些困难,可以采取不同的方式为受损害人提供救济。

1. 范围最小的是判例法上创设的推定证明(Beweis des ersten Anscheins)。其出发点为,一个事件系以通常依据经验所应当发生的方式发生。如此,后车撞前车的意外事故通常基于后车者的过错;对于这一过错,受损害人首先不需要证明。然而如果致害人表明存在出现不典型过程的严肃可能性,例如因为其制动器失灵,那么这一证明就又是必要的了。如请参见联邦最高法院裁判,载《新法学周刊》,1996 年,第 1828 页。

847 2. 适用范围较大一些的是举证责任的转移(主观举证责任)。这里涉及谁必须进行证明的问题(即提出书状、指定证人等)。不作出证明通常引起下述结果:即应予证明的问题将向着对负有举证责任的那一方当事人不利的方向裁判。

848 3. 与举证责任应当区分开来的是客观证明责任。其系针对下述情况而规定法律效果:即在提出全部的证据之后,法官没有获得一定的确信。在此种情形下,认定对负有证明责任的那一方当事人不利的选择可能性,即该方当事人承担无证明的风险。

三、侵权法上的法定证明责任倒置

下文论述的《民法典》第831条以下和《道路交通法》第18条规定的证明责任倒置,涉及主观的和客观的证明责任。例如在第831条的情形,雇用人不仅必须为自己尽到的注意或者不存在因果关系提出证明(参见下文边码854);而且,如果这些证明没有使法官确信相反方面,那么雇用人的过咎和因果关系也被认定为是存在的。对于受损害人而言,这是很有效的救济。 849

给予这种救济的理由主要在于,受损害人被免于证明的那些责任要件,对于受损害人是十分遥远的。例如,被一个事务辅助人造成损害的受害人,通常根本无从得知该辅助人是如何被任用的以及又是如何被监督的。对于这些问题,只有雇用人才能够予以释明,故此,法律将主观证明责任转移给了雇用人。再者,只有雇用人也能够保全证明材料。因此,同时让雇用人承担无证明的风险——承担客观的证明责任,是妥当的。

第二节　对事务辅助人的责任

参考文献:F. 鲍尔(F. Baur):《论"事务辅助人"责任的学理归列》,载《卡尔斯鲁厄论坛》(《保险法》副刊),1962年,第14页以下;埃德西克(Erdsiek):《民法典第831条的问题》,载《法学者年鉴》,第8卷,1967—1968年,第36页以下;赫尔姆(Helm):《事务辅助人责任的造法及改革》,载《民法实务档案》,第166卷(1966年),第389页以下;库皮施(Kupisch):《对事务辅助人的责任》,载《法学教育》,1984年,第250页以下;兰德维尔(Landwehr):《法人对团体组织瑕疵的责任》,载《民法实务档案》,第164卷(1964年),第482页以下;赛勒(Seiler):《历史视角下侵权的辅助人责任》,载《法学家报》,1967年,第525页以下;赛勒特(Sellert):《论民法典第831条、第31条对民事合伙的适用》,载《民法实务档案》,第175卷(1975年),第77页以下;施泰因多夫(Steindorff):《代表人及辅助人失灵与工业上的质量规定》,载《民法实务档案》,第170卷(1970年),第93页以下。

850 第831条对事务辅助人的责任在《总论》边码321中即已经作为履行辅助人责任(第278条)的对立面而得到了提及:与第278条不同,第831条不设定对他人过错的责任,而是雇用人对自己的过错负责任。但这一过错和损害发生的因果关系是以可辩驳的方式推定的(即证明责任是被倒置的,参见上文边码849)。据此,必须要区分推定的要件(即推定基础)和推定自身。

一、推定的要件

1. 事务辅助人必须被另外一个人——雇用人——选任为执行一定的事务(第831条第1款第1句)。在这里,必须要将此种辅助人与——至少通常不受第831条约束的——独立企业主界定开来。如此,虽然泥瓦匠是建筑企业主的事务辅助人,但其并不是业主的事务辅助人。这一区分的理由说到底是受损害人通常仅在一个独立的企业主那里获得充分的责任基础(或者保障),而不是在一个非独立的辅助人那里获得充分的责任基础(或者保障)。因此,如果建筑企业主已经对受损害人负责任,那么受损害人在典型的情况下也就不需要业主负责任了。

以前,人们将这里适用的界定准则称作为事务辅助人的“社会依赖性”。然而确切地讲,是应当要求将辅助人纳入到雇用人的组织范围之内,并且受雇用人指示的约束(参见《联邦最高法院民事裁判集》,第45卷,第311页;亦见《联邦最高法院民事裁判集》,第103卷,第298页、第303页;《慕尼黑民法典注释——施泰因》,第 831 条,边码 31 以下)。例如,如果没有进行此种纳入,那么出租汽车司机就不是乘客的事务辅助人,尽管在行程安排上,出租汽车司机受乘客指示的约束。然而一个被任用的“品尝者”也可能是一个事务辅助人,只是其活动不在委托人的空间范围之内而已,参见联邦最高法院裁判,载《新法学周刊——司法报告》,1998 年,第 250 页。

根据联邦最高法院的裁判(参见《经济法杂志》,1989 年,第 830 页、第 833 页),在例外的情况之下,即在一个独立的企业主“处在雇用人的影响范围之内,并且处在与雇用人具有一定依赖关系的情况之下”,那么该独立的企业主也可以成为事务辅助人(存疑)。无论如何,第 831 条都不会因辅助人拥有优越的专业知识致使雇用人根本无法监控而告以不适用(参见班贝格州高等法院裁判,载《保险法》,1994 年,第 813 页、第 815 页)。

2. 辅助人必须不法地给第三人造成了损害(第 831 条第 1 款 852
第 1 句)。为此,以不法实现第 823 条以下的客观构成为必要,而过错则是不必要的。但如果辅助人系以往来上正确的方式实施行为,那么这或者符合判例上的正当化理由(参见《联邦最高法院民事裁判集》,第 24 卷,第 21 页),或者辅助人的行为不能够归于雇用人的任用缺陷(参见上文边码 762、下文边码 856)。

3. 最后,辅助人必须是在执行事务过程中造成了损害。这 853
应当按照第 278 条“在履行过程中”的思路来理解:被转移的活动实质性地方便了辅助人的致损行为,并且以之为已足(参见《总论》边码 332;相类似的亦见拉伦茨—卡纳里斯:《债法分论》,II 2 § 79 III 2d,有争议)。如此,在结果上,联邦最高法院——虽然在理由上走了弯路——妥当地认为(参见《联邦最高法院民事裁判集》,第 11 卷,第 151 页),如果房屋拆除企业的工人偷窃拆除材料，那么拆除企业的企业主可以承担责任；类似情况见汉堡州高等法院裁判，载《保险法》，1983年，第352页。

二、推定

854 1. 首先推定雇用人具有自己的过错。在这里，第831条第1款第2句以过错地侵害义务为先决条件：雇用人必须至少是在选拔辅助人时尽到往来上必要的注意。即是说，雇用人必须要做到下一点：即预计辅助人是否能够在不给第三人造成损害的情况下执行所转移给自己的活动。在这里，雇用人所应尽到的注意的范围由所转移的活动的危险性决定，例如，重型建筑起重机的司机必须按照不同于办公室工作人员的视角进行选拔。

但关于选拔的评价不涉及任用辅助人的时点（这或许在很长时间之前）。通行的学说是以造成损害的时间为准据时点：关键是看辅助人在该时点是否应当能够得到雇用。据此，如果一个人经过较长时间被证明是合适的，那么尽管该人首先是在没有尽到注意的情况下被任用的，其仍然被视作为是以注意方式选拔的。反之，尽管雇用人首先以注意的方式作出了选拔，但对于于此之后被证明为不可靠的辅助人，雇用人仍然不能够得到免责。在这里，监督上的过错具有意义。

855 2. 通过第831条第1款第2句，雇用人的其他义务仅被认定为是可能的。雇用人可以“购置设备和工具器械或者督导事务执行”。这是往来义务的特殊情形（参见上文边码751以下），其仅在特别的、应由受损害人证明的情况下存在。如果据此存在义务，那么也推定雇用人过错地侵害了这种义务。

856 3. 最后，依第831条第1款第2句，推定在雇用人的过错与辅助人的致害行为之间存在使责任成立的因果联系。

三、推定的辩驳

857 1. 对于指向自己的推定，雇用人可以以两种方式予以辩驳：其或者证明，辅助人系依上文边码854以下所述以通常方式选拔、配备和监督的;或者其证明,或许发生的过错对于损害的造成并不具有意义(参见上文边码856)。此二者被称作为免责证明(Entlastungsbeweis)。

在大学生中,常常会碰到下述观点:即这种免责差不多总是成功的。在援用这一理由的情况下,第831条的请求权或者根本不予以审查,或者仅是逃避性地予以审查。但这种观点的正确性事实上是很有疑问的(免责不成功的一个示例见:科隆州高等法院裁判,载《保险法》,1992年,第115条、第117条以下;亦见1997年,第847页)。再者,其亦不符合第831条的趋势:根据那里所提出的推定,雇用人的责任恰恰应当为常态。

2. 在大型企业的情形,对于人员的任用通常存在若干个阶 858
段,例如董事会选任人事方面的领导,负责人事工作的领导挑选部门领导,然后再由部门领导任用下属人员。在这里,判例认定存在分散的免责证明(dezentralisierter Entlastungsbeweis)(参见《联邦最高法院民事裁判集》,第4卷,第1页)。据此,以董事会作为机关而行为(第31条)的企业,仅需要对由董事会直接任用的人事领导免除责任。这意味着在责任法上为大企业提供不正当的优遇;在结果上,这一种类的免责也不再被实践(参见《慕尼黑民法典注释——施泰因》,第831条,边码66)。与之相抵触的是,往来义务不能够被免责地移转(参见下文论述)。

3. 相反,新近的判例在寻求用以排除第831条第1款第2句 859
免责可能性的途径:

第一,常常认定存在特别结合关系,其可以引致第278条的责任(缔约过错,对第三人具有保护效力的合同)。

第二,为雇用人的企业组织提出了严格的要求,特别是在人员的督导和监督方面。在此犯下的组织过错被定位在机关责任的层面上(第 31 条),这是没有免责可能性的。

第三,在涉及往来义务履行的情形,并非仅是适用第 831 条。如果安全保障义务人以尽到注意的方式挑选了一个人,并且委托其履行,则该义务人并未因之而履行自己的义务。此种委托仅是将往来义务转变成为监督受托人的义务。在让独立的企业主介入时,这种一般性的监督义务也是适用的。对于这种义务的侵害,安全保障义务人不依第 831 条负责任,而依第 823 条负责任。

四、在合同上承担雇用人的义务

860 根据第 831 条第 2 款,在雇用人之外,通过合同从雇用人那里承担履行雇用人义务的人,亦负责任。这一规定本身或许可以得到宽泛的适用(即适用于绝大多数上司)。但实务妥当地采取了保留的态度。这里关键应当是,承担是给第三人创设了危险还是提高了危险。参见梅迪库斯文,载《多伊奇纪念文集》,1999 年,第 291 页。

第三节　对人的监督义务

参考文献:弗斯特(Foerste):《公司为教育瑕疵负责任吗?》,载《新法学周刊》,1995 年,第 2605 页以下;弗克斯(Fuchs):《父母对道路交通中子女损害的侵权法责任》,载《新交通法杂志》,1998 年,第 7 页以下;哈伯施特罗(Haberstroh):《子女之责任风险——子女的自己责任与父母的监督义务》,载《保险法》,2000 年,第 806 页以下;C. 哈特曼(C. Hartmann):《民法典第 832 条中的“直接”和“间接”监督义务》,载《保险法》,1998 年,第 22 页以下;劳舍尔(Rauscher):《父母对自己子女的责任》,载《法学教育》,1985 年,第 757 页以下;施米德(Schmid):《民法典第 832 条的监督义务》,载《保险法》,1982 年,第

822 页以下；马丁·沃尔夫（Martin Wolf）：《以衡平责任替代超限的父母监督义务》，载《保险法》，1998 年，第 812 页以下。

第 832 条也是完全按照第 831 条的模式建构的。该条规定调整的是依法（第 1 款）或者依合同承受（第 2 款）而对“因未成年或者因其精神或者身体状况而需要监督”的人负有监督义务之人的责任。关于子女的法定监督义务特别是涉及父母（第 1626 条第 1 款、第 1631 条第 1 款）、监护人（第 1793 条、第 1800 条）和职业教育中的教育者，如培训者。学校教师虽然同样负有监督义务，但其自身并不对受侵害人负责任；对于受侵害人，系依第 839 条和《基本法》第 34 条负责任。 861

布告牌和说明牌（如在建筑工地：“父母对自己的子女负责任”）不能够丝毫改变这种法定的责任分配，这是不言而喻的。

第 832 条——在条文字义中没有被提及——的主要问题在于：父母在对自己的子女进行监督时必须尽到多大程度的注意。对于细节问题，读者应当去阅读注释书，如《慕尼黑民法典注释——施泰因》，第 832 条，边码 20 以下。针对父母，法院总体上是采取严格态度的，特别是在有情况表明子女不驯服的情形（如被禁止的火柴游戏；如请参见联邦最高法院裁判，载《新法学周刊》，1983 年，第 2821 页；1984 年，第 2574 页；1996 年，第 1094 页；亦请参见《新法学周刊》，1995 年，第 3385 页，此案例涉及的是行为受妨碍的子女）。另外，联邦最高法院新近倾向于下述做法：即赋予父母一定的自由，以此使父母敢于对子女进行教育（参见《新法学周刊》，1976 年，第 1684 页；亦请参见杜塞尔多夫州高等法院裁判，载《保险法》，1988 年，第 56 页），并且同时考虑父母对几乎成年的子女在影响上的有限性(参见《新法学周刊》,1980 年,第 1044 页)。如此,联邦最高法院在判例中说到(参见《新法学周刊》,1993 年,第 1003 页):"子女越大,其在发育上进展得越远,就算是完全考虑第三人的保护利益,也仅能够越来越少地要求父母作出监督上的紧跟式伴随……"联邦最高法院还认为,向一个尚未满 7 岁者告知复杂性的联系,也是不可苛求的(参见《联邦最高法院民事裁判集》,第 111 卷,第 282 页)。

如果一个第三人不加控制地将火柴交给一个孩子,则该第三人并不因此而在第 832 条的意义上负有监督的义务。但对于由此发生的火灾损害,其依第 823 条第 1 款负责任(参见斯图加特州高等法院裁判,载《新法学周刊》,1984 年,第 182 页;另请参见《联邦最高法院民事裁判集》,第 139 卷,第 43 页,第 79 页)。在没有加以警告的情形,也可以考虑生产者责任,参见《联邦最高法院民事裁判集》,第 139 卷,第 79 页(焰火案)。

第四节　对动物的监督义务

参考文献:参见下文第一百四十五章。

862 因动物而致人死亡、侵害身体或者致物毁损的责任,出自占有人的危险责任,第 833 条第 1 句(参见下文边码 870 以下)。但在此之外——这里的论述仅以此为限——存在两种对于推定的监督过错的责任。所涉及的是某些占有人(第 833 条第 2 句)和动物管束人(第 834 条)。

一、占有人责任

依第 833 条,如果损害系出自家畜,而该家畜系用于维持动物占有人的职业、就业或者扶养,则占有人可以得到免责(参见下文边码 872)。就是说,在这些要件之下,针对自己通常所适用的危险责任,动物占有人受到了优遇(关于理由,参见下文边码 870)。在这里,家畜仅指已经被驯化的动物,如狗、猫、马、牛和猪;受到驯化的野兽,如雄狍,不在此范围之内。蜜蜂也不被归入家畜之列(参见《帝国法院民事裁判集》,第 141 卷,第 406 页),这是因为在那里不具有可控制性。

这些家畜必须是用于维持动物占有人的职业活动、就业或者扶养。例如,职业猎人的猎狗、警犬,农民的牲畜以及盲人用犬,即属于此。在警戒犬的情形,依其应当警戒住房还是企业而作出区分(在我看来并不具有信服力);仅是在第二种情形,被认定适用第 833 条第 2 句,科隆州高等法院还作出了更为强烈的限定,参见《保险法》,1999 年,第 1293 页。

二、动物管束人责任

如果一个人在合同上向占有人承担动物的管束,则其同样因推定过错而依第 834 条负责任,并具有免责证明的可能性。对于这种责任本身而言,在奢侈动物与其他动物之间并不存在着不同。然而这一差别对于下述问题可能是具有意义的:即在管束人之外,占有人是否也负责任。在奢侈动物的情形,这始终是妥当的;而在其他动物的情形,占有人可以证明因将工作委托给动物管束人而已经履行了自己的监督义务。单独骑用所承租的马外出漫步的人(这还不能够使其成为动物占有人),也被视作为动物管束人,参见联邦最高法院裁判,载《新法学周刊》,1987 年,第 949 页。 863

第五节　对建筑工作物的监督义务

第 836～838 条规定的是因建筑物坍塌而致人死亡、致使身体侵害或者致使物发生毁损的责任。在这里,对建筑物具有管辖权者也必须能够得以免责,原因是受侵害者通常并不知悉坍塌的原因。 864

一、责任原因

1. 对于此种责任,首先要求损害系因一个建筑物或者“其他与土地相连的工作物”而产生。这里的第二个概念例如包括篱笆、脚手架、立柱、桥梁、墓碑、建筑沟槽、水渠和竖井,也包括油罐。但无论如何都要求对土地作出技术改变;对于植物或者自然状态(如适于滑动的斜坡),不依第836条以下负责任。

865 2. 应当赔偿的损害必须已经因部分工作物坍塌或者剥落而发生。这里侵害不需要基于下述情况:即受损害人陷于迸飞的碎片之中;这里亦以同时摔倒为已足。作为“剥落”,应当超出其字义而理解为也包括整体结构的松动,如管道变得不再密封(参见《联邦最高法院民事裁判集》,第55卷,第229页)。结成的冰块或者屋顶上积存的雪,不构成建筑物的一部分;只有在与建筑物具有一定程度固定且永久联系的情形,栽花的木槽始构成建筑物的一部分。

866 3. 最后,坍塌或者剥落必须归因于建筑物的瑕疵设置或者瑕疵维护,第836条第1款第1句。责任义务人依第836条第1款第2句为使自己免责而必须证明的内容,与之是相关联的:在设置的情形,其首先应当努力正常地去实施(通常通过委托合适的第三人;在“打黑工”的情形,存在着责任危险)。另外,其亦须维护工作物,即检查工作物的瑕疵,并请人除去瑕疵。为此所必要者应当依往来观念加以具体确定(参见联邦最高法院裁判,载《新法学周刊》,1993年,第1782页)。

二、责任义务人

867 依第836条第1款、第3款,工作物责任主要涉及土地的自主占有人(定义:见第872条)。依第837条,代之以该自主占有人,由行使权利时占有工作物的他主占有人负责任。这例如为地上权人、役权人,在第95条第1款的情形,亦为使用租赁的承租人或者用益租赁的承租人,在涉及墓碑的情形,为墓碑场地的权利人。最后,依第 838 条,承担工作物维护或者依自己的用益权而应当对工作物实施维护的人,亦负责任。由第 838 条产生的这种责任通常并列于第 836 条、第 837 条的责任。

在设定责任的占有终结时,第 836 条第 2 款的责任还要继续存在一年。

第六节　驾驶人员责任

另外一个重要的,但常常被忽略的推定过错责任情形见于 868
《道路交通法》第 18 条:占有人依《道路交通法》第 7 条第 1 款应当对之负责任的汽车的驾驶员("操控者"),在不能够证明自己无过咎之时,必须给付损害赔偿。但依《道路交通法》第 8 条以下,这项责任是受限制的,特别是受《道路交通法》第 12 条最高限额的限制(参见下文边码 883),其亦不涵盖抚慰金。因此,在这一推定过错责任之外(《道路交通法》第 18 条),不受此种限制的被证明存在过错的责任(第 823 条第 1 款),仍然具有意义。就是说,如果汽车占有人自己行使,由《道路交通法》第 18 条产生的责任并不能够超出由《道路交通法》第 7 条产生的,无论怎样都存在的占有人责任。故此其为多余的。

第二部分

危险责任

参考文献：参见《总论》边码340之前的文献；另外请参见阿达姆斯(Adams)：《危险及过错责任的经济分析》，1985年(关于该著述，亦见布拉施茨佐克(Blaschczok)文，载《商法杂志》，第150期，第347页以下)；布拉施茨佐克(Blaschczok)：《危险责任与风险分配》，1993年；卡纳里斯：《新近法律发展中的危险责任》，载《法律工作报》，1995年，第2页以下；克斯特—瓦尔特延(Coester - Waltjen)：《证明责任减轻与危险责任》，载《法律学习》，1996年，第608页以下；多伊奇：《危险责任法》，载《法律学习》，1983年，第617页以下；克茨(Koetz)：《对于特别危险的责任》，载《民法实务档案》，第170卷(1970年)，第1页以下；梅迪库斯：《关于"学术风险"的几点想法》，载《措伊纳(Zeuner)纪念文集》，1994年，第243页以下；同一作者：《民法上的危险责任》，载《法律学习》，1996年，第561页以下；施塔克(Stark)：《关于责任义务法发展的几点想法》，载《卡尔斯鲁厄论坛25周年》，1983年，第66页以下；施托尔(Stoll)：《侵权法的判例发展与法律修订》，1984年。

869 与不许行为一样(参见上文边码 739 以下),对于危险责任(参见上文边码 737),也不存在广泛的一般条款。在这一方面,《民法典》和各特别法都是终结性地规定了限定性的责任事由。当然,其在这些事由的选定上,并不总是很清楚的。如此,对于动物和药物,存在危险责任;但对于射击性武器和毒品,则不存在危险责任。判例拒绝通过类推适用对法定的具体构成进行扩展。在将来的法律上,有学者在考虑设置一个或多或少具有广泛性的一般条款。在这样的条款被引入之前(我觉得存在疑问),深入地类推适用实际上将会是失败的,这是因为法律上规定的这些情形在细节上是不同的:在这些规定中,无法确定应当将何者作为一般化处理的范式。

新近时期拒绝采用一般性危险责任的示例为汉堡州高等法院的一个判例,载《保险法》,1982 年,第 561 页:一个狩猎者在利用高台时出现意外,该高台的门存在缺陷。其向投保责任险的猎场承租人请求损害赔偿。由于不存在危险责任的法定构成,故这正当地遭到了拒绝。然而在另外的场合,判例通过过度地强化注意要求而自行创制了危险责任,参见《总论》边码 341;施莱斯维西(Schleswig)州高等法院裁判,载《保险法》1995 年,第 103 页(射击式圆珠笔案)。

第一百四十五章　动物占有人责任

参考文献：鲍姆盖特尔（Baumgaertel）：《动物占有人责任情形证明责任分配的新趋势》，载《卡尔斯鲁厄论坛25周年》，1983年，第85页以下；伯恩霍夫德（Bornhoevd）：《论动物占有人责任》，载《保险法》，1979年，第398页以下；多伊奇：《马上的乘者与马下的行人》，载《新法学周刊》，1978年，第1998页以下；同一作者：《动物占有人的责任》，载《法学教育》，1987年，第674页以下；杜恩茨（Dunz）：《违背马的乘者或者尝试着通过以自己的危险行为来拯救名誉》，载《法学家报》，1987年，第63页以下；埃伯尔=伯格斯（Eberl = Borges）：《窃盗者、继承人和未成年人的动物占有人责任》，载《保险法》，1996年，第1070页以下；霍夫（Hoff）：《动物占有人的认定》，载《民法实务档案》，第154卷（1955年），第344页以下；克努特尔（Knuetel）：《针对合同当事人的动物占有人责任?》，载《新法学周刊》，1978年，第297页以下；克拉夫特（Kraft）：《动物占有人责任情形"因动物"之责任要件》，载《卡尔斯鲁厄论坛25周年》，1983年，第153页以下；施伦德（Schlund）：《论民法典第833条的动物占有人责任》，载《K.

舍费尔(K. Schaefer)纪念文集》,1980年,第223页以下;施米德(Schmid):《论动物占有人责任的妥适界定》,载《法学评论》,1976年,第274页以下;赛勒尔(Seiler):《动物占有人责任、动物危险和不法性》,载《措伊纳(Zeuner)纪念文集》,1994年,第279页以下;施陶丁格—吕迪格·施密德(Staudinger - Ruediger Schmidt):《"善良骑乘、不良骑乘……"》,载《法律学习》,2000年,第347页以下;特比勒(Terbille):《动物占有人责任的保护范围》,载《保险法》,1994年,第1151页以下。

第一节 制度发生史

870 第833条的动物占有人责任是《民法典》第823条以下框架范围之内唯一真正的危险责任。然而其绝对不是直线产生的,而是在一定程度上呈现曲折性:《民法典》草案首先仅规定了过错责任。无限制的危险责任直到帝国议会作出决议之后始进入到《民法典》之内。但这一责任主要被农业方面批评为过于严苛。因此,在1908年,第833条又被附加上了第2句,即在因家畜而致损害时,在满足一定要件的情况之下准许免责。就是说,从这时起,在第833条第2句的领域之内,涉及的是由推定的过错和推定的因果关系产生的责任。由于这一责任在上文边码862以下即已经得到了论述,故在这里仅讨论不为第2句所涵盖的情形。

动物占有人责任在帝国议会成为危险责任的突然性,直到不久之前,还表现在两点反常情况上:第一,直至2002年7月30日止,这几乎是(参见下文边码892)适用第847条的、唯一的危险责任,以至于在此种情形,亦负担慰抚金。第二,与绝大多数其他的危险责任不同(参见下文边码883关于《道路交通法》第12条的论述),就是在现在,动物占有人责任仍然没有最高限额。在法律政策上，动物占有人责任这一异常清晰的特点几乎无法被说明理由，尤其是其常常涉及普通的人群（特别是大城市中的狗的占有人和猫的占有人），而对于这些普通人群，也没有规定责任保险。

第二节　动物占有人责任的要件

一、动物概念

第833条对“动物”没有作出自己的定义，即似当采取一般性的语言使用。据此，任何生物，只要既不是人也不是植物，即当在这一规定的涵盖之下。对于十分小的动物来说（如虱子、跳蚤等害虫），以及对于微生物来说（如细菌），这一宽泛的适用范围不是没有疑义的。或许为通行的学说肯定第833条可以用于前者情形，但对于后者情形，则予以否定。然而就是对于微生物来说，或许也应当依第833条负责任（参见多伊奇文，载《新法学周刊》，1976年，第1137页以下；亦请参见《新法学周刊》，1990年，第751页；其他见解见拉伦茨—卡纳里斯：《债法分论》，Ⅱ 2 §84 Ⅱ 12）。当然，联邦最高法院在一则判例中仅是将责任建立在了第823条第1款的基础之上（参见《新法学周刊》，1989年，第2947页；对此，亦见阿伯茨豪泽尔（Abeltshauser）文，载《法学教育》，1991年，第366页）。在第833条的情形，从占有人概念看待，应当避免不适当的责任扩展（如扩展到无过错地传染自己环境的流感病人）（参见下文边码872）。 871

二、动物占有人

动物占有人通常为所有人。但存在背离情形，这是因为占有人资格实质性地决定于对动物的事实上的管领以及决定于由动物利用中得到的利益。如此，如果一个人窃盗一个动物，拾得并且保有一个动物，或者在较长的时间之内承租或者借用一个动物，那么 872

该人即为占有人(宽泛性见解见联邦最高法院裁判,载《保险法》,1988年,第609页)。法人也可以是占有人,如骑乘协会或者城市行政区之对于自己动物园的动物。数个人(如夫妻)系并行地作为占有人。

但只有有意地接受动物的人,始成为占有人。因此,病人不是侵袭自己的细菌或者病毒的占有人,即是说,对于此种微生物,占有人责任至多可以涉及其养殖者。房屋的所有人也不是自己屋顶居住的马蜂的占有人。野外生存的动物根本不为任何人所占有,因此,对于这些动物,仅考虑其他的责任基础(这点在野兽损害的情形很重要;参见下文边码899)。

有疑问的是,在由无完全行为能力人设定占有人资格的问题上,是否准用第104条以下(持此见解者见卡纳里斯文,载《新法学周刊》,1964年,第1987页、第1990页;拉伦茨—卡纳里斯:《债法分论》,Ⅱ 2 §84 Ⅰ 2g),或者准用第827条以下(持此见解者参见《慕尼黑民法典注释——施泰因》,第833条,边码23)。我倾向于第二种见解。

三、动物危险

873 绝大多数其他的关于危险责任的规定仅是要求对由经营危险物产生的危险负责任(如参见下文边码881关于《道路交通法》第7条第1款的论述)。在第833的字义中虽然未见相应的限制,然而应当依一般性的观点对其作出补充:占有人仅对动物危险负责任。但有时使用的、侵害必须是动物性不可预见性的结果这样的表述,应当予以拒绝:动物占有人正是也应当对在此种动物情形可以预见的结果负责任(参见《慕尼黑民法典注释——施泰因》,第833条,边码13)。就是区分任意性动物行为与自然性动物行为,亦少具实益。最后,要求侵害直接归结于动物的活动(如咬人),是不必要的。例如,动物躺在路上,如此形成绊脚石,同样不属于动物危险(卡纳里斯亦持此项见解,详见拉伦茨—卡纳里斯:

《债法分论》,Ⅱ 2 §84 Ⅱ 1c;其他见解见布劳克斯—瓦尔克(Brox - Walker):《债法分论》,边码 479)。动物危险必须得以实现这一附加要件,在总体上仅能够罕见地使动物占有人免责(参见《帝国法院裁判集》,第 80 卷,第 237 页,涉及的是通过嗅闻传播疾病,但这也是有问题的)。我认为布老恩施维格州高等法院的判决(参见《保险法》,1983 年,第 347 页、第 348 页)并不正确:一个骑乘者因被摔倒的马压在地上而遭受侵害,动物危险在这里被否定;在这里,马摔倒(而不是马的重量)系属于动物危险。

四、针对使用者的免责

有些论者认为(如多伊奇文,载《新法学周刊》,1978 年,第 874
1998 页;拉伦茨—卡纳里斯:《债法分论》,Ⅱ 2 §84 Ⅱ 1e),针对利用动物的人(特别是针对他人马上的骑乘者;其他见解例如见联邦最高法院裁判,载《新法学周刊》,1986 年,第 2883 页;1992 年,第 907 页、第 2474 页;《保险法》,1993 年,第 369 页;1999 年,第 3119 页),应当排除动物占有人责任。然而在类推适用《道路交通法》,第 8 条、第 8a 条的情况下(参见下文边码 877),无论如何在无偿或者非为营业性交付使用的情形,这或许是可以考虑的。但纵使这样,也存在反对免除责任的理由,特别是在占有人——通常如此——投保责任险时,情谊也可能会扩及于责任的给予。但针对那些意欲在他人马上表演自己骑乘艺术的人,第 833 条的保护范围无论如何都被超过了;参见联邦最高法院裁判,载《新法学周刊》,1974 年,第 234 页;亦请参见法兰克福州高等法院裁判,载《保险法》,1985 年,第 670 页。

当然,依法律行为免除责任始终是可能的,其亦可以可推断的方式约定。另外,利用者自己的不谨慎或者不娴熟可以作为第 254 条的与有过错来考虑。这里应当按照利用者性质的不同而加以区分:相较于骑乘学校的学生而言,兽医必须表现出来更多的谨慎和娴熟。

第三节 责任结果

875 第 833 条引致完全的、不受数字限制的侵权责任。关于这一在法律政策上成问题的规定的理由，上文边码 870 已经提及。

第一百四十六章　汽车持有人的责任

参考文献：贝克尔—伯默（Becker - Boehme）：《汽车交通责任损害——实践中的理赔》，第21版，1999年；比克曼（Birkmann：《联邦最高法院关于交通责任法的判例》，载《德国汽车法》，1989年，第201页以下；1991年，第201页以下；德雷斯—库库克—维尼（Drees - Kuckuck - Werny）：《道路交通法》，第7版，1992年；盖格尔（Geigel）：《责任诉讼与实体责任法》，第23版，2001年；冯·格拉赫（von Gerlach）：《联邦最高法院关于交通责任法的判例》，载《德国汽车法》，1992年，第201页以下；续文载《德国汽车法》，1994年，第217页以下；1995年，第221页以下；1999年，第241页以下；格雷格尔（Greger）：《道路交通责任法》，第3版，1999年；亨特舍尔（Hentschel）：《1988年道路交通法的发展》，载《新法学周刊》，1988年，第1838页以下；关于1988年至1996年的情况，载《新法学周刊》，1997年，第625页以下；希默莱西—克林克（Himmelreich - Klimke）：《汽车损害理赔》，1979年以下；亨特舍尔（Hentschel）：《道路交通法》，第36版，2001年；米勒（Mueller）：《论汽车保险中的黑色驾驶》,载《新法学周刊》,1986 年,第 962 页以下;同一作者:《道路交通法危险责任的特殊性》,载《保险法》,1995 年,第 489 页以下;韦伯(Weber):《联邦最高法院关于交通责任法的判例》,载《德国汽车法》,1987 年,第 161 页以下;乌索夫等(Wussow u. a.):《意外伤害责任法》,第 15 版,2002 年。关于公法,亦请参见施泰纳(Steiner):《道路法与道路交通法》,载《法学教育》,1984 年,第 1 页以下。

实际上最为重要的危险责任是汽车持有人的危险责任。这是因为在每天数以百计出现的交通事故中,其扮演着一个支配性的角色。这一责任见于1909 年5 月3 日的《关于汽车交通的法律》;其现在见于《道路交通法》第 7 条以下。

第一节　责任要件

一、汽车

876 并不是任何受发动机动力驱动并且不受轨道约束(否则适用《责任法》第1 条,参见下文边码 888)的车辆都能引起危险责任;另外,自从 2002 年 8 月 1 日之后,也包括拖车。根据《道路交通法》第 8 条,汽车在自己车道上的可能(并非仅是许可)速度必须超过每小时 20 公里。较慢的车辆被视为是相对没有危险的。然而这一评价的正确性是有疑问的:在快速流动的道路交通中,恰恰是那些慢行的车辆常常构成危险障碍。今天看来,该项甚不符合时代特征的例外的受益者,基本上为农业和建筑业。

二、责任人

877 1. 依《道路交通法》第 7 条,责任者主要为车辆的持有人。在这里,持有人概念按与第 833 条相类似的方法确定(参见上文边码 872)：持有人是指为自己的计算使用车辆，并且拥有为使用所必要的事实上的处分力的人(参见《联邦最高法院民事裁判集》，第 13 卷，第 351 页、第 354 页)。这通常是汽车证书和执照上登记的所有权人(参见《道路交通管制规则》，第 24 条以下)。在较长时间将车辆交付于另外一个承担营运费用的人时，该他人即成为持有人(参见拉伦茨—卡纳里斯：《债法分论》，Ⅱ 2 §84 Ⅲ 1b)；在较长时间丧失处分力的情形，亦同(参见联邦最高法院裁判，载《新法学周刊》，1997 年，第 660 页)。然而在通常的、为期仅为几日或者几周的车辆租赁的情形，仅应当将出租人视为持有人(参见《联邦最高法院民事裁判集》，第 32 卷，第 331 页；第 116 卷，第 200 页)。持有人也可以是轮流使用车辆并且各自承担一部分费用的数个人。

2. 依《道路交通法》第 7 条第 3 款第 1 句，利用者例外地也可 878
以因危害行为而负有责任，这是指在持有人不知情和没有持有人意思的情况下使用车辆的人。如果持有人过错地使这种使用成为可能，如因不尽心保管车辆钥匙，或者因没有锁闭停放的车辆，则此种不法驾驶者系在持有人之外负责任。而在此种过错欠缺的情形，不法驾驶者单独负责任。但根据《道路交通法》第 7 条第 3 款第 2 句，如果使用者系被持有人任用于运用车辆，或者车辆系由持有人交付于使用者的，那么这是不适用的，即是说，对于自己所任用的驾驶者的不法驾驶，以及对于借用者的车辆滥用，持有人无论如何都是有责任的。

三、赔偿权人

通常情况下，在车辆运营时以某种方式被侵害的任何人，都 879
可以作为赔偿权人(参见下文边码 880 以下)。但依《道路交通法》第 8 条第 2 款，在车辆运营时的活动者，即主要为驾驶者，被排除在外。另外，截至 2002 年 7 月 31 日，根据《道路交通法》第 8a 条第 1 款第 1 句，因车辆而被运送者，即共同驾驶者和乘客，原则上亦被排除在外。但依《道路交通法》第8a条第1款第1句、第3句，对于这些人，于必要情形适用一个从属性例外，即在有偿营业性人员运送的情形，持有人的危险责任保持效力；那么依《道路交通法》第8a条第2款，其责任在合同上都不能被排除或者限制。但自从2002年8月1日之后，依《道路交通法》第8a条，针对共同驾驶者和乘客，也适用持有人责任；在有偿、营业性人员运送的场合，其亦不能通过合同而被排除或者限制。对于由车辆运送的物品，仅在乘客自身携带物品（特别是衣服）之时，或者在同行性携带物品（特别是旅行行李）之时，始适用《道路交通法》第8a条第1款第2句的危险责任。直至2002年7月31日适用的规则、例外和例外中的例外，清楚地表明了所适用的利益评价，即对于由那些被许可的，但是危险性的车辆营运所产生的损害，车辆持有人通常应当承担责任。但针对自己——作为驾驶者——参与这种危险性营运的人，或者——作为共同驾驶者——从中受到利益的人，亦应当例外地不适用。只有有偿且营业性地被运送的乘客，始被认为是应当受到保护的，致使法律为其利益又回到了通常的持有人责任，甚至对其进行了强制性的设计。而依照新法，被共同运送的人也应当享受持有人责任以及因此而存在的责任保险。

四、设定赔偿义务的情况

880 如果某些侵害是在汽车运营中发生，并且不存在被认定的不可避免事件，那么赔偿义务即告以成立。

1. 依《道路交通法》第7条第1款，侵害必须在于致人死亡、侵害一个人的身体或者健康，或者致使一个物发生毁损（也包括灭失）。对于致人死亡或者致人伤害的情形，《道路交通法》第10条、第11条和第13条作出了调整，其与第842～844条基本符合。在这里，自从2002年8月1日之后，也存在抚慰金，《道路交通法》第11条第2句。对于物的侵害，《道路交通法》中没有自己的规定；在此方面，单独适用第249条以下。

总的来看,《道路交通法》第 7 条基本上保护的是与第 823 条第 1 款相同的法益。依《道路交通法》,由汽车营运产生的原级性财产损害,例如某人被滞留在车辆堵塞之中,并因此错过订约机会,也不能够得到赔偿。

2. 这种侵害必须发生于汽车运营之中,即必须与其特别的危险性相关连。这应当在十分宽泛的意义上理解。这主要是因为车辆在发生事故时并不需要受到发动机的驱动;这相当于交通技术运营概念(不同于机器技术运营概念)。车辆甚至根本不需要处在运动之中,例如,如果车辆尚处在公共交通领域之内,那么在卸货时,运营仍然在继续(参见彻尼彻克(Tschernitschek)文,载《新法学周刊》,1980 年,第 205 页;但亦见科隆州高等法院裁判,载《保险法》,1984 年,第 273 页)。纵使是因故障而出现的较长时间的停止,还可能属于运营(参见《联邦最高法院民事裁判集》,第 29 卷,第 163 页)。这是正确的,理由为恰恰是停止的车辆可以构成显著的危险。车辆与受侵害者的身体接触,也是不必要的。如此,针对一个因避让汽车而摔倒的行人,联邦最高法院在判例中肯定了危险责任(参见《新法学周刊》,1973 年,第 44 页)。在另外一则判例中,联邦最高法院则走得很远(参见《联邦最高法院民事裁判集》,第 37 卷,第 311 页):在该案中,甚至对于将汽车用作为谋杀武器的情况,也认定为持有人责任(但我认为是妥当的;参见梅迪库斯:《民法》,边码 635;一般性见解见菲尔陶特(Filthaut)文,载《新交通法杂志》,1998 年,第 89 页)。 881

当然,卸货并不因为发动机处于使用状态即已经属于运营(如为泵送采暖油而使用发动机,参见《联邦最高法院民事裁判集》,第 71 卷,第 212 页)。而由喷洒车辆投扔喷洒物品所产生的损害,则受《道路交通法》,第 7 条的约束(参见《联邦最高法院民事裁判集》,第 105 卷,第 65 页)。

3. 最后,在 2002 年 7 月 31 日之前,危险责任受到《道路交通 882

法》第7条第2款的限制。依此,只有在事故系基于“车辆性能上的缺陷”或者基于“其设施失灵”时,责任始发生:对于存在瑕疵的性能以及对于车辆的正常工作,无论如何都要负责任。在此方面,第三人的过错,例如轮胎因持有人无法认识到的生产缺陷而于行车途中发生爆裂,并因此而使向前行进的车辆发生损害,亦不具有免责效力。在这里,生产者之外(《民法典》第823条第1款和《产品责任法》第1条;参见上文边码99以下),持有人也负责任(《道路交通法》第7条)。而在此之外,以事故系基于无法避免的事件为限,排除危险责任。依《道路交通法》第7条第2款第2句,此种事件特别是指事故应当归因于受侵害人或者第三人的行为,并且持有人和驾驶者已经尽到了任何依情形为适当的注意(关于对此种“理想驾驶者”的要求,请见联邦最高法院裁判,载《保险法》,1987年,第158页;科隆州高等法院裁判,载《保险法》,1994年,第573页)。但自从2002年8月1日之后,持有人责任也被严格化了:其现在仅应当因不可抗力而被排除。

第二节　责任范围

一、最高金额

883 正如上文边码880所述,《道路交通法》第10条、第11条和第13条规定的可以赔偿损害的范围,与第842~844条规定的一般侵权法基本相当;只是第845条在《道路交通法》中没有相应的规定。但《道路交通法》第12条中有一个特殊之处。这是因为依此规定,对于《道路交通法》上的责任,适用最高金额。其为补偿金钱贬值已经数次被改变。从现在情况看,对于致人死亡或者致人伤害,最高金额为600,000欧元,并且是一次给付;或者为36,000欧元,系作为年度定期金;在数人的情形,通常总的仅为3000,000/180,000欧元;对于物的损害,最高金额为300,000欧元。实际损害有时可能会显著地高于此一数额，例如因事故致使一个商场康采恩的数个年轻董事丧失谋生能力。对于危险物品的运送，以损害系基于这些物品的特别危险性为限，《道路交通法》的新第12a条规定了较高的责任限额。根据当前的法律情况，在这些最高金额之外，只有《民法典》的过错责任始能够提供救济（参见下文边码886以下）。法律政策上看，甚至应当考虑取消最高金额；因持有人负有订立责任保险的义务（参见《总论》边码687），因此这些最高金额无论如何都不能被正当化了。

二、受损害人的共同参与

对于受损害人共同参与损害发生的情形，《道路交通法》第9条引用了《民法典》第254条；作为特殊之处，仅将受损害人对自己"物之看护辅助人"的责任作出了清楚化的说明（参见《总论》边码681）。另外，《道路交通法》第17条第1款第2句表明，在考量时，除过错的共同参与之外，也应当考虑受损害人的与有运营危险。最后，以铁路或者动物共同参与事故为限，《道路交通法》第17条第2款将这扩展到了铁路或者动物的危险性，并自2002年8月1日之后，也扩展到了挂车。 884

就是说，在一个无法预见的结冰车道上，一个汽车与一个摩托车相碰撞，并且二者都被损坏。如果不存在过错，但也不发生不可抗力，那么两个持有人中的任何一人都对另外一人享有《道路交通法》第7条的赔偿请求权。然而依《道路交通法》第17条第1款第2句，任何持有人都必须减少性地折抵自己车辆的营运危险。在这里所述的情况之下，发生效果的摩托车的营运危险常常要高得多，这是因为两轮车辆更加容易抛行，而且其驾驶者对侵害也更加敏感。如此，汽车持有人诸如应当赔偿摩托车损害的1/4，而摩托车持有人则必须赔偿汽车损害的3/4。对于可能发生的人身损害，亦为此种情况。

三、通知的对己义务

885 《道路交通法》第15条规定了超出一般侵权法范围的通知的对己义务:受损害人必须在知悉损害和致害人之后的两个月之内,向赔偿义务人通知损害。过错延误此项期间者,以赔偿义务人未于此间以其他方式知悉事故为限,丧失《道路交通法》的请求权。

第三节 竞　　合

886 依《道路交通法》第16条,其他的赔偿请求权,特别是《民法典》的赔偿请求权,不受妨碍。这些请求权主要出于三个理由而为重要:第一,其不受《道路交通法》第12条最高金额的限制;第二,其亦可以产生第845条的赔偿给付;第三,其不依《道路交通法》第15条发生失效。此种请求权特别是可以产生如下:

1. 持有人之作为持有人(即与其是否也操纵车辆无关):

(1)可以基于第823条第1款因对事故的过错负责任,例如因过错地忽略了可以预见参与事故的车辆而负责任。

(2)可以基于第823条第2款因过错地侵害依所发生事故的性质应当阻止事故发生的保护性法规而负责任。这里特别是应当考虑《道路交通管制规则》关于所要求达到的车辆状态的若干规定,或者《道路交通法》第21条第1款第2项的规定(禁止将车辆交付于没有驾驶许可的人)。

(3)可以基于第831条负责任,这是对挑选或者监督驾驶者的过错的责任,其以驾驶者因违反交通的行为而招致事故为限。

887 2. 驾驶者,即使其与持有人一致(《道路交通法》第18条除外,参见上文边码868):

(1)可以基于第823条第1款因过错侵害生命、身体等行为负责任;

(2)可以基于第823条第2款因过错侵害指向此种类事故的保护性法规而负责任,例如因侵害《道路交通管制规则》关于道路交通行为的规定而负责任。

第一百四十七章　对其他技术风险的责任

在对汽车责任进行了详细的论述之后(参见上文边码876以下),下文仅还对其他技术风险的责任作出简要的论述。

第一节　铁路营运企业主的责任

888 铁路运营的危险责任(开始仅是对于人身损害)按照州法的范式已经由1871年的《帝国责任法》得到了规定。现在,这方面的规定连同物之损害的责任规定见于《责任法》第1条、第4条以下(参见菲尔陶特(Filthaut)的注释,第5版,1999年;关于新近判例,参见同一作者文,载《新交通法杂志》,1990年,第178页;1992年,第177页;1994年,第173页;1996年,第181页;1998年,第211页;2000年,第353页)。

1. 从原因上看,责任系产生于轨道交通(是铁路还是有轨电车,在所不问;参见判例上的著名定义,载《帝国法院裁判集》,第1卷,第247页、第252页)或者悬浮铁路(包括缆车)的运营。目前讨论的、将责任扩展到拖斗的做法是有问题的,这是因为在这里,使用者应当积极地予以参与:由此产生的危险不能够径行地归于拖斗的企业主。

相较于在汽车的情形而言(参见上文边码 881),在轨道交通的情形,运营危险应当作出更加宽泛的解释:那里并不涉及个别车辆的运营,而是涉及整体上的轨道运营。例如,通向列车的通道以及离开列车的通道,均属于此一范畴。如果由轨道运营所决定的急迫行为具有增加危险的效果,那么车辆换乘无论如何也应当属于运营(参见汉堡州高等法院裁判,载《保险法》,1984 年,第 544 页)。而交通运输企业的单纯设施,则不应当属于"运营"(一骑自行车者因轨道而摔倒,参见哈姆州高等法院裁判,载《新交通法杂志》,1998 年,第 14 页)。

2. 责任通常仅在不可抗力情形下始能够被排除(《责任法》第 1 条第 2 款第 1 句)。这要严格于依《道路交通法》旧文本第 7 条第 2 款所采取的"不可避免事件"(参见上文边码 882):对于"不可抗力",不以下述情况为已足,即事件纵使通过极其外在的注意也不能够加以避免。更多的是,事件也必须是异乎寻常的,因此如此地异于运营,以至于人们不再能够将之归入(核算上尚能够考虑的)轨道运营风险。不可抗力例如可以表现为,一列火车因攻击行动或者因不可以预见的地面滑动而脱轨。而对于轨道因高温炎热而出现变形所致使的脱轨,或者对于因铁路工作人员的错误所出现的脱轨,无论如何都应当负责任。 889

3. 在其他方面,铁路的规定类似于汽车的规定:被涵盖的有致人死亡、身体伤害和健康侵害(包括抚慰金,《责任法》第 6 条),还有物的毁损(这里存在《责任法》第 1 条第 3 款的例外)。与《道路交通法》第 8 条不同,对于运营中的被雇用者,也不存在例外;然而自从引入法定的意外伤害保险之后,也适用其除外规定。责任通常不能够通过法律行为而受到限制(《责任法》第 7 条)。但另一方面,对于责任,适用(并不总能够抵偿实际损害的)责任最高金额(《责任法》第 9 条、第 10 条)。依《责任法》第 12 条,在存 890

在过错的情形,《民法典》规定的、数额上不受限制的请求权与之竞合。

第二节 对能源设施和管路的责任

891 对铁路的责任系于 1943 年,后再次于 1978 年通过《责任法》第 2 条被扩展到其他的技术风险;自此之后,用于发送或者继续传导电力、煤气、蒸汽和液体的设施的持有人,也负担危险责任。这里区分有下述两个不同的类型:

在第一个类型中,损害系因电或者煤气等的作用而发生,例如,某人因悬垂的导线而遭电击;因煤气管道破裂而产生煤气—空气混合物,其爆炸使一处房屋被毁坏。在这里,设施的持有人通常负责任,仅是在不可抗力的情况下为例外。依《责任法》第 2 条第 3 款第 3 项,如果损害应当归于线路的垂挂,那么甚至对于不可抗力,也应当负责任(因由陶瓷材料制造的绝缘装置具有碎裂性,故这一危险被视作为特别大;然而在一则判例中,联邦最高法院以同等方式对电线杆连同电缆倒下的情况作出了处理,详见《联邦最高法院民事裁判集》,第 105 卷,第 135 页)。关于这种“效力责任”,参见菲尔陶特(Filthaut)文,载《新法学周刊》,1983 年,第 2687 页。因废水管道(下水道)尺寸确定不充分所产生的损害的法律情况,是存在疑问的;参见《联邦最高法院民事裁判集》,第 88 卷,第 85 页;第 109 卷,第 8 页、第 12 页以下。如果雨水尚根本没有进入管道,而仅是在此前发生聚集,那么因此出现的损害无论如何都不在责任的覆盖范围之内,参见《联邦最高法院民事裁判集》,第 114 卷,第 380 页;第 125 卷,第 19 页、第 25 页以下。因水在管道末尾被导入马路沟槽,并在那里下渗所造成的损害,同样不在覆盖范围之内,参见联邦最高法院裁判,载《新法学周刊》,1996 年,第 3208 页。

而在第二个类型中,损害虽然应当归于此种设施的存在,但却非是基于电等的作用(即所谓的“状态责任”)。例如,敷设于车道之中的煤气管道破裂,并且某人因开车掉入如此产生的深陷路面而遭受损害。在这里,在达到不可抗力的界限之前,持有人不负责任;其仅对下述情形负责任,即设施“在损害造成时处于正常的状态之下”,即“符合被承认的技术规则,并且是完好无损的(《责任法》第2条第1款第2句、第3句)”。据此,对于管道破裂造成的损害,即应当予以负责任,这是因为管道在破裂之后即不再为完好无损的了。

第三节 对航空器的责任

依《航空法》第33条,对于航空器,特别是对于飞机,持有人或者无权使用者(黑色飞行情形)应当负责任。针对局外者而言,这种责任根本不存在例外,即其甚至适用于不可抗力的情形。而这里又存在最高责任金额(《航空法》第37条),其依航空器重量的不同而区分。在这里,最高金额又可能会实质性地低于真实发生的损害(参见冯·朗登伯格(van Randenborgh)文,载《法律政策杂志》,1989年,第361页);并且恰恰是在物的损害的情形,例如,一架坠落的飞机可以使整幢房屋发生灭失,或者将其转变为一片火的海洋。在这里——与其他数额上存在限定的责任的情形相同——《民法典》中规定的进一步的过错责任与之竞合,见《航空法》第42条。 892

因军事航空器而受到侵害的人的地位要优越得多:依《航空法》第53条第1款,对于该人,适用无数额限定的危险责任。就是说,在责任法上,军事飞机等同于奢侈动物(参见上文边码870)。

而乘客(和操纵人员)的情况却是实质性不利的:针对这些人,航空承运人依《航空法》第44条、第45条仅因以可辩驳方式推定的过错负责任(参见上文边码414)。即是说,在这里——与铁路上的情况不同,也与道路上营业性人员运送的情况不同——依照法律而不存在危险责任!

第四节　对核能损害的责任

893 在核能损害责任的情形,应当区分两种情况:第一种情况是指所谓的“大”原子风险,即由核设施产生的损害;而第二种情况则涉及所有其他的情形。第二种类的责任(《原子能法》第25条以下)类似于《道路交通法》旧文本第7条的汽车责任(参见上文边码882),部分地作为纯粹的危险责任,部分地作为极大注意的责任。当然,医生以放射性物质进行治疗所产生的损害,被排除在外。

而第一种类型的责任呈现出无数的特殊性。例如,对于这一责任,除《原子能法》第25条以下之外,国际公约,即《巴黎原子能责任公约》(参见《联邦法律公报》,1976年,第Ⅱ部分,第310页),也被视作为法律渊源:此种大的损害可能会超出界限;至少是对于公约的参加国家而言,预防措施必须要做到这一点。责任事由为“核性事件”,而不问其原因;依德国法,连对武装冲突或者“异乎寻常的严重自然灾害”,都不存在例外。责任最高限额为10亿德国马克。为保障具有较好的可保险性,这一责任集中于核设施的持有人;即是说,其他的人(如瑕疵设施的制造者)不负责任。此种责任集中被称作为“法律上的渠道化”(rechtliche Kanalisierung)(这种表述让人有些毛骨悚然)。对于这种责任的抵偿,具有责任的核设施持有人应当采取政府营运批准书中规定采取的防范措施。关于责任的最高金额,《原子能法》第31条中存在复杂的规定:大多情形系无限制地负责任。在此基础之上又补充有免除义务(《原子能法》第34条),有时还补充有追偿规定(《原子能法》第 37 条)。关于在外国核事故情形原子能法上的补偿问题(切尔诺贝利事件),例如请参加佩尔泽(Pelzer)文,载《新法学周刊》,1986 年,第 1664 页。

第一百四十八章　其他的责任情形

894 除动物占有人责任和技术风险责任之外，还有一些其他的、在特别结合关系之外无过错地负责任的情形。对此存在着不同的原因。这里仅给出一个概要性的论述（关于《产品责任法》上的产品责任，参见上文边码 109 以下）。

第一节　药物责任

《关于重新规制药物法的法律》（参见《联邦法律公报》，1976 年，第 I 部分，第 2445 页；为此，亦见多伊奇文，载《拉伦茨第二次纪念文集》，1983 年，第 111 页以下；另外关于进一步的发展情况，参见《法学家报》，2002 年，第 588 页、第 592 页以下）在第 84 条以下引入了“因适用人用药物”而给生命、身体和健康造成损害的责任。责任者为“药物企业主，其在本法效力范围之内将药物投入流通”。就是说，这种责任也适用于在外国生产的药物。但从内容上看——法律政策上是妥适的——其仅涵盖一部分风险。这是因为依《药物法》第 84 条第 1 款，只有在有害的影响超出医学认识的程度，或者损害归因于一个“不符合医学认识的标示或者使用资讯"之时,始负责任。也就是说,在此二种情形,科学上的认识没有得到充分的尊重;这样,人们已经处在客观过失的附近(参见《总论》边码 309),但因科学水平尚不充分而出现的风险,由药物的使用者承担。再者,自从 2002 年之后,依《药物法》第 84 条第 3 款,制药企业的企业主必须证明,有害作用的原因并不在研制和生产的领域之内。另外,《药物法》第 84 条第 2 款中包含有因果关系推定,并且《药物法》第 84a 条赋予受损害人以告知的请求权。关于这方面内容,参加 G. 瓦格纳(G. Wagner)文,载《保险法》,2001 年,第 1334 页以下。

在单一受侵害人的情形,与《道路交通法》第 12 条第 1 款第 1 项类似,企业主的责任在数额上是受限定的,见前注第 88 条第 1 项。但第 88 条第 2 项考虑到了药物致很多人以损害的情况:对于此种情形,总体应当给付的资本金额限定在 1 亿 2 千万欧元。

第二节　水方面的责任

1957 年的《水法》(1976 年 10 月 16 日文本)(参见《联邦法律公报》,第 I 部分,第 3017 页;关于该法注释,见吉森克—维德曼—克茨肖夫斯基(Gieseke - Wiedemann - Czychowski)书,第 7 版,1998 年),涉及的是对水作出的不利改变。该法在第 22 条包含有两个责任构成:第 1 款规定了行为责任;第 2 款规定了设施责任,即对于以"制造、加工、存储、排放、运送或者导出物质"为目的的设施的责任。在此,设施责任(其例如涉及采暖用油储罐或者粪坑的任何持有人)——而依有疑问的法律字义并非为行为责任——在不可抗力的情形是被排除的。不可抗力在这里被定义为是异乎寻常的、为运营所谋生的事件,"其依人的认识和经验是不可以预见的,并且以经济上可以承受的手段即使通过极大的、理性上可以预期的注意也不能够防范或者被无害化"(参见联邦最高 896

法院裁判,载《新法学周刊》,1986年,第2312页、第2313页)。

此两项责任在数额上都是不受限定的。再者——也超出了动物占有人责任的范围——其甚至涵盖原级的财产损害;即是说,诸如寻找其他未受污染源泉的费用,或者进行水情况检查的费用,也被涵盖在内,参见《联邦最高法院民事裁判集》,第103卷,第129页;排放受污染地下水的附加费用,同样被包括在内(参见联邦最高法院裁判,载《新法学周刊》,1999年,第3203页)。而抚慰金请求权在这里则未被考虑在内,然而在没有此种规定的情况下,第253条第2款也应当是适用的,见多伊普勒(Daeubler)文,载《法学教育》,2002年,第625页、第626页。

下述情况构成行为责任的一个示例:某人从一条河流中取用如此多的水,致使一同携带进来的有毒物质已经不再能够充分稀释,由此致使鳟鱼死亡(参见联邦最高法院裁判,载《保险法》,1984年,第541页)。联邦最高法院亦以因侵害往来安全保障义务而引致的不作为为已足(参见《新法学周刊》,1986年,第2312页、第2314页)。这一责任可能会走向异乎寻常地宽泛。故此,应当对其作出较为狭窄的解释:责任必须要在客观—主观目的上指向水(参见《联邦最高法院民事裁判集》,第124卷,第394页)。例如,如果井水因冬季在邻近的马路上洒盐而被污染,则不存在客观的目的性(如此见解见联邦最高法院裁判,同前注)。设施责任也必须被限定在典型的运营危险之上(参见联邦最高法院裁判,载《保险法》,1983年,第248页)。总体上看,我觉得《水法》第22条是过分看重公共舆论的立法者蔑视法律传统所作出的未经慎重考虑的一个过度反应(其他见解见拉伦茨—卡纳里斯:《债法分论》,Ⅱ 2 §84 Ⅴ,注解93,然而为使行为责任变得可以承受,卡纳里斯也必须要部分地指责行为责任,另外还必须要对其作出狭窄的解释)。

第三节　补偿容忍义务的责任

在若干情况类型之中，如果一个人必须容忍一个应当归责于赔偿义务人的干涉，而该干涉依一般规则是可以被阻止的，那么该人获得以对此进行补偿为内容的赔偿请求权。在这里，赔偿请求权就好像是（被迫）牺牲禁止权的代价；“牺牲请求权”（Aufopferungsanspruch）的称谓即源出于此（参见施密德—卡姆勒（Schmitt - Kammler）文，载《法学教育》，1995 年，第 473 页；《总论》边码 344）。 897

1. 这一种类的一般性规定见于第 904 条：一个物的所有权人（占有人也是一样）必须容忍对该物进行的、为阻止即将面临的不成比例的巨大损害而为必要的干涉。如此，如果应当以所有权人的小船救助一个溺水者，那么所有权人就必须交付小船以供处分；或者，临岸土地的所有权人不得禁止救助者踏入自己的土地并因此也有可能造成损害。然而依第 904 条第 2 句，其享有损害赔偿的请求权，这种请求权之所以不要求存在过错，是因为救助者乃系合法的行为。但在请求权系指向干涉者还是指向受利益者的问题上，则存在着争议；我倾向于第一种选择。

2. 实际上至为重要的是《联邦公害防治法》第 14 条：因被许可的营利事业经营所产生的排放物而受妨害者，不能够请求停止妨害性的经营行为，而依第 1004 条，这本身是可能的。代之以此，受妨害者对企业的持有人享有补偿的请求权（参见鲍尔—施蒂尔纳：《物权法》，第 25 章，边码 30 以下）。针对因当地具有惯常性而依民法应当容忍的排放物，第 906 条第 2 款第 2 句赋予了类似理由的请求权。如果系因其他的原因而不能够抵御妨害，适用相同的规定，参见《联邦最高法院民事裁判集》，第 147 卷，第 45 页。 898

3. 最后，在此一类型中，具有较大意义的还有原本规定于 899

《民法典》第835条,而现在规定于《联邦狩猎法》之内的野兽损害责任(Wildschadenhaftung):依《联邦狩猎法》第26条,对于某些种类的野兽,土地的所有权人仅能够将它们驱赶出自己的土地,但却不能够危害或者侵害它们。由于此种驱赶常常并不具有效果,因此这一规定有时要求所有权人(主要是农业主)承受显著的损害。为此,《联邦狩猎法》第29条以下规定了特殊安排的赔偿义务。

第四节　对环境侵害的责任

900 自从1991年1月1日之后,因《环境责任法》而适用另外一个重要的危险责任(参见朗茨贝格—吕林(Landsberg - Luelling)和施密德—萨尔泽(Schmidt - Salzer)的注释书,二者均为1991年版;萨耶(Salje)和帕施克(Paschke)的注释书,二者均为1993年版;另外亦请参见G. 哈格(G. Hager)文,载《新法学周刊》,1991年,第134页;罗伊特(Reuter)文,载《企业顾问》,1991年,第145页;尼克利施(Nicklisch)文,载《保险法》,1991年,第1093页;米歇尔斯基(Michalski)文,载《法律学习》,1995年,第617页)。

1. 责任事由为"因环境干涉"而侵害生命、身体或者健康以及物的毁损,见《环境责任法》第1条。就是说,保护客体非为环境。受到保护的是第823条第1款最为重要的法益,以防止通过环境所媒介的侵害,即通过障碍在土地、空气或者水中进行传布所媒介的损害,见《环境责任法》第3条第1款。实际的"生态损害"——非是个体法益上的损害,而是无所有权的环境上的损害——仅依《环境责任法》第16条得到赔偿。依该规定,受损害人为回复自然或者风景所支出的费用,不应当径行地被认定为第251条第2款第1句所称的不成比例。然而在这里,这些费用的赔偿系以处于个人所有权之下的物受到损坏为连结点。

901 2. 债务人为对环境施加影响的某些设施(《环境责任法》第

3 条第 2 款、第 3 款）的持有人，见《环境责任法》第 1 条。这些引致责任的设施被列举于《环境责任法》附件 1 之内。该表例如包括较大的电站和燃烧设备、水泥工厂、高炉、化工企业以及大型农业养殖企业（如雌禽位置数超出 50,000 以上者，见顺序号 64a）。这种责任也可以通过尚处在建造之中的设施或者通过已经停止运行的设施而成立，见《环境责任法》第 2 条。而交通设施（如飞机场）以及小型排放者（如汽车和建筑物采暖），则没有被提及。

3. 由环境引致损害情形的主要问题是（依一般规则由受害 902
人负担的）责任成立因果关系的证明。受害人对可能具有因果关系的设施的持有人所享有的告知请求权（《环境责任法》第 8 条），以及受害人对监督机关所享有的告知请求权（《环境责任法》第 9 条），均服务于证明的减轻。超出此限的则是《环境责任法》第 6 条、第 7 条：

《环境责任法》第 6 条设定的是在适合于引致损害的设施方面的因果关系推定。当然，在设施仅是按规定正常运营的情形（这必须由持有人证明），该项推定并不适用，为此，全部特别的运营义务（如行政上的负担）都必须得到遵守，并且不得存在障碍，见《环境责任法》第 6 条第 2 款。

《环境责任法》第 7 条第 1 款处理的是下述常见情形：数个设施作为所发生损害的引起者。在这里，人们期待对总和的排放作出规定（参见《总论》边码 603）：此数个排放者为连带债务人或者按份债务人（按照各自的排放份额）？但此种规定并不存在。代之以此，规定仅是说，如果损害也能够由其他的情况引起，那么第 6 条的推定不适用。这一规定的文本不是很成功。依意旨，因果关系推定不应当因下述情况而丧失效力，即数个被附件一所涵盖的设施系作为引起者而出现。

4. 责任因不可抗力而被排除（《环境责任法》第 4 条）。另 903
外，在物的损害的情形，非实质性的或者依地方情况为可以苛求的妨害,被排除于赔偿之外,见《环境责任法》第 5 条。

904 5. 在责任的细节方面(《环境责任法》第 11 ~ 17 条),相较于《民法典》而言,仅适用为数不多的特殊规定。《环境责任法》第 16 条对《民法典》第 251 条第 2 款第 1 句的限制,在上文边码 900 已经述及。抚慰金请求权现在产生于《环境责任法》第 13 条。

《环境责任法》第 15 条为"基于同一环境侵害"产生的损害规定了责任最高限额:一方面针对身体损害;另一方面针对物的损害,数额为 8500 万。但在此之外,还存在不受限定的《民法典》责任,见《环境责任法》第 18 条第 1 款。

905 6. 在《环境责任法》附件 2 中,列举的是让人觉得特别容易引致损害的设施。依《环境责任法》第 19 条,这些设施的持有人负有实行抵偿准备的义务,以此为损害赔偿义务的履行提供担保。这主要是可以考虑订立责任保险。

第五节　基因技术

906 依 1993 年 12 月 16 日文本的《基因技术法》第 32 条(关于最新情况,见卢特曼(Luttermann)文,载《法学家报》,1998 年,第 174 页),基因技术设施的经营者(也包括将基因技术改变产品首次投入流通的人)被置于特别严格的责任之下:其适用于因有机体的特性而发生的、"基于基因技术工作"的侵害。在这里,不存在不可抗力之例外。责任最高限额为 8500 万(《基因技术法》第 33 条)。也存在有因果关系的推定(《基因技术法》第 34 条)。最后,可以要求经营者作出抵偿准备(《基因技术法》第 36 条)。这种责任的严格或许基于下述情况,即对于基因技术的危险,还没有形成清楚的观念,并且几乎完全排除了从中受利益的想法。

第六节　行为责任

最后,还有一些无过错行为责任的情形:如果有谁实施危险的行为,则对于由此而发生的损害,其必须径行地负责任。作为适用情形,在《总论》边码 343 即已经提及了不正当的自力救济以及依据一个尚未终局性的、后来又被取消的裁判所进行的强制执行(《民事诉讼法》第 302 条第 4 款第 3 句、第 600 条第 2 款、第 717 条第 2 款、第 945 条、第 1065 条第 2 款第 2 句)。然而二者情形是有些区别的:在前者,行为是不合法的;而在后者,行为则是合法的。因此,也可以将第二种情形归列于上文边码 897 以下:在裁判发生确定力之前,受到判决的债务人即必须容忍强制执行了,但作为对此的补偿,其获得赔偿的请求权。 907

第三部分

国家责任

第三部分

参考文献：本德（Bender）：《国家责任法》，第3版，1981年；同一作者：《1984—1985年间联邦最高法院关于国家责任法的司法》，载《法学家报》，1986年，第838页以下，第888页以下；布罗斯（Bross）：《联邦最高法院关于职务责任法的一些问题》，载《行政档案》，1991年，第593页以下；克斯特—瓦尔特延（Coester - Waltjen）：《职务责任和机关责任情形的请求权基础及界定》，载《法律学习》，1995年，第368页以下；戴特贝克—魏特霍斯特—施普罗尔（Detterbeck - Windthorst - Sproll）：《国家责任法》，2000年；埃勒斯（Ehlers）：《国家责任法因欧洲共同体法而获得的进一步发展》，载《法学家报》，1996年，第776页以下；恩格哈德（Engelhardt）：《国家责任法司法的最新发展》，载《新行政法杂志》，1985年，第621页以下；续文同前注，1989年，第927页以下；1992年，第1052页以下；同一作者：《国家责任、原级法律保护与消灭时效》，载《保险法》，1989年，第1221页以下；福特（Futter）：《职务责任的辅助性》，1974年；加格尔（Gagel）：《民法损害赔偿请求权与公法归还权的关系》，载《新法学周刊》，1985年，第1872页以下；R.雅可布斯（R.

Jacobs):《国家责任法》,1982 年;豪格(Haug):《公证人的职务责任》,1989 年;海登海因(Heidenhain):《职务责任与准征收干涉补偿》,1965 年;海德根—雷恩斯曼(Herdegen - Rensmann):《共同体法国家责任的新轮廓》,载《商法杂志》,第 161 卷(1997 年),第 522 页以下;克莱因霍夫(Kleinhoff):《民法典第 839 条的公务员概念》,载《民法实务档案》,第 156 卷(1957 年),第 212 页以下;克罗恩(Krohn):《征收、补偿与国家责任》,1993 年;朗(Lang):《交通事故中的国家责任》,载《保险法》,1988 年,第 324 页以下,第 996 页以下;雷姆普克—埃登(Lembke - Ende):《职务责任请求权与行政法特别关系上的积极侵害债权的竞合?》,载《企业顾问》,1997 年,第 1267 页以下;罗赫特—汉德杰利(Lochte - Handjery):《职务责任请求权框架范围之内的过错》,载《法学教育》,2001 年,第 1186 页以下;迈斯特(Meister):《职务责任法的法律实践——一个缺失性的发展》,载《律师报》,1986 年,第 431 页以下;迈尔森(Meysen):《责任法上的公务员概念是在目标上吗?》,载《法学教育》,1998 年,第 404 页以下;米歇里斯(Michaelis):《论不法性之作为职务责任和所谓准征收干涉的责任事由》,载《拉伦茨第一次纪念文集》,1973 年,第 927 页以下;默持(Motsch):《由民法视角看待国家责任的几点想法》,载《法学家报》,1986 年,第 1082 页以下;蒙策尔(Munzel):《民法典第 839 条的司法与国家责任法》,载《新法学周刊》,1966 年,第 1341 页以下;尼森(Nissen):《财政管理领域的职务责任》,载《企业顾问》,1995 年,第 649 页以下;奥森比尔(Ossenbuehl):《国家责任法》,第 5 版,1998 年;同一作者:《论食品行政警告中的职务责任》,载《商法杂志》,

第155期(1991年),第329页以下;奥托(Otto):《对受保护树木的往来安全保障义务和责任》,载《新法学周刊》,1996年,第356页以下;帕皮尔(Papier):《经济监督与国家责任》,载《法学教育》,1980年,第265页以下;莱恩肯—施瓦格(Reinken - Schwager):《联邦最高法院关于职务责任法的新司法》,载《德国行政报》,1988年,第920页以下;续文见前注,1989年,第1069页以下;1990年,第1077页以下;1992年,第321页(那里亦请参见莱恩肯—施瓦格文);里纳—施里克(Rinne - Schlick):《联邦最高法院关于职务责任法的司法》,载《新行政法杂志》,1997年,第1065页以下,第1171页以下;森格尔(Saenger):《侵害欧洲共同体法的国家责任》,载《法学教育》,1997年,第865页以下;舍费尔—伯恩克(Schaefer - Bonk):《国家责任法》,1982年;肖尔茨—特雷默尔(Scholz - Tremml):《国家责任法与补偿法》,第5版,1994年;施瓦策内格(Schwarzenegger):《国家责任——共同体法的要求及其对内国法的影响》,2001年;施托尔(Stoll):《论意外损害情形国家责任的法官造法》,载《豪斯(Hauss)纪念文集》,1978年,第349页以下;施特莱因茨—莱普勒(Streinz - Leible):《迟误转化欧共体一揽子旅游指令的国家责任》,载《经济法杂志》,1996年,第1931页以下;施杜特(Stuht):《国家责任或者补偿》,1990年;瓦格纳(Wagner):《职务责任抑或财税责任?》,载《法学家报》,1968年,第245页以下;特雷默尔—卡格尔(Tremml - Karger):《职务责任诉讼》,1998年;瓦尔德耶(Waldeyer):《辅助性条款的界限》,载《新法学周刊》,1972年,第1249页以下;温特霍斯特(Windthorst):《国家责任法》,载《法学教育》,1995年,第 791 页以下;续文载至《法学教育》,1996 年,第 894 页以下;温德霍斯特—施普罗尔(Windhorst - Sproll):《国家责任法》,1994 年。另外请参见关于《基本法》第 34 条的注释书;关于新联邦州的法律情况,见奥森比尔(Ossenbuehl)文,载《新法学周刊》,1991 年,第 1201 页以下;施特雷瑟(Straesser),同上,第 2467 页以下。亦请参见丁斯基(Dinski)文,载《保险法》,1999 年,第 804 页以下,内容涉及关于骚动损害的责任。

第一百四十九章　制度发生史

在侵权法上,没有什么地方的法律情况像国家责任那样没有概览性。这一状况只有通过制度发生史始能够得到理解。

第一节　《国家责任法》之前的发展

可以想见,也让在主权上行为的国家依一般侵权法负责任:依第 31 条、第 823 条以下对自己的机关负责任,依第 831 条对自己的其他辅助人负责任;然而法律发展却走出了另外一条道路。 908

一、公务员责任

诸如与英国不同("国王不得做任何错事"),在德国,对于国家的行为,不曾存在责任免除。但或许首先是将责任限定于不法行为的公务员:其在不法行为中不再代表国家,以至于国家亦不对公务员负责任。

这种自己责任对受损害人来说并不令人满意,原因是其承担下述危险:即仅能够获得一个具有不充分责任财产基础的债务人。再者,主张公务员责任常常受到行政预备程序中作出的许可的制约,而在这一程序中,必须确认职务行为具有不法性。但就是对于公务员而言,由于其职务活动中往往存在显著的损害潜势,故自己责任可以引致不公正情况的发生。因此,在19世纪即已经考虑由国家承担责任,并且限制对公务员的追偿。然而《民法典》在第839条尚包含有单纯的公务员责任;依《民法典施行法》第77条,这一国家责任的承担保留给州法决定。依第89条,只有国库,即私法上表现的国家,应当对自己的机关负责任。

二、间接国家责任

909 对于主权行为的领域,德国的许多(邦)州不久之后都采用的是由公务员承担国家责任的做法,如巴登、巴伐利亚和符腾堡在自己的《民法典》施行法中即已经这样做了,到了1909年,普鲁士也采取了这一做法。之后,帝国通过1910年的《帝国公务员责任法》进入到了对自己公务员的责任之中。

对于这一间接的(因系以公务员的自己责任为连结点)国家责任,《魏玛宪法》第131条也采取了坚持的做法。这是因为那里仅是规定,侵害职务义务的责任"原则上涉及公务员为其提供服务的国家或者团体"。这一责任本身一如既往地由第839条得出。然而现在由于存在预备程序的必要性,故州法对公务员责任(也就是国家责任)的限制已经被消除。公务员概念也通过解释而得到了扩展。

三、《基本法》第34条

910 利用《魏玛宪法》第131条所达到的状况基本上被《基本法》第34条接受:该规定亦不构成独立的责任规范,而仅是意味着接受了第839条中规定的公务员责任。当然,与《魏玛宪法》第131条不同,《基本法》第34条明确地放弃了公务员概念的制约("某人在执行交托于自己的公职时侵害……")。现在对行为人的追偿也被限定于故意和重大过失。

第二节 《国家责任法》

《基本法》第34条与《民法典》第839条的并相存在是复杂的,并且从结果上看,在有些方面也是不尽如人意的(如请参见下文边码919)。因此,至迟自1968年第47届德国法学家大会决议以来,人们一直在推动改革。这一改革在1973年产生了一个委员会报告,连同《国家责任法草案》。这样,国家责任应当与公务员责任脱节,即应当建立直接的国家责任。这一责任应当基本上与过错无关。另一方面,损害不应当总是能够完全地得到赔偿。关于职务责任,通常也应当由行政法院作出裁判。在1976年,由该委员会草案又产生出一个类似的《参事官草案》。 911

但如此复杂的《国家责任法》在其后于联邦和各州之间进行的谈判中又经受了很多的变动。特别是,为了实行行政法院的法律途径而获得改变与之相抵触的《基本法》第34条第3句("通常的法律途径")所需要的多数(《基本法》第79条)同意,被表明为是不可能的。

最后,经修改的《国家责任法》于1981年6月26日在《联邦法律公报》上(第Ⅰ部分第553页)得到公布。其应当于1982年1月1日发生效力。在联邦总统对合宪性表示出疑问之后,若干个联邦州向联邦宪法法院启动了规范审查程序。联邦宪法法院通过1982年10月19日的判决确认《国家责任法》为违宪(参见《新法学周刊》,1983年,第25页):原本的国家责任——就像《国家责任法》所要引入的那样——属于公法。依《基本法》第73条以下,联邦对此不具有立法权限。

在《国家责任法》这次告以失败之后,《民法典》第839条的规定连同《基本法》第34条继续适用(参见克隆恩(Krohn)文,载《保险法》,1991 年,第 1085 页)。法律政策上看,即使是现在,仍然迫切地需要作出单独的调整。当然,新的调整应当避免《国家责任法》中存在的一些缺陷。

第一百五十章　职务义务侵害责任

参考文献:参见上文边码 908 之前的文献。

因侵害职务义务所产生的责任具有下述特征:即第 839 条与《基本法》第 34 条并相存在(参见上文边码 910)。因此,首先讨论第 839 条的责任(参见下文边码 913 以下),然后讨论通过《基本法》第 34 条由国家承担责任的问题(参见下文边码 923 以下)。然而在第 839 条的情形,也必须一并考虑《基本法》第 34 条:作为较新且较高位阶的规范,《基本法》第 34 条可以改变第 839 条。 912

第一节　第 839 条的责任

一、引致责任的人

1. 第 839 条第 1 款第 1 句讲到了公务员。 913
但以之为据的是《基本法》第 34 条的宽泛表述:那里称之为"某人",其必须是"在执行交托于自己的公共职务中"行为。据此,这与被交托公共职务的人在国家法或者劳动法上的认定没有关系:其可以是公务员、职员或者工人;甚至与国家的任用关系可以完全不存在,例如,一个私人也可以作为被借用者(如船长,公认的私人学校)或者作为行政辅助人(如学员的引水员,有争议)而从事一个公共职务;甚至一个服民役者在履行私法任务时引致的损害,也应当能够引起职务责任,参见联邦最高法院裁判,载《新法学周刊》,1997年,第2109页。

人们可以将第839条与《基本法》第34条协调在一起,手段是在第839条中认定一个自己的、涵盖刚刚提到的所有的人的责任法上的公务员概念。然而在私法上的公务员自己责任的情形(参见下文边码927以下),又得再放弃这个或许已经绷得很紧的概念。因此,在第839条和《基本法》第34条的情形,我宁愿采用"职务承担人"的概念。

914 2. 从事一个公共职务首先见于下述各场合,即国家利用自己所拥有的权力手段,这是统治性主权行政(obrigkeitlich - hoheitliche Verwaltung)或者称干涉性行政(Eingriffsverwaltung)。例如,由法警实行的扣押,警察实行的逮捕或者交通管制,发出税款缴纳通知书,制定营造计划,以及诸如此类,都属于这一范畴。

但从事公共职务也包括所谓的纯粹主权性行政(schlicht - hiheitliche Verwaltung)或者称给付行政(Leistungsverwaltung)。除社会行政之外,其特别是也包括提供公共设施(如学校,即使没有教育强制;大学;游泳池)。然而在这里,与不存在国家责任、而仅存在私法上的国库责任(参见下文边码927)的私人行政行为的界定,常常是很困难的。依通说,公法上的承担人在这里也有选择权:即其意欲在公法上或者是在私法上形成使用关系(参见《慕尼黑民法典注释——帕皮尔》,第839条,边码130)。最后,就像新近在联邦邮政那里一样,可以改变给付承担人的组织结构(参见阿尔盖耶(Allgaier)文,载《保险法》,1991年,第636页)。整体上看,这是相当不清楚的。

特别重要的是往来安全保障义务的归列。这一义务原本被归列于私法,致使其侵害依第 823 条负责任(参见上文边码 748 以下)。但这种归列要求与公法上的交通管制作出界定,而这一界定又很难精确化。例如,建立警告标示属于何种范畴,或者负责让斑马线清楚可见又属于何种范畴? 因此(以及因第 839 条第 1 款第 2 句,参见下文边码 919),常常通过州法作出下述规定:即往来安全保障义务应当被感受为"行使公共权力中的职务义务"。如此规定者见巴登—符腾堡州《道路交通法》第 67 条、《巴伐利亚道路法》第 72 条以及北莱因魏斯特法伦州《州道路法》第 9a 条。这样,责任依第 839 条和《基本法》第 34 条决定。

3. 对于是否成立从事公共职务的问题,通常不需要将一个 915
活动划分成为不同的部分,关键是看"原本的、一个人以之意旨从事活动的目标是否可以归列于主权活动的领域,并且在予以肯定的情形,在这一目标与致害行为之间是否存在着如此关联,致使后者同样还必须被视作为属于主权活动的领域"(参见《联邦最高法院民事裁判集》,第 42 卷,第 176 页)。据此,诸如参与一般的道路交通也可以属于主权活动范围,但要求这种参与服务于通向职务活动或者由职务活动返回。然而这也可以是另外的情形,例如,一个教授开车去举行讲座,其行为难以具有主权性质。

二、引致责任的行为

1. 上文所称的职务承担人必须已经侵害了职务义务,见第 916
839 条第 1 款第 1 句和《基本法》第 34 条。职务义务是指职务承担人在自己职务执行方面的人身行为义务。这种义务无论如何都包括遵守一般性的、侵权法上的禁止干涉规定。就是说,以职务承担人不具有特别是公法上的正当化理由为限(如许可使用武器),依侵权法(第 823 条以下)为不许的行为,同时意味着职务义务侵害(如侵害一个人,使他人的物发生毁损)。

但正是在社会给付国中,职务义务远远地超出依一般侵权法所要求的范围。特别是,其常常包括积极地照看他人的法益。如此,职务医生必须保护他人的健康,保险及银行监督甚至常常涵盖对他人财产利益的保护(参见《联邦最高法院民事裁判集》,第74卷,第144页;第75卷,第120页;但也存在限定性的情况,见第90卷,第310页;现在见《信用制度法》第6条第3款)。一般性地讲,一个职务承担者不得"张着看不见的眼睛,致使向自己反映情况的公民遭受损害,而对于这种损害,公务员通过简短的说明……即应当能够加以避免"(参见联邦最高法院裁判,载《新法学周刊》,1965年,第1226页、第1227页)。并且依联邦最高法院裁判(参见《保险法》,1985年,第1186页),告知必须是"正确、清楚、无误解和完全的,以至于告知的受领人可以作出相应的处分"。

917 2. 受侵害的职务义务必须为职务承担人正好针对受损害的第三人所负担,见第839条第1款第1句和《基本法》第34条;即是说,该第三人必须处于职务义务的保护范围之内。这相当于第823条第2款保护性法规之保护范围情形的法律情况(参见上文边码827以下)。这里以下述为已足:即"在履行一般利益和追求公共目的之外,职务义务也追求维护个人利益的目的,即使该个人对实施职务行为不享有法律请求权"(参见《联邦最高法院民事裁判集》,第68卷,第142页、第145页)。在最近讨论很多的旧有负担过度规划的问题上(参见奥森比尔(Ossenbuehl)文,载《法学家报》,1990年,第649页;施坦格尔(Stangl)文,载《法学教育》,1993年,第280页;吉斯伯茨(Gisberts)文,载《企业》,1996年,第361页),针对设定负担土地的取得人,并且也是因单纯的财产损害,联邦最高法院肯定了职务义务(参见《联邦最高法院民事裁判集》,第106卷,第323页;第108卷,第224页)。而通过在相邻土地上设定负担所造成的财产损害,应当是不够的(参见《联邦最高法院民事裁判集》,第109卷,第380页、第389页以下;类似者见联邦最高法院裁判,载《新法学周刊》,1993年,第933页)。德国气象局的职务义务不适用于着陆或者停放的飞机的所有权人(参见《联邦最高法院民事裁判集》,第 129 卷,第 17 页、第 23 页)。国家检察机关追捕犯罪的职务义务通常仅应当服务于公共利益(参见联邦最高法院裁判,载《新法学周刊》,1996 年,第 2372 页)。而对于因可能引起进一步犯罪的松懈刑罚执行的行为所导致的涉及第三人的义务侵害,卡尔斯鲁厄州高等法院也给予了肯定(参见《新法学周刊》,2002 年,第 445 页,附有乌伦布鲁赫(Ullenbruch)的说明)。

与第 823 条第 2 款的情形类似,在职务义务提供的这种人的保护范围之外,判例也发展了事的保护范围。例如,在主权上履行的往来安全保障义务的情形(参见上文边码 914),此项保护范围不应当涵盖原级的财产损害(如见《联邦最高法院民事裁判集》,第 66 卷,第 398 页,内容涉及丧失无损害折扣)。标示旧有负担的义务也不应当为运走存放物品支出费用提供保护(参见《联邦最高法院民事裁判集》,第 113 卷,第 367 页;亦见奥森比尔(Ossenbuehl)文,载《法学家报》,1991 年,第 922 页)。另一方面,不迟误地办理所申请的结婚的职务义务,也应当保护对取得遗属定期金的利益(参见联邦最高法院裁判,载《新法学周刊》,1990 年,第 505 页)。

3. 职务义务侵害必须出自故意或者过失,见第 839 条第 1 款 918
第 1 句(在《基本法》第 34 条中未被提及,但在那里也适用)。也就是说——与《国家责任法》所计划的规定不同(参见上文边码 911)——当前的法律情况并不认识公法危险责任(如在交通灯失灵的情形,然而对于州法,请参见《联邦最高法院民事裁判集》,第 99 卷,第 249 页;进一步情况见卡尔斯鲁厄州高等法院裁判,载《新法学周刊》,1992 年,第 1402 页)。在这里,对于故意,以知道并且意欲违背职务义务为已足;在损害发生方面的意思,并不是必要的。关于职务义务的错误排除故意。

对于过失(关于过失,参见《联邦最高法院民事裁判集》,第

119 卷,第 365 页、第 369 页以下),并不罕见地出现法院裁判的意义的问题:可以认为职务承担人对法律情况作出的不正确评价存在过失,设如一个法院承认了这一评价(如职务责任诉讼中的一审法院)?如果涉及的是由数个知法者组成的合议庭,那么这通常是被否定的(如见联邦最高法院裁判,载《新法学周刊》,1977 年,第 1148 页;《保险法》,1984 年,第 870 页;批评性见解见 B. 施密德(B. Schmidt)文,载《新法学周刊》,1993 年,第 1630 页)。但诸如对于"中央机构的原则性措施"(参见联邦最高法院裁判,载《新法学周刊》,同上;即必须作出较好的考虑),或者在"对一个清楚规定显见作出错误解释"的情形(参见《联邦最高法院民事裁判集》,第 27 卷,第 338 页、第 343 页),则构成例外。

三、责任免除

对于职务义务侵害责任,适用若干特殊的责任免除规则。

919 1. 依第 839 条第 1 款第 2 句,只有在受侵害人不能够以其他方式取得赔偿时,单纯具有过失的公务员始负责任。据此,如果受侵害人对一个第三人享有请求权,那么这并不重要。重要的是请求权必须也得能够实现,而特别是在第三人不具有支付能力的情形,这一点也是不可能做到的。

责任的这种辅助性以前在《民法典》中系针对自己负责任的公务员:单单从推动公务员乐于作出决定的角度来考虑,就已经应当减低公务员的风险。但随着由国家承担责任的出现(参见上文边码 909),这一理由已经不复存在。正是基于这一考虑,《国家责任法》意欲取消辅助性条款(参见上文边码 911)。并且,联邦最高法院已经先行将已经成为国家优遇的辅助性限定在这一新规定之上(参见纽斯根斯(Nuessgens)文,载《盖格尔(Geiger)纪念文集》,1989 年,第 456 页;吕勒(Loerler)文,载《法学教育》,1990 年,第 544 页):一方面,某些社会给付不被视作为其他的赔偿可能性(如雇主继续支付的薪资;参见《联邦最高法院民事裁判集》,第 62

卷,第380页);由法定意外伤害保险和定期金保险(参见联邦最高法院裁判,载《新法学周刊》,1983年,第2191页)产生的给付,或者由运输工具保险(参见《联邦最高法院民事裁判集》,第85卷,第230页)产生的给付,也不被视作为其他的赔偿可能性;但由另外的事故当事人所订立的责任保险(参见《联邦最高法院民事裁判集》,第91卷,第48页)产生的给付,或许被视作为其他的赔偿可能性。另外,对于某些责任领域,如对于参与一般的道路交通(参见《联邦最高法院民事裁判集》,第68卷,第217页),以及对于主权上形成的道路交通安全保障义务的侵害(参见《联邦最高法院民事裁判集》,第75卷,第134页;第118卷,第368页、第370页),辅助性通常根本就不应当适用。而按照联邦最高法院的裁判(参见《联邦最高法院民事裁判集》,第85卷,第225页),对于公务行驶,只有在《道路交通管制规则》,第35条第1款的特别权利被请求适用时,始应当辅助性地负责任(无线通讯巡警车案;同样见解亦见联邦最高法院裁判,载《新法学周刊》,1991年,第1171页,道路维护案)。如果警察局公务员没有继续报告交通灯的功能障碍,那么应当适用同样的规定(参见《联邦最高法院民事裁判集》,第91卷,第48页)。整体上看,第839条第1款第2句情形的法律情况现在不具有概览性,立法者的干预至少在这里是极为迫切地需要的。

2. 相较于第839条第1款第2句,第839条第2款所谓的 920
"判决优遇"(Urteilsprivileg),奉行的则是另外一个目的(参见斯米德(Smid)文,载《法律学习》,1990年,第225页)。据此,在法律事件判决的情形(所谓的代表判决的裁定与之具有同一地位),仅在存在犯罪行为时(特别是枉法),职务义务侵害始应当引致责任,这是因为确定判决的正确性仅应当能够例外地在职务责任诉讼中受到质疑。

3. 依第839条第3款,即使受侵害人过错地没有通过法律救 921

济来避免损害,也不发生赔偿义务。在这里,依据联邦最高法院的裁判(参见《新法学周刊》,1974 年,第 639 页),“法律救济”也应当包括不拘形式的提醒(存疑)。但至少是受侵害人的过错,不会容易地得到肯定:人们几乎不能够作出下述期待,即相较于国家机关而言,受侵害人能够对法律情况作出更为正确的评价;而受侵害人却常常能够更好地知道事实情况。

对于采用法律救济的一个特殊情形,第 839 条第 3 款是一个特殊规定,其将较为弹性的(损害负担)第 254 条排除于适用之外。而在此之外,对于没有进行的损害减轻,第 254 条仍然具有适用性。

922 4. 最后,责任也可以在特别法上被排除。但此种免除常常仅涉及由国家承担责任(参见下文边码 924),致使职务承担人的自己责任不受妨碍(这往往是一个时代错误)。(在某些领域系主权行为的)联邦邮政的责任免除曾涵盖一个特别大(法律政策上并不喜人)的领域。然而在将邮政企业置于私法之下的框架范围之内,这种责任免除已经出现倒退。再者,在道路交通之外,邮政提供了多数的职务责任情形(参见《慕尼黑民法典注释——帕皮尔》,第 839 条,边码 100)。

第二节 《基本法》第 34 条的责任承担

一、通常情形

923 依传统(参见上文边码 909),《基本法》第 34 条承担的是职务承担人的责任,而这种责任“原则上应当由职务承担人为之提供服务的国家或者团体承担”。这是一种免责性的责任承担,以至于在此范围之内,纵使在故意的情形,职务承担人也不对受侵害人承担自己责任。

依《基本法》第 34 条,亦依联邦最高法院裁判(参见《联邦最高法院民事裁判集》,第53卷,第217页、第219页),当负责任的是"将职务交托于职务承担人的团体,而在该职务的从事过程中,职务承担人系不当地行为";即是说,当负责任的是"将在执行时出现职务义务侵害的任务移转于职务承担人的人"。这通常是所谓的任用性团体(Anstellungskörperschaft),职务承担人即系"为其提供服务"(《基本法》第34条)。然而如果职务承担人没有雇用人(如被借用的企业经营人;参见上文边码913),那么任用这一准则就失灵了。在此种情形,必须由将职务交托于职务承担人的人负责任。

二、例外情形

《基本法》第34条仅是"原则上"让国家负责任。故此,依通说,1910年《帝国公务员责任法》(参见上文边码909)中规定的例外情形应当继续适用。这些例外涉及下述公务员的职务义务侵害:费用公务员(其不获得薪酬,而仅是靠收取的费用生活,如行政区内打扫烟囱的师傅)以及提供外交服务和对外国人提供服务、与国籍国没有互惠保证的人员(参见《慕尼黑民法典注释——帕皮尔》,第839条,边码332以下)。 924

第三节　边缘问题

一、竞合

对于职务义务侵害,无论是国家的一般侵权责任,还是职务承担人的一般侵权责任,都是被排除的。但危险责任,特别是《道路交通法》第7条的持有人责任,则不受影响。即是说,诸如对于自己的警察车辆,州不仅依第839条和《基本法》第34条负责任(这里也包括对抚慰金的责任),而且同时亦无过错地依《道路交通法》第7条负责任。 925

而第839条(因此自然也包括《基本法》第34条)则被《联邦

公证人法》第19条中关于公证人的特别规定排除于适用之外。据此,仅由(投保责任险的,参见上文边码549)公证人自己负责任(其在此之外类似于费用公务员;参见上文边码924);仅在存在监督缺陷之时,是可以考虑职务责任;参见《联邦最高法院民事裁判集》,第135卷,第354页。

二、对职务承担人的追偿

926 依《基本法》第34条第2句,“在(职务承担人)故意和重大过失时,仍然保留追偿的权利”。这样,在轻微过失的情形,职务承担人在追偿方面受宪法保护。追偿规范本身则见于其他方面,特别是见于公务员法。

三、私法上的国家责任及公务员责任

927 1.《基本法》第34条仅适用于从事公共职务的情形,即是说,其特别是不适用于私法国库行为的情形。因此,在这一行为中,对于国家责任,适用一般性的规定:在侵害私法合同的情形,国库依第278条对自己的履行辅助人负责任。在侵权的情形,依第89条、第31条、第823条以下对机关负责任,并且依第831条对辅助人负责任;行为人的自己责任于此不受妨碍。

928 2. 而第839条则没有将责任限定于从事公共职务。因此,如果公务员针对受侵害人过错地侵害了在私法上应予履行的职务义务,那么公务员应当在国家法的意义上依第839条对受侵害人负人身责任(如在一个大学医院里担任公职的医生,参见《联邦最高法院民事裁判集汇编》,第85卷,第393页;参见联邦最高法院裁判,载《保险法》,1984年,第460页、第461页;《新法学周刊》,1986年,第2883页)。那么在这里,第839条第1款第2句的辅助性条款特别是意味着(参见上文边码919):以按照上文边码927国库依一般私法负责任为限,排除单纯具有过失的公务员的自己责任。

第四部分

边缘问题

第四部分

[illegible]

第一百五十一章　多数致害人

参考文献：R. 阿达姆(R. Adam)：《民法典第830条第1款第2句与危险则责任》，载《保险法》，1995年，第1291页以下；贝尼克(Benicke)：《数人依民法典第830条的侵权责任》，载《法律学习》，1996年，第127页以下；布拉姆布林(Brambring)：《共同行为人、从属行为人与参与人》，1973年；鲍尔(Bauer)：《未澄清损害引致情形连带债务人的责任问题》，载《法学家报》，1971年，第4页以下；彼得林斯基(Bydlinski)：《损害法上的共同行为人资格》，载《民法实务档案》，第158卷(1959—1960年)，第410页以下；同一作者：《引致损害的问题》，1964年；同一作者：《围绕择一性因果关系的现实性争议问题》，载《拜茨克(Beitzke)纪念文集》，1979年，第3页以下；多伊普纳(Deubner)：《论择一性因果关系中的责任》，载《法学家报》，1962年，第383页以下；多伊奇：《民法上共同行为人资格与择一性行为人资格之间的关系》，载《法学家报》，1972年，第105页以下；埃伯尔—博尔格斯(Eberl - Borges)：《民法典第830条与危险责任》，载《民法实务档案》，第196卷(1996年)，第491页以下；格恩胡贝尔

(Gernhuber):《择一性因果关系中的责任》,载《法学家报》,1961 年,第 148 页以下;海恩策(Heinze):《论民法典第 830 条第 1 款第 2 句的学理结构》,载《保险法》,1973 年,第 1081 页以下;希尔德布兰特(Hildebrandt):《论民法上的行为单数与行为复数》,1966 年;容(Jung):《所谓的总括原因》,载《民法实务档案》,第 170 卷(1970 年),第 426 页以下;考伊克(Keuk):《从属行为人的共同责任》,载《民法实务档案》,第 168 卷(1968 年),第 175 页以下;肯德根(Koendgen):《尽管存在确定的赔偿义务亦由民法典第 830 条第 1 款第 2 句产生责任?》,载《新法学周刊》,1971 年,第 871 页以下;克尔豪瑟(Kollhosser):《游行损害的责任》,载《法学教育》,1969 年,第 510 页以下;里斯(Ries):《论民法典第 830 条和第 840 条从属行为人的责任》,载《民法实务档案》,第 177 卷(1977 年),第 543 页以下;沙恩特尔(Schantl):《论民法典第 830 条第 1 款第 2 句的适用范围》,载《保险法》,1981 年,第 105 页以下;魏克尔勒(Weckerle):《数人的侵权责任》,1974 年;魏玛尔(Weimar):《数当事人依民法典第 830 条第 1 款第 2 句的连带债务责任》,载《德国法月刊》,1960 年,第 463 页以下。

第一节　问题概论

929 如果有数个人作为致害人而参与一个侵权行为,则产生三个(并不总是能够充分区分的)问题:

1. 个别的致害人应当对那些部分的损害负责任? 对此,见第 830条连同下文边码 930 以下。

2. 如果针对受损害人有数人为同一损害负责任,那么该数人以债务人多数的何种方式负责任？对此，见第840条第1款，连同下文边码934。

3. 受损害人在外部关系上可以请求赔偿的损害，在内部关系上如何分配于该数个致害人？对此，见第426条、第254条、第840条第2款、第3款，连同下文边码935。

第二节　数人的责任、第830条

按照一般的规则，在数个致害人中，任何一个人都对自己以可归责方式引起的那部分损害负责任。然而如果真的以之为准，那么受损害人将可能会陷于糟糕的证据困难。例如，因殴斗扭打产生的侵害。或者因数个紧密相连的追尾事故产生的侵害。在这里，何人造成了何种损害，常常并不能够得到证明。再者，如果让一个参与人以另外一个人的行为份额得以免责，那么这可能是不公平的。因此，第830条在两种情况下创设了方便性的规定。 930

一、第830条的"刑法"成分

在第1款第1句中，第830条系以共同实施一个不许行为为准据；在第2款中，系以教唆和帮助为准据。这都是刑法上的概念(《刑法典》第25条第2款、第26条、第27条)。故此，在第830条的情形，对于所提到的这些概念，通说亦在刑法上进行解释(如见《联邦最高法院民事裁判集》，第8卷，第288页、第292页；第63卷，第124页、第126页；第137卷，第89页、第102页)。即是说，这里必须具备故意。然而即使故意的不许行为不构成犯罪，仍然以之为已足(如第826条的致害行为)。对于帮助——与刑法上一样——以对主行为人提供精神上的支持为已足(参见《联邦最高法院民事裁判集》，第63卷，第124页)。 931

此种刑法参与的结果在于，对于损害，不以参与的因果关系为连结点(但在此方面，联邦最高法院的态度并不清楚，参见《联邦最高法院民事裁判集》,第137卷,第89页、第102页):也就是说,在这里,共同行为人、教唆人或者帮助人并不能够通过提出下述证明而得以免责,即使没有自己的参与协助,损害也可以因其他的参与人而被促成。在这里,不顾及因果关系而将全部损害归责于任何一个参与人,系基于参与的意思(参见《联邦最高法院民事裁判集》,第63卷,第124页):如果有谁意欲实施不许行为,那么对于行为的结果,其必须应当负责任。当然,联邦最高法院在判例中对此作出了一项实质性的限制(参见《联邦最高法院民事裁判集》,第89卷,第383页;关于格罗恩德(Grohnde)发生的暴力示威游行案,参见施蒂尔纳(Stuerner)文,载《法学家报》,1984年,第525页;考恩布鲁姆(Kornblum)文,载《法学教育》,1986年,第600页):归责亦不应当将那些在遥远的地方发生的损害都涵盖在内(存疑;亦请参见哈姆州高等法院裁判,载《新法学周刊》,1985年,第203页)。

二、第830条的"民法"成分

932 第830条"民法"成分的要件,即第1款第2句的要件,则没有那么严格(关于"因环境侵害"所致损害的特别规定,参见上文边码902)。

1. 那里仅以数人参与一个不许行为为前提条件。也就是说,这里并不要求有意识并且所意欲的共同作用,因之也就不要求故意。其系以一切种类的不许行为为已足。判例甚至将这扩展到了仅因危害行为(参见《联邦最高法院民事裁判集》,第55卷,第96页;联邦最高法院裁判,载《新法学周刊》,1969年,第2136页;其他见解见阿达姆文以及埃伯尔—博尔格斯文,详见边码929之前的文献)或者因第906条第2款第2句而负责任的人(参见《联邦最高法院民事裁判集》,第101卷,第106页)。依联邦最高法院裁判(参见《联邦最高法院民事裁判集》,第55卷,第86页),亦以相互之间存在某种时间性和空间性距离的行为为已足,只要其

“尚处于一个事实上相关联的同一过程的框架之内”。例如,如果一个躺在车道上的人前后接连被数辆车辗过,即构成此种情形。而对于那些不单是涉及损害的引致,而且涉及被告参与与损害存在因果关系的不许行为的疑义,第 830 条第 1 款第 2 句也不能够予以克服(参见《联邦最高法院民事裁判集》,第 89 卷,第 383 页;在此方面肯定是妥当的)。

2. 由于要件不是很严格,故第 830 条第 1 款第 2 句的法律效果也是缓和的。这是因为不能够径行地将全部损害归责于任何一个参与人,而仅是“在无法确定何人因自己的行为而引起损害的情形”,始能够作出此种归责。也就是说,第 830 条第 1 款第 2 句仅是要除去受损害人的证明困境:关于引致损害的不确定性不应当由受损害人负担,而应当由致害人负担。由此同时得出:如果一个参与人单独对全部的损害负责任,则针对其他的参与人,第 830 条第 1 款第 2 句不再能够适用(参见《联邦最高法院民事裁判集》,第 72 卷,第 355 页;此系针对以前作出的不同裁判,但尚存争议)。 933

例如,A 在一次事故中以可归责的方式侵害了 G,致使 G 躺倒在车道之上;那么,B 也可能还侵害了 G;那些侵害应当归于 A 或者 B,无法确定。在此种情形,B 不依第 830 条第 1 款第 2 句负责任,而仅是对可以证明系由自己引起的损害负责任。这是因为对于全部的损害,A 已然负责任,G 尚由另外的车辆所侵害,在相当关系上产生于 G 在车道上的、应当归责于 A 的无助状况。

对于可能源自于受损害人的损害,第 830 条第 1 款第 2 句同样不具有适用性(参见《联邦最高法院民事裁判集》,第 60 卷,第 177 页);依正确见解,对于可能系因侵权或者合同侵害之外的原因所产生的损害,也不具有适用性(参见埃伯尔—博尔格斯(Eberl-Borges)文,载《新法学周刊》,2002 年,第 949 页,系针对联邦最高法院的一则判例,参见《新法学周刊》,2001 年,第 2538 页;亦请参见 T. 米勒(T. Mueller)文,载《法学教育》,2002 年,第 432 页)。

第三节 外部责任性质、第 840 条第 1 款

934 以依上文所述适用第 830 条为限,有数人对同一损害负责任。如果该数人系因确定的损害引致关系负责任,如系作为雇用人(第 831 条)和事务辅助人(第 823 条),那么此种责任就更加常见地出现了。由于损害赔偿的请求权大多指向金钱(如依第 249 条第 2 款、第 251 条、第 253 条第 2 款),故人们会因给付标的物具有可分割性而认定存在第 420 条的按份债务(参见《总论》边码 809)。那么,受损害人就会部分地承担致害人中的任何一人丧失清偿能力的风险。

在这里,为受损害人的利益,适用第 840 条第 1 款:数个责任人应当作为连带债务人负责任。这具有第 421 条以下中规定的后果(参见《总论》边码 793 以下),特别是,受损害人可以对任何一个致害人主张自己的全部损害,而无需考虑该损害在内部关系上应当如何于致害人相互之间分配(参见下文边码 935)。据此,纵使致害人中仅有一人具有清偿能力,受损害人仍然能够获得全部的赔偿。

相应的连带债务规定有时也见于下述场合:即由不许行为产生的请求权与由其他法律原因产生的请求权并行存在,如在《护理保险法》第 3 条第 2 项中即为如此。然而这也一般性地适用于超出此种特别规定的范围:如果一个债务人系因合同,而另外一个债务人系因不许行为而对同一损害负责任,则其为连带债务人。

第四节 内部关系上的损害分配

935 在不存在其他规定的情形,损害将依第 426 条第 1 款第 1 句

归于数个致害人,其作为连带债务人而具有相同的份额。但正如《总论》边码 802 所论述的,在发生损害的情形,应予类推适用的第 254 条被视为特别的分配规则:任何一个致害人都应当承担一个份额,其在比例上相当于自己对致害行为的参与和自己对致害行为的过错。据此,行为人承受的比例份额可能会高于单纯的帮助人。同一规则还见于——在同时考虑到运营危险的情况下——许多的具体规定之中,如《道路交通法》第 17 条、《责任法》第 13 条以及《航空交通法》第 41 条和第 53 条。据此,特别是在交通事故的情形,如果不考虑过错,那么就看参与交通的车辆的危险性。

然而与之不同的是,不考虑个人的原因及责任份额,依第 840 条第 2 款、第 3 款和第 841 条,致害人中的一人应当单独承担损害:即在通常情况下,如果一个人因造成损害而负责任,而其他的人仅是因为对该致害人的瑕疵监督负责任,则该致害人在内部关系上应当单独承受负担。第 840 条第 2 款仅为第 829 条规定了一个例外,即致害人不负责任的场合(参见上文边码 770 以下)。不为第 840 条第 2 款的字义所涵盖、远为重要的一个例外产生于劳动法上关于雇主与雇员之间损害分配的规则(参见措伊纳—洛里茨(Zoellner – Loritz):《劳动法》,第 19 章,第 2 节):雇员有时对自己的雇主享有免除对第三人责任的请求权。即是说,在这里,在内部关系上雇主必须承担损害,而对于这一损害,雇主对外仅因侵害监督义务(第 831 条)负责任,或者根本不负责任(如果在第 831 条情形成功地获得免责)。

第一百五十二章　消灭时效

参考文献：比宁（Buening）：《不许行为请求权的消灭时效》，1964 年；扬克（Jahnke）：《损害赔偿法上的消灭时效与权利失效》，载《保险法》，1998 年，第 1343 页、第 1473 页；莱帕（Lepa）：《侵权法上的消灭时效》，载《保险法》，1986 年，第 301 页以下；F. 彼得斯（F. Peters）：《民法典第 852 条第 1 款情形损害知情之作为消灭时效要件》，载《法学家报》，1983 年，第 121 页以下。

第一节　缩短的消灭时效

936 在《债法现代化法》之前，侵权请求权（关于范围，参见下文边码 939）不受第 195 条、第 198 条一般消灭时效的制约，而是第 852 条中包含有一个实际上非常重要的特别规定。

一、期间及其开始

937 这一法律情况因《债法现代化法》而发生了实质性的改变：该法删除了第 852 条第 1 款和第 2 款。也就是说，对于消灭时效的期间和开始，现在适用一般消灭时效法（第 195 条以下）。据此，期间为 3 年，其自请求权发生、并且受损害人知悉或者在没有重大过失的情况下能够知悉设定请求权的情况及致害人的人身的年度结束之时开始计算(第195条、第199条第1款)。但依第199条第2款和第3款,在这种主观规定的期间之外,还适用客观规定的期间。依第199条第2款,在侵害生命、身体、健康或者自由的情形(参见第823条第1款),其为30年,自侵权行为实行之时起计算。依第199条第3款,在所有其他的情形,适用较短的2年期间:自请求权发生(即损害发生)之时起算的10年,或者自侵权行为实行起算的30年。

二、消灭时效的停止

如果受损害人之所以没有及时地提起诉讼,是因为其尚可以信赖与致害人平和地取得合意,那么第199条第1款的3年期间可能会引起特别严苛的情况。因此,自1977年之后,依特别法的范式,旧文本第852条第2款针对磋商继续期间规定了消灭时效的停止(效力:第209条)。现在这一规定不再存在于侵权法,而是一般性地存在于第203条。对于停止,以任何促使受损害人形成下述见解的意见交换为已足,即致害人非是最终地拒绝给付。 938

第二节　例　　外

在两种情形,适用侵权消灭时效的例外。

一、致害人得利

不许行为不应当能够引起无法修正的致害人得利。因此,以致害人通过侵权行为而在使受侵害人遭受损害的情况下取得利益为限,旧文本第852条第3款维系了侵权请求权不罹时效的做法:在此限度内,致害人应当依得利规则(法律效果引用;参见《联邦最高法院民事裁判集》,第71卷,第86页、第98页以下)继续负责任,即依第818条、第819条负责任。这是现在新的第852条的唯一内容。 939

二、拒绝履行的可能性

940 第853条也是基于与第852条相类似的想法：如果某人因不许行为（如诈欺、压迫）而对受侵害人取得债权，那么即使废止该债权的侵权请求权（第249条第1句）已经罹于时效，该人在债权主张上仍然应当能够通过抗辩权而受到阻止。针对侵权上取得的债权，第853条准用于延误期间的其他情形（如在第124条的情形；参见《联邦最高法院民事裁判集》，第42卷，第37页、第42页）。

第三节 适用范围

941 《民法典》关于不许行为所适用的消灭时效规定，在一些其他的法律中亦被宣告为具有准用性，如见《道路交通法》第14条、《责任法》第11条、《航空交通法》第39条、第47条、第53条、第54条以及《环境责任法》第17条；再者，判例还发展了其他的适用情形（如见《水法》第22条；亦请参见《帕兰特民法典注释——托马斯》，第852条，边码1）。自从《债法现代化法》之后，这应当涉及第195条、第199条，但以具备第852条、第853条的要件为限，这些规定也具有适用性。

第一百五十三章　不作为及除去请求权

参考文献：冯·巴尔：《针对往来义务侵害的预防性法律保护》，载《卡尔斯鲁厄论坛25周年》，1983年，第80页以下；鲍尔（Baur）：《民法典第1004条的除去请求权》，载《民法实务档案》，第160卷（1961年），第465页以下；同一作者：《论"预防性不作为诉讼"的术语及问题》，载《法学家报》，1966年，第381页以下；盖格尔（Geigel）：《预防性不作为诉讼》，1923年；海恩克尔（Henckel）：《民法上的预防性法律保护》，载《民法实务档案》，第174卷（1974年），第97页以下；相同标题论文见克茨（Koetz）（比较法视角），同上，第145页以下；何洛赫（Hohloch）：《除去妨害的请求权及其与损害赔偿法的关系》，1976年；H. 雷曼（H. Lehmann）：《不作为义务》，1906年；默滕斯（Mertens）：《论民法典第1004条除去请求权的内容》，载《新法学周刊》，1972年，第1783页以下；明岑贝格（Muenzberg）：《论不作为诉讼的责任事由》，载《法学家报》，1967年，第689页以下；皮克尔（Picker）：《消除妨害的除去请求权》，1972年；里特（Ritter）：《论事实主张的撤回》，载《民事诉讼杂志》，第84期（1971年），第163页以下；

K. 施密德(K. Schmidt):《行政行为的侵权保护——民法典第823条第2款框架内保护性行政行为的实践与学理》,载《措伊纳(Zeuner)纪念文集》,1994年,第259页以下;E. 施耐德(E. Schneider):《价值评价的撤回》,载《德国法月刊》,1978年,第613页以下;施迪普勒(Stiebler):《预防性法律保护与往来义务侵害》,1986年;措伊纳(Zeuner):《论不作为诉讼及消极的确认诉讼》,载《德勒(Doelle)纪念文集》,第1卷,1963年,第295页以下。

第一节　问　　题

942　1. 损害赔偿请求权仅能将已经发生的损害转嫁给另外一个人,因此,其只具有抑止的效果。较好的做法当是预防性地阻止损害的发生。此种预防有时通过赔偿义务的警告即可以达到。但人们也可以采取其他的手段,如采取刑法的手段,设如将危害行为置于刑罚之下;或者采取职业公会事故防范规定的手段;或者于旨在阻止被保险人实施某些危险行为方式的责任保险的情形,采取责任免除的手段;或者采取行政法的手段,将危险行为置于批准的要件之下或者置于监控之下(如在环境法上)。

在所有权和其他绝对权利的情形,以及在一些类似受保护的地位的情形,《民法典》还规定了另外一种可能性:即受危害人可以请求不作为(并通过诉讼或者暂时处分主张这种请求权),如第1004条第1款第2句对所有权的规定(所谓的除去妨害的诉讼),第1027条、第1065条、第1090条第2款对役权的规定,第1227条对动产担保权的规定,还有第12条对姓名的规定以及第862条、第1029条、第1090条第2款对占有的规定。其他的法律也赋予有不作为的请求权,如《商法典》第37条第2款(商号)和《标记法》第14条第5款、第15条第4款(标记及商业名称)。特别是对于第823条第1款中提及的生命、身体、健康和自由之生活法益(参见上文边码777以下),对于绝大多数其他的权利,对于第824条中所保护的商业名誉(参见上文边码798以下),以及对于受保护性法规保障的利益(参见上文边码822以下),则缺乏相应的规定。显见,应当将这理解为应当通过类推适用来填补的法律漏洞。

2. 上文针对不作为请求权所提及的规定中的绝大多数规 943
定,同时赋予除去妨害的请求权(如第1004条第1款第1句)。如果对不作为请求权作出扩展,那么显而易见,也应当对除去请求权作出扩展。

第二节　不作为请求权

上文边码942指出的对不作为请求权的扩展,是在《民法典》 944
生效之后不久进行的,并且至迟自帝国法院1905年所作出的一则判例(参见《帝国法院民事裁判集》,第60卷,第6页)之时起,为判例所承认。那么,可以将这称作(对法律规定情形进行补充的)补充性不作为请求权。这样,诸如就可以请求不进行侵害名誉的主张或者请求不干涉隐私(参见边码814以下)。

请求权的要件为,侵害即将到来,并且在发生之时将为不法(有争议)。人们至为贴切地将这称作实行危险(Begehungsgefahr)。当然,法律规定(如第1004条第1款第2句)系将这称作"继续"妨害的危险。这产生下述表象:即一个侵害必须是已经实际地发生,并且正因为如此,代之以"实行危险",也常常称"重复危险"。但这里正确的仅是,由一个已经发生的干涉,大多会清楚地产生将来干涉的危险。然而这种危险——对此人们现在几乎持一致见解——也可以以其他的方式得到证明;即是说,不作为请求权系指向第一次干涉。与以前的判例相反,即使干涉将会受到刑罚处罚(如诽谤),现在也赋予请求权:针对此种大多特别严重的胁迫,受胁迫者在民法上也必须能够采取防御措施。

而要求胁迫性的干涉也应当是有过咎的,则是不必要的:不作为请求权的法定范式同样不要求具有过错(参见上文边码942)。

长时期有争议的是,不作为诉讼是否应当以实体法上的请求权为依据。然而于此间,对此种请求权予以肯定的妥适观点已经得到了实现(参见拉伦茨—卡纳里斯:《债法分论》,Ⅱ 2 §87 Ⅰ 2)。

第三节　除去请求权

945 1. 与不作为请求权一样,现在十分通行的学说(参见《联邦最高法院民事裁判集》,第60卷,第12页)也将除去请求权一般化于法律规定的情形之外,这就是补充性的除去请求权。其特别是保护第823条第1款的生活法益、名誉和受保护性法规保障的利益。然而与不作为请求权不同,对于除去请求权,要求必须存在一个可以除去的侵害后果。与其法定的范式一样,补充性的除去请求权也不要求行为人具有过错。

946 2. 但由此产生了一个在我看来至今为止一直没有得到令人信服解决的、在此之外也出现于法定除去请求权之中的问题:即如果不想到达非由过错决定的、以损害赔偿为内容的引致责任,那么应当以不由过错决定的方式所请求的除去,必须落后于由过错决定的损害赔偿请求权。例如,如果一个被损坏的物的修理已经能够作为"除去妨害"而被请求(第1004条第1款第1句),那么实际上过错的要件已经被第823条第1款排除。

通说将除去请求权限定在对利害关系人构成一个始终更新的侵害源泉的那些妨害(参见《联邦最高法院民事裁判集》,第170卷,第317页、第320页;《联邦最高法院民事裁判集》,第60卷,第

12 页、第 20 页）。这样，与损害赔偿不同，除去行为不应当补偿过去的妨害，而是应当阻止将来的妨害（类似见解见拉伦茨—卡纳里斯：《债法分论》，Ⅱ 2 §86 Ⅵ 1 a：除去原级障碍渊源）。也就是说，除去和不作为具有同一目标，即在将来具有一个无妨害的状态。但在除去的情形，已经存在一个无进一步的行为即可能由此产生将来妨害的状态，例如，原告已经被列入一个不可靠债务人的名单。

这种界定在思路上是很清楚的。例如，其亦能够不费力地涵盖下述情况：将一个不正确地被提及为无清偿能力的人的名字从名单上清除的义务，或者除去不正当广告的义务。然而如此界定的除去仍然还是很宽泛的，例如，因窗户玻璃被打坏，或者因身体受到侵害，而可能会面临进一步的妨害，如下雨进水造成的妨害，或者伤口化脓造成的妨害。尽管如此，在这里，置换新玻璃或者治愈伤害还是应当属于损害赔偿（参见拉伦茨—卡纳里斯：《债法分论》，Ⅱ 2 §86 Ⅵ 1 b）。

3. 与作为损害赔偿所负担的撤回的情形一样，对于作为除去而被考虑的、伤害名誉的言论的撤回，产生同样的问题（参见上文边码 799）。针对新闻法上的反对性说明所作出的界定，与那里也是一样的。联邦宪法法院在一个裁判中承认（参见《新法学周刊》，1997 年，第 2589 页），被新闻媒体表示为有嫌疑的人，关于刑事诉讼程序产生的对自己为有利的结果，可以请求给予补充性的告知。 947

附　录

法律条文对照表

（数字指本书边码；粗体印刷者为主要出处）

《撤销法》
第 4 条:178
《药物管理法》
第 84 条以下:895
《原子能法》
第 25 条以下:893
《建筑法典》
第 24 条以下:118;158
第 28 条:118
《民法典》
第 12 条:942
第 13 条、第 14 条:13;128 以下
第 31 条:101;356;491;858 以下
第 89 条:927
第 90 条:185
第 91 条:387
第 93 条以下:386;410;711;734
第 95 条:200;219
第 99 条:269
第 100 条:675
第 104 条以下:695;765;872

第 117 条:510
第 119 条:154;215;328;646;651;721
第 120 条:646;651
第 123 条:296;646;651;695
第 124 条:
第 124 条:
第 124 条:
第 124 条:941
第 125 条:133;234
第 126 条:234;573
第 134 条:80b;264;659
第 138 条:262;291;516;538;659;765;839 以下;843
第 139 条:80b
第 140 条:150
第 142 条:686
第 151 条:175;423
第 157 条:26
第 158 条以下:120
第 158 条:655
第 159 条:647
第 161 条:120
第 162 条:443
第 163 条:635
第 168 条以下:429
第 179 条:92
第 185 条:123;701
第 195 条、第 199 条:51;73c;103;154;374;402;652;937
第 197 条:73d
第 198 条:114
第 199 条:528;937
第 203 条:938

第 204 条:407
第 205 条:652
第 214 条:634
第 218 条:63;65; **73i**;367;375
第 227 条:757
第 228 条:758
第 229 条以下:225;759
第 231 条:907
第 242 条:22;26;32;201;214;385;442;767
第 243 条:78;191
第 246 条:133;144;306
第 249 条:297;799;806;817
第 251 条:365
第 252 条:208
第 253 条:401;776;798; **817**;896
第 254 条:457;767;874;882;884;921;935
第 258 条:200
第 259 条:261;422
第 266 条:144
第 267 条:517
第 273 条以下:692
第 275 条:57;63;193
第 276 条:70 以下;94;419;689;823
第 277 条:62
第 278 条:38;93;206;297;320;338;352 以下;389;400;428;850
第 280 条:35;93;192;202;208;283;294;326;377;381;419
第 286 条:176
第 287 条:629
第 288 条:143
第 289 条:144
第 291 条以下:688 以下

第 304 条:381
第 305 条以下:407 以下
第 307 条以下:96
第 307 条:11;76;84/5;91;193;436;538;597;601
第 309 条:30;76;84/5;91;400;460;546
第 311 条:3;154;175
第 311b 条:111;116;157;160;171;477
第 312 条:13;515
第 312b 条:13
第 313 条:651
第 314 条:246
第 315 条:418
第 319 条:469
第 320 条以下:181
第 320 条:4;24;34;114;180;417;478;553
第 321 条:291
第 322 条:114;198
第 323 条:34;61;114;121;126;195
第 325 条:35
第 329 条:520
第 330 条:171
第 333 条:467
第 346 条以下:62;138
第 346 条:135;671
第 347 条:671
第 355 条以下:135
第 124 条:
第 358 条以下:140;296 以下;299/300;302;307 以下;586;602
第 364 条:289;554;606
第 365 条:606
第 367 条:144

第 370 条:707
第 371 条:577
第 397 条:673
第 399 条:722
第 401 条:523;528
第 404 条以下:722
第 404 条:722
第 404 条以下:722
第 404 条:141
第 406 条:141;232
第 407 条以下:707
第 407 条:123;565
第 409 条:232
第 414 条以下:523
第 415 条以下:115
第 419 条:22
第 420 条:934
第 421 条以下:526;934
第 426 条:529;531;638;719 以下
第 427 条:490;533
第 433 条以下:19 以下
第 433 条:69;706
第 434 条:20; **44** 以下;80d;150;593;651
第 435 条以下:22;53;113
第 436 条:22 以下
第 437 条以下: **154** 以下;706
第 437 条:51;602
第 438 条:51; **63**;**73d** 以下;92;103;150;593;651
第 439 条以下:150
第 439 条:42;54 以下;83
第 441 条: **64** 以下;88;92

第 442 条:22;70; **74**;113
第 443 条:74
第 444 条:75
第 445 条:80d
第 446 条:20; **34** 以下;80d
第 447 条: **36** 以下;80d
第 448 条:113
第 449 条:120 以下;139;384
第 453 条:149 以下
第 456 条以下:165 以下
第 463 条以下:156 以下
第 474 条以下:13;17; **80** 以下
第 474 条:36
第 475 条:80b;89
第 476 条:80d
第 478 条以下:80f
第 480 条:169f
第 481 条以下:609a
第 488 条:172;184; **288a** 以下
第 489 条以下:289
第 490 条:291;304
第 491 条以下:13; **302** 以下
第 491 条:129
第 492 条:130;305
第 495 条:135;305
第 496 条:141 以下;305
第 497 条:143 以下;305 以下
第 498 条:305
第 499 条:129;515
第 500 条:598;602
第 501 条以下:127 以下

第 502 条:132 以下;602
第 503 条:135;137
第 504 条:145;305
第 505 条:609
第 506 条:130;303;597
第 507 条:129;303
第 516 条:14;171 以下;279;287;552
第 517 条:173
第 518 条: **171**;**175**;279;539;559;593
第 519 条以下:177
第 521 条:176;283;593
第 522 条:176
第 523 条:176
第 524 条:176
第 525 条以下:180
第 527 条:181
第 528 条以下:181
第 528 条以下:178
第 530 ~ 534 条: **179**;593
第 534 条:174
第 535 条:192;200 以下;602
第 536 条以下:194;195 以下;264,271
第 536a 条:192;197;201;228;450;602
第 536b 条:201
第 536c 条:191;199; **210**
第 537 条:201
第 538 条:787
第 539 条:200 以下;207
第 540 条:214;217 以下;614
第 541 条:204
第 542 条:212 以下

第 543 条:194;202;205 以下;214;246
第 545 条:215
第 546 条:194;207;218
第 546a 条:208;272;603
第 548 条:200; **206**
第 549 条:243;252
第 550 条:191; **234**
第 551 条:191a;221
第 552 条:200
第 553 条:203;217
第 554 条:211;266
第 559b 条:266
第 561 条:214
第 562 条:220 以下;465
第 562a 条:225 以下
第 562b 条:226
第 562c 条:226
第 562d 条:224
第 563 条:216
第 563a 条:214
第 564 条:214
第 564 条:218
第 565 条:218
第 566 条以下:228 以下
第 569 条:199;202;242; **246**;249
第 570 条:207
第 571 条:208
第 573 条:205;213;214;242;250;264
第 573a 条:244
第 573b 条:264
第 573c 条:213;244 以下

第 574 条以下:242; **253** 以下

第 575 条:212

第 576 条以下:595

第 577 条以下:256 以下

第 577a 条:250

第 578 条:191;219;229

第 579 条:201

第 579a 条:158

第 580a 条:213

第 581 条以下:268 以下

第 581 条:187

第 598 条以下:279 以下

第 598 条:172;185; **279** 以下;450

第 599 条以下:283

第 601 条:285

第 603 条:286

第 604 条:284;286

第 605 条:280;284

第 606 条:285 以下

第 607 条以下:184 以下;287

第 608 条:288

第 609 条:287

第 611 条: **311** 以下;**317** 以下;328 以下;349;361 以下

第 611a 条:316

第 611b 条:328;348;426;652;678

第 612 条:328;348;426;652;678

第 612a 条:316

第 613 条:7; **322**;339

第 613a 条:316;322

第 614 条:324

第 615 条:330;381

第 616 条:331 以下;337
第 617 条:335
第 618 条:336
第 619 条:335 以下
第 620 条:340
第 621 条:342
第 622 条:244;316;342
第 623 条:316;342
第 624 条:343
第 626 条:344
第 627 条:321; **345**;350
第 628 条: **346**;350
第 629 条:337
第 630 条:338
第 631 条:317;349; **357** 以下;378
第 632 条:378
第 632a 条:379
第 633 条:365 以下;396;409
第 634 条:365 以下;376;387
第 634a 条:374 以下
第 635 条:365/366;370
第 637 条:369
第 638 条:367
第 640 条:372
第 641 条:372;379
第 641a 条:379
第 642 条以下:381
第 644 条:380
第 645 条:378;382
第 647 条:226;384
第 648 条以下:384 以下

第 650 条:378
第 651 条:386;588
第 651a 条以下:12;390 以下
第 651b 条:393
第 651c 条:395 以下
第 651d 条:398
第 651e 条:399
第 651f 条:400 以下
第 651g 条:397;402
第 651h 条:400
第 651i 条:393;399
第 651j 条:394;399
第 651k 条:403
第 651l 条:396
第 651m 条:390
第 652 条:4;435 以下;438;444 以下
第 653 条以下:444 以下
第 655 条:448
第 655a 条以下:448
第 657 条以下:466 以下;508
第 658 ~660 条:468
第 661 条:469 以下;508
第 661a 条:470;508
第 662 条:416 以下;420;433
第 663 条:423
第 664 条:428;453
第 666 条:416;422;424
第 667 条:421;627;705
第 668 条:416;422;627
第 669 条:419;427;530
第 670 条:419; **424** 以下;434;529;530;626;720

第 671 条:420;430;434
第 672 条:429
第 673 条:428
第 674 条:429
第 675 条:408;416;423;431 以下;529;591 以下
第 676 条以下:310; **434a**
第 676f、676g 条:433
第 677 条:416;433;615; **616** 以下
第 678 条:629
第 679 条:625;630
第 680 条:624;627;629
第 681 条:627;629;630;705
第 682 条:627;629
第 683 条:200;529; **623** 以下
第 684 条:200;623 以下;720;760
第 685 条:626;718;722
第 686 条:621
第 687 条:611;613;616; **631**;705
第 688 条:416;449 以下
第 689 条:456
第 690 条:455
第 691 条以下:453
第 693 条:457
第 694 条:451;457
第 695 条:454;458
第 696 条:453
第 697 条:454
第 698 条:455
第 699 条:454;456
第 700 条:290; **458**
第 701 条:459 以下

第 702 条:464
第 702a 条:464
第 703 条:465
第 705 条以下:472 以下
第 705 条:476 以下
第 706 条:475;480
第 707 条:492
第 709 条: **484** 以下;487;491
第 710 条:486
第 711 条:486
第 712 条:487
第 713 条:488;492
第 714 条:489
第 716 条:486;592
第 718 条:480
第 719 条: **481** 以下;497
第 720 条:481
第 723 条以下:493
第 723 条:478
第 725 条:482
第 730 条以下:479;494
第 731 条:498
第 734 条:481
第 736 条以下:495
第 741 条以下:496 以下
第 741 条:497
第 743 条:500
第 744 条以下:500 以下
第 746 条:500
第 747 条:481;502
第 748 条:500

第 749 ~ 751 条:503
第 752 ~ 754 条:504
第 755 条以下:505
第 757 条:504
第 758 条:503
第 759 ~ 761 条:539
第 762 条:470;506 以下
第 763 条:509
第 764 条:510 以下
第 765 条:512 以下
第 766 条:517 以下
第 767 条:522;525
第 768 条:524
第 769 条:533
第 770 条:524
第 771 ~ 773 条:527
第 774 条: **528**;535 以下;719
第 775 条:530
第 776 条:531
第 777 条:532
第 778 条:420; **520**
第 779 条:551;559
第 780 条:175;289; **552** 以下;670
第 781 条:175; **555**;673
第 782 条:559
第 783 条:580;583 以下;728
第 784 条: **583**;728
第 787 条:583
第 788 条:584
第 790 条:583
第 792 条:584

第793条:570以下

第794条:571

第796条:571

第797条:571以下

第798条以下:571

第804条:571

第807条:575以下

第808条:577

第812条:179;556; **632**以下;**639**以下;672以下; **708~734**

第813条:556; **643**;655

第814条:556;645; **656**以下

第815条:556;658

第816条:4;632;637; **698**以下;723;732;792;812;817;622;636; **645**;654; **659**以下

第818条以下:178以下;181

第818条:669; **675~689**;**692**以下;726;940

第819条: **685**以下;696;940

第820条:687; **801**以下;814; **815**以下

第821条:556;643;670

第822条:4;178;182; **690**以下;702;731

第823条:99以下;206;218;283;419;431;613;713;744以下;748以下;757;769; **777~834**;886以下;914;916以下;942

第824条:761; **801**以下;814; **815**以下;942

第825条:798

第826条:99;338;431;668;746; **835**以下

第827条以下: **768**;770;872

第828条: **768**;822

第829条:770以下;935

第830条:930以下

第831条:101;356;491;754;762; **850**以下;886;935

第832条:754; **861**

第 833 条:491;683;737;753; **862**;**870** 以下
第 834 条:863
第 836 ~ 838 条:102;753;864 以下
第 839 条:356;861; **908 ~ 928**
第 839a 条:783
第 840 条:934 以下
第 841 条:935
第 843 条:540
第 844 条以下:425;755
第 852 条:61;103;206;286;402; **936** 以下;940
第 853 条:643; **941**
第 854 条:19
第 858 条以下:713
第 858 条:833
第 862 条:942
第 868 条:19;186;449
第 870 条:19
第 872 条:867
第 873 条:21;35;114;385;727
第 883 条:114;163;385
第 885 条:385
第 888 条:114;163;385
第 891 条:22
第 892 条:22;700
第 894 条:668
第 903 条:610;794;797
第 904 条:758;797; **897**
第 906 条:898
第 921 条以下:498
第 925 条:21;35;114;120;124
第 925a 条:171

第 929 条以下:21
第 929 条:20;727
第 930 条:19
第 932 条以下:700 以下;734
第 932 条:227;700 以下;734
第 936 条:227
第 946 条以下:711
第 946 条:386;410;734
第 947 条以下:498
第 950 条:386;498
第 951 条: **711**;734
第 952 条:569
第 956 条:269
第 958 条:807
第 963 条:498
第 984 条:498
第 985 条:53;73d;139;218;228;384;633;668;706;710
第 986 条:121;139;218;252;633
第 987 条以下:611;613;685;688;710;712;785 以下;792 以下;809
第 988 条:4
第 994 条以下:384;638;681;717
第 1004 条:942;944;946
第 1007 条:713
第 1027 条:942
第 1029 条:942
第 1056 条:233
第 1059 条:150
第 1065 条:942
第 1090 条:942
第 1094 条以下:163
第 1116 条:561

第 1138 条:22;700
第 1192 条:561
第 1199 条:561
第 1207 条:384
第 1213 条以下:221
第 1235 条:504
第 1257 条:384
第 1297 条:644
第 1301 条:658
第 1361 条以下:479
第 1418 条:676
第 1419 条:497
第 1473 条:676
第 1614 条:540
第 1624 条:173
第 1626 条以下:811;861
第 1641 条:593
第 1793 条、第 1800 条:861
第 1835 条:426;626
第 1922 条:216
第 1973 条:643
第 1975 条以下:524
第 1975 条:1990;643
第 2018 条以下:61;710;790 以下
第 2030 条以下:790
第 2033 条:497
第 2034 条:158
第 2041 条:676
第 2111 条:676
第 2113 条:593
第 2135 条:233

第 2176 条:467
第 2302 条:644
第 2325 条:182
第 2353 条:497
第 2380 条:39

《联邦公害防治法》

第 5 条:834
第 14 条:898

《联邦狩猎法》

第 11 条以下:277
第 26 条、第 29 条以下:899

《联邦公证人法》

第 19 条:925

《交易所法》

第 52 条以下:511

《民法典施行法》

第 12 条:146
第 27 条以下:18;146

《报酬续付法》

第 3 条:334;743
第 6 条:743

《地上权规程》

第 30 条:233

《遗产税法》

第 14 条、第 16 条:171

《铁路交通法》

第 17 条:414

《土地登记法》

第 19 条:21;114;385
第 20 条:21;114;171;385

第 47 条:497

《基因技术法》

第 32 条以下:906

《营利事业法》

第 34c 条:410;437

《基本法》

第 1 条:815

第 2 条:783;815

第 5 条:799

第 6 条:203

第 14 条:252;258;260;276

第 20 条:314

第 34 条:356;861; **910**;**912** 以下

第 79 条:911

《反对限制竞争法》

第 15 条:609

第 16 条:29

第 18 条:609

第 23 条:29

第 33 条:818;939

第 97 条以下:405

《商法典》

第 1 条:476;479

第 37 条:942

第 93 条以下:435

第 105 条:472 以下

第 128 条:490

第 161 条:472

第 251 条:539

第 343 条以下:32;78;518;559

第350条:518;527;559
第355条:555
第363条:554;560
第373条以下:80
第377条:78;80
第379条:32
第384条:80
第407条以下:412以下
第407条:412
第414条:413
第426条:413
第427条:413
第431条以下:413
第435条:413
第451条以下:412
第467条以下:452
第556条以下:412

《责任法》

第1条:414;818
第2条:891
第3条:889
第4条以下:414;888
第6条:890
第9~10条:412;890
第11条:939
第12条:890
第13条:935

《支付不能法》

第47条:103;121
第106条:114

第107条:121
第134条:178
第254条:524
《航空运输法》
第33条以下:892
第37条:892
第39条:939
第41条:935
第42条:892
第44条以下:415a;892
第47条:939
第48条:415a
第53条:892;935;939
第54条:939
《标记法》
第14条以下:942
《自由职业者合伙法》
第1条:473
《义务保险法》
第3条:934
《产品责任法》
第1条以下: **109** 以下;882
《帝国社会保险法》
第182条:355
第368a条:355
第368d条:355
第368f条:355
第537条:832
第539条:625
第636条以下:336;832

第708条以下:832
第1542条:719
《社会法典》第5编
第2条:355
第76条:355
第85条:355
第95条:355
《社会法典》第7编
第2条:625
第104条以下:336;832
《社会法典》第10编
第116条:719
《刑法典》
第19条:822
第22条以下:747
第25条以下:931
第32条:757
第34条:758
第185条以下:799
第186条:822
第193条:761
第211条以下:822
第228条:765
第234条以下:822
第263条:824;827以下
第267条:824
第287条:470;509
第303条以下:822
第323c条:625
第331条:645

《道路交通法》
第 7 条:413;415; **876** 以下;925
第 8 条:876;879
第 8a 条:415; **879**
第 9 条:882; **884**
第 10 条:880;883
第 11 条:880;883
第 12 条:868;883
第 12a 条:883
第 13 条:880;883
第 14 条:939
第 15 条:885
第 16 条:415;886
第 17 条:884;935
第 18 条:868;887
第 21 条:823;886
《道路交通管制规则》
第 3 条:882
《环境责任法》
第 1 条以下:900 以下
第 13 条:904
第 17 条:939
第 18 条:904
《联合国买卖法》
第 1 条以下:147
《反不正当竞争法》
第 1 条:470
第 14 条:818
第 21 条:939
《保险监管法》
第 81 条:543

《保险合同法》
第 1 条:547
第 51 条、第 55 条、第 56 条:548
第 67 条:547
第 74 条以下:544
第 158b 条以下:549
第 166 条:542
第 186 条:542
《水管理法》
第 22 条:896;939
《经济刑法》
第 5 条:264
《民事诉讼法》
第 253 条、第 261 条:685
第 302 条:907
第 578 条以下:844
第 598 条:142
第 600 条:907
第 717 条:907
第 721 条:208
第 767 条:139
第 771 条:121;186;220
第 794a 条:208
第 805 条:220
第 806 条:52
第 811f 条:220
第 859 条:482
第 945 条:907
第 1059 条:469
第 1065 条:907

《强制拍卖和强制管理法》
第 56 条:39;52
第 57 ~ 57d 条:233
第 180 条以下:504

术 语 索 引

（数字指本书边码；粗体印刷者为主要出处）

abhängige Arbeit	非为独立的劳动	315
Abhilfe durch den Reisenden	由游客进行的救济	397
Abhilfeanspruch des Reisenden	游客的救济请求权	396
Abhilfeverlangen des Mieters	承租人的救济请求	194
Ablieferung der Kaufsache	买卖标的物的交付	73g
“Ablöse”	“补偿”	240
Ablösung, vorzeitige, von Darlehen	清偿，提前，借贷的	291
Ablösung von Teilen	部分工作物的剥落	865
Abnahme der Kaufsache	买卖标的物的受领	31；33；61
– des Werks	– 工作成果的	379 以下
Abnahmeverweigerung beim Werkvertrag	承揽合同情形的拒绝受领	372
Abschlagszahlung	一部付款；一部支付	379
Abschlußzwang gegenüber Makler	针对居间人的订约强制	443
Abstrakte Verbindlichkeit	抽象的债务	506
Abstraktionsprinzip	抽象原则，不要因原则	556
– und §817 S.2	– 与第 817 条第 2 句	668
Abwasserleitung, unzureichende	废水管道，不充分的	891
Abwicklung der Gesellschaft	合伙的清算	494
Abzahlungsgeschäfte, drittfi-	分期付款买卖，由第三人	295；296 以下

nanzierte	融资的	
Abzahlungskauf	分期付款买卖	124 以下
– und Franchising	–与特许经营	609
– und Leasing	–与新型租赁	597；598；602
Abzug der Erwerbskosten bei § 816 BGB	《民法典》第 816 条情形的取得费用扣除	706
Abzug gemäß Saldotheorie	依差额说扣除	693
actio de dolo	欺诈之诉	839
action negatoria	除去妨害的诉讼	942
Agenturvertrag	代理合同	89
AIDS	艾滋病	351；780
Akzeptkredit	承兑信贷	583
Akzessorietät (Bürgschaft)	从属性(保证)	521 以下
Akzessorietätstheorie (Gesellschafterhaftung)	从属性理论(合伙人责任)	490
aliud	异类物	51；364
Alleinauftrag	单独委托,单独委任	439
allgemeine Aufsichtspflicht	一般监督义务	859
Allgemeine Geschäftsbedingungen, Kauf	一般交易条款,买卖	76
– des Maklers	– 居间人的	436
– und AVB	–与一般保险条款	546
Allgemeine Persänlichkeitsrecht	一般人格权	800；**815** 以下
Allgemeine Versicherungsbedingungen	一般保险条款	546
"allgemeine Vorschriften"	"一般规定"	688 以下
alte Leute	原有人员	882
Altlasten, Überplanung	旧有负担,过度规划	917
Amtspflichtverletzung	职务义务侵害	112a；916
Amtsträger	职务承担人	913

Änderung der Tilgungsbestimmung	清偿指定的变更	721
Änderungskündigung	变更的通知	247; 256
Aneignungsrecht des Mieters	承租人的先占权	200
Aneignungsrechte, Verletzung	先占权,侵害	807
Anerkenntnis	承认	555 以下
– kausales	–要因的	558
Anerkenntnis bei §812 BGB	《民法典》第 812 条情形的承认	673
Anfechtung, Kondiktion	撤销,不当得利返还请求权	646
Anfordern, erstes, bei der Bürgschaft	第一请求,保证情形	537
Angehörigenbürgschaft	亲属保证	516
Anhänger	拖车,挂车	876; 884
Anlagenhaftung nach UmweltHG	依《环境责任法》的设施责任	901
– nach WHG	–依《水法》的	896
Anlaß für Bürgschaft	保证的诱因	517
Anleitungsfehler	说明书错误	100
Annahme der Anweisung	指示证券的承担	583
Annahmeverzug	受领迟延 见 Gläubigerverzug	
Anscheinsbeweis	推定证明	846
Anstandspflicht	礼仪上的义务	657
Anstandsschenkung	礼仪上的赠与	174; 179
Anstellungskörperschaft	任用性团体	923
Anstifter	教唆人	931
Antrag, Ablehnungsobliegenheit	要约,拒绝之对己义务	423

Anwartschaftsrecht, Verletzung	期待权,侵害	808
– und Vermieterpfandrecht	–与出租人质权	223
Anweisung	指示证券	578 以下; 728
– Fehlen	–欠缺,不存在	729
– kaufmännische	–商业性	582
Anzeigeobliegenheit nach StVG	依《道路交通法》的通知之对己义务	885
Apothekenpacht	药房的用益租赁	278
Arbeitnehmer, Verletzung	雇员,侵害	741; 743
Arbeitsgemeinschaft	联合工作组织	405; **473**
Arbeitsleistung, Vergütung	劳务给付,报酬	652
Arbeitsplatz	工作岗位	322; 814
Aebeitsrecht	劳动法	315 以下
Arbeitsverhältnis	劳动关系	315 以下; 609
Architekt	建筑师	404
Architektenvertrag	建筑师合同	362
Arglist des Verkäufers	出卖人的恶意	73h; 75; 296
Gebrauchtwagenkauf	旧车买卖	92
Arzneimittelhaftung	药物责任	895
Arztvertrag	医师合同,治疗合同	348 以下
Aufbau bei Deliktsansprüchen	侵权请求权的建构	747
– bei Schadensersatzansprüchen	–损害赔偿请求权的	791
aufgedrängte Bereicherung	强迫得利	378; 628; 678; **681**; 711; 717; 722
Aufhebung der Gemeinschaft	共有关系的终止	503 以下
Aufklärungsrichtiges Verhalten	说明上正确的行为	431
Aufklärungspflicht des Arztes	医师的阐明义务	**351**; 766
– bei Börsentermingeschäft	–交易所期货交易情形的	511

– bei Finanzierung	–融资情形的	297; 303
– der Bank	–银行的	431
– des Verkäufers	–出卖人的	26
Auflage bei Schenkung	赠与的负担	180 以下
Auflassungsvormerkung	不动产合意的预告登记	114
Auflösung der BGB – Gesellschaft	合伙的解散	493 以下
Aufnahme von Gast	客人的接纳	461
Aufopferungsansprüche	牺牲请求权	897 以下
Aufsicht über Personen	对人的监督	861
– über Tiere	–对动物的	862 以下
Aufsichtspflichten	监督义务	754
Auftrag	委托,委任	**416** 以下; 529
Aufwendungen	费用	**425**; 718
Aufwendungsersatz, Auftrag	费用偿还,委托	417; 424 以下; 720
– GoA	–无因管理	626
– Gesellschafter	–合伙人	488
– Makler	–居间人	443; **447**
Aufwendungskondiktion	费用偿还不当得利请求权	716 以下
Auseinandersetzungsguthaben	分割财产的份额	495
Ausfallbürgschaft	短缺保证	534
"Ausführung der Verrichtung"	"事务的执行"	853
Auskunft durch Beamte	由公务员告知	916
Auskunftsansprüche nach UmweltHG	依《环境责任法》的告知请求权	902
Auskunftsvertrag	告知合同	96; **431**
Ausländer, Staatshaftung ihnen gegenüber	外国人,对其的国家责任	924
Auslegung von Schuldverspre-	债务允诺的解释	557 以下

chen		
Auslobung	悬赏广告	466 以下
– und Spiel/Wette	–赌博/打赌	508
Ausreißer	次品	100
Ausscheiden eines Gesellschafters	合伙人的退伙	495
Ausschluß eines Gesellschafters	合伙人的开除	495
– der Vermieterhaftung	–出租人责任的排除	199
Ausschreibung	招标	405 以下
Ausspielvertrag	彩票合同	509
Auswahlverschulden	选择过错	320
Auswärtiger Dienst, Staatshaftung	外交服务,国家责任	924
Bagatellisierung von Risiko	风险的轻微化	516
Bank, Aufklärungspflichten	银行,说明义务	431
Banküberweisung	银行汇付	728 以下
Bankvertrag	银行合同	294; 310; 431; **433**
Bargeschäfte, Kondiktion	现金交易,不当得利返还请求权	644
Barschenkung	现物赠与,现金赠与	171
Basiszins der EZ	欧洲中央银行的基础利率	143; 306
Bau auf fremdem Boden	在他人土地上建筑	716 以下
Baubetreuung	建筑信托	**408**; 410
Baufortschritt, Zahlung nach	建筑工程进度,依建筑工程进度的付款	385
Baugenehmigung, Fehlen	建筑许可,欠缺(或者不存在)	22
Bauherrengemeinschaft	建筑起造人共同关系	411; 473
Bauherrenmodell	建筑起造人模式	267; **411**

Baumaterial, Kauf	建筑材料,买受	73e
Bauträgervertrag	建筑承担合同	410
Bauvertrag	建筑合同,建筑工程合同	116; 386; **404** 以下
Bauwerkshaftung	建筑工作物责任,工作物责任	864 以下
Beamtenhaftung	公务员责任	908
– privatrechtliche	–私法上的	928
– im Rückgriff	–追偿中的	926
Beamter	公务员	913
Beauftragter, Pflichten	受托人,受任人	420 以下
Bedingungen beim Eigentumserwerb	取得所有权情形的条件	120
– bei Wohnraummiete	–住房(使用)租赁情形的	249; 256
Bedingungseintritt, Kondiktion nach	条件成就,条件成就后的不当得利返还请求权	647
Beförderungsvertrag	运送合同,运输合同	412 以下
Befreiungsanspruch des Bürgen	保证人的免责请求权	530
Befristung, Dienstverhältnis	附期限,雇用关系	340
– Forderung	–债权	655
– Miete	–(使用)租赁	212
– Wohnraummiete	–住房(使用)租赁	249; 256
Befundsicherung	检验结果的保证	107
Begehungsgefahr	实行危险	944
Behauptung ins Blaue hinein	胡说八道	92
Beiderseitigkeit des Gesetzes – oder Sittenverstoßes	违法或者背俗的双方性	**660**; 665
Beipackzettel	药物说明书	351
Belastung des Mietgrundstücks	(使用)租赁土地的负担	233

	设定	
Beratungspflicht des Verkäufers	出卖人的顾问义务	73
Bereicherung durch abstrakten Schuldvertrag	因不要因债务合同而得利	556
Bereicherung des Schädigers	致害人的得利	940
Bereicherungsverbot, versicherungsrechtliches	得利禁止,保险法上的	548
Bereitstellungsprovision	备置手续费	292
Beruf oder Gewerbe, Tätigkeitsvergütung	职业或者营利事业,活动报酬	426; 626
Berufs – oder Gewerbepflichten	职业或者营利事业义务	755
Beschaffenheitsangabe	品质说明	71
Beschluß, Gemeinschaft	决议,共同关系	500
Beseitigungsanspruch	除去请求权	942; 945 以下
Besitz, Zuweisungsgehalt	占有,归属内涵	713
– Deliktsschutz	–侵权保护	809
– bei überlassungsverträgen	–交付合同情形	186
– bei Verwahrung	–保管情形	449
Besitzer, Bauwerkshaftung	占有人,建筑工作物责任	867
Besonderes Schuldrecht	特别债法,债法分则	1
Bestandsschutz bei Wohnraummiete	住房(使用)租赁情形的既存关系保护	242 以下
Bestellung zur Verrichtung	为执行事务而设定	851
Beteiligung, Kauf einer	股权买卖	155
– an Schädigung	–致害的参与	932 以下
"Betongold"	"混凝土形态的黄金"	266
Betrieb von Eisenbahn	铁路的营运	888
– Kraftfahrzeug	–汽车的	881
betriebsbezogener Eingriff	与营运相关连的干涉	820
"Betriebsgemeinschaft"	"企业共同关系"	327

Betriebskosten für Mietshaus	(使用)租赁房屋的经营成本	262
Beweislast, Arzthaftung	举证责任,医师责任	350
– Deliktsrecht	–侵权法	845 以下
– Schuldversprechen	–债务允诺	553
Beweisnot des Geschädigten	受损害人的举证困难	933
Bewirtschaftungspflicht des Pächters	(用益)承租人的经营管理义务	274
"bezweckter Erfolg"	"以之为目的的结果"	651 以下
BGB – Gesellschaft	合伙	405 以下; **472** 以下
– Teilrechtsfähigkeit	–部分权利能力	482a; 490; 498
Billigkeit und Versicherungsschutz	衡平与保险保障	774
Billgkeitshaftung nach § 829 BGB	《民法典》第 829 条的衡平责任	770 以下
Billigung des Werks	工作物的承认	379
Blankobürgschaft	空白保证	517
Bonität	信誉	150
Bordellvertrag	妓院合同	**662**;667
Börsentermingeschäft	交易所期货交易	511
Brent Spar	布兰特·施帕尔案	820
Brief über Grundpfandrecht	关于土地担保权的书状	561; 567
Bruchteilsgemeinschaft	按份共有	496 以下
Buchgemeinschaft	书籍共同关系	130
Buchrecht	登记权利,登记簿上的权利	22
Bundespost, Haftungsausschlüsse	联邦邮政,责任免除	922
Bürgenhaftung des alten Vermi-	原(使用)出租人的保证	231; 233

eters	人责任	
Bürgschaft	保证	512 以下
– auf erstes Anfordern	–应第一请求的	537
– und §312 BGB	–与《民法典》第312条	515
– und §§499 以下 BGB	–与《民法典》第499条以下	515
BverfG und Ehrenschutz	联邦宪法法院与名誉保护	799
– Wohnungsmiete	–住房(使用)租赁	252
Caroline von Monaco	摩那哥的卡洛里娜	816
Chefarzt, Haftung	主任医师,责任	353 以下; 356
CISG	联合国统一买卖法	147
CMR	国际公路货物运输合同公约	413
Commodum ex negotiatione	因买卖获得的利益	676
Computer, Ablieferung	计算机,交付	61
Computerprogramm	计算机程序	358
Condictio, Geschichte	请求给付之诉,沿革	633
– indebiti	–错债索回之诉	641; **646** 以下; 656; 659
– ob causam finitam	债因消失后的请求返还之诉	642; **647** 以下; 656; 658
– ob rem	为其他目的的请求返还之诉	644; **651** 以下; 658
– possessionis	占有返还之诉	634; 673
– ob turpem vel iniustam causam	背俗或者违法的返还请求权	645; 659
culpa in contrahendo	缔约过失 见 Verschulden bei Vertragsverhandlungen	
Darlehen	借贷	186; **287** 以下

– Bereicherung	–得利	686
– zu bestimmtem Zweck	–为特定目的	293 以下
– und Factoring	–与保理	606
– und unregelmäßige Verwahrung	–与不规则保管	290
Darlehensversprechen	借贷预约	287；291
Dauerschuldverhältnis	继续性债务关系	183；212 以下；246
– und Factoring	–与保理	605
Deckungsverhältnis	补偿关系	579；581
Deckungsvorsorge	抵偿准备	905
Definitionsnorm	定义性规范	188
Delikt	见 unerlaubte Handlung	
Deliktsfähigkeit	见 Verschuldensfähigkeit	
Denkender Gehorsam, Auftrag	思考性的遵从,委托	420
– Verwahrung	–保管	453
Depositenkasse	变例保管	458
Depositum irregulare	变例保管	458
Deregulierung im Versicherungsrecht	保险法上的放松管制	543
Deutscher Wetterdienst, Amtspflicht	德国气象局,职务义务	917
Dienstbarkeit, Verletzung	役权,侵害	806
Dienstgläubiger, Vergütungspflicht	劳务给付债权人,报酬义务	328 以下
Dienstleistungen, Arten	劳务给付,种类	311 以下
– und Werkleistungen	–与承揽给付	317；361 以下
– und §812	–与第 812 条	674
Dienstleistungspflicht	劳务给付义务	321 以下
– Höchstpersönlichkeit	–专属性	322

Dienstverschaffungsvertrag	劳务供给合同	320
Dienstvertrag	雇用合同	311 以下；317 以下
– und Arbeitsvertrag	–与劳动合同	315 以下
– und Machtverteilung	–与分权	314
– Vermittlung	–媒介	448
Dienstzeugnis	劳务证书	338
– Haftung bei Unrichtigkeit	–不正确情形的责任	838
Differenzgeschäft	差额交易	510
DIN	德国工业标准	821
Dingliche Ansprüche und § 817 BGB	物上请求权与《民法典》第 817 条	668
Direktkondiktion bei Fehlen der Anweisung	指示证券欠缺情形的直接不当得利返还请求权	729
Dokumentenakkreditiv	跟单信用证	582
Doppelauftrag, Makler	双重委托,居间人	444
Doppelmangel	双重瑕疵	726
Doppelverpflichtung, Theorie der	双重义务,双重义务理论	490
Dreiecksverhältnis, Bereicherungsrecht	三角关系,得利法	727 以下
– Leasing	–新型租赁	598 以下
Dreipersonenverhältnis	三人关系	579
– Bereicherungsrecht	–得利法	723 以下
“Dritter” bei Täuschung	诈欺情形的“第三人”	296
Dritterwerb und Miete	第三人取得与(使用)租赁	228 以下
Drittfinanzierung bei Kauf	买卖情形的第三人融资	125
Drittschadensliquidation beim Hersteller	在生产者那里进行的第三人损害清算	98

Due diligence	适当努力	154
Durchgriff, Bereicherungsrecht	严格,得利法	724 以下
Durchsetzbarkeitsakzessorietät	执行从属性	524
EAG	《关于订立国际货物买卖合同的统一法》	146
Effektive Jahreszins	实际年息	132
EG – Richtlinie Produkthaftung	欧洲共同体指令 产品责任	109
– Reisevertrag	–旅游合同	395
Ehe, Deliktsschutz	婚姻,侵权保护	810
Ehebezogene Geschäfte	与婚姻相关连的行为	182; 596; 648
Ehegatte, Bereicherungsausgleich	配偶,得利补偿	648
Ehegattengesellschaft	夫妻合伙	182; 479
Ehegüterrecht	婚姻财产法	182
Ehemäkler	婚姻居间人	448
Ehrenschutz	名誉保护	**798** 以下; 816
Ehrverletzung, Rechtfertigung	名誉侵害,正当化	761; 803
Eigenbedarf des Vermieters	(使用)出租人的自己需要	250
Eigenmachtsverbot als Schutzgesetz	自力禁止作为保护性法规	833
Eigenschaftsbeschreibung	品质说明	71
"Eigentum" des Mieters	(使用)承租人的"所有权"	250
Eigentümer, Duldungspflicht	所有人,容忍义务	897 以下
Eigentümer – Besitzer – Verhältnis	所有权–占有人–关系	710; 712; 717
– und Deliktshaftung	–与侵权责任	785 以下
Eigentumserwerb des Pächters	(用益)承租人的所有权	269

	取得	
– und Übergabe	–与交付	20
Eigentumsverletzung	所有权侵害	784 以下
Eigentumsvorbehalt	所有权保留	**120** 以下; 598
– und Werkunternehmerpfandrecht	–与承揽人质权	384
– verlängerter, und Factoring	–延伸的,与保理	607
Einbringung	携入	222
– bei Gastwirt	–旅店主处的	462
Eingehung einer Verbindlichkeit und § 817 BGB	债务的缔结与《民法典》第 817 条	670
Eingliederung des Gehilfen	辅助人的列入	851
Eingriffskondiktion	侵害他人权益不当得利	637; **697** 以下; **708** 以下
Eingriffsrechte, staatliche	干涉权,国家的	763
Eingriffsverwaltung	干涉性行政	914
Einheit des Vertrages	合同的一体性	307; 586
Einheitstheorie, Bereicherung	统一说,得利	632
Einkommensteuer und Schenkung	所得税与赠与	171
Einrede, dauernde	抗辩权,永久性的	643
– des deliktischen Forderungserwerbs	–侵权取得债权的	941
– des Sachmangels	–物的瑕疵的	73i
– der Vorausklage	–先诉抗辩权	527
Eintrittskarten	入场券	575
Einwendungsdurchgriff beim Darlehen	借贷情形的抗辩延伸	140; 298; 309
Einwilligung	允许	765 以下
– Geschäftsfähigkeit	–行为能力	765

Einziehungsermöchtigung	收取授权	123
Eisenbahn, Beförderung	铁路,运送	412
– Haftung	–责任	888 以下
EKG	《关于国际货物买卖的统一法》	146
Elterliche Sorge, Deliktsschutz	亲权,侵权保护	811
Eltern, Haftung für Kinder	父母亲,对子女的责任	861
Empfehlung	推荐	431
Energieanlagen, Haftung	能源设施,责任	891
Entfernung von Pfandsachen	质物的取除	226
Entgeltfortzahlung	报酬续付	334
Entgeltlichkeit von Schuldvertrag	债务合同的有偿性	4; 14
– bei Überlassungsvertrag	–交付合同情形	184
– Bürgschaft	–保证	514
Entlastungsbeweis	免责证明	857 以下
– dezentralisierter	–分散的	858
Entleiher, Pflichten	借用人,义务	286
Entstehensakzessorietät	生成的从属性,发生的从属性	521
Entstehung der Forderung	债权的成立	655
Entziehung der Geschäftsführungsbefugnis	业务执行权的撤回	487
– der Vertretungsmacht	–代理权的	489
Erbenhaftung, Beschränkung	继承人责任,限制	524
Erbensucher	寻找继承人营业之人	630
Erberwartung und Bereicherungsausgleich	继承期待与得利补偿	652
Erbfolge, vorweggenommene	先取继承	171
Erbschaftsbesitz und § 823 I	遗产占有人与《民法典》	790

BGB	第823条第1款	
Erbschaftskauf	遗产买卖	39
Erbschaft – und Schenkungsteuer	遗产及赠与税	171
Erforderlichkeit von Aufwendungen	费用的必要性	424
Erfüllungsanspruch	履行请求权 见 Nacherfüllung	
– bei Auflage	–负担情形的履行请求权	181
– des Mieters	–(使用)承租人的履行请求权	192
Erfüllungsort	履行地	36
Ergänzender Beseitigungsanspruch	补充性的除去请求权	945
– Unterlassungsanspruch	–不作为请求权	944
Erlangtes	所取得者,所取得的利益	672 以下
Erlöschen des Vermieterpfandrechts	(使用)出租人质权的消灭	225 以下
Erlöschensakzessorietät	消灭的从属性	525
Ermächtigung (Anweisung)	授权(指示证券)	583 以下
"Ersatzperson", Reisevertrag	"代替人",旅游合同	393
Ersatzteilhaltungspflicht des Verkäufers	出卖人的保有备件义务	26
Erschließungsbeiträge	开发费	23
Ersetzungsbefugnis	代替权	87
Ersparnisbereicherung	节省利息得利	680
Ertragsrisiko	收益风险	271
Erwerbskosten, Abzug	取得费用,扣除	706
Erwerbstier	维持职业的动物	862
EU – Richtlinie Verbrauch-	欧盟指令 消费品买卖	63a

sgüterkauf		
Existenzgründungsdarlehen	生存设立性质的借贷	303
Exkulpation	免责	857 以下
Exzeß des Fremdbesitzers	他主占有人的过当行为	787 以下
Fachgeschäft	专业商店	72
Factoring	保理	604 以下
“fahrbereit”	“准备行驶的状态”	44
Fahrerhaftung	驾驶者责任	868
Fahrer, Haftung ihm gegenüber	驾驶者,针对其的责任	879
Fahrgäste, Haftung ihnen gegenüber	乘客,针对其的责任	879
Fahrgemeinschaft	共同乘车关系	473
Fahrkarten	车票	576
Fahrlässigkeit	过失	769
Faktische Gesellschaft	事实上的合伙	479
Fälligkeit, Fehlen	届期,没有届期	855
– des Werklohnanspruchs	–承揽报酬请求权的	379
Falschlieferung	错误交付	51; 364
Familienplanung, Störung	家庭计划,妨碍	814
Fehlbelegungsabgabe	空置房屋捐税	239
Fehlerhafte Beschaffenheit von Kraftfahrzeug	汽车的瑕疵性能	882
Fehleridentität	瑕疵同一性	668
Ferienwohnung	度假住房	243
Fernabsatz	异地销售,远程销售	13
Fernunterricht	远程教学,函授	319
Fertigstellungsbescheinigung	竣工证书	379
Festauftrag	固定委托	440
Festpreisvereinbarung	固定价格协议	378
Feststellungsklage und	确认之诉与诉讼系属	685

Rechtshängigkeit		
Feuerversicherung	火灾保险	542
Finalität beim WHG	水法情形的目的性	896
Finanzierungskosten	融资费用	68
Finanzierungsleasing	融资租赁	301; **598** 以下
Fleetfall	运河斜坡坍塌案	795
Flugzeuge, Beförderung	飞机,运送	415a
– Haftung gegenüber Dritten	–针对第三人的责任	892
– Haftung gegenüber Fluggästen	–针对乘客的责任	415a
– Reisevertrag	–旅游合同	395
Forderung, deliktischer Schutz	债权,侵权保护	812
Forderungskauf und Factoring	债权买卖与保理	606
Form, Abzahlungskauf	方式,分期付款买卖	132 以下
– Bürgschaft	–保证	517 以下
– Gesellschaftsvertrag	–合伙合同	477
– Grundstückskauf	–土地买卖	113
– Grundstücksvermietung	–土地(使用)出租	234
– Inhaberschuldverschreibung	–无记名债券	573
– Kündigung bei Wohnungsmiete	–住房(使用)租赁情形的终止	242 以下
– Maklervertrag	–居间合同	443
– Schenkungsversprechen	–赠与预约	175
– Schuldversprechen, – anerkenntnis	–债务允诺,债务承认	559
– selbständiger Schuldvertrag	–独立的债务合同	559
– Vorkaufsrecht	–先买权	157; 160
– Wiederkaufsrecht	–买回权	165
Formmangel, Heilung	方式欠缺,补正	175
Fortsetzung des Mietverh-	(使用)租赁关系的继续	215; 254

ältnisses		
Frachtführer, Haftung	承运人,责任	412 以下
Frachtgeschäft	货运行为	319
Franchising	特许经营	608 以下
Freiheit	自由	777; **783**
Freistellungsanspruch aus Auftrag	基于委托的免责请求权	425
Fremdgeschäftsführungswille	管理他人事务的意思	615; **619** 以下; 630
Fristen, Reisevertrag	期间,旅游合同	402
Fruchtgenuß des Pächters	(用益)承租人的孳息享用	187
Fruchtziehungsrecht des Pächters	(用益)承租人的孳息收取权	269
Fürsorgepflichten des Dienstgäubigers	劳务债权人的照顾义务	335 以下
Fußballtoto	足球彩票	509
Garantie des Produzenten	生产者的担保	96
– des Verkäufers	–出卖人的	70 以下; 75; 80e; 96
Garantiehaftung des Vermieters	(使用)出租人的担保责任	197
Garantievertrag	担保合同	520; 538
Garderobe, Haftung für	衣帽间,对衣帽间的责任	460
Garderobenmarke	衣帽间凭证	576
Gastwirtshaftung	旅店主责任	459 以下
Gattungskauf	种类买卖	77; 166
Gattungsschuld	种类债务	16
– Miete	–(使用)租赁	191
Gebäude	建筑物	864

Gebrauch der Kaufsache	买卖物的使用	45 以下
Gebrauchsanweisung	使用说明	50; 96
Gebrauchsrecht des Mieters	承租人的使用权	203 以下
Gebrauchtwagen, Inzahlungsgabe	旧车,用作付款	86 以下
Gebührenbeamter	费用公务员	924
Gebührenordnung für Ärzte	医师费用法	348
Geföhrdungshaftung	危险责任	737; **870 – 907**
– des Staates	– 国家的	925
Gefahrerhöhung	危险增加	860
Gefahrübergang	危险移转	20; **34** 以下; 48
Gefälligkeit und Auftrag	情谊行为与委托	419
Gegendarstellung	反对性说明	799
Gegenleistungsgefahr	对待给付危险 见 Preisgefahr	
Gegenleistungskondiktion	对待给付不当得利请求权	696
Gegenseitigkeit, Abzahlungskauf	相互性,分期付款买卖	138
– Bereicherungsrecht	– 得利法	694 以下
– Gesellschaft	– 合伙	478
– Kauf	– 买卖	33
– Grundstückskauf	– 土地买卖	114
– Maklervertrag	– 居间合同	436
– Miete	– (使用)租赁	198
– verzinsliches Darlehen	– 付息借贷	288
Geheißerwerb	口头买卖	727
Gehilfe	辅助人	931
Gelddarlehen	金钱借贷	288a
Geldentwertung und Darlehen	货币贬值与借贷	288
– Inventar	– 附属物	273
– partiarische Verträge	– 利益分配合同	271; 591

Gelegenheitsgeschenke	即兴赠与物	171
Gelegenheitsgesellschaft	临时合伙	473
gemeinsamer Zweck	共同目的	476
gemischte Schenkung	混合赠与	**591** 以下；704
Genehmigung, staatliche	核准,国家的	509
– von Verfügung	–处分的承认	701
Genehmigungsfähigkeit mangelhafter Ware	瑕疵货物的可承认性	51；79
Generalklauseln bei der unerlaubten Handlung	不许行为中的一般条款	739 以下
Generalüberholung	大修	44
Generalunternehmer	总承保人	404
Gentechnik, Haftung	基因技术,责任	906
Genugtuung	慰抚	817
Gepäckschein	行李单	576
Gerichtsentscheidungen und Verschulden	法院裁判与过错	918
Gerichtliche Überprüfung bei Preisausschreiben	有奖征募广告的法院审查	469
Gesamthand	共同	481；497
Gesamtheit von Reiseleistungen	旅游给付的整体性	391
Gesamtschuld und Akzessorietät	连带债务与从属性	526
Gesamtschuld, Deliktstäter	连带债务,侵权行为人	934
Gesamtschuldnerausgleich	连带债务人的补偿	720
Gesamtvertrag	总合同	355
Geschäfte, eigene und fremde	事务,自己的和他人的	**610** 以下；618
Geschäftliche Beziehung	营业关连	942
Geschäftsanmaßung	越权行为	613；631
Geschäftsbesorgung	事务处理	416；617
– entgeltliche	–有偿的	433

Geschäftsehre	商业名誉	801 以下
Geschäftsfähigkeit und Kenntnis	行为能力与知情	686
Geschäftsführung ohne Auftrag	无因管理	529；610 以下；**616** 以下
– berechtigte und unberechtigte	–正当的和不正当的	623 以下
– Aufwendungsersatz	–费用偿还	**626**；720
– als Rechtfertigungsgrund	–作为正当化事由	760
Geschäftsführungsbefugnis	业务管理权	483 以下
Geschäftsgrundlage	行为基础	154；272；602
Geschäftsunfähigkeit, Geschäftsführer	无行为能力，管理人	627
Geschäftsverbindung	营业联系	140；295；**307** 以下；586
Geschlechtsehre	性别名誉	798
Gesellschaft → BGB – Gesellschaft		
Gesellschaftsanteile, Kauf	公司股份，买卖	155
– Pfändung	–扣押	482
Gesellschaftsrecht	公司法	474
Gesellschaftsvermögen	合伙财产	480 以下
Gesetzesumgehung	法律规避	131
Gesetzesverstoß, Kondiktion bei	违法，返还不当得利	645；**659** 以下；687
Gesetzliche Entstehung der Gemeinschaft	共同关系的法定产生	498
Gesetzliche Unterhaltspflicht (Erfüllung in GoA)	法定扶养义务（无因管理中的履行）	625
Gesetzlicher Vertreter, Kenntnis	法定代理人，知情	686
Gestaltungsrecht	形成权	63；65；67；73i；

		156；179；367；375
Gestaltungsrecht，Wirkung für Bürgen	形成权,对保证人的效力	524
Gesundheit	健康	777；779 以下
Gewährleistung ñç	瑕疵担保责任 见 Sachmängelhaftung	
Gewerbebetrieb，Verletzung	营利事业经营,侵害	796；**818** 以下
Gewerberecht	营利事业法,营业法	410；437
Gewinnzusage	奖酬承诺	470；508
Girokonto	汇划账户	458
Giroüberweisung	汇款	582
Girovertrag	汇划合同	433；434a
Gläubigertäuschung	债权人诈欺	843
Gläubigerverzug des Bes-tellers	定作人的债权人迟延	380 以下
Gläubigerverzug des Dienstgläubigers	劳务债权人的债权人迟延	330
Globalbürgschaft	全部保证	516
Globalzession（Factoring）	概括让与(保理)	605；607
Good will	商誉	153
Gratifikation	无偿给予	174
Grenzüberschreitender Kauf	过境买卖	18；146ff
Grober Undank	重大背恩	179
Grobfahrlässige Unkenntnis von Mangel	因重大过失而不知瑕疵	51
Grohnde – Urteil	格罗恩德判决	931 以下
Grundbuch，Gesamthand und Gemeinschaft	土地登记簿,共同关系与共有关系	497
Grundbucheintragung，unrichtige	土地登记簿登记,不正确的	22

Grunderwerbsteuer	土地买卖契税	119
Grundpfandrechte, Übernahme	土地担保权,承担	115
Grundstückskauf	土地买卖	22; 35; **113** 以下; 124
Grundstücksleihe	土地借用	286
Grundstücksmakler	土地居间人	435
Grundstücksmiete	土地(使用)租赁	219 以下
Grundstücksverkehr, Genehmigung	土地交易,承认	117
Gruppenlehre	派别学说	482a
Güterbeförderung	物品运送	412 以下
Haftung der Gesellschafter	合伙人的责任	490
Haftungsausschluß, Amtshaftung	责任免除,职务责任	919 以下
– Gebrauchtwagenverkäufer	–旧车出卖人	91
– gegenüber Reiter	–针对骑乘者的	874
Haftungsbeschränkung bei Ärzten	医师的责任限制	350
– bei Gastwirten	–旅店主的	464
– beim Reisevertrag	–旅游合同中的	400
Haftungsmilderung für Mieter	(使用)承租人的责任减轻	206
– für Schenker	–赠与人的	176
Haltbarkeitsgarantie	保质期担保	74; 80d
Halterbegriff, Kraftfahrzeug	持有人概念,汽车	877
– Tier	–动物	872
Handeln auf eigene Gefahr	以自己的危险行为	767
Handelskauf	商事买卖	78
Handelsmakler	商事居间人	435
Handelsvertreter und Franchi-	商事代理人与特许经营	609

sing		
Handlungshaftungen	行为责任	907
Handlungshaftung nach WHC	依《水法》的行为责任	896
Handschenkung	现物赠与	171
Handwerker, Produkthaftung	手工业者,产品责任	108
Hauptschuldner	主债务人	513
Hausbesetzung	占用房屋	256
Hausmeistervertrag	房屋看管合同	594 以下
Hauspreis	房屋价格	85
Haustier	家畜	862
Haustürgeschäft	上门交易	13; 515
Heilung von Formmangel	方式瑕疵的补正	517
Heiratserwartung und Bereicherungsausgleich	结婚期待与得利补偿	652
Heiratsvermittlung	婚姻媒介	448
Hemmung der Deliktsverjährung	侵权消灭时效的停止	938
Herausforderung	挑战	625
Herausgabe durch Beauftragten	由受托人返还	421
Herausgabeanspruch des Vermieters	(使用)出租人的返还请求权	207; 218
Herausgabepflicht, Geschäftsführer	返还义务,管理人	627; 631
– Geschäftsherr	–本人	628; 631
Herbergswirt	旅店主	460
Herrschaft über gefährliche Sachen	对危险物的控制	753
Hersteller	生产者 见 Produzent	
Herstellerleasing	生产者租赁	600
Hilfsbedürfnis	救济需要	882

Hinkende Inhaberpapiere	跛行无记名证券	577
Hinterleger, Pflichten	寄存人,义务	457
Höchstbeträge der Haftung, Arzneimittel	责任最高限额,药物	895
– Bürgschaft	–保证	517
– Eisenbahn	–铁路	890
– Flugzeug	–飞机	892
– Kernenergie	–核能	893
– Kraftfahrzeuge	–汽车	883
Höchstbetragsbürgschaft	最高限额保证	531
"Hochzeitsessen"	"婚宴"案	108
Höhere Gewalt	不可抗力	463; 882; 889; 896; 903
Hühnerpestentscheidung	鸡瘟裁判	**102**; 112
Hypothekenbrief	抵押书状	561; 567
IATA	国际航空运输协会	415a
Idealfahrer	理想驾驶者	882
Identitötsausstattung	身份特征	482a
IKEA – Klausel	国际航空运输协会条款	49
Immissionen, Haftung aus	公害,由公害产生的责任	898
Immissionsschutz und § 823	公害保护与第 823 条	834
Indexmiete	指数租金	259
Indikation der Rechtswidrigkeit	不法性的征引	748 以下
Industrieobligationen	工业债券	573
Informationspflicht des Reiseveranstalters	旅游举办人的资讯义务	390
Inhaberkarten, – marken	无记名凭证,–票证	575
Inhaberpapier	无记名证券	566
Inhaberschuldverschreibung	无记名债券	571 以下
Inhaltsakzessorietät	内容的从属性	522

Innengesellschaft	内部合伙	483
Innenverhältnis zwischen Mitschädigern	共同致害人之间的内部关系	935
Insolvenzverfahren	支付不能程序	114；493；524
Interesse（GoA）	利益（无因管理）	624；627
Interesse，berechtigtes，bei § 824 BGB	利益，正当的，《民法典》第 824 条中的	803
Interessenabwägung bei Rahmenrechten	框架权情形的利益考量	803；814
Interessengegensatz und Schuldverträge	利益对立与债务合同	471
Instandsetzung，Miete	维护，（使用）租赁	211
Internationales Privatrecht	国际私法	146
Internationale Zuständigkeit	国际管辖权	146
Intimsphäre，Schutz	隐私，保护	816
Inventar，Pacht	附属物，（用益）租赁	273
Irrtum，Geschäftsführer	错误，管理人	621
Irrtumsanfechtung bei Sachmangel	物之瑕疵情形因错误而撤销	66 以下
– der Leistungsbestimmung	–因错误而撤销给付指定	721
Isolatoren，Brüchigkeit	绝缘装置，易碎性	891
Istbeschaffenheit	实际性能	43
Ius variandi des Käufers	买受人的变更权	67
Jagdpacht	狩猎（用益）租赁	277
Jugendwohnheim	青年宿舍	254
Jungbulle	小公牛	733
"Kanalisierung" der Haftung	责任的"渠道化"	893
Kanalisation，unzureichende	下水道，不充分的	891
"Kappungsgrenze"	"调整上限"	260
Kartellrecht und Franchising	卡特尔法与特许经营	609

Kassenarzt, Kassenärztliche Vereinigung	保险医师,保险医师协会	355
Kauf	买卖	**19 – 168**; 409
– auf Probe	– 试验买卖	167
– nach Probe	– 货样买卖	166
– zur Probe	– 试用买卖	168
"Kauf bricht nicht Miete"	"买卖不破租赁"	228 以下
Kauf auf Leasing	租赁买卖	599
Käuferpflichten, Abnahme	买受人义务,受领	31; 191a
– Preiszahlung	– 支付价金	27 以下
– weitere	– 其他的	32
Kaufpreis	价金,价款	28 以下
Kaufrecht für Herstellung	适用于制作的买卖法	386
Kausalität der Maklertätigkeit	居间人活动的因果关系	446
– bei Schädigermehrheit	– 多数致害人情形的	930 以下
– bei Umweltbelastung	– 环境负担情形的	902
– vermutete	– 推定的	350; 856; 895; 902
– Zweifel	– 疑义	107; 350
Kaution des Mieters	(使用)承租人的押金	191a
Kenntnis des Bereicherungsschuldners	得利债务人的知情	686
– und Geschäftsfähigkeit	– 与行为能力	686
– der Nichtschuld	– 无债务的	656
– des Käufers	– 买受人的	74
– des Mieters	– (使用)承租人的	192
– und Verjährung	– 与消灭时效	937
Kernenergie, Haftung	核能,责任	893
Kettenarbeitsvertrag	连锁劳动合同	340
Kinder, Aufsichtshaftung	儿童,监督责任	861

– im Straßenverkehr	–道路交通中	882
Klassenlotterie	彩票	509
Kleingartenpacht	小花园(用益)租赁	276
Kollisionsrecht	冲突法	146
Kommission	行纪	319
Kommunalleasing	地方租赁	598
Kondiktion	不当得利返还请求权 见 condictio, ungerechtfertigte Bereicherung	
"Kondiktion der Kondiktion"	"不当得利返还的不当得利返还"	726
Konkursverschleppung	破产拖延	843
Konsensualvertrag	诺成合同	287
Konsortium	财团	473
Konstruktionsfehler	设计缺陷	100
Kontoeröffnungsvertrag	开户合同	292
Kontokorrentvorbehalt	交互计算保留	120
Konzernvorbehalt	康采恩保留	120
Körper, Verletzung	身体,侵害	777; 779; 781
"auf Kosten"	"以费用"	632; 731
Kosten(vor)anschlag	费用估计	378
Kraftfahrzeuge, Beförderung durch	汽车,由汽车运送	413
– Kauf	–买卖	81 以下
– Leasing	–租赁	600
– Unterstellung	–存放	450
Kraftfahrzeughalterhaftung	汽车持有人责任	876 以下
– Konkurrenzen	–竞合	886
Krankenhaus(aufnahme)vertrag	医院(接收)合同	352 以下

– mit Arztzusatzvertrag	–附医师附加合同	354
Krankenversicherung	疾病保险	355
Krebsangst	癌症恐惧	780
Kredit	信贷	301
Kreditauftrag	信贷委托	520
Krediteröffnungsvertrag	贷款开户合同	292
Kreditschädigung	信用妨害	801 以下
Kreditsicherung durch selbständiges Schuldversprechen	由独立债务允诺提供的信贷担保	554
Kreditvermittlung	信贷媒介	448
Kreditversicherung	信用保险	514
Kündigung, Auftrag	终止,委托	430
– Darlehen	–借贷	291; 305
– Dienstvertrag	–雇用合同	342 以下
– Gesellschaft	–合伙	493
– Leihe	–借用	284
– Miete	–(使用)租赁	196; 202; 205; **213** 以下; 216; **246** 以下;
– Pacht	–(用益)租赁	272
– Reisevertrag	–旅游合同	399
– Werkvertrag	–承揽合同	381; 383
– aus wichtigem Grund, Dienstvertrag	–因重大事由,雇用合同	344
– Gesellschaft	–合伙	493
– Miete	–(使用)租赁	214
Kundschaft, Kauf	客户,买卖	153
Lagergeschäft	仓储营业	319; 452
Landpacht	农地(用益)租赁	274 以下
Landwirtschaftliches	农用土地,(用益)租赁	274 以下

Grundstück, Pacht		
Landwirtschaftsgericht	农业法院	274 以下
Lasten der Kaufsache	买卖物的负担	20
Leasing	新型租赁	597; 598 以下
Leben	生命	777 以下
Lebensgüter	生命法益	777
Lebensrisiko, allgemeines	生活风险,一般性的	783
Lebensversicherung	人寿保险	547
Legalzession	法定让与	528; 719
Legitimationswirkung von Papieren	证券的证明效力	562 以下
Leibrente	终身定期金	539 以下
Leichtfertigkeit	轻率	838
Leihe	借用	279 以下
– Abgrenzung zur Schenkung	–与赠与的界定	280
– Dauer	–存续期间	284
“Leasing”	“租赁”	**634** 以下; 661
– auf Schuld	–以债务为内容的	**641** 以下; 722
– Terminologie	–术语	728
Leistung und Eingriff	给付与权益侵害	732 以下
Leistungsannahme, unberechtigte	给付受领,不正当的	707
Leistungsbeziehungen, Mehrheit	给付关系,多数	724 以下
Leistungskette	给付链	724 以下
Leistungskondiktion	给付不当得利返还请求权	622; 633 以下; **639** 以下; 724 以下
– Ausschluß	–排除	655 以下
– und Rückgriffskondiktion	–求偿不当得利返还请求	721

	权	
Leistungsort	给付地	36
Leistungsträger	给付承担人	389；400
Leistungsverwaltung	给付性行政	914
Leitbild des Vertrages	合同的范式	390
– Maklervertrag	–居间合同	436；441
Leitungen, Haftung	管路,责任	891
Leitungsverschulden	督导过错	855
Lieferungskauf	交付买卖	387
Liquidation	清算 见 Abwicklung	
Listenpreisklausel	价目表价格条款	30
Lizenz	许可	185；270
Lohnanspruch des Dienstschuldners	劳务债务人的报酬请求权	328 以下
Lohnfortzahlung	报酬续付	334
Losentscheid	抽签决定	468
Lotterie	博彩	509
Lottospielgemeinschaft	博彩联合	473
Luftfahrzeug	航空器 见 Flugzeuge	
Luftverkehr	航空交通	415a
Luxussanierung	奢侈性重整	261
Maklerlohn	居间人报酬	444 以下
Maklervertrag	居间合同	4；319；363；**435** 以下
Mandatum tua gratia	为受托人利益的委托	431
Mängel bei Rechtskauf	权利买卖的瑕疵	149 以下；154
Mängelbeseitigung	瑕疵消除 见 Nachbesserung	
Mangel, Begriff	瑕疵,概念	44 以下
– unwesentlicher	–非实质性的	61

Mangel(folge)schäden	瑕疵(结果)损害	68; 197; 376
Mangelhaftung, Dienstvertrag	瑕疵责任,雇用合同	323 以下
– Reisevertrag	–旅游合同	395 以下
Mantelvertrag	框架合同	355
Marken	标记	153; 713; 942
Markenartikel	名牌产品	29
Mehrheit von Schädigern	多数致害人	902; 929 以下
Mehrheitsentscheidung	多数决	485
Mehrheitsfeste Position	稳固多数的地位	501
Mehrwegflasche	多次使用的瓶子	107
Mehrwertsteuer bei Gebrauchtwagen	旧车的增值税	89
Meinungsfeiheit	言论自由	803
Mietdatenbank	(使用)租赁数据库	262
Miete	(使用)租赁	189 –267
– Abschluß	–订立	191
– Gattungsmiete	–种类(使用)租赁	191
– Kündigung	终止 见 Kündigung, Miete	
– Rechtsmängelhaftung	–权利瑕疵责任	194
– Sachmängelhaftung	–物的瑕疵责任	195 以下
– Terminologie	–术语	188a
– und Leasing	–与新型租赁	598; 602 以下
– und Verwahrung	–与保管	450
Mieter, Gebrauchsrecht	承租人,使用权	203 以下
– als Tierhüter	–作为动物保护人	863
– Schutz gegen Dritte	–针对第三人的保护	809
– Pflichten: Anzeigepflicht	–义务:通知义务	210
– Duldungspflicht	–容忍义务	211
– Rückgabepflicht	–返还义务	207 以下
– Zinszahlung	–付息	201

Mieterschutz, Bewertung	(使用)承租人保护,评价	265 以下
Miethöhe	(使用)租金数额	**259** 以下; 267
Mietpreisrecht	(使用)租金权	237; 239 以下
Mietrechtsreform	(使用)租赁法改革	188a 以下; 264 以下
Mietspiegel	(使用)租赁参考	262
Mietwucher	(使用)租赁暴利	264
Mietzahlungsboykott	(使用)租金支付抵制	820
Mietzinsveränderungen	(使用)租金变动	259 以下
Mikroorganismen als Tiere	微生物作为动物	871
Militärflugzeuge, Haftung	军事飞机,责任	892
Milupa – Fall	米鲁帕案	105
Minderjährige, ruinöse Haftung	未成年人,毁灭性责任	768
Minderung, Kauf	减价,买卖	64 以下
– Miete	–(使用)租赁	195
– Reisevertrag	–旅游合同	398
– Tausch	–互易	170
– Werkvertrag	–承揽合同	367 以下
Mindesthaltbarkeitsdatum	最低保质日期	52
Minus	数量不足	51; 364
Mitbesitzer, Deliktsschutz	共同占有人,侵权保护	809
Mitbürgschaft	共同保证	533
Miteigentum	共同所有权	496
Miterbe, Vorkaufsrecht	共同继承人,先买权	158
Mitgliedschaftsrecht	成员资格权,社员权	561
– Verletzung	–侵害	808
Mittäter	共同行为人	931
Mittelbarer Besitzer, Deliktsschutz	间接占有人,侵权保护	809
Mittelbare Verletzung	间接侵害	741; 743

Mitwirkung des Geschädigten, Halterhaftung	受损害人的参与,持有人责任	884
Möblierte Zimmer	配置有家具的房间	243
Modernisierung Miete	现代化(使用)租赁	211; 261
Mogeln beim Spiel	赌博作弊	506
Montage, fehlerhafte	安装,瑕疵的	48
Montageanleitung	安装说明书	49
Montagsprodukt	星期一产品	100
Nachbesserung, Kauf	修复,买卖	55
– Werkvertrag	–承揽合同	365 以下
Nachbesserungsrecht des Kraftfahrzeugverkäufers	汽车出卖人的修复权	83
Nachbürgschaft	副保证	535
Nacherfüllung	后续履行	42; 54 以下
– erfolglose	–未果的	59
– unverhältnismäßige	–不成比例的	57
Nachhaltigkeit	持续性	267
Nachlieferungsanspruch, Kauf	再交付请求权,买卖	56
Namenspapier	记名证券	567
Namensrecht, Verletzung	姓名权,侵害	808
Nachschußpflicht des Gesellschafters	合伙人的续缴义务	404 以下
Nachweismakler	指示居间人	438
Naturalobligation	自然债务	506
Nebensachen	从属物	386
Nemo liberalis nisi liberatus	未摆脱债务者不得慷慨	177
Neuherstellung beim Werkvertrag	承揽合同情形的重新制作	**371**; 373
Nichtabschlußklausel	不订约条款	443
Nichteheliche Lebensgemein-	非婚姻生活共同关系	182; 216; 479

schaft		
Nichterfüllung als Leistungsstörung	不履行作为给付障碍	147
Nichtiger Vertrag, Erfüllung	无效合同,履行	612; 622
Nichtiger Vertrag und GoA	无效合同与无因管理	622
Nichtigkeitsklage	无效之诉	844
Nichtleistungskondiktionen	非给付不当得利返还请求权	**637** 以下; 697 – 722
Nichtpersonenversicherung	非人身保险	548
Nichtvermögensschaden bei Persönlichkeitsverletzung	人格侵害情形的非财产损害	817
– Reisevertrag	–旅游合同	401
Normalpreis und Rabatt	通常价格与折扣	85
Notar, Haftung	公证人,责任	925
Notbedarf, Schenkung	紧急需要,赠与	177
Notgeschäftsführung	紧急情形的事务管理	624; 627; 629
Notstand	紧急避难	758
Notwehr	正当防卫	757
Novation	债务更新	289
Nutzung, unberechtigte	利用,不正当的	712
Nutzungen bei § 818 BGB	《民法典》第 818 条情形的利用	675
– Gemeinschaft	–共同关系	500 以下
– Kaufsache	–买卖物	20
Nutzungsbeeinträchtigung	利用的妨害	795 以下
Objektiv neutrales Geschäft	客观中性事务	615; 619
Obliegenheiten des Versicherten	被保险人的对己义务	546
Obrigkeitlich – hoheitliche Verwaltung	统治性主权行政	914

Öffentliches Amt	公共职务	914 以下
Öffentliches Interesse, GoA	公共利益,无因管理	625
Öffentlich - rechtliche Gefährdungshaftung	公法上的危险责任	918
Ökoschaden	生态损害	900
Operation	手术	362
Option	选择	164; 511
Orderlagerschein	指示仓单	452
Orderpapier	指示证券	568
Organ, Gesellschaft	机关,合伙	491
Organisationsmangel und Verjährung	组织瑕疵与消灭时效	373
Organisationsverschulden	组织过错	859
Pacht	(用益)租赁	268 以下
- landwirtschaftliche	-农业上的	274 以下
Pariser Atomhaftungsübereinkommen	巴黎原子能责任公约	893
Parken als Betrieb	停车作为营运	881
Parkplatz, Haftung	停车场,责任	450
Partiarischer Vertrag	利益分配合同	271; **591**
Partnerschaftsgesellschaft	自由职业者合伙	473
Partnervermittlung	伙伴媒介	448
Patronatserklärung	保护人声明	538
Person der Zeitgeschichte	时代人物	816
Personalkredit	人身信用	512
Personenbeförderung	人的运送,旅客运送	412 以下
Personengesellschaften des Handelsrechts	商法上的人合公司	472
Personenversicherung	人身保险	547
Persönliche Verhinderung des	劳务债务人的人身阻碍	332

Dienstschuldners		
Persönlichkeitsbild, Schutz	人格形象,保护	816
Persönlichkeitsgüter	人格法益	777
Pfandbriefe	无记名抵押债券	573
Pfandrecht, Verletzung	质权,侵害	806
– Gastwirt	–旅店主	465
– Vermieter	–(使用)出租人	220 以下
– Werkunternehmer	–承揽人	384
Pflichthaftversicherung	责任保险	549
Pflichtschenkung	义务赠与 见 Anstandsschenkung	
Pflichtverletzung und Bereicherungshaftung	义务侵害与得利责任	686
Platzgeschäft	同地买卖	37
Positive Forderungsverletzung	积极侵害债权	68; 373
Postanweisung	邮政汇票	579
Postmortaler Auftrag	身后委托	429
Prävention im Schadensrecht	损害法上的预防	942
Preisangaben	价格标明	30
Preisanpassungsklausel	价格调整条款	84
Preisausschreiben	有奖征募	469 以下
Preisbindung der 2. Hand	第二手价格约束	29
Preisempfehlung, unverbindliche	价格推荐,无约束力的	29
Preisgefahr, Kauf	价金危险,买卖	34 以下; 80d
– Werkvertrag	–承揽合同	380
Presse, Sorgfaltspflichten	新闻,注意义务	803
Prima facie – Beweis	推定证明	846
Primat der Leistung	给付的优先性	734
Proben beim Kauf	买卖中的货样	166 以下

Produktbeobachtung	产品观察	100; **105**
Produkthaftung nach EG – Richtlinie	依欧共体指令的产品责任	109
ProdukthaftungsG	产品责任法	110 以下
Produktsicherheitsgesetz	产品安全法	112a
Produktionsleiter, Haftung	生产督导者,责任	103
Produzent als Verkäufer	生产者作为出卖人	103
Produzentenhaftung	生产者责任	96 以下
– Beweislastumkehr	–举证责任倒置	100 以下
Prostitution, Gesetz	卖淫,法律	662
Protege	被提携者	538
Pülpefall	土豆残渣案	176
Qualifizierte Legitimationspapiere	加重的权利证券	577
Qualitätssicherungsvereinbarung	质量保证协议	78
Rabatt	折扣	30
Rabattmarken	折扣凭证	575
Räumung	搬出(房屋)	207
Rahmenrechte	框架权	748; **814** 以下; 824
Rat	建议	431
Raucher, Handeln auf eigene Gefahr	吸烟者,以自己的危险行为	767
Rauschgiftgeschäfte	毒品交易	662; 668
Realvertrag	要物合同	287; 449
Rechenschaft durch Beauftragten	由受托人报告事务	422
Recht zur zweiten Andienung	二次提供服务的权利	54
Rechte Dritter	第三人的权利	22
Rechtfertigungsgründe	正当化事由	757 以下

Rechtsbindungswille	法律约束意思	419
Rechtsfortwirkungsanspruch	权益继续作用请求权	698
Rechtsgrundlosigkeit	无法律原因	**640** 以下；654
Rechtsgrund-oder-folgeverweisung	法律原因或者法律效果引用	671
Rechtsgrundlose Verfügung	无法律原因的处分	703
Rechtshängigkeit und Bereicherungshaftung	诉讼系属与得利责任	685
Rechtskauf	权利买卖	148 以下
Rechtsmängelhaftung, Kauf	权利瑕疵责任，买卖	21 以下；53
– Leihe	–借用	283
– Miete	–(使用)租赁	194
– Schenkung	–赠与	176
Rechtsmittel, Versäumung	法律手段，延误	921
Rechtspacht	权利(用益)租赁	270
– und Franchising	–与特许经营	609
Rechtswidrigkeit	不法性	736 以下；748 以下
– des Eingriffs	–干涉的	713
– Indikation	–征引	100；748 以下
Redlicher Erwerb	正当取得	700
Regeln der Technik	技术规则	364
Regelverletzung im Sport	体育上的规则侵害	767
Reiseprospekte, Ehrlichkeit	旅游说明书，诚实性	395
Reisevermittler	旅游媒介人	392
Reisevertrag	旅游合同	12；390 以下
Reiter, Haftung ihm gegenüber	骑乘者，对其的责任	874
Rektapapier	禁止背书转让的证券	567
Relocatio tacita	默许续租	215
Rennwetten	赌马	509

Rentenpapier	定期金证券	573
Reparaturkosten	修理费用	64
Restitutionsklage	回复之诉	844
Richterlicher Gestaltungsakt	法官的形成行为	58
Risiko im Bereicherungsrecht	得利法上的风险	683; 692 以下
Riskante Geschäfte	有风险的交易	506 – 549
Rückbürgschft	再保证	536
Rückforderung bei Nichterfüllung der Auflage	不履行负担情形的请求返还	181
Rückgabepflicht, Entleiher	返还义务,借用人	286
– Mieter	–(使用)承租人	207 以下
Rückgriff	求偿	80 以下; 106
Rückgriff, Bürge	求偿,保证人	528 以下; 531
Rückgriffskondiktion	求偿不当得利请求权	638; 719 以下
Rücknahme aus Verwahrung	由保管中取回	453 以下
– der Kaufsache	–买卖物的	139
Rückrufpflichten	召回义务	106
Rückschaffungsanspruch des Vermieters	(使用)出租人的取回请求权	225
Rücksichtslosigkeit	无所顾忌	838
Rücktritt, Abzahlungsgeschäft	解除,分期付款买卖	126; 135 以下
– und Bereicherung	–与得利	649
– bei Eigentumsvorbehalt	–保留所有权情形的	121
– Kauf	–买卖	61 以下
– Reisevertrag	–旅游合同	399
Rückversicherung	再保险	542
Rückwirkung der Anfechtung	撤销的溯及效力	541
Rügeobliegenheit	通知的对己义务	78
Sachdarlehen	物的借贷	288a
Sachgefahr, Werkvertrag	物的危险,承揽合同	380

Sachkauf	物的买卖	19 – 147
Sachleistungsprinzip	物的给付原则	355
Sachmängelhaftung, Kauf	物的瑕疵责任,买卖	43 以下
– Leasing	–新型租赁	602
– Leihe	–借用	282
– Miete	–(使用)租赁	195 以下
– Rechtskauf	–权利买卖	151
– Schenkung	–赠与	176
Sachnutzung, Störung	物的使用,妨害	795 以下
Sachverbrauch	物的消费	709 以下; 733
Sachverletzung	物的侵害	793
Sachversicherung	物的保险	548
Sachverständigengutachten	专家鉴定	262
Sachverständiger, Haftung	专家,责任	783
Sachvorenthaltung	物的扣留	794
Saldotheorie	差额说	692 以下
Sale and lease back	售出与回租	598
Schäden und Aufwendungen	损害与费用	425
Schadensersatz	损害赔偿	735 – 941
– und Beseitigung	–与除去	946
– großer und kleiner	–大的和小的	73
– nach Kündigung	–终止后的	346
– bei Mängeln der Kaufsache	–买卖物存在瑕疵情形的	68 以下
– Mietsache	–租赁物	192; 197
– Reisevertrag	–旅游合同	400 以下
– bei Leihe	–借用情形的	283
– Schuldnerverzug des Mieters	–(使用)承租人的债务人迟延	208
– vertragswidrigem Gebrauch	–违约使用	206
– Werkvertrag	–承揽合同	377 以下

– wegen schlechter Dienstleistung	–因不良劳务给付而产生的	326
Schadensersatzpflicht, Geschäftsführer	损害赔偿义务,管理人	629
Schadensverlagerung	损害转移	741; 743
Schadensversicherung	损害保险	547 以下
Schadensverteilung nach Ursachenanteilen	依原因份额的损害分配	935
– zwischen Arbeitgeber und Arbeitnehmer	–雇主与雇员之间的	935
Schätzpreis, Inventar	估定价格,附属物	273
Scheck	支票	142; 581
– Schenkung mittels	–以支票赠与	175
Scheckfähigkeit der BGB – Gesellschaft	合伙的支票能力	482a
Scheinarbeitsverhältnis	表见劳动关系	315; 609
"schematische Lösung" im Bereicherungsrecht	得利法上的"程式化解决方案"	723
Schenkung	赠与	171 以下
– unter Auflage	–附负担的	180 以下
– und Auslobung	–与悬赏广告	466
– Haftung	–责任	176
– Lösbarkeit	–可解除性	177 以下
– Zustandekommen	–成立	175
Schenkungsanfechtung	赠与的撤销	178
Schenkungsteuer	赠与税	171
Schenkungsversprechen	赠与预约	171
Schiffe, Beförderung	船舶,运送	415
Schlafwagen	卧车	460
Schlechter Ruf als Sachmangel	不良名誉作为物的瑕疵	52

Schlicht – hoheitliche Verwaltung	纯粹主权性行政	914
Schließfach	保管柜箱	450
Schmerzensgeld	抚慰金,痛苦金	880; 890; 896; 904
Schmiergeld	贿金	421
Schnellbahntrassen – Urteil	快速铁路线 – 判决	802; 861
Schönheitsreparatur	美观修缮	193
Schuld	债务;过咎	768 以下
Schuldanerkenntnis, selbständiges	债务承认,独立的	175; **555** 以下
Schuldbeitritt	债务加入	301; 519
Schuldnerverzug beim Verbraucherkredit	消费者信贷中的债务人迟延	305
– Transportrecht	– 运输法	414
Schuldrecht, Allgemeiner und Besonderer Teil	债法,总则和分则	1
Schuldverhältnisse, Entstehung	债务关系,发生	2
– Inhalt	– 内容	3 以下
Schuldversprechen, selbständiges	债务允诺,独立的	175; **552** 以下; **556** 以下
Schüler, Entschädigung für verdorbenen Urlaub	中小学生,对无益耗费的度假时间的补偿	401
Schullehrer, Haftung	中小学校教师,责任	861
Schutzbereich der Amtspflicht	职务义务的保护范围	917
– Norm	– 规范	827 以下
Schutzgelder	保护费	645
Schutzgesetz	保护性法规	112a; 745; 799; **822** 以下
Schutzpflichtverletzung	保护义务侵害	336

Schutzwirkung für Verbraucher	对消费者的保护效力	97
Schutzzweck der Nichtigkeitsnorm	无效规范的保护目的	695 以下
Schwarzarbeit	黑色工作	866
Schwarzfahrer	黑色驾驶者	878
Schwarzkauf	黑色买卖	653
Schweigepflicht des Arztes bei AIDS	艾滋病情形医生的缄默义务	351
Schwimmerschalter	悬浮开关案	103
Seehandel	海上贸易	412
Seeversicherung	海上保险	542
Segelyacht, Reisemangel	有帆快艇,旅游瑕疵	391
Selbständige Schuldverträge	独立的债务合同	552 以下
Selbständige Tätigkeit	独立的活动	433
Selbständigkeit von Rentenversprechen	定期金允诺的独立性	540
Selbstgefährdung	自行危害	767
Selbsthilfe, Haftung	自助,责任	907
Selbsthilferecht	自助权	759
– des Vermieters	–(使用)出租人的	225
Selbstmörder, Rettung	自杀者,拯救	625
Selbstschuldnerische Bürgschaft	自居为主债务人的保证	527
Selbstvornahme beim Werkvertrag	承揽合同情形的自力实施	369
Sicherheit, Aufgabe durch den Gläubiger	担保,由债权人抛弃	531
– Rückforderung	–请求返还	647
Sicherheitsleistung	担保提供 见 Kaution	
– für Bauunternehmer	–为建筑承包人提供担保	385
Sicherungshypothek des Bauun-	建筑承包人的保全抵押	385

ternehmers		
Sicherungsschein	担保书	403
Sichteinlage	即期存款	458
Sittenwidrigkeit, Kondiktion	背俗,不当得利返还请求权	645; **659** 以下; 687
– bei §826 BGB	–《民法典》第 826 条情形的	839 以下
– Bürgschaft	–保证	516
sittenwidrige Schädigung	背俗侵害	746; 835 以下
Sittliche Pflicht	道德义务	657
Software – Überlassung	软件交付	609a
"Soldatenbeschluß" des BverfG	"士兵决定"案	799
Sollbeschaffenheit, Kauf	应然性能,买卖	45 以下
– Werkvertrag	–承揽合同	364
solvendi causa	以债务为内容的给付	641 以下
Sonderverbindung und Gehilfenhaftung	特别结合关系与辅助人责任	859
sonstiges Recht	其他权利	744; **805** 以下
– Konkurrenz mit Eigentümerschaden	–与所有人损害的竞合	806
Sozialansprüche	社会请求权	492
"soziale Abhängigkeit"	"社会依赖性"	851
"soziales Mietrecht"	"社会(使用)租赁法"	242 以下
Sozialversicherung	社会保险	542
Sozialwohnungen	社会住房	236; 239 以下
Sozietät	团体,集体	473
Sparbuch	储蓄存折	577
Spedition	运输代理	319
Spekulationsgeschäft	投机行为	431
Sperma – Konserve	精子储备	779

Sperrminorität	有影响力的少数股东	155
Spiel	赌博	507 以下
– und Auslobung	–与悬赏广告	470; 508
Spielbanken	赌场	509
Sport, gefährlicher	运动,危险的	767
Sportwetten	体育博彩	509
Staatsanwaltschaft, Amtspflicht	检察机关,职务义务	917
Staatshaftung	国家责任	738; **908–928**
– mittelbare	–间接的	909
StaatshaftungsG	国家责任法	911
Staffelmiete	等级租金	263
Steuerschulden, Haftung von Gesellschaftern	税收债务,合伙人责任	491
Stipulatio	口头契约	556
Stornokosten, Reisevertrag	解约金,旅游合同	393
Strafantrag bei § 823 II BGB	《民法典》第 823 条第 2 款情形的控告	830
Strafvollzug, Lockerung	刑罚执行,放松	917
Strafzweck des § 817 S. 2 BGB	《民法典》第 817 条第 2 句情形的刑罚目的	664
Straßenverkehr, Kinder	道路交通,儿童	768
Streckengeschäft	延伸行为	19
Streufahrzeug	喷洒用汽车	881
Stromkabelfälle	电缆案	795
Stückschuld	特定债务	16
Studentenzimmer	大学生房间	243
Stufenaufklärung	分阶段阐明	351
Subjektivierung des Wertbegriffs	价值概念的主观化	678
Subsidiarität der Bürgschft	保证的从属性	527

– bei §822 BGB	–《民法典》第 822 条情形的	691
– bei §829 BGB	–《民法典》第 829 条情形的	773
– bei §839 BGB	–《民法典》第 839 条情形的	**919**; 928
Substitution	代替,复代理	428; 453
Subunternehmer	从承包人	404
Summenversicherung	定额保险	547
Surrogate bei §818 BGB	《民法典》第 818 条情形的代替利益	676
Sympathiestreik	同情性罢工	820
Synallagma	牵连关系 见 Gegenseitigkeit	
Tagespreisklausel für Kraftfahrzeuge	汽车的日价约款	30; 85
Tätigkeitspflicht des Maklers	居间人的活动义务	441
Tätigkeitsvergütung	活动报酬	426; 626
Tatsachenbehauptung	事实主张	799; **802**
Tausch	互易	86; 88; **169** 以下
Täuschungsanfechtung gegenüber Drittem	对第三人的诈欺撤销	296
Teilamortisationsleasing	部分摊提融资租赁	599
Teilleistungen	一部给付	144
Teilrechtsfähigkeit der BGB – Gesellschaft	合伙的部分权利能力	482a; 490; 498
Teilung der Gemeinschaft	共有关系的分割	503 以下
Teilvergütung beim Werkvertrag	承揽合同的一部报酬	381 以下
Teilzahlungsabrede	一部付款约定	130

Teilzeitmiete	部分时间(使用)租赁	609a
Termingeschäft	期货交易	511
Testesser als Verrichtungsgehilfe	品尝者作为事务辅助人	851
Theatergarderobe	剧院衣帽间	451
Tierbegriff	动物概念	871
Tiergefahr	动物危险	873
Tierhalterhaftung	动物占有人责任	490；737；862；870 以下
Tierhüter	动物保护者	863
Tilgungsbestimmung, Änderung	清偿指定,变更	721
Time – Sharing	分时度假	609a
Tod, Angehöriger	死亡,亲属	780
– Auftraggeber	–委托人	429
– Beauftragter	–受托人	428
– Beschenkter	–受赠人	179
– Dienstgläubiger	–劳务债权人	339
– Dienstschuldner	–劳务债务人	339
– Mieter	–承租人	216
– Schenker	–赠与人	177
– Vermieter	–出租人	216
Transportrechtsreformgesetz	运输法改革法	412
Tratte	汇票	581
Trennungstheorie, gemischter Vertrag	分割说,混合合同	593
Treu und Glauben, Verweigerung der Abnahme	诚信,受领的拒绝	379
Treupflicht des Maklers	居间人的忠实义务	442
Treuwidrige Erfolgsverhinderung	违背诚信阻碍目的成就	658

Tschernobyl	切尔诺贝利核电站	394
Typenverträge, neue	典型合同,新型的	12 以下
Typengemischte und – fremde Verträge	类型混合合同与非典型合同	585 – 609
Typenkombinationsvertrag	类型结合合同	588 以下
Typenverschmelzungsvertrag	类型融合合同	591 以下
Übereignungsvormerkung	所有权移转的预告登记	114
Übergabe beim Kauf	买卖中的交付	19 以下; 73g
Übermaßfrüchte	过量孳息	710
Übernahme der Aufsichtspflicht	监督义务的承担	860; 867
– der Beamtenhaftung	– 公务员责任的	918; 923 以下
Übernahmeverschulden bei GoA	无因管理中的承担性过错	629
Überplanung von Altlasten	原有负担的过度规划	917
Übersicherung	过度担保	843
Übertragung der Anweisung	指示证券的转移	584
– verbriefter Forderungen	– 证券化债权的	569
Übertragungsvertrag	转让合同	434a
Überwachungsverschulden	监督性过错	854 – 861 以下
Überweisungsvertrag	划拨合同	418; **434a**
Umgehungsverbot	禁止避法	131
Umsatzmiete	依销售额确定的租金	591
Umsatzsteuer	流转税 见 Mehrwertsteuer	
Umtausch beim Kauf	买卖中的调换	167
Umweltschutz und Boykott	环境保护与抵制	820
Umweltschutz und Gesundheit	环境保护与健康	780
Unabwendbares Ereignis	不可避免事件	413; 882
UN – Kaufrecht	联合国买卖法	146 以下
Unbenannte Zuwendungen	无名给予	182; 596; 648
Unentgeltlicher Erwerb, Bereicherungsausgleich	无偿取得,得利补偿	690 以下; 702 以下

Unentgeltliche Verfügung	无偿处分	4; 702 以下
Unentgeltlichkeit	无偿性 见 Entgeltlichkeit	
– Auftrag	–无偿性,委任	**417**; 426
– Schenkung	–无偿性,赠与	174; 182
unerlaubte Handlung	不许行为,侵权行为	739 – 868
Unfall, Schuldanerkenntnis	意外事故,债务承认	557
Unfallverhütungsvorschriften als Schutzgesetze	意外防范规定作为保护性法规	832
Unfallversicherung, gesetzliche	意外伤害保险,法定的	625
Unfallwagen	事故车辆	92
Ungerechtfertigte Bereicherung	不当得利	632 – 734
Ungleichgewichtslage	不均衡情况	516
Unmöglichkeit beim Werkvertrag	承揽合同情形的不能	382
– und Reisevertrag	–与旅游合同	395
Unterlassung, Rechtswidrigkeit	不作为,不法性	749 以下
Unterlassungsanspruch	不作为请求权	942 以下
– des Vermieters	–(使用)出租人的	204
Unternehmenskauf	企业买卖	153 以下
Unternehmenspacht	企业(用益)租赁	270; 273
Unternehmer als Verrichtungsgehilfe	企业经营者作为事务辅助人	851
Untersuchungspflicht des Verkäufers	出卖人的检查义务	72
Untervermietung	(使用租赁的)转租	217 以下
– Anspruch auf Erlaubnis zur	–转租许可请求权	217
Unterversicherung	不足额保险	548
Urlaubszeit, verdorbene	度假时间,无益耗费的	401
Ursächlichkeitsvermutung	原因性推定	856; 902
Urteil, Vollstreckung trotz Un-	判决,尽管不正确仍然执	844

richtigkeit	行	
Urteilsprivileg	判决优遇	920
Utilitätsprinzip	利益主义原则	4
Valutaverhältnis	对价关系	579；581
Venire contra factum proprium	禁止矛盾的行为	656；658；767
Verarbeitung	加工	711
Verarbeitungsklauseln beim Eigentumsvorbehalt	保留所有权情形的加工条款	122
Veräußerung von Pfandsachen	质物的出让	227
Veräußerungskette	出让链	701
Verbindung	附合	711
Verbraucherkauf	消费者买卖	80 以下
Verbraucherkredit	消费者信贷	13；**128** 以下；288a；**301** 以下；515
Verbraucherleasing	消费者租赁	600
Verbraucherschutz	消费者保护	93 以下；146；296 以下
Verbraucherverträge	消费者合同	13
Verbrauchsgüterkauf	消费品买卖	13；17；**63a**；89
Verbrauchsgüter	消费品	80a
Verbundene Verträge	结合合同	307 以下；586
	见 Geschäfts-verbindung	
Verdacht als Sachmangel	疑为物的瑕疵	47
Verdingungsordnung für Bauleistung	建筑工程发包规则	406
Vereinbarung über Beschaffenheit	关于性能的约定	44
Vereinbarungsdarlehen	协议借贷	289
Verfügung bei Gemeinschaft	共同关系中的处分	502

– unberechtigte	–无权的	699 以下；732；792
Verfügungserlös	处分所得价金	705
Verfügungsermächtigung	处分授权	123
Verfügungspflicht, Makler	处分义务,居间人	444 以下
Vergleich	和解	551；559
Vergleichsmiete	比较租金	262
Vergleichswohnungen	比较住房	262
Verität	真实性	150
Verjährung, Bürgenrückgriff	消灭时效,保证人求偿	528 以下
– Deliktsansprüche	–侵权请求权	936 以下
– Kauf, Sachmängelansprüche	–买卖,物的瑕疵请求权	73a 以下；80e
– Kondiktion	–不当得利返还请求权	643
– Leihe	–借用	285 以下
– Miete	–(使用)租赁	206
– Werkvertrag	–承揽合同	373 以下
Verjährungsfalle	消灭时效陷阱	73e
Verkäuferpflichten, Eigentumsverschaffung	出卖人义务,使(买受人)取得所有权	21 以下
– Sachmängelhaftung	–物的瑕疵责任	40 以下
– Übergabe	–交付	19 以下
– weitere Pflichten	–其他义务	26
Verkehrsberuhigung	使交通得以安静	763
Verkehrs(sicherungs)pflichten	往来(安全保障)义务,交易(安全保障)义务	100；402；751 以下；859；896；914
Verkehrsrichtiges Verhalten	往来上正确的行为	762
Verkehrsstau	交通堵塞	783
Verlagserzeugnisse	出版产品	29
Verlagsvertrag	出版合同	185

Verlängerter Eigentusvorbehalt	延伸的所有权保留	123
Verleiher, Pflichten	出借人,义务	281 以下
Verletzung, mittelbare	侵害,间接的	100
Verletzungsbegriff	侵害概念	749
Verletzungsgefahr	侵害危险	750
Verlobungsgeschenke	订婚礼物	658
Verlustzuweisung	亏损分派	411
Vermengung	混合	711
Vermieterpfandrecht	(使用)出租人质权	220 以下
Vermieterpflichten, Instandhaltung	(使用)出租人义务,维护	193
– Rechtmängelhaftung	–权利瑕疵责任	194
– Sachmängelhaftung	–物的瑕疵责任	195 以下
– Überlassung	–交付	192
– weitere Pflichten	–其他义务	200
Vermietung durch Nutzungsberechtigten	由利用权人(使用)出租	233
Vermischung	混合	711
Vermittlerklausell, Reisevertrag	媒介人条款,旅游合同	389; 392
Vermittlungsmakler	媒介居间人	438
Vermögen, Deliktsschutz	财产,侵权保护	813
– bei der Schenkung	–赠与情形的	173
"vermögensmäßige Entscheidung"	"财产性决定"	684
Vermögensmehrung durch Leistung	因给付而使财产增加	634
Vermögensschutz durch § 823 II BGB	《民法典》第 823 条第 2 款的财产保护	824
– § 826 BGB	–《民法典》第 826 条	837
– § 839 BGB	–《民法典》第 839 条	916 以下

Vermutetes Verschulden	推定的过错	845 以下
Verpfändungsklausel in Reparaturvertrag	修理合同中的出质条款	384
Verpflichtung und GoA	义务负担与无因管理	630
Verrichtungsgehilfe	事务辅助人	850 以下
– Gesellschafter	–合伙人	491
Versandhandel	邮购营业	36；135
Versäumnisurteil und § 826 BGB	缺席判决与《民法典》第 826 条	844
Verschaffungsprinzip	取得主义原则	21
Verschulden bei § 823 II BGB	《民法典》第 823 条第 2 款的过错	831
– an Arbeitsverhinderung	–劳动阻碍上的	333
– bei Vertragsverhandlungen	–合同磋商中的	154 以下；197；297；423；517
– Beweislast	–举证责任	101 以下
Verschuldensfähigkeit	过错能力,责任能力	768
– Haftung trotz Fehlens	–尽管欠缺而负责任	770 以下
Verschuldensprinzip	过错原则	147
Verschuldensvermutung	过错推定	845 以下
Versendungskauf	送交买卖	36 以下
Versendungswerkvertrag	送交承揽合同	380
Versicherungsaufsicht	保险监督	543
Versicherungsfall	保险事故	546
Versicherungsvertrag	保险合同	541 以下
Versorgung des Dienstschuldners	劳务债务人的供给	336
Versorgungsversprechen	供给允诺	540
Verspätung der Herstellung	制作的延误	370
Vertrag mit anderstypischer Ge-	具有其他类型对待给付的	594 以下

genleistung	合同	
Vertrag zugunsten Dritter	为第三人利益的合同,利他合同	520
– Arztvertrag	–医师合同	348
Vertragsauslegung, ergänzende	合同解释,补充性的	84
Vertragshändlervertrag	专营商合同	82
Vertragskontrolle, Landpachtrecht	合同控制,农地(用益)租赁法	275
Vertragsübergang	合同移转	231 以下
Vertragsverbindung	合同结合关系	296 以下; 307 以下
Vertragsverletzung, Deliktshaftung	合同侵害,侵权责任	842
– des Mieters	–(使用)承租人的	249
– wesentliche	–实质性的	147
Vertragszweck	合同目的	590
Vertretbarkeit von Sachen	物的代替性	387 以下
Vertretenmüssen bei Sachmangel	物之瑕疵情形的应当归责	69 以下
Vertreter ohne Vertretungsmacht	无权代理人	92
Vertretungsmacht, Gesellschafter	代理权,合伙人	489 以下
Verwahrer, Haftung	保管人,责任	455
Verwahrung	保管	319; 363; 449 以下
– und Miete	–与(使用)租赁	450
Verwaltung der Gemeinschaft	共同关系的管理	500
Verwendungseignung	适于使用	45 以下
Verwendungsersatzanspruch,	费用偿还请求权,借用人	285

Entleiher		
– Mieter	–(使用)承租人	200
Verwendungskondiktion	费用偿还不当得利请求权见 Aufwendungskondiktion	
Verwendungsrisiko, Darlehen	使用风险,借贷	293 以下
Verzinsungspflicht des Abzahlungskäufers	分期付款买受人的付息义务	143 以下
– Beauftragten	–受托人的	422
– des Verwahrers	–保管人的	455
Verzägerung der Verkehrssicherung	往来安全保障的延迟	752
Verzugszinsen, Schenkung	迟延利息,赠与	176
– Verbraucherkredit	–消费者信贷	143 以下; 306
Viehkauf	牲畜买卖	79
Vindikation	所有权返还请求权	633
Vindikationslage	所有权返还请求权适状	786
VOB	建筑工程发包规则	406
Vollamortisationsleasing	完全摊提融资租赁	599
Vollendung des Werkes	工作物的完成	379
Vollkaufmann	完全商人	518; 527
Vollmacht des Beauftragten	受托人的代理权	429
Vollstreckungsbescheid, unrichtige	执行裁定,不正确的	844
Vollzugsverhältnis	实行关系	579; 581
Vorausabtretung	预先让与	123
Vorausgesetztc Verwendung	预定效用	45
Vorausklage	先诉	527
Vorausleistung, Rückforderung	预先给付,返还请求	650
Vorfälligkeitsentschädigung	期前补偿	291

Vorhand	前手	164
Vorkaufsrecht	先买权	156 以下
– Ausübung	–行使	160 以下
– Begründung	–设定	157 以下
– gesetzliches	–法定的	158
– Inhalt	–内容	159
– Konstruktion	–结构	156
– Verdinglichung	–物权化	163
Vorkenntnisklausel	先知条款	446
Vorleistungspflicht beim Dienstvertrag	雇用合同的先为给付义务	324
Vormerkung für Sicherungshypothek	保全抵押权的预告登记	385
Vorrang der Leistung	给付的优先顺位	734
Vorsatz	故意	769
– bei §826	–第826条中的故意	838
Vorschußpflicht, Auftraggeber	预付义务,委托人	427
Vorteilsannahme	利益收受	645
Vorübergehender Gebrauch, Vermietung zum	一时使用,为一时使用而出租	243; 248; 254
Vorvertrag	预约	164
Waffengeschäfte	武器交易	662
Wahlrecht des Käufers	买受人的选择权	57
Wandlung, Kauf	瑕疵解除,买卖	42
– Werkvertrag	–承揽合同	367 以下
Warentest	商品检验	52; 803; 821
Warnung bei Produktmängeln	产品瑕疵的警告	104 以下
Warschauer Abkommen	华沙公约	415a
Wasser, Haftung	水,责任	896
Wechsel	汇票	142; 581

– Schenkung mittels	–以汇票赠与	175
Wegfall der Bereicherung	不再得利	678；679 以下
Wegnahmerecht des Mieters	(使用)承租人的取回权	200
“weiße Kreise”	“白色圈带”	241
Weisung und Auftrag	指示与委托	418；420
Weiterfressen eines Produktschadens	产品损害的延伸	103M 376
Werbung	广告	47 以下；71
Werbung und Preisausschreiben	广告与有奖征募	470
Werbungskosten	广告费用	411
Werk, mit Grundstück verbunden	工作物,与土地相连的	864
Werkdienstwohnung	配给的宿舍	257；595
Werkleistungen	承揽给付	358
– und Dienstleistungen	–与劳务给付	361 以下
Werklohn	承揽报酬	378 以下
– Sicherung	–担保	384 以下
Werkmietwohnung	承租的住房	257；595
Werkunternehmerpfandrecht	承揽人质权	384
Werkvertrag	承揽合同	357 以下；409
Wertersatz	价值补偿	677 以下
Wertpapiere, Verwahrung	有价证券,保管	452
Wertpapierrecht	有价证券法	560
Wertsicherungsklausel bei Miete	(使用)租赁中的保值条款	261
Werturteil	价值评价	**799**；802；**804**
Werturteil über Gewerbebetrieb	关于营利事业经营的价值评价	821
Wertvergütung bei §817 S. 2 BGB	《民法典》第 817 条第 2 句的价值报酬	669

Wettbewerb	竞争	819 以下
– unlauterer	–不正当的	30
Wette	打赌	507 以下
Wichtiger Grund	重大事由 见 Kündigung	
Widerruf, Abzahlungskauf	撤回,分期付款买卖	135 以下
– Auftrag	–委托	430
– Auslobung	–悬赏广告	468
– Bürgschaft	–保证	515
– Ehrverletzung	–名誉侵害	799; 947
– Schenkung	–赠与	179
– Verbraucherkredit	–消费者信贷	304; 308
Widerspruch des Mieters gegen Kündigung	承租人对终止的异议	242 以下
Widerspruchsrecht des Gesellschafters	合伙人的异议权	486
Wiederaufnahme	重审	844
Wiederholungsgefahr	重复危险	944
Wiederkauf	买回	164 以下
Wiener Kaufrecht	维也纳买卖法	146
Wildschadenhaftung	野兽损害责任	899
Wille, wirklicher und mutmaßlicher	意思,真实的和推定的	624; 627
Wirkungshaftung	效力责任	891
Wirkungslosigkeit eines Produkts	产品的无效性	103
Wirtschaftliche Aufklärung durch Arzt	由医师作出的经济性说明	351
Wirtschaftliche Tätigkeit	经济活动	432
Wirtschaftliche Verwertung des Mietgrundstücks	(使用)租赁土地的经济利用	251

Wohl und Wehe	快乐与痛苦	97
Wohngeldgesetz	房租津贴法	236; 240; 267
Wohngemeinschaft	居住共同关系	217; 473
Wohnraum, Vermittlung	住房,媒介	437; 448
Wohnraumbewirtschaftung	住房经营管理	238
Wohnraummiete	住房租赁	235 以下
Wohnungsbindungsgesetz	住房约束法	236
Wucherdarlehen, -miete	暴利借贷, -暴利(使用)租赁	661; 663; 668 以下
Zahlenlotto	数字博彩	509
Zahlungsvertrag	支付合同	434a
Zeit für Arbeitsplatzsuche	寻找工作岗位的时间	337
Zeitbürgschaft	定期保证	532
Zeitmiete	定期(使用)租赁	212; 243; 245; 255
Zeitschriftenabonnement	杂志订阅	130
Zession, doppelte	让与,双重的	707
- und Bereicherungsausgleich	-与得利补偿	730
Zeugnis	证书	338
Zinsangabe beim Abzahlungskauf	分期付款买卖的利息说明	132
Zinsen	利息 见 Verzinsung	
- Ersparnis	-节省的利息	680
Zivildienstleistende, Haftung	服民役者,责任	913
Zivilmakler	民事居间人	435
Zug um Zug	同时 见 Gegenseitigkeit	
Zugewinnausgleich	净益结算	182
Zugverspätung	火车晚点	414
Zurückbehaltungsrecht	留置权	692
Zusicherung beim Kauf	买卖中的保证	44; 75

Zuständigkeit zur Geschäftsbesorgung	事务处理管辖权	611 以下
Zuständigkeitsakzessorietät	管辖的从属性	523
Zustandshaftung	状态责任	891
Zutaten	辅助材料	386
Zuweisungsgehalt	归属内涵	713
Zuwendungsverhältnis	给予关系	579；581
Zwangsversteigerung zur Gemeinschaftsteilung	为分割共有关系而强制拍卖	504
– und Miete	–与(使用)租赁	233
Zwangsvollstreckung, Haftung	强制执行,责任	907
– des Verkäufers in die Kaufsache	–出卖人对买卖物的	139
– und Sittenwidrigkeit	–与背俗	844
Zweckbestimmung der Leistung	给付的目的指定	636；**640** 以下
Zweifamilienhaus, Mieterschutz	双家庭住房,(使用)承租人保护	243
Zweikondiktionentheorie	双不当得利请求权说	692
Zweitwohnung, Mieterschutz	第二住房,(使用)承租人保护	243
Zwingendes Recht im Typenkombinationsvertrag	类型结合合同中的强行法	590
– Typenverschmelzungsvertrag	–类型融合合同	593
Zwischenvermieter	(使用租赁的)中间出租人	233
Zwischenzinsen	中间利息	145；305

作者简介

迪特尔·梅迪库斯(Dieter Medicus),生于1929年5月9日。曾于府尔茨堡大学与明斯特大学(威斯特法伦)学习法律,1956年在明斯特大学获得博士学位。1959年在杜塞尔多夫通过第二次国家法学考试。先后任明斯特大学和汉堡大学助教。1961年在汉堡大学获得教授资格。1962年任基尔大学教授,1966年任图宾根大学教授,1969年任雷根斯堡大学教授。1978年起担任慕尼黑大学教授,1994年秋退休。1980年起任巴伐利亚科学院院士。除了法律史方面的著述外,民法领域的主要著作有:《民法》(1968年第1版,1996年第17版)、《债法总论》(1983年第1版,1995年第7版)、《民法基础知识》(1994年第1版,1995年第2版);参加撰写三部《德国民法典评注》。1974年起任《民法实务档案》杂志编委会成员。

译者简介

杜景林,1963 年出生,黑龙江省人。1986 年同济大学建筑材料工程系本科毕业,1988 年同济大学德语系专业德语研究生班毕业,1990 年至 1992 年赴德国美茵茨大学进修。现为对外经济贸易大学教授。

卢谌,1964 年出生,上海市人。1986 年同济大学机械工程系本科毕业,1988 年同济大学德语系专业德语研究生班毕业,1991 年至 1992 年赴德国卡塞尔大学进修。现为对外经济贸易大学副教授。

两位译者的共同著述有:《德国债法改革》(法律出版社 2003 年版)、《德国新债法研究》(中国政法大学出版社 2004 年版)、《德国新给付障碍法》(对外经济贸易大学出版社 2006 年版);共同译著有:《德国民法典》(中国政法大学出版社 1999 年版)、《德国商法典》(中国政法大学出版社 2000 年版)、《德国支付不能法》(法律出版社 2002 年版)、《德国债法总论》(法律出版社 2004 年版);主要工具书有:《德汉法律经济贸易词典》(法律出版社 1997 年版)。

当代德国法学名著计划书目

法哲学·法律理论·法律史

1. 恩吉施:法律思维导论
   K. Engisch:Einführung in das juristische Denken
2. 哈腾豪尔:德国法的思想史基础
   H. Hattenhauer:Die geistsgeschichtlichen Grundlagen des deutschen Rechts
3. 雅科布斯:规范·人格体·社会——法哲学前思
   G. Jakobs:Norm, Person, Gesellschaft: Vorüberlegungen zu einer Rechtsphilosophie
4. 耶林:为权利而斗争
   R. v. Jhering:Der Kampf ums Recht
5. 考夫曼:后现代法哲学——告别演讲
   A. Kaufmann:Rechtsphilosophie in der Nach-Neuzeit
6. 考夫曼/哈斯默尔:当代法哲学和法律理论导论
   A. Kaufmann/W. Hassemer:Einführung in Rechtsphilosophie und Rechtstheorie der Gegenwart
7. 帕瓦洛夫斯基:法律方法论
   H-M. Pawlowski:Methodenlehre für Juristen
8. 拉德布鲁赫:社会主义文化论
   G. Radbruch:Kulturlehre des Sozialismus
9. 韦森贝格/韦森纳:晚近德国私法史
   G. Wessenberg/G. Wesener:Neuere deutsche Privatrechtsgeschichte
10. 维亚克尔:近代欧洲私法史——以德国发展为主要考察对象

F. Wieacker: Privatrechtsgeschichte der Neuzeit unter besonderer Berücksichtigung der deutschen Entwicklung

民商法·经济法

11. 鲍尔/施蒂尔纳:德国物权法(上、下册)
    F. Baur/R. Stürner:Sachenrecht
12. 卡纳里斯:德国商法
    C. W. Canaris:Handelsrecht
13. 弗卢梅:法律行为论
    W. Flume:Allgemeiner Teil des Bürgerlichen Rechts, zweiter Band, Das Rechtsgeschäft
14. 卡泽尔/克努特尔:罗马私法
    M. Kaser/R. Knütel:Römisches Privatrecht
15. 克茨:欧洲合同法(上卷)
    H. Kötz:Europäisches Vertragsrecht
16. 屈布勒:德国公司法
    F. Kübler:Gesellschaftsrecht
17. 拉伦茨:德国民法通论
    K. Larenz:Allgemeiner Teil des Deutschen Bürgerlichen Rechts
18. 梅迪库斯:德国民法总论
    D. Medicus:Allgemeiner Teil des BGB
19. 梅迪库斯:德国债法总论
    D. Medicus:Schuldrecht I (Allgemeiner Teil)
20. 梅迪库斯:德国债法分论
    D. Medicus:Schuldrecht II (Besonderer Teil)
21. 施密德:公司法
    K. Schmidt:Gesellschaftsrecht
22. 施瓦布:德国民法导论
    D. Schwab: Einführung in das Zivilrecht
23. 齐默尔曼: 债法——民法传统的罗马法基础

R. Zimmermann: The Law of Obligations

– Roman Foundation of the Civilian Tradition

24. 梅迪库斯:请求权基础

D. Medicus: Grundwissen zum Bürgerlichen Recht: Ein Basisbuch zu den Anspruchsgrundlagen

25. 克茨/瓦格纳:侵权法

H. Kötz/G. Wagner: Deliktrecht

刑法·行政法·国家法·宪法

26. 黑塞:联邦德国宪法概论

K. Hesse: Grundzüge des Verfassungsrechts der Bundesrepublik Deutschland

27. 毛恩茨/齐佩利乌斯:德国国家法

T. Maunz/R. Zippelius: Deutsches Staatsrecht

28. 毛雷尔:行政法学总论

H. Maurer: Allgemeines Verwaltungsrecht

29. 韦塞尔斯:德国刑法总则

J. Wessels: Strafrecht, Allgemeiner Teil

30. 施莱希/科里奥特:德国联邦宪法法院:地位、程序与裁判

K. Schlaich/S. Korioth: Das Bundesverfassungsgericht Stellung, Verfahren, Entscheidung

背景系列

31. 雅科布斯:十九世纪德国民法科学与立法

H. H. Jakobs: Wissenschaft und Gesetzgebung im bürgerlichen Recht nach der Rechtsquellenlehre des 19. Jahrhunderts

32. 克斯勒:马克斯·韦伯的生平、著述及影响

D. Käsler: Einführung in das Studium Max Webers

33. 考夫曼:古斯塔夫·拉德布鲁赫传

——法律思想家、哲学家和社会民主主义者

A. Kaufmann:Gustav Radbruch – Rechtsdenker, Philosoph, Sozialdemokrat

34. 克莱因海尔/施罗德:九百年来德意志与欧洲法学家

G. Kleinheyer/ J. Schröder:Deutsche und Europäische Juristen aus neun Jahrhunderten

35. 克尼佩尔:法律与历史——论《德国民法典》的形成与变迁

R. Knieper: Gesetz und Geschichte: Ein Beitrag zu Bestand und Veränderung des Bürgerlichen Gesetzbuches

图书在版编目(CIP)数据

德国债法分论/[德]梅迪库斯著,杜景林、卢谌译.—北京:法律出版社,2007.7(2018.11重印)

(当代德国法学名著)

ISBN 978-7-5036-7327-6

Ⅰ.德… Ⅱ.①梅…②杜…③卢… Ⅲ.债权法—研究—德国 Ⅳ.D951.63

中国版本图书馆CIP数据核字(2007)第095193号

责任编辑/韩满春　　**装帧设计**/李　瞻

出版/法律出版社　　**编辑统筹**/对外合作出版分社
总发行/中国法律图书有限公司　　**经销**/新华书店
印刷/天津嘉恒印务有限公司　　**责任印制**/陶　松

开本/850×1168毫米　1/32　　**印张**/28.375　　**字数**/632千
版本/2007年7月第1版　　**印次**/2018年11月第2次印刷

法律出版社/北京市丰台区莲花池西里7号(100073)
电子邮件/info@lawpress.com.cn　　**销售热线**/010-83938336
网址/www.lawpress.com.cn　　**咨询电话**/010-63939796

中国法律图书有限公司/北京市丰台区莲花池西里7号(100073)
全国各地中法图分、子公司电话:
第一法律书店/010-83938334/8335　**西安分公司**/029-85388843　**重庆公司**/023-65382816/2908
上海公司/021-62071010/1636　**北京分公司**/010-62534456
深圳公司/0755-83072995　**苏州公司**/0512-65193110

书号:ISBN 978-7-5036-7327-6　　**定价:**108.00元

(如有缺页或倒装,中国法律图书有限公司负责退换)